改革开放三十年的**中国古代史研究**

中国社会科学院历史研究所◎编

中国社会科学出版社

图书在版编目（CIP）数据

改革开放三十年的中国古代史研究/中国社会科学院历史研究所编 .
—北京：中国社会科学出版社，2010. 8
ISBN 978-7-5004-8884-2

Ⅰ.①改…　Ⅱ.①中…　Ⅲ.①中国—古代史—研究　Ⅳ.①K220. 7

中国版本图书馆 CIP 数据核字（2010）第 125551 号

责任编辑　李炳青
责任校对　张玉霞
封面设计　回归线视觉传达
技术编辑　张汉林

出版发行　中国社会科学出版社
社　　址　北京鼓楼西大街甲 158 号　　邮　编　100720
电　　话　010－84029450（邮购）
网　　址　http：//www.csspw.cn
经　　销　新华书店
印　　刷　北京新魏印刷厂　　　　装　订　广增装订厂
版　　次　2010 年 8 月第 1 版　　印　次　2010 年 8 月第 1 次印刷
开　　本　710×1000　1/16
印　　张　28.5　　　　　　　　　插　页　2
字　　数　495 千字
定　　价　49.00 元

目　录

改革开放三十年的中国古代史研究

卜宪群

1978 年召开的中国共产党第十一届三中全会，是一个具有划时代意义的历史性会议。这次会议确定的以解放思想、实事求是为中心的指导方针，以及把全党工作的重点和全国人民的注意力转移到社会主义现代化建设上来的决定，开启了改革开放的新时期。三十年来，在改革开放的伟大进程中，中国的经济、政治、文化和社会建设都取得了世所瞩目的成就。历史学是一门与现实有着密切联系的学问。伴随着改革开放，中国的人文哲学社会科学步入了繁荣昌盛的新阶段，作为历史学分支学科的中国古代史也同样经历着深刻的变化。下面我从四个方面就改革开放三十年来的中国古代史研究谈一点粗浅的看法。

一　研究环境的变迁与人才队伍的培养

史学研究从来都与其所处时代的环境不可分离，中国古代史也不例外。所谓时代环境我认为主要有两个方面：一是该时代的社会变化对史学研究产生的影响；二是该时代的学术环境对史学研究产生的影响。前者反映的是学术与社会的关系；后者反映的是学术自身的内在发展逻辑。众所周知，粉碎"四人帮"以后的中国古代史学界面临着非常艰难的境地。"文化大革命"的导火索首先是从古代史领域中点燃的，"文化大革命"中的批林批孔和评法批儒等许多问题也和中国古代历史研究相关。在这场空前浩劫中，许多著名史学家遭到迫害，中国古代史研究的内容和方法受到严重歪曲，学科建设在这 10 年中陷于停顿。因此，批判"四人帮"给史学界造成的羞辱是当时中国古代史学界的当务之急。史学是"文化大革命"的重灾区，虽然绝大多数史学家并不认同"四人帮"的错误观点而与之进行斗争，但他们在这 10 年里荒废了许多宝贵的时间，研究工作不能正常进行。迅速肃清"四人帮"的余毒，把他们带来的损失夺回来，是压抑在当时史学工作者心中的迫切愿望。

但客观地看，当时的中国古代史学界还面临着更深层次的问题。首先，人才培养的断层和学科建设的停顿，导致研究力量上严重不足，后继乏人；其次，对理论的简单化、教条化、公式化的理解以及对史学功能的片面性认识，使中国古代史研究自新中国成立以来就存在着研究领域狭窄，研究方法单调，缺乏对中国历史自身特点和规律的把握以及对海外研究状况闭塞等诸多问题；再次，由于社会转型和史学自身发展过程中存在的问题，使包括中国古代史在内的整个历史学受到了所谓"危机"论的冲击。这些依然是改革开放之初中国古代史研究不能回避的问题，也使改革开放之初的中国古代史研究步履维艰。新时期的中国古代史研究从时间上来说是从"文化大革命"之后开始的，但积累的问题却由来已久。

随着社会转型和解放思想、实事求是精神的深入人心，中国古代史研究的学术环境发生着急剧的变化。回顾三十年来的历程，大体有这样几个方面的特点：

（一）人才培养有了制度化的保障

1977 年恢复的高等学校招生考试到十一届三中全会之前已经录取了两届学生，研究生招生也在 1978 年恢复，其中就有不少中国古代史专业的学生入学接受专业训练。五四运动以来的一批史学大家在新时期之初还硕果仅存，新中国成立前后崛起于史学界的一批学者尽管经历了"文化大革命"的磨难，但由于他们在学术成长的过程中大都接受了 20 世纪前半期许多前辈的亲炙，又努力学习马克思主义理论，很多人学贯中西，文史兼长，学术生命仍然风华正茂。新中国成立后培养起来的一批学者尽管受到很多干扰，但由于受过严格的专业训练，对唯物史观有着真诚、科学的信仰，时值中年，学术创造力方兴未艾。恢复高考以后的学子们正是在这种学术传承环境与氛围中受到教育和培养，他们中的许多人成为今天中国古代史研究的中坚力量。

（二）学科建设和学术研究有了长远的发展规划

1979 年初在成都召开了由中国社会科学院主持的中国历史学规划会议，汇集了来自全国科研机构、高等院校和出版部门的 280 多位代表，是改革开放以后史学界的一次盛会。这次会议回顾历史，总结经验教训，展望未来，对历史学科建设与发展中的许多重大问题进行了充分研究，讨论、修正并落实了八年规划（1978—1985）。① 此后中国古代史各专业研究会的成立，历史大辞典、大百科全书历史部分的编撰，历史资料的整理出版，各断代史、专题史的重点研究方向，都与这次规划会议有关。特别是各断代和专门史研究会的成立，至今仍对中国古代史的研究有着重要推动作用。在中央新成立的全国哲学社会科学规划领导小组领导下，1983 年在长沙召开的全国历史科学规划会议，首次将规划项目纳入国民经济和社会发展第六个五年计划，被列入规划的中国古代史的一些项目，如白寿彝主编的多卷本《中国通史》，戴逸、王戎笙主编的《清代通史》和《清代人物传》，侯外庐、邱汉生、张岂之主编的《宋明理学史》，张政烺、周绍良负责的《敦煌文书整理研究》（汉文部分），唐长孺负责的《吐鲁番文书整理研究》和《1972—1974 年出土居延汉简整理研究》，林甘泉主编的《中国封建土地制度史》等，具有重要价值。《中国古代经济史断代研究》（后改为《中国经济通史》）也由古代史规划小组在"六五"期间启动。这两次规划会议及其成果从指导思想、学科建设、人才培养以及重点项目研究导向上，对开创新时期的中国古代史研究都产生了重大影响。② 1991 年 6 月，中央决定在全国哲学社会科学规划领导小组下设全国哲学社会科学规划办公室，负责制订全国哲学社会科学发展规划和年度计划，这一举措意义重大而深远，多年来，该机构设置课题指南并进行相关课题资助，对包括中国古代史在内的学科建设和学术研究有着重要推动作用，国家社科基金项目至今为学术界所推崇，在一定程度上引领着古代史的研究方向。1980

---

① 参见周自强《我国历史学界的一次盛会——记中国历史学规划会议》，《中国史研究动态》1979 年第 6 期。

② 关于长沙史学规划会议情况本文参考了周年昌同志的未刊稿《对两次史学规划会议的回忆》。

年恢复活动的中国史学会和各省、自治区的史学会长期以来也为中国古代史研究的推进作出了贡献。国家重点投入开展的夏商周断代工程和清史编纂工程等都属于中国古代史研究领域中的课题。以中国社会科学院历史研究所为代表的科研机构和各大学的历史学院（系），是推动中国古代史学科体系完善和学术研究前进的核心力量，其中一些有特色的中国古代史研究基地、中心在各地逐步形成。

（三）开放的信息交流渠道已经形成

新时期的中国古代史研究无论在方法、手段和研究领域上都不再是封闭式的了。改革开放之初，中国古代史研究的对外交流已经开始。我国香港、台湾地区及国外的中国古代史研究信息通过翻译、介绍等各种渠道被大陆学者所认识和了解。例如 1979 年创刊的《中国史研究动态》从第 1 期开始，几乎每一期都有国外及我国香港、台湾地区的中国古代史研究情况，成为当时直至现在大多数学者了解大陆以外中国古代史研究的主要渠道。随着经济实力的增强和交流渠道的畅通，越来越多的学者走出了国门，也有越来越多的国外及香港、台湾地区学者进入内地。各类国际学术会议的举行，网络信息化的发达，使中国古代史研究的资源共享成为可能。随着开放的深入，香港、台湾及国外的中国古代史研究不再是简单的信息介绍，一些重要的史学名著也被系统地翻译介绍过来，如《剑桥中国史》以及众多的各种专门性的中国古代史著作。现在，在很多具体问题上，中外学者的研究可以说是站在同一起点上了，学术研究的地域性差别已经大大缩小。

（四）学术研究的政治与社会环境大为改善

新时期，将史学简单的视为政治工具的做法被纠正，[①] 极"左"思

---

① 胡乔木在 1980 年 4 月 8 日《中国史学会代表大会》上的讲话中说道："马克思主义认为，从长远的历史来看，政治不是目的，它主要是实现各历史时期经济目的的手段，同时也是实现各个历史时期其他社会目的的手段。社会主义的政治，是实现劳动人民经济文化目的的手段，因此毛泽东同志一向教育我们为人民服务。我们从来不说也不可能说人民为政治服务，那就颠倒了主从关系，就违反了马克思主义的历史唯物主义的基本原理。这样说并不意味着科学可以脱离政治，政治是实现人民经济文化需要最重要最强有力的手段……历史科学满足政治需要的正确理解应该是，历史向社会也向政治提供新的科学研究的成果，而社会和政治则利用这种成果作为自己活动的向导。"

潮受到批判。马克思主义不再作为标签被随意张贴。对马克思主义简单化、教条化、公式化的理解遭到摈弃。科学对待中国传统历史文化，取其精华，去其糟粕，使之与当代社会相适应，与现代文明相协调，保持民族性，体现时代性，发挥其在建设具有中国特色社会主义伟大进程中的应有作用，是中央对包括中国古代史研究在内的历史学的期望，而重点是中国古代史。① 中国古代的历史文化从来没有像今天这样受到全社会的广泛重视。相比较于其他各种史学研究方法，唯物史观在解释和阐述中国古代历史的发展道路上更加具有说服力。因此，抛弃了极"左"思潮干扰后的学术界，在运用唯物史观研究中国古代史的各个方面都取得了杰出的成就，唯物史观具有了更加科学的历史地位。同时，各种具体的史学理论和研究方法包括跨学科的研究方法都被广泛运用于探讨宏观和微观的中国古代历史问题，极大地推动并丰富了我们关于古代历史的认识。由于综合国力的增强，国家对人文学科的投入不断增加，各类中国古代史的研究机构得以建立，课题研究经费得到更充分的保障，研究者的经济待遇也明显提高，这是新时期中国古代史研究得以繁荣的重要保障。

---

① 我们党的三代领导核心经常强调全党干部尤其是领导干部要重视学习历史，特别是中国历史，从中汲取宝贵的经验教训。毛泽东同志在抗日战争时期就要求全党读读郭沫若的《甲申三百年祭》，不要犯骄傲自满的错误。他还说："我们是马克思主义的历史主义者，我们不应当割断历史。从孔夫子到孙中山，我们应当给以总结，承继这一份珍贵的遗产。这对于指导当前的伟大的革命运动，是有重要的帮助的。"邓小平同志也告诫全党："要懂得些中国历史，这是中国发展的一个精神动力。"江泽民同志更是多次说到要加强历史的学习。他在《努力建设高素质的干部队伍》一文中指出："一个民族如果忘记了自己的历史，就不可能深刻地了解现在和正确地走向未来。"在给白寿彝同志的贺信中，他把这个思想表达得更加明确："几千年来，中华民族得以不断传承和光大，一个重要原因就是我们的先人懂得从总结历史经验中不断开拓前进。我国的历史，浩森博大，蕴含着丰富的治国安邦的历史经验，也记录了先人们在追求社会进步中遭遇的种种曲折和痛苦。对这个历史宝库，我们应该运用历史唯物主义的观点不断加以发掘，在前人研究的基础上不断做出新的总结。这对我们推进今天祖国的建设事业，更好地迈向未来，具有重要的意义。"中共中央总书记胡锦涛最近在中南海学习"历史课"结束后讲道："在全面建设小康社会、加快推进社会主义现代化的新形势下，在深刻变化的国际环境中，我们要更加重视学习历史知识，善于从中外历史上的成功失败、经验教训中进一步认识和把握历史发展和社会进步的规律，认识和把握时代发展大势，提高治国理政的才干。"

二 研究领域的拓宽与学科体系的完善

由于环境的变迁，改革开放三十年来的中国古代史研究呈现出繁荣昌盛、生机勃勃的局面。无论是断代史还是通史、专门史，其突出特点是研究领域的深化和拓宽，学科体系构建逐步完善，研究成果丰硕。鉴于本世纪初已经有很多文章对新时期的研究成果做过总结，也限于篇幅，我们这里不再重复，仅从学科发展的宏观角度做一点简单的归纳：

（一）政治史研究

政治史研究在各断代史领域向纵深方向发展。考古新发现和研究理论、方法的更新使中国古代文明起源和国家形成的道路问题受到关注，并取得一定的成就。各时期政治制度史的各个层面，如皇权、机构、职官、仕进、考课与监察、法制、文书、军事、行政管理、礼仪、外交、阶级与阶层、国体与政体、政治人物评价等问题都有了新的推进，大都有一部或数部专著出版。政治文化和政治文明也进入研究视野。政治制度史的研究不再是静态的描述而是力图从动态的角度把握整体的演变过程，并将制度史与政治史结合起来考察。多卷本的中国政治制度通史和各类断代政治史、制度史也相继出版。历代中原王朝的政治史是研究重点，但周边少数民族政权的政治史也受到关注。中外政治制度比较研究被学者们重视，从而开阔了政治史研究的视野。军制史不再简单地被作为政治史的一个部分而是有了更深入的发展。相关断代的军事史和军事通史也不断问世。政治史研究是传统史学、近现代史学的重点，形成了深厚的学术积累，新时期的中国古代政治史研究不仅继承了其中的许多优秀传统，还在理论方法、研究视角上有了更多的突破，是中国古代史各专门史研究中发展最快、优秀成果最多，也是最成熟的领域之一。

（二）经济史研究

新中国成立之初到"文化大革命"前，经济史的研究相对比较繁荣，所谓"五朵金花"大都和中国古代经济史研究有关。① 改革开放以后，经济史研究进入了一个快速发展时期。一些重要的经济史研究机构和刊物创立，大批研究资料整理出版。经济史的研究对象、方法、理论都有了新的变化，传统经济史研究中的若干问题继续得到关注，但研究重心的转移也十分明显。对中国古代经济的整体性认识增强，如中国封建经济结构的特点，中国封建社会为什么长期延续，商品经济与自然经济的关系，传统经济与现代化，生产力的发展水平，土地制度与阶级关系，社会经济形态，城镇与市场经济，前近代中国的经济结构，"三农"等都是新时期受到广泛关注的问题。经济史中各专门史研究，区域经济史研究，少数民族经济史研究，与经济史相关的环境史、城市史等都有了开创性的研究。②

（三）社会史研究

开始于 20 世纪初的社会史研究在新时期获得广泛关注，成为一个热门研究领域。其内容部分可以与过去的社会史研究接轨，但在理论方法，研究视角上都有了新的变化。社会史的学科定位还有不同看法，但这三十年来取得的成就应当是公认的。社会组织与结构、宗族、家庭与人口、婚姻形态、社会生活、社会问题、社会势力、风俗信仰、秘密结社、社会文化等各方面都有代表性的论著问世。专门性的社会史、社会通史、区域社会史都取得了一定的成就。疾疫史、灾荒史、性别史、乡村史以及底层社会群体的研究被重视。田野调查与口述史也开始了初步的尝试。③ 以"国家与社会"为理论分析框架的研究模式近年来广泛渗透于中国古代社会史研究，影响有逐渐扩大之趋势。其所预设的理论前提、核心内容、逻辑话语，在建构新的历史解释模式和研究范式，进而突破原有的思维定式与历史视野以及形成新的问题意识上，都令人瞩

---

① 参见吴承明、李伯重《谈百家争鸣——〈中国经济史研究〉创刊 20 周年笔谈》，《中国经济史研究》2006 年第 2 期。

② 相关资料可参见李根蟠《二十世纪中国经济史研究》，《历史研究》1999 年第 3 期；林甘泉《20 世纪的中国历史学》，《世纪之交中国古代史研究的几个热点问题》，《林甘泉文集》，上海辞书出版社 2005 年版。

③ 相关资料可参见郭松义《中国社会史研究五十年》，《中国史研究》1999 年第 4 期；赵世瑜、邓庆平《二十世纪中国社会史研究的回顾与思考》，《历史研究》2001 年第 6 期。

目。它直接推动了中国古代史中的长时段历史、基层社会组织、社会结构变迁等具体研究与宏观研究的展开，其含义已经不是狭义的社会史所能够涵盖的。唐宋变革论的再次被关注与此不无关系。社会史研究的相关机构和刊物也都是在新时期创建的。

（四）思想文化史研究

思想史在新时期所取得的成绩令人瞩目。简帛资料的发现极大地推进了先秦思想史的研究，特别是儒家道家思想的早期形态研究。儒家思想的历史地位有了新的评价，当然它对中国历史发展的影响如何认识还不一致。思想史的研究领域明显拓宽，关注的热点增多，研究方法和研究视角呈现出多元化的趋势，有相当一批高水平的论著问世。[①] 当然新时期的思想史还存在着研究发展方向的问题，就思想史谈思想史还是将思想史与政治史、社会史等学科相结合来研究，仍然有意见分歧，但这种分歧有利于思想史研究的进一步深化而不是阻碍。文化史的研究开始于20世纪之初，是在传统史学向新史学转变的过程中产生的，取得了诸多成就。新时期的文化史热潮是从对传统文化的反思开始的，显然也带有时代的特色。从1978年开始，相关研究机构和刊物先后创办，目前已经形成规模。新时期的文化史研究尽管经历了泛文化的浪潮，有"文化"的虚热成分夹杂其中，文化史研究的对象还人言言殊，但无论是以实证为基础的文化史研究，还是以援引新的理论方法开拓文化史研究的新领域、获得文化史研究的新认识，都获得了全面丰收。三十年来，出版了多部文化通史，展示了中华文化演变的整体面貌；各断代文化史的出版，极大地丰富并深化了对各时期历史的认识。地域文化史和少数民族文化史的整理与研究，是新时期文化史研究新的走向。[②] 改革开放使中华传统文化经历着深刻的转型，人们更多的注意到文化与历史、文化与现实的关系，文化的"软实力"越来越被重视，文化史的研究正方兴未艾。

---

① 相关资料可参见张海燕《二十世纪的中国思想史研究》，《中国史研究动态》2002年第1期。

② 相关资料可参见周积明《二十世纪的中国文化史研究》，《历史研究》1997年第6期。

（五）其他诸学科

除了上述四大领域之外，中国古代史的其他许多分支学科也都取得了可喜的进展。在民族史研究领域，不仅各断代民族史中关于民族起源、民族融合、民族政权、民族人物、民族矛盾、民族关系、民族社会性质、民族文化与思想等问题得到深入探讨，民族通史研究也成果丰硕。中华民族多元一体的观点得到广泛认同。民族史籍的整理和民族考古发现是新时期民族史研究的亮点。中外关系史研究在新时期有了显著增强。新文献的发现和考古资料的出土促进了该学科的基础研究。我国古代与域外的陆路、海路交通，与中亚、西亚、东南亚、东北亚、南亚的经济文化交流等相关方面的研究十分活跃。中外关系史研究的内涵在不断扩展。史学史研究继续向纵深发展，学科建设在机构设置、人才培养、刊物创办等"硬件"上大为改善，对史学史学科的研究对象、范围、功能的认识有了新的深化，史学史在文本研究、断代研究、人物研究、史学思想史研究、史学批评研究、史学与社会关系研究、少数民族史学研究、中外史学比较研究等多领域取得丰硕成果。① 历史地理研究在新时期有了长足进步。在传统沿革地理研究领域重要成果众多。由中国社会科学院主持，谭其骧主编的《中国历史地图集》公开出版，一些重要的历史地理辞书问世。历史人文地理、历史城市地理、历史人口地理、历史自然地理、历史军事与交通地理、历史医学地理、历史科技地理等分支学科的发展，为历史地理开辟了广阔的新天地。② 近年来，以中国社会科学院边疆史地研究中心为主体的研究队伍，综合全国力量，在边疆史研究上作出了重要贡献。新时期历史文献学的学科体系逐步形成，在历史文献学理论、目录学、版本学、校勘学、辨伪学、辑佚学、藏书学等领域都取得了丰厚的成果。③ 历史人物研究虽然不构成一门独立学科，但却是新时期古代史研究中成绩突出的一个领域，仍然值

---

① 相关资料可参见瞿林东《中国史学史研究八十年（下）》，《淮阴师范学院学报》2007年第3期。

② 相关资料可参见葛剑雄、华林甫《二十世纪的中国历史地理研究——回顾与展望》，http：//www.confucianism.com.cn/html/lishi/1221723.html。

③ 相关资料可参见蒋宗福《新时期中国文献学研究综述（1978—2005）》，http：//xb.mnu.cn/zhuanye/2006122093235.asp。

得一书。无论是历史人物评价的理论和方法，还是历史人物研究的深度和广度，都较之前有了长足进步，而有些则发生了根本性的变化。处理历史人物概念化、简单化的方法受到摒弃。最后，断代史各学科的建设与发展奠定了雄厚的基础。新时期中国古代史研究的总体成就以断代史研究的深入为代表。从先秦至明清，综合性的断代史编撰和各断代政治、经济、社会、思想文化的专题史研究成绩巨大。不仅填补了许多过去的研究空白，也显示出研究者独特的视野和学术个性。各时代的文献整理对推进断代史研究有着重要意义。以断代史为依托的甲骨学、简帛学、敦煌吐鲁番文书学、徽学在新时期成为国际性的显学，敦煌学在中国，敦煌学在国外的状况得以改变。

三 理论视角的转换与研究方法的更新

新中国成立以后的中国古代史研究从方法论的角度来说是在马克思主义唯物史观的指导下开展的，传统史学方法虽有遗存，但主流是从唯物史观中抽象出来若干基本原则并运用于古代史研究，如生产力与生产关系，经济基础与上层建筑，阶级观点和历史主义，历史人物评价的方法等。史学自身的理论与方法被忽视。"文化大革命" 10 年，阶级斗争理论演变成为唯一的研究方法，甚至影射史学也粉墨登场。改革开放以后，史学界对唯物史观的正本清源，对中国传统史学研究方法和近代史学研究方法的重新认识（梁启超的新史学，王国维的二重证据法，胡适的进化论，傅斯年的史料即史学论，顾颉刚的历史层累构造论，以及实证方法等），对外来史学理论与研究方法的引入，等等，使中国古代史研究的基本手段与研究范围有了诸多更新。呈现出如下特点：

其一，与中国古代史相关的许多基本理论问题的研究得到深入和加强。社会形态及其发展规律问题，历史发展动力问题，历史的统一性和多样性问题，历史创造者问题，历史人物评价问题，历史遗产的批判与继承问题，文明起源与国家形成的道路问题，中西历史比较问题，"封建" 名实问题，中国封建社会长期延续问题，传统文化的现代化问题，前近代中国经济结构及其发展水平问题，自然经济与商品经济问题，"三农" 问题，国家与社会关系问题，等等，认识都得到进一步的深化。这些问题的提出一方面是由于新时期理论视角的转换和学术内在规律发展的必然性，另一方面也是由于社会现实的需要。当然上述有些问题不限于中国古代史，但大都与中国古代史研究不可分离。

其二，研究方法的多样化。由于中国古代史的独特地位和史料优势，往往使其首先成为各种各样新的史学研究方法的试验田。例如早在20世纪80年代初，原本属于自然科学方法论的系统论、控制论就被用来分析中国封建社会的停滞性和周期性问题。同样属于自然科学的数学方法也被用来分析中国古代历史，形成计量史学，用于对一些重大问题的量化处理。自然科学与社会科学相结合的一些方法，如心态史学方法也被用来分析中国古代历史上人物的心理，并进而对该时期的历史发展作出新的解释。人文社会科学其他领域，如文化人类学、社会学、政治学、经济学、法学等学科中的研究方法，也被借鉴或援用到古代历史研究中来。日新月异的遗址发掘和出土文字材料，使考古学与历史学的结合空前紧密。历史研究中的一般方法论受到更多的关注，如比较史学方法在中国古代史研究领域得到广泛的运用，在比较的内容、比较的手段与方法上都比之前更为科学。实证与考据方法在新时期再次受到广泛重视，一大批运用实证和考据方法取得的成果是新时期史学的重要成就之一。"回到乾嘉"口号的提出和"国学热"的兴起，实证和考据方法都是其重要的理论基础。[①] 破除了教条化的唯物史观仍然是新时期中国古代史研究的指导性理论和方法。随着马克思主义中国化的深入，唯物史观和具体的史学研究方法之间的区别愈益明显，古代史的研究视野和研究方法也更加突出中国历史的自身特点。

其三，外来史学理论和方法与中国古代史研究的相结合。自20世纪初开始，中国古代史研究无论是学科分类还是理论方法，都深受外来史学思想的影响。如上述实证史学的方法就来自于西方。新时期的中国古代史研究的发展也与外来史学的影响密切相关。具体说，一是外来史学研究的新视角开拓了中国古代史研究的新领域，如环境史、医疗史等。而在中国古代史的政治史、经济史、社会史等领域，外来史学的影响都十分普遍。二是外来史学研究方法为中国古代史研究者所借鉴。如法国年鉴学派、英国马克思主义学派、比较史学、心理史学等成为最受

①　参见侯云灏《20世纪中国的四次实证史学思潮》，《史学月刊》2004年第7期。

中国学者关注的几个西方史学流派。① 三是共同研究、交流和对话的平台初步形成。无论在基础史料考证，还是在中观、宏观问题上，中外古代史学家都可能有了共同的话语。当然，外来史学研究方法亦存在鱼龙混杂、泥沙俱下的状况，需要我们冷静地分析接受。

四　中国古代史研究的未来发展

史学研究的阶段性划分是由史学自身发展的内在规律性决定的，史学发展的内在规律性使史学呈现出阶段性的演变。但是，史学发展也往往与该时期的社会发展密不可分，社会发展不仅为史学发展提供了必要的环境，而且也为历史认识提供了新的视角。无论就史学发展的内在规律还是史学发展的社会环境而言，这 30 年都是一个值得认真总结和回顾的时期。改革开放以来的中国古代史研究究竟如何评价意见恐怕还不能一致，其中所存在的问题也日益引起学者们的关注，但它以深厚的学术底蕴、广阔的学术视野和丰硕的研究成果，必将会在中国学术发展史上占有重要的地位。一个时代有一个时代的学术，作为与现实有密切关系的历史学更是如此。中国古代史是一门积累深厚的学科，改革开放以来中国古代史成就的取得与中国史学的优秀传统有着不可分割的联系。在对外开放、实事求是、解放思想的大环境下，当代中国史学家既秉承了本民族优秀的史学传统，又充分吸收和借鉴了外来史学理论与方法，在学术的原创性追求上，在理论与史实相结合的关系上，在弘扬中华优秀传统文化和建设中华民族共有精神家园、满足社会对历史文化需求上都作出了重大贡献，前景广阔。

改革开放还在深化，中国古代史研究也将会迎来一个百花盛开的春天。首先，对若干重大问题的关注还将持续。突破原有单一理论模式深化中国文明起源与国家形成问题的研究取得了积极成果，学者们既立足于新的考古发现总结，又借助于新的理论概括，提出了很多新的观点，这对于解释中国古代文明与国家起源的普遍性与特殊性是有益的。这些

① 邹兆辰：《新时期以来对中国史学影响较大的几个西方史学流派》，《江西社会科学》2004 年第 1 期。

问题显然还没有统一的认识，研究还将深化。但有关概念内涵的辨析以及在这个问题上如何突出中国历史自身的特点，应是未来的发展方向。唐宋变革问题也是如此。学者们既从更广阔的角度探讨了唐宋变革的具体内涵，也对唐宋变革的性质提出了质疑，这样的思考是富有建设性的。在这一范式的启发下，学者们以大的视野将汉至唐，宋至明之间的历史联系起来进行综合性的考察，或者将相邻朝代之间的历史进行贯穿性思考，对于揭示长时段的社会变迁提供了新视角。前近代中国的经济结构与发展水平，土地所有制形式等经济史上的重大问题在既往研究的基础上也都将会有更多的进展。社会形态的演进方式以及"封建"名称概念的争论实际上并不是一个新问题，也不仅仅是学术概念规范的问题，而是与历史理论问题的探讨相关联的。这个问题的再次提出与争论，既说明学者立足于中国本土文化探讨中国古代社会形态的精神，也反映了某些新的理论动向。相关问题的争论肯定还将持续。其次，受外来史学方法与中国当代社会发展变化等现实背景的影响，中国古代史的研究视野与领域还将拓宽。如婚姻家庭、宗族史、性别史，灾害史、疾疫史，基层政权组织、社会组织的构建与职能的分析研究还将深入。人口史、环境史、"三农"问题的重视与关注，不仅形成了经济史、社会史乃至文化史新的学科生长点，也反映了学者们力图从历史的角度总结经验，为现实社会提供借鉴的问题意识。这种状况仍将持续发展。再次，以新材料带动新问题的研究将是未来相当长时期内中国古代史研究中各断代、专门史一个重要的学科生长点。甲骨文、金文还时有发现，数十万枚的简帛还有相当一部分尚未整理出版并且新发现方兴未艾，敦煌吐鲁番文书，西夏文书，徽州文书，墓志碑刻以及各种民间文书，域外汉籍珍本的新发现、新整理都为中国古代史研究提供了丰富的基础性资料。建立在这些资料基础上的研究，是新时期中国古代史很多领域中最为突出的成就之一，也将会吸引更多学者的关注。最后，摆在史学家面前的迫切任务是要在马克思主义中国化的理论指导下，解放思想，破除教条，不仅要从中国历史实际出发提出研究课题，探索中国历史发展的自身特点，而且要在研究方法上体现出中国特色。老一代的史学家在将马克思主义普遍原理与中国历史相结合上作出了杰出贡献，新时期历史学的理论发展方向则是如何推进马克思主义中国化，如何实现在唯物史观基础上建设具有中国特色的中国古代史学科体系的问题，新时期的史学家任重而道远。但是，我们也要看到，在很多具体问题研究上，理论与方法的多元化状况也将长期共存。历史虚无主义，否定马克思主义社会形态学说，否定历史发展规律等淡化马克思主义、背离马克思主义乃至否定马克思主义的倾向仍然会在一定范围内存在。

改革开放三十年的先秦史研究

徐义华

1978 年至今，是新中国学术研究活动最活跃的时期。随着改革开放和思想领域的解放，历史研究日益走向正规，取得了丰硕的成果，无论理论研究还是实证研究都取得了很大的突破。

在最初的几年，先秦史研究领域延续了前期的研究课题，历史分期等方面的讨论较为热烈。此后，在新形势下，先秦史研究也呈现出崭新的面貌，表现出新的特点。

先秦史研究的内容趋向务实，关于历史分期、阶级斗争等理论争论逐渐平息，实证性的课题重新得到重视。

先秦史研究出现了新的热点和生长点，在传统的政治史、军事史、经济史等研究进一步深入的同时，文明起源、社会史、文化史、生活史、风俗史、家族史、城市史等新的课题取得了长足进步，日益成为研究的热点课题。

研究方法越来越多样化，除原有的中国传统史学方法和马克思主义史学方法外，还大量引入西方其他史学理论和研究方法，一些西方学者，如英国史学家汤因比、考古学家柴尔德、格林·丹尼尔，美国人类学家克拉克洪、塞维斯等人的理论被广泛推广；酋邦理论、计量史学等方法得到应用。

交叉学科与新生学科日益成为先秦史研究中的重要力量和生发点，如考古学、古文字学、民族学等传统史学分支，以及环境学、生态学等自然科学，都日益成为研究中的重要力量，并取得了可观的成绩。

学术力量培养方面。教育正规化，高等院校和科研机构培养了大量专业人才，出版了大批的专业论文。高学历专业人才成为研究的中坚，其成果成为学术前沿中的重要组织部分。

大量学术刊物创办，为学术研究提供了坚强阵地，促进了学术成果的传布和交流，为学科建设和进步奠定了基础。

学术团体广泛成立，学术活动纷纷展开，促进了研究的发展，中国先秦史学会、中国殷商文化学会、中国古文字研究会、中国孔子研究会等先秦史领域的研究机构先后建立，组织了众多的学术交流活动，推动了研究的发展和交流。

国际学术交流日益频繁，随着对外开放的进行，对西方、日本等国的学术成果进行了广泛的引进和介绍，促进了国内研究的前进。

学术活动与社会活动的联系日益紧密，除日常的学术普及化活动之外，专业的学术活动与各地的经济建设和精神文明建设联系日益紧密，使学术活动不再单纯是学者之间的行为，而成为学者与其他行业人员、学术团体与社会大众群体之间的联合活动。

1978 年是中国史研究的一个转折，因为政治氛围的放松，学术讨论也随之活跃，许多已经被认为是"定论"的问题，得以重新探讨。

自 1978 年以来的先秦史研究大致可以分为综合性研究、专题研究、断代史研究和先秦区域历史研究四个方面。

一 综合性研究

这一时期综合性研究著作很多，有多种大型通史出版，对先秦史进行了较全面的梳理和总结。

自 1978 年之后，一方面是随着高等教育的正规化，亟须符合新时代需要的教材；另一方面随着学术的发展和思维方式的改进，需要对新成果、新理论进行吸收和整合，学者个人、高校和学术团体都投入到编著中国通史的工作中，有多种版本的中国通史得以出版。其中影响较大的有白寿彝主编的《中国通史》（第 2、3 卷）（上海人民出版社 1999 年版）、范文澜、蔡美彪著的《中国通史》（第 1 册）（人民出版社 1995 年版）等。其中范文澜、蔡美彪本《中国通史》是个人编著的通史佳作，而白寿彝版《中国通史》则是集体合作的典范。

与 1978 年以前的通史著作注重阶级斗争与农民起义，过于集中于政治不同，这些通史全面关注社会、生活、文化各个方面，在充分吸收已有成果的基础上，更全面地展示了中国古代国家与社会。

个人与集体创作的著作也不断面世，代表性的著作有邹衡的《夏商周考古学论文集》（文物出版社 1980 年版），金景芳的《中国奴隶社会史》（1983 年版），詹子庆的《先秦史》（辽宁人民出版社 1984 年版），胡庆钧的《早期奴隶制社会比较研究》（中国社会科学出版社 1996 年版），晁福林的《夏商西周的社会变迁》（北京师范大学出版社 1996 年版），李民、张国硕的《夏商周三族源流探索》（河南人民出版社 1998 年版），王玉哲的《中华远古史》（上海人民出版社 2000 年版），晁福林的《先秦社会形态研究》（北京师范大学出版社 2003 年版），沈长云的《先秦史》（人民出版社 2006 年版）等。

另外还有大量综合性讨论的论文出版，对先秦时期的社会发展和制度演变进行了探讨。

近年来，尤其是随着新、旧世纪的交替，许多以百年学科发展为题的研究得以设立，相关的总结性的著作随之面世，这必将进一步促进先秦史研究的发展。

总体上看，这类论著大体可以以 20 世纪 80 年代中期为界，分为前后两个时期。前期著作注重讨论历史分期和社会性质，强调阶级分析的方法，更多的是对经典作家历史分期方法的运用和讨论。而到后期的著作中，则注重早期国家形态、社会结构的研究，在社会阶段、国家性质等方面提出更符合中国历史状况的观点。

在这些综合性讨论中，相当重要的一个方面，是如何重新认识马克思主义对中国上古史研究的适用性，以及如何利用中国上古史研究发展马克思主义的问题，其中古史分期、中国是否经历奴隶制社会、中国封建社会的确定、亚细亚生产方式等成为研究的焦点。

中国古史分期，曾经成为史学研究的热点，据统计，从 1927 年到 1977 年的 50 年间，学者发表相关文章 800 余篇，主要观点倾向于认同亚细亚形态与西欧社会发展顺序相似，中国历史也符合五阶段分法，最有影响的讨论是"三论五说"。1978 年以后，中国古史分期依然受到重视，大量古史分期的研究成果得以发表。与此前主要肯定五阶段论不同，大部分学者认为亚细亚形态是一种独立的历史发展道路，中国历史发展有自己的特殊性，否定五阶段论是一种普遍适用的分期方式。这类研究基本以 1989 年为界，分为前、后两个时期，1989 年以前一方面继续进行"三论五说"的延续讨论，一方面试图从马克思主义中提取新的分期方法；1989 年以后，则主要是对马克思主义史学理论的反思和研讨，同时将理论成果用于具体的通史撰写。

1989 年以前的讨论中，有相当一部分学者沿袭 1978 年以前的讨论和观点，继续讨论中国古史各阶段的划分，如何兹全的《汉魏之际封建说》（《历史研究》1979 年第 1 期）、赵光贤的《周代社会辨析》（人民出版社 1980 年版）、田昌五的《古代社会断代新论》（人民出版社 1983 年版）、金景芳的《中国奴隶社会史》（上海人民出版社 1983 年版）等。这些讨论基本坚持五阶段论，并确定它们在中国历史上的具体时期，在理论上没有大的变化。随着研究的深入，史学界的观点发生了变化，研究如何正确运用马克思主义史学所确定的历史阶段划分中国古代历史成为史家关注的课题，在此基础上根据中国的历史情况对马克思主义理论进行了重新认识，有代表性的是一元多线发展观和三形态论等。一元多线发展观认为五阶段论不符合世界历史事实，马克思提出生产力发展水平为决定性的一元，起决定性作用，各国各地的历史发展则呈现多样性（罗荣渠：《论一元多线历史发展观》，《历史研究》1989 年第 1 期）。三形态论也否定五阶段论，认为马克思提出的"人的依赖关系是最初的社会形态"、"以物的依赖性为基础的人的独立性，是第二大形态"、"建立在个人全面发展和他们共同的社会生产能力成为他们的社会财富这一基础上自由个性，是第三个阶段"，试图以三种形态代替五个阶段（刘佑成：《社会发展三形态》，浙江人民出版社 1987 年版）。但这一时期的研究很明显依然以马克思主义经典理论为核心，变化的只是如何将其中的理论重新整合和归纳。

1989 年以后，史学界对古史分期讨论的失误进行了反思，并进行了新分期方法的探索，突破了单纯套用马克思主义历史阶段名词划分中国古史的做法，进而讨论马克思主义划分的历史阶段是否对中国古史适用的问题，由此导致了中国是否经历奴隶社会、中国封建社会如何确定、如何精确认识"封建"的内涵、亚细亚生产方式等问题的提出和讨论。更多学者转向从中国历史的实际情况出发，根据中国的历史特点划分历史时期，同时加强对具体的国家结构形式和社会组织形式的研究，从单纯的国家、社会性质讨论转向社会的运作方式的探索。

与此同时，学界关于社会性质和分期的认识出现分化，一部分学者在研究史学理论和中国古史事实的基础上，提出了中国上古史有其独特性，并没有经历马克思主义总结的奴隶社会阶段等论点，关于中国是否经历过奴隶社会的问题，一度成为讨论的热点。1979 年，黄现璠发表《我国民族历史没有奴隶社会的探讨》一文，提出中国没有奴隶社会，得到张广志、胡仲达等学者的响应，史学界就中国古代是否经历奴隶社会展开讨论。此后有大量论著发表，如张广志的《奴隶社会并非人类发展必经阶段研究》（青海人民出版社 1988 年版）、晁福林的《夏商西周的社会变迁》（北京师范大学出版社 1996 年版）等，申述中国古代没有奴隶社会。中国历史没有经过奴隶社会的观点日益为越来越多的学者所接受。

越来越多的学者主张应从中国历史的自身特点出发，重新审视历史分期问题，新的分期方法也被提出。如田昌五提出洪荒时代、族邦时代、万邦时代、族邦联盟时期、统一族邦时期、封建帝制的分期方法（《马克思主义与中国历史发展规律》，《学术月刊》1997 年第 1 期），晁福林提出氏族封建、宗法封建、地主封建的分期方法（《夏商西周的社会变迁》，北京师范大学出版社 1997 年版）。这些理论讨论在实际的通史撰写中得到应用，白寿彝主编的《中国通史》即以上古时代、中古时代代替奴隶社会与封建社会，商传、曹大为、王和、赵世瑜等主编的《中国大通史》则明确"不再套用斯大林'五种社会形态'单纯演变模式作为中国历史分期的标准"，把夏商周称为"宗法集耕型家国同构农耕社会"、秦汉至清称为"专制个体型家国同构农耕社会"。

古史分期问题是一个长期讨论的问题，目前依然得到关注的相关问题有奴隶社会、封建社会、亚细亚生产方式等。

关于中国是否经历过奴隶社会的问题，依然是各持己见，许多著作依然按传统的马克思主义阶段研究和撰述中国古代史，有的学者则按没有奴隶社会的观点认识中国古代历史，后者有越来越占有优势的倾向。

与对奴隶社会的否定相对应，还有对封建社会的讨论。封建社会属于大的社会分期问题，不是只属于先秦史研究的重要问题，但就字面意思和实际国家运作方式而言，封建对应的时代应该是商、周时期，而且相当一部分学者认为封建社会形成于先秦时期，所以对封建社会进行讨论也就成为先秦史研究的一个重要问题。随着讨论的深入，对封建问题的探讨已经超越了单纯的分期的范畴，而涉及对"封建"一词本身更加细致深入的理解。除封建社会阶段划分的讨论外，还有对封建社会具体内涵的讨论。对于封建社会的思考开始很早，早在20世纪80年代吴大琨就指出中国史学所使用的"封建"一词与西方的feudalism意义差别已经很大，如果将两者对译，"西方和全世界的马克思主义者是很难理解的"（吴大琨：《〈马克思与第三世界〉前言》，商务印书馆1983年版）。进入20世纪90年代以后，学界对这一问题正式进行讨论，日知：《"封建主义"问题》（《世界历史》1991年第6期）进行了详细的论述，认为feudalism译"封建"属于误译，此后讨论一直继续。进入21世纪之后，讨论更加热烈，大量相关论文发表，关于封建社会具体对应的社会阶段，也各持己见。最有代表性的著作是冯天瑜的《封建考论》（武汉大学出版社2006年版），认为"封建"原译问题不大，但由于后来使用严重泛化，导致了"名实错位，形义脱节"，造成历史讨论中的舛误。最近，中国社会科学院历史研究所也组织了关于"封建社会"问题的讨论，并出版了《封建名实问题讨论文集》一书。

关于亚细亚生产方式的讨论集中于两个方面：一是亚细亚生产方式所处的历史时段，有原始生产方式、阶级社会前生产方式、奴隶制生产方式等多种观点；二是亚细亚生产方式与中国社会的联系。

总观之，近三十年来综合性的理论研究中，基本划分为三个阶段，"文化大革命"结束至20世纪80年代中期为第一阶段，基本还是讨论马克思主义史学理论或名词对中国历史适用性的问题，但已经出现立足中国史实综合研究的趋势，20世纪80年代中期至90年代早期为第二阶段，否定传统历史阶段划分、重新审视古史形态的文章大量涌现，传统观点也依然存在；20世纪90年代早期至今为第三阶段，以国家、社会的具体结构和组织形式为研究的重点，总体性的纯理论性的研究减少。

这种争论自20世纪二三十年代开始，已经持续了七八十年，基本是正、反双方的相互诘难，很难取得较大的进展。要想综合性研究和理论性研究，必须抛开这种适用性的争论，立足于中国历史的实际，总结符合中国历史本身的原则与规律，才可能会取得突破。

上古史理论建设中的争论，相当重要的原因是过分强调历史发展的统一性与规律性，将经典作家的结论直接套到中国历史研究中，而没有充分考虑到中国历史发展的独特性和一种外来理论的适用性。其实，就历史发展状况而言，古代中国的"国情"比现在要独特得多，很难直接套用经典作家对西欧的社会分期。在学术研究中，对于外来理论的运用，主要应该是原则与方法的运用，而不是既定结论的套用。如果不是立足于本国史实，而专注于理论的引进与讨论，结果将导致削足适履，某种程度上会造成认识上的混乱。

综观对奴隶制的讨论，学者多拘泥于奴隶制社会本身的标准、类型、特点讨论奴隶社会的有无。而古代专制社会下，无论人身或者财富都具有强烈的依附性，因此很难确定一个明确而严格的奴隶身份标准，致使同样的材料也会产生不同的理解和认识，难以达成共识。其实，奴隶社会的有无，可以从国家起源和奴隶社会的产生的角度来进行思考。通常情况下，最初的奴隶主要由战俘构成，单纯的本民族分化形不成奴隶社会，战争与征服是形成奴隶社会的前提，而且这种征服是压倒性的胜利，以一个国家的绝对强大为基础。即一个以征服外族兴起的国家，将大量战俘保留下来成为被奴役者，奴隶成为一个重要的社会阶层，从而形成奴隶制。西方社会进入国家阶段时，东方文明已经高度发达，其技术和组织方式为西方国家提供了支持，最先从东方接受高度发达技术和社会组织形式的部族，可以迅速建立起远远超越本地区其他部族的国家，从而形成压倒性的优势，完全征服后起的部族，使之成为战俘和被奴役者。西方社会多是从英雄时代开始，通过征服的方式形成国家，产生大量战俘，具有建立奴隶社会的人口基础。同时，战争使农民脱离生产，需要有人照顾农耕，而且社会又有较发达的工商业，这些都需要大量的游离人口。于是，战争中的俘虏相应发展为奴隶。中国则属于另一种情况，国家起源是在自然发展状态中进行的，各个部族发展水平相差不大，很难出现压倒性优势的完全征服，国家既无法靠征服形成，也没有产生大量战俘的途径。战争也不是国家形成的主要动力，第一个中央王朝夏朝更多地是因为治水的需要形成的，随之而来的商王朝也是"以七十里王天下"，在改朝换代的过程中，除了对夏王朝的核心力量进行战争打击外，其他地区则主要依靠抚柔方式，都没有大量的战俘。中国古代社会强调巩固农业，工商业不发达，没有大量使用游离劳动力的社会环境。所以中国古代很难形成普遍的奴隶制，从商代的情况看，战争中的失败者，更多地是被中央王朝接受为地方势力，成为"王化"之民，零星的战俘则被用于祭祀等仪式而杀掉了。因为中国没有奴隶制度，所以对于忽然出现的零散战俘无法吸纳，只好用为牺牲。殷墟等地出现的大量祭祀人牲，不仅不是中国存在奴隶社会的证据，反而是中国没有奴隶社会的证据。所以，中国国家扩张表现为一种柔和的扩张，不强烈排斥外来部族进入国家体系，也不对进入国家体系的外来部族实行残酷的压制。另外，中国社会保持了以血缘关系为基础的非常严密的宗族，宗族成为实际的社会基层单位，社会个体成员置于宗族的庇护之下，国家直接控制的是宗族而不是社会个体成员，其他势力也很难从宗族保护下过分奴役其中的个体。所以，无论从奴隶制的产生方式还是维持方式上，中国古代社会都不具备充分的条件。

封建社会的讨论，同样可以遵循上述思路探讨。封建制产生的物质基础是战争中大量的可支配土地和财产，社会组织基础是中央王朝缺乏足够的控制能力，所以中央王朝不得不将土地和财产分配给有势力的团体，同时要求这些团体履行效忠的义务。中国的封建制基本也是如此，只有商、周两代符合上述情况，其他时期的所谓封建只是一种中央专制王朝制度下的补充形式，实际已经不是以封建为主体的国家制度。

就中国历史的总体分期而言，单纯地利用生产力水平和国家政治结构分期，已经很难再有新的进展。中国自古是家与国合而为一的体制，政治与伦理合而为一的文化，这一点《中国大通史》的作者们已经明确地认识到了，但他们的划分和命名却不够明了，难以作为一种通用的分期方式。从族与国的融合看，中国历史可以分为五个时期，即氏族社会、贵族社会、豪族社会、宗族社会、公民社会，每两个阶段中间有过渡期。夏之前的新石器时代为氏族社会，尚未进入完备的国家阶段。夏、商、周三代为贵族社会，政治地位与宗族地位融合在一起，宗族地位决定个体在政治体系中的地位，相应的官僚制度是世官世禄制；秦汉至隋唐为豪族社会，政治地位与宗族地位开始分离，但宗族地位依然决定个体的政治优势，官僚制度中察举制占重要地位；宋代至清代为宗族社会，这一时期政治地位与宗族地位完全脱离，科举制成为选拔官僚的重要方式。目前中国正在向公民社会过渡。在所有这些社会阶段当中，个体与国家之间总间隔着一个宗族，个体与国家之间的联系不是直接的，权利和义务也不是直接的。目前中国个体成员与国家之间也存在着间隔——单位，随着保障和福利的社会化进程的发展，中国将进入公民社会。

在这一阶段的综合性研究中，另有一个重要方面即是对整个上古史的信、疑问题的讨论。这一问题自 20 世纪 20 年代古史学派兴起开始，中国上古史的信、疑问题一直是讨论的焦点问题。在 20 世纪 80 年代初之前，受疑古派影响较明显，虽然有学者开始从考古资料中探索中国文明源头，但多属个案研究，没有形成风气。从 20 世纪 80 年代中期开始，随着考古资料的大量发现和学术积累的增加，人们开始致力于上古史的重建，大量关于上古史考信的文章以及反思古史辨派结论和方法的著作出版和刊布，考证和重建古史的倾向超越了疑古倾向。20 世纪 90 年代初，李学勤正式提出"走出疑古时代"（李学勤：《走出疑古时代》，《中国文化》1992 年第 7 期），提倡重新认识中国上古史。这一提法得到许多学者的响应，相应的著作也相继问世，为上古史重建开始了一个新的阶段。

同时，"走出疑古时代"的论点也引起许多学者的质疑，学者就信古、疑古、释古进行了讨论。但仔细考察两派学者的争论，则会发现他们多致力于疑古、信古、释古在定义和程度上的界定与理解上，其实，在顾颉刚先生编辑《古史辨》之初，对上古史如何进行整理的认识是非常清楚的，提出伪事、伪史、伪书等概念，并提出伪事、伪书分别撰述和编辑出版的设想，即最初并没有将古史、古书"全部打倒"，而是要全盘的整理，剔除其中不可信的部分。但任何学科发展都很难摆脱"矫枉过正"的命运，尤其是学术发展为一种思潮之后，众多学者以及非专业人士的参与，最终使古史辨派发展为"疑古派"，出现了"疑古过勇"的偏差。这些偏差并不影响古史辨派整体的贡献，辨伪依然是历史研究的前提。

双方虽然在古史辨派的成果继承与成就评论上有区别，但在实际的学术研究中，其方法和资料利用方面，则无本质区别。所以，所谓关于"走出疑古时代"的争论，更多局限于概念的理解和解释上，两者学术研究前进的方向却基本相同，两者最终契合的交点即是考古。从古史辨派兴起开始，所有学者都主张把重建上古史的厚望寄托给考古，疑古与走出疑古之争虽然争论激烈，但对于考古及上古史重建的意义和作用却认识相同，甚至认为考古是重建中国上古史的唯一可信手段。近年来，学者在新资料和新理论的基础上，进一步弘扬前人成果，提出"走进考古新阶段",即进入以考古学为基础的科学,对古史进行全面考察的阶段。这种争论对学术的前进无疑是有益的,但需要指出的是,所有讨论都不应该越出学术界限,不能将学术的方法的认识的争论上升为政治的路线的人品的争论。

综述三十年以来的先秦史综合性研究,特别是讨论激烈的课题,基本以 20 世纪 80 年代中期为界分为两个阶段。前期基本沿袭了清末以来的学术倾向,主流是外来理论的中国化,即西方史学理论下的中国史重构,不同之处只是马克思主义史学理论取代其他西方史学理论而已;20世纪 80 年代中期以后,则是立足于新资料和历史史实,对西方理论进行反思并试图建立自己的理论体系的阶段。虽然还没有取得突破性进展,但这一趋势和倾向是不可遏阻的。

二 专题研究

(一)文明与国家起源

国家与文明起源是先秦史研究的热点。由于受古史辨派影响,很长时期内,学者把商代作为中国历史的开端。1979 年,唐兰就提出大汶口文化已进入文明时期的观点(《中国奴隶制社会的上限远在五六千年前——论新发现的大汶口文化及其陶器文字》)(《大汶口文化讨论集》,齐鲁书社 1979 年版),继而李学勤在《重新估价中国古代文明》(《人文杂志》增刊《先秦史论文集》,1982 年)提出"把中国文明的形成从早商再上溯一个较长的历史阶段",号召"走出疑古时代",对中国古代文明进行重新评估。

众多学者投入这一课题的研究中,尤其是随着考古工作的开展,文明与国家起源研究取得了巨大进展。北京大学、中国社会科学院也相继成立了中国古代文明研究中心,并出版发行了专门的刊物,加强对这一课题的研究。许多关于文明和国家起源的著作陆续出版,如夏鼐的《中国文明的起源》(文物出版社 1985 年版)、高光晶的《中国国家起源》(河南大学出版社 1989 年版)、王震中的《中国文明起源的比较研究》(陕西人民出版社 1994 年版)、谢维扬的《中国早期国家》(浙江人民出版社 1995 年版)、李学勤的《中国古代文明与国家形态研究》(云南人民出版社 1997 年版）和苏秉琦的《中国文明起源新探》（三联书店1999 年版）、钱耀鹏的《中国史前城市与文明起源研究》（西北大学出版社 2001 年版）、许顺湛的《五帝时代研究》（中州古籍出版社 2005年版）。学者们在文明阶段划分社会形态方面，从事实与理论各方面进行了论证，取得了极大的进展。

综合文明与国家的起源而言，基本可以概括为三个方面：文明与国家的标志、国家形成和发展的阶段、国家形成的途径与动力。

文明与国家的标志的确定是进行研究的前提，所以许多学者提出了自己的意见。文明与国家虽然是两个概念，但在起源性研究上，则很难将两者分开，甚至有的学者主张文明起源研究与国家起源研究的内容实际相同。从相关论著的内容看，无论是以文明起源还是以国家起源为名，主要研究内容都是以国家为对象，而文明则更多的时候表现为一种概念性的讨论。但为了表述的方便，我们还是分别说明。关于文明的标志，前期研究侧重具体的技术因素，大体有阶级、城市、文字、冶金术等几个方面的标准，从 20 世纪 80 年代末开始，许多学者提供社会组织方式、礼制等文明要素，更从中国古代历史的实际情况出发总结文明的标志。国家形成的标志，则主要表现为城防的出现、等级的分化、权力世袭的出现、礼制的出现、战争经常化和刑罚固定化等。文明与国家起源研究属于起步较晚的课题，最初受西方理论影响较明显，但随着研究的深入，越来越立足于中国历史的实际，理论也越来越本土化。

对于国家形成和发展阶段的探讨，主要包括国家起源的时间、发展阶段等内容。

关于国家起源的时间，学界有商代说、夏代说、龙山文化说等几种观点。考古材料日益丰富，大量高度发达的古代文明被发现，如山东大汶口文化、山东龙山文化、中原龙山文化、江浙良渚文化、东北红山文化、山西襄汾陶寺遗址、山东章丘城子崖遗址、河南新密古城寨遗址、湖北天门石家河遗址等具有重要价值的遗迹得以发掘，随着考古发现和文献资料的进一步整理，龙山晚期出现国家的观念逐渐为更多的学者所接受，文献中与之相对应的五帝时代也日益受到学者的重视。

文明与国家研究为学界提供了关于中国远古史的全新视角，许多有价值的观点被提出并得到学术界的广泛认同。综合利用考古资料研究中国国家的形成与发展，是近 30 年来国家起源研究的一个重要方法，最具代表性的是苏秉琦提出的多中心理论，认为在统一国家出现之前，已经有许多高度发达的地方文化存在，中国文明呈现满天星斗的状态。与国家形态对应，那么即是在中央国家形成之前，应该有一个"万国时代"。文明起源的多元化已经为学界所接受。

至于国家演进过程，学者也多有研究，王震中分析了古资料，同时参考国外早期文明加以比较研究，对中国早期文明起源进行了讨论，提出中国远古经历了邦国—王国—帝国三阶段论。严文明提出了古国、王国、帝国三阶段理论（《黄河流域文明的发现与发展》，《华夏考古》1997 年第 1 期），苏秉琦则提出了古国—方国—帝国三阶段论。也有学者根据中国历史的独特性，从礼制方面进行划分，如卜工的《文明起源的中国模式》（科学出版社 2007 年版）即提出中国存在一个古礼时代，并将之分为古礼、酒礼、周礼三个阶段，这三个阶段一脉相承逐步升级。虽然理论尚需要进一步完备，但可以看作一种可行的尝试。

在国家起源研究中，最重要的应该是人类从氏族到国家这一过程，关于这一阶段的研究，较有影响的是酋邦理论。酋邦由美国学者塞维斯（Elman R. Service）提出，指人类历史介于氏族部落与国家之间的阶段。这一理论 20 世纪 80 年代初由张光直介绍给中国学者，引起了中国学者的巨大反响。有利用酋邦理论划分中国国家形成各阶段的，如谢维扬的《中国早期国家》（浙江人民出版社 1995 年版）就利用酋邦理论讨论中国早期历史，认为中国自黄帝到尧舜为酋邦时代，夏代进入国家。段渝的《酋邦与国家起源：长江流域文明起源比较研究》（中华书局 2007 年版）则以酋邦理论研究蜀地历史，也取得了一定的成果。另一种越来越有影响的理论是聚落考古学与社会形态学结合的研究方式，如王震中将国家起源过程分为大体平等的农耕聚落形态、含有初步分化和不平等的中心聚落形态、都邑国家形态三个阶段，提出了文明与国家起源过程的"聚落形态演进三阶段"理论。

在总结国家形态特点的同时，对国家起源的内在动力和规律进行了讨论。国家起源理论论述者很多，冲突论、融合论、贸易论、宗教论等几乎都有涉及，但就较全面的研究而言，基本可概括为三种：一是传统的马克思主义理论，认为国家是阶级矛盾不可调和的结果；二是酋邦理论，国家由联合的酋邦发展而来；三是根据权力集中方式探讨国家的形成，如王震中认为王权由宗教祭祀权、军事指挥权、族权构成，从宗教、战争、社会管理等方面论述国家起源。这些讨论和总结，促进了国家起源的理论建设。

在对远古时代中国国家的起源、形成和发展进行研究的同时，也注意引进西方的文明和国家起源理论，如酋邦理论、社会分层理论、聚落形态理论等相关国家起源理论都被引入研究中，同时加强自身的国家起源和发展理论的建设，极大地推动了国家起源的进展。

但是，也应该认识到国家起源是一个总体性的、综合性的问题，涉及社会和群体的各个方面，很难用某些方面加以完整地概括与说明。无论西方理论或者我国学者的理论，都还没有总结出一个适用性广、认同度高的较普遍的原则，理论建设还需要加强。理论建设的最基础问题依然包括国家的定义、认定标准等问题，定义和标准是其他研究的出发点，这个出发点本身就不准确，其上的理论建设也很难准确，马克思主义国家起源理论局限性的主要原因即在于将国家定义为阶级矛盾不可调和的产物，从而使国家起源研究根本性地出现偏差。

另外，国家起源研究过于注重远古材料，而忽略了一些可以通用的现代资料。从根本上说，国家是一种人群组织方式，人群组织方式的内在规律有共同性，所以并不是只有古代资料才可以提供国家起源的研究素材，所有新的人群组织方式的产生和形成都可以作为国家起源的借鉴资料。所以探查人类组织方式的本质动力应该可以为我们提供可以把握的规律，在远古资料有局限的情况下，研究的目光可以开阔到这些可用的资料上。

（二）年代学研究

年代学是史学研究的基础工作之一，中国由于历史文献记录比较详细，年代学一直为学界所忽略，很长时间没有成为历史学者重点关注的对象，所以，年代学的基础比较薄弱。但从20世纪80年代以来，特别是在"夏商周断代工程"的推动下，中国年代学研究取得了巨大进步。

年代学研究基本可以分为三个阶段：1996年之前，年代学的研究都是零散的注重个体事件与每个朝代的年代研究；1996年"夏商周断代工程"启动，年代学研究进入多学科相结合的新阶段；2000年夏商周断代工程第一阶段结项后，年代学研究进入一个继续深入和反思的阶段（因为深入就包括反思）。

在 20 世纪 80 年代中期以前，专门的年代学论著较少，但也有一些比较重要的著作，如赵光贤《从天象上推断武王伐纣之年》（《历史研究》1979 年第 10 期）、葛真《用日食、月相来研究西周的年代学》（《贵州工院学报》1980 年第 2 期）、马承源《西周金文和周历的研究》（《上海博物馆集刊》1982 年）等。从 20 世纪 80 年代中期以后，年代学研究日益为学界所重视，许多学者在这方面做出了努力，有影响的著述有张培瑜《中国先秦史历表》（齐鲁书社 1987 年版）、何幼琦《西周年代学论丛》（湖北人民出版社 1989 年版）、李仲操《西周年代》（文物出版社 1991 年版）等。

1996 年"夏商周断代工程"立项，在其推动下，三代时期的年代学研究，成为这一时期研究的热点，大量著述相继发表和出版。年代学研究的成果可以分为两个方面：一方面是历史年代研究方面的成果，如北京师范大学国学研究所编《武王克商之年研究》（北京师范大学出版社 1997 年版）、朱凤瀚等《西周诸王年代研究》（贵州人民出版社 1998 年版）、张闻玉《铜器历日研究》（贵州人民出版社 1999 年版）、江晓原等《回天——武王伐纣与天文历史年代学》（上海人民出版社 2000 年版）、夏商周断代工程专家组《夏商周断代工程 1996—2000 年阶段成果报告（简本）》（世界图书出版公司 2000 年版）等。这类研究中值得注意的是西周年代研究，西周年代研究是此前年代确定的基础，而西周文献、金文资料较丰富，所以西周时期的月相、历制、历谱研究，成为研究的热点，取得了大量成果，为夏商周断代提供了基础。这些成果对于年代确定的关键支点、历史时期的年代划分等做了讨论，确定了一些关键事件的年代，确立了中国上古时期的年代框架，为中国古史自新石器时代末期到西周末年提供了一个大体的年代参考。夏商周断代工程的研究目前尚在继续，预计完整版的年表近期出版。另一方面是年代学研究方法和理论的讨论，如张富祥《古史年代学研究的误区——夏商周断代工程金文历谱问题分析》（《山东大学学报》2006 年第 3 期）、殷玮璋《夏文化探索中的方法问题——"夏商周断代工程"结题后的反思》（《河北学刊》2006 年第 4 期），对现有研究进行理论上的指导和反思。

多学科相结合的年代学研究很大程度上要归功于"夏商周断代工程"的推动，虽然"夏商周断代工程"及其成果引起很大争议，但其意义和收获是不能全盘否定的，随着《夏商周年表》的发表和"夏商周工程"后续研究的进行，年代学研究将继续深入。

"夏商周断代工程"和年代学研究的发展，为历史研究提供了一些新的启示。一是多学科联合攻关，成为历史学研究的一个新方向，历史学几乎包罗范围很广，单纯的文献考证已经很难取得大突破，尤其是先秦时期文献记录较少，更需要其他学科的补益，大范围内的交流和借鉴有效促进了研究的深入。多学科联合为历史学研究提供了新方向；二是将实证研究与理论方法讨论相结合，年代学研究既关注具体的时代确定，又注重方法和理论的研究，在尝试如何将文献学、考古学、天文学等知识科学地结合方面取得了进展。

但年代学与"夏商周断代工程"也有一些教训，一是学术研究必须有预期目标，但不宜制定硬性的限期成果指标。学术研究应该是一个渐进的过程，成果的取得是瓜熟蒂落水到渠成的事；二是重视学术的可持续发展，关注年代学研究的连贯性和持续性，在原有基础上再进一步，不要出现随着断代工程的结项而冷落年代学研究的现象。

（三）政治、军事、经济史

政治史是传统的重点课题，著述很多，如陈戍国《先秦礼制研究》（湖南教育出版社 1991 年版）、王宇信和杨升南《中国政治制度通史·先秦卷》（人民出版社 1996 年版）、李力《出土文物与先秦法制》（大象出版社 1997 年版）等是具有代表性的作品。

先秦政治研究涉及问题很多，政体、王权、继承制度、官制、内外服制、封建、礼制、法律等都是研究较集中的课题，有许多问题属于断代研究的范畴，我们有选择地总结部分内容。

关于先秦时期的政体研究，有许多学者有论述，相关著作有林沄《关于中国早期国家形式的几个问题》（《吉林大学学报》1986 年第 6 期）、张秉楠《商周政体研究》（辽宁人民出版社 1987 年版）、赵伯雄《周代国家形态研究》（湖南教育出版社 1990 年版）、赵世超《周代国野制度研究》（陕西人民出版社 1991 年版）、周书灿《中国早期国家结构》（人民出版社 2002 年版）、晁福林《先秦社会形成研究》（北京师范大学出版社 2003 年版）等。

内外服制与分封制是先秦国家政治中的重要内容，徐中舒和唐嘉弘《论殷周的外服制——关于中国奴隶制和封建制的分期问题》（《人文杂志》1983 年第 1 期）、王冠英《殷周的外服及其演变》（《历史研究》1984 年第 5 期）等都对这一问题进行了论述。内外服制和分封制既是研究的焦点，也是研究的难点，学者多有分歧。内外服研究基本可以分三个方面：一是内外服的出现时间与有无；二是内外服的具体划分；三是内外服各自的具体内容。关于内外服的出现时间与有无，有学者则认为夏朝已经出现内外服制，是现实的政治制度，有的学者则认为内外服制是周代出现的一种理想化的划分疆域形式。关于内外服的区分，也分为两种意见，一种意见认为内外服是以地域为标准，一种意见则认为是官职的区别。至于内外服的具体内容，有学者认为商代的侯、甸、男、卫即是外服，既是国家政治组织形式也是奴隶控制方式，四服由各部族首领统率本部族土地和人口构成，非中央王朝授民授疆土而建成。周王朝改四服为分封制，建立了授民授圭的封建等级制度。这种观点实际将分封制视为外服制同一制度，只是发展的不同阶段而已。也有学者认为商代外服多为异姓方国，归服商王朝受赐命成诸侯，周代外服则多为赐土授民的同姓诸侯。

与之相应的分封制和爵制的讨论。关于分封制，传统观点认为始于夏朝，有学者认为始于商朝，其中李雪山《商代分封制度研究》可为代表；也有学者认为分封制是周代才产生的制度，其中葛志毅《周代分封制度》可为代表。爵制与之相似，一部分学者主张五等爵始于商朝，一部分学者则主张周代才出现五等爵制。

三十年来的内外服制、分封制和爵制，虽然取得了巨大进展，但也有不足。主要缺陷在于将内外服制、分封制和爵制分开研究，或者混而为一，缺乏合理的综合性分析。

内外服制是在早期国家控制力不足的情况下，根据空间距离对不同地区分别治理的统治方式。夏代国家主要是通过治水而建立起来的国家，由于各部族归服时间差异和与中央王朝关系的不同，中央王朝采取不同的对待策略，形成最初的内外服制。商代是通过征服建立的国家，后来也不断拓展疆域，战争和征服使商王朝掌握大量可支配的土地和人口，从而具有了授民授疆土的物质基础，建立了最初的分封制，而不同地区与中央王朝的关系依然不同，内外服制依然存在。由于商王朝的开拓是逐步进行的，分封也是分散进行的，所以没有形成统一的爵级。周王朝也是靠征服建立的，但与商王朝逐步拓展领土不同，周王朝继承了商王朝数百年积累的疆域开拓和制度建设成果，可以在广大地域内集中分封，形成了完善的内外服制、分封制和爵级制度。将相互关联的制度，进行综合研究应该是先秦史研究的一个方向。

军事史的研究成果较为分散，专门的先秦军事史著作不多，代表性著作有陈恩林《先秦军事制度研究》（吉林文史出版社 1991 年版）、高锐《中国上古军事史》（军事科学出版社 1995 年版）、罗琨、张永山《夏商西周军事史》（军事科学出版社 1998 年版）等。通史性质著作有《中国军事史》（解放军出版社 1987 年版）、《中国兵制简史》（军事科学出版社 1989 年版）、《中国军事制度史》（大象出版社 1997 年版）等，对先秦军事史也有涉及。另外，还有相当数量的论文发表。这些著作和论文对于先秦时期的战争史、军队组织形式、兵役制度、军事后勤、训练制度、武官制度、军事思想等都有研究，取得了一定的成果。

军事史研究的主要成果集中于战争史、军事制度、军事思想等方面，对于制度性的、战略性的、思想性的问题研究比较多，而关于古代武器、器械、章服、军阵、战术、军事技术等具体问题的研究相对较少。这些具体的技术性的、细节性的问题最终影响了总体的军事史研究，使军事史研究不能深入。与其他专题研究相比，军事研究相对落后，需要加强。

经济史研究在这一时期十分繁荣，著述甚丰。经济史研究可以分为两个阶段：前一阶段主要集中于土地制度和赋税制度两个方面；后一阶段则研究范围日益开阔，综合性的经济史、商业史等方面的研究都取得了显著的成绩。

土地制度研究主要有两个方面：一是井田制度研究；二是土地私有化研究。两者原本都是与中国古史分期相关的课题，后来逐渐发展为独立的讨论主题，涉及井田制的有无、井田制的土地占有形式和耕作方式以及其历史演变等问题，但没有出现认同度较高的结论。代表性著作有金景芳《论井田制度》（齐鲁书社 1982 年版）、徐喜辰《井田制度研究》（吉林人民出版社 1984 年版）等。自 20 世纪 80 年代中期以后，关于井田制的讨论逐渐减少。几乎与井田制讨论沉寂同时，关于土地私有化进程的讨论增加，学者所持观点也各异，关于土地向私有转化的时间、方式各持己见。但进入 20 世纪 90 年代以后，关于土地私有化的讨论大大减少。井田制和土地私有化问题，基本还是可以视作古史分期的延续问题，随着古史分期讨论的淡化而不再成为关注的焦点，但近来随着经济史研究的升温，状况有所改变，如李朝远著《西周土地关系论》（上海人民出版社 1997 年版），2005 年曹毓英出版了《井田制度研究》（华中师范大学出版社 2005 年版）一书，继续对相关问题进行讨论。

其实在井田制度等课题的研究中，经常涉及先秦时期的财政制度。同时财政制度研究作为一个相对独立的课题也持续得到关注，自新中国成立以来就有多篇文章专门论述，改革开放以后，依然被学界重视。1979 年李根蟠发表《春秋赋税制度及其演变》，讨论了春秋的赋税制度。此后论述较多，代表性的文章有王贵民《试论贡、赋、税的早期历程》（1988 年）等论文、吴才麟等的论文集《中国古代财政史研究——夏、商、西周时期》（中国财政经济出版社 1990 年版）发表刊行，推动了先秦财政制度的研究。

较系统的经济史、商业史研究主要出现在 20 世纪 90 年代之后，与前期注重土地制度、生产关系不同，后期研究范围加大，综合性研究加强，同时前一阶段被忽略的城市、商业等方面的研究得到加强。在综合性著作中，以杨升南《商代经济史》（贵州人民出版社 1992 年版）、周自强主编《中国经济史·先秦经济史》（经济日报出版社 2000 年版）为代表，学者对先秦时期的土地制度、生产方式、生产工具、经济运作方式等作了深入的探讨。商业史的讨论很多，除商业发展进程的研究取得进展外，对商业在先秦社会的功能也有新的认识，如打破了传统上的认为“重农抑商”政策是单纯的抑制商业发展的观点，而将重点放于“工商食官”，认为所谓的“重农抑商”政策实际是官府为垄断商业对民间商业的压制，对官府控制的工商业则大力维护和发展。

与经济史相关的早期城市的研究，也十分活跃，有影响的著作有张鸿雁《春秋战国城市经济发展史》（辽宁大学出版社 1988 年版）、杨宽《中国古代都城制度史研究》（上海古籍出版社 1993 年版）、曲英杰《先秦都城复原研究》（黑龙江人民出版社 1991 年版）、许宏《先秦城市考古学研究》（北京燕山出版社 2000 年版）等。城市研究对于古代城市的出现时间、选址、布局、功能等都做了深入研究，为全面认识先秦社会提供了资料。

（四）社会、生活史

社会生活史是近年兴起的研究领域，以古代社会的组织形式、家族形态、生活方式及风习方面等为研究对象。

在社会组织方面，主要研究社会成员的等级与组织，这一问题主要集中在古史分期的讨论当中，但也有许多问题得到较独立的讨论，如甲骨文中众的身份，周代庶人、国人、士的地位等。这类问题的讨论往往与学者对整个古代社会的性质的认识相关，所以，此类讨论主要发表在20世纪90年代之前，进入20世纪90年代之后，等级与身份的讨论减少，同类研究往往只是讨论其他具体问题时有所涉及，而少专题的研究。

家族形态作为社会生活的重要内容，日益受到研究者的关注。家族形态最初与古史分期联系在一起，讨论的重点在于家族与阶级和政治的联系。进入20世纪90年代以后，家族形态研究注重家族本身的构成与组织，并讨论家族形态与社会、国家及政体的关系，代表性的著作有谢维扬的《周代家庭形态》（中国社会科学出版社1990年版）、朱凤瀚的《商周家族形态研究》（天津古籍出版社1990年版）等。家族形成是一个非常复杂的问题，在国与家相表里、以族为社会基层单位的中国古代，家族是内涵最丰富的事物之一，需要多种研究综合进行，才能真正全面考察家族的本质和意义。与家族相联系的问题还有姓氏制度、宗法制度、昭穆制度等。姓氏制度主要内容包括姓氏源流、赐姓制度、姓、氏演化以及一些具体材料的姓、氏确定等方面。姓氏制度是一个很复杂的问题，由于姓氏来源的多样性和各姓、氏演化复杂性，同时也由于商、周早期的姓氏资料较少，所以这一问题一直没有取得突破，但出现了一些有价值的著作，如陈絜《商周姓氏制度研究》（商务印书馆2004年版）、张淑一《先秦姓氏制度考索》（福建人民出版社2008年版）。宗法制度是学界一直关注的问题之一，宗法制度讨论的问题很多，宗法制度产生的时间、宗法制下的具体宗族结构、宗法制的适用范围、族权与王权及宗统与君统的联系与结合等都是讨论的热点。宗法产生的时间大体有商代说、周代说、战国说等，其中商代出现宗法制是较新的论点，引起学者的讨论和关注；宗族结构的分歧主要在于王位传承、嫡长子制、"继祖为别"、"别子为祖"等大、小宗的关系方面；宗法制的适用范围也有不同意见，主要是研究贵族与士、庶人宗法的具体情况；宗统与君统主要讨论了宗法与政权的结合，及政权之下王、诸侯、卿士之间的关系。宗法制度研究较有代表性的著作有钱宗范《周代宗法制度研究》（广西师范大学出版社 1989 年版）、钱杭《周代宗法制度史研究》（学林出版社 1991 年版）等。总之，近三十年来的宗法制研究，突破了过去阶级与政治学说的限制，深入到具体的细节的问题，取得了巨大的成就。但宗法制是古代最重要的制度之一，其内涵和意义还应进一步发掘。另外，在研究宗法制这类实用性很强的制度时，一定要注意制度与事实之间的差距。历史研究的方法决定我们必须通过史实推论制度，但事实上，制度在实际的运用中是经常被违背的。如何正确理解一些史实与制度之间的关系，应该全面考察再做结论。

生活与习俗方面，具有代表的著述有：宋兆麟《中国风俗通史——原始社会卷》（上海文艺出版社 2001 年版）、宋镇豪《夏商社会生活史》（中国社会科学出版社 1994 年版）、朱凤瀚的《商周家族形态研究》（天津古籍出版社 1990 年版）、李衡眉《中国古代婚姻史论集》（吉林文史出版社 1992 年版）、赵雁侠《中国早期姓氏制度研究》（天津古籍出版社 1996 年版）、晁福林《先秦民俗史》（上海人民出版社 2001 年版）、李纯一《先秦音乐史》（人民音乐出版社 2005 年版）、魏建震《先秦社祀研究》（人民出版社 2008 年版）。这些著作对姓氏、宗族、家庭及人口、居邑、婚姻、丧葬、祭祀、饮食、服饰、信仰、风俗等与社会生活相关的内容加以研究，提供了古代社会更具体细致的描述。

（五）思想文化史

先秦哲学、思想、文化研究一直是备受重视的领域，著述也非常丰富，有通论性的著作，如刘泽华《先秦政治思想史》（南开大学出版社 1984 年版），但以先秦诸子哲学研究最为丰富，简要列举如童书业《先秦七子思想研究》（齐鲁书社 1982 年版）、张恒寿《庄子新探》（湖北人民出版社 1983 年版）、李玉洁《先秦诸子思想研究》（中州古籍出版社 2000 年版）、韩星《先秦儒法源流述论》（中国社会科学出版社 2004 年版）、朱前鸿《名家四子研究》（中央编译出版社 2005 年版）。

这一时期哲学、思想史研究的特点之一是竹简、帛书的发现为学术研究注入了新的活力。如帛书《周易》、《春秋事语》、《战国纵横家书》、《老子》，竹书《晏子》、《孙子》、《尉缭子》、《孙膑兵法》、《文子》等的发现，给学者提供了新的资料和启迪。许多学者致力于这类著作的整理与研究，代表性作品有李学勤《简帛佚籍与学术史》（台北时报文化出版有限公司 1994 年版）、郭沂《郭店竹简与先秦学术思想》（上海教育出版社 2001 年版）、丁四新《楚地出土简帛文献思想研究》（湖北教育出版社 2002 年版）等。

三　断代史研究

（一）原始社会史

随着考古工作和远古史研究的进展，学界对于原始社会的认识日渐提高。原始社会史大体分为两部分：一部分是微观的具体的研究，遗址分析、石器制作流程与技术、器物的性质与用途、器物、纹饰及反映的思想；一部分是宏观的总体的研究，对古代社会组织形态进行研究。

原始社会史领域较受关注的课题有起源性问题，如农业起源、文字起源、国家起源等。许多学者将考古资料与文献联系起来探讨史前社会，如许顺湛《黄帝时代是中国文明的源头》（《中州学刊》1992 年第 1 期），还有相当一部分将考古资料与古文献结合研究五帝时代的文章。如石兴邦《有关炎帝文化的几个问题》（《文博》2000 年第 1 期），等等。

综合性的著作也有多种，较重要的有余继林《原始社会简史》（四川人民出版社 1981 年版）、宋兆麟等《中国原始社会史》（文物出版社 1983 年版）、林耀华《原始社会史》（中华书局 1984 年版）、岑家梧《中国原始社会史稿》（民族出版社 1984 年版）、时佑平《原始社会史辨》（江西教育出版社 1985 年版）、李友谋《中国原始社会史述》（中州古籍出版社 1986 年版）、张维罴《原始社会史》（兰州大学出版社 1994 年版）等。

（二）夏史

受资料的限制，夏史研究相对薄弱，大部分研究都围绕考古资料的解释和分析进行。夏史研究所涉及范围虽然很广，但课题相对集中，主要在夏代对应的考古文化、夏的起源与势力范围、夏与周边民族的关系、夏代的社会性质等几个方面。

关于夏代的文字资料非常少，确定和利用考古资料是研究夏史的主要方式。从 20 世纪 70 年代末开始，学者在这方面做了大量工作，对河南龙山文化和二里头文化、山东龙山文化、山西陶寺遗址等进行了长期探讨，形成了多种观点，其中以二里头文化为基础探讨夏史越来越为学界所重视。夏人的起源和夏王朝的地域也备受关注。关于夏人的起源有陕西、山西、河南、山东等多种观点，而关于夏王朝的地域，也有晋南、豫西、豫北、冀南等多种观点，另外，关于《禹贡》中九州的划分也是研究的一个热点。夏与周边民族的关系，主要集中于夏与东夷、先商、良渚、先越的关系等方面。夏的起源与势力范围、夏与周边民族的关系等问题，与考古研究关系密切，有的本身即是考古资料认识的一个方面，最终需要由考古研究解决，所以夏代考古是夏史的基点和核心。

夏代在中国历史上处于一个特殊的转折点，是国家形成的重要阶段，正确认识夏史对于整个中国历史研究都具有重要的意义，因此关于夏代社会性质的讨论也很多。但是，限于资料，专门的关于夏代社会性质的研究并不多见，大多散见于各篇具体研究当中。夏代国家形成已经得到多数学者的认同，但具体社会结构和组织形式却依然需要进一步的研究。

夏史这方面的著述有《夏史论丛》（齐鲁书社 1985 年版）、《夏文化研究论集》（中华书局 1996 年版）、《夏文化论集》（文物出版社 2002 年版）等论文集，以及孙淼《夏商史稿》（文物出版社 1987 年版）、郑杰祥《夏史初探》（中州古籍出版社 1988 年版）、陈剩勇《中国第一王朝的崛起》（湖南出版社 1995 年版）、董琦《虞夏时期的中原》（科学出版社 2000 年版）、詹子庆《走近夏代文明》（东北师范大学出版社 2006 年版）和《夏史和夏代文明》（上海科学文献出版社 2007 年版）等个人专著。

由于资料的限制，将夏史作为一个独立的朝代课题研究还为时尚早，但由于夏代在中国历史上的特殊地位，亟须从整体上加强研究。

（三）商史

三十年来商史研究取得了飞跃性的进展。

三十年来的商史研究按时间划分，基本可以以《甲骨文合集》全部出版（1982 年）、《甲骨学一百年》的出版（1999 年）为界点分为三个时期。1982 年以前以资料的整理和分散研究为主；1982—1999 年研究全面展开，取得广泛的成绩，并做了阶段性的总结；1999 年以后进入深入提高阶段，尤其是《商代史》课题的设置和完成，标志着商史研究的全新成果。

商文化研究突破的两个基点，是甲骨文和商代考古，商代史研究的进步与甲骨文研究和考古发现紧密联系在一起。按研究内容划分，商史研究基本可以分为三个方面：一是考古研究；二是甲骨学研究；三是殷商史研究。

三十年来，商代考古取得了巨大成就，除殷墟、郑州商城、偃师商城等较早发掘的遗址有重大新发现外，山西垣曲商城、河南焦府商城、江西新干商代大墓、山西灵石旌介商墓等大批重要资料被发掘，以考古资料为基础的研究也涉及商代的疆域、城市布局、工程技术、生活风俗、宗教信仰等各个方面，取得了巨大成就。《中国考古学·夏商卷》是其代表性的著作。

甲骨学研究在资料整理、文字考释、分期断代等领域都取得了长足进步。

三十年来，甲骨文资料整理全面展开，《甲骨文合集》于 1982 年出版 13 册，汇录甲骨文 4 万多版，是一部甲骨资料整理的里程碑式著作，改变了甲骨资料分散、罕见、不易搜集的局面，极大促动了甲骨学殷商史研究的发展。此外《小屯南地甲骨》、《英国所藏甲骨》、《甲骨文合集补编》、《殷墟花园东地甲骨》等书的出版，极大地丰富了研究资料，推动了研究的进程。中国社会科学院历史研究所先秦史研究室正准备编纂《甲骨文合集三编》，对传世甲骨文做再一次大规模的汇纂和整理。

文字考释是利用甲骨文进行学术研究的前提，目前已有大量成果发布，其中裘锡圭《古文字论集》（中华书局 1992 年版）等可为代表。

与资料整理和文字考释的进展相适应，对这些成果进行进一步消化和整理也成就非凡，一些大型工具书如《甲骨刻辞类纂》、《殷墟刻辞摹释总集》、《甲骨文字典》、《甲骨文通检》、《甲骨文字释综览》、《甲骨文字诂林》编纂出版，既对前期学术成果做了总结，又为以后的研究提供了方便。

分期断代是甲骨学研究的一个重要方面，在 20 世纪 70 年代中期以前，学界基本遵从董作宾提出的五期分法。以 1976 年安阳殷墟妇好墓的发现为契机，李学勤提出历组卜辞时代应该提前至武丁时代，此后学界就甲骨分期问题进行了长时间的讨论。坚持五期分法的学者，对各期卜辞进行了更细的划分，如方述鑫《殷墟卜辞断代研究》（台湾文津出版社 1992 年版）。坚持历组卜辞提前的学者则提出了"两系说"，认为甲骨可分为村北、村南两系，分别发展演变。代表性著作有黄天树《殷王卜辞的分类与断代》（台湾文津出版社 1991 年版）、彭裕商《殷墟甲骨断代》（中国社会科学出版社 1994 年版）、李学勤等《殷墟甲骨分期研究》（上海古籍出版社 1996 年版）等。

关于甲骨分期，学界目前依然没有能达成共识。双方虽然都取得了较大进展，但都只是自我完善，而没有从正面解答对方所提出的问题和质疑，从而导致分歧无法解决。就目前的研究手段而言，分期处于一个平台期，需要有新的资料和方法才能有所促进。但是，从方法上而言，无论哪一种分期方法，都没有超出董作宾的十项标准，只是侧重点有所不同而已。局部的、具体的某项标准已经很难再取得突破，应该加强整坑甲骨的综合分析，加强各坑甲骨之间的比较，加强商代权力结构、占卜制度、用骨制度的研究，从总体上把握甲骨的分期，从而推动甲骨分期断代研究的前进。

由于甲骨学和考古学的推动，商史研究取得了巨大进展，关于商代社会性质、国家形态、疆域范围、宗教信仰、社会生活等各个课题都有所突破。出版的论文集有《甲骨探史录》（三联书店 1982 年版）、《甲骨文与殷商史》第 1—3 辑（上海古籍出版社 1983、1986、1991 年版）等。个人专著也大量出版，如常玉芝《商代周祭制度》（中国社会科学出版社 1987 年版）和《殷商历法研究》（吉林文史出版社 1998 年版）、彭邦炯《商史探微》（重庆人民出版社 1988 年版）和《甲骨文农业资料考辨与研究》（吉林文史出版社 1997 年版）、宋新潮《殷商区域文化研究》（陕西人民出版社 1991 年版）、杨升南《商代经济史》（贵州人民出版社 1992 年版）、宋镇豪《夏商社会生活史》（中国社会科学出版社 1994 年版）、郑杰祥《商代地理概论》（中州古籍出版社 1994 年版）。

尤其值得注意的是，国家社科基金重点项目、中国社会科学院重点 A 类项目，宋镇豪主编的十卷本《商代史》已经结项。《商代史》课题的完成，第一次全面构建起商代历史的完整框架，既是对百年来商代历史研究的总结，也是研究的继续深入，是先秦史研究领域的一项重要成果。

（四）西周史

三十年来西周史研究成果十分丰富，涉及的内容范围也很广，其中比较集中的领域为考古遗址、遗物研究、西周甲骨研究、西周铜器、金文研究等方面。关于西周的史实、制度、宗教、经济、生活等具体方面的研究也相应分散在这些研究当中。

西周史研究综合性的著述当推许倬云《西周史》（三联出版社 1994 年版）和杨宽《西周史》（上海人民出版社 1999 年版），两书都较全面地研究了西周历史，只是许书侧重史实研究，而杨书更侧重制度研究。

西周史研究全面展开，在国家、法制、官制、礼制、经济等各个领域都取得了大量成果，较有影响的著作有赵光贤《周代社会辨析》（人民出版社 1980 年版）、钱宗范《周代宗法制度研究》（广西师范大学出版社 1989 年版）、赵伯雄《周代国家形态研究》（湖南教育出版社 1990 年版）、赵世超《周代国野制度研究》（陕西人民出版社 1991 年版）、常金仓《周代礼俗研究》（台湾文津出版社 1993 年版）、吕文郁《周代采邑制度研究》（台湾文津出版社 1992 年版）、葛志毅《西周分封制度研究》（黑龙江人民出版社 1992 年版）、陈汉平《西周册命制度研究》（学林出版社 1986 年版）、张亚初和刘雨《西周金文官制研究》（中华书局 1986 年版）、李朝远《西周土地关系论》（上海人民出版社 1997 年版）、李衡眉《西周昭穆制度研究》（齐鲁书社 1996 年版）、巴新生《西周伦理形态研究》（天津古籍出版社 1997 年版）、杨向奎《宗周社会与礼乐文明》（人民出版社 1992 年版）、袁林《两周土地制度新论》（中州古籍出版社 2000 年版）等。

西周史研究中的一个重要分支是西周金文研究。金文研究受资料整理和考古新发现的影响，收获较多，《殷周金文集成》、《近出殷周金文集成》、《周原出土青铜器》等书的出版，以及宝鸡眉县杨家村青铜器窖藏、扶风五郡西村青铜器等重要发现，为研究提供了资料和课题。研究方法的进步，除传统的铭文、纹饰等研究外，冶金学、天文学方法也得到运用，取得了丰硕成果，为西周历史提供了多方面的资料和解释。代表性著作有李学勤《新出青铜器研究》（文物出版社 1990 年版）、王世民等《西周青铜器分期断代研究》（文物出版社 1999 年版）等。

（五）春秋战国史

东周以降，王室衰微，诸侯群起，周王不再是中国历史的唯一核心。本段的历史研究也相应更多地开始关注各诸侯国史事和地方文化，所以关于这一时期综合性研究相对较少，较重要的综合性著作有李学勤《东周与秦代文明》（文物出版社 1988 年版）、顾德融和朱顺龙《春秋史》（上海人民出版社 2001 年版）等。另外专题性的著述有兰永蔚《春秋时期的步兵》（中华书局 1979 年版）、黄中业《战国变法运动》（吉林大学出版社 1990 年版）、蔡锋《春秋时期贵族社会生活研究》（中国社会科学出版社 2004 年版）、徐杰令《春秋邦交研究》（中国社会科学出版社 2004 年版）、吴良宝《中国东周时期金属货币研究》（社会科学文献出版社 2005 年版）、陈隆文《春秋战国货币地理研究》（人民出版社 2005 年版）等。

四　先秦区域历史研究

三十年来先秦史研究的一个重要特点是，地方古国史、文化史研究活跃，已经形成了多种相对独立的地方史，主要有东夷与齐鲁文化、巴蜀文化、楚文化、吴越文化、秦文化、燕文化、晋文化、赵文化、北方草原文化等，都发表和出版了大量著述，俨然成为独立的子学科。其中以楚文化研究、东夷与齐鲁文化研究、巴蜀文化研究更为活跃。我们择其要者，简述如下。

目前先秦区域历史研究的地域划分主要是以春秋、战国时期的国家地域划分的，但在实际的研究中，在时间上则会上延或下续，远远超出这些国家存续的时间。

楚文化研究较早兴起，但前期由于受资料的限制，多局限于文学和哲学领域。楚文化研究也是以考古发现为契机的，1978 年湖北随县曾侯乙墓、河南淅川下寺楚墓的发现，激起了楚文化研究的热潮，此后荆州江陵马山楚墓、葛店楚墓、包山楚墓等相继发现，丰富的器物和竹简文字为楚文化研究提供了丰富而宝贵的资料。楚文化研究在政治、法律、经济、军事、科技、风俗、文学、哲学等领域都取得了巨大成就。楚文化研究机构组织多次楚文化学术讨论会，并出版论文集，个人著作也很多，如张正明《楚文化史》（上海人民出版社 1987 年版）、《楚文化志》（湖北人民出版社 1988 年版）、何浩《楚灭国研究》（武汉出版社 1990 年版）、罗运环《楚国八百年》（武汉大学出版社 1992 年版）、宋公文、张君《楚国风俗志》（湖北教育出版社 1995 年版）、蔡靖泉《楚文化流变史》（湖北人民出版社 2001 年版）、王祖龙《楚艺术图式与精神》（武汉出版社 2003 年版）等。在全面研究的基础上，总结性的著作也相继出版，如张正明主编《楚学文库》18 卷（湖北教育出版社 1996 年版）、董泽芳主编《荆楚文化研究丛书》（湖北人民出版社 2003 年版）等，对楚文化做了全面细致的综合研究。《楚国历史文化辞典》等工具书也得以出版，为楚文化的研究和普及提供了方便。

目前楚文化研究已经拥有明确的研究领域和目标，拥有较稳定的学术团体，是区域文化研究中成就较突出的。

东夷是先秦时期生活在东部沿海的重要部族，在中国先秦历史上占有重要地位，近年来，随着考古发现和文明起源与早期国家研究的进展，东夷文明更加受到重视，研究东夷文化及探讨其在中国国家和民族起源过程中的作用的文章较多，专门性的著作有逄振镐《东夷古国史论》（成都电讯工程学院出版社 1989 年版）和《东夷文化史》（中国社会科学出版社 1995 年版）、王讯《东夷文化与淮夷文化研究》（北京大学出版社 1994 年版）等。

齐文化的研究范围很广，较集中的领域有哲学、兵学等领域，代表性的著作有周阁森等编著《齐国史》（山东人民出版社 1992 年版）、宣兆琦《齐文化发展史》（兰州大学出版社 2002 年版）、张光明《齐文化的发现与研究》（齐鲁书社 2004 年版）、王京龙《齐国人本思想研究》（山东人民出版社 2005 年版）等。

　　鲁文化研究较齐文化研究为弱，较集中的领域有周公、儒学、礼制等方面，著作有郭克煜等著的《鲁国史》（人民出版社1994年版），杨朝明《鲁文化史》（齐鲁书社2001年版）等。另外，对齐鲁文化的综合研究也有进展，如高广仁、邵望平《海岱文化与齐鲁文明》（江苏教育出版社2005年版）等。

　　秦文化研究前期较为沉寂，影响较大的著作只有林剑鸣《秦国发展史》（陕西人民出版社1981年版）等少数几部。近年来秦文化研究非常活跃，大量论文得以发表，专著也层出不穷，主要有徐卫民《秦政治思想述略》（陕西人民教育出版社1995年版）、蔡万进《秦国粮食经济研究》（内蒙古人民出版社1996年版）、徐卫民《秦都城研究》（陕西人民教育出版社2000年版）、王学理《秦文化》（文物出版社2001年版）、曹旅宁《秦律新探》（中国社会科学出版社2002年版）、滕铭予《秦文化——从封国到帝国的考古学观察》（学苑出版社2003年版）、祝中熹《早期秦史》（敦煌文艺出版社2004年版）、王绍东《秦朝兴亡的文化探讨》（内蒙古大学出版社2005年版）等。

　　晋国是春秋时期重要的大国，晋文化和晋国史研究也备受学者重视。一方面晋文化和晋国史文献资料较多，《左传》、《国语》等古文献有较多记载；另一方面，近年来晋国考古发现较多，天马曲村遗址、新田晋国古城遗址、太原晋国赵卿墓、侯马盟书、温县盟书等重大发现都极大促进了晋国史的研究，晋国政治、军制、宗法、卿制、政区等课题都有一批论文发表。近年来，晋国卿族研究尤其受学者关注，有相当多的论文发表。李孟存等《晋国史》是对晋国史较为全面的研究。与楚文化研究、齐鲁文化研究、秦文化研究、巴蜀文化研究相比，晋文化和晋国史研究还相对有些薄弱，与晋国在历史上的地位和所拥有的研究资料不相当。晋国虽然后来分为韩、赵、魏三国，历史没有持续，但晋国历史的辉煌时期正处于自春秋向战国迈进、自贵族政治向官僚政治转化的关键历史时期，晋国的特殊历史地位和发展进程具有很高的研究价值和启示意义，晋文化和晋国史研究还有很大潜力。

　　赵文化研究比较成熟，在考古、政治、经济、军事、思想方面都有丰富的成果，最有代表性的是沈长云等《赵国史稿》，是目前赵国史研究的最新成果。另外，还有孙继民主编《先秦两汉赵文化研究》（方志出版社2003年版）、辛彦怀等主编《赵文化论丛》（河北大学出版社

2003 年版）等。

燕文化的文献资料较少，燕文化研究一直比较薄弱，直到近几年才随着考古发掘的进展有所改观。燕文化研究主要集中于琉璃河遗址、燕下都遗址、燕长城、青铜器和货币研究几个方面。有影响的著作有陈平《燕秦文化研究》（北京燕山出版社 2003 年版）、杨玉生等《燕文化》（方志出版社 2005 年版）、郭大顺等《东北文化与幽燕文明》（江苏教育出版社 2005 年版）、彭华《燕国史稿》（中国文史出版社 2005 年版）等。

四川在地理环境上有一定的独立性，其上古历史也有独特性，巴蜀文化研究具有特殊的意义。早在 20 世纪五六十年代，徐中舒等老一辈学者就对巴蜀文化进行研究。但巴蜀文化研究的全面展开，则是在 20 世纪 80 年代之后，尤其是随着三峡地区考古、成都十二桥遗址、广汉三星堆遗址、成都金沙遗址等考古遗址的重要考古发现大大推动了巴蜀文化研究的进展。

巴蜀文化研究的内容基本可以分为三个方面，巴文化、蜀文化、巴蜀文化。

巴文化研究主要包括巴人的起源、居地、后裔、巴人与周边文明的关系等，20 世纪 80 年代中期以前，巴文化研究以文献考证、民族学资料和巴人墓、悬棺等少数考古材料为主，学界关注巴文化的特征，巴、蜀文化的区别等问题。20 世纪 80 年代中期以后，随着湖北路家河遗址、香炉石遗址等考古工作的进行，对巴文化的认识更加深入，巴文化起源于鄂西地区得到学界认同。进入 20 世纪 90 年代后，三峡工程动工，峡江地区抢救性考古工作普遍展开，大量巴人文化遗址被发掘出来，为巴文化研究提供了宝贵资料，巴文化研究取得了巨大进步，关于巴文化起源、分布，巴人日常生活、行为模式等方面的具体研究也已经初步展开。巴文化已经成为四川、重庆、鄂西、陕南地区最重要的地域性古文化之一。

蜀文化研究大体以 1986 年三星堆大型祭祀坑遗址的发现为界，分为两个时期。前期主要是讨论蜀文化的特征、蜀的起源、蜀与周边关系、蜀地考古出土器物及其源流等。1986 年三星堆祭祀坑的发现，使蜀文化研究进入了一个新的时期。结合其他考古发现，学者们认识到古蜀文明是一个独立的文化区，分布空间东起横断山脉，西到鄂西三峡，是一个高度发达的文明。古蜀文明并非是一个封闭的文明，而是与周边文化有广泛的交流。2001 年成都金沙地区遗址的发掘再次推动了古蜀文化研究，许多学者根据考古资料讨论古蜀文明的发展轨迹，古蜀文明自身的发展脉络日益清晰。

巴蜀文化主要集中于巴蜀符号，巴、蜀文化的发展与融合，巴蜀与周边文化的关系等方面。近年来，随着地方性特色考古资料的发现和川、渝的分治，巴文化和蜀文化独立研究的倾向日益明显，关于巴蜀文化的综合研究则略显薄弱。其实，无论是从地域上还是文化上，巴、蜀文化都不能截然分开，独立研究固然重要，但比较研究和综合研究对于整体认知四川盆地及周边古代文明具有更重要的意义。

关于从横断山脉以东至三峡以西地区的研究，曾数次召开巴蜀文明与先秦文明学术会议，出版论文集，另外专著也时有出版，如董其祥《巴史新考》（重庆出版社 1983 年版）、李绍明等《三星堆与巴蜀文化》（巴蜀书社 1993 年版）、屈小强《三星伴明月——古蜀文明探源》（四川教育出版社 1996 年版）、宋治民《蜀文化与巴文化》（四川大学出版社 1998 年版）、陈德安等《三星堆——长江上游文明中心探索》（四川人民出版社 1998 年版）、孙华《神秘的王国——对三星堆文明的初步理解和解释》（巴蜀书社 2003 年版）。

在研究领域方面，吴文化与越文化有许多课题是相似的，都主要集中于渊源、族属、都城等领域。而在研究内容上，吴、越在政治、军事、文化方面更是互相交叉。吴文化中的土墩墓、青铜器、越文化中的船棺葬、青铜器等都是学者关注的问题。代表性著作有董楚平《吴越文化新探》（浙江人民出版社 1988 年版）、蒋炳钊等《百越民族文化》（学林出版社 1988 年版）。近年来，吴、越地区都有重要的考古发现，如浙江绍兴越王陵、江苏无锡阖间城遗址等，吴、越文化研究将进一步发展。

北方游牧与草原文化研究是被国内先秦史研究忽略的领域。北方游牧与草原文化是中国文化来源之一，对于中国历史发展产生了重大影响。这种影响在古代十分明显，徐旭生认为"黄帝氏族在周弃以前大约还滞留于游牧阶段"[1]，吕思勉则认为"黄帝为游牧之族"[2]，蒙文通亦

---

[1]　徐旭生：《中国古史的传说时代》，广西师范大学出版社 2003 年版，第 50 页。

[2]　吕思勉：《吕思勉读史札记》，上海古籍出版社 1982 年版，第 45 页。

有此论①，虽未确证，但从文献中我们还是能看到三代时期有游牧文化之史影，"禹兴于西羌"，商人的主要敌人在西北，周人"自窜于戎狄之间"，"变于西戎"，周文王"秉鞭作牧"，西周建立后与北方部族的冲突也时见于史书。但由于北方草原地区直到战国时代才形成强大的势力，秦汉之际才形成强大国家，草原文化与中原文化的强烈冲突才被史家所重视，所以此前的草原文化与中原文化的交流被忽略了。但是，草原文化与中原文化的交流和互动是一直存在的。从考古资料上看，先秦时期燕山以南、甘青以东、五岭以北的广大地区内，很多考古遗址都发现具有草原文化风格的器物，但先秦时期的草原游牧文化却未引起更多学者的足够重视，这种草原文化器物的流传和影响尚无学者进行统一的考察和研究，零散的研究也很少，只有乌恩岳斯图《北方草原考古学文化比较研究》等少数论著，研究团体也少，只有吉林边疆考古研究中心等少数专业研究单位，这一领域的研究还有极大的发展空间。虽然本文将北方草原文化置于区域研究中论述，只是出于行文的方便和研究资料与人员的分布情况方面的考虑。从总体上而言，北方草原文化与中原地区的交流应该作为整个中国先秦史研究的重要组成部分。国内这方面的研究和国际上相关研究的交流也有待进一步加强。

先秦区域文化研究在注重本区域研究的同时，也注重与其他区域文化的横向比较研究，如楚文化研究中就有对楚文化与吴文化、秦文化、齐文化、巴文化、苗文化的比较研究，而齐文化研究则有专门的比较研究著作，如邱文山等《齐文化与先秦地域文化》（齐鲁书社 2003 年版）。

除古文化分区域性的地方文化研究外，还有按现有行政区划撰写的地方史。尤其是近年来，各省都致力撰写了各省的通史。其中《山东通史》、《四川通史》、《河北通史》等都是其中较成功的作品。

除先秦区域、行政区划划分的地方史研究外，还出现了自然区域为单位的区域史研究，如《长江文化研究文库》（湖北教育出版社 2007 年版）等。

先秦区域文化研究取得了巨大成绩，也存在一些不足。一是过分拘泥于区域划分，尤其是后世与现代的政治区划，妨碍了整体的把握；二

---

① 蒙文通：《古史甄微》，巴蜀书社 1999 年版，第 50 页。

是过于为地方建设服务，过分强调开发历史文化的实用价值，使历史文化附属于经济建设。

五　目前先秦史研究存在的问题

（一）学术的独立性问题

学术研究有为现实服务的功能，但这种对现实的适应不能妨碍学术本身的正常发展，更不能妨碍历史的本来面目。

就学术与现实的关系而言，正常的学术研究应该由两部分组成：一部分是为现实服务的实用性部分，这包括一部分普及性课题和一部分应付时事需要的课题，这一部分课题可以根据需要做出调整，留下相应的弹性空间；一部分是对未来起指导作用的纯理论部分，这部分要绝对按客观的学术规律规划和研究。

影响学术的独立性大致涉及三个方面的问题：一是行政的干涉；二是学术研究中的非学术攻讦；三是社会思潮与学术研究混淆。

学术研究过于受时政的影响一直是中国学界的一个问题，史学研究也是如此，指导部门以时政需要为名，过分压制理论研究与创新。研究在课题设置、研究方法与目的等方面经常带有较强的应需性。过度的实用性和功利性不利于学术发展。

学术争鸣更要限于学术范畴，学术争鸣应该是观点和方法的争论，而不是路线和人品的争论。将过多的非学术质疑带入学术争鸣对于学术发展十分不利。

学术研究的成果最终是要向社会传播的，只有经过社会的检验，学术成果的价值才最终体现。任何一个时代的学问，都必然与时代提出的问题相结合，才更有生命力。但这种结合必然导致大量非学术性因素的渗入，导致讨论向着非学术性方面发展。当学术受到强烈关注，社会大众也参与进来之后，就很容易发展为一种社会思潮。与学术研究不同，社会思潮有很多时候是非理性的，大多带有强烈的感情成分。从革命史学、斗争史学、影射史学到虚无史学，本质上讲都是社会思潮，而非学术研究。即使以史学面目出现的疑古学派，也更多地表现为一种社会思潮。其实疑古派的兴起，是与西学对中国的冲击结合在一起的，是对中国原有学术体系否定的一部分。在西学进入之前，疑古派已经存在，但他们学术研究的核心在于辨伪，目的在于寻找历史的真实。但西学进入之后，疑古派已经发展为总体上反思中国传统的一部分，从辨伪发展到了疑古。从辨伪到疑古是一个很大的转变，目的也超越了单纯的学术层面，而在于适合时代的需要。这种思潮的积极意义是值得肯定的，但与学术的以事实为基础不同，思潮是可以由目的决定形式，很容易出现矫枉过正的情况。

所以，应当保持学术研究的冷静和独立性，以免走上歧途。

（二）理论研究不足

中华文明是世界上唯一不断的文明，同时也是文献记录最丰富的国家。在对于历史总体把握和规律性总结方面，有得天独厚的优势。根据中国自身的历史结合世界古史研究完全可以进入精深的史学理论研究层面，取得突破性的进展。但中国史学界关于历史发展理论的研究却一直十分薄弱，基本处于一种以西方史学理论为主的状态。出现这种情况的重要原因是对马克思主义过于拘守先贤的既有成果缺乏突破的勇气。目前，史学界几乎所有的理论讨论都在两个方面，一方面是围绕马克思主义；一方面是西方理论的适用性讨论，没有真正意义上的独立的从本国史实出发的社会发展规律总结与研究。无论马克思主义理论还是现代西方史学理论，都是西方学者以西方的视角所得到的结论，直接用于中国历史研究，一方面在适用性上有距离；另一方面导致中国史学理论研究成为跟风者，永远处于学术的下层。

史学理论不足的另一个方面是史学理论研究与史实研究的分离，史学理论成为一个专门的学科，从事史学理论的学者沉迷于各类史学理论的比较与分析，而对各国实际的历史进程却缺乏具体的实证性的研究，使史学理论成为一种单纯的形而上的学术活动。这种史学理论研究与史实研究割裂的局面，对史学理论研究和史实研究都十分不利。

（三）综合性研究不足

先秦史具有自身的特殊性，需要有文献学、古文字学、古器物学、考古学等各个分支学科的合作，研究者也需要掌握各个分支学科的专业知识，才能真正总体把握资料研究问题。由于个体精力有限，很难熟练把握各科知识，导致学科之间的脱节。这就需要团体合作，由各学科共同配合完成研究任务。但目前的科研体制却很难实现这一要求，各分支学科之间的交流不够充分，即使各大课题也多是由各科学者分别完成的，然后整合成文，难以真正做到密切的配合与交流。20世纪90年代中期开展的"夏商周断代工程"研究，是多学科相结合研究的一个有益尝试。

另外，专题史、断代史、古文字学等专业分支过细，在研究过程中横向联系和纵向推演都显得不足。

以先秦地方史研究为例，各地的研究者往往只关注本地地方史的研究，而对于本地与其他地区的交流，各地古文化的互相关系及各文化的总体融合与影响情况，则缺乏整体性的认识。当然，也受客观条件的限制。从新石器时代到秦代，是中国文化和民族融合的重要时期，只有将各种文化和各地方史进行综合研究才会得出更符合史实的答案。但目前的研究却受到地区政治区划的制约，不能整体研究。许多古文化的分布是以自然环境为界分布的，这种古文化的分布并不与现在的行政区划相符合，同一文化往往被分割在不同的行政区划之内，甚至是不同的国家之内。正常的研究应该按古文化自身的范围和布局特点进行，但实际情况却是行政区划更具有影响力。许多分布于不同行政区划内的同一古文化，本应在考古发掘和研究纳入同一规划。但由于行政区的不同和不同行政区考古实力、文化战略的不同，往往很难实现统一规划，导致同一文化在发掘、揭示和研究上的不全面和不平衡，进一步导致了认识和结论上的失误。

（四）比较研究不足

中国历史研究和教育的一个突出问题是中国史与世界史分开，研究中国史的学者尤其是研究上古史的学者对其他古国和古文明的了解较少，缺乏中国上古文明与其他古文明的比较研究。

目前先秦史研究中存在两种倾向，在综合性的理论性的研究中，大量引用西方理论，而在实际问题的研究中，却极少利用其他古文明的资料。上古时期不同文明间的交流受到时代与技术的限制，早期文明发展具有更强的独立性，不同文明的共性不是互相影响的结果，而是自身发展的结果，这种共性比后世互相影响下的共性更具有规律性，对于认识人类历史更有价值，是总结历史发展规律的有效路径。所以先秦史研究更要加强不同古文明之间的比较研究，发现人类社会发展的共性，总结规律性的发展模式，推动历史研究的进步。

但目前，中国史研究与世界史研究却几乎没有结合，中国学术单位对世界古史资料的占有也严重不足，利用他国古文明与中国古史的比较研究更少。这些都限制了先秦史研究的进一步深入。

（五）某些领域跟进不足

这也是由先秦史分支学科众多造成的，如哲学史、宗教史、思想史等领域的学者，对与先秦史研究关系密切的甲骨文、金文、考古资料等难以掌握，所以对于西周以前的相关研究的新成果吸收较慢。以商代史为例，虽然取得了丰硕的成果，但哲学、宗教、思想等专题史研究者，依然很少利用这些成果，依然以周代为讨论的起点。这些都需要先秦史研究者采取妥帖的方式，在保证学术浓度的同时，也要注意文章的可读性，以利成果被学界充分吸收。另一方面，也需要与其他类别专题史的学者加强交流，以利双方互相学习所长，提高研究水平。

（六）过分依赖考古资料

考古是最重要的手段。但考古资料毕竟是死的物质，需要加以解释和综合考察，才能成为历史研究的素材。从20世纪20年代起，史学界便注重以考古资料重建上古史。从王国维的"二重证据法"到傅斯年的"史料即史学"，都体现着对考古的重视。注重考古资料是好的倾向，但过于依赖考古资料，导致了两个后果：一是在具体的研究中把学术研究变成一种单纯的对新发现资料的被动解释，一旦有新资料发现，就会火爆一阵，如果长时间没有新资料的发现学科就会出现萎缩，学术研究呈现不稳定状态；二是在总体性的研究中则把动态的历史变成了材料的集合，这在一些通史类著作中表现得尤其明显，商以前的历史基本是考古资料的堆砌。要重建上古史不能只靠考古资料，还需要与文献、理论相结合。

过分依赖考古材料既是理论研究不足的结果，反过来又加重了理论建设的障碍，导致研究方法和手段上的分离的恶性循环。只有把考古资料综合和归纳，从史料表象看到其后的历史本质，才能真正推动考古和历史研究的共同进步。

（七）顶尖人才培养不足

能培养出学术大师是学术机制成熟的一个重要标志，但目前的情况却是专业型人才虽然越来越多，但通才型人才却越来越少，大师级学者更是凤毛麟角。原因如下：

（一）随着研究范围的扩大和研究方法的进步，学科分得越来越细，全面掌握全部学科知识越来越难；（二）由于用人体制的原因，导致历史学界在人才利用上存在两个问题，即年轻学者压力过大和年老学者过早退休。目前的科研体制，过分追求快速成才，强调成果数量，忽略了个人积累和对前人成果的继承，对于年轻人的成长极为不利；历史学科是一个特殊的学科，成功主要不是依靠天资，而是要靠长期积累，所以年龄的增长对学者的研究影响较小。60岁对于其他学科研究者而言，可能意味着衰退的开始，但对于历史研究者而言，则正是易出成果的时期。年长的研究者从资料积累到学识积累都具有一定优势，具备通盘考虑问题的能力和素养，老的历史学者因为用人体制原因提早退出研究阵地对史学的发展是一个不利的因素；（三）学术团队越来越分散。学术团队是一个学科前进的重要条件，但目前学术研究团队却日益零散。这主要有两个原因：一是随着高校扩建和新机构的设置，需要大量教学、科研人才，从各科研单位分流了一部分人才；另一个很重要的原因是许多原有的研究机构没有能解决科研人员的后顾之忧，没有维持原有的学科建设并有所开拓，导致人才流失。

学术团队的解体，对学术研究的进展是一个长期的困扰因素。无论国家层面或者科研单位方面，稳定科研队伍，壮大学术团队，才是保证学术前进的长久之计。

（八）浮躁风气亟须解决

中国文化固有的官本位主义，影响了学术的应有地位；社会的分配不平衡，导致学术界生活待遇地位偏低；学术单位内部的审评制度、等级差别，违背了学术发展的规律。众多原因导致学界存在一种求多求快的风气，求真务实的学风受到影响，浮躁风气值得警惕。

要从根本上解决这个问题，这既需要研究者的内在素质的提高，也需要外在的体制建设加强。

　　总观之，近三十年来的先秦史研究取得了巨大的进步，但也存在着许多需要改进的地方。在以后的研究中，要保持学术的独立性，避免因生硬套用某种学说，而使学术研究教条化和公式化；在注重实证研究的基础上，进一步加强理论研究，使历史理论研究上一个新的台阶；加强不同文明、不同地域文化之间的综合研究和比较研究，更全面、全方位地认识先秦的历史；加强历史学与考古学的联系，加强对考古资料与文献资料及其他资料的整合，避免片面和偏激的结论；加强学术人才培养和利用机制的建设，建立真正具有可持续攻关的人才队伍；加强学风建设和提高个体素养，形成扎实稳健的学风。随着上述问题的解决，先秦史研究将迎来新的辉煌。

　　先秦史是一个包容极广的范畴，限于篇幅，不能尽述。另外，先秦史当中还有一些相对独立的分支领域，如考古学文化、社会史、思想史等，对于这些领域，笔者仅略加叙述。同时限于资料的丰缺和笔者的能力，难免有所遗漏或舛误，不妥之处，望学者同仁予以指正。

　　　　　　　（本文写作过程中蒙王泽文先生大力帮助，谨致谢忱！）

改革开放三十年的秦汉史研究

杨振红　　徐歆毅

作为人文社会科学的一个分支，历史学注定不是孑然独立的象牙塔之学，它的发展变化与时代脉搏的跳动息息相关。1978 年党的十一届三中全会召开，重新确立"解放思想，实事求是"的思想路线，中国步入了一个崭新的发展阶段，历史学也迎来了久违的春天。史学工作者在清除"左倾"思想影响的同时，重新出发，在正常的学术轨道上开始了新的征程。三十年来，在秦汉史研究者的共同努力下，秦汉史研究取得了飞速发展和丰硕成果。

1981 年 9 月，中国第一个秦汉史研究的民间团体——"中国秦汉史研究会"成立，将海内外从事秦汉史研究的专业学者汇集在一起，定期召开年会（二至三年召开一次，至今已召开 11 次），出版会议论文集《秦汉史论丛》，成为秦汉史研究者学术交流的重要平台。2006 年，学会和咸阳师范学院合作创办了《秦汉研究》年刊。各地也相继建立与秦汉史有关的研究机构，出版各种书刊。

三十年来秦汉史研究和整个历史学的发展基本同步，大致以 20 世纪 90 年代上半叶为限，划分为两个阶段。

第一阶段，学术界致力于拨乱反正，纠正以往研究中"左"的倾向，对如何正确认识和运用唯物史观，世界历史的发展是否存在统一的规律和法则，谁是历史的创造者，历史发展的动力等重大理论问题，展开热烈讨论，这种学术思潮也直接反映在秦汉史研究的选题上。这一阶段的选题仍主要集中在社会形态和社会性质、土地制度和所有制形态、农民战争、阶级关系、民族关系、历史人物评价等"五朵金花"问题上。虽然学者的观点存在重大分歧，但普遍摆脱了教条主义倾向，从理论、方法和实证上深化了研究，并出版了大量总结之作。另一方面，史学界在进行反思的同时，也开始重新探求历史学的学术定位、界限和方法，探讨历史与现实的关系问题。各种形式的国际学术交流和合作研究逐渐展开，西方史学理论、方法和著作开始大量引介到国内，对中国的史学界产生了强烈的冲击。史学工作者的史学观念发生了重要变化。社会学、人类学、心理学、民俗学、经济学等学科的理论和方法开始广泛运用到历史学之中，跨学科研究成为新的趋势。研究者开始从不同的角度、层面审视这一时期的历史，研究的视野和领域有了很大拓展，社会史和文化史的兴起是其标志，社会生活、婚姻家庭、民俗信仰、物质精神文明等都成为研究的对象。研究手段更加多样，特别是比较、计量和个案分析的方法被大量运用。此间，由于对历史学发展方向和研究方法的困惑，历史学在褪去"御用"色彩、还原其学术身份后造成的落差，以及商品经济大潮的冲击，史学界出现了"史学危机"的呼声，它引发史学工作者对历史学的地位、任务和作用进行了更深入的思考和讨论，推动了史学方法论的研究和实践。与此同时，20世纪70年代以睡虎地秦简、长沙马王堆汉墓、秦始皇陵兵马俑为代表的一系列震惊世界的考古大发现，极大地丰富了秦汉史的资料，成为推动秦汉史研究发展的动力。

　　第二阶段，从"史学危机"中走出来的史学工作者，对历史学有了更清醒的认识。与此相伴，关于宏观、理论问题的讨论趋于平淡，研究者更多地转向具体的实证研究。随着国际学术交流的广泛开展，大量海外特别是日本和中国台湾地区学者的研究成果被译介过来，不同的研究旨趣、视角和方法以及由此导致的对秦汉历史面貌认识的差异，给秦汉史研究者特别是中青年学者带来了很大影响。在碰撞中，大陆的秦汉史研究既保持了中国史学的传统，又有了新的发展。跨学科研究克服了早期生硬套用的做法，更加纯熟、深入。世纪之交，张家山汉简、里耶秦简、龙岗秦简、长沙东汉至三国吴简等一大批重要简牍释文相继问世，再次掀起简帛学研究的高潮，极大地推动了秦汉史研究的发展。20世纪90年代初，计算机文字处理技术开始运用到史学研究工作中，史学资料的信息化也在逐步完善，到目前为止，绝大部分传世文献、出土文字资料、学术期刊论文等都已完成数字化。计算机在史学上的应用极大地提高了研究的速度，使得资料的穷尽成为可能，它意味着史学研究从手工业作坊阶段飞跃到大机器生产阶段。以上诸种因素综合作用的结果是研究成果剧增，现在每年出版的著作都达十几、数十种之多，发表的论文达数百篇。

　　笔者在"中国学术文献网络出版总库"（http：//cnki. net/index. htm）中，以1978年1月1日至2009年5月15日为限，对其收录的学术期刊和重要会议、重要报纸论文，分别以"秦汉"、"秦代"、"秦朝"、"秦王朝"、"汉代"、"两汉"、"汉朝"、"汉王朝"、"西汉"、"东汉"为题名检索词进行检索，共检索到11614篇论文。这一数字虽然不能囊括这一时期所有秦汉史论文，但大致可以反映三十年来秦汉史论文发表的规模以及各个时期研究的侧重和变化。

三十年来中国学术期刊网收录秦汉史研究论文一览表

检索词	1978—1982	1983—1987	1988—1992	1993—1997	1998—2002	2003—2007	2008—2009. 5. 15	合计
秦汉	55	157	209	310	434	639	217	2021
秦代	19	56	45	40	48	79	25	312
秦朝	2	7	11	14	5	70	19	128
秦王朝	9	4	5	6	7	15	3	49
汉代	108	273	422	523	786	1525	492	4129
两汉	35	76	118	151	282	438	143	1243
汉朝	12	6	6	14	27	37	18	120
汉王朝	0	0	2	2	2	3	2	11
西汉	110	215	224	300	394	754	230	2227
东汉	63	139	181	243	220	398	130	1374
合计	413	933	1223	1603	2205	3958	1279	11614

　　下面分专题对三十年来秦汉史研究的状况作一鸟瞰式回顾。

一　断代史和综合性研究

秦汉史的断代史著作（或通史的断代部分）继 20 世纪 40 年代后再度大量涌现。林剑鸣《秦史稿》（上海人民出版社 1981 年版），将秦的历史分为秦人早期历史、秦国和秦朝三个时段，全面论述秦人兴起、强盛、衰亡的历史过程，探讨秦文明的特征，是第一部完整叙述秦历史的著作。林剑鸣《秦汉史》（上、下）（上海人民出版社 1989 年版），重视新出简牍等文物考古资料，有意识地围绕学界有争议的问题，对秦汉社会的历史面貌和演进轨迹展开系统论述。写作体例上，第一章"绪论"总述秦汉在中国历史上的地位、介绍基础史料以及研究的历史和现状，书末"结束语"综论秦汉文明发展的系统，亦为其特色。白寿彝主编 12 卷 22 册《中国通史》（上海人民出版社自 1989 年陆续出版），以"远古时代"（原始社会）、"上古时代"（有文字记载以来到秦灭六国）、"中古时代"（自秦汉到鸦片战争前）划分时期，一定程度上折射了当时学界对古史分期问题的讨论和分歧。体例上，除第一、二卷外，其余各卷都分序说、综述、典志、传记四部分。秦汉卷对学术界争论较大的土地所有制形态问题，采用封建土地等级所有制说，将国有制说和私有说囊括进去，并提出阶级中也有等级的看法。此后虽间有秦汉史（或通史）出版，但在结构、视角、观点等方面突破不大。

综合性研究方面，张金光《秦制研究》（上海古籍出版社 2004 年版），重视对新出土资料的利用，对秦的土地制度、为田、租赋徭役、户籍制度等学界长期争议的问题进行了深入系统的研究，提出秦为官社经济体制，其基础是土地国有的普遍授田制，特点是政社合一，官民对立。史料方面，杨宽《战国史料编年辑证》（上海人民出版社 2001 年版），倾注作者半个世纪的心血，广泛利用新出土材料，将战国史料逐一系年，考证缜密，文末附有"列国纪年订正表"，是秦史研究的必备参考书。工具书方面，《中国历史大辞典·秦汉史卷》（上海辞书出版社 1990 年版）、《中国大百科全书·中国历史卷》秦汉部分（中国大百科全书出版社 1992 年版），均汇集秦汉史专家精心编纂而成，把握精当，反映了当时的研究状况和水平。

很多学者特别是老一辈学者出版有论文集，收录多年来潜心研究的成果，涉及政治、经济、文化等各个领域。如齐思和《中国史探研》（中华书局 1981 年版），高敏《秦汉史论集》（中州书画社 1982 年版），于豪亮《于豪亮学术文存》（中华书局 1985 年版），张传玺《秦汉问题研究》（北京大学出版社 1985 年初版，1995 年增订版），韩连琪《先秦两汉史论丛》（齐鲁书社 1986 年版），吴树平《秦汉文献研究》（齐鲁书社 1988 年版），裘锡圭《古代文史研究新探》（江苏古籍出版社 1992 年版），田余庆《秦汉魏晋史探微》（中华书局 1993 年版，2004 年重订版），吴荣曾《先秦两汉史研究》（中华书局 1995 年版），张荣芳《秦汉史论集》（中山大学出版社 1995 年版），张政烺《张政烺文史论集》（中华书局 2004 年版），林甘泉《林甘泉文集》（上海辞书出版社 2005 年版）。

二　社会性质与社会结构

如何看待秦汉时期的社会性质，是秦汉史研究的基本问题。改革开放前，它与古史分期和封建土地所有制形态的讨论紧密相连，讨论的关键在于如何理解马克思所说的"亚细亚生产方式"以及如何将五种社会形态理论嵌入中国古史分期中。改革开放后，学界就古史分期问题展开了新一轮的讨论。20 世纪 80 年代中期以前，古史分期讨论仍在五种社会形态理论框架内展开，基本延续了以往的老问题，即中国是否经历了奴隶社会，如何给奴隶、封建社会分期，如何看待秦汉社会的性质。战国封建说仍占主流，魏晋封建说较改革开放前活跃是这一时期古史分期讨论的一大特点。[①] 1982 年出版了古史分期的学术史专著：林甘泉、田人隆、李祖德《中国古代史分期讨论五十年（一九二九——一九七九年）》（上海人民出版社）。20 世纪 80 年代中期，一些学者开始对五种社会形态发展理论是否是人类历史发展的统一规律和法则提出质疑，认为世界历史的发展不是单线而是多线的，五种社会形态是依据欧洲的历

---

① 代表性论著有侯外庐《中国封建社会史论》，人民出版社 1979 年版；胡如雷《中国封建社会形态研究》，三联书店 1979 年版；何兹全《中国古代社会》，河南人民出版社 1991 年版。

史提出来的，与中国的历史不相符合。一些学者提出，把秦以后称作封建社会是"泛封建观"，既不符合"封建"的古义和西义，亦与马克思封建社会的原论相悖，为概念的误植。一些学者在研究中避用"封建"一词，而以"帝制"或"帝国时代"代之。一些学者则反对上述观点，指出"封建"概念是历史地变化着的，论定战国秦汉以后属封建社会，是从中国实际出发，是对马克思主义封建观的继承和发展。2006 年冯天瑜《"封建"考论》（武汉大学出版社 2006 年版）的出版，将这一讨论推至高潮。2007 年 10 月 11 日至 12 日，中国社会科学院历史研究所等单位主办了"'封建'名实问题与马列主义封建观"学术研讨会，双方就这一问题进行了激烈的论辩。《史学月刊》2008 年第 3 期辟专栏登载了论辩双方的文章。很显然，这一讨论还将继续下去，这场在学术范畴内的论争无疑会推进我们的历史认识。

与社会形态密切相关的是关于东方专制主义的讨论。1957 年，卡尔·魏特夫（Karl Wittfogel）出版《东方专制主义：对于极权力量的比较研究》（耶鲁大学出版社），提出东方和西方是完全不同的社会形态，西方是多中心的，而东方自古以来就是专制主义社会，其本质特征是集权。东方专制主义国家的形成和发展与治水分不开。针对魏特夫的观点，1990 年中国社会科学院历史研究所、近代史研究所和世界历史研究所组成"评《东方专制主义》"课题组，对此书进行批判，20 世纪 90 年代上半期，《史学理论研究》、《世界历史》、《中国史研究》等杂志集中刊发了系列批判文章。这一讨论已超越学术范畴，具有浓厚的意识形态色彩。

20 世纪 90 年代中期以前大量选题仍集中在与秦汉社会性质有关的论题上，如商鞅变法的性质和作用、阶级关系、官私奴婢的数量以及在社会经济中的地位、农民战争、专制主义中央集权的经济基础和特点等。关于商鞅变法的性质和作用，一种意见认为是封建制改革，其中又分为奴隶制向封建制转变说，和以村社制为基础的早期地主封建制向以编户制为基础的典型地主封建制过渡说；一种意见认为是奴隶制改革。① 关于秦汉社会

---

① 参见林剑鸣《试论商鞅变法成功的原因》，《西北大学学报》1978 年第 2 期；黄中业《重评战国变法运动》，《史学月刊》1981 年第 5 期；李瑞兰《商鞅变法的性质和作用新探》，《研究生论文选集·中国历史分册》，江苏古籍出版社 1984 年版；于琨奇《商鞅变法性质之再探讨》，《安徽师范大学学报》1984 年第 3 期。

分层和各阶层身份地位的讨论仍主要采取阶级分析法。① 西汉中期以后各种依附关系的发展亦是讨论的热点。农民战争方面，出版了数种专著，如田昌五《中国古代农民革命史》第一册（上海人民出版社 1979 年版），孙达人《中国古代农民战争史》第一卷（陕西人民出版社 1980 年版），朱大昀主编《中国农民战争史·秦汉卷》（人民出版社 1990 年版）。

20 世纪 90 年代后，关于阶级斗争、农民战争、社会性质的研究渐趋减少。社会分层主要采用阶层和职业分析方法，相关研究情况详见后文社会史部分。需要指出的是，三十年来关于如何界定秦汉时期官私奴婢的身份地位，学界一直存在争议。大部分学者根据秦汉奴婢的法律地位，认为其为主人的财产，不仅不算是公民，而且不算是人。但也有学者认为秦汉时奴婢的生活状况、社会地位复杂，不宜一概而论。有的学者以奴婢在生产资料占有关系中所处地位为标准，认为秦汉奴婢不能构成奴隶阶级。关于奴婢是登记在主人的户籍中还是财产籍中，学界也存在争议。造成上述分歧的原因除了对材料的理解不同外，最重要的是对划分阶级、确定身份地位的标准认识不同。

三 政治史

政治史研究的深度和广度均有很大扩展。除了以往历史学视野下的官僚制、皇帝、选举、监察、爵、分封诸制度、政治事件等研究得到进一步开掘外，又开拓了政治学的视角，国体、政体形态、决策机制、行政运作管理体制等也成为学者关注的对象。此外，政治史亦与社会史、文化史、思想史等结合，从不同角度深化研究。

安作璋、熊铁基《秦汉官制史稿》（上、下册）（齐鲁书社 1984、1985 年版），在总结和综合前人研究的基础上，分"中央官制"、"地方官制"和"官吏的选用、考课及其他各项制度"三编，对秦汉官僚

---

① 代表性论著有林剑鸣《秦国封建社会各阶级分析》，《西北大学学报》1980 年第 2 期；吴树平《云梦秦简所反映的秦代社会阶级状况》，中华书局编辑部《云梦秦简研究》，中华书局1981 年版；何兹全《秦汉地主与魏晋南北朝地主的不同》，《北京师范大学学报》1984 年第 2期；杨师群《战国新兴地主阶级说质疑》，《社会科学战线》1993 年第 4 期。

制度进行了全面论述，是秦汉史研究的基本参考书。白钢主编、孟祥才撰写《中国政治制度通史（秦汉卷）》（人民出版社 1996 年版），详细论述了秦汉政治制度的演变及特点，着重考察了政治权力运行的机制。卜宪群《秦汉官僚制度》（社会科学文献出版社 2002 年版），论述了秦汉官僚制度产生的历史前提、渊源和演变，并着重探讨了官僚制度行政运作的基本形式。吴宗国主编《中国古代官僚政治制度研究》（北京大学出版社 2004 年版），分"官僚帝国体制的奠基"、"文吏体制和律令秩序"、"尊儒改制与儒、吏分合"、"官僚阶级的士族化"四部分论述帝国开端时期——秦汉的官僚政治制度体系，视角新颖。祝总斌《两汉魏晋南北朝宰相制度研究》（中国社会科学出版社 1990 年版），对两汉魏晋南北朝时期宰相的构成及变化、宰相与皇权、秘书咨询机构的关系，进行了深入细致的讨论。黄留珠《秦汉仕进制度》（西北大学出版社 1985 年版），上编论述秦仕进制度，具有开创性，下编主要讨论两汉的察举制。阎步克《察举制度变迁史稿》（辽宁大学出版社 1991 年版），考察了察举制的变迁及其向科举制过渡的历程，将士人及文化传统因素视为选官制变迁的动因之一。阎步克《品位与职位：秦汉魏晋南北朝官阶制度研究》（中华书局 2002 年版），构建"品位—职位"的分析框架，探讨这一时期官阶制的变迁，认为汉代以职位分类为主，禄秩从属于职位，魏晋南北朝时期形成以门品为中心的品位分等。陈苏镇《汉代政治与〈春秋〉学》（中国广播电视出版社 2001 年版），从政治文化角度探讨了汉代春秋学与政治的关系。简帛文书的出土催生了官文书制度的研究，成果有卜宪群《秦汉公文文书与官僚行政管理》（《历史研究》1997 年第 4 期），汪桂海《汉代官文书制度》（广西教育出版社 1999 年版），李均明、刘军《简牍文书学》（广西教育出版社 1999 年版）。此外，田余庆《论轮台诏》（《历史研究》1985 年第 1 期），李开元《汉帝国的建立与刘邦集团——军功受益阶层研究》（三联书店 2000 年版），杨光辉《汉唐封爵制度》（学苑出版社 2002 年版），张小锋《西汉中后期政局演变探微》（天津古籍出版社 2007 年版），从不同角度对秦汉官僚政治史进行了考察。

朱绍侯长期致力于军功爵制研究，先后出版《军功爵制研究》（上海人民出版社 1990 年版）、《军功爵制考论》（商务印书馆 2008 年版）。1992 年日本学者西嶋定生《中国古代帝国的形成与结构——二十等爵制研究》（武尚清译，国际文化出版公司）中译本出版。国内学界一般认为，二十等爵制的建立是为了适应春秋战国社会剧烈变革的需要，通过颁布爵制建立新的等级秩序，以达到奖励耕战、富国强兵的目的。与中国学者的视角不同，西嶋定生将二十等爵制视为解开秦汉帝国形成原理的钥匙，认为君主正是通过二十等爵制，实现了对人民的个别人身统治，完成了从氏族制向君主制的转变。因此，此书的翻译对大陆的爵制和帝国形成史研究产生了广泛的影响。关于这套爵制的命名，学者意见有分歧。朱绍侯认为军爵制或军功爵制才是它的正名，高敏《秦的赐爵制度试探》（载氏著《秦汉史论集》）认为应称为赐爵制，西嶋定生则称之为二十等爵制。2001 年张家山汉简释文公布，极大地推动了爵制研究的深入，许多细节问题得以澄清。李均明《张家山汉简所反映的二十等爵制》（《中国史研究》2002 年第 2 期）认为，二十等爵分为四个档次，彻侯、关内侯属"侯"档，大庶长以下至左庶长属"卿"档，五大夫、公乘属"大夫"，公大夫以下至公士属"士"。朱绍侯《西汉初年军功爵制的等级划分》（《河南大学学报》2002 年第 5 期），则将二十等爵划分为侯级、卿级、大夫级和小爵，认为大夫至五大夫为大夫级，公士至不更为简文中的"小爵"。刘敏《张家山汉简"小爵"臆释》（《中国史研究》2004 年第 3 期）认为，小爵是未傅籍成人者占有的爵位，与汉代的傅籍、力役、封爵制度有关。

郡国地方行政制度方面，出版有柳春藩《秦汉封国食邑赐爵制》（辽宁人民出版社 1984 年版），邹水杰《两汉县行政研究》（湖南人民出版社 2008 年版）。睡虎地秦简释文公布后，针对"啬夫"一职的职官范围和性质，学界展开了热烈讨论，其中裘锡圭《啬夫初探》（载《云梦秦简研究》），视野宽阔，考证翔实。关于乡亭里关系，自 20 世纪 50 年代王毓铨提出亭与乡、里属不同行政系统后，讨论一直在继续，特别是睡虎地秦简等新材料出土后，研究日益深入。讨论的焦点除了亭的性质以及与乡里的关系外，还包括都亭、乡亭的含义，邮与亭是否同一性质，亭部是否是行政区域。① 邢义田《论马王堆汉墓"驻军图"应

---

① 徐乐尧：《居延汉简所见的边亭》，甘肃省文物工作队等《汉简研究文集》，甘肃人民出版社 1984 年版；余行迈：《汉代以"部"为称诸官概说——多部位的地方监察、警察制度》，《秦汉史论丛》第 5 辑，法律出版社 1992 年版；周振鹤：《从汉代"部"的概念释县乡亭里制度》，《历史研究》1995 年第 5 期；谢桂华：《尹湾汉墓简牍和西汉地方行政制度》，《文物》1997 年第 1 期。

正名为"箭道封域图"》(《湖南大学学报》2007年第5期),将马王堆地形图与天水放马滩木板地图相比较,认为它应是汉代郡国常用的箭道行政区地图。此外,陈长琦《汉代刺史制度的演变及特点》(《史学月刊》1987年第4期),何双全《〈汉简·乡里志〉及其研究》(甘肃省文物考古研究所《秦汉简牍论文集》,甘肃人民出版社1989年版),李解民《〈东海郡下辖长吏名籍〉研究》(中国文物研究所等《尹湾汉墓简牍综论》,科学出版社1999年版),高恒《汉代上计制度论考——兼评尹湾汉墓木牍〈集簿〉》(《东南文化》1999年第1期),范学辉《秦汉地方行政运行机制初探》(《文史哲》1999年第5期),廖伯源《汉初县吏之秩阶及其任命》(《社会科学战线》2003年第3期),陈苏镇《汉初王国制度考述》(《中国史研究》2004年第3期),均值得一读。

秦制、楚制与汉制的关系问题,是20世纪90年代官僚政治史的热议话题,代表作有田余庆《说张楚——关于"亡秦必楚"问题的探讨》(《历史研究》1989年第2期),卜宪群《秦制、楚制与汉制》(《中国史研究》1995年第1期),罗新《从萧曹为相看所谓"汉承秦制"》(《北京大学学报》1996年第5期)。关于秦汉官僚制度的产生路径和基本框架,杨振红《秦汉官僚体系中的公卿大夫士爵位系统及其意义》(《文史哲》2008年第5期)提出,秦汉官僚制和二十等爵制是依托先秦"卿大夫士"爵位系统衍生发展而来,为了适应统一王朝的需要,"卿大夫士"系统逐渐发展为"公卿大夫士"系统,西汉几次大的官制改革均与此有关。栾保群《由西汉外戚专政谈外戚与皇权的关系》(《天津师范大学学报》1981年第3期),张鹤泉《东汉故吏问题试探》(《吉林大学学报》1995年第5期),刘太祥《试论秦汉行政巡视制度》(《郑州大学学报》2004年第5期),阎步克《论张家山汉简〈二年律令〉中的"宦皇帝"》(《中国史研究》2003年第3期),均有所创见。

四　法制史、军事史

由于秦汉律均已失传,使得传统秦汉法制史研究受到很大局限。20世纪70年代以来,睡虎地秦简、张家山汉简等大批法律文书的出土,使法制史的史料状况得到极大改观，为法制史研究开创新局面提供了条件。睡虎地秦简释文公布后，刘海年发表系列论文，对秦的刑罚体系、适用原则、刑徒类型、刑期、诉讼制度及"爰书"、农业经济法规、地方性法规《语书》、现场勘查与法医检验、法官法吏体系、监狱、治安、法律思想等进行了全方位考察，这些论文后被收入氏著《战国秦代法制管窥》（法律出版社 2006 年版）。栗劲《秦律通论》（山东人民出版社 1985 年版），结合新出睡虎地秦律，系统阐述了法家学派的一般理论基础，以及秦律的理论原则，并就隶臣妾、刑期等问题进行了讨论。高恒发表了关于隶臣妾、刑徒与刑期的系列论文，后被收入《秦汉法制论考》（厦门大学出版社 1994 年版），2008 年增订为《秦汉简牍中法制文书辑考》（社会科学文献出版社）。张建国《帝制时代的中国法》（法律出版社 1999 年版），提出了许多富有新意的主张。此外还有安作璋、陈乃华《秦汉官吏法研究》（齐鲁书社 1993 年版），于振波《秦汉法律与社会》（湖南人民出版社 2000 年版），张伯元《出土法律文献研究》（商务印书馆 2005 年版），曹旅宁《张家山汉律研究》（中华书局 2005 年版），张功《秦汉逃亡犯罪研究》（湖北人民出版社 2006 年版），孙家洲主编《秦汉法律文化研究》（中国人民大学出版社 2007 年版）。杨一凡总主编多卷本《中国法制史考证》（中国社会科学出版社 2003 年版），汇集海内外专家编纂而成，除了通贯性综论外，还选编了有影响的论文，是法制史的重要成果。三十年中还出版了大量法制通史，其中，张晋藩总主编《中国法制通史》徐世虹主编第二卷"战国·秦汉"（法律出版社 1999 年版）最具代表性。

1947 年，瞿同祖出版《中国法律与中国社会》（中华书局 1981 年再版），提出"中国法律的儒家化"即"以礼入法"说，在海内外产生了广泛影响。睡虎地秦简、张家山汉简等出土后，由于其中包含着被后世视为儒家思想的内容，一些学者开始对此说进行修正，提出儒家思想的影响实际上从战国秦时已经开始了。关于秦隶臣妾的性质，学界认识不一，大体有以下几种说法：刑徒亦为官奴隶说，刑徒说，官奴隶说，部分为官奴隶、部分为刑徒说。[1] 与此相关的是汉文帝刑法改革前刑期的讨论，大致有以下三种意见：汉文帝以前是无期徒刑或不定期刑；秦

---

[1] 　参见李力《"隶臣妾"身份再研究》，中国法制出版社 2007 年版。

的徒刑就一定等级的苦役来说是有期的，但隶臣妾以上的罪隶是无期的；汉文帝以前是有期徒刑。张家山汉简出土后，学界就秦汉律篇构造、律令关系等进行了深入探讨。李振宏、孟彦弘提出九章律的"九"为虚数，汉律篇章不限于九章。① 杨振红《秦汉律篇二级分类说——论〈二年律令〉二十七种律均属九章》（《历史研究》2005 年第 6 期）提出，秦汉律存在二级分类，文献中不见于九章的律篇多为其下的二级律篇。韩树峰认为秦汉刑罚体系由隶臣妾司寇、城旦舂鬼薪白粲、死刑三个等级构成，这一体系为加刑和附加刑提供了空间。耐刑和徒刑均不能作为独立刑，而必须结合起来使用。② 陈乃华《秦汉族刑考》（《山东师大学报》1985 年第 4 期），张建国《秦汉弃市非斩刑辨》（《北京大学学报》1996 年第 5 期），李均明《〈二年律令·具律〉中应分出〈囚律〉条款》（《郑州大学学报》2002 年第 3 期），陈伟《张家山汉简〈津关令〉中的涉马诸令研究》（《考古学报》2003 年第 1 期），高敏《〈张家山汉墓竹简·二年律令〉中诸律的制作年代试探》（《史学月刊》2003 年第 9 期），宋杰《东汉的洛阳狱》（《历史研究》2007 年第 6 期），均提出了自己的主张。

秦始皇陵、汉阳陵、徐州等地出土的兵马俑及简牍材料的大量发现，同样成为推动秦汉军制史研究的动力。白建钢率先发表系列关于军阵、步骑兵兵种的论文，填补了此项研究的空白。③ 《中国军事史》编写组编纂的《中国军事史》（解放军出版社 1983—1991 年版），是中国第一部军事通史，分兵器、兵略、兵制、兵法、兵家、兵垒六卷，并附历代战争年表上下卷。此外，有熊铁基《秦汉军事制度史》（广西人民出版社 1990 年版），黄今言《秦汉军制史论》（江西人民出版社 1993 年版）。龚留柱、胡宏起发表了一系列关于军制、兵力、军费的论文。④

---

① 李振宏：《萧何"作律九章"说质疑》，《历史研究》2005 年第 3 期；孟彦弘：《秦汉法典体系的演变》，《历史研究》2005 年第 3 期。

② 韩树峰：《秦汉徒刑散论》，《历史研究》2005 年第 3 期；《耐刑、徒刑关系考》，《史学月刊》2007 年第 2 期。

③ 白建钢：《秦俑军阵初探》、《西汉步、骑兵兵种初探》、《论秦俑军阵的轻、重装步兵》，分载《西北大学学报》1981 年第 3 期、1986 年第 1 期、1988 年第 1 期。

④ 龚留柱：《释越骑》（《中国史研究》1986 年第 4 期）、《秦汉时期军马的牧养与征集》（《史学月刊》1987 年第 4 期）；胡宏起：《汉代兵力论考》（《历史研究》1996 年第 3 期）、《两汉军费问题研究》（《中国史研究》1996 年第 4 期）。

邹本涛《西汉南北军考辨》（《中国史研究》1988 年第 1 期），高敏
《东汉魏晋时期州郡兵制度的演变》（《历史研究》1996 年第 3 期），亦
值得一读。

五　经济史

　　经济史在中国现代历史学中曾经独领风骚，繁盛异常。改革开放
后，这种状况延续了一段时期。20 世纪 80 年代中期后，随着社会史、
文化史等学科的兴起，史学观念和方法的变化，经济史研究遭遇到前所
未有的发展瓶颈，逐渐冷落。从事经济史研究的学者特别是中青年学者
日渐减少，论文数量急剧下降。在这种情况下，秦汉经济史研究仍然取
得了一些重要成果。这一时期出版了大量经济通史和通论性著作。傅筑
夫《中国封建社会经济史（第二卷）》（人民出版社 1982 年版），强调
秦汉时代货币经济的高度发展，货币财富的形成与积累，着重探讨了秦
汉时代三次大的经济波动及其原因，认为自战国秦汉以后，中国封建社
会经济陷入动荡反复、发展迟滞的循环状态。林甘泉主编《中国经济通
史·秦汉经济卷》（经济日报出版社 1999 年版）是此前经济史研究的
总结之作，除全面论述秦汉时期的基本经济区、生产单位、产业结构、
经济类型、社会经济形态外，还涉及此前较少研究的财富分配、生活消
费、少数民族的经济生活，提出自然经济的本质特征不是自给自足，而
是自给性生产，封建的自然经济和商品经济可以在同一经济单位中并
存，互相补充。宋杰《〈九章算术〉与汉代社会经济》（首都师范大学
出版社 1994 年版），对《九章算术》反映的汉代社会经济如农业、交
通、物价、徭役、赋税进行了细致考证。此外，尚有逄振镐《秦汉经济
问题探讨》（华龄出版社 1990 年版），冷鹏飞《中国秦汉经济史》（人民
出版社 1994 年版），黄今言主编《秦汉江南经济述略》（江西人民出版社
1999 年版），薛瑞泽《汉唐时期河洛地区经济研究》（陕西人民出版社
2001 年版）。

　　经济史研究大体从两个层面上展开。一是关于宏观问题的探讨，讨
论的问题主要包括：如何定性秦汉时期社会经济形态类型，专制主义中
央集权的经济基础是什么；秦汉时期的基本土地制度是什么，土地所有

制形态是怎样的；如何看待秦汉时期的商品经济与自然经济，两者的关系如何。这些问题的讨论与古史分期、封建土地所有制形态等重大理论问题的讨论密不可分。二是关于具体制度和实态的实证研究，包括秦汉时期社会生产力发展的总体水平，产业经济、区域经济的发展状况，赋役、土地等制度，城市与市场、贸易诸问题。当然两个层面的研究不可能截然分开，只是主题、视角有所侧重而已。总体上来说，第一阶段的研究更侧重宏观问题的探讨，第二阶段实证研究更为盛行。

关于秦汉社会经济形态，秦汉封建说者认为秦汉时期占主导地位的是封建经济，魏晋封建说则认为是奴隶经济。秦汉封建说又分为封建国有制经济、小农经济、封建地主制经济占主导地位等多种说法，其中封建地主制经济说占主流。以上诸说争论的焦点问题包括：小农、奴隶谁是秦汉农业生产等领域的主要劳动者，奴隶和小农破产后的归宿，秦汉时期商品经济的发展程度，商品经济与自然经济在经济体系中谁占主要地位，国有经济和地主经济、小农经济在国民经济中的比重和地位。大体上，汉代奴隶经济说强调汉代农业、手工业等生产领域存在大量的奴隶劳动，商品经济、城市经济发达，城市支配乡村，并最终导致了以自然经济和依附关系为主导的魏晋封建社会的形成；封建经济说则持相反意见。代表性论著有李桂海《封建专制主义与小农经济》（《中州学刊》1983 年第 1 期），林甘泉《论秦汉封建专制主义的理论基础》（《秦汉史论丛》第 2 辑，陕西人民出版社 1983 年版），白文固《东汉庄园经济说质疑》（《青海师范大学学报》1984 年第 3 期），秦晖《汉代的古典借贷关系》（《中国经济史研究》1990 年第 3 期），刘秋根《关于汉代高利贷的几个问题——与秦晖同志商榷》（《中国经济史研究》1991 年第 4 期），杨师群《从云梦秦简看秦的国有制经济》（《史学月刊》1995 年第 4 期），李根蟠《中国封建经济史若干理论观点的逻辑关系及其得失浅议》（《中国经济史研究》1997 年第 3 期），何兹全《战国秦汉商品经济及其与社会生产、社会结构变迁的关系》（《中国经济史研究》2001 年第 2 期），黄今言《秦汉商品经济研究》（人民出版社 2005 年版）。即使同属一说，但在具体认识上也存在相当大差异。如傅筑夫虽然也主张封建经济说，但认为战国时商品经济和货币经济高度发展，大型工矿企业已具有一定程度的资本主义性质，与其他封建经济说的认识相去甚远。

　　同社会形态和社会性质的讨论一样，近年来，一些学者对以五种社会形态理论解构中国古代社会经济形态也提出了质疑和批评。如赵冈提出封建社会的长期延续与停滞、资本主义萌芽，都是从僵硬框框中衍生出来的假设命题。从传统租佃制的实际运作来看，地主不但没有主导力，甚至无法消极防阻不利于他们经济利益的演变趋势。中国自战国以来已形成自由的私有产权制度，并在此基础上实行市场经济。①

　　土地制度研究是秦汉史学界长期关注的热点、焦点。研究经历了两次高潮，均由新出土资料引发。第一次高潮始于20世纪70年代末。睡虎地秦简、银雀山汉简、青川秦墓木牍等简牍释文公布以后，战国直至秦王朝统一时存在授田这一事实得到确认。但是，对于授田制是否是战国时期的基本土地制度，授田是国有还是私有土地性质等一系列问题，学界看法存在根本分歧。一些学者认为授田制是井田制废除后各国普遍实行的基本土地制度，土地所有制的性质是国家所有。如刘泽华《论战国时期"授田"制下的"公民"》（《南开大学学报》1978年第2期）指出，授田制始于春秋，普遍实行于战国，是当时各国变法的一项重要内容。授田也叫行田、分地、均地、辕田。受田的农民叫公民，是中国历史上第一代小农。② 一些学者认为战国时授田并没有普遍实行，个体小农的私有土地及贵族官僚的军功赏田占重要地位。而且，战国"授田"性质与井田制不同，土地一经授给就变成长期占有即私有土地。所有制形式为多种土地所有制并存而以土地私有制为主。③ 但论争各方在以下认识上基本一致，即：授田制与土地买卖是互不相容的对立物；秦始皇三十一年"使黔首自实田"是土地私有制在全国确立的标志，此后不再实行授田。郭人民、罗义俊则提出，秦商鞅变法以后至王莽，实行按照户籍、爵位占田的名田制，是土地占有制，具有国有制向私有制

---

　　① 赵冈：《地主经济制质疑》（《中国社会经济史研究》1989年第2期）、《重新评价中国历史上的小农经济》（《中国经济史研究》1994年第1期）、《试论地主的主导力》（《中国社会经济史研究》2003年第2期）。

　　② 大致持此观点还有裘锡圭《战国时代社会性质试探》，《社会科学战线》编辑部《中国古史论集》，吉林人民出版社1981年版；张金光《试论秦自商鞅变法后的土地制度》，《中国史研究》1983年第2期。

　　③ 祝瑞开：《汉代的公田和假税——附说秦的"受田"和"租""赋"》，《西北大学学报》1980年第2期；唐赞功：《云梦秦简所涉及土地所有制形式问题初探》，载《云梦秦简研究》；熊铁基、王瑞明：《秦代的封建土地所有制》，载《云梦秦简研究》。

过渡性质。① 此外，李解民《"开阡陌"辨正》（《文史》第 11 辑，1981），杨善群《商鞅"允许土地买卖"说质疑》（《陕西师范大学学报》1983 年第 1 期），朱绍侯《试论名田制与军功爵制的关系》（《许昌师专学报》1985 年第 1 期），王彦辉《"间田"非"王田"辨——兼评王莽王田》（《东北师大学报》1993 年第 3 期），均值得一读。

1982 年四川青川县郝家坪出土的秦武王二年"为田律"②，使学界注意到秦的"为田"制度。李学勤《青川郝家坪木牍研究》（《文物》1982 年第 10 期）提出，此律名应为"更修《为田律》"，"为"的意思是作、治，为田即制田。为田是关于农田规划的法律，与云梦秦简《田律》有所区别。胡平生《青山秦墓木牍"为田律"所反映的田亩制度》（《文史》第 19 辑，1983 年），根据阜阳汉简"卅步为则"的记载，指出"为田律"中的"则"为量词，"八则"即二百四十步。

私有制为主说和土地国有制说，对西周田制向秦汉田制转化的路径做了完全不同的阐释。林甘泉《中国古代土地私有化的具体途径》（《文物与考古论集》，文物出版社 1986 年版）认为，中国古代土地私有化经历了两种途径：一是公社农民的份地变为个体小农的私有土地；一是田邑转让、军功赏田和私田的垦辟。春秋以前，土地由公有制过渡到公有与私有二重性的中间阶段，公社授田具有土地公有和私有二重性；战国时代，公社解体，农民的份地变为私有土地。张金光《试论秦自商鞅变法后的土地制度》认为商鞅田制改革的实质是土地国有化，即将村社土地占有制变为普遍国有与私人占有的二级结构。主要通过两种手段和渠道完成：取消采邑制，代以郡县制，以军功"家次"名田宅；通过"集小乡邑聚为县"等措施，完成对村社土地的集中和垄断，然后"制土分民"，按户计口授田。袁林《两周土地制度新论》（东北师范大学出版社 2000 年版）则认为，春秋战国时期各国通过经济改革建立国家授田制，《周礼》系统的井田制反映的就是这一制度。秦始皇三十一年"使黔首自实田"，国家授田制崩溃，名田制确立。土地私有制

① 郭人民：《"名田"解》，《光明日报》1982 年 11 月 24 日；罗义俊：《汉代的名田、公田和假田——兼论商鞅的田制改革和秦名田》，平准学刊编委会：《平准学刊——中国社会经济史研究论集》第三辑下册，中国商业出版社，1986 年版。

② 四川省博物馆、青川县文化馆：《青川县出土秦更修田律木牍》，《文物》1982 年第 1 期。

自汉哀帝时有了充分发展，但国家授田制并未完全消失，并在北魏开始的均田制中复活，直到宋代正式结束。

这一时期出版了数种土地制度专著：赵俪生《中国土地制度史》（齐鲁书社1984年版），朱绍侯《秦汉土地制度与阶级关系》（中州古籍出版社1985年版），林甘泉、童超《中国封建土地制度史》第一卷（中国社会科学出版社1990年版），袁林《两周土地制度新论》，均是作者长期潜心研究的力作，其主要观点前文相关部分已有涉及，此处不赘。

张家山汉简出土以后，由于所出《二年律令·户律》中有完整的关于田宅制度的律文，再次引发对土地制度问题的热议。关于这套制度的起源、实态、土地所有制性质、命名，以及它是否是秦汉时期基本的土地制度，所针对的人群，在此之外是否存在其他的土地制度，何时废止等问题，学界认识存在很大差异。一些学者称之为名田制。① 杨振红认为这一制度源于商鞅变法，为秦及汉初的基本土地制度，文帝时废止，是西晋占田制和北魏隋唐均田制的源头，该文还对土地买卖是否能作为土地私有制的标志提出质疑；于振波认为名田制废止于元、成时。朱绍侯称之为赐田宅制，也叫名田制、授田制，认为它并非西汉的通制，而是吕后当政时的政策，为土地长期占有制。② 一些学者称之为授田制。③ 臧知非认为土地一经授予即归私有；高敏认为它源于汉高祖五年诏，是土地国有制，与私有土地性质的商鞅"名田制"以及秦始皇"自实田"制度不同；张金光则认为它是继井田制之后普遍授田制的延续，由于份地使用权和占有权的长期凝固化，最终在文帝时实现普遍授田制的终结。

刘光华《汉代西北屯田研究》（兰州大学出版社1988年版），对汉

① 杨振红：《秦汉"名田宅制"说》，《中国史研究》2003年第3期；于振波：《张家山汉简中的名田制及其在汉代的实施情况》，《中国史研究》2004年第1期；王彦辉：《论张家山汉简中的军功名田宅制度》，《东北师大学报》2004年第4期。

② 朱绍侯：《吕后二年赐田宅制度试探》，《史学月刊》2002年第12期；朱绍侯：《论汉代的名田（授田）制及其破坏》，《河南大学学报》2004年第1期。

③ 臧知非：《西汉授田制度与田税征收方式新论》，《江海学刊》2003第3期；高敏：《从张家山汉简〈二年律令〉看西汉前期的土地制度》，《中国经济史研究》2003年第3期；朱红林：《从张家山汉简看汉初国家授田制度的几个特点》，《江汉考古》2004年第3期；张金光：《普遍授田制的终结与私有地权的形成》，《历史研究》2007年第6期。

代是否存在民屯、屯田劳动者的身份、管理系统等做了探讨。柳春藩《西汉徙民屯田说质疑》(《中国史研究》1988 年第 2 期) 认为,西汉政府徙民实边,是为了扶持自耕小农,属郡县管辖,耕种私田,承担赋役、田租,因此不是民屯。张德芳《从悬泉汉简看两汉西域屯田及其意义》(《敦煌研究》2001 年第 3 期),根据新出悬泉汉简,探讨了两汉在西域屯田的情况和意义。

　　农业是秦汉时期最主要的经济部门。学界关于汉代粮食亩产量和家庭农业规模等估计相差悬殊。宁可认为汉代一个劳动力的垦田数是 14 市亩,家庭占有耕地为 29 市亩,粮食亩产为 140 市斤,家庭年剩余产品约占三分之一。[1] 吴慧《中国历代粮食亩产研究》(农业出版社 1985 年版) 认为,战国时期粟的亩产量为 247 市斤,汉代粟亩产三小石,合今制 281 市斤。于琨奇《两汉田租征收方法与数量探析》(《安徽史学》1995 年第 1 期) 认为,汉代粟的亩产量只有 112—117 斤。传统看法认为自战国时起中国就形成耕织结合的小农经济的基本模式,一些学者对此提出异议,认为战国秦汉个体农户的耕织结合并不紧密,绝大多数妇女不从事纺织生产,农民所需衣物主要从市场购买,耕织紧密结合是在封建社会后期用棉时代。[2] 李根蟠《对战国秦汉小农耕织结合程度的估计》(《中国社会经济史研究》1996 年第 4 期),对上述意见提出反驳。关于秦汉时期南方水稻的主要耕作方式、发展水平,特别是"火耕水耨"的施行范围、技术特点、生产力水平,学界认识分歧较大。[3] 张泽咸《汉晋唐时期农业》(中国社会科学出版社 2003 年版),按自然区划分为 11 个区域,按时间段论述汉唐时期各区农业发展变化的轨迹。张传玺《两汉大铁犁研究》(《北京大学学报》1985 年第 1 期),卫斯《我国汉代大面积种植小麦的历史考证——兼与 (日) 西嶋定生先生商榷》(《中国农史》1988 年第

---

[1]　宁可:《汉代农业生产漫谈》,《光明日报》1979 年 4 月 10 日;宁可:《有关汉代农业生产的几个数字》,《北京师院学报》1980 年第 6 期。

[2]　吴承明:《论男耕女织》,《中国社会经济史论丛》第 1 辑,山西人民出版社 1981 年版;于琨奇:《秦汉小农与小农经济》,黄山书社 1991 年版。

[3]　黄崇岳:《"火耕水耨"与楚国农业考》,《中国农史》1985 年第 3 期;陈文华:《中国汉代长江流域的水稻栽培和有关农具的成就》,《农业考古》1987 年第 1 期;彭世奖《"火耕水耨"辨析》,《中国农史》1987 年第 2 期。

4 期），均为农业史研究的代表作。余华青、张廷皓对与农业密切相关的林牧副渔业进行了开拓性研究。①

宋治民《汉代手工业》（巴蜀书社 1992 年版），对汉代冶铁、陶瓷、铜器、玉器、盐业等行业的时代背景、生产状况、工艺技术进行了分析和论说。吴荣曾《秦的官府手工业》（载《云梦秦简研究》），指出秦从中央到地方都设工室管理手工业，按生产技能又分将作、工官、铁官等独立的生产部门，工匠中有少数的自由身份者，其余主要是刑徒。盐业史研究主要围绕盐业起源与盐铁专卖制度展开，成果主要有齐涛《汉唐盐政史》（山东大学出版社 1994 年版），郭正忠主编《中国盐业史·古代编》（人民出版社 1997 年版）。货币研究有钱剑夫《秦汉货币史稿》（湖北人民出版社 1986 年版），张南《秦汉货币史论》（广西人民出版社 1992 年版），蒋若是《秦汉钱币研究》（中华书局 1997 年版），陈绍棣《试论王莽改币》（《中国史研究》1982 年第 2 期）。西汉文献中多见有关黄金的记载，东汉时却大幅度减少，这一现象引起学界的关注，并尝试作出合理解释。②

六 赋役财政史

赋役财政史是秦汉史研究的基础领域。新出简牍资料虽然极大地推动了这一领域的研究，但关于秦汉时期到底有哪些赋役种类、农民的负担到底有多大等基本问题，仍然悬而未决。这一时期出版有马大英《汉代财政史》（中国财政经济出版社 1983 年版），钱剑夫《秦汉赋役制度考略》（湖北人民出版社 1984 年版），黄今言《秦汉赋役制度研究》（江西教育出版社 1988 年版），并有大量论文发表。

睡虎地秦律《田律》规定："入顷刍稾，以其受田之数，无垦（垦）不垦（垦），顷入刍三石、稾二石。"有学者据此认为，田租征收也是以

---

① 余华青、张廷皓：《秦汉时代的畜牧业》，《中国史研究》1982 年第 4 期；余华青：《略论秦汉时期的园圃业》，《历史研究》1983 年第 3 期。

② 唐任伍：《西汉巨量黄金消失之谜考》，《史学月刊》1989 年第 5 期；秦晖：《汉"金"新论》，《历史研究》1993 年第 5 期；李祖德：《试论秦汉的黄金货币》，《中国史研究》1997 年第 1 期。

一户有田百亩的假设，按人户征收。① 一些学者认为上述规定是针对刍
稾税的，田租征收则根据实际耕种的土地数量课征。② 以往学者多将假
税理解为地租，柳春藩《论汉代"公田"的"假税"》（《中国史研究》
1983 年第 2 期）提出，汉代假税分地租、地税和渔采税三种类型。杨
振红《从新出简牍看秦汉时期的田租征收》（《简帛》第三辑，上海古
籍出版社 2008 年版）认为，秦及汉初田租征收存在东西方差异，原秦、
楚地区实行程租制即定率租，关东地区则实行定额租，西汉中期始在全
国推广定额制。岳庆平《汉代"赋额"初探》（《中国史研究》1985 年
第 4 期），运用江陵凤凰山汉简，提出汉代以算征收的赋为"取民之
赋"，一部分用于上交中央财政，即"算赋"；一部分用于地方财政，
无定额，因地、因时而异。学界一般认为更赋是代役钱，胡大贵《汉代
更赋考辨》（《四川师大学报》1995 年第 1 期）提出，更赋是固定征收
的赋税，不是代役钱，起征于文帝十三年。于振波《从简牍看汉代的户
赋与刍稾税》（《故宫博物院院刊》2005 年第 2 期），利用新出张家山
汉简，指出汉代户赋继承秦制，是一单独税目。

多数学者认为傅籍指广义的役籍，包括更卒、正卒和戍卒在内的徭
役兵役；但另一些学者认为傅籍专指在正卒兵籍上登记，更卒徭役的始
役年龄早于正卒兵役，而和缴纳算赋的年龄相同，为 15 岁。学界一般
认为"正"指正卒兵役，包括一年屯戍（或卫士）兵役，一年力役即
材官骑士的地方兵役。张荣强《〈二年律令〉与汉代课役身份》（《中国
史研究》2005 年第 2 期）提出，汉代已实行丁中制，"傅"指傅籍为正
卒，相当后代服全役的丁，正卒不仅要服兵役而且要服徭役，15 岁至
傅籍以及正卒止役后至皖老为次丁（中），所服为半役。于豪亮《西汉
适龄男子戍边三日说质疑》（《考古》1982 年第 4 期）认为，秦代戍卒
以累计一年的形式征发，吕后五年始改为一次服完一年。孙言诚《秦汉
的戍卒》（《文史哲》1988 年第 5 期）指出，只有服兵役的称为士（卫
士、骑士），服徭役的称卒。骑士须经挑选，基本职责是战斗，戍卒则

---

① 黄今言：《秦租赋徭役研究》，《江西师院学报》1979 年第 3 期；臧知非：《汉代田税
"以顷计征"新证》，《江西师范大学学报》2003 年第 5 期。

② 李恒全、朱德贵：《对战国田税征收方式的一种新解读》，《中国社会经济史研究》
2003 年第 4 期。

是候望和劳作。服戍边徭役为戍卒，不同于迁徙到边地的普通郡县民。宋杰《汉代私人徭役析论》（《中国经济史研究》2001 年第 2 期）探讨了私人徭役问题。

七　社会史、礼制风俗与宗教信仰

长期以来，社会史研究被阶级斗争史和社会发展史所取代。20 世纪 80 年代中期，社会史开始复兴，并成为三十年来发展最快、最为活跃的领域。研究从不同视角和层面展开，出现了多样成果。沈从文《中国古代服饰研究》（商务印书馆香港分馆 1981 年版，上海书店出版社 1997 年增订版），依托丰富的实物及图像等形象资料，与相关的文献记载互见发明，是中国第一部服饰通史。彭卫《汉代婚姻形态》（三秦出版社 1988 年版），运用跨学科的理论和方法，将汉代婚姻关系置于整个社会和文化背景中进行综合考察，富于开拓性。王子今《秦汉交通史稿》（中共中央党校出版社 1994 年版），全面论述了秦汉陆路、水路交通及交通工具情况，并对产业布局及运销区划、交通心理与交通习尚等进行了考察。马新《两汉乡村社会史》（齐鲁书社 1997 年版），力求全面、立体、动态地把握两汉乡村社会风貌，并对以往学界较少关注的生产环境、民谣民谚与乡村社会生产生活的关系等进行了深入探讨。阎爱民《汉晋家族研究》（上海人民出版社 2005 年版）认为，汉代家族以父系为主、兼顾母系，保留着许多"旧"的氏族因素，可称为"后氏族时代"，魏晋时进入新的时期。张继海《汉代城市社会》（社会科学文献出版社 2006 年版），从聚落形态、城市、城市社会三个层次，对汉代城市社会进行了系统研究，指出汉代城乡之间联系不甚紧密。此外，还有周长山《汉代城市研究》（人民出版社 2001 年版），杨师群《东周秦汉社会转型研究》（上海古籍出版社 2003 年版）。

以新出文物考古资料为基材，通过与传世文献的结合，探求秦汉社会风貌和特质，成为这一时期社会史研究的重要方法和途径。刘志远、余德章、刘文杰《四川汉代画像砖与汉代社会》（文物出版社 1983 年版），是较早运用这一方法的佳作。李振宏《居延汉简与汉代社会》（中华书局 2003 年版），对居延汉简所反映的汉代屯戍管理制度、吏卒社会生活以及汉简相关问题，进行了深入的考证和研究。高大伦《尹湾汉墓木牍〈集簿〉中户口统计资料研究》（《历史研究》1998 年第 5 期）指出，不但《汉志》中的人口数有较多水分，作为考古出土第一手资料《集簿》中的户口统计也与实际情形有较大出入，尤其是少儿和高龄人口数，提示了如何认识史料的问题。李学勤《睡虎地秦简〈日书〉与楚、秦社会》（《江汉考古》1985 年第 4 期），袁仲一《从考古资料看秦文化的发展和主要成就》（《文博》1990 年第 5 期），〔美〕简·詹姆斯《汉代西王母的图像志研究》（《美术研究》1997 第 2、3 期），宋杰《〈元延二年日记〉所反映的汉代郡吏生活》（《社会科学战线》2003 年第 3 期），均是此方面的代表作。

　　20 世纪 80 年代起，家庭史逐渐从宗族、婚姻研究中分解出来，成为社会史研究的一个独立组成部分。李向平、黄金山较早从事这一研究。[①] 1997 年岳庆平《汉代的家庭与家族》（大象出版社）出版后，又有张仁玺《秦汉家庭研究》（中国社会出版社 2002 年版）、赵浴沛《两汉家庭内部关系及相关问题研究》（湖北人民出版社 2006 年版）问世。张国刚主编《中国家庭史》（广东人民出版社 2007 年版）是中国第一部家庭史通史，秦汉部分收在王利华著第一卷 "先秦至南北朝时期" 中。家庭史研究主要围绕家庭结构、家庭中各种关系及其法律地位、责任义务、财产继承等展开。传统看法认为商鞅实行分异政策后，秦汉家庭以一对夫妇及其未婚子女组成的核心家庭为主，近来一些学者对此提出异议，认为秦汉时存在大量扩大（或称联合、同居）家庭。[②] 关于妇女在婚姻家庭中的地位，一种意见认为虽然汉代妇女的地位比唐以后略高一些，但男尊女卑的倾向十分明显；一种意见认为秦与汉初家庭内部人际关系相对平等、独立、自由，汉武帝独尊儒术后父家长地位提高；一种意见认为妇女的家庭地位较高。江苏仪征胥浦西汉墓《先令券

---

① 李向平：《秦代家庭形态初探》，《广西师范大学学报》1985 年第 4 期；黄金山：《论汉代家庭的自然构成与等级构成》，《中国史研究》1987 年第 4 期；黄金山：《汉代家庭成员的地位和义务》，《历史研究》1988 年第 2 期。

② 马新：《秦汉时代家内人际关系的变迁》，《山东大学学报》1993 年第 3 期；尹在硕：《睡虎地秦简〈日书〉所见 "室" 的结构与战国末期秦的家族类型》，《中国史研究》1995 年第 3 期；魏道明：《从简牍资料看秦的家庭结构》，《青海师范大学学报》2003 年第 1 期；李根蟠：《从秦汉家庭论及家庭结构的动态变化》，《中国史研究》2006 年第 1 期。

书》、张家山汉简等新材料的出土，推动了继承制度的研究，除了使我们了解到秦汉时期在财产继承之外，还存在身份和户主权的继承。① 近年来，性别史研究开始兴起，成果有王子今《古史性别研究丛稿》（社会科学文献出版社 2004 年版）。

豪族研究是秦汉社会阶层、社会势力研究的重点。唐长孺《东汉末期的大姓名士》（载氏著《魏晋南北朝史论拾遗》，中华书局 1983 年版）指出，东汉时已形成普遍承认的地方大姓，他们对东汉的地方政权、东汉末的政局以及曹操的选举制度产生了重要影响。学界一般认为门阀士族是东汉豪族发展的结果，形成于魏晋。周天游《论东汉门阀形成的标志》（《西北大学学报》1989 年第 3 期）不同意这一看法，认为西汉后期已出现士庶之别，东汉时门阀形成。21 世纪初，出版了崔向东《汉代豪族研究》（崇文书局 2002 年版），马彪《秦汉豪族社会研究》（中国书店 2002 年版）。王彦辉《汉代豪民研究》（东北师范大学出版社 2001 年版），以"豪民"界定非身份性地主，提出汉武帝推行工商官营政策是豪民发展的分水岭，并对豪民与乡里政权、"分田劫假"与豪民兼并、豪民私债等问题做了有新意的考辨。黎明钊《汉代亭长与盗贼》（《中国史研究》2007 年第 2 期）论证指出，汉代亭系统属吏及其追捕的盗贼首领多为地方大姓，当时豪族大姓已融入官僚系统。游侠一度是学界关注的群体，有刘修明、乔宗伟《秦汉游侠的形成与演变》（《中国史研究》1985 年第 1 期），宋超《〈史记〉〈汉书〉游侠传试探——兼论两汉社会风尚的变迁》（《学术月刊》1985 年第 10 期），彭卫《古道侠风》（中国青年出版社 1998 年版）。值得注意的是，豪族和任侠风气亦为日本学界所关注，但两国学者关注的出发点和视角有所不同，有必要进行更深入的交流和研究。

随着睡虎地秦简的出土，士伍的身份引起了学界的关注。刘海年《秦汉"士伍"的身份与阶级地位》（《文物》1978 年第 2 期）认为，士伍指无爵或被夺爵后的成丁，属于庶民，但并不构成一个阶级。秦进才《秦汉士伍异同考》（《中华文史论丛》1984 年第 2 辑）认为，秦的

---

① 马新、齐涛：《略论中国古代的家产继承制度》，《人文杂志》1987 年第 5 期；李均明：《张家山汉简所见规范继承关系的法律》，《中国历史文物》2002 年第 2 期；徐世虹：《张家山二年律令简所见汉代的继承法》，《政法论坛》2002 年第 5 期。

士伍身份与庶民、庶人相近，汉代士伍主要由削爵犯罪者构成，其地位与罪犯接近。施伟青《也论秦"士伍"的身份》（《中国社会经济史研究》1993年第1期）认为，士伍指必须服正卒徭役的无爵的男子。此外，闾左、黔首、赘婿等身份，睡虎地秦简中"叚门逆旅"的释读和含义，亦是学界讨论的热点。沈刚《秦汉时期的客阶层研究》（吉林文史出版社2003年版），则是有关客阶层的专门研究。

河南偃师出土的东汉建初二年《侍廷里父老僤买田约束石券》①，引发了学界对"僤"性质和功能的讨论。俞伟超《中国古代公社组织的考察——论先秦两汉的单—僤—弹》（文物出版社1988年版）认为，"僤"是与里规模相当的基层社会组织。多数学者认为它是里中部分居民为了特定目的的结社，如杜正胜《"单"是公社还是结社？》（《新史学》创刊号，台北，1990年），但认为"僤"与公有制或私有制没有必然关系。林甘泉《"侍廷里父老僤"与古代公社组织残余问题》（《文物》1991年第7期）不同意杜正胜的观点，认为"僤"和里社一样，都是古代公社组织的残余形式。关于社以及民间社区和组织的研究，还可见薛英群《居延汉简中的"社"及其源流》（《兰州学刊》1984年第3期），宁可《述"社邑"》（《北京师院学报》1985年第1期）。

社会风尚、社会心态、社会舆论等也成为研究者关注的课题。代表作有彭卫《汉代社会风尚研究》（三秦出版社1998年版），王子今《秦汉民间谣谚略说》（《文史杂志》1987年第4期），吕宗力《汉代的流言与讹言》（《历史研究》2003年第2期）。

20世纪90年代后，礼制、风俗研究愈来愈受到学界重视，出版了陈成国《秦汉礼制研究》（湖南出版社1993年版），华友根《西汉礼学新论》（上海社会科学院出版社1998年版）。彭卫、杨振红《中国风俗通史·秦汉卷》（上海文艺出版社2002年版），从衣食住行、婚丧嫁娶、卫生保健、农业生产、信仰、节日、游艺、交际等，全方位考察了秦汉风俗的基本特征及演变规律。李如森《汉代丧葬制度》（吉林大学出版社1995年版），韩国河《秦汉魏晋丧葬制度研究》（陕西人民出版社1999年版），以考古发现的墓葬遗存为基础，结合传世文献，全面考

① 黄士斌：《河南偃师县发现汉代买田约束石券》，《文物》1982年第12期；宁可：《关于〈汉侍廷里父老僤买田约束石券〉》，《文物》1982年第12期。

察了秦汉丧葬制度。周振鹤《从"九州异俗"到"六合同风"》（《中国文化研究》1997 年第 4 期），杨振红《月令与秦汉政治再探讨——兼论月令源流》（《历史研究》2004 年第 3 期），亦值得一读。

宗教研究主要集中于道教的兴起和佛教的传入，有刘昭瑞《考古发现与早期道教研究》（文物出版社 2007 年版），王育成《洛阳延光元年朱书陶罐考释》（《中原文物》1993 年第 1 期），姜生《原始道教之兴起与两汉社会秩序》（《中国社会科学》2000 年第 6 期），李刚《从汉晋胡俑看东南地区胡人、佛教之早期史》（《东南文化》1989 年第 2 期），吴廷璆、郑彭年《佛教海上传入中国之研究》（《历史研究》1995 年第 2 期）。方术、巫术研究颇为兴盛，有李零《中国方术考（修订本）》、《续考》（东方出版社 2001 年版），田静、史党社《论秦人对天或上帝的崇拜》（《中国史研究》1996 年第 3 期），张宏《汉代〈郊祀歌十九章〉的游仙长生主题》（《北京大学学报》1996 年第 4 期）。刘乐贤《楚秦选择术的异同及影响》（《历史研究》2006 年第 6 期）认为，楚、秦两地使用的选择术同出一源，但具体方法存在较大差异，后世流行的一些重要选择方法如"建除"、"丛辰"、"咸池"、"十二禽"等可能均出自秦系选择术。

八　学术、思想、文化、教育、史学史

1979 年发表的顾颉刚《"周公制礼"的传说和〈周官〉一书的出现》（《文史》第 6 辑），将《周官》的成书与战国时代的统一思潮联系在一起，是一篇彰显作者功力和学术主张的巨作，在学术史上占有重要地位。彭林《〈周礼〉主体思想与成书年代研究》（中国社会科学出版社 1991 年版）认为，《周礼》中不见道家思想和谶纬灾异说，当成书于道家思想未成为主流前的汉初。简牍中发现的古代佚籍极大地推动了学术史的研究，成果有李学勤《简帛佚籍与学术史》（江西教育出版社 2001 年版），裘锡圭《中国出土古文献十讲》（复旦大学出版社 2004 年版），李零《简帛古书与学术源流》（三联书店 2004 年版）。李振宏《论"先秦学术体系"的汉代生成》（《河南大学学报》2008 年第 2 期）提出，汉人根据时代需要对先秦诸子学进行了新的阐释或改造，形成今

天所见的"先秦学术体系"和诸子学派划分，它已非先秦学术的真实面貌。探讨发掘先秦学术的思想价值，应以诸子之名命名其学，如老学、孔学、庄学、孟学、荀学等。

改革开放使思想史研究的方向发生了重大改变，并出版了大量论著，代表作有张舜徽《周秦道论发微》（中华书局 1982 年版），金春峰《汉代思想史》（中国社会科学出版社 1987 年版，1997 年修订版），刘泽华《中国古代政治思想史》（南开大学出版社 1992 年版），葛兆光《七世纪前中国的知识、思想与信仰世界》（复旦大学出版社 1998 年版）。

学界纠正了"文化大革命"时全面否定儒学的错误做法，儒学的思想价值和历史地位得到充分肯定。对传统文化的重视，以及深受儒学思想影响的东亚国家经济的腾飞，使得海内外掀起了儒学研究的新热潮，但对于如何评价儒学在中国历史发展、文化传统中的地位和作用，学界意见分歧仍然很大。姜广辉主编《中国经学思想史·汉唐卷（第一、第二卷）》（中国社会科学出版社 2003 年版），吸收古史辨派等既往研究成果，对两汉经学思想的发展进行了全面解析。董仲舒思想和春秋公羊学仍是这一时期儒学研究的重点，有周桂钿《董学探微》（北京师范大学出版社 1989 年版），黄朴民《天人合一：董仲舒与汉代儒学思潮》（岳麓书社 1999 年版），汪高鑫《董仲舒与汉代史学思潮》（《史学史研究》2003 年第 4 期）。孙景坛《汉武帝"罢黜百家，独尊儒术"子虚乌有——中国近现代儒学反思的一个基点性错误》（《南京社会科学》1993 年第 6 期），对汉武帝"罢黜百家，独尊儒术"的说法提出质疑，引发了学界的激烈争论。① 陈启云《论西汉时的"子学没落，儒学独尊"问题》（《史学月刊》2003 年第 1 期）提出，诸子思想的没落并非秦始皇"焚书坑儒"所致，汉武帝"罢黜百家，独尊儒术"也并非罢黜诸子百家全部，汉代独尊的是"六艺"经学而不是儒学思想，崇尚

---

① 管怀伦：《汉武帝"罢黜百家，独尊儒术"确有其事——与孙景坛同志商榷》，《南京社会科学》1994 年第 6 期；葛志毅《百家之学与独尊儒术》，《史学集刊》1994 年第 3 期；庄春波：《汉武帝"罢黜百家，独尊儒术"说考辨》，《孔子研究》2000 年第 4 期；杨生民：《汉武帝"罢黜百家，独尊儒术"新探——兼论汉武帝"尊儒术"与"悉延（引）百端之学"》，《首都师范大学学报》2000 年第 5 期；周桂钿：《汉武帝是否独尊儒术？——兼论思想方法诸问题》，《中国社会科学院研究生院学报》2003 年第 2 期。

"经学"是诸子思想消沉的主因。关于陆贾等思想研究有黄宛峰《叔孙通、陆贾与汉初的儒学走向》(《史学月刊》1995年第5期),李禹阶《陆贾新儒学的文化独尊思想——兼论儒家文化思想上的独尊性与唯我性》(《西南师范大学学报》2003年第5期)。

20世纪90年代后一些学者将视野转向经学、儒学对现实政治、社会的影响和互动关系,有晋文《以经治国与汉代社会》(广州出版社2001年版),张涛《经学与汉代社会》(河北教育出版社2002年版),刘厚琴《儒学与汉代社会》(齐鲁书社2002年版)。孙筱《两汉经学与社会》(中国社会科学出版社2002年版)认为,应将经学作为一个学术流派来看待,以避免把经学家的理论或理想当作两汉社会政治的现实,并提出汉代学术发展的"内纯致治法则"。谶纬是汉代思想的重要内容,成果有钟肇鹏《谶纬论略》(辽宁教育出版社1991年版),吕宗力《东汉碑刻与谶纬神学》(《中国社会科学院研究生院学报》1982年第5期)。

一些学者提出西汉初年形成了新道家。熊铁基先后出版了《秦汉新道家论略稿》(上海人民出版社1984年版)、《秦汉新道家》(上海人民出版社2001年版),后者分"历史篇"和"思想篇",从纵横两方面对新道家思想的产生、发展,及主要代表作和代表人物进行了论述。一些学者提出《吕氏春秋》不是杂家而是新道家的代表作。

"文化大革命"时综合文化史和文明史研究几乎完全陷入停顿。改革开放后,文化史研究迅速崛起,涌现了大批成果,并出现了专业性刊物。秦始皇兵马俑博物馆自1993年主办《秦文化论丛》,目前已出版15辑。2001年西北大学周秦汉唐中心主办《周秦汉唐文化研究》,至今已出版4辑。长期以来,文化史的学科定位一直困扰着研究者,从史学实践来看,文化史与社会史经常处于交融状态,出现了很多此类成果。李学勤《东周与秦代文明》(文物出版社1984年版,1991年增订版),以诸侯国为单位,分述东周与秦代各诸侯国的文物考古材料及有关历史问题,全面勾勒处于巨大变革期的东周和秦代的社会、经济、政治和文化状况。林剑鸣、余华青、周天游、黄留珠《秦汉社会文明》(西北大学出版社1985年版),对秦汉时期的农业、手工业发展状况、城市风貌、人们的衣食住行、婚丧礼俗、信仰、祭祀、精神风貌等进行全面论述,指出多样化的统一、大规模吸收和远距离传播等是秦汉文明发展的主要特征。孙机《汉代物质文化资料图说》（文物出版社 1991年版），结合出土文物，详细介绍了汉代农业、手工业的成就，并进行了细致考证，书中附有上千幅汉代文物图样。此外，文化史著作还有韩养民《秦汉文化史》（陕西人民教育出版社 1986 年版），熊铁基《汉唐文化史》（湖南出版社 1992 年版），王晓毅《中国文化的清流》（中国社会科学出版社 1991 年版），孙家洲《两汉政治文化窥要》（泰山出版社 2001 年版）。

中国古代士的构成、士大夫阶层的形成、社会定位以及与中国传统政治文化的关系，是文化史研究的重要内容。学者对此进行了完全不同的认识和解读。海外华人学者余英时《士与中国文化》（上海人民出版社 1987 年版，2003 年增订版），试图通过"士"阶层的历史发展探索中国文化的独特形态。提出以儒墨两家为先导的诸子是中国古代知识阶层的原型，他们将"批评政治社会、抗礼王侯"的"道"作为自己的精神凭借，相信道尊于势，是"社会的良心"。批评以往学界将士或士大夫看成是学者—地主—官僚三位一体的观点是以决定论抹杀"士"超越性的偏见。阎步克《士大夫政治演生史稿》（北京大学出版社 1996 年版），将士大夫定性为学士（知识分子）与文吏（官僚）的结合物——文人官僚，从两者的分合关系解析周政、秦政、汉政、新政的演变，认为秦政排斥父道、师道而独尊君道、吏道，是其速亡的根源，中国独特的政治形态——士大夫政治在汉代完成。林甘泉《中国古代知识阶层的原型及其早期历史行程》（《中国史研究》2003年第 3 期），批评余英时所谓士"道尊于势"是儒家精英的自恋情结。认为春秋战国时代士的知识结构包括道术之学和器用之学，士的价值取向和精神追求自始就呈现多元化的趋势。所谓秦朝短祚而亡是各种社会矛盾汇集激化的结果，并非由于儒家与法家两种"吏道"观念尖锐对立的缘故。中国古代知识阶层就其整体社会地位来说，不能不依附于统治阶级。

区域文化研究是 20 世纪 90 年代形成并向纵深发展的一个领域。谭其骧《中国文化的时代差异和地区差异》（《复旦学报》1986 年第 2期）提出，中国文化的时代差异、地区差异，远远超过中国文化的统一性。王子今《秦汉区域文化研究》（四川人民出版社 1998 年版），将秦汉疆域划分为 12 个文化区，力图勾勒各区的人文社会面貌和民俗文化特征，探索其成因。此外，还有孟祥才、胡新生《齐鲁思想文化史——从地域文化到主流文化（先秦秦汉卷）》（山东大学出版社 2002 年版），孙继民、郝良真《先秦两汉赵文化研究》（方志出版社 2003 年版），段渝《论秦汉王朝对巴蜀的改造》（《中国史研究》1999 年第 1 期）。

教育研究日趋深化，有张鹤泉《东汉时代的游学风气及社会影响》（《求是学刊》1995 年第 2 期），张荣芳《论汉代太学的学风》（《中山大学学报》1998 年第 1 期），葛志毅《汉代的博士与议郎》（《史学集刊》1998 年第 3 期），王永平《汉灵帝之置"鸿都门学"及其原因考论》（《扬州大学学报》1999 年第 5 期），姜维公《汉代学制研究》（中国文史出版社 2005 年版）。

史学史研究有胡宝国《汉唐间史学的发展》（商务印书馆 2003 年版），李小树主编《秦汉魏晋南北朝史学史稿》（中国人民大学出版社 2007 年版）。大量研究仍集中于司马迁《史记》和班固《汉书》，成果主要有白寿彝《史记新论》（求实出版社 1981 年版），历史研究编辑部《司马迁与〈史记〉论集》（陕西人民出版社 1982 年版），陈其泰《再建丰碑：班固和〈汉书〉》（三联书店 1994 年版），张大可、安平秋、俞樟华主编 10 卷本《史记研究集成》（华文出版社 2005 年版）。

九　历史地理、人口、气候、灾害、　生态环境研究

历史地理分支更为细密，除传统的政区沿革地理外，人口地理、宗教地理等人文地理也日益兴盛。谭其骧主编 8 卷本《中国历史地图集》（地图出版社 1982 年版）是一项重大学术成果。谭其骧《长水集》、《长水集续集》（人民出版社 1987、1994 年版），史念海《河山集》（2—9 集）（三联书店等，1981—2006）均收录有秦汉方面的重要论文。葛剑雄《西汉人口地理》（人民出版社 1986 年版）对西汉人口分布的密度、迁徙、增长率以及粮食生产关系等问题作了详尽论述。周振鹤《西汉政区地理》（人民出版社 1987 年版），李晓杰《东汉政区地理》（山东教育出版社 1999 年版）分别论述了西汉、东汉政区地理情况。学界就楚汉战争垓下之战的位置进行了热烈讨论。周振鹤《〈二年

律令·秩律〉的历史地理意义》（《学术月刊》2003 年第 1 期），王子今、刘华祝《说张家山汉简〈二年律令·津关令〉所见五关》（《中国历史文物》2003 年第 1 期），辛德勇《张家山汉简所示汉初西北隅边境解——附论秦昭襄王长城北端走向与九原云中两郡战略地位》（《历史研究》2006 年第 1 期），均有所创见。

对咸阳、长安、洛阳都城遗址的持续调查发掘工作，推动了秦汉都城的研究。学界就咸阳是否有城墙、咸阳附近古桥遗址的性质、长安城的形状是否取法天象等，展开了讨论。杨宽《中国古代都城制度史研究》（上海古籍出版社 1993 年版），以成都故城和秦始皇陵园为线索，推测先秦到唐代为封闭式都城制度时期，郭内存在封闭的居民"坊里"和"市"，西周到西汉城郭的布局为西城连结东郭，秦始皇扩建咸阳后，在东门造阙。东汉时城郭布局发生重大变化，北部为城区，东西南三面为郭。杨宽的看法受到许多学者的质疑。刘庆柱、李毓芳从考古学角度提出，战国时期各国都城布局并不一致，不能以某些都城作为普遍模式概而论之。杨宽作为长安城存在大郭依据的遗址，实际上是桥和墓葬。东西两市也不在城外，而是在洛城门和横城门内。[①] 都城研究还可见辛德勇关于汉唐长安城交通地理的系列研究（《中国历史地理论丛》1988 年第 3、4 期，1989 年第 1、2 期），秦建明、张在明、杨政《陕西发现以汉长安城为中心的西汉南北向超长建筑基线》（《文物》1995 年第 3 期），王学理《咸阳帝都记》（三秦出版社 1999 年版），徐卫民《秦都城研究》（陕西人民教育出版社 2000 年版），姜波《汉唐都城礼制建筑研究》（文物出版社 2003 年版），曲英杰《史记都城考》（商务印书馆 2007 年版）。

人口史研究较之以往成果突出，有葛剑雄主编 6 卷本《中国移民史》（福建人民出版社 1997 年版），袁祖亮主编《中国古代边疆民族人口研究》（中州古籍出版社 1999 年版），袁祖亮主编《中国人口通史》（人民出版社 2007 年版）。

气候史、灾害史的研究很早就开始了，但长期以来研究主要在自然科学界展开。历史学工作者广泛关注和开展这两项研究，始于 20 世纪

---

① 刘庆柱：《古代都城与帝陵考古学研究》，科学出版社 2000 年版；刘庆柱、李毓芳：《汉长安城》，文物出版社 2003 年版。

90 年代，并很快成为热门领域。在中国学术期刊网以"秦汉"和"汉代"为题名检索词的论文中，王子今《秦汉时期气候变迁的历史学考察》（《历史研究》1995 年第 2 期）、杨振红《汉代自然灾害初探》（《中国史研究》1999 第 4 期）两篇关于气候和灾害的论文，被引频次高居榜首，分别为 57 次和 40 次，一定程度折射出这两项研究的热度。主要成果还有蔡万进《尹湾汉简（元延二年日记）所载汉代气象资料》（《历史研究》2002 年第 4 期），陈业新《灾害与两汉社会研究》（上海人民出版社 2004 年版），王文涛《秦汉社会保障研究——以灾害救助为中心的考察》（中华书局 2007 年版）。气候史、灾害史均属跨学科研究，自然科学工作者的研究成果尤其值得重视。医学工作者赖文、李永宸撰写的《东汉末建安大疫考——兼论仲景〈伤寒论〉是世界上第一部流行性感冒研究专著》（《上海中医药杂志》1998 年第 8 期）认为，东汉末建安大疫可能是世界上最早有记录的流行性感冒大流行，张仲景《伤寒论》可能是记录建安大疫的世界上最早的流感研究专著。

　　20 世纪全球生态环境的恶化以及由此引发的对生态环境的广泛关注，催生了生态环境史研究的兴盛。事实上，在生态环境成为专门学科之前，谭其骧、史念海就已经开展了这方面研究。如谭其骧关于黄河水患与植被、水土流失关系的研究，史念海关于黄土高原植被破坏、水土流失的系列研究，都可视为生态环境史的滥觞。倪根金《秦汉环境保护初探》（《中国史研究》1996 年第 2 期）是较早以"环境"为题的专论。李并成《河西走廊历史时期沙漠化研究》（科学出版社 2003 年版），是探讨历史时期河西走廊地区沙漠化的专著。王子今《秦汉时期生态环境研究》（北京大学出版社 2007 年版），从气候、水资源、野生动物分布、植被、人为因素等方面讨论秦汉生态环境条件的基本形势，考察了秦汉人的生态环境观、生态环境与秦汉社会历史的关系。朱诚、张强、张之恒、于世永《长江三峡地区汉代以来人类文明的兴衰与生态环境变迁》（《第四纪研究》2002 年第 5 期），是中国城市与资源学、历史学和瑞典第四纪地质学等专家共同完成的，是跨学科、跨国界合作的研究成果。

十　边疆、民族、中外关系

秦汉时期边疆与民族的论文逐渐增多，主要涉及汉匈关系和西南边疆诸问题。如何看待历史时期中国的疆域、疆域之外少数民族的活动与中国历史的关系，是边疆民族研究的重要问题。谭其骧 1981 年在一次会议上提出，应将鸦片战争前的中国作为历史时期的中国，在这个范围内活动的民族都是中国史上的民族。中国的主权观念是近代才形成的，历史上"中国"的概念是不断变化的，不能以古人心目中的中国作为历史上的中国，也不能拿今天的中国范围来限定历史上的中国。不能将中国与汉族王朝等同起来，历史上边疆少数民族建立的政权也属于中国历史的一部分。① 对于正确认识历史上的边疆和民族问题具有指导意义。

边疆民族的综合研究有黄烈《中国古代民族史研究》（人民出版社 1987 年版），陈连庆《秦汉魏晋南北朝少数民族姓氏研究》（吉林文史出版社 1993 年版），李大龙《汉唐藩属体制研究》（中国社会科学出版社 2006 年版）。匈奴研究有林幹《匈奴通史》（人民出版社 1986 年版），黄文弼《前汉匈奴单于建庭考》（《西北史地论丛》，商务印书馆 1981 年版），黄盛璋《关于"汉匈奴为鞮台耆且渠"印的若干问题》（《西北史地》1984 年第 1 期），白音查干《论汉武帝对匈奴的征服战争》（《内蒙古社会科学》1997 年第 5 期）。朱泓从文化人类学角度对北方民族的人种进行了系列研究。② 羌族研究有顾颉刚《从古籍中探索我国的西部民族——羌族》（《社会科学战线》1980 年第 1 期），周锡银、李绍明、冉光荣《羌族史》（四川民族出版社 1984 年版）。西域研究有马雍《西域史地文物丛考》（文物出版社 1990 年版），余太山《西域通史》（中州古籍出版社 1996 年版），余太山《两汉魏晋南北朝正史

---

① 此讲稿后整理成文：《历史上的中国和中国历代疆域》，两次刊于《中国边疆史地研究》1988 年第 3 期、1991 年第 1 期。

② 朱泓：《从扎赉诺尔汉代居民的体质差异探讨鲜卑族的人种构成》，《北方文物》1989 年第 2 期；朱泓：《人种学上的匈奴、鲜卑与契丹》，《北方文物》1994 年第 2 期。

西域传研究》（中华书局 2003 年版）。丝绸之路是西北史地、中外关系史、经济史等领域广泛关注的热点。西南方面研究有童恩正《古代的巴蜀》（四川人民出版社 1979 年版），蒙默《试论古代巴、蜀民族及其与西南民族的关系》（《贵州民族研究》1983 年第 4 期），张增祺《战国至两汉时期滇池区域发现的西亚文物》（《思想战线》1982 年第 2 期）。越史研究有蒙文通《越史丛考》（人民出版社 1983 年版），张荣芳、黄淼章《南越国史》（广东人民出版社 1996 年版）。

随着改革开放的推进，中外关系史逐渐受到重视。孙毓棠《汉代的中国与埃及》（《中国史研究》1979 年第 2 期）认为，黎轩指埃及亚历山大城，中埃交往始于张骞出使西域后不久。马雍《东汉后期中亚人来华考》（《新疆大学学报》1984 年第 2 期）指出，东汉中期以后特别是灵帝时期，中亚的月支、康居、安息以及部分北天竺人，陆续不断移居中国，并很快汉化，改为支、康、安、竺等汉姓，将佛教以及中亚的风俗、器物等传入中国，掀起一股"胡化"热潮。世纪之交，关于汉宣帝时罗马人是否在今甘肃省建骊靬城的问题，展开了有趣的讨论。[①]

十一　人物研究

历史人物研究长盛不衰，特别是不断兴起的历史剧热和百家讲坛热，更催生了大量著名历史人物传记的出版。研究仍主要集中在对历史有重大影响的人物。研究普遍摆脱了简单的阶级两分法，更注重从人物的性格、心理以及所处的政治、文化环境，对人物进行客观、历史的解析和评价。对秦始皇进行研究的有张文立（1996）、黄中业（1997）、于琨奇（2002）、王子今（2005）、安作璋（2005）、王立群（2008）等近百种；商鞅研究有李存山（1997）、丁毅华（1999）；汉高祖研究有安作璋、孟祥才（1997）、黄中业（1997）、于琨奇（1997）等数十

[①]　讨论情况参见邢义田《从金关、悬泉置汉简和罗马史料再谈所谓罗马人建骊靬城的问题》，长沙市文物考古研究所编《长沙三国吴简暨百年来简帛发现与研究国际学术研讨会论文集》，中华书局 2005 年版。

种；汉武帝研究有刘修明（1984）、林剑鸣（1987）、杨生民（2001）、安作璋（2005）、王立群（2007）等数十种；董仲舒研究有周桂钿、吴锋（1997）、马勇（2000）；司马迁研究有肖黎（1986）、张大可（1994）、施丁（1995）等数十种；桑弘羊研究有安作璋（1983）、晋文（2005）；王莽研究有孟祥才（1982）、周桂钿（1996）、葛承雍（1997）；刘秀研究有刘修明（1987）、张鹤泉（1993）、安作璋（1999）、黄留珠（2003）等二十余种；桓谭研究有苏诚鉴（1986）、钟肇鹏（1993）。此外，还有林剑鸣《吕不韦传》（1995），王云度《刘安评传》（1997），黄朴民《何休评传》（1998），朱绍侯、龚留柱《盛衰苍茫——汉元成二帝传》（2002），陈其泰《班固评传》（2002）。

笔者搜检了中国学术期刊网收录的三十年来秦汉历史人物的论文，制成以下情况表（见下页）。研究最多的是司马迁、董仲舒，这主要与两人的史学、思想成就有关。选题重复，创新成果不多，是另一特点。秦始皇研究最能说明问题，552 篇论文中被引频次最高的论文只有 5 次，绝大多数论文没有任何反响。

十二　文献整理与文物考古

传世文献整理研究成果卓著，主要有陈直《史记新证》、《汉书新证》（天津人民出版社 1979 年版）、《三辅黄图校证》（陕西人民出版社 1980 年版），石声汉《氾胜之书汇释》（农业出版社 1980 年版），吴树平《风俗通义校释》（天津人民出版社 1980 年版），刘琳《华阳国志校注》（巴蜀书社 1984 年版），陈奇猷《吕氏春秋校释》（学林出版社 1984 年版），汪继培撰、彭铎点校《潜夫论笺校正》（中华书局 1985 年版），王利器《新语校注》（中华书局 1986 年版），蒋礼鸿《商君书锥指》（中华书局 1986 年版），周天游《八家后汉书集注》（上海古籍出版社 1986 年版）、《后汉纪校注》（天津古籍出版社 1987 年版），吴树平《东观汉纪校注》（中州古籍出版社 1987 年版），周天游《汉官六种》（中华书局 1990 年版），黄晖《论衡校释》（中华书局 1990 年版），王利器《盐铁论校注》（中华书局 1992 年版），韩敬《法言注》（中华书局 1992 年版），钟肇鹏主编《春秋繁露校释》（山东友谊出版社 1994

中国学术期刊网收录秦汉历史人物研究论文情况表

人物	研究论文(篇)	被引频次最高的论文	被引频次
司马迁	1475	刘兴林《司马迁的生命意识与〈史记〉悲剧精神》(《武汉大学学报》1999 年第 6 期)	15
董仲舒	619	任剑涛《伦理与政治的双向涵摄——董仲舒思想的再诠释》(《哲学研究》1999 年第 3 期)	13
秦始皇	552	张华松《试探秦始皇东巡的原因与动机》(《东岳论丛》2002 年第 1 期);刘泽华《秦始皇神圣至上的皇帝观念:先秦诸子政治文化的集成》(《天津社会科学》1994 年第 6 期)	5
汉武帝	413	孙景坛《汉武帝"罢黜百家,独尊儒术"子虚乌有》(《南京社会科学》1993 年第 6 期)	10
刘邦	刘邦 314	张强《汉高祖刘邦与西汉世风》(《陕西师范大学学报》1997 年第 3 期)	10
	汉高祖 31	韩国磐《汉高祖除秦苛法质疑》(《求索》1992 年第 6 期)	5
项羽	261	冯其庸《项羽不死于乌江考》(《中华文史论丛》2007 年第 2 期);崔向东《论刘邦项羽的性格及对成败的影响》(《锦州师范学院学报》1996 年第 1 期)	4
商鞅	246	徐进《商鞅法治理论的缺失——再论法家思想与秦亡的关系》(《法学研究》1997 年第 6 期)	13
王莽	202	汪清《王莽时期州制的变化兼论都督制的滥觞》(《郑州大学学报》2000 年第 3 期)	7
刘秀	刘秀 75	臧知非《刘秀"度田"新探》(《苏州大学学报》1997 年第 2 期);张功《刘秀刘永争霸中的地理因素》(《天水行政学院学报》2002 年第 1 期)	6
	光武帝 23	陈金凤《汉光武帝民族政策论略》(《中南民族大学学报》2004 年第 1 期)	6
李斯	67	薛运智、蒋经魁《李斯的功过与历史教训》(《天中学刊》1995 年第 1 期)	4
吕不韦	61	杨宽《吕不韦和〈吕氏春秋〉新评》(《复旦学报》1979 第 5 期)	5
桑弘羊	32	刘中建《桑弘羊财政改革思想简论》(《洛阳大学学报》2003 年第 1 期)	6
吕后	30	丁毅华《吕后与虞姬》(《华中师范大学学报》1999 年第 3 期)	4

年版），陈立撰、吴则虞点校《白虎通疏证》（中华书局 1994 年版），何清谷《三辅黄图校注》（三秦出版社 1995 年版），张双棣《淮南子校释》（北京大学出版社 1997 年版）。

20 世纪堪称考古大发现时代。三十年来，秦汉时期的文物考古工作又有许多重大发现和进展。如对秦始皇陵和兵马俑坑、咸阳城、长安城、洛阳城、云南晋宁石寨山等遗址进行了进一步的发掘和清理；20 世纪八九十年代分别对杜陵、阳陵进行了发掘和试掘；徐州发现了 8 座西汉楚王陵墓和兵马俑坑；1983 年在湖北江陵张家山发掘了 3 座西汉初墓，出土了 1600 多枚竹简，其中包括珍贵的法律文书《二年律令》和《奏谳书》；1983 年在广州象岗发现了西汉南越王墓；1989 年和 1991 年在湖北云梦县东南郊龙岗发掘了 15 座秦汉墓，6 号墓出土了 150 余枚竹简；西北地区对新疆若羌楼兰古城、民丰尼雅遗址等进行了调查与发掘；1996 年在湖南龙山县里耶镇发现了里耶古城和大量墓地，发现了 36000 枚秦简。重要的考古发掘报告有中国社会科学院考古研究所等《满城汉墓发掘报告》（文物出版社 1980 年版）；《云梦睡虎地秦墓》编写组《云梦睡虎地秦墓》（文物出版社 1981 年版）；秦始皇兵马俑博物馆《秦始皇兵马俑》（文物出版社 1983 年版），陕西省考古研究所等《秦始皇兵马俑坑———一号坑发掘报告（1974—1984）》（文物出版社 1988 年版），秦始皇兵马俑博物馆等《秦始皇陵铜车马发掘报告》（文物出版社 1998 年版），陕西省考古研究所等《秦始皇帝陵园考古报告（1999）》（科学出版社 2000 年版）；广州市文物管理委员会等《西汉南越王墓》（文物出版社 1991 年版），广州市文物局《广州秦汉考古三大发现》（广州出版社 1999 年版）；中国社会科学院考古研究所《汉长安城未央宫———1980—1989 年考古发掘报告》（中国大百科全书出版社 1996 年版）、《西汉礼制建筑遗址》（文物出版社 2003 年版）、《汉长安城桂宫遗址》（文物出版社 2006 年版）；洛阳市文物局等《汉魏洛阳故城研究》（科学出版社 2000 年版）；湖南省文物考古研究所《里耶发掘报告》（岳麓书社 2006 年版）。

秦汉考古学研究也随之取得诸多突破性成果，如湖南省博物馆《马王堆汉墓研究》（湖南人民出版社 1979 年版），王仲殊《汉代考古学概说》（中华书局 1984 年版），中国社会科学院考古研究所《新中国的考古发现和研究（1950—1980）》（文物出版社 1984 年版），俞伟超《先秦两汉考古学论集》（文物出版社 1985 年版），云南省博物馆《云南青铜文化论集》（云南人民出版社 1991 年版），王学理《秦始皇陵研究》（上海人民出版社 1994 年版），徐锡台《周秦汉瓦当》（文物出版社 1998 年版），袁仲一《秦始皇陵的考古发现与研究》（陕西人民出版社 2002 年版），黄晓芬《汉墓的考古学研究》（岳麓书社 2003 年版），白云翔《先秦两汉铁器的考古学研究》（科学出版社 2005 年版），中国社会科学院考古研究所汉长安城工作队等《汉长安城遗址研究》（科学出版社 2006 年版），黄展岳《先秦两汉考古论丛》（科学出版社 2008 年版）。

汉画像研究亦很兴盛，主要成果有中国农业博物馆《汉代农业画像砖石》（中国农业出版社 1996 年版），周到、王晓《汉画——河南汉代画像研究》（中州古籍出版社 1996 年版），信立祥《汉代画像石综合研究》（文物出版社 2000 年版），蒋英炬、杨爱国《汉代画像石与画像砖》（文物出版社 2001 年版），朱存明《汉画像的象征世界》（人民文学出版社 2005 年版）。2004 年中国汉画学会、北京大学汉画研究所开始出版《中国汉画研究》（广西师范大学出版社）。其他出土文字资料研究论著有袁仲一《秦代陶文》（三秦出版社 1987 年版），罗福颐《秦汉南北朝官印征存》（文物出版社 1987 年版），高文《汉碑集释》（河南大学出版社 1997 年版），刘昭瑞《汉魏石刻文字系年》（台北，新文丰出版公司 2001 年版），赵超《汉魏南北朝墓志汇编》（天津古籍出版社 2008 年版），赵平安《秦西汉误释未释官印考》（《历史研究》1999 年第 1 期）。

20 世纪 70 年代以来，江陵凤凰山汉简、睡虎地秦简、马王堆帛书、张家山汉简、新居延汉简、武威汉简、放马滩秦简、龙岗秦简、尹湾汉简、里耶秦简、长沙汉至三国吴简等一批批重要的简牍、帛书相继问世，数量达几十万枚之多，极大地弥补了传世文献记载的不足，为这一时段历史研究的深入提供了可能。国际史学界由此掀起一股简帛研究的热潮。1995 年第一个简帛专门研究机构中国社会科学院简帛研究中心成立，主办《简帛研究》和《简帛研究文库》两份书刊。2005 年武汉大学简帛研究中心、2007 年甘肃省文物考古研究所简牍研究中心相继成立，分别出版《简帛》和《简牍研究》刊物。各种形式的读简班则层出不穷。

　　新时期，上述出土简帛的释文相继问世。如睡虎地秦墓竹简整理小组《睡虎地秦墓竹简》平装本和图版本（文物出版社 1978、1990 年版），《居延汉简甲乙编》（中华书局 1981 年版），银雀山汉墓竹简整理小组《银雀山汉墓竹简（壹）》（文物出版社 1985 年版），谢桂华、李均明、朱国炤《居延汉简释文合校》（文物出版社 1987 年版），马王堆汉墓帛书整理小组《马王堆汉墓帛书》叁、肆（文物出版社 1983、1985 年版），甘肃省文物考古研究所等《居延新简——甲渠侯官与第四燧》（文物出版社 1990 年版），甘肃省文物考古研究所《敦煌汉简》（中华书局 1991 年版），连云港市博物馆等《尹湾汉墓简牍》（中华书局 1997 年版），中国文物研究所等《龙岗秦简》（中华书局 2001 年版），张家山二四七号汉墓竹简整理小组《张家山汉墓竹简［二四七号墓］》（文物出版社 2001 年版），中国文物研究所等《敦煌悬泉月令诏条》（中华书局 2001 年版），胡平生、张德芳《敦煌悬泉汉简释粹》（上海古籍出版社 2001 年版）。

　　简帛研究论著也大量涌现，代表性的有陈梦家《汉简缀述》（中华书局 1981 年版），陈直《居延汉简研究》（天津古籍出版社 1986 年版），高敏《云梦秦简初探》，中华书局编辑部《云梦秦简研究》，刘乐贤《睡虎地秦简日书研究》（台北：文津出版社 1999 年版），中国文物研究所等《尹湾汉墓简牍综论》，吴小强《秦简日书集释》（岳麓书社 2000 年版），彭浩《张家山汉简〈算数书〉注释》（科学出版社 2001 年版），李天虹《居延汉简簿籍分类研究》（科学出版社 2003 年版），沈颂金《二十世纪简帛学研究》（学苑出版社 2003 年版），刘乐贤《马王堆天文书考释》（中山大学出版社 2004 年版），张显成《简帛文献学通论》（中华书局 2004 年版），朱红林《张家山汉简〈二年律令〉集释》（社会科学文献出版社 2005 年版），蔡万进《张家山汉简〈奏谳书〉研究》（广西师范大学出版社 2006 年版），骈宇骞、段书安《二十世纪出土简帛综述》（文物出版社 2006 年版），彭浩、陈伟、工藤元男主编《二年律令与奏谳书》（上海古籍出版社 2007 年版），邵鸿《张家山汉简〈盖庐〉研究》（文物出版社 2007 年版），陈松长《简帛研究文稿》（线装书局 2008 年版），郝树声、张德芳《悬泉汉简研究》（甘肃文化出版社 2009 年版），裘锡圭《汉简中所见韩朋故事的新资料》（《复旦学报》1999 年第 3 期），田旭东《张家山汉简〈盖庐〉中的兵阴阳家》(《历史研究》2002 年第 6 期), 马怡《皂囊与汉简所见皂纬书》(《文史》2004 年第 4 辑), 邬文玲《张家山汉简〈二年律令〉释文补遗》(《简帛研究二○○四》, 广西师范大学出版社 2006 年版)。

当我们完成全景式的回顾后, 不禁慨叹三十年来秦汉史研究所取得的巨大成就。从量而言, 三十年来数以万计的研究成果远远超过了 20世纪前 70 年的总和。研究的深度和广度均有很大扩展, 许多问题得以深化甚至解决, 优秀成果不胜枚举。研究方法更为多样、科学, 对历史的认识也更为客观。三十年来在秦汉史研究者的辛勤耕耘下, 秦汉的历史以更加鲜活、生动、立体的形象展现在我们面前, 为今后的发展奠定了丰厚的基础。同时, 我们也注意到三十年来的秦汉史研究也存在着一些问题和隐忧。

创新是科学研究的唯一目的和生命力所在。史学研究的创新包含两个层面: 一是史实层面的; 一是理论层面的。创新表现为以下三种形式: 一是解决或推进了既往研究中提出的问题; 二是提出了足以改变历史认识的新问题、新视角、新方法; 三是提出了阐释历史的新理论、新范式。三种形式虽然无所谓高下, 但是, 对于历史学的发展来说, 后两种形式的影响显然更为重大和深远。综观三十年来秦汉史研究的发展, 我们遗憾地发现, 我们的创新成果更主要地表现在第一个层面和第一种形式上。在阐释和构建历史的框架和范式方面, 虽然一些学者对马克思主义的五种社会形态理论提出了批评, 却未能提出自己的成熟的理论框架和体系。三十年来秦汉史研究的领域虽然得到了极大的扩展, 研究视角、方法更加多样, 然而, 这些新领域、新视角的开辟以及新方法的运用基本上不是我们的原创, 而是受西方史学思潮影响和刺激的结果。而且, 即便是在新的视阈和方法之下, 我们对秦汉历史的认识更加丰富、立体、全面, 但对于秦汉史的整体认识和把握却没有大的改观。这并非因为我们目前对秦汉历史的认识已经到达无法超越的高度, 更多的是因为我们在开展这些研究时缺乏理论的、范式的、长时段的关怀, 甚至有的研究一开始便是以现有的认识框架为基础构建的, 这种情况下, 这些"新"的研究不过是从一个个新的角度论证了我们以往的认识, 为以往的认识增加了一个个新注脚。毋庸置疑, 由于新领域的开拓和大量新材料的出土, 三十年来我们在实证研究方面取得了巨大成就。然而, 如果仔细观察一下, 我们就会注意到, 我们的目光大多仍盘桓于以往提出的问题，在以往的问题框架和阐释框架中进行研究，我们的目标也因此更多地局限于解决问题本身，而不是从这些问题延展开来，探求更为深刻的历史背景和各种社会关系、社会变化之间的联系。这使得我们研究的附加值严重不足。虽然一直有学者倡导问题意识，但是，如何将问题意识贯彻到我们的研究中，对于中国历史学建立百年后的今天的我们仍然是一项极大的挑战。我们不仅仅需要有扎实的史料功底，更需要的是正确的史学观念、基本的史学理论常识和逻辑思维能力。这些要求对于历史教学、历史研究后备人才的培养更为重要。

20世纪80年代以来，秦汉史研究引入、借用了许多学科的理论和方法，但是历史学并不是其他学科方法的演练场或检验室，不能以历史的经验事实来填充、检验其他学科的分析框架。我们应该思考，在其他学科的理论和方法不断向历史学渗透的情况下，历史学能否保持它的独立地位？还是成为其他学科的一个分支或是历史的方法？历史学有没有自身独特的方法而为其他学科所不及？如果有，那又是什么？这都有待于今后的研究实践做出回答。

在知识大爆炸的今天，学科的细化、专门化是学术发展的必然趋势。我们的研究愈来愈细致、愈来愈专业，也只有以这样的细致和专业为基础，才能创造出精品佳作。但是进行这样专、精的研究，并非意味着我们的研究视野也要局限在专门的领域之内。恰恰相反，研究越是专业，越是需要我们对历史有整体的宏观的认识和把握，否则，必然会陷入盲人摸象的困局。我们的领域虽然是秦汉时期，但是，秦汉只是中国历史发展长河中上承先秦下启魏晋的一段。探求秦汉社会各种现象的渊源，我们必须上溯至先秦；探求秦汉社会各种现象的流变，必须下探至魏晋以后。而且，由于秦汉时期的材料相对有限，我们也只有联系先秦、魏晋等时段的史料，才能更好地从其联系中探求历史的真相。断代史的划分使我们的领域更为清晰，但是，划分仅仅是为了有利于研究工作的展开，而非目的。史学研究的目的是为了探求中国历史发展的独特道路。因此，探求秦汉时期在中国历史中的位置，探求先秦至秦汉、秦汉至魏晋的发展演变轨迹，本就是秦汉史研究的重要使命。而现在我们却受断代史的限制，将我们的视野仅仅局限于秦汉，就秦汉而谈秦汉，就秦汉而设定我们的选题。对于秦汉时期为什么会形成、如何形成统一的中央集权的帝制国家，编户齐民占主体的秦汉社会如何演变为魏晋南北朝士庶分隔的社会等这样一些重大问题，缺乏广泛的关心和深入的探索，这对于我们的学科体系来说不能不是一种极大的缺憾。

改革开放打开了国门，中国史学界可以和世界史学界进行自由的交流和合作。虽然中国的历史学深受西方史学的影响，但是，不同的文化、社会背景，使得大陆和欧美、日本、中国台湾等学者的研究旨趣和方法存在着巨大差异。三十年来，虽然大量海外学者的著作被译介到大陆，但研究成果的互相借鉴还远谈不上充分。其原因，一方面源于彼此的研究成果介绍不足；一方面源于文化、学术背景差异所导致的认知困难。最为遗憾的是，一些海外成果已经引介到大陆，但一些学者在做相关研究时仍很少参考。

史学研究是一个需要长期学术积淀的学科。三十年来，在各种因素的影响下，史学界崇尚的严谨、务实、求真的风气受到一定冲击，一些研究者在积累、思考不足的情况下仍然急于出成果，其结果是大量研究成果选题重复，观点少有新意。中国学术期刊网刊载的以"汉代"为题名检索词的 4129 篇论文中，被引用的论文有 1572 篇，占 38%；以"司马迁"为题名检索词的 1475 篇论文中，被引用论文有 442 篇，占 27%。也就是说，有近 2/3 甚至 3/4 的论文没有被引用。而且，被引用的论文中仍有许多乏善可陈。《环球时报》2009 年 7 月 7 日刊登了外籍学者丹·本—卡南（Dan Ben-Canaan）的文章《中国学者是废纸生产者？》，对中国学术研究状况提出了严厉的批评："在中国，很少有学者进行真正意义上的科研乃至与国际学术界有互动关系。这里的学者对科研的方法论大都一知半解，缺乏进行实质性研究的能力。他们把自己拘囿在孤立而缺乏原创性的国内学术界，不费吹灰之力便在国内取得名誉与影响力，而且无须达到相应的国际学术标准。"指斥大多数学者的研究是在制造再生纸。这一评价虽然未必完全客观，但却一定程度地反映了中国学术界的现状。

21 世纪是一个信息世纪，利用新的技术手段应该成为史学研究者不可缺少的本领。目前计算机技术已经可以使研究者在史料的搜集、检索、整理等环节取得事半功倍的效果，告别过去零敲碎打、集腋成裘的手工工匠式的作业方式。但是，电脑并不能取代人脑，对史料的分析、鉴别，对史实的考证、解释，对历史面相的总体认识仍需要研究者"才、学、识"的积累，这是一个经验的过程，需要研究者的细心、耐心和慧心。

　　当我们意识到问题的同时，也预示着希望的到来。特别是改革开放后成长起来的中青年学者，视野更为开阔，知识结构更为合理，在老一代学者的传帮带下，必然会推动秦汉史研究取得更辉煌的成绩。

改革开放三十年的魏晋南北朝史研究

戴卫红

1978 年以来至今，中国历史学经过拨乱反正、解放思想，进入一个全新的繁荣阶段，这三十年被学界视为 20 世纪中国历史学发展的新时期。魏晋南北朝史研究也呈现出与以往时期不同的特点。

第一，在清除极"左"思潮后，史学界在运用马克思主义理论时显得更成熟，在理论和史实的结合上不露痕迹，少有"贴标签"似的生搬硬套。随着国门的敞开，国外史学理论和方法也相继传入，研究者特别是中青年学者注重借鉴和吸收西方的史学理论，并应用到史学实践中，在传统考据方法外，出现了个案研究、统计分析等新方法，如对魏晋南北朝时期士家大族的个案分析，对南北朝时期人口状况的分析统计等。史学研究领域不断拓宽，如 20 世纪 90 年代后，社会史的研究异军突起，其研究内容，从单纯的社会结构、社会形态的研究，扩展到家庭和宗族、社会生活、风俗习惯、民间信仰等各个方面。一些学者们更注重探索长时段的历史框架下魏晋南北朝这一时期的历史变迁。

第二，随着历史学者研究工作的全面复苏，各种规模的研究机构和学会应运而生，并组织了规模各异的学术讨论会。1980 年，武汉大学在著名历史学家唐长孺教授的倡导下创办"中国三至九世纪研究所"。1982 年北京大学成立"中国中古史研究中心"（1999 年改名为"中国古代史研究中心"）。另外，中国社会科学院历史所、北京师范大学、四川大学、郑州大学等单位还设立了专门的魏晋南北朝史研究室（所）。1984 年，中国魏晋南北朝史学会在四川成立，自此每三年召开一次全国性的学术研讨会。相继成立的还有六朝史学会、北朝史学会、诸葛亮研究会，在北朝史研究的推动下，2006 年又成立盛乐历史文化研究会。这些研究机构和学会组织召开区域性或全国性的学术研讨会，促进了国内外学者的交流，并引导着学术发展的方向。

第三，研究队伍发生了结构性的变化。改革开放的头二十年，活跃在史学界的除了唐长孺、何兹全、周一良、王仲荦、缪钺、韩国磐等老一辈史学大家外，还有新中国培养的、20 世纪 50—60 年代大学毕业的学者，如卞孝萱、田余庆、黄烈、朱绍侯、高敏、黎虎、朱大渭、周伟洲、张泽咸、祝总斌等先生。世纪之交，20 世纪 50、60 年代出生、80 年代以后毕业的学者成长为研究队伍的主干，其优秀者成为各大学、研究机构的学科带头人。同时，20 世纪 70 年代出生的年轻学者也开始步入研究队伍，给整个学术研究注入新鲜血液的同时，也表现出其时代的特点。

第四，新的考古发现改变了魏晋南北朝史研究的材料状况，成为推动研究发展的源泉和动力。这些新的考古发现包括大批简帛材料和墓葬资料的出土。特别是 1996 年 10 月在湖南省长沙市走马楼建筑工地第 11 号井出土的总数估约 10 万枚三国时代的吴简，为我们了解孙吴时期的经济、赋税、户籍、司法、职官制度、阶级关系以及当地的社会生活等情况提供了新的历史信息。

第五，随着现代科技的发展，互联网技术也运用到历史这门古老的学科，魏晋南北朝史的研究深受其影响。中国魏晋南北朝史学会网站（www. 6ch. com. cn）主要由史学会秘书处负责定期更新学会的动态消息、学会资讯，刊载学术论文，另外还提供相关学术资源的链接。长沙走马楼吴简公布后，学者们不仅整理了竹简和释文，在网络技术上，由香港中文大学图书馆与香港中文大学中国语言及文学系张光裕教授、香港中文大学历史学系黎明钊教授共同制作走马楼三国吴简、嘉禾吏民田家莂数据库（www. rhorse. lib. cuhk. edu. hk），提供全文检索。涉及吴简研究的网站，有武汉大学简帛研究中心网站（www. bsm. org. cn）、简帛研究网站（www. bamboosilk. org）等。这些专业研究网站的开辟，除给现代学人提供查找资料的方便外，也给学者之间的交流提供了便利。

改革开放三十年以来，魏晋南北朝史研究取得了丰硕的成果。笔者借助学术期刊网（"中国学术文献网络出版总库" http：//www. cnki.

net）搜索①，时间限定在 1978.1.1—2008.12.31，搜索"题名"分别为"三国（428 篇）"、"曹魏（295 篇）"、"蜀汉（187 篇）"、"孙吴（189篇）"、"刘宋（296 篇）"、"魏晋（1402 篇）"、"北朝（672 篇）"、"南朝（683 篇）"、"十六国（437 篇）"、"北魏（1070 篇）"、"北齐（246篇）"、"北周（322 篇）"的论文，计有六千余篇。另外，中国魏晋南北朝史学会自 1984 年成立以来，共出版 8 本学会论文集，收入论文二百余篇。中国魏晋南北朝史学会、大同平城北朝研究会主办的《北朝研究》自 1989 年创刊，到 2008 年，共收入学术文章 557 篇。《魏晋南北朝隋唐史朝资料》（1—24 辑，1979—2008 年）共发表 144 篇魏晋南北朝史方面论文。近三十年间出版魏晋南北朝研究专著 380 种，其中 1978—1997 年出版 85 本；1998—2003 年出版 76 本；而 2003—2006 年仅三年共出版219 本。其中，几部综合性研究专著和魏晋南北朝史断代史著作，大多成为高校的通用教材以及学者的参考著作。② 如王仲荦《魏晋南北朝史》（上海人民出版社 1979 年版）是全面讲述封建制初期政治、军事、经济、文化、社会生活等的一部具有较高水平的断代史。另有韩国磐《魏晋南北朝史纲》（人民出版社 1983 年版）、万绳楠《魏晋南北朝史论稿》（安徽教育出版社 1983 年版）、朱大渭、梁满仓《中国全史·魏晋南北朝卷》（人民出版社 1994 年版）、郑佩欣《魏晋南北朝史探索》（山东大学出版社 1989 年版），以及杜正铎《北魏史》（山西高校联合出版社 1992 年版）、洪涛《三秦史》（复旦大学出版社 1992 年版）、洪涛《五凉史略》（中国社会科学出版社 1992 年版）、李祖桓《仇池国志》（书目文献出版社 1986 年版）、蒋福亚《前秦史》（北京师范学院出版社 1993 年版）、何兹全的《三国史》（北京师范大学出版社 1995 年版）、雷依群《北周史稿》（陕西人民教育出版社 1999 年版）等。白寿彝总主编的多卷本《中国通史》（上海人民出版社 1995 年版）开创了新综合体的通史撰述

---

① 期刊网的数据来源处于不断更新状态，文中所有的数据最后于 2009 年 7 月 20 日统计。另外，还有一些论文没有以这些题名为标题，也有一些题名中的论文不属于中国古代史范畴，因此数据并不是绝对准确的，但是这种数据的统计能大体显示出近三十年魏晋南北朝史研究的大致趋势。另外，本文参考了 1984—2006 年各年度《魏晋南北朝史研究综述》（散见于以上各年的《中国史研究动态》）以及曹文柱、李传军《20 世纪魏晋南北朝史研究》（《历史研究》2002 年第 5 期），谨以致谢。

② 各个领域的专著放在各领域中介绍，文章择要所举论文和专著，以出版年份为序。

方式，该书第 7、8 卷通过序说、综述、典志和传记四个部分，比较全面地反映了 20 世纪 80 年代中国魏晋南北朝史研究的水平。

重要的论文集有唐长孺《魏晋南北朝史论丛续编》（三联书店 1978 年版）、韩国磐《隋唐五代史论集》（三联书店 1979 年版）、陈寅恪《金明馆丛稿初编》（上海古籍出版社 1980 年版）、何兹全《读史集》（上海人民出版社 1982 年版）、周一良《魏晋南北朝史论集》（北京大学出版社 1997 年版）、唐长孺《魏晋南北朝史论拾遗》（中华书局 1983 年版）、唐长孺《山居丛稿》（中华书局 1989 年版）、唐长孺《魏晋南北朝隋唐史三论》（武汉大学出版社 1992 年版）、田余庆《秦汉魏晋史探微》（中华书局 1993 年版）、朱大渭《六朝史论》（中华书局 2000 年版）、熊德基《六朝史考实》（中华书局 2000 年版）、中国社会科学院历史所编《古史文存·秦汉魏晋南北朝卷》（社会科学文献出版社 2004 年版）、高敏《秦汉魏晋南北朝史论考》（中国社会科学出版社 2004 年版）、朱绍侯《朱绍侯文集》（河南大学出版社 2005 年版）、高敏《魏晋南北朝史发微》（中华书局 2005 年版）、祝总斌《材不材斋文集》（三秦出版社 2006 年版）、朱大渭《六朝史论续编》（学苑出版社 2008 年）、张泽咸《晋唐史论集》（中华书局 2008 年版）等。

另外，一些基本文献典籍校注出版，为学者的研究工作提供了极大的便利。如余嘉锡《世说新语笺疏》（中华书局 1983 年版）、王利器《颜氏家训集解》增补本（上海古籍出版社 1980 年版）、王明《抱朴子内篇校笺》（中华书局 1985 年版）、范祥雍《洛阳伽蓝记校注》（上海古籍出版社 1978 年版）、刘琳《华阳国志校注》（巴蜀书社 1984 年版）、杨明照《抱朴子外篇校笺》（中华书局 1991、1997 年版）、汤用彤《高僧传》校注本（中华书局 1992 年版）、陈桥驿《水经注校释》（杭州大学出版社 1999 年版）等。

以下分专题简述三十年来中国魏晋南北朝史研究的成果。

一　社会性质和社会经济的研究探讨

（一）社会性质的探讨

"文化大革命"前中国古代经济史的研究，尤其是隋唐以前经济史的研究，很大程度上是围绕古史分期问题展开的。经过"文化大革命"期间的沉寂，1978 年 10 月，《历史研究》等单位在长春召开古史分期问题的讨论会，使该问题在 20 世纪 70 年代末 80 年代初再度成为热点。20 世纪 30 年代提出"魏晋封建说"的何兹全，在新时期继续充实和完善自己的论据，发表《魏晋之际封建说》（《历史研究》1979 年第 1 期），而《中国古代社会》（河南人民出版社 1990 年版）一书则建构起中国古代奴隶制社会转变为封建制社会的理论和历史实际的完整体系。王仲荦《关于中国奴隶社会的瓦解及封建关系的形成问题》（湖北人民出版社 1957 年版）对奴隶制和封建制两种社会形态的更替，从理论指导到史实论证上作了较为详细的论述。其 1979 年出版的《魏晋南北朝史》中便是以"魏晋封建说"为理论前提。尚钺《关于中国古代史分期问题》（《尚钺史学论文选集》，人民出版社 1984 年版）一文则从铁器的使用、古代社会发展规律、生产关系的主流、商品和商业活动的情况和两汉奴隶制的矛盾六个方面来论证其魏晋封建说。唐长孺在《魏晋南北朝的客和部曲》（中华书局 1983 年版）中，对魏晋封建说租佃生产关系作了全面的探讨。在专著《魏晋南北朝隋唐史三论》（武汉大学出版社 1995 年版）中明确提出"魏晋封建说"。其中《绪论——汉代社会结构》及《综论》三点中，论述了两汉奴隶制社会形态向魏晋封建制社会形态的转变。同时他对两汉尤其是东汉封建剥削制度在生产关系中的萌芽状态，即在大官僚、大富豪土地上耕作的佃客、雇农、佣工、下户、徒附（即依附农）、贫农等作了极其精细的分析。在《综论》中又进而阐述魏晋封建制时期，这些主要被剥削者的发展变化，及其在法权上终于被西晋政权的有限承认。陈连庆也围绕"魏晋封建说"发表了论文，尤其对中国历史上奴隶制的发展变化作了细致的分析（《试论魏晋时代奴隶制的农奴化问题》，《社会科学辑刊》1983 年第 6 期）。不过也有一些研究魏晋南北朝史学者撰文不同意"魏晋封建说"，认为魏晋是封建社会由初期向成熟期的过渡阶段，如田余庆《秦汉魏晋封建依附关系发展的历程》（《中国史研究》1983 年第 3 期）、郑欣《三国时期封建社会的变革》（《历史论丛》齐鲁书社 1981 年）等。20世纪 90 年代以来，对魏晋南北朝社会性质的讨论趋于冷淡，学者们在进行具体研究时也各持一端，并没有统一。21 世纪初，何兹全发表《中国古代社会形态形变过程中的三个关键时代》（《历史研究》2000

年第 2 期 "社会形态与历史规律再认识笔谈"），认为史学界对殷周之际的社会变化发展的长期性和复杂情况、战国秦汉城市经济繁荣的情况以及汉魏之际的社会变动情况的认识和估计，都是不足或不够重视的，这都影响了我们对中国古代社会发展变化的认识。

与此问题紧密相关的是魏晋南北朝时期的阶级结构和阶级关系。朱大渭《魏晋南北朝阶级结构试析》（《魏晋南北朝史研究》第一辑，四川省社会科学院出版社 1986 年版）将魏晋南北朝时期的阶级结构细分为二十五种类别、三个等级、六个阶级、两大阶级营垒。简修炜在《汉唐间封建生产关系的变革》（《华东师范大学学报》1985 年第 5 期）中指出，魏晋南北朝是地主封建制，佃耕农民对地主的人身依附比较严重，租佃关系是半自由的。黄佩瑾《魏晋南北朝的农奴制人身依附关系》（《历史研究》1985 年第 2 期）则认为，魏晋南北朝时期是中国农奴制人身依附关系发展过程中的一个最重要的阶段。杨作龙在《两汉南北朝奴婢制度的比较讲究》（《史学集刊》1985 年第 4 期）中从奴婢的来源、使用和数量、社会身份等方面对两晋南北朝、西汉的奴婢制度进行了比较。21 世纪初，何兹全先生撰文探讨了汉魏之际人身依附关系向吏属关系的转化（《汉魏之际人身依附关系向吏属关系的转化》，《河北学刊》2003 年第 6 期）。

（二）社会经济

20 世纪 30 年代起，学术界对于魏晋南北朝时期社会经济的总体看法是经济衰败，而且以北方尤甚。80 年代初，早期研究观点对学界的影响依然很大，对于这个时期的北方社会经济的总体看法仍旧是悲观的。例如，傅筑夫在《中国历史上几次巨大的经济波动》（《中国经济史论丛》，三联书店 1980 年版）一文的第二节《巨大的经济波动与长期的经济萧条》中总结道："从黄河流域到淮河流域，自古以来的两个主要经济区，在整个的大分裂期间，一直是处在大混乱、大破坏之中，在北魏统一北方以后的一百多年统治期间，始终没有能够扭转这股逆流。"随着对魏晋南北朝时期北方社会的民族矛盾和社会现象的微观分析日益展开和深入，学者们对这个时期的社会经济的见解发生了一些转变。高敏《魏晋南北朝社会经济史探讨》（人民出版社 1987 年版）和《魏晋南北朝经济史》（上、下册）（上海人民出版社 1996 年版）注重阶级关系和社会结构的阐述，对魏晋南北朝时期社会经济状况作了整体探讨。朱大渭、张泽咸《中国封建社会经济史·魏晋南北朝卷》（齐鲁书社、文津出版社1996年版）侧重于制度、部门经济的探究，蒋福亚《中国经济发展史·魏晋南北朝卷》、何德章《中国经济通史·魏晋南北朝卷》（湖南人民出版社2002年版）涉及魏晋南北朝经济的方方面面。

中国古代各地区经济发展在历史阶段处于不平衡的动态变化中，由此，中国古代经济重心南移成为中国古代经济史上的一个重大问题。自从张家驹先生《两宋经济重心的南移》（湖北人民出版社1957年版）一书出版以后，中国古代经济重心南移问题引起史学界的注意，讨论渐次展开。郑学檬、陈衍德《中国古代经济重心南移的若干问题》（摘要刊登在《光明日报》1988年6月15日"史学"版，后全文发表在《农业考古》1991年第3期）对南移的若干理论问题进行探讨。而后，郑学檬出版《中国古代经济重心南移和唐宋江南经济研究》（岳麓书社1996年版）对中国古代经济重心南移的时间界限及具体标准、经济重心南移的动力、经济重心南移后江南经济的发展情况进行了系统研究。① 而经济重心何时南移的时代判断，是一个最主要、同时也是最有异议的问题。一些学者认为从魏晋南北朝时期全国经济中心开始南移。王仲荦在《魏晋南北朝史》上册中专列《经济重心的逐渐南移》一目，认为"南贫北富的情形，已开始在这三百年内逐渐转变"。童超（《东晋南朝时期的移民浪潮与土地开发》，《历史研究》1987年第4期）指出东晋南朝时，"全国经济重心开始南移"。朱伯康、施正康（《中国经济通史》上册，中国社会科学出版社1995年版）认为："由这一阶段开始，中国经济发展的重心逐渐由北方移到南方。"张岂之、张国刚等（《中国历史·隋唐宋卷》，高等教育出版社2001年版）以及罗友江（《漂移的重心——中国古代经济重心何时移到江南小考》，《抚州师专学报》1996年第6期）都以魏晋南北朝时期为其开端。张承宗（《西晋时期长江流域经济的发展》，《浙江学刊》1994年第2期）提出西晋时出现全国经济重心南移的趋势。而郑学檬（《中国古代经济重心南移和

① 有关这一课题的讨论和研究情况，另参见程民生《关于我国古代经济重心南移的研究与思考》，《殷都学刊》2004年第1期。

唐宋江南经济研究》）则以为，魏晋南北朝南方经济的发展只是经济重心南移的准备阶段。蒋福亚在《魏晋南北朝社会经济史》（天津古籍出版社 2005 年版）中揭示了魏晋南北朝时期社会经济发展的根本规律，证明魏晋南北朝时期北方大动乱的范围虽然广阔，但从总体上看历史并未倒退；由于南北经济发展的不平衡，中国的经济重心在宋齐之际转移到了江南。许辉在《东晋南朝时期南方经济发展的原因》（《史学月刊》1985 年第 5 期）中指出这一时期由于王导、桓温、谢安、刘裕父子在他们各自所处的历史环境中实行了切合时宜的政策，才为南方经济的发展提供了条件和可能。学者对六朝时期南方经济的发展，给予了高度评价。徐明德《公元三世纪江南经济考略》（《浙江学刊》1984 年第 2 期）、罗宗真《六朝时期全国经济重心的南移》（《江海学刊》1984 年第 3 期）分别从短时期、长时段探讨了我国古代经济重心南移这一趋势。

　　1986 年、1987 年分别在湖北蒲圻、江苏常州召开 3—9 世纪长江中游、下游社会经济讨论会，会后出版《古代长江中游的经济开发》（西南师范大学出版社 1989 年版）、《古代长江下游的经济开发》（三秦出版社 1989 年版），学者对魏晋南北朝隋唐时期长江中、下游地区社会经济的各个方面进行了深入的讨论，将经济重心南移、区域经济史的研究推向高潮。简修炜《中国古代区域经济史研究刍议》（《历史教学问题》1990 年第 1 期）认为只有在地区经济史研究基础上，具体比较南北两大地区的生产力水平才能得出科学结论。相关的论文还有赵向群《汉晋之际河西经济区的变迁》（《西北师大学报》1990 年第 5 期）、符丽明《魏晋十六国北朝对河西的农业开发》（《北朝研究》1990 年第 2 期）、牛润珍《魏晋北朝幽冀诸州要论》（《河北学刊》1990 年第 1 期）、万绳楠《江东侨郡县的建立与经济的开发》（《中国史研究》1992 年第 3 期）、许辉《六朝时期珠江三角洲的开发》（《东南文化》1996 年第 1 期）、黄金铸《六朝广西"二轴三区"开发格局初探》（《中国边疆史地研究》1997 年第 1 期）、许辉《六朝经济发展轨迹探索》（《许昌师专学报》1994 年第 2 期）、张承宗《西晋时期长江流域经济的发展》（《浙江学刊》1994 年第 2 期）等。进入 21 世纪以来，学者们对这一时期区域经济史的研究更加细化，如对福建政治经济中心区域的变迁、浙江丘陵农业、海河平原农牧业生产、六朝江南农业技术问题、魏晋南北朝时期荆州、淮河南北和皖南、三峡地区的经济发展状况、淮河流域的商业和城市、六朝时期浙江苕溪流域的农田水利建设、十六国以来高昌地区的丝织业等不同区域的不同经济情况进行了探讨。① 薛瑞泽《汉唐间河洛地区经济研究》（陕西人民出版社 2001 年版）对汉唐间河洛地区经济发展进行了深入的挖掘和探讨。而张泽咸的《汉晋唐时期的农业》（中国社会科学出版社 2003 年版）对按自然区划分的海河平原、河西走廊等 11 区从秦汉、六朝、隋唐三大阶段纵向探讨了各自在这千余年中生产日趋扩大和发展很不平衡的变迁状况，揭示了各区汉以前和唐以后的农业发展源流及其演变。

（三）魏晋南北朝土地制度研究

上世纪 50 年代展开的土地制度问题的讨论中，三国时期的屯田制、西晋的课田占田制和北朝隋唐的均田制，是魏晋南北朝土地制度的研究热点。由于种种原因，有些重大问题没有来得及研究清楚。改革开放以后，对魏晋南北朝土地制度这一重大问题继续进行了讨论。高敏《秦汉魏晋南北朝土地制度研究》（中州古籍出版社 1986 年版）对这一时期的土地制度进行了全盘探讨，朱绍侯《魏晋南北朝土地制度与阶级关系》（中州古籍出版社 1988 年版）对屯田制、占田制、均田制等土地制度以及门阀士族制、佃客、兵户、吏户、百工杂户、奴隶等阶级关系发生的原因和发展演化的规律作了较为深入的分析。

20 世纪 80 年代对曹魏的屯田制讨论得尤为激烈，共发表了 20 余篇

---

① 吴小平：《汉晋南朝时期福建政治、经济中心区域的变迁》（《中国社会经济史研究》2000 年第 2 期）；张泽咸：《汉唐间浙江丘陵农业生产述略》（《杭州师范学院学报》2004 年第 2 期）；张泽咸：《略论汉魏北朝时期海河平原农牧业生产》（《中国社会科学院研究生院学报》2003 年第 2 期）；何德章：《六朝江南农业技术两题》（《南京晓庄学院学报》2005 年第 3 期）；王玲：《汉魏六朝荆州大地产农业的发展》（《江汉论坛》2006 年第 3 期）；李松：《魏晋南北朝时期淮南地区经济开发初探》（《淮南师范学院学报》2004 年第 1 期）；吴海涛：《魏晋南北朝时期淮北经济的恢复与发展》；王鑫义：《东晋南朝时期淮河流域农业生产述论》（《许昌学院学报》2004 年第 1 期）；张宪华：《东晋南朝皖南的社会经济》（《安徽师范大学学报》2004 年第 4 期）；赵昆生、张娟：《试论秦汉魏晋南北朝时期三峡地区的社会经济》（《重庆师范大学学报》2004 年第 5 期）；王鑫义：《魏晋南北朝时期淮河流域的商业和城市》（《史学月刊》2001 年第 5 期）；陈剑峰、陆建伟：《六朝时期浙江苕溪流域的农田水利建设及其作用》（《历史教学问题》2003 年第 2 期）；乜小红：《略论十六国以来高昌地区的丝织业》（《西北大学学报》2003 年第 5 期）。

学术论文。张泽咸《曹魏屯田制与汉末农民革命》（《中国农民战争史论丛》第一辑，山西人民出版社1979年版）认为曹魏实行屯田的70年间，国库增收、人民却仍贫困，阶级矛盾尖锐化，劳动人民仍不断爆发反压迫、反劳役的革命斗争。高敏认为，曹魏屯田制是对汉代封建国有土地制度公田、官田的发展。曹魏的屯田分为军屯和民屯两种。无论是军屯还是民屯的土地，都属于国家所有（《关于曹魏屯田制的几个问题》，《史学月刊》1981年第1期，后又收入《魏晋南北朝经济史》）。赵克尧《略论曹魏的士家屯田》（《中国社会经济史研究》1984年第1期）指出除军屯、民屯以外，曹魏还有士家屯田形式。黎虎在《三国时期的自耕农经济》（《北京师范大学学报》1984年第2期）和《略论屯田制的作用与地位》（《四川师院学报》1985年第1期）等文中指出，研究者对曹魏屯田有评价过高的倾向。20世纪90年代屯田制的研究有所回落，研究文章只有12篇。马植杰《论曹魏屯田的创始时间及有关问题》（《史学月刊》1991年第3期）认为曹操兴办屯田的时间是始于建安元年（196）。高敏在《再论关于曹魏屯田制的几个问题》（《史学月刊》1991年第4期）中对"农官与郡县地方官是否可以兼任、郡级农官同郡级地方官的地位高低"等问题作了更为深入的探讨。胡守为《曹魏屯田释义》（《学术研究》1994年第4期）对曹魏民屯若干问题做了进一步研究。21世纪以来，曹魏屯田制研究趋于冷淡。限于资料，孙吴屯田制度研究论文为数甚少。林志华《东吴屯田制探略》（《安徽大学学报》1984年第1期）认为，孙吴屯田制虽然也以国家土地所有制的形式出现，但屯田及屯田户实际上为各级将领所私有，是豪族地主经济的一部分。童超在《东吴屯田制述论》（载《古代长江下游的经济开发》，三秦出版社1989年版）认为东吴的屯田组织管理，与曹魏民屯典农系统的一元化不同，呈现出多元化的特色。而1996年长沙走马楼吴简的出土和之后的释文整理出版，使学界对史籍中记载不详的孙吴屯田有了更多的认识，于振波《走马楼吴简中的限米与屯田》（《南都学坛》2004年第1期）、高敏《长沙走马楼吴简孙吴屯田制》（《中国史研究》2007年第2期）、孟彦弘《〈吏民田家莂〉所见田地与汉晋间的民屯形式》（《中国社科院历史所集刊》第二辑）、蒋福亚《吴简所见吴国前期民屯——兼论魏吴民屯的区别》（《中华文史论丛》2008年第1期）等均以走马楼吴简资料与文献材料相结合，论述了孙吴屯田制的各个侧面，孙吴屯田制度的研究走向立体化。

　　西晋课田占田制曾是中国古代土地制度史上聚讼纷纭的问题之一。20 世纪 80 年代初，高志辛在总结 20 世纪 50 年代以前和 50 年代西晋课田制度研究成果的基础上，发表《西晋课田考释》、《西晋课田研究的剖析》（分别刊于《魏晋隋唐史论集》第一辑、第二辑，中国社会科学出版社 1980、1983 年版），分析了课田与占田的关系、课田的出现和来源、课田的范围、课田的田租等问题，将西晋课田研究向前推进了一步。这之后，赵向群《西晋课田法新议》（《西北师范学院学报》1984年第 4 期）、童超《论西晋土地、田赋、劳动人口管理体制的改革》（《中国史研究》1987 年第 4 期）、黎虎《论西晋占田制的历史渊源》（《中国史研究》1985 年第 3 期）等论文发表。但是，90 年代以来学界对西晋田制的讨论日渐回落，这方面的研究论文极少。

　　均田制度作为北朝隋唐国有土地制度史上最为完备的制度，更是引起了学术界的高度重视。改革开放以来，学术研究重新开始，均田制研究自然也成为热点问题。1984 年出版了两部关于均田制的专著，一是韩国磐的《北朝隋唐的均田制度》（上海人民出版社），吸收了敦煌吐鲁番文书研究的新成果，更加注重分析均田制实行的具体形态。韩国磐等人翻译的日本学者堀敏一的专著《均田制的研究》（福建人民出版社），比较全面地介绍了日本学界对均田制研究的各家之说，给刚刚对外开放的中国史学界带来很大的刺激，让中国学者接触到许多新的观点和研究方法。此后，均田制研究热烈展开，宋家钰《唐朝户籍法与均田制研究》（中州古籍出版社 1988 年版）、杨际平《均田制新探》（厦门大学出版社 1991 年版）、武建国《均田制研究》（云南人民出版社 1992 年版）、杨际平《北朝隋唐均田制度新探》（岳麓书社 2003 年版）先后出版。① 据笔者不完全统计，从 1978—2008年，研究北朝时期的均田制共有 74 篇，这些文章对北朝均田制的产生、发展、内容、实行、性质，对均田制中的桑田、露田、永业田等具体概念均有论及。

---

　　① 有关均田制的综述文章见武建国《建国以来均田制的研究》，《云南社科》1984 年第 4期；邹莉莉《20 世纪 80 年代以来均田制研究综述》，《商丘师院学报》2007 年第 1 期。

二　门阀士族研究

门阀士族的形成、发展及其衰落是中国中古时期特有的历史现象。对于六朝士族的认识和研究直接关系到对整个魏晋南北朝历史的理解和把握。因此，学者们对这一重大问题倾注了更多的精力和研究热情，也取得了很多的成果。改革开放以来，中国大陆地区出版的有关士族研究的专著有：田余庆《东晋门阀政治》（北京大学出版社1987年版）、陈明《儒学的历史文化功能——士族：特殊形态的知识分子研究》（学林出版社1997年版）、方北辰《魏晋南朝江东世家大族述论》（台湾文津出版社1999年版）、陈爽《世家大族与北朝政治》（中国社会科学出版社1999年版）、刘驰《六朝士族探析》（中国广播电视大学出版社2000年版）、王大良《中国古代家族与国家形态——以汉唐时期琅邪王氏为主的研究》（甘肃人民出版社2000年版）、周征松《魏晋隋唐间的河东裴氏》（山西教育出版社2000年版）、王永平《六朝江东世族之家风家学研究》（江苏古籍出版社2003年版）、吴正岚《六朝江东士族的家学门风》（南京大学出版社2003年版）、杨荫楼《中古时代的兰陵萧氏》（山东文艺出版社2004年版）、夏炎《中古世家大族清河崔氏研究》（天津古籍出版社2004年版）等。据笔者不完全统计，近三十年通论门阀士族的文章有一百三十余篇。[①]

唐长孺在建构魏晋封建说时，对其统治阶级中的最上层在封建制初期最具特色的士族门阀制度的研究成就最为突出。他的《东汉末期的大姓名士》、《士族的形成和升降》、《士人荫族特权和士族队伍的扩大》、《论北魏孝文帝定姓族》、《北魏的青齐土民》等论文，[②] 对士族制度的形成、发展、变化和衰落作了全面系统的阐发，可算是士族学术研究领域的一个里程碑。田余庆先生对门阀政治的研究则从理论结构和研究规

---

① 关于门阀士族的综述文章有：安群：《十年来国内门阀士族研究综述》，《中国史研究动态》1990年第2期；陈爽：《近20年中国大陆地区六朝士族研究概观》，〔日〕《中国史学》第11卷，2001年10月。

② 均见《魏晋南北朝史拾遗》，中华书局1983年版。

范上更为细致。《东晋门阀政治》认为严格意义上的门阀政治只存在于东晋，在这一理论前提下，选取了琅邪王氏、高平郗氏、颍川庾氏、谯国桓氏、陈郡谢氏、太原王氏几个时间上前后相承的大族进行个案剖析，其切入角度和研究手段对后继学者产生了影响。而黄正藩在《东晋门阀政治散论》（《苏州大学学报》1990 年第 1 期）一文中不同意"门阀专政"的提法，他把东晋政权的基本形式概括为君主制下的门阀合议体制。

祝总斌在白寿彝总主编的《中国通史》第 7 卷"典志部分"中撰《门阀制度》一章，分析了门阀制度的特征和四个阶段，认为大土地所有制、封建大家族与宗族以及儒学三者相结合之统一体的形成与发展，是门阀制度出现和持续存在的前提。陈长琦《两晋南朝政治史稿》（河南大学出版社 1992 年版）研究了两晋南朝政治的基本特征——世族政治，剖析了两晋南朝国家的政权结构，揭示了两晋南朝权力中心双重结构所产生的原因及国家政权组织演化的规律和特点。刘驰《六朝士族探析》对士族产生的原因、寒人士族在"八王之乱"期间的作用、汉人士族在五胡诸政权中的作用、北魏士族经济特权的表现形式等提出了新的见解。陈爽《世家大族与北朝政治》揭示出北朝世家大族的演进历程及其对北朝隋唐政治的影响，探究皇权政治形成过程中的政治、社会结构，以及演变历程等层面。

20 世纪 80 年代初，周一良在《博陵崔氏个案研究评介》（《中国史研究》1982 年第 1 期）中介绍了美国 Patricia Buckley Ebrey（伊佩霞）的《博陵崔氏个案研究》，在魏晋南北朝史学界引起强烈反响。以叶妙娜《东晋南朝侨姓士族之婚媾：陈郡谢氏个案研究》为发轫（《历史研究》1986 年第 3 期），大陆学者开始尝试用社会学、人类学的个案剖析方法考察六朝士族。从内容上看，个案研究大多侧重于家族源流的梳理、婚宦特征及其变化原因的探讨、文化特征的研究、家族兴衰原因及其历史地位与作用的评析。[①] 随着新的墓志材料不断出现，新材料也被学者充分利用到士族研究中。朱智武《从墓志地名看东晋南朝陈郡谢氏之浮沉——南京出土 6 方谢氏墓志所载地名汇释》（《南京农业大学学

---

① 有关个案研究的综述，请参见容建新《80 年代以来魏晋南北朝大族个案研究综述》，《中国史研究动态》1996 年第 4 期。

报》2005 年第 3 期）从新中国成立后南京地区陆续出土的 6 方东晋南朝陈郡谢氏墓志考察了谢氏仕宦、爵位地名的变化，认为墓志地名在一定程度上也折射出东晋南朝谢氏一族的兴衰历程。21 世纪以来，王永平发表了一系列论文论述了六朝各个大族的家风、门风、学风及其与各政权的关系，并在此基础上成书。

而大族研究状况，也可以从对荥阳郑氏的研究上窥见一斑。1988年荥阳郑氏研究会成立，原研究会会长宋国桢主编《荥阳郑氏研究丛书》（中州古籍出版社 1994 年版），周显才编著的《中华望族——荥阳郑氏》（中州古籍出版社 1994 年版）以历史发展为主线，论述荥阳郑氏这一望族的渊源、脉派、古今人物、文化贡献以及目前国内外的分布状况、宗亲组织等。并创办了世界郑氏网（www.a1200.com）和《荥阳与郑氏》报，已出版《郑氏族系大典》（第一部，中州古籍出版社2004 年版）。现代学者重视大家族的研究，研究成果既有普及性读物，也有学科专业性很强的专著；而且由于互联网的运用，大家族后世子孙播散世界各地，因此研究范围广泛、研究队伍庞大、影响深远。

三　政治制度、政治史研究

魏晋南北朝政治制度的研究是改革开放以来收获最多的领域之一。举凡这一时代的中央职官制度、地方行政体制、选官制度、封爵制、俸禄制、监察制度、考课制度、武官制度、外交制度等，都得到了深入、细致的研究。黄惠贤《中国政治制度通史·魏晋南北朝卷》（人民出版社 1995 年版）对魏晋南北朝的各项政治制度作了全面介绍。陈琳国《魏晋南北朝政治制度研究》（文津出版社 1994 年版）选取了魏晋新中枢的形成，南朝、北朝中枢制度的演变，中央监察制度，地方行政区划，魏晋南朝都督制，地方官吏的考课和监察七个专题对魏晋南北朝时期的政治制度进行了探讨。

（一）职官制度研究

魏晋南北朝时期中央职官体系相较于秦汉发生了重大变化，尚书、中书、门下三省制逐步确立。王素《三省制略论》（齐鲁书社 1986 年版）探讨了尚书、中书、门下三省的形成，汉尚书对当时宰相制度的影响、酝酿期的三省制对魏晋南朝宰相制度的影响、北朝宰相制度的渊源和三省制的过渡、唐初三省制的建立、破坏等问题。祝总斌《两汉魏晋南北朝宰相制度研究》（中国社会科学出版社 1990 年版）通过对尚书、中书、门下三省职掌、沿革、组织诸问题的历史考察，揭示出隋唐三省宰相制度的形成过程和原因。陈仲安、王素《汉唐职官制度研究》（中华书局 1993 年版）对此期中央官制、地方官制、选举制度和俸禄制度进行了探讨。相关的论文有陈琳国《魏晋南朝游移发展中的三省制》（《史学评林》1982 年第 3、4 期），韩国磐《略论由汉至唐三省六部制的形成》（《厦门大学学报》1988 年第 3 期），陈满光《论三省六部制形成于两晋南朝时期》（《河北学刊》1996 年第 6 期），黄惠贤《散骑诸官初置时期有关问题》、《曹魏中后期散骑诸官的变化》、《西晋散骑建省及其所领诸官》（均载武汉大学《魏晋南北朝隋唐史资料》），赵昆生《曹魏中书研究》（《重庆师院学报》2000 年第 2 期）和《曹魏侍中考释》（《许昌师专学报》2000 年第 6 期），魏丽《略论魏晋侍中》（《安康学院学报》2008 年第 4 期），赵涛《北魏门下省略论》（《沧桑》2008 年第 1 期），石冬梅《西魏尚书省的改革》（《许昌学院学报》2008 年第 1 期）等。

以往的官阶制研究，主要从行政规则和等级特权视角入手。阎步克《乐师与史官》（三联书店 2001 年版）对乐师、史官文化的传承，汉代的禄秩，北魏、北齐、北周乃至隋的官品、散官等做了具体而深入的研究。同氏《品位与职位——秦汉魏晋南北朝官阶制度研究》（中华书局 2002 年版）引入行政学理论中的“品位分类”和“职位分类”两个概念，将其变化为“品位分等”和“职位分等”。并以“品位—职位”线索，梳理两千年的传统官阶制发展，从而为中国古代官僚等级制研究提供了一个新视角。

（二）选官制度研究

九品中正制是魏晋南北朝时期整个选官制度的基础，也是士族门阀在制度上的保障。迄今为止，在传统的选官制度研究中，可以说没有任何一个问题能够像九品中正制度这样，广为学者所熟悉并普遍受到人们的重视。改革开放以来，见诸期刊网的专题论文共 52 篇，研究专著有：

胡舒云《九品官人法考论》（社会科学文献出版社 2003 年版）、张旭华《九品中正制略论稿》（中州古籍出版社 2004 年版）等。① 而曹魏吏部尚书陈群所创置的官吏选拔任用制度，究竟是称作"九品官人法"，抑或是称作"九品中正制度"，在这个根本问题上，古今中外学者的意见似乎就没有统一过，当代我国学者多称之为"九品中正制度"。陈长琦对史学界习称的"九品中正制"这一提法持有异议，认为中正九品制或者我们所常说的九品中正制，只是九品官人法的一部分，而不是它的全部（《魏晋九品官人法再探讨》，《历史研究》1995 年第 6 期）。张旭华发表《魏晋九品中正制名例考辨》（《中国史研究》2001 年第 2 期）提出了不同的看法。而后，陈长琦在《魏晋九品官人法释疑》（《中国史研究》2005 年第 4 期）一文中回应了张氏的批评，认为从制度本身是官员任用之法定义，当称九品官人法合适。陈群创制的"九品官人法"是魏晋时期人才选拔、任用制度的综合。中正所掌握的人才评价制度——即中正九品制或九品中正制，仅是个人获品途径中的一种途径，不能用其替代九品官人法。这种不同观点的热烈讨论，深化了学界对这一制度的研究。学者们还对它的另外几个重要概念，如官品、资品、上品等概念提出了不同的解释；对这一制度创立的原因和时间也有不同的观点；对这一重要的政治制度的讨论，还集中在中正的设置及职权、中正品第与入仕途径的关系、中正品定士人的品级与起家官官品的关系、九品中正制的历史作用及其与门阀政治的关系等问题上。胡宝国的《魏西晋时代的九品中正制》（《北京大学学报》1987 年第 1 期）与《东晋南朝时代的九品中正制》（《中国史研究》1987 年第 4 期）两篇文章对九品中正制的演变作了系统考察。陈琳国《东晋南朝时代的九品中正制》（《历史研究》1987 年第 4 期）、汪征鲁的《九品中正制在两晋选官实践中的地位与作用》（《学术月刊》1985 年第 1 期）、张旭华《东吴九品中正制初探》（《郑州大学学报》2001 年第 1 期）也从不同侧面探讨了这一时期与士族门阀密切相关的选官制度。近年来，学界的关注目光投向以前比较忽略的十六国北朝的九品中正制，杨希珍《北魏的中正选官制度》（《山东大学学报（哲学社会科学版）》1989 年第 2 期）、

---

① 对 20 世纪 90 年代九品中正制研究的综述，另请参见景有泉《近年来九品中正制研究综述》，《中国史研究动态》1999 年第 8 期。

张旭华《后赵九品中正制考论》（《许昌师范学院学报》2003 年第 3 期）、陶新华《北魏后期的中正制新论》（《历史教学》2004 年第 1 期）、张旭华《北魏中央与地方中中正组织的分张及其意义》（《郑州大学学报（哲学社会科学版）》2004 年第 5 期）等文章，使九品中正制的研究更加立体、全面。

　　九品中正制只是魏晋南北朝选官系统的一个环节。据笔者统计，研究这一时段的选官体系的文章还有二十余篇。汪征鲁《魏晋南北朝选官体制研究》（福建人民出版社 1995 年版）以系统论构筑全书的理论框架，采用了近代西方学术界从事社会与人文研究的重要表述形式——量化研究，深入地分析了魏晋南北朝有历史特征的社会等级结构，论述了魏晋南北朝五类主要选官系统。而阎步克《察举制度变迁史稿》（辽宁大学出版社 1997 年版）全面考察了察举制度的产生、发展及向科举制度演变的过程，弥补了研究魏晋南北朝时期选举制度过多注意九品中正制的不足。

（三）地方行政制度研究

　　由于长期处于战争环境，此期出现了很特殊的地方行政制度，如北魏的宗主督护制，东晋时期的侨州郡县等。地方行政制度呈现出军事化的特点，州刺史、郡太守多带将军号以治民又领兵；同时又出现了以军将为都督，督一郡、数郡，或一州、数州，往往又兼府所之刺史或郡太守，治军又领民的现象。

　　薛军力《州的地方化与曹魏时期中央与地方关系》（《中国史研究》1992 年第 3 期）以刺史地方化为突破口，研究了曹魏时期中央与地方的关系。胡阿祥《东晋南朝侨州郡县与侨流人口研究》（江苏教育出版社 2008 年版）是国内外第一部专门研究东晋南朝侨州郡县的专著。夏日新《关于东晋侨州郡县的几个问题》（《魏晋南北朝隋唐史资料》第 11 辑）对东晋侨州郡县的设置地点、形式、性质及其演变等问题进行了探讨。宗主督护制是北魏前期实行的、以宗法关系为维系纽带的、具有部分行政职能的、生产与自保相结合的基层社会组织制度。李凭《论北魏宗主督护制》（《晋阳学刊》1986 年第 1 期）、《再论北魏宗主督护制》（《晋阳学刊》1995 年第 6 期）对其产生的社会背景、确立的时间、施行的区域、实行宗主督护制的利弊及其为三长制所代替的过程进行了阐释。高敏《北魏"宗主督护"制始行时间试探——兼论"宗主督护"制的社会影响》(《广州大学学报》2002 年第 1 期)认为"宗主督护"制产生于西晋末年,而不是人们通常认为的北魏初期。学界对三长制的讨论,集中在其设立时间、实施效果等问题上,如周一良《从北魏几郡的户口变化看三长制的作用》(《社会科学战线》1980 年第 4 期)、高敏《北魏三长制与均田制的实行年代问题辨析》(《史学月刊》1992 年第 5 期)、魏明孔《北魏立三长、行均田孰先孰后》(《西北师大学报》1991 年第 2 期)、侯旭东《北朝"三长制"四题》(《中国史研究》2002 年第 4 期)等。吐鲁番文书的出土,对研究高昌郡的各种制度提供了最直接的资料。唐长孺《从吐鲁番出土文书中所见的高昌郡县行政制度》(《文物》1978 年第 6 期)认为高昌郡行政制度远承汉魏,近同晋宋,从乡里组织直到郡和军府机构完全和内地郡县相一致。祝总斌《高昌官府文书杂考》(北京大学中国中古史中心编《敦煌吐鲁番文献研究论集》第二辑,北京大学出版社 1983 年版)、柳洪亮《高昌郡官府文书中所见十六国时期郡府官僚机构的运行机制》(《文史》总 43辑)通过对高昌郡府公文案卷的整理,再现了十六国时期郡府官僚机构的运行机制。

关于都督制的源起,何兹全的《魏晋的中军》(《读史集》,上海人民出版社 1982 年版)认为都督制来源于曹魏时期的留屯制,形成于魏黄初年间。唐长孺的《西晋分封与宗王出镇》(《魏晋南北朝史论拾遗》,中华书局 1983 年版)认为延康元年曹丕称帝前都督职称已经制度化了。张焯的《北朝都督制溯源》(《北朝研究》1991 年第 2 期)认为都督制源于东汉的督军制,完整的都督制度的确立则是在 265 年。另有 34 篇文章论及都督制,如陈琳国《魏晋南朝时期都督制》(《北京师范大学学报》1986 年第 4 期)和《曹魏都督制的渊源和定型——兼论中央和地方的关系》(《北京师范大学学报》1996 年第 5 期)、姚念慈《两晋都督制演变述略》(《北京师范大学学报》1988 年第 2 期)、薛军力《魏晋时期都督制的建立与职能转变》(《天津师范大学学报》1992年第 4 期),姚念慈、邱居里《两晋都督制度演变述略》(《北京师范大学学报》1988 年第 2 期),陶新华《北魏地方都督制补论》(《求索》2004 年第 2 期)等。张鹤泉《孙吴军镇都督论略》(《史学集刊》1996年第 2 期)、《东魏、北齐征讨都督论略》(《吉林大学学报(社会科学版)》2004 年第 1 期)、《南朝都督诸州军事与其所领将军职的关系探讨》(《史学集刊》2004 年第 4 期)对西晋、北魏、南朝的征讨都督,南北朝的都督诸州军事制度等进行了具体的探讨。

牟发松《十六国时期地方行政机构的军镇化》(《晋阳学刊》1985年第 6 期)阐述了十六国时期地方行政机构的军镇化趋势。高敏《十六国时期的军镇制度》(《史学月刊》1998 年第 1 期)认为军镇制度萌芽于十六国时期少数民族政权之中,到十六国后期,军镇已成为一级地方行政单位,主要盛行于后秦、西凉、北凉、夏国等少数民族政权之中。梁伟基的《北魏军镇制度探析》(《中央民族大学学报》1998 年第 2期)对北魏军镇的建置原因、镇民成分、镇的性质及其衰微和变化进行了探讨。研究护军制的论文有郑炳林《仇池国二十部护军镇考》(《西北民族研究》1991 年第 2 期)、高敏《十六国前秦、后秦时期的"护军制"》(《中国史研究》1992 年第 2 期)、张金龙《十六国"地方"护军制度补正》(《西北史地》1994 年第 4 期)、龚元建的《五凉护军考述》(《敦煌学辑刊》1994 年第 1 期)、吴宏岐《护军制起始时间考辨》(《中国史研究》1997 年第 4 期)、周伟洲《魏晋南北朝时期的护军制》(《燕京学报》新六期,1999 年)等。北魏后期还出现了"道"、"行台"等特别的机构。张鹤泉《北魏后期的"道"考略》(《古代文明》2008 年第 1 期)和《东魏、北齐时期的"道"探讨》(《史学集刊》2008 年第 3 期)分别考察了北魏后期、东魏、北齐时期"道"的设置、区域范围及其不同特点。牟发松《六镇起义前的北魏行台》(《魏晋南北朝隋唐史资料》第 11 期)、《北朝行台地方官化考略》(《文史》总33 辑)、《东魏北齐的地方行台》(《魏晋南北朝隋唐史资料》第 9、10辑)分别考察了不同时期行台的设置和特点。

(四)封爵、俸禄制

杨光辉《汉唐封爵制度》(学苑出版社 1999 年版)将爵制放到国家体制脉络中考察,剖析封爵体制的社会、政治与经济功能,对汉唐爵制的根本形式、运作过程等进行了专门讨论。张维训《试论北魏的食邑制度》(《厦门大学学报》1979 年第 4 期)、《略谈北魏后期的实封与虚封》(《史学月刊》年 1984 年第 2 期)对北魏时期食邑、虚封、实封的情况进行了分析。陈明光在《孙吴封爵制度商探》(《中国史研究》

1995 年第 3 期）中对孙吴封爵制的始行时间、施行对象等问题进行了探讨。高敏《孙吴封爵制的创始年代略考》（《许昌师专学报》1992 年第 2 期）一文考证了孙吴的封爵制的创始年代。周国林《西晋分封制度演变》（《华中师范大学学报》1993 年第 3 期）对西晋分封制的演变进行了分析。张学锋《西晋诸侯分食制度考实》（《中国史研究》2001 年第 1 期）对西晋的五等诸侯与列侯两个封爵体系的分食制度进行研究。朱大渭《两晋南北朝的官俸》（《中国经济史研究》1986 年第 4 期）用量化的研究方法对两晋南北朝的官俸进行了探析。何德章《魏晋南北朝时期的俸禄》（出自黄惠贤、陈峰主编《中国俸禄制度史》第三章，武汉大学出版社 1996 年版）对整个时期的俸禄制度进行了研究。高敏的《孙吴奉邑制考略》（《中国史研究》1985 年第 1 期）系统地考察了奉邑制的内容和特点。关于北魏官员的俸禄制研究，张维训的《北魏官禄制度的确立及其对鲜卑族封建化的意义》（《中国社会经济史研究》1984 年第 3 期）从取俸、岁禄、公田、食邑、给恤、给力、食干七个方面论述了北魏太和年间确立的官禄制度。相关论文还有杨际平《论北魏太和八年的班禄酬廉》（《厦门大学学报》1994 年第 1 期），王大良《试论北魏前期的官吏生活保障制度》（《北京化工大学学报》2002 年第 2 期），高敏《有关北魏前期百官无禄制的两个问题》（《历史教学问题》2004 年第 1 期），翟桂金《北魏爵禄制度研究》（《许昌学院学报》2004 年第 6 期），徐美莉《也谈北魏前期"百官无禄"之原因》（《史学月刊》2004 年第 3 期）、《北魏班禄时间研究中的三个问题》（《甘肃民族研究》2003 年第 1 期）和《试论北魏前期的官员薪酬分配模式》（《民族研究》2003 年第 6 期）、《十六国俸禄制度探微》（《北朝研究》第六辑）等。

（五）监察、考课制度研究

魏晋南北朝时期的监察与考课制度是 20 世纪 90 年代的研究热点之一。这一时期的监察制度与秦汉时期相比，彻底脱离了行政系统，制度严密，并深入行政部门进行监督，具有更大的独立性与法制性，在国家组织中地位明显提高。李小树《秦汉魏晋南北朝监察史纲》（社会科学文献出版社 2000 年版）介绍了秦汉魏晋南北朝各朝代的监察。楼劲、刘光华《中国古代文官制度》（甘肃人民出版社 1992 年版）以三章的篇幅探讨了秦汉至明清时期相辅相成的考核与监察制度。邱永明《略论魏晋南北朝监察制度之得失》(《社会科学》1991 年第 2 期) 指出由于缺乏严明的法制及最高统治者对士族所采取的优容政策,魏晋南北朝时期的监察制度在实际生活中没有产生与之相应的预期效果。李小沧《曹魏时期监察制度的形成与特征》(《南开学报》1992 年第 3 期)、余世明《东魏、北齐的监察制度》(《贵州大学学报》1992 年第 2 期) 讨论了不同时期的监察制度。考课制度,是政府对官员的行政才能、道德素养等方面进行考核的制度,它是中国古代传统政治制度的重要一环。虽然在大的战乱环境中,魏晋南北朝时期各个政权还是或强或弱地采取了考课制度,尤其是北魏的考课制度,随着皇权政治的加强而渐成体系,对唐朝的考课产生了影响。周一良先生的《魏晋南北朝史札记·魏书札记》中有"考绩制度条",对北魏考课制度中的一些具体规定作了考析。讨论此期官员考课制度的文章有张文强《魏晋北朝考课制度述略》(《北京师范大学学报(社会科学版)》1988 年第 5 期)、陈琳国《试论魏晋南北朝地方官吏的考课》(《许昌师范专科学报》1991 年第 2 期)、杨普罗《北魏官吏考课制度述略》(《甘肃社会科学》1992 年第 4 期)、杨钰侠《论北魏地方官吏考课制度的演变》(《安徽教育学院学报》1995 年第 1 期)、杨钰侠《北魏地方官吏考课述论》(《中国人民大学学报》1997 年第 6 期)、戴卫红《北魏太和十八年中央官员的考课》(《缙云黄帝文化国际学术会议论文集》,山西古籍出版社 2005 年版),王东洋《魏晋南北朝考课文书的管理》(《档案管理》2008 年第 6 期)、《魏晋南北朝考课对象探讨》(《重庆社会科学》2008 年第 1 期)、《魏晋南北朝"年劳"考课标准的确立及其影响》(《南京晓庄学院学报》2008 年第 5 期)、《魏晋南北朝考课中的监察校正机制——兼论考课与监察的关系》(《扬州大学学报》2008 年第 5 期) 等。

(六) 武官制度、外交制度

对禁卫武官的研究是 20 世纪 90 年代末兴起的,张金龙发表一系列论文,后收入《魏晋南北朝禁卫武官制度》(中华书局 2003 年版)。此书厘清了不同层次的众多的禁卫武官的变迁历程与政治职能,对魏晋南北朝禁卫武官制度的发展演变进行了全面的研究。相关论文还有石冬梅《东吴早期武官考论》(《邢台学院学报》2004 年第 1 期)、庞骏《试论刘宋东宫武官制度》（《史学月刊》2003 年第 6 期），陶新华《魏晋南朝的军师、军司、军副——军府职官辨析》（《杭州师院学报》2000 年第 4 期）、《魏晋南朝地方军府的指挥符号——府主信物的功能及管理》（《西北师大学报》2000 年第 5 期）等。黎虎对魏晋南北朝的外交制度作了系统的研究，出版《汉唐外交制度史》（兰州大学出版社 1998 年版），另外发表《魏晋南北朝鸿胪寺及其外交管理职能》（《中国史研究》1998 年第 4 期）和《魏晋南北朝时期都督的外交管理职能》（《齐鲁学刊》1999 年第 3 期），分别探讨了这一时期鸿胪寺与都督在外交方面的职能。王友敏《南北朝交聘礼仪考》（《中国史研究》1996 年第 3 期）具体考察了南北朝敌对政权使者从入境到出境外交活动的全过程。

（七）地域集团研究

魏晋南北朝时期，地域因素交织在一起所形成的宗法地域性，对政治生活产生了极大的影响。汪波《魏晋北朝并州地区研究》（人民出版社 2001 年版）从并州在魏晋北朝时期的政治形势演变及其特点和原因三个层次上探讨了魏晋北朝地域政治与中央政治的双向关系，以及北方民族融合的进程。章义和《地域集团与南朝政治》（华东师范大学出版社 2002 年版）对南朝的政治形态和地域集团问题进行了总体把握，认为作为南朝政权支撑性力量的地域集团，在政治生活中发挥着极为重要的作用。李文才《南北朝时期益梁政区研究》（商务印书馆 2002 年版）研究了南北朝时期益梁地区政治变化情况，进而梳理了其间南朝中央政治及南北关系演变的整体情况。陈金凤《魏晋南北朝中间地带研究》（天津古籍出版社 2005 年版）对魏晋南北朝时期南北政权相互争夺与对峙的区域，即"中间地带"与军事斗争、地理、少数民族等关系进行了深入探讨。

四　民族融合和民族关系

魏晋南北朝时期是我国历史上民族关系大激荡的时期。内迁的少数民族促进了民族的融合和社会的进步，从而使我国历史进入隋唐时期后，出现了一个封建政治、经济、文化空前繁荣昌盛的崭新局面。改革开放以来，综合探讨魏晋南北朝民族史的著述有黄烈《中国古代民族史研究》（人民出版社 1987 年版）和白翠琴《魏晋南北朝民族史》（四川民族出版社 1996 年版）。研究这一时期氐、羌族的著述有马长寿《氐与羌》（上海人民出版社 1984 年版）、《碑铭所见前秦至隋初的关中部族》（中华书局 1985 年版）、冉光荣《羌族史》（四川民族出版社 1985 年版）。周伟洲《敕勒与柔然》（上海人民出版社 1983 年版）概述了这两个北方游牧民族的族属、发展历程等。段连勤《丁零、高车与铁勒》（上海人民出版社 1988 年版）叙述了这三个北方游牧民族发展演变的历史脉络。从北朝到隋唐，以青海为根据地的吐谷浑，也把势力扩大到西域南道。周伟洲《吐谷浑史》（宁夏人民出版社 1985 年版）是国内第一部系统研究吐谷浑的著作。另外，他还就吐谷浑人的墓志、文物和藏文材料中的吐谷浑记事发表了专题研究（收入《西北民族史研究》，中州古籍出版社 1994 年版），并编成《吐谷浑资料辑录》（青海人民出版社 1992 年版）。周伟洲还著有《汉赵国史》（山西人民出版社 1986 年版）、《南凉与西秦》（陕西人民出版社 1987 年版）、《中国中世西北民族关系研究》（西北大学出版社 1992 年版）、《边疆民族历史与文物考论》（黑龙江教育出版社 2000 年版）。[①] 据笔者不完全统计，近三十年中，通论魏晋南北朝时期民族问题的文章有 116 篇，专题研究鲜卑族的文章有 268 篇，匈奴族 17 篇、氐族 84 篇，羌族 9 篇，羯族 7 篇，柔然 35 篇，敕勒 19 篇，丁零 14 篇，高车 16 篇，吐谷浑 76 篇。

在魏晋南北朝民族观问题上，黄烈在《魏晋南北朝民族关系的几个理论问题》（《历史研究》1985 年第 3 期）中深入探讨了这一时期各族政权的民族性质问题、民族战争问题、民族融合问题。黄佩瑾《魏晋南北朝民族关系的发展》（《魏晋南北朝史论文集》，齐鲁书社 1991 年版）指出魏晋南北朝民族关系发展经过了三国西晋的和平发展、东晋十六国时期少数民族武力征服中原和南北朝时期大融合的三个阶段。白翠琴

---

① 综述文章参见伍成泉《近二十年来（1980—1999 年）吐谷浑研究述略》，《中国史研究动态》2001 年第 11 期；黄健《1995—1999 年魏晋南北朝民族史》，《中国史研究动态》2001 年第 5 期；刘国石《近二十年来十六国北朝少数民族贵族汉文化修养研究述要》，《中国史研究动态》2003 年第 1 期；张元兴《近二十余年魏晋南北朝少数民族与汉族交融史研究综述》，《呼伦贝尔学院学报》2007 年第 4 期；刘国石、高然《20 世纪十六国思想文化、社会史、民族关系史、史籍整理及考古研究综述》，《中国史研究动态》2007 年第 4 期。

《魏晋南北朝民族观初探》（《民族研究》1993 年第 5 期）认为魏晋南北朝时期，各族统治者都以华夏正统自诩，表明他们都深受儒家大一统思想的熏陶。这种状况及民族大融合，引起了人们思想观念的变化，有力地冲击了传统的民族观。邱久荣《魏晋南北朝时期大一统思想》（《中央民族大学学报》1993 年第 4 期）认为魏晋南北朝虽是分裂时期，但在文化发展上具有连续性，在意识形态上都主张"大一统"。朱大渭在《儒家民族观与十六国北朝民族融合及其历史影响》（《中国史研究》2004 年第 2 期）认为以孔孟为代表的儒家民族理论体系核心在于，民族文化差异可以趋同，这就是通过民族平等、仁爱、仁政、修身，以及实施"礼、德"教化来实现，其结果华夏相对先进的文化"同化"夷狄相对落后的文化，即儒家讲的以"协和万邦"，来实现孟子说的"用夏变夷"，以达到华夷文化一体，天下一统的大同世界。这同马克思、恩格斯关于人类民族同化的"永恒的历史规律"，内涵颇为相似。朱大渭《魏晋十六国北朝少数民族融入汉族总人口数考》（中国社科院历史所集刊 2006 年集）探讨了北朝融入汉族的 13 个族别，初步估测其融入汉族的总人口数共有 1100 多万，占北朝总人口数的 35%。从族别和总人口数而论，十六国北朝民族大融合的规模空前绝后，历史影响极为深远。

　　相较成果丰硕的北方少数民族研究而言，学者对于南方少数民族的研究成果不多。[①] 据笔者不完全统计，研究山越民族的文章 17 篇，僚族 29 篇，蛮族 14 篇，俚族 10 篇。魏晋南北朝时期，南方的民族融合经历了与北方不同的发展历程。朱大渭《南方少数民族概况及其与汉族的融合》（《中国史研究》1980 年第 1 期）认为南方汉族统治者对当地少数民族采取了攻势的态度，其政策主要是争取归降、敕封首领和武力讨伐。统治方式主要是直接统治、设立左郡左县和"以夷治夷"。南方少数民族与汉族融合的过程，实际上也是对南方开发的过程。朱绍侯《三国民族政策优劣论》（《河南师大学报》1981 年第 3 期）认为三国时期蜀汉对南中少数民族采取的安抚和怀柔政策最高明，曹魏对以匈奴为主的北方少数民族采取的先征服，后迁徙、拉拢的政策次之，孙吴对山越

---

① 综述文章参见张陈呈《僚族研究综述（1948—2006 年）》，《文山师范高等专科学校学报》2007 年第 4 期。

一贯的杀掠、役使的政策是最失败的。讨论同一问题的文章还有王延武《西晋南朝的治蛮机构与蛮族的活动》（《中南民族学院学报》1983 年第 3 期）、吴永章《南朝对蛮族统治与抚纳政策》（《江汉论坛》1983 年第 6 期）、张泽洪《西晋南朝的蛮府与左郡县》（《四川师范学院学报》1990 年第 1 期）、陈再勤《南北朝时期峡中蛮的分布与活动》（《中南民族学院学报》1999 年第 1 期）等。

五　法制史研究

魏晋南北朝时期是中国封建法典的一个重要的承上启下阶段，它吸收了秦汉的律，加以革新厘整，对唐律产生了很大的影响。与其他时期相比，呈现出不同的特点：法典的儒家化与礼治主义的确立、带有浓厚的宗法家族主义色彩、严格的身份法、以刑为主，诸法合体的法律体系；律学的发展与法律概念的规范化，法典从繁到简（《中国通史·三国两晋南北朝时期·典志·法制》）。研究这一时期法律思想的专著有杨鹤皋的《魏晋隋唐法律思想研究》（北京大学出版社 1995 年版）。邓奕琦《北朝法制研究》（中华书局 2005 年版）系统地阐述了北朝法制的源流、发展、成就和历史地位，探索了北朝法制从初建到完成的演变规律。薛菁《魏晋南北朝刑法体制研究》（福建人民出版社 2006 年版）对魏晋律学的发展与成就、肉刑废复之争、刑律体系的演进、魏晋时期的特权法与士族门阀制度的形成、刑法原则的儒家化、封建制五刑的沿革、刑罚制度的改革、御史监察制度等问题进行了探讨。相关论文有何宁生《后秦法制初探》（《西北大学学报》1995 年第 4 期）、范家伟《复肉刑议与汉魏思想之转变》（《中国史研究》1996 年第 1 期）、乔伟《论魏晋南北朝法律思想的严格及其特点》（《山东大学学报》1996 年第 4 期）、林明《论魏晋南北朝时期儒家思想的地位及其法律化表现》（《山东社会科学》1999 年第 2 期）、魏崴《北魏法律的封建化进程》（《文史杂志》2001 年第 3 期），金霞、李传军《魏晋南朝刑律中的妇女地位——兼谈魏晋南朝刑律的轻省化》（《南都学坛》2004 年第 2 期）、何宁生《论前燕的法制》（《西北大学学报》2004 年第 5 期）、陶广峰《十六国法制抉微》（《法学研究》2008 年第 1 期）、李放《南北朝时期佛教对法律思想的影响》（《船山学刊》2008 年第 3 期）等。

晋律（泰始律）在我国法制史上占有不可忽视的地位。杨廷福的《〈晋律〉略论》（《江海学刊》1984 年第 2 期）分析了晋律的四个特点。祝总斌的《略论晋律之"儒家化"》（《中国史研究》1985 年第 2 期）认为晋律"儒家化"主要是指制定晋律遵循和吸收的是儒家经典中的"礼"的精神和规范，这是社会经济制度和阶级关系变化的反映。对晋律研究的论文还有祝总斌《略论晋律的"宽简"和"周备"》（《北京大学学报》1983 年第 2 期）、韩玉林《魏晋律管窥》（《法律史论丛》1983 年第 3 期）、刘笃才《论张斐的法律思想：兼及魏晋律学与玄学的关系》（《法学研究》1996 年第 6 期）、蒋集耀《中国古代魏晋律学研究》（《上海社会科学院学术季刊》1990 年第 3 期）、张建国《魏晋律令法典比较研究》（《中外法学》1995 年第 1 期）、穆宇《张斐法律思想述评》（《中外法学》1995 年第 5 期）、张建荣《试论晋律的刑制特点与理论贡献》（《中国人民大学学报》1998 年第 5 期）、李玉生《魏晋律令分野的几个问题》（《法学研究》2003 年第 5 期）等。2002 年甘肃省考古所在玉门市花海乡毕家滩发现《晋律注》，对研究西晋十六国时期文化交流、法律制度、民族变迁等具有重要价值。张俊民发表《玉门花海出土〈晋律注〉》（《简帛研究 2002—2003》，广西师范大学出版社 2005 年版）介绍了《晋律注》的发掘和释读情况。张泽咸《律令与晋令》（《中华文史论丛》2008 年第 1 期）认为晋律令不仅对南朝律令影响巨大，而且对以往被学者们所鄙视的北周律令亦有着很重要的影响。

改革开放以来，学者对北朝的律令也作了深入研究。张丽梅《北齐律对隋唐法律制度的影响初探》（《河北法学》1989 年第 6 期）认为北齐律上承汉、魏、晋、北魏律，使封建法典粗具规模；下启隋唐，开一代法典之先河，对于隋唐法律制度的影响是巨大深远。王霄燕《北魏法律的特点》（《晋阳学刊》1991 年第 3 期）探讨了北魏法律的四个特点。楼劲《关于北魏后期令的班行问题》（《中国史研究》2001 年第 2 期）对北魏太和至正始年间修令、班令的史实作了考证。他的《对几条北魏官制材料的考绎：太和年间官制整改与官制诸令的若干问题》（《中国社会科学院历史研究所学刊》第一集）通过对太和十五至十九年三个官制令篇的修撰过程、体例、内容和太和二十三年"复次职令"

内涵的推绎，梳理出当时官制整改与官制诸令修订的脉络。同氏《北魏的科、格、式与条制》（《中国社会科学院历史研究所学刊》第二集）梳理了北魏的科、格、式与条制，明确了这些用语的指称对象和方式。同时还讨论了这类法规的内容及其在当时整套法律体系中的作用和地位，阐述了其源流。叶炜《北周〈大律〉新探》（《文史》第 54 辑）通过对北周《大律》篇次、《大律》与北齐律在赎金、十恶等制度上的相似性、《大律》与隋律的承继关系，及《大律》流刑、赎刑的仔细考察，认为自程树德、陈寅恪先生以来认为北周律是"礼律凌乱"和"非驴非马"的认识有厚北齐薄北周的偏颇。

六　北朝史研究

北朝（公元 439—581 年）是中国历史上一个特殊的时代，它上承动荡的"五胡十六国"，下启强盛的隋唐帝国。改革开放以后，北朝史研究无论是在论述的深度还是广度方面，都取得了长足的进步。

北魏史研究是其中的一个亮点。北魏史研究从讨论拓跋鲜卑早期政权性质开始，学者进而对北魏前期的政治制度，子贵母死、太子监国、乳母干政、孝文帝改革等重大事件进行了探讨。1980 年，米文平在内蒙古自治区呼伦贝尔盟鄂伦春自治旗阿里河镇附近的大兴安岭北段发现拓跋鲜卑祖庙嘎仙洞石室，这使得长期令人困惑的拓跋鲜卑发祥地"大鲜卑山"之谜得以廓清。[①] 这之后易谋远和黄烈两位先生分别发表《鲜卑拓跋部原始父系氏族社会几个问题的探索》、《拓跋鲜卑早期国家的形成》（二文俱载《魏晋隋唐史论集》第二辑，中国社会科学出版社1983 年版），以新发现的嘎仙洞石室为出发点，对拓跋部原始父系氏族社会的物质基础、生产和生产关系，拓跋国家的形成与发展、拓跋早期国家的性质等问题进行了深入探讨。研究拓跋鲜卑社会性质和封建化的论文，还有孙钺《拓跋鲜卑在接受汉族文化过程中新旧势力的斗争》

---

① 米文平：《鲜卑石室所关诸地理问题》（《民族研究》1982 年第 4 期）、《鲜卑源流及族名初探》（《社会科学战线》1982 年第 3 期）；另有著作《鲜卑石室寻访记》，山东画报出版社 1997 年版。

（《中央民族学院学报》1983 年第 1 期）、曹永年《早期拓跋鲜卑的社会状况和国家的建立》（《内蒙古社会科学》1987 年第 4 期）、高敏《论北魏的社会性质》（《中国经济史研究》1989 年第 4 期）等。

周一良《魏晋南北朝史札记》（中华书局 1985 年版）对自《三国志》到《隋书》的 12 部正史中所涉及的史实、制度、名物、语言等作了系统的训释和考证，在对具体问题的精当考辨中揭示出重要的历史问题。如"崔浩国史之狱"认为，崔浩国史之狱为一大政治事件，"必有其深刻复杂之原因"，国史"备而不典"只是事件发生的"导火线"。崔浩所修国史的"备而不典"，如实记录了拓跋早期失国、乱伦等事，暴露了北魏统治者祖先的羞耻屈辱，是其罹祸的主要原因。陈琳国《北魏前期中央官制述略》（《中华文史论丛》1985 年第 2 期）指出北魏前期的鲜卑八部大人制居于主导地位，三省制无足轻重，孝文帝改制后尚书省成为中央行政中枢，这是一个由繁到简、由低到高的发展过程。严耀中《北魏前期政治制度》（吉林教育出版社 1990 年版）开创性地考证、归纳出北魏前期并行存在胡、汉两个行政机构的观点，对三都大官、中书学官、八部与六部关系等进行了探讨。李凭《北魏平城时代》（社会科学文献出版社 2000 年版）详尽考辨了离散诸部、太子监国与子贵母死制度的演进过程与意义，以及文明太后冯氏执政的性质与影响。指出拓跋部本身的社会文化特征和汉族文化对其曲折的作用，是影响平城政权发展的两个关键因素。田余庆《拓跋史探》（三联书店 2003 年版）揭示出拓跋部在建立代国前后历史的两条重要线索：一是拓跋部与另一少数族乌桓在代北地区长达百年的共生关系；一是拓跋珪实行"子贵母死"之制，并离散了其母族与妻族所在的部落，以巩固皇权，稳定长子继承君位的秩序，使拓跋部从部落走向专制帝国。

北魏孝文帝改革是中国历史上较全面、成功的一次改革。改革是时代发展的需要、历史发展的必然。然而，通过改革国力达到鼎盛的北魏王朝，在孝文帝死后仅 30 余年便迅速地分崩离析，这是一个值得探讨的问题。1987 年肖黎《北魏改革家孝文帝评传》出版，而后刘精诚《魏孝文帝传》（天津人民出版社 1993 年版）对魏孝文帝一生及其改革的各个方面作出全面而深入的研究，论述了一些新的专题，如孝文帝时期的民族关系、孝文帝的性格和家庭生活、孝文帝的法制改革。另外，出版了程维荣《拓跋宏评传》（南京大学出版社 1998 年版）、周建江

《太和十五年——北魏政治文化变革研究》（广东人民出版社 2000 年版）等专著。近三十年以来，学者们对孝文帝改革的原因、内容、改革的积极和消极意义、孝文帝迁都的原因、得失、孝文帝改革思想等问题进行了深入探讨，此类研究论文有 121 篇。① 陈汉玉《也谈北魏孝文帝的改革》（《中国史研究》1982 年第 4 期）认为，孝文帝改革的积极意义远不及消极作用为多，其文治和汉化路线，加速了北魏国家和鲜卑民族的衰亡。陈汉玉在《对近年来"孝文改制"研究的评议》（《东北师大学报》1985 年第 6 期）中主张把改革划分为两个阶段：前期是由冯太后领导的，主要进行了均田制和三长制的改革；后期由孝文帝主持，主要是确立儒家礼教的地位，以实现北魏的汉化。冯君实（《对近年来"孝文改制"研究的评议》，《东北师大学报》1985 年第 6 期）对此表示异议，认为孝文帝在立三长制、行均田制的时候即已参政，后期的改革也是冯太后改革的原班人马。因此后期的改革只是前期政策的延续和发展。郝松枝《全盘汉化与卑微王朝的速亡——北魏孝文帝改革的经验和教训》（《陕西师范大学学报》2003 年第 1 期）认为全盘汉化，尤其是大定姓族、对门阀士族制度的移植，使得尚无文化积淀可言的鲜卑贵族迅速腐化，而腐化则是导致北魏亡国的根本因素。赵野春《鲜卑汉化——论北魏孝文帝改革对民族关系的调整》（《西北民族研究》2003 年第 2 期）认为孝文帝改革中使鲜卑汉化，有利于民族融合和南北的统一，但也导致了北魏的分裂。相关论文还有王景阳《北魏孝文帝的改革及其影响》（《中学历史教学》1982 年第 4 期），蒋福亚《魏孝文帝迁都得失议》（《民族研究》1983 年第 3 期），朱大渭《北魏孝文帝改革》（《中国古代改革家》，中国社会科学出版社 1987 年版），孙祚民《略论北魏太和改制的几个问题》（《山东社会科学》1987 年第 1 期），孙如琦《孝文帝的改革并未完成北方的民族融合》（《杭州大学学报》1989 年第 4 期），刘精诚《魏孝文帝的法制思想和法制改革》（《中国史研究》1993 年第 2 期）和《魏孝文帝与宗教》（《华东师范大学学报》1993 年第 5 期），杨维荣《魏孝文帝改革思想散论》（《宁夏大学学报》1993 年第 1 期），朱兴和《略论北魏孝文帝改革中的朝议》（《上海师

---

① 综述文章参见戴雨林《北魏孝文帝迁都洛阳问题研究综述》，《洛阳大学学报》2005 年第 1 期。

范大学学报》2004 年第 2 期），李克建、陈玉屏《再论北魏孝文帝改革——兼谈改革对民族融合规律的启示》（《黑龙江民族丛刊》2007 年第 2 期），姚红艳《孝文帝个性心理与北魏太和改革》（《宁夏师范学院学报》2007 年第 4 期）和《略论孝文帝汉化改革的动力来源》（《徐州教育学院学报》2008 年第 1 期）等。

七　六朝史研究

六朝历史的研究，近三十年来，得到学界的重视和社会的关心。[1]关于"六朝"有两解：一指《通鉴》述汉隋之间的魏、晋、宋、齐、梁、陈为正统系年纪事，以后统称这几个政权为"六朝"；一指《建康实录》所记建都建康的孙吴、东晋、宋、齐、梁、陈六个南方格局政权。张承宗、田泽滨、何荣昌主编的《六朝史》（江苏古籍出版社 1991年版）采用了第二种解释，对六朝的政治、地理沿革、土地关系、阶级结构、经济发展、民族融合、官制兵制、思想文化、科学技术、生活风貌、历史地位等各个方面进行了探讨。胡阿祥《六朝疆域与政区研究》（西安地图出版社 2001 年版）对魏晋南北朝六朝时期的各政权的疆域变迁和政区划分的演变，从历史地理学的角度进行探讨。另外，还出版了许辉、蒋福亚主编《六朝经济史》（江苏古籍出版社 1993 年版），卞孝萱主编《六朝史论集》（黄山书社 1993 年版）等专著。并陆续出版六朝文化丛书，包括《六朝文化概论》、《六朝文学》、《六朝史学》、《六朝宗教》、《六朝经学与玄学》、《六朝艺术》、《六朝民俗》、《六朝科技》、《六朝文物》、《六朝都城》等，多角度、深层次、全方位地揭示了六朝文化的丰富内涵和魅力。

1985 年，江苏省六朝史研究会成立，一年举行一次学术活动。另外，《南京大学学报》、《南京晓庄师范学院学报》开设"六朝研究专

---

① 参见胡阿祥《六朝的研究时限与历史地位》，《江苏文史研究》1994 年第 2 期；卞孝萱《关于六朝研究的几点思考》，《南京大学学报》2001 年第 2 期；李天石《中国的六朝史研究动态与趋向》，2006 年在韩国百济经济研究所举办的东亚历史文化国际学术研讨会上的发言。

栏"。据笔者不完全统计，近三十年来，发表关于六朝政治、军事、历史地理、都城、士家大族、宗教等方面的研究论文，已逾五百篇。六朝考古的新成果也使六朝史研究更加深入。

八　社会史研究

改革开放引起的社会生活的剧烈变化，学者对史学研究理论和方法的反思，加上国外社会史和社会学的影响，促使了中国社会史研究复兴。社会史研究的内容也更加丰富多彩。近年来出版的社会史综合性研究有曹文柱等编著的《中国社会通史·秦汉魏晋南北朝卷》（山西教育出版社 1996 年），此书从社会存在前提、社会构成、社会运行与社会变迁等方面考察了魏晋南北朝的社会发展状况。

（一）社会生活和社会风俗

近三十年来，社会生活的研究范围更加宽广，衣食住行、婚丧嫁娶、时令节日、文娱等物质和精神生活方面，都有不少论著发表。朱大渭、梁满仓、刘驰、陈勇合著《魏晋南北朝社会生活史》（中国社会科学出版社 1998 年版）对主要文献资料和考古资料作了全面收集和整理，全面揭示当时社会生活的基本面貌和特征，分门别类地论述当时的物质和精神生活的消费活动。朱大渭的《中古汉人由跪坐到垂脚高坐》（《中国史研究》1994 年第 4 期）认为胡床的传入及日趋普遍，佛教徒跏趺坐和垂脚坐小床的流行，玄学兴起对礼教的抨击，国内各民族大融合及思想文化上的开放浪潮等因素导致了中古汉人由跪坐发展为垂脚高坐这种民族重大礼俗的改变。黎虎《客家聚族而居与魏晋北朝中原大家族制度——客家居住方式探源之一》（《北京师范大学学报》1995 年第 5 期）考察了粤、赣、闽交界地的客家居住方式，与魏晋北朝中原大家族制度具有直接的渊源关系。婚姻问题上，学者们不仅注重士家大族之间的联姻，而且对三国兵士等普通人的婚姻也有探讨。专著有薛瑞泽《嬗变中的婚姻——魏晋南北朝婚姻形态研究》（三秦出版社 2001 年版）等。李金河《魏晋隋唐婚姻形态研究》（齐鲁书社 2005 年版）以门阀士族婚姻为重点，对魏晋南北朝隋唐时期的婚姻形态进行了细致的考察，并从婚姻关系比较详细地考察了魏晋隋唐时期妇女在社会变动中的家庭社会地位和作用。相关论文有施光明《从〈魏书〉所记鲜卑拓跋部婚姻关系研究》（《中央民族学院学报》1992 年第 3 期），杨铭《氏族的姓氏与婚姻》（《西北民族研究》1992 年第 1 期），王大良《从北魏刁遵墓志看南北朝世族婚姻》（《北朝研究》1992 年第 2 期），施光明《北朝民族通婚研究》（《民族研究》1993 年第 4 期），杨皑《曹操的女儿及其婚姻考辨》（《华南师大学报》2000 年第 1 期），周伟洲、贾秦明、穆景军《新出土的四方北朝韦氏墓志考释》（《文博》2000 年第 2 期），薛瑞泽、许智银《略论三国兵士的婚姻》（《齐鲁学刊》2000 年第 2 期），庄华峰《两晋南北朝等级婚姻初探》（《史学月刊》2000 年第 5 期），薛瑞泽《魏晋南北朝的财婚问题》（《文史哲》2000 年第 6 期）等。

魏晋南北朝时期的社会风俗研究，有 57 篇专题研究文章，另有 5 本专著：吕一飞《胡族习俗与隋唐风韵——魏晋南北朝北方少数民族社会风俗及其对隋唐的影响》（书目文献出版社 1994 年版），梁满仓《中国魏晋南北朝习俗史》（人民出版社 1994 年版），张承宗、魏向东《中国风俗通史·魏晋南北朝卷》（上海文艺出版社 2001 年版），谢宝富《北朝婚丧礼俗研究》（首都师范大学出版社 1998 年版），韩国河《秦汉魏晋丧葬制度研究》（陕西人民出版社 1999 年版）。另外，许辉、邱敏、胡阿祥主编的《六朝文化》（江苏古籍出版社 2001 年版），罗宏曾《魏晋南北朝文化史》（四川人民出版社 1989 年版）中有专章讨论此期的社会风俗问题。学者们对这一时期的服食养生、饮茶、饮酒等社会风俗作了探讨，如张承宗《魏晋南北朝医药与服食养生之风》（《苏州大学学报》1996 年第 1 期），孙立《魏晋南北朝饮茶与饮酒之风》（《苏州大学学报》1996 年第 1 期）等。

（二）家庭、家族和宗族、豪族

柏喜贵《四—六世纪内迁胡人家族制度研究》（民族出版社 2003 年版）从文化的角度，以家族制度为观察点，论证了内迁胡人从氏族制度逐步发展为汉民族习见的家族制度这一充满复杂矛盾与激烈冲突的过程。韩树峰《南北朝时期淮汉迤北的边境豪族》（社会科学文献出版社 2003 年）讨论了边境豪族作为一个特殊阶层所具有的独特性及其在南北方的门第，并对其在南北政权中所起的不同作用进行论证。李卿《秦汉魏晋南北朝家族宗族关系研究》（上海人民出版社2004年）着重探讨了这一时期家族宗族内部各成员间在政治、经济和文化教育等方面的互动关系以及家族宗族关系对外部社会所产生的影响。张国刚主编、王利华著《中国家庭史》第一卷"先秦至南北朝时期"（广东人民出版社2007年版）叙述了先秦两汉魏晋南北朝中国家庭的起源、发展和演变历程。侯旭东《汉魏六朝父系意识的成长与"宗族问题"——从北朝百姓的聚居状况谈起》（《中国社会科学院历史研究所学刊》第三集）指出汉魏六朝时期"宗族"尚处在由多系"亲属群"转为"父系继嗣群体"的初始阶段，并提示对"宗族"以外的民间组织给予关注。赵建国《论魏晋南北朝时期的家庭结构》（《许昌师专学报》1993年第2期）认为，魏晋南北朝时期的家庭结构有尊长卑幼、夫主妻从、嫡贵庶贱的显著特点。韩昇《南北朝隋唐士族向城市的迁徙与社会变迁》（《历史研究》2003年第4期）指出隋唐后城市作为政治、经济和文化中心而繁荣，促成士族纷纷向城市迁移，城乡呼应的士族政治形态瓦解，唐宋间发生了继封建制向郡县制转变后最具深远意义的社会转型。张承宗、魏向东《魏晋南北朝时期的宗族》（《苏州大学学报》2000年第3期）探讨了魏晋南北朝宗族的主要组织形式、社会观念及其文化传统。王大建《魏晋南北朝时期的豪族与游侠》（《山东大学学报》2003年第2期）指出魏晋南北朝时期的战乱及国家权力衰微的形势给游侠提供了生长的土壤。高贤栋《北朝豪族家庭规模结构及其变迁》（《许昌学院学报》2003年第6期）讨论了三长制和宗主督护制下的家庭规模、家庭结构。相类论文还有薛军力《试述东晋徐兖地方势力》（《北京师范大学学报》1991年第2期）、何德章《论梁陈之际的江南土豪》（《中国史研究》1991年第4期）、黄清敏《三国时期宗族组织探略》（《广西社科》2003年第1期）、刘化慧《浅议汉末三国两晋南北朝时期宗族与家庭的关系》（《电子科技大学学报》2003年第1期）等。

（三）民间信仰

吴泽的《汉唐间土地、城隍神崇拜与神权研究》（《魏晋南北朝史研究》第一辑）、黄烈的《南北朝时期道教西传高昌试探》（《魏晋南北朝史研究》第一辑）、王素的《高昌火祆教》（《历史研究》1986年第3

期）等研究了此期的民间信仰问题。1991 年，伴随道教研究的兴盛，民间宗教研究也出现了新的研究成果。梁满仓发表《论六朝时期的民间祭祀》（《中国史研究》1991 年 3 期）、《论蒋神在六朝地位的巩固与提高》（《世界宗教研究》1991 年第 3 期），对六朝时期的民间信仰进行了初步的研究。之后梁满仓又发表《浅析淝水之战东晋胜利的宗教因素》（《许昌师专学报》1993 年 4 期）从地域、将领和战事三方面具体分析了蒋子文信仰在淝水之战中所起的作用。后他又在《魏晋南北朝秘学的文化透视》中提出"秘学"这一概念，用以涵盖更宽泛意义上的魏晋（特别是六朝）民间信仰。上述四篇论文均收入氏著《汉唐间政治与文化探索》（贵州人民出版社 2000 年版）一书的"六朝索引"部分。研究这类民间信仰问题的论文还有吴维中《志怪与魏晋南北朝宗教》（《兰州大学学报》1990 年第 3 期）、郝春文《东晋南北朝时期的佛教结社》（《历史研究》1992 年第 1 期）等。侯旭东的《五、六世纪北方民众佛教信仰：以造像记为中心的考察》（中国社会科学出版社 1998 年版）利用了大量的造像记资料，关注下层社会普通民众的佛教信仰，通过大量的统计排比发现，当时普通民众中流行着多种崇拜对象。总体上看，一般信徒的佛教信仰不成体系。刘长东《晋唐弥陀净土信仰研究》（巴蜀书社 2000 年）以历史唯物主义的观点和立场，运用文献学、宗教学、史学等方法，力图展示晋唐时期弥陀净土信仰流行的全貌。

（四）基层社会

近年来，魏晋南北朝基层社会研究是一个热门的话题，学者们在原有的文献资料基础上，还利用墓志、碑刻、造像石资料来研究基层社会的更深层次的问题。对于中国魏晋南北朝时期乡村的研究，齐涛、侯旭东、马新、赵秀玲等，都做了大量的工作，取得了不少值得重视的成果。齐涛《魏晋隋唐乡村社会研究》（山东人民出版社 1995 年版）分论了北方乡村组织由坞壁到村落、南方乡村组织由聚邑到村落的变迁，同时探讨了乡村的自然环境、农民的生产条件和家庭经济生活等。侯旭东《北朝村民的生活世界——朝廷、州县与村里》（商务印书馆 2005 年版）以发现的北朝石刻为中心，考察了北朝乡里制的特点，描述了乡里编制和村民的生活。相关的论述有吴海燕《东晋南朝乡村社会基层组织的变迁》（《中国农史》2003 年第 4 期），章义和《关于南朝村的渊源问题》（《福建论坛》人文社科版 2005 年第 4 期），章义和、张剑容《关于南朝乡村研究的几个问题》（《社会与国家关系视野下的汉唐历史变迁》，商务印书馆 2006 年版）等。魏晋南北朝在基层社会中，最为有特点的是坞壁。夏毅辉《汉末魏晋南北朝坞壁考论》（中国文史出版社 2004 年版）探讨了坞壁的起源、历史、类型、组织构成、社会权力的来源与运作以及社会文化保护功能。韩国学者具圣姬的《两汉魏晋南北朝的坞壁》（民族出版社 2004 年版）运用居延汉简及新发掘的两汉魏晋南北朝壁画、画像石及明器等考古资料，重建两汉魏晋南北朝时期坞壁组织及其成员的生活面貌。相关论文有赵克尧《论魏晋南北朝的坞壁》（《历史研究》1980 年第 6 期），田昌五、马志冰《论十六国时代坞堡垒壁组织的构成》（《中国史研究》1992 年第 2 期）、田梅英《魏晋南北朝时期的坞壁及内部机制》（《山东师范大学学报》1998 年第 4 期）等。

（五）妇女史研究

魏晋南北朝时期由于儒学礼教社会作用的淡化，恒、代鲜卑民族的风俗习惯的带入，此时妇女社会地位、生活气象表现出与前、后历史时期不同的特点，因此也成为学者研究的一个热点。相关论文有庄华峰《魏晋南北朝时期妇女的个性解放》（《中国史研究》1993 年第 1 期），周兆望《魏晋南北朝妇女对学术文化的贡献》（《文史哲》1993 年第 3 期），刘振华《六朝时期南北妇女风貌之比较》（《学海》1993 年第 2 期），庄华峰《北朝时代鲜卑妇女的生活风气》（《民族研究》1994 年第 6 期），周兆望、侯永惠《魏晋南北朝妇女的服饰风貌与个性解放》（《中国史研究》1995 年第 3 期），张承宗《从妇女史的视野深化魏晋南北朝史研究》（《传统中国研究集刊》（第五辑，2008 年））和《魏晋南北朝妇女的贞节观念与性生活》（《学习与探索》2008 年第 1 期），董红玲《魏晋南北朝时期妇女的文化教育地位及贡献》（《文史博览》2008 年第 2 期），张琳、孙志刚《论魏晋南朝时期妇女生活新气象》（《天水师范学院学报》2008 年第 6 期），梁慕瑜《魏晋南北朝时期的女性地位》（《安庆师范学院学报》2008 年第 6 期），张云华《论北朝妇女的妒悍风气》（《史学集刊》2008 年第 6 期），张承宗《北朝倡妓考》（《北朝研究》2008 年第 6 辑），许璇《浅析魏晋南北朝"男风"的盛行》（《重庆科技学院学报》2008 年第 10 期）等。

九 礼学研究

传统中国礼文化研究是自清代以来，学者用力甚勤、成果丰厚的一个研究领域。历代学者对"三礼"，即《周礼》、《仪礼》、《礼记》三部礼学著作以及"五礼"礼制，即吉、嘉、军、宾、凶五礼作过整体或部分的深入研究。梁满仓认为"三礼"或"五礼"都不能全面概括礼文化，礼文化应该包括礼学、礼制、礼俗、礼行四个方面，即所谓"四礼"。[①] 近三十年来，国内学者发表的魏晋南北朝礼学研究论文 39 篇，论著有张舜徽《郑学丛著》（齐鲁书社 1984 年版）、钱玄《三礼通论》（南京师范大学出版社 1996 年版）、王振民主编《郑玄研究文集》（齐鲁书社 1999 年版）。20 世纪 80 年代后，随着人们对传统文化核心儒学和礼文化价值观的认同，礼仪制度的研究逐渐成为学术热点。这表现在研究礼仪制度的论文、论著大量出现，其中有 27 篇专题研究文章，另有 2 本专著。陈戍国《魏晋南北朝礼制研究》（湖南教育出版社 1995 年版）对魏晋南北朝时期宗庙、封爵、祭祀、丧葬、婚冠、田狩、朝觐、进贡、盟会、飨宴等仪式作了详尽的考证。李书吉《北朝礼制法系研究》（人民出版社 2002 年版）将北朝的礼制概括成为周典化礼制体系，并对这种礼制体系的来龙去脉进行了整体性的研究。姜波《汉唐都城礼制建筑研究》（文物出版社 2003 年版）收录了汉唐都城礼制建筑遗址的考古资料和相关文献，以朝代和都城为坐标，对每一时期、每一都城礼制建筑的建筑结构、分布状况、分布规律、祭祀对象加以讨论。通过本书的研究，可以看出汉唐礼制存在着两个发展趋势：一是礼制逐步规范、简化的趋势；二是礼制逐步沦为政治的附庸。

礼学、礼俗、礼制，都有一个社会实践问题，即所谓礼行。在这三个方面，礼俗具有较强的社会性，因此礼俗研究的社会实践表现得最充

① 梁满仓：《魏晋南北朝"四礼"研究百年回顾与展望》，中国魏晋南北朝史学会第九届年会（2007 年，武汉）提交的论文。

分。相比之下，礼学礼制的实践研究还没有被充分认识到。梁满仓《魏晋南北朝时期的军法实践及其礼制归属》（《人文杂志》2007 年第 4 期）认为魏晋南北朝时期军法和军礼有着极其密切的关系，军法是军礼内容的一部分。近几年来，梁满仓致力于魏晋南北朝时期的礼文化研究，取得了一系列的成果，如《论魏晋南北朝时期的五礼制度化》（《中国史研究》2001 年第 4 期）、《魏晋南北朝礼学述论》（《文史》2005 年第 3 辑）、《论魏晋南北朝时期的讲武》（《唐研究》第 13 卷，北京大学出版社 2007 年版）等，氏著《魏晋南北朝五礼制度考论》（社会科学文献出版社 2009 年版）填补了这一领域的研究空白。

十　思想、文化、宗教、史学史

（一）思想史

专著有张立文主编，向世陵著《中国学术通史·魏晋南北朝卷》（人民出版社 2004 年版），张岂之主编，刘学智、徐兴海著《中国学术思想史编年·魏晋南北朝卷》（陕西师范大学出版社 2005 年版），陆学艺、王处辉主编《中国社会思想史资料选辑·秦汉魏晋南北朝卷》（广西人民出版社 2005 年版），朱大渭主编，景蜀慧著《插图本中国古代思想史·魏晋南北朝卷》（广西人民出版社 2006 年版），葛兆光《七世纪以前中国的知识、思想与信仰世界》和《七至十九世纪中国的知识、思想与信仰》（复旦大学出版社 1997 年、2000 年版），罗宏曾《魏晋南北朝文化史》（四川人民出版社 1989 年版），熊铁基《汉唐文化史》（湖南出版社 1992 年版），王春瑜主编、刘精诚著《中国文化小通史·两晋南北朝》（福建人民出版社 2006 年版），王葆《正始玄学》（齐鲁书社 1987 年版），冯友兰《三国两晋玄佛道简论》（齐鲁书社 1991 年版），孔繁《魏晋玄谈》（辽宁教育出版社 1991 年版），王晓毅《中国文化的清流》（中国社会科学出版社 1991 年版），万绳楠《魏晋南北朝文化史》（黄山书社 1992 年版），章权才《魏晋南北朝隋唐经学史》（广东人民出版社 1996 年版），刘振东《中国儒学史·魏晋南北朝卷》（广东教育出版社 1998 年版），汤一介《郭象与魏晋玄学》（北京大学出版社 2000 年版），曹文柱主编《中国文化通史·魏晋南北朝卷》（中共中央党校出版社 2000 年版），宁稼雨《魏晋士人人格精神：〈世说新语〉的士人精神史研究》（南开大学出版社 2003 年版），汪文学《汉晋文化思潮变迁研究——以尚通意趣为中心》（贵州人民出版社 2003 年版），孙明君《汉魏文学与政治》（商务印书馆 2003 年版），康中乾《有无之辨——魏晋玄学本体思想再解读》（人民出版社 2003 年版），王晓毅《儒释道与魏晋玄学形成》（中华书局 2003 年版），王家葵《陶弘景丛考》（齐鲁书社 2003 年版）等。

魏晋时期，玄学曾一度昌盛。汤用彤在《汉魏学术变迁与魏晋玄学的产生》（《中国哲学研究》1983 年第 3 期）中同意玄学是经过名理之学发展而来的，不过更强调从汉末经学的衰微到魏晋清谈的兴起再到玄学这一学术发展的内在逻辑；冯友兰指出，士族的兴起和汉末经学没落是一致的，玄学实际上是士族意识在思想界的反映（《中国哲学史新编》第 4 册《绪论》）。学界对于玄学的分期、玄学不同流派、玄学的理论问题、玄学的代表人物、玄学的历史地位和评价等论题有热烈探讨。相关论文有孙实明《略论王弼何晏的贵无论》（《学术月刊》1981 年第 10 期）、袁济喜《阮籍嵇康异同论》（《中国哲学史研究》1981 年第 3 期）、邹本顺《魏晋的"才性之辨"》（《人文杂志》1982 年第 4 期）、陈来《郭象哲学思想述评》（《中国哲学史研究》1984 年第 2 期）、萧美丰《裴頠崇有哲学新论》（《晋阳学刊》1985 年第 3 期）、许抗生《向秀玄学思想简论》（《文史哲》1986 年第 4 期）、孔繁《从〈世说新语〉看清谈》（《文史哲》1981 年第 6 期）、张岱年《魏晋玄学的评价问题》（《文史哲》1985 年第 3 期）、冯达文《论魏晋玄学的特质与价值》（《中国哲学史研究》1986 年第 4 期）、陈琳国《南朝玄儒消长初探》（《文史哲》1993 年第 3 期）、袁峰《论汉魏思想的演变》（《西北大学学报》1996 年第 1 期）、张海燕《试析南朝玄学向礼教的回归》（《河北学刊》1996 年第 1 期）、王晓毅《魏晋玄学研究的回顾与展望》（《哲学研究》2000 年第 2 期）等。

（二）文化史

专著有罗宏曾《魏晋南北朝文化史》（四川人民出版社 1989 年版）等。他把魏晋南北朝定位为中国历史上第二次百家争鸣的时期，经过儒玄双修、儒佛调和后的新儒学仍然不失为这一时期文化架构的主题

（《魏晋南北朝文化架构的特征》《天津社会科学》1987 年第 3 期）。朱大渭《魏晋南北朝文化的基本特征》（《文史哲》1993 年第 3 期）则具体地给魏晋南北朝文化界定了四大特征：自觉趋向、开放融合、宗教鬼神崇拜和区域文化。施光明《魏晋南北朝文化交融三题》（《文史哲》1993 年第 3 期）认为魏晋南北朝文化交融有丰富性、多向性、多层面性的特点。相关论文还有马良怀《魏晋南北朝时期的社会文化思潮论纲》（《中南民族学院学报》1991 年第 3 期），周积明《论魏晋南北朝文化特质》（《江汉论坛》1989 年第 1 期），冯天瑜《乱世裂变——魏晋南北朝文化刍议》（《中国文化研究》1994 年第 6 期），田文棠《论魏晋思想的文化意义》（《中国文化研究》1997 年第 1 期），李必友《魏晋南北朝家族教育的特点》（《安徽师范大学学报》1998 年第 4 期），朱和平、白贵一《魏晋南北朝时期的文化特征及其历史影响》（《许昌师专学报》1998 年第 4 期），罗宗真《六朝时期的经典文化》（《南京师专学报》1999 年第 3 期），潘孝伟《论东晋南朝体育文化的高雅与趋向及其成因》（《许昌师专学报》1999 年第 2 期）等。

（三）宗教史

魏晋时期是中国佛教发展史上的重要转折时期。汉魏以来急剧变动的社会现实与思想现实促成了佛教的演变，从此中国佛教走上自觉的宗教体系建设时期，并迎来了南北朝佛教发展的高潮。宗教史的著作有任继愈主编《中国佛教史》（中国社会科学出版社 1981 年版）的第一、二卷，方立天《魏晋南北朝佛教论丛》（中华书局 1982 年版），郭朋《汉魏两晋南北朝佛教》（齐鲁书社 1986 年版），汤一介《魏晋南北朝时期的道教》（陕西师范大学出版社 1988 年版），胡孚琛《魏晋神仙道教》（人民出版社 1989 年版），许抗生《三国两晋玄佛道简论》（齐鲁书社 1991 年版），王青《魏晋南北朝时期佛教与神话》（中国社会科学出版社 2001 年版）等。学者们对佛教的中国化、佛教本身的演变、佛教教义、佛教玄学化等问题进行了探讨。相关论文有方立天《魏晋时代佛学和玄学的异同》（《哲学研究》1980 年第 10 期）、田文棠《从道安的佛教思想看魏晋的佛玄交融》（《陕西师范大学学报》1983 年第 3 期）、傅云龙《佛教般若学六家七宗略论》（《中国哲学史研究》1984 年第 2 期）、赖永海《从魏晋南北朝佛学的中国化看外来宗教与传统思想的关系》(《浙江学刊》1987 年第 2 期)、王琰《东汉魏晋时期佛教汉化问题刍议》(《辽宁大学学报》1987 年第 2 期)、洪修平《也谈两晋时代的玄佛合流问题》(《中国哲学史研究》1987 年第 2 期)、杨耀坤《汉晋之际佛教发展的思想基础》(《四川大学学报》1992 年第 3 期)、郝春文《论东晋南朝时期的佛教结社》(《历史研究》1992 年第 1 期)、方光华《试论南北朝时期佛教教义发展的特点》(《文史哲》1993 年第 1 期)、刘莘《论汉晋时期的佛教》(《中国史研究》1994 年第 2 期)、姚崇新《北凉王族与高昌佛教》(《新疆师范大学学报》1996 年第 1 期)、贾应逸《鸠摩罗什译经和北凉时期的高昌佛教》(《敦煌研究》1999 年第 1 期)、尚永琪《北朝胡人与佛教的传播》(《吉林大学社会科学学报》2006 年第 2 期)、安阳《北凉统治与高昌佛教》(《敦煌学辑刊》2007 年第 4 期)等。

北朝佛教，以北魏最盛，这是中国佛教史上的一个黄金时代。但北朝时期发生了佛教史"三武一宗法难"中的北魏太武帝灭佛和北周武帝灭佛两大事件。学者们主要关注灭佛的原因、灭佛的影响等方面。李春祥《北魏太武帝与周武帝灭佛之异同》(《通化师范学院学报》2001 年第 3 期)通过对北魏太武帝与北周武帝灭佛的成因、经过及结果的比较研究，认为太武帝灭佛的主观动因主要是以强制手段改变太子的信仰，以利于北魏统治，但以失败告终，而周武帝灭佛则经过精心策划，收效显著。关于太武帝灭佛的原因，有宗教说、民族说、文化说、阶级说、军事说、经济说等。向燕南《北魏太武帝灭佛原因考辨》(《北京师范大学学报》1984 年第 2 期)认为太武时期共有两次灭佛，引起两次灭佛的原因不同。张箭《论导致北魏灭佛的直接原因暨罪证》(《西南民族学院学报》2000 年第 12 期)认为在长安一佛寺中搜出了大量兵器、酿酒具、财物、淫室，是刺激太武帝、崔浩等决心完全消灭佛教的四大直接原因。韩府《"太武灭佛"新考》(《佛学研究》2003 年第 1 期)也认为真正的最主要的原因在于政治，即在于佛教徒威胁到了太武帝的政权。李玉芳《北魏太武帝灭佛原因浅析》(《宜宾学院学报》2004 年第 1 期)认为这次法难主要是由于佛教与儒、道二教之间的矛盾冲突，佛教自身的腐化堕落以及佛教与主权之间的矛盾冲突而引起的。相关论文还有张箭《论北周武帝灭佛的作用和意义》(《西南民族学院学报》2002 年第 3 期)、张箭《论北魏灭佛之特点》(《徐州师范大学学报》2008 年 5 期）、吴平《北朝的兴佛与灭佛》（《华夏文化》2003 年第 3 期）、陈燕《北魏太武帝崇道抑佛德回顾与反思》（《云南民族大学学报》2005 年第 4 期）等。

此期的佛教发展呈现出区域性特点，严耀中《江南佛教史》（上海人民出版社 2001 年版）着重叙述江南地区的社会文化和佛教形态演变发展的互动关系，也是一本描写佛教思想及其形态与江南地域各种关系的佛教社会史。此外，严氏还发表了《论陈朝崇佛与般若三论之复兴》（《历史研究》1994 年第 4 期）、《论佛教道德观念对中国社会的作用》（《上海大学学报》1994 年第 3 期）、《东晋南朝佛教戒律的发展》（《佛学研究》1996 年第 5 期）、《论隋以前"法华经"的流传》（《上海师范大学学报》1997 年第 1 期）、《东吴立国与江南佛教》（《中国史研究》1997 年第 1 期）、《魏晋南北朝时期的占卜谶言与佛教》（《史林》2000 年第 4 期）、《佛教形态的演变与中国社会》（《上海师范大学学报》2001 年第 2 期）、《述论占卜与隋唐佛教的结合》（《世界宗教研究》2002 年第 4 期）、《关于陈文帝祭"胡公"——陈朝帝室姓氏探讨》（《历史研究》2003 年第 1 期）等一系列文章。探讨这一论题的论文还有陆庆夫《五凉佛教及其东传》（《敦煌学辑刊》1994 年第 1 期），莫幸福《东汉六朝时代的浙江佛教》（《浙江学刊》1994 年第 4 期），赵凯球《魏晋南北朝时期山东佛教概说》（《文史哲》1994 年第 3 期），张学荣、何静珍《论凉州佛教及沮渠蒙逊的崇佛尊儒》（《敦煌研究》1994 年第 2 期），介永强《中古时期西北佛教译经文化区域考论》（《中国历史地理论丛》2004 年第 4 辑）等。

张角起义失败、张鲁政权灭亡后，原本在不同地域的太平道和天师道五斗米，开始了合流。魏晋以降，天师道五斗米在原太平道的底层流传起来，经过葛洪、陶弘景等人的改革，道教的教派、义理更加丰富，经典大大增加，出现了神仙道教思想，借用了儒佛的哲学、伦理观念，成为影响深远的道教正宗。卿希泰《中国道教史》（四川人民出版社 1988 年版）、任继愈《中国道教史》（上海人民出版社 1990 年版），都是研究这一时期道教的系统著作。刘琳《论东晋南北朝道教的变革与发展》（《历史研究》1981 年第 5 期）论述了东晋南北朝道教的变革与发展。胡孚琛《魏晋时期的神仙道教》（《中国社会科学院研究生院学报》1986 年第 2 期）探讨了魏晋时期神仙道教形成的历史原因、社会条件及其步骤。程宇宏《析魏晋南北朝道教基本信仰结构的构成》(《中山大学学报》2002 年第 3 期) 认为道崇拜、神仙崇拜和生命崇拜是道教的三个基本信仰。张泽洪《魏晋南北朝时期少数民族与道教——以南蛮、氐羌族群为中心》(《中南民族大学学报》2005 年第 6 期) 考察了魏晋南北朝时期道教在南蛮、氐羌族群中的传播。相关论文还有刘九生《魏晋道教流传变动的一个线索》(《陕西师范大学学报》1993 年第 10 期)、方诗铭《"汉祚复兴"的谶记与原始道教——晋南北朝刘根、刘渊的起义起兵及其他》(《史林》1996 年第 3 期)、罗宗真《道家学者陶弘景有关遗物、遗迹的考证》、汤其领《东晋南朝道教论略》(二文均见《六朝文化国际学术研讨会暨中国魏晋南北朝史学会第六届年会论文集》,1998 年)、赵振华《赵暄墓志与都洛北魏朝廷的道教政治因素》(《河南科技大学学报》2004 年第 3 期)、汤其领《三国时期道教流布探论》(《史学月刊》2004 年第 12 期)、刘玲《汉魏六朝道教的孝道》(《湖北师范大学学报》2007 年第 1 期) 等。北魏太武帝时期,寇谦之对五斗米道教仪、教义进行了彻底的改造,使其成为适合北魏统治者需要的官方道教。但钟国发《前期天师道史略论》(《中国史研究》1983 年第 2 期) 认为,寇谦之并没有从思想上提升道教的层次,陆修静整理道教经典,制定斋戒仪轨,建立道教组织,对道教的影响更为深远。而汤其领《寇谦之与北朝道教》(《中国魏晋南北朝史国际学术研讨会论文集》2004 年) 认为寇谦之的道教改革,不仅充实丰富了道教的教义,而且对北朝后期道教的发展产生了深远的影响。相关论文还有陈燕《北魏太武帝崇道抑佛德回顾与反思》(《云南民族大学学报》2005 年第 4 期)、张德寿《从民族关系角度看道教与北魏的政治结合》(《云南社会科学》2002 年第 3 期) 等。

(四) 史学史

牛润珍《汉至唐初史官制度的演变》(河北教育出版社 1999 年版) 探讨了汉至唐初史官制度演变的规律性认识,指出两汉与唐初,史官制度凡两大变。胡宝国《汉唐间史学的发展》(商务印书馆 2003 年版) 从《史记》与战国文化传统、经史之学、文史之学、史论、杂传与人物品评等不同角度考察了汉唐间史学的发展。李小树主编《秦汉魏晋南北朝史学史史稿》(中国人民大学出版社 2007 年版) 考察了秦汉魏晋南北朝史学的发展态势、制度设置、内容变迁、形式选择、表述方式、思想观念等。另有郝润华《六朝史籍与史学》（中华书局 2005 年版）、李传印《魏晋南北朝时期史学与政治的关系》（华中科技大学出版社 2004 年版）等专著出版。胡宝国《经史之学与文史之学》（《文史》第 47 辑，1998 年）从史学与经学、史学与文学的关系着眼来研究魏晋南北朝史学的发展，认为魏晋时期史学虽然从经学当中独立了出来，但事实上二者仍有千丝万缕的联系；直到南朝，文与史的界限才得到了明确划分。马艳辉《制度·兴亡·人物评价：南朝北朝史论异同辨析》（《江海学刊》2008 年第 2 期）从制度、兴亡、人物评价三个方面分析了魏晋南北朝时期南朝北朝的史论各有不同。胡喜云《魏晋南北朝时期"史例"的特色》（《兰州学刊》2008 年第 11 期）从客观历史进程和史学发展两个视角，考察了魏晋南北朝时期"史例"的特色。相关论文还有张承宗的《〈四库全书〉与魏晋南北朝史研究》（《苏州大学学报》1994 年第 4 期）、金生杨《陈寿的学术渊源》（《史学史研究》2004 年第 1 期）、张瑞龙《从经注与史注的变奏看裴松之〈三国志注〉的学术史地位》（《史学月刊》2004 年第 6 期）、金仁义和许殿才《桓温与东晋史学》（《中国社科院研究生院学报》2008 年第 4 期）、王志刚《十六国北朝的史官制度与史学发展》（《史学史研究》2008 年第 1 期）、李建华《〈晋安帝纪〉与东晋安帝朝史书关系研究》（《古籍整理研究学刊》2008 年第 5 期）等。

十一　军事史、历史地理研究

（一）军事史

　　魏晋南北朝时期由于长期南北分裂，南、北方王朝不断更迭，北方民族关系复杂，政权林立，因而这一时期的一个主要特征便是动乱和战争。相较于之前的军事史主要集中在农民起义战争的特点，改革开放后的魏晋南北朝军事史的研究领域更开阔，研究也更加立体，主要集中在军事制度、战争战役、战争策略等方面。朱大渭主编《中国农民战争史·魏晋南北朝卷》（人民出版社 1985 年版），全面地论述了这一时期农民战争的历史背景、经过、特点及其历史作用，是新中国成立以来第一部系统的魏晋南北朝农民战争史专著。魏晋南北朝时期军事制度的系统著作有刘展主编《中国古代军制史》（军事科学出版社 1992 年版）、陈高华、钱海皓主编《中国军事制度史》（大象出版社 1997 年版）、高敏《魏晋南北朝兵制研究》（大象出版社 1998 年版）等。朱大渭、张文强著《中国军事通史·两晋南北朝军事史》（军事科学出版社 1998 年版）围绕此期 50 余次大型战争，全面论述了各个政权国防、军制、武器装备、后勤供应、敌对双方战略战术的指挥正误等与军事相关等问题。

　　对于魏晋南北朝时期的重大战争、军事制度的特征等相关问题，学术界已有多篇论文进行探讨。如赤壁之战的研究论文有 39 篇、官渡之战 27 篇、淝水之战 35 篇、夷陵之战 18 篇，对战争前的形势、战争双方胜负原因、战争的进程等方面做了深入探讨。学者们对侯景之乱、府兵制、各个政权的军事体制等军事史的各个重大问题进行了探讨。关于侯景之乱，近三十年来发表论文 20 余篇[①]，高敏在《论侯景之乱对南朝后期社会历史的影响》（《中国史研究》1996 年第 3 期）从四个方面论述了侯景之乱对南朝后期的影响。李万生发表了一系列论文，后收入氏著《侯景之乱与北朝政局》（中国社会科学出版社 2003 年版），此书从东魏北齐、西魏北周、陈朝三国鼎峙格局，以及由此所影响的西北、塞北等民族政权与三国的关系这一背景，把握侯景之乱及其影响，将研究的重点放在侯景之乱与北朝政局的发展上。

　　从 20 世纪 30 年代以来，北朝隋唐的府兵制就是学者关注的热点。曾出版岑仲勉《府兵制研究》（上海人民出版社 1957 年版）、谷霁光《府兵制度考释》（上海人民出版社 1962 年版）等专著。改革开放初期，谷霁光在原有研究基础上，发表《西魏北周统一与割据势力消涨的辩证关系》（《江西大学学报》1981 年第 2 期）、《府兵制的确立与兵户部曲的趋于消失》（《江西师范大学学报》1983 年第 4 期）等论文。朴汉济《西魏北周的赐姓与乡兵的府兵化》（《历史研究》1993 年第 4 期）丰富了府兵制研究的内容。麦超美《〈从隋虞弘墓志〉看府兵制度的发展》（《西南大学学报》2008 年第 1 期），以墓主虞弘的个人背景、

---

　　① 另参见刘国石、高然《20 世纪 80 年代以来侯景之乱研究概述》，《中国研究史动态》2006 年第 6 期。

经历及官职的迁转作为例证，展示了历时约二百年的府兵制度前期和后期的发展和变化。相关论文还有董克昌《北周武帝的统一》（《北方论丛》1981 年第 5 期）、简修炜《论宇文泰改革西魏吏治兵制的历史时效》（《河北学刊》1986 年第 3 期）、李燕捷《魏周府兵组织系统与赐姓关系》（河北学刊 1988 年第 5 期）、汤勤福《关于宇文泰初置十二军的若干问题》（《上饶师专学报》1991 年第 3 期）、孔毅《西魏北周改革述评》（《晋阳学刊》1992 年第 3 期）、马志毅《中国古代军律中的"府兵制"》（《法学杂志》1992 年第 6 期）、杨翠微《论宇文泰建立府兵制》（《中国文化研究》1998 年第 1 期）等。

张焯《汉代北军与曹魏中军》（《中国史研究》1994 年第 3 期）认为，魏晋的中军是由汉代北军发展演变而来，相当于汉代南北军，驻扎在京城洛阳内外，担负着保卫京城、皇宫和对外征伐的任务。童超《魏晋南北朝军事领导体制的历史特点》（《中国史研究》2000 年第 2 期）认为本时期军事领导体制有许多新的发展，其中最显著也是前代所无的是委任都督中外诸军事代表皇帝统率全国武装力量、尚书台下设五兵尚书作为常设性的军事行政事务主管机构、在全国范围内普遍施行都督制。

兵户制度历来受到人们的关注。陈玉屏《魏晋南北朝兵户制度研究》（巴蜀书社 1998 年版）对魏晋南北朝时期兵户制度作了整体研究。杨一民《魏晋士家制度的两个问题》（《军事历史研究》1987 年第 1 期）对士家制度中兵、民分离和家属随军两个问题进行了探讨。陈玉屏《曹魏士家制度的形成》（《西南民族大学学报》1988 年第 3 期）探讨了士家制度的形成。周士龙《试论两晋兵户制度的几个问题》（《许昌学院学报》1990 年第 3 期）就司马氏政权发展兵户制度的原因、条件和兵户社会地位为何卑贱诸问题作了论述。旷天伟发表了《十六国时期士家兵户说考辨》（《青海社会科学》1991 年第 1 期）和《论十六国时期胡族政权的兵役》（《郑州大学学报》1991 年第 1 期），分别考证了十六国时期士家兵户问题和少数部族政权军士的来源、服役期限、兵士的地位等问题。高敏《西晋时期兵户制考略》（《历史研究》1992 年第 6 期）指出西晋兵户制源于曹魏士家制，所以具有典型世兵制的一切特征。陶新华《魏晋士家休假制度考论》（《中国史研究》1999 年第 2 期）认为以前只强调士家地位卑贱及待遇残酷是不全面的。李天石、张文晶《试论曹魏士家制度对中古贱民身份制的影响》（《学海》2004 年第 6 期）认为曹魏政权士家制的某些制度和特征为中古贱民身份的制度化、法典化创造了条件。何兹全的《孙吴的兵制》（《中国史研究》1984 年第 3 期）认为孙吴兵制中比较突出的是将领世袭兵制。吴有两种兵，一种是常备兵、终身兵，一种是由郡县征发来的兵。周士龙《孙吴兵户制度述论》（《天津师大学报》1991 年第 4 期）认为孙吴政权未实行兵役制度。复客制与世袭领兵制是孙吴权政的特有制度之一，以往研究多认为这是两项并行的特殊制度。胡宝国《对复客制与世袭领兵制的再探讨》（《中国史研究》1991 年第 4 期）对此说提出异议，认为复客制是在建安年间世袭领兵制度受到限制后对江北将领遗属的补偿性特殊照顾，孙权黄武元年（222）后世袭领兵制不再受限，复客制遂告废止。周年昌的《东晋北府兵的建立及其特点》（《魏晋隋唐史论集》第二辑，1984 年）与夏日新的《浅论北府兵》（《争鸣》1984 年第 2 期）探讨了东晋北府兵的建立特点及其逐渐衰落以至最后消失的多方面原因。

（二）历史地理

王仲荦《北周地理志》（中华书局 1980 年版）遮采《水经注》、《魏书·地形志》、《隋书·地理志》、《通典·州郡典》、《元和郡县志》、《旧唐书·地理志》等以及类书、碑志中所见有关资料，阐述了北周郡县的行政区划、兴废沿革，并注出今地，弥补了古籍记载的缺陷。胡阿祥《宋书州郡志汇释》（安徽教育出版社 2006 年版）以 1974 年中华书局校点本、1983 年第 2 次印刷本《宋书》为工作底本，对其进行了汇释，汇集了古今学者研究《宋书·州郡志》的主要成果，力求较为全面地反映《宋书·州郡志》的研究状况。胡阿祥《魏晋本土文学地理研究》（南京大学出版社 2001 年版）由魏晋时期文学家籍贯的地理分布，全面揭示出各地区本土文学成长的历史背景与现实过程，深入分析了影响文学发展的主要因素在各地区的表现或作用。

邺城、洛阳、建康曾是十六国北朝、魏晋南朝各政权的首都，也是当时重要的政治文化中心。邹逸麟《论试邺城兴起的历史地理背景及其在古都史上的地位》（《中国历史地理论丛》1995 年第 1 期）分析了邺城兴起的地理背景和在古都史上的重要地位。黄永年《邺城与三台》（《中国历史地理论丛》1995 年第 2 期）论证了三台与邺城的关系，指出铜爵、金虎、冰井三台平时为帝王活动的区域，战时则成为重要的军事防御设施。相关论文有郭黎安《魏晋南北朝都城形制试探》（《中国古都研究》第 2 辑，浙江人民出版社 1986 年版）、曹尔琴《洛阳从汉魏至隋唐的变迁》（《中国古都研究》第 3 辑，浙江人民出版社 1987 年版）、吴刚《中国城市发展的质变：曹魏的邺城与南朝的城市群》（《史林》1995 年第 1 期）等。郭黎安《六朝建都与军事重镇的分布》（《中国史研究》1999 年第 4 期）从地理环境着手，结合当时的政治、军事形势，择要阐述了六朝重要军镇的分布及其对保卫首都的作用。卢海鸣、朱明《六朝都城建康的若干问题研究》（《南京理工大学学报》2003 年第 3 期）运用文献资料和最新考古调查发掘资料，就六朝都城建康研究中的几个难点进行探讨。孙长初《略论六朝时期建康城的作用》（《南京理工大学学报》2004 年第 3 期）通过对六朝建康城自然地理环境及形制和规模的分析，阐述了建康城在军事上的地位和作用。

统万城是十六国时期匈奴族赫连勃勃所建之大夏国都城，位于今陕北榆林地区靖边县东北约 60 公里处，始建于公元 413 年，公元 994 年宋太宗下令堕毁统万城。近三十年来，统万城研究的论文达 40 余篇。邓辉、夏正楷《从统万城的兴废看人类活动对生态环境脆弱地区的影响》（《中国历史地理论丛》2001 年第 2 期）在前人研究基础之上，利用大比例尺航空遥感影像判读、历史文献分析和实地考察等多种手段，在复原统万城的城市形态的基础上，对建城初期的当地生态环境做了一些初步的复原工作，并探讨了统万城从修建到废毁期间人类活动对当地生态环境的影响过程。《中国历史地理论丛》2004 年第 3 辑开设了"统万城研究"专题，刊登了吴宏岐《关于大夏国都统万城的城市形态与内部布局问题》，袁林《从人口状况看统万城周围环境的历史变迁——统万城考察札记一则》，徐小玲、延军平《统万城的现代意义与价值研究》，陈喜波、韩光辉《统万城名称考释》等 4 篇研究十六国时期大夏国都统万城的论文。另外，还发表了姚勤镇、吕达《统万城的历史演变及其建筑特点探析》（《延安大学学报》2004 年第 2 期），袁林《论"历史研究"——从统万城实地考察谈起》（《陕西师范大学学报》2005 年第 6 期），杨满忠《统万城建筑规模及其历史作用》（《宁夏大学学报》2005 年第 3 期），胡正波《统万城西城南垣马面的建筑功用》

（《山西建筑》2008 年第 22 期），张永帅《关于统万城历史的几个问题》（《中国历史地理论丛》2008 年第 1 期）等一系列研究文章。

任重、陈仪对魏晋南北朝城市地理展开研究，二人合著《魏晋南北朝城市管理研究》（中国社会科学出版社 2003 年版）在阐述魏晋南北朝造成运动和城市的时代特色的基础上，揭示了这一时期城市人口管理、治安管理、市场管理、社会保障管理等多方面的具体问题。

（三）生态环境史、灾害史研究

魏晋南北朝时期，社会动荡不安，长期的战争使生产凋敝，同时也导致了毁林严重、灾害频仍等生态的破坏。环境问题的严重危害，促使人们环保意识的自觉和加强。胡阿祥《魏晋南北朝时期的生态环境》（《南京晓庄学院学报》2001 年第 3 期）认为魏晋南北朝时期气候寒冷干旱，动植物资源远甚今日，黄河、淮河、海河、长江的流路与河性及湖泊、海岸线与今日颇有不同。卜风贤《魏晋时期社会环境变化对农业灾害发生发展的影响》（《西北农林科技大学学报》2001 年第 4 期）认为魏晋南北朝时期动荡不安的社会环境对农业灾害发生发展产生了多方面的影响。相关论文有李丙寅《略论魏晋南北朝时代的环境保护》（《史学月刊》1992 年第 1 期）、陈英《魏晋南北朝时期甘肃生态环境的良性转变》（《甘肃环境研究与监测》2000 年第 3 期）、刘春香《魏晋南北朝环境问题及环境保护》（《许昌师专学报》2002 年第 1 期）、张敏《自然环境变迁与十六国政权割据局面的出现》（《史学月刊》2003 年第 5 期）、宋欣《从嘉峪关魏晋墓彩色砖画〈井饮〉图看历史上的水井与环境保护》（《社科纵横》2007 年第 2 期）等。

十二 历史人物研究

自 20 世纪 20 年代以来，学者的研究几乎涉及了魏晋南北朝各个时期的重要人物。改革开放以来，对历史人物的研究，学者们更加全面地分析其所处的时代背景、家学渊源、民族文化、心理因素、社会环境等，使历史人物更加真实、立体，而不再是简单、苍白地盖棺定论。近三十年来以来，人物研究论文的概况如下表：

魏晋南北朝时期重要历史人物研究论文数据表

研究对象	诸葛亮	曹操	孙权	刘备	刘裕	关羽	谢安	苻坚	王猛	梁武帝	陈武帝	宇文泰
论文篇数	396	283	179	131	83	258	17	33	10	86	6	9

其中诸葛亮和曹操仍是所有人物研究中的热点。学者对诸葛亮的战略思想、民族政策、军事才能、经济思想以及躬耕地等问题作出了很多有意义的探讨。田余庆的《〈隆中对〉再认识》（《历史研究》1989年第5期），全面讨论了诸葛亮"隆中对"的形成、实施以及对三国鼎立形成的作用和主要失误之处，从而对诸葛亮的战略思想作出了令人信服的评价。余明侠《诸葛亮评传》（南京大学出版社1996年版）共十一章，前六章主要评述诸葛亮业绩事功，后五章则专论诸葛亮的思想体系及其与业绩事功的融通。朱大渭、梁满仓合著《武侯春秋》（团结出版社1998年版）提出了一系列新见解，如《隆中对》中包含的错误因素；争汉中、夺三郡和关羽北上襄樊为统一战略部署等；并借用心理分析的方法和文学笔调，刻画人物的内心世界和精神风貌，使一个真实可靠的诸葛亮形象，鲜活地显现在人们面前。朱彦辉《走下圣坛的诸葛亮》（中国人民大学出版社2006年版）力图以理性的目光重新解读诸葛亮，对诸葛亮择主的标准，剪除、打击异己，北伐之目的，与后主刘禅的关系，以及欲受九锡、代汉称帝等问题均作了大胆探索。

到目前为止，对曹操的研究更加深化和细化。学界更重视曹操本人的性格及其对施政的影响、人才观和用人思想、治国大政、军事思想和在战争中的战略战术、文学思想和建安文士的关系等，力图全方位地解析曹操这个丰富多彩的历史人物。张作耀《曹操传》（人民出版社2002年版）重点论述了曹操南征北战的事迹和从中所反映的政治、军事、经济思想。相关论文如曹伯言《何晏与曹操及正始改制》（《华东师大学报》1990年第3期），方诗铭《曹操与"白波贼"对东汉政权的争夺》（《历史研究》1990年第4期），孙明君《曹操与儒学》（《文史哲》1993年第2期），马育良《论曹操对秦汉大一统思想文化模式的突破》（《许昌师专学报》1994年第2期），柳春新《曹操霸府述论》（《史学月刊》2002年第8期），何兹全《曹操与袁绍——读史札记》（《群言》2003年第4期），李大龙《简论曹操对乌桓的征讨及意义》（《史学集刊》2005 年第 3 期），王兆华《文本误读与历史真相——论"唯才是举"不是曹操的用人原则》（《理论学刊》2005 年第 7 期），姜舒强、黄月胜《略论曹操屯田兴农思想及其影响》（《农业考古》2007 年第 3 期），徐永杰《浅论曹操性格之演变》（《安阳师范学院学报》2008 年第 3 期）等。

一直以来，关羽研究以关羽史传、关羽形象、关羽崇拜和关羽传说四个方面为主，尤以关羽崇拜、关羽传说方面的研究成果最为显著。"中国历史文化中的关羽研讨会"2001 年在北京召开，会后出版论文集《关羽、关公和关圣》（社会科学文献出版社 2002 年版），收录论文 19 篇。其中朱大渭《千古名将独一人——关羽人神辨析》分析了关羽由人变为神的文化内涵，认为其既表明儒家思想作为中华主文化影响深远，又从一个侧面反映出封建统治者和人民群众宗教信仰文化的趋同和差异的底蕴。刘海燕《从民间到经典——关羽形象与关羽崇拜的生成演变史论》（上海三联书店 2004 年版）探讨关羽形象与关羽崇拜的演变轨迹及其多种形态，侧重于从关羽形象去探寻关羽崇拜的文化底蕴。

十三　中外关系研究

在魏晋南北朝时期对外关系研究方面，学者们对西域诸国与此期各政权的关系用力颇勤。[①] 公元 4—6 世纪，中原分裂为南北朝，西域北部和西部的游牧民族异常活跃。研究这一课题的专著有余太山《两汉魏晋南北朝与西域关系史研究》（中国社会科学出版社 1995 年版）、《两汉魏晋南北朝正史西域传研究》（中华书局 2003 年版）。嚈哒是我国前辈学者很少涉及的领域，余太山在一系列研究论文基础上汇成专著《嚈哒史研究》（齐鲁书社 1986 年版），填补了我国西域史研究的一项空白。

魏晋以降，中亚粟特地区的昭武九姓粟特人大批东来，从事商业

---

① 关于近年来西域史的研究，参见荣新江《西域史的研究与展望》，《历史研究》1998 年第 2 期。

贸易外，也把西亚的文化传入西域和中原。由于墓志材料的出现，粟特人研究也日趋深入。1999 年太原虞弘墓的发现，2003—2004 年西安安伽、史君、康业三座粟特人墓葬的发现，推动粟特研究走向高潮。据期刊网统计，关于这一时段入华粟特人研究的文章 103 篇。《法国汉学》第十辑"粟特人在中国"专号，荣新江、张志清主编《从撒马尔干到长安——粟特人在中国的文化遗迹》（北京图书馆出版社 2004 年版），《文史》2005 年第 4 期"中外关系与西北史地"专栏有两文讨论粟特人问题。张庆捷《北朝隋唐的胡商俑、胡商图与胡商文书》（《中外关系史——新史料与新问题》，科学出版社 2004 年版）主要通过考古材料，而之后的《北朝入华外商及其贸易活动》从文献入手，结合近三年来考古新发现的实物资料，再次对北朝时期外商问题做了新的探讨。

近年来随着中国与国外学术研究交流的增多，对 4—6 世纪的高句丽以及魏晋南北朝时期各政权与高句丽关系的研究成为新的热点。据期刊网统计，三十年来，研究高句丽问题的文章达 417 篇。不少学者对高句丽的历史进行了研究，如对高句丽法律和司法、自然灾害的发生状况及其影响、高句丽地方官制和中央官位等级制度、音乐、服饰、军事等方面进行了研究。韩昇在《"魏伐百济"与南北朝时期东亚国际关系》（《历史研究》1995 年第 3 期）中研究了朝鲜《三国史记》所载的"魏伐百济事件"。李凭通过对魏燕战争前后北魏与高句丽交往的考察，探索出北魏与高句丽之间时而紧张、时而冷漠，最终缓和发展的局势。[1]韩昇《魏晋动乱与朝鲜的中国移民》（北京大学韩国研究中心编《韩国学论文集》第八集，民族出版社 2000 年版）探讨了魏晋动乱之际朝鲜的移民问题。成正镛、李昌柱、周裕兴《中国六朝与韩国百济的交流——以陶瓷器为中心》（《东南文化》2005 年第 1 期）指出中国的六朝瓷器在百济的每个时期都具有不同的性质，从客观数量上看，不只是"职贡答礼"的结果，而且可能具有一种贸易的性质。李俊方《东汉南朝文献中所见高句丽称貊问题探讨》（《贵州民族研究》2008 年第 4 期）认为东汉南朝文献中称高句丽为貊是蔑称，符合了时人貊言恶的思

---

[1]　李凭：《魏燕战争前后北魏与高句丽的交往》（《上海师范大学学报（哲学社会科学版）》2002 年第 6 期）；李凭：《魏燕战争以后的北魏与高丽》（《文史哲》2004 年第 4 期）。

想观念。韩昇《论魏晋南北朝对高句丽的册封》（《东北史地》2008 年第 6 期）分析了对高句丽的册封出现了封号军事化和虚封国内州职的现象，是当时外臣内臣化的普遍现象。

十四　考古发掘报告、研究

改革开放三十年以来，魏晋南北朝的文物考古工作有很多的重大发现，见诸各类考古、文物杂志上的考古发掘报告、研究论文数量丰富。

魏晋南北朝时期的重大考古发现及研究论文数据表

不同历史时期的考古发现	两晋	六朝	北魏	东魏北齐	西魏北周	早期鲜卑
发掘报告、考古研究论文（篇）	92	246	221	136	123	68

关于早期鲜卑史的考古学研究，宿白先生《东北、内蒙古地区的鲜卑遗迹——鲜卑遗迹辑录之一》、《盛乐、平城一带的拓跋鲜卑——北魏遗迹——鲜卑遗迹辑录之二》（《文物》1977 年第 5、7 期）为发轫之作。随着早期鲜卑墓葬的不断发现，对早期鲜卑历史的认识也随之深入。乔梁《鲜卑遗址的认定与研究》（《中国考古学的跨世纪反思》下，商务印书馆 1999 年版）对二十年来各种新发现、新见解作了全面的总结。内蒙古文物考古研究所编、魏坚主编《内蒙古地区鲜卑墓葬的发现与研究》（科学出版社 2004 年版）上篇为考古发掘报告，包括察右后旗三道湾墓地、商都县东大井墓地、察右中旗七郎山墓地、察右前旗呼和乌素墓葬等 10 个鲜卑墓地，发表了 100 多座鲜卑墓葬材料。下篇为研究文章，包括内蒙古地区鲜卑墓葬研究、东大井和七郎山鲜卑墓葬人骨研究及出土金属的金相分析等 6 篇文章。

北朝的考古发现为日益深入的北朝史研究提供了新材料。1981 年大同市博物馆对位于山西省大同市东北方山南麓的北魏思远佛寺遗址进行了考古发掘，清理了北魏时期的山门、实心体回廊式塔基、佛殿、僧房等建筑遗迹，出土北魏筒瓦、板瓦、莲花化生章子瓦当、脊饰、柱础以及一些佛教造像残件等（胡平《大同北魏方山思远佛寺遗址发掘报告》，《文物》2007 年第 4 期）。1985 年在大同市东南的灵丘县觉山寺旁唐河岸发现了北魏文成帝御射石碑，这是继嘎仙洞《石室祝文》之后北魏考古的又一重大发现。[①] 此碑碑阴题名记录了和平二年（461）三月初文成帝南巡时，在灵丘南之山下参与仰射山峰之随驾群官的官、爵、姓、名，其主要的史料价值在于认识北魏前期官制及统治集团构成的实际情况，实为研究北魏政治、北魏前期官制及其渊源嬗变、特点、姓氏、鲜汉民族融合之第一手资料，张庆捷、郭春梅《北魏文成帝南巡碑所见拓跋职官初探》（《中国史研究》1999 年第 2 期）率先对其所记录的拓跋职官进行了探讨。[②] 而后，大同市的考古发掘不断传出令人震惊的消息，给北朝史研究带来了更多的新信息。1995 年发掘出北魏明堂辟雍遗址，2001 年，大同市考古研究所在大同南郑七里村发现并发掘了近 70 座北魏墓葬。2002 年 8 月，大同市考古研究所在配合市政府新建迎宾大道公路工程建设中，发现一处北魏时期大型墓地，在近 2.6 万平方米的范围内，共探明墓葬 88 座，其中北魏时期的墓葬 75 座。2003 年在大同市操场城街路东南部发掘了一座皇家建筑，被命名为大同操场城北魏一号建筑遗址。2005 年 7 月发现大同沙岭北魏壁画墓，是当地一处北魏墓群中唯一保存纪年漆皮文字和绘画以及墓室壁画的砖室墓。该墓的发现是北朝时期田野考古的重要收获，被评为 2005 年中国十大考古新发现之一。2007 年在距北魏一号建筑遗址东北 150 米处又发现北魏太官粮窖遗址，北魏粮窖的发现，对了解我国该类型建筑的演变，有着很重要的意义。大同市这一系列的考古发现，给北朝史的研究带来了新的材料，将对以后的北朝史研究产生巨大的影响。王银田《试论大同操场城北魏建筑遗址的性质》（《考古》2008 年第 2 期）认为大同操场城北魏一号建筑遗址位于北魏平城宫殿区中，其建筑采用双阶这种高等级建筑的形制，建筑使用的材料与永固陵和云冈石窟两处皇家工程的建筑材料一致，很可能采用了"丹揆"这种宫殿地面装饰，

---

① 灵丘县文管所：《山西灵丘县发现北魏"南巡御射碑"》，《考古》1987 年第 3 期；山西省考古研究所、灵丘县文物局：《山西灵丘北魏文成帝〈南巡碑〉》，《文物》1997 年第 12 期。

② 研究论文还有：张金龙：《文成帝南巡碑所见北魏前期禁卫武官制度》，《民族研究》2003 年第 4 期；张庆捷、刘俊喜、张童心：《北魏文成帝〈南巡碑〉所录部分汉族职官研究》，《北朝研究》商务印书馆 2004 年版；罗新《北朝直勤考》，《历史研究》2004 年第 5 期。

这些信息都暗示了这一建筑的性质应该属宫殿建筑，其年代则应在北魏平城期的较晚阶段，即献文帝与孝文帝时期。

洛阳是东周、东汉、曹魏、西晋和北魏等朝代的王都或国都，在我国政治、经济、文化、交通、科学、历史诸多研究领域占有极其重要的地位。新中国成立之后，多次进行田野调查和考古发掘，使得城垣、城门、金墉城、外郭城、宫城、太仓、府库、衙署、永宁寺塔基、灵台、太学、明堂、辟雍、刑徒墓等重要考古发现迭出；同时还有大量的考古发掘和调查报告、简报、学术专著和研究论文面世。《汉魏洛阳故城研究》（科学出版社 2000 年版）收录了文物考古、历史研究工作者自新中国成立以来关于汉魏洛阳故城的考古调查、发掘简报、报告 40 余篇。另收录了文物考古、历史研究工作者自新中国成立以来关于汉魏洛阳故城的研究文章 63 篇，体现了 20 世纪该领域研究的最新水平。严辉、朱亮《北魏孝文帝长陵的调查和钻探》（《文物》2005 年第 7 期）介绍了 2004 年 2—5 月，洛阳市第二文物工作队对北魏孝文帝长陵进行调查和钻探的成果，基本上确认了陵园遗址的范围、布局和结构。进入 21 世纪后，随着考古发现的增多，学者对北魏洛阳城的城建规模、城门城址、城内建筑、城市地位等做了更为深入的探讨。相关论文有金大珍《试论北魏洛阳城建规模及特点》（《扬州大学学报》2004 年第 6 期）、朱和平《北魏时期洛阳寺院的几个问题》（《洛阳工学院学报》2001 年第 2 期）等。

东魏、北齐等王朝的国都"邺都"，在今河北省临漳县古邺城遗址。马忠理《磁县北朝墓群——东魏北齐陵墓兆域考》（《文物》1994 年第 11 期）介绍了位于磁县城南和西南、漳河与滏阳河之间的平原和西岗一带的北朝墓群，即南北朝时代东魏北齐的王公贵族墓群。相关的研究论文有徐光冀《河北磁县湾漳北朝大型壁画墓的发掘与研究》（《文物》1996 年第 9 期），郭学雷、张小兰《北朝纪年墓出土瓷器研究》（《文物世界》1997 年第 3 期），张子英、张利亚《河北磁县北朝墓群研究》（《华夏考古》2003 年第 2 期）等。由于河北省南水北调中线工程的输水渠道计划通过磁县北朝墓群所在地区，考古工作人员对渠线工程中的一些古遗址和古墓葬进行了抢救性发掘清理，如朱岩石、何利群等《河北磁县北朝墓群发现东魏皇族元祜墓》（《考古》2007 年第 11 期）等。

十五　吐鲁番文书研究

唐长孺先生主编的《吐鲁番出土文书》1—10册（文物出版社1981—1991年版）和《吐鲁番出土文书》图文对照本（文物出版社1992—1996年版）四册，收录了新中国成立以来至1975年间吐鲁番地区出土的1800多件文书，与魏晋南北朝时期历史有关的资料主要集中在这两本书的第1册。柳洪亮《新出吐鲁番文书其研究》（新疆人民出版社1997年版）收录了这之后出土的文书近百件。陈国灿、刘安志《吐鲁番文书总目日本收藏卷》（武汉大学出版社2005年版）对流散到日本的吐鲁番出土文书进行了搜集和整理。荣新江《吐鲁番文书总目欧美收藏卷》（武汉大学出版社2007年版）主要收录德国、俄罗斯、土耳其、美国等国家有关研究机构和收藏单位的汉文、回鹘文、藏文、蒙文为主的吐鲁番出土的写本、刻本、壁画榜题字等文献材料。荣新江、李肖、孟宪实主编的《新获吐鲁番出土文献》（中华书局2008年版）主要刊载了1997年以来，特别是2004—2006年度吐鲁番新出土的文献碎片和释文，极具史料价值。

朱雷《吐鲁番出土北凉赀簿考释》（《武汉大学学报》1980年第4期）对吐鲁番出土的十六国时期北凉赀簿残片进行了考释，认为"赀"同"资"，本意即是"资产"。按照资产多寡划分等第，据此以征发赋役，是汉魏迄于南北朝所通行的一种制度。王艳明《从出土文书看中古时期吐鲁番地区的蔬菜种植》（《敦煌研究》2001年第2期）对中古时期吐鲁番地区蔬菜的种植规模、菜园属性、蔬菜种类以及蔬菜加工、销售等，进行了较系统的研究。王素《关于前凉讨伐戊己校尉赵贞的新资料——大谷文书8001号考释》（《文物》2006年第6期）通过对这个文书的断片中语词进行考释，再结合该断片其他残存字句，认为是一封西域长史李柏写给沙州刺史杨宣的书信，追述讨伐赵贞、平定高昌的往事。同类论文有朱雷《吐鲁番出土文书中所见的北凉"按赀配马"制度》（《文物》1983年第1期）、柳洪亮《吐鲁番出土文书中"建平"、"承平"纪年索隐——北凉且渠无讳退据敦煌、高昌有关史实》（《西域研究》1995年第1期）、王素《吐鲁番出土北凉赀簿补说》（《文物》

1996 年第 7 期）、吴震《北凉高昌郡府文书中的"校曹"》（《西域研究》1997 年第 1 期）。

2006 年吐鲁番洋海赵货墓发现了《前秦建元二十年（384）三月高昌郡高宁县都乡安邑里籍》，这是敦煌吐鲁番文书中现在所知最早的户籍，也是目前所见纸本书写的最早的户籍，对中国中古时期的户籍制度的研究具有重要的意义。它也为此前研究非常薄弱的北凉时期的赋税制度提供了宝贵的新数据。荣新江《吐鲁番新出〈前秦建元二十年籍〉》（《中华文史论丛》2007 年第 4 期）对该户籍的书写年代、地点、内容、格式等方面进行了分析。裴成国《吐鲁番新出北凉计赀、计口出丝帐研究》（《中华文史论丛》2007 年第 4 期）认为北凉时期的计赀出献丝帐征收的是户调，而其依据就是赀簿，计口出丝帐征收的则是一种口税。另外，2007 年出版的《敦煌吐鲁番研究》第 10 卷特设"新获吐鲁番出土文献研究"专栏，收有 11 篇文章。

吐鲁番出土了大量属于高昌郡和高昌国时期的文书，深化了人们对魏晋南北朝时期高昌的认识。三十年以来，在期刊网上能搜索到的关于高昌国研究的论文有 313 篇。[1] 唐长孺对高昌郡军政制度的研究，收入《山居丛稿》（中华书局 1989 年版），陈仲安、吴霞、陈国灿、朱雷、卢开万、王素、孟宪实等对麴氏高昌政治经济制度、政治史、宗教文化等方面进行了深入研究，[2] 展现了麴氏高昌国史的许多真相。侯灿的《高昌楼兰研究论集》（新疆人民出版社 1990 年版），收录高昌研究 12 篇论文，涉及高昌官制、郡县考证和纪年问题等研究。姜伯勤《敦煌吐鲁番文书与丝绸之路》（文物出版社 1994 年版）则利用新出吐鲁番文书，比较全面地阐述了麴氏高昌与东西突厥以及铁勒的关系。王素《高昌国史稿》现已出版《统治篇》（文物出版社 1998 年版）、《交通篇》（文物出版社 2000 年版），利用最新出土资料，综合中外研究成果，首次将四个中央政府、八个割据政权、四个独立王国先后统治高昌的历

---

[1]　关于 20 世纪 70 年代以来的高昌史研究概况，可参见施新荣《国内 20 世纪以来高昌史研究综述》，《吐鲁番学研究》2003 年第 2 期。有关吐鲁番学的研究概况，可参见孟宪实、荣新江《吐鲁番学研究：回顾与展望》，中国人民大学书报资料中心编《魏晋南北朝隋唐史》2008 年第 2 期。

[2]　论文主要发表于《敦煌吐鲁番文书初探》及《二编》（武汉大学出版社 1983 年版、1990 年版）、《魏晋南北朝隋唐史资料》、《文物》、《出土文献研究》、《新疆文物》等刊物。

史，系统地展现在世人面前，使世人对西域文明的产生和发展有了更进
一步的了解。另有宋晓梅《高昌国——公元五至七世纪丝绸之路上的一
个移民小社会》（中国社会科学出版社 2003 年版）、孟宪实《汉唐文化
与高昌历史》（齐鲁书社 2004 年版）等专著问世。

十六　石窟、画（造）像砖（石）、墓志研究

佛教在两汉之际传入中国，乘魏晋南北朝政治、文化动荡之机，在
中国生根开花并与中国本土文化结合，从而影响了中国的社会文化与艺
术的发展。云冈石窟的开凿即是其中一例。近三十年来云冈石窟研究的
论文逾三百篇，学者们对云冈石窟的研究主要在石窟的开凿历史、石窟
造像的艺术成就和审美特质、石窟的保护和发展、石窟与佛教的关系四
个方面。其中第二方面的成果最多。张焯《云冈石窟编年史》（文物出
版社 2006 年版）以云冈石窟为主线，内容涉及中西文化交流史、佛教
史和大同地方史；以正史、佛乘的记载为主，广泛收集别史、野史、道
藏、金石、地理、小说、笔记、论著等相关内容。李裕群《北朝晚期石
窟寺研究》（文物出版社 2003 年版）在实地调查、充分掌握第一手资
料的基础上，重点选择了邺城、太原、固原、天水和敦煌五个区域的石
窟寺作为研究对象。

李梅田《从洛阳到邺城——北魏墓室画像及象征意义的转变》
（《考古与文物》2006 年第 2 期）以这两个地区的墓室画像为观察点，
探讨北朝墓葬的象征意义及所反映的社会文化和观念的变化。同类论文
有宫大中《洛阳魏唐造像碑摭说》（《文物》1984 年第 5 期）、李玉昆
《西魏大统六年吉长命造像碑题记录文正误》（《文物》1985 年第 8
期）、郑珉中《对南京西善桥六朝墓画像的看法》（《故宫博物院院刊》
1986 年第 3 期）、华国荣《六朝墓文字砖的归类分析》（《南方文物》
1997 年第 4 期）、商春芳《洛阳北魏墓女俑服饰浅论》（《华夏考古》
2000 年第 3 期）等。郑岩《魏晋南北朝壁画墓研究》（文物出版社
2002 年版）将魏晋南北朝壁画墓分为东北地区、西北地区、南方地区、
中原地区四个大区，在此基础上对有些地区的壁画墓进行分期，建立起
这一时期壁画墓的基本时空框架。并以河西地区魏晋壁画墓为例，讨论

不同区域间文化的互动关系。

　　大规模的考古发掘和城市建设，使很多掩埋在地下的墓志资料"见天日"。在过去三十年中，对此期墓志材料的整理和研究，使中国魏晋南北朝史的研究获得了突破性的进展，并为我们了解南北朝至隋唐各层面提供了许多重要的细节，使史家对这段历史的建构从平面走向立体，从单一走向多元。南北朝墓志中尤其以北朝墓志为主。赵万里先生编定的《汉魏南北朝墓志集释》（科学出版社 1956 年版）是对 20 世纪 50 年代以前出土的墓志及学者的相关研究的总结。20 世纪 80 年代以后，随着新旧墓志的不断整理出版，墓志的研究成为一项专门的学问，涌现出一大批墓志研究专家。其中，罗宗真、张忱石、鲁才全、侯灿、王素、赵超等，都曾发表和出版不少墓志研究的论文和专门论著，另有王壮弘、马成名编纂《六朝墓志检要》（上海书画出版社 1985 年版）。赵超《汉魏南北朝墓志汇编》（天津古籍出版社 1992 年版）把 1986 年以前发表的汉魏南北朝墓志都做了录文，使魏晋南北朝墓志研究史走上一个新阶段。① 从 1986 年以来，中国考古学有了巨大的进展，又新出土了一大批魏晋南北朝墓志。罗新、叶炜《新出魏晋南北朝墓志疏证》（中华书局 2005 年版）搜集了 1986 年以来发表的三国至隋朝的 224 方墓志，对魏晋南北朝墓志涉及的人名、地名、职官、纪年等进行了扎实的考证，对正史记载中常被忽略的行政建制作了不少补正。另据笔者统计，近三十年，研究魏晋南北朝墓志的文章有 126 篇。

　　魏晋北朝的墓志还涉及少数民族官制、政治事件、名人与名族的研究。高敏《从〈金石萃编〉卷 30〈敬史君碑〉看东魏、北齐的僧官制度》（《南都学刊》2001 年第 2 期）认为《敬史君碑》不仅证明了文献记载的僧官名称和中央、地方僧官系统不误，而且补文献记载之不足。何德章在武汉大学出版的《魏晋南北朝隋唐史资料》中，连续发表《读北朝碑志札记》结合碑志与文献，关注北魏的社会、迁洛后鲜卑族上层的文化面貌等问题。殷宪从墓志分析入手，探寻到以往学者在文献资料无法获取的大量的北魏新信息，如《一方鲜为人知的北魏早期墓

---

① 另外，近三十年的魏晋南北朝墓志研究可部分参见任昉《20 世纪墓志整理与研究的成绩与问题》，《中国考古学跨世纪的回顾与前瞻（1999 年西陵国际学术研讨会文集）》，科学出版社 2000 年版。

志——申洪之墓志》（《北朝研究》1998 年第 1 期）、《从北魏王礼斑妻
舆磗、王斑残砖说到太和辽东政治圈》（《中华文史论丛》2006 年第 4
期）、《盖天保墓砖铭考》（《北朝研究》第六辑）等。而《北魏平城书
法综述》（《东方艺术》（日文刊）2006 年第 6 期），虽然是对大同书法
艺术的分析，但其中列举的大同魏碑，给这个领域的研究增添了新资
料，开阔了视野。各种墓志砖石文字不仅可补史传之阙如，而且能够揭
示鲜卑拓跋宗室贵族、长期与拓跋氏合作的代北部族、西入东入的凉燕
人物、加入代魏政权的中原世族著姓等不同集团和人群的不同葬制和习
俗、文化形态和政治信仰，也体现其国力状况和民族精神。罗新《北魏
直勤考》（《历史研究》2004 年第 4 期）考察了文成帝南巡碑碑阴题名
中的直勤名号，认为北魏的直勤与嚈哒的敕勤和突厥的特勤，都源于共
同的部族传统，是社会结构下的一种身份，相当于汉文中的"宗室"。
另外，赵君平所编的《邙洛碑志三百种》（中华书局 2004 年版）、《河
洛墓刻拾零》（北京图书馆出版社 2007 年版），受到学界的关注。书中
所收的图版绝大多数都是新出的中古墓志，其中一部分具有极高的史料
价值。另外出版了赖非《齐鲁碑刻墓志研究》（齐鲁书社 2004 年版）、
国家图书馆善本金石组编《先秦秦汉魏晋南北朝石刻文献全编》（北京
图书馆出版社 2003 年版）、罗维明《中古墓志语词研究》（暨南大学出
版社 2003 年版）等专著。

十七　长沙走马楼吴简研究

　　1996 年 10 月湖南省长沙市走马楼建筑工地第 11 号井出土了大批三
国时代的吴简。这批简牍总数估约 10 万枚，按材质和形制可分为竹简、
大木简、木牍、封检和签牌等。简牍大多有明确纪年，时间范围在汉末
孙吴前期。简牍是孙吴长沙郡和临湘侯国（县）的地方文书档案，内
容涉及佃田、赋税、户籍、司法和官府上下行文书等。走马楼吴简不仅
填补了我国简牍出土的一个空白，而且还以丰富的内容使我们了解三国
孙吴时期的政治、经济、军事、文化、赋税、户籍、司法、职官等诸多
方面。走马楼吴简出土至今一直是学者研究的热点。目前，已出版长沙
文物考古研究所编录《长沙走马楼三国吴简·嘉禾吏民田家莂》（上、

下册）（文物出版社 1999 年版），走马楼简牍整理组《长沙走马楼吴简·竹简》［壹］（文物出版社 2002 年版）、［贰］（文物出版社 2006 年版）、［叁］（文物出版社 2008 年版）。另已出版研究著作有：于振波《走马楼吴简初探》（文津出版社有限公司 2004 年版）、于振波《走马楼吴简续探》（文津出版社有限公司 2007 年版）、高敏《长沙走马楼简牍研究》（广西师范大学出版社 2008 年版）等。2000 年 4 月，由北京大学罗新先生等发起，成立了"吴简研讨班"。2001 年 8 月，在《历史研究》发表了一组名为《走马楼吴简研究》的"读史札记"。"吴简研讨班"编辑的《吴简研究》已出版了两辑（第一辑，崇文书局 2004 年版；第二辑，崇文书局 2006 年版）。此外，"吴简研讨班"的成员还在"象牙塔"、"简帛研究"等网站上发表了不少相关文章。在过去的 13 年中，学者们对嘉禾吏民田家莂的性质及其形制特征、田家身份及其佃田与租税、田类名称及其含义等问题进行了探讨，对已公布的竹简中透露出来的各种信息、名词，如"二年常限"、"户调"、"丘"、"里"、"督军粮都尉"、"还民"、"关邸阁"、"口算钱"、"旱田"、"熟田"、"调"、吏户、算、赋等问题进行了剖析。①

　　由于资料发布的增多与研究视野的扩展，对吴简的研究也从注重经济转向到社会、文化、法律等方面，而且均有研究成果。如从走马楼吴简看孙吴时期长沙郡的人口性比例、看孙吴初期长沙郡吏民的取名风俗和婚姻生活等社会生活；从"叛走"简探讨吴国存在严重的人口叛逃现象；通过分析走马楼吴简中"刑"的含义，认为吴简中的刑手、刑足是贫苦百姓为逃避苛政的自残行为。对吴简中所见"夷民"、"小妻"等名词的分析，可以看到当时民间社会生活的真实资料。走马楼三国吴简还涉及其他很多问题。从目前讨论的情况看，除赋税、籍账等传统问题外，争论较多的有乡丘、里的关系，"仓"、"关邸阁"的性质等。②

---

　　① 可参见黎石生《近年来长沙走马楼简牍研究综述》（《中国史研究动态》2002 年第 4 期）；有关 1996—2003 年走马楼吴简的研究论著目录，可参见李进《走马楼吴简的研究论著目录》，《吴简研究》第一辑；车今花《走马楼吴简论著目录（2004—2006）》，于振波《走马楼吴简续探》附录三。

　　② 王素：《长沙走马楼三国吴简研究的回顾与展望》，《吴简研究》第一辑，崇文书局 2004 年版。

回顾改革开放以来的三十年，国内魏晋南北朝史研究取得了很大的成就。学者们在以马克思主义理论指导魏晋南北朝史各个具体领域的研究时，实事求是，充分重视这一时期历史的特征。随着时间的推移，通过在治史中理论与史实结合实践的考验，这种形势仍将继续向前发展。① 但是怎样将中国的历史与马克思主义紧密结合，却还是一个任重而道远的重大问题。

魏晋南北朝史研究必须在继承前辈学者和先贤的基础上才能有所创新。我们必须对千余年学术成就进行总结、深化，将每个时代的真知灼见提炼出来，同时也要充分吸收和借鉴外国同行的研究成果。在充分了解已有研究成果的基础上，避免研究领域和内容的不断重复。王素先生曾指出在三国吴简研究中情报工作难如人意。有的研究者探讨"吏民田家莂"及所涉及的田地的性质，不仅没有关注日本同行的成果，也没有参考国内同行的成果。② 和其他断代史研究相比，中国内地的魏晋南北朝史研究对海外学者的研究动态掌握不够，对现有的研究成果吸收不够。陈爽先生也曾指出这个通病反映到士族问题的研究中。近年来，中国港台和日本学者对六朝士族进行了多方位的研究，成果斐然。谷川道雄提出的"豪族共同体"理论框架曾经在日本学术界引起过剧烈震动，从 20 世纪 80 年代初被介绍到中国大陆以后，并没有引起预期的反响和讨论。对一些名家大族，海外学者已经作出了细致的个案研究，而一些大陆学者却仍然进行着重复性劳动。社会学方法的引入本应丰富政治史研究的内容，但一些研究却背离了社会史对于社会的全景描述和理解，重新落入了以婚宦论士族的窠臼。③ 个案研究是一项基础性工作，它对于门阀制度与门阀政治的深入研究起着直接的促进作用，因此，我们期待着世家大族的个案研究进一步深入发展。

陈寅恪先生认为："一时代之学术，必有其新材料与新问题。取用

---

① 参见朱大渭《关于中国史研究理论指导的三点思考》，《六朝史续编》，学苑出版社 2008 年版。

② 关于长沙走马楼吴简研究的问题及展望，参见王素《长沙走马楼三国吴简研究的回顾与展望》，《吴简研究》第一辑。

③ 参见陈爽《近 20 年中国大陆地区六朝士族研究概观》，［日］《中国史学》第 11 卷（2001 年 10 月）。

此材料，以研求问题，则为此时代之新潮流。"① 当今河北、山西地区发现大面积的北朝墓葬，长沙走马楼吴简得到逐步整理，一方面，这些新材料的发现、整理和发布无疑给文献材料不多的魏晋南北朝历史提供新的信息，学者能从其中找到新的视角。另一方面，对研究者在新材料的正确解读、诠释、多侧面运用等方面提出了更高的要求。不仅如此，这也要求学者们在对地上、地下文物进行全面诠释的基础上，将其与文献材料以及历史研究对象紧密结合。如近三十年中，学者们利用新材料，使高昌史的研究上了一个新的台阶。但是，有关高昌史的史料毕竟非常有限，在新材料已刊布多年后的今天，研究难度亦愈来愈大。这就需要将海内外收藏的文物与出土文书全面的结合起来；将吐鲁番的古文献记载，与吐鲁番盆地客观实际情况结合起来。另外，北魏时期的宫城、粮窖等遗址的发掘，大量墓志的出土，使人们对北魏早、中期的城址、官制、社会生活、婚姻关系等有了全新的了解，我们期待着这些新材料，与传统的文献材料紧密结合，促进对北朝史的深入研究。

到目前为止，凡是关系魏晋南北朝史的重大课题大多被学者研究过，就是一些细微的题目也有人爬梳，似乎已达竭泽而渔的程度。但是仍有一些领域值得深入探讨。古代中国被誉为礼仪之邦，礼乐文化曾为古代中国各个朝廷所尊崇。礼文化的研究已经有很多好的成果，在陈寅恪《隋唐制度渊源略论稿》中于"礼仪"章最为详善。而在魏晋南北朝乐的研究上，却还是一个盲点。除了极个别文章外，对乐，尤其是雅乐，其机构、本身内容、功用，与政治的关系，还有研究的空间。对六朝史的研究，虽然出版了一系列的丛书和专著，也仍有研究空间。六朝的地域性、一贯性以及其不同于十六国北朝的特点，并未能完整、充分地展现出来。六朝民族与人口、六朝宗教与信仰，六朝时的南北交流，六朝考古发现及其史学意义与史学解释等，仍有深入探讨的必要。还有一些原有的老课题值得进一步深入思考。如进入 20 世纪 90 年代之后，关于土地所有制性质的争论，与中国古代社会分期问题的讨论一起沉寂下来，经济史的研究也不复以往盛况，近十年来学者很少涉及均田制的研究。韩昇先生曾指出："以往的研究把均田制研究和土地制度性质乃至古代社会分期问题紧密相连，使得学者过于关注土地国有制与土地私

---

① 陈寅恪：《陈垣敦煌劫余录序》，《金明馆丛稿二编》。

有制的争论，而对于均田制的实施形态乃至均田制形成的历史背景、社会作用等方面，发掘不够。其次，对于北魏隋唐历朝均田制规定缺乏细致的法制史的考察与整理。最后，局限于有限的史料，却作大量表象的阐述和推测，甚至不乏人云亦云的重复之作。在这种情况下，应该在既有成果的基础上深入细致地重新解读和考订文献记载，同时努力去发现新的史料，在发现新史料的同时利用其来深化研究。对于各个时期均田制实施的社会环境及其目的，尚需进一步深入思考。"① 而且，均田制从北魏到唐朝中叶实行，表面上看是一个连续的制度，其实，各个朝代所面临的问题是大不相同的，试图用一个模式去理解和描绘均田制，将产生很大的偏差。

　　我们在进行魏晋南北朝史研究时，必须重视"文史哲不分家"的传统，重视史学与其他学科的交叉研究。魏晋南北朝历史与六朝志怪小说、骈文、策论、医书等的结合研究，也将会给这一时期的政治史、经济史、科技史的研究带来新发展。

---

① 参见韩昇《论桑田》，《古代中国：传统与变革》，复旦大学出版社 2005 年版。

改革开放三十年的隋唐五代史研究

牛来颖

一 隋唐五代史研究发展的新阶段

戴逸在《二十世纪中国史学名著》总序中，曾经将中国 20 世纪的历史学划分为四个阶段，自"文化大革命"结束以后为第四阶段。张国刚在《二十世纪隋唐五代史研究的回顾与展望》中提出 20 世纪隋唐五代史研究的三个高峰，其中 20 世纪 70 年代末开始，与中国进入新的历史时期同步，隋唐五代史研究进入了飞速发展的第三个高峰。以改革开放为契机，中国的政治经济形势发生了日新月异的变化，与之相伴随的是学术研究回归正常的秩序与轨道，隋唐五代史研究和其他学科一样，迎来了学术研究的繁荣与发展。经过漫长艰难的磨砺而始终矢志不渝、孜孜以求地执著于隋唐史研究的学人，终于进入了收获的季节。

自 20 世纪 80 年代开始，学术研究在实事求是、解放思想的形势下突破了种种羁绊与束缚，重现生机和活力。伴随着改革开放以后国际学术交往的日益频繁，新观点、新方法的引入，不仅加深了研究者对马列主义的理解，也帮助他们借鉴当代社会科学领域内涌现的新学科、新思潮和新观点，开拓新思路，开掘新领域，推进学科理论建设，加之在新的形势下对于国情的把握，对于如何实现建设有中国特色的社会主义强国的思考，更加激励着"天下兴亡，匹夫有责"的治史者们以多元方法探索历史发展的规律，出现多角度、多手段的学术研究，隋唐史研究出现了繁荣的局面，进入新的发展阶段。

第一，研究梯队的建立及形成规模。随着高等院校招生的正常进行，焕发学术青春的老一辈学者身体力行，在科学研究和培养人才方面取得了显著成果。在提升整体学术水平的同时，一批批致力于隋唐史研究的年轻人不断充实着研究队伍，为填补历史造成的研究人才的断层增添了新生力量。新一代学人在继承老一辈学者严谨的治学精神和传统研究方法、分析框架，体现学术传承的同时，更具开拓、创新精神和追求，他们在对既有成果的反思、分析的基础之上，力图寻找新的突破口，形成自身的学术起点。在各高校和科研院所形成了以老一辈学者为中心、带动和培养实力雄厚的中青年梯队共同组成的学术重镇，其研究规模和气象蔚为可观。

1980 年唐史研究会（1984 年更名为中国唐史学会）和 1983 年中国敦煌吐鲁番学会相继成立，对敦煌文书的研究和整理，以及隋唐五代史的研究起了极大的促进作用。在学会的组织和推动下，开展学术活动，出版会刊、会议论文集，增进了国内外的学术交流。学术刊物和学术活动为学术群体相互之间交流研究成果搭建了平台。

第二，研究成果显著增加。在新时期，隋唐五代史研究问世成果显著，数量可观，超越了之前任何一个阶段，在很多方面甚至相当于以往各个阶段的总和。在《历史研究》、《中国史研究》等史学刊物和各个高校学报上刊载的隋唐五代史的论文以外，例如 1979 年在唐长孺先生及对其精心培育的武汉大学历史系魏晋南北朝隋唐史研究室创办的《魏晋南北朝隋唐史资料》和 1995 年由美国唐研究基金会资助的、研究唐代及相关朝代的大型学术专刊《唐研究》（荣新江主编，北京大学出版社出版）的创刊，也都为隋唐史研究开辟了重要阵地，学术质量及品位堪为一流。

一些专门的隋唐史研究综述和目录，集中体现了隋唐五代史学术的主要成就。主要有中国社会科学院历史所魏晋隋唐史研究室主编《隋唐五代史论著目录》（1900—1981）（江苏古籍出版社 1985 年版），胡戟主编《隋唐五代史论著目录》（1982—1995）（陕西师范大学出版社 1997 年版），李根蟠主编《中国经济史研究二十年中国经济史论著索引》（《〈中国经济史研究〉1996—1997 联合增刊》），胡戟、张弓、李斌城、葛承雍主编的《二十世纪唐研究》（中国社会科学出版社 2002 年版），李锦绣《敦煌吐鲁番文书与唐史研究》（陈祖武、杨泓主编

《二十世纪中国人文学科学术研究史丛书·史学专辑》，福建人民出版社 2006 年版），以及《中国史研究动态》逐年进行的隋唐五代史研究概况总结和《中国唐史学会会刊》刊登的年度论文索引。大体上"内容涵盖政治、经济、文化、科技、军事、社会、民族、宗教、中外关系各个方面"，"达到每年刊出三四百篇论文和数十部著作的水平"（《二十世纪唐研究》概论）。比如 2004 年共发表论文 900 余篇，专（编）著 60 余部；2005 年发表的论文达 1200 余篇，出版专（编）著包括重版的旧著 40 余部（杜文玉、范迎春《我国隋唐史研究的现状与展望——以 2005 年大陆地区的研究成果为主》）。

　　第三，资料基础更为坚实。新材料的发现和利用是成就史学发展的动力之一。敦煌藏经洞和吐鲁番发现的唐五代文书及包括数千方的唐代墓志在内的考古新资料的整理发表，极大地推动了隋唐五代史研究。

　　敦煌吐鲁番文书中含有许多唐朝政府的官文书，包括诏、敕、牒、符、告身、过所等，法律文书包括律、令、格、式、判等，经济文书包括籍账、差科簿、契约，以及民间社会交往中各类实用文书等，还有包括经、史、子、集四部的丰富的文献典籍。敦煌吐鲁番文书的发现和整理，为更深入研究唐朝历史提供了一批极为珍贵的原始资料。唐耕耦、陆宏基《敦煌社会经济文献真迹释录》（1—5 辑，书目文献出版社 1986 年版）和唐长孺主持的《吐鲁番出土文书》（文物出版社）等的出版，为学界研究提供了资料支持，极大地方便了对文书的利用。《英藏敦煌文献》经过中国社会科学院敦煌学研究中心与大英博物馆的通力合作，由四川人民出版社出版（1990—1995），为研究者提供了最为清晰的图版和更具学术性的定名，初步订正了近 6000 件汉文社会文献旧定名中的大量错漏，成为利用敦煌文献进行隋唐史研究的最为便利的工具。《上海博物馆藏敦煌吐鲁番文献》（上海古籍出版社 1993 年版）、《北京大学图书馆藏敦煌文献》（上海古籍出版社 1996 年版）以及《俄藏敦煌文献》、《法藏敦煌西域文献》的相继出版，都提供了便于释录的清晰图版。近年来，由荣新江主持的吐鲁番地区新获文书的整理，经过科学手段整理、拼接、释录而出版《新获吐鲁番出土文书》（荣新江、李肖、孟宪实主编，中华书局 2008 年版）。对这些新收获的吐鲁番文书的首批研究已由整理者完成并陆续发表。和敦煌文书不同的是，随着发掘和整理的深入，不断新增的吐鲁番文书将使人们的既有认识不断刷新、匡正、深化和充实，有着巨大的研究空间和潜力。

陈寅恪先生曾说："一时代之学术，必有其新材料与新问题。取用此材料，以研问题，则为此时代学术之新潮流。治学之士，得预于此潮流者，谓之预流（借用佛教初果之名）。其未得预者，谓之未入流。此古今学术史之通义，非彼闭门造车之徒，所能同喻者也。敦煌学者，今日世界学术之新潮流也。"（《金明馆丛稿二编》，上海古籍出版社 1980年版）利用敦煌吐鲁番文书丰富的新资料拓展和深化研究，成为唐史研究者共同的惯常做法，他们各自研究领域的选择与转换、选题的独特与创新、跨学科方法的借鉴与运用、结论的独到与深刻，无不表明了他们的志向和追求——成为陈寅恪先生所说的"预流"者，更渴望成为引领风气的潮流者。

敦煌吐鲁番文书之外的墓志和石刻的整理也有了诸多成果。《隋唐五代墓志汇编》（天津古籍出版社 1991 年版）分为九卷，收录墓志五千余种。洛阳市文物工作队编《洛阳出土历代墓志辑绳》（中国社会科学出版社 1991 年版）收唐朝墓志六百余方。周绍良先生主持的《唐代墓志汇编》和《续编》（上海古籍出版社 1992 年版、2001 年版）为利用墓志研究提供了极大的便利。孙继民主编《河北新发现石刻题记与隋唐史研究》（河北人民出版社 2006 年版），包括正文和附录两部分。正文收录论文以唐为主（十七篇）。附录部分收录的范围则较广，包括两处汉代石刻、三通北朝墓志、两幅伪撰唐代石刻拓片、一通金代石刻题记的研究论文和十一通尚未刊发（主要是唐代）的石刻录文及其简介。《西安碑林博物馆新藏墓志汇编》（线装书局 2007 年版）收录了西安碑林博物馆 20 世纪 80 年代至 2006 年间入藏的墓志，年代自后秦至元代，绝大部分为首次刊布。此外还有《曲石精庐藏唐墓志》（齐鲁书社 1986年版）、《洛阳出土墓志卒葬地资料汇编》（北京图书馆出版社 2002 年版）、《全唐文补遗》第 1—9 辑（三秦出版社 1994—2007 年）、《新中国出土墓志》（河南叁千唐志斋壹，文物出版社 2008 年版）等。

与新增资料相比，更多的仍是对传统文献的研究和使用，在先前研究的基础上，重新整理或补遗汇编以增加其价值，便于研究利用。比如对文集的整理。据统计，新中国成立以后在唐代文学研究中最为突出的成绩是对唐人文集的整理，包括新校新注新笺、古代整理著作重刊以及关于唐人文集的综合研究等，出版了约 120 种唐五代各类文集（王永波、黄芸珠《唐五代别集的文献整理与研究概观》，《乐山师范学院学报》第 17 卷第 3 期，2002 年 6 月）。较为集中的是由中华书局、上海古籍出版社、人民文学出版社分别出版的《唐宋史料笔记丛刊》、《中国古典文学基本丛书》、《中国古典文学丛书》和《新注古代文学名家集》，还有甘肃人民出版社出版的《陇右文献丛书》和浙江古籍出版社出版的《两浙作家文丛》等。其次，对唐文的整理。包括围绕《全唐文》的补遗、汇编，有陈尚君《全唐文补编》、周绍良主编《全唐文新编》等。

第四，理论视野与选题意识的突破。对史实的认知、材料的分析、理解同样需要对理论的重视和运用。从研究内容和方法运用上，诸如社会与国家关系的论证、与社会整体变迁相观照的审视、经济史研究中的计量分析、市场理论，以及政治史研究中的社会史视角、与时间序列并举的跨地域研究，女性史研究中的话语权理论，无不丰富和启发着新的理论方法、视角选择，对于解读文本、拓宽眼界提供了更大的空间。以问题为研究导向的意识渐成自觉，指向深层次的探究问题。2003 年，北京大学的重点项目"盛唐研究计划"第一批成果由上海辞书出版社出版，包括吴宗国主编《盛唐政治制度研究》、李孝聪主编《盛唐地域结构与运作空间》、王小甫主编《盛唐时代与东北亚政局》、邓小南主编《唐宋女性与社会》（上、下）和荣新江主编《唐代宗教信仰与社会》，集中体现了对相关选题的思考。

大陆史学界和出版界也有意识地将日本和西方汉学研究成果译介出版，一改往昔的隔膜和封闭状态。1992 年，刘俊文主编《日本学者研究中国史论著选译》（中华书局）推出，其中就包括体现内藤湖南唐宋史学观的重要代表作《概括的唐宋时代观》。江苏人民出版社也撷取海外中国研究专著，如包弼德《斯文——唐宋思想的转型》、谢和耐《中国社会史》、马克斯·韦伯《儒教与道教》等出版，以期借"他山之石"、他人眼光思量和反省自身。

第五，跨学科、多领域合作。随着学术环境的改善，交往的增进，校际乃至国际间的合作得到加强，学者们就共同关注的论题达成合作研究意向，发挥各自专长，合作完成规模宏大的跨学科、多领域的项目，取得了令人瞩目的进展。

中国社会科学院汇集了社会科学各个门类的研究力量，因而拥有多学科合作研究的优势。历史所李斌城主编《唐代文化》（上、中、下）（中国社会科学出版社 2002 年版）涉及唐代文学（诗歌、散文、笔记小说）、艺术（音乐、舞蹈、绘画、书法、工艺美术）、道教文化、经学、佛教文化、风俗礼仪、史学、科技与术数、地理学、中外文化交流等，跨越众多学科界限，由各个学科的专家学者合力完成，全面展示了唐代文化的辉煌成就。张弓主持撰写的《敦煌典籍与唐五代历史文化》（上、下）（中国社会科学出版社 2006 年版）以敦煌藏本中的四部（经、史、子、集）典籍为研究对象，力求揭示其中蕴涵的丰富的社会历史和文化内涵，参加课题的人员除了中国社科院历史所的人员以外，还有来自宗教所、文学所的同仁，以及院外机构包括中央民族大学、国家文物局文物研究所、中国医学科学院中医医史研究室的专家学者。各人根据自己的学术旨趣与专长，分别就相关领域的文书作系统的考察。历史所与日本大阪市立大学的城市研究合作项目，其成果以论文集形式出版，迄今已经出版了两辑，分别为《中日古代城市研究》（中国社会科学出版社 2004 年版）、《中日学者论中国古代城市社会》（三秦出版社 2007 年版）。如今，综合性的学术研究已然成为中外学术的潮流，跨学科、跨国界的研究在逐日增多，蔚成风气。

第六，研究手段日益优越。作为古老而纯粹中国化的文献典籍来说，数字化手段使之完成了从传统到现代、从实体文本到虚拟网络的历史性跨越。特别是进入 21 世纪以来，中国古籍的数字化建设取得了长足进步，一些规模大、影响广的高水准项目相继投入使用，标志着中国古籍数字化进入了一个新的发展阶段，从而为古籍整理、文献保护以及文化的薪火相传都作出了贡献。

高校系统第一个专门从事古籍数字化的专业研究机构——首都师范大学电子文献研究所 2003 年成立，完成了在学界和海内外产生广泛影响的大型古籍全文检索数据库——《国学宝典》，共收录古籍 5000 种，总字数逾 10 亿汉字，其规模达到《四库全书》的 1.5 倍。

将古籍数字化、信息化的手段改变了以往收集材料的方式和局限，很多必备的原始资料的搜集，可以通过检索各类学术网站轻松获得，相比以往的治史者博览群书，皓首穷经，作长期的知识积累来说，片刻之间，就可以将相关史料尽收眼底，而效果可谓事半功倍，大大节省了时间。同时，依赖于网络获取相关的学术信息也越来越便捷。这些都使学术成果的产生效率大为提高。

计算机手段的利用在拓展研究视野，系统地把握相关局部材料进行跨越时段的宏观整合研究，以深化对历史规律的认识上更具积极意义，从而增加了史识的深度和广度，使学术思维向深广向度拓进。于是，一些以往不被注意或不易展开的论题遂纳入人们的研究视野。

综上所述，改革开放以来的三十年中，在超越前代的研究条件和优势利用下，隋唐五代史研究成果展现出前所未有的丰硕成果。本文非为披沙拣金，亦不惮挂一漏万，取舍维艰，又因多部世纪学术总结之作已经先此出版，极便披览，不欲求全重复。谨为呈现一孔方圆以窥锦绣芳菲，故择其要者以若干方面或论题为论，以叙述大略。

二 隋唐五代史研究热点举要

（一）关于唐宋社会变迁的研究

20 世纪以后，从种族、阶级、经济、文化、典章制度等多方面入手，开展对中古社会及其变迁的历史研究，以陈寅恪、唐长孺、胡如雷等为代表的对于中国历史有通识性的整体把握的史学家，已经取得了突出的学术成就。其特点表现在"既善于借鉴海外史学新成就，注意宏观间架的构筑，又善于通过创新而维护中国学术自成格局"（张广达《关于唐史研究趋向的几点浅见》，《中国学术》第八辑），其以贯通前后，跨越朝代的视野饮誉海内外，提升了对隋唐历史诠释和整合研究的学术品位。

史学界论述话语中集中于唐宋变革的讨论，在世纪之交，尤其是进入 21 世纪以后，对 20 世纪学术的总结和新世纪研究的展望，或许也助推了对历史时期各断代史更替演进产生的思考。唐宋社会变革问题受到越来越多的学者的关注，诸多方面的讨论频繁展开，所涉及的领域从最初的政治史、经济史、制度史，向思想史、文化史延伸，一时形成热门话题。

为了推进对这一问题的研究，国内就唐宋变革期问题召开过多次专题讨论会：

2002 年 10 月，由厦门大学历史系和图书馆主办的"唐宋制度变迁与社会经济学术研讨会"于厦门大学召开。集中于商品经济、土地关系变化、财政制度变迁、行政制度沿革等方面考察与唐宋社会变迁的关系,进而探讨借鉴西方经济学理论研究中国经济史与唐宋变革问题。

同年 11 月 9 日至 12 日,浙江大学又召开"唐宋之际社会变迁国际学术研讨会"。会议论文结集出版(卢向前主编《唐宋变革论》,安徽出版集团、黄山书社)。

2004 年 7 月,中国唐史学会与云南大学在昆明召开"中国唐史学会第九届年会暨唐宋社会变迁国际学术研讨会"。

2004 年 9 月 3 日至 5 日,由武汉大学中国三至九世纪研究所暨历史学院共同举办的"中国三至九世纪历史发展暨唐宋社会变迁"国际学术研讨会在武汉大学隆重召开,会议内容涉及世界历史视野下的中国 3 至 9 世纪政治与社会变迁,"地域社会"与唐宋历史变迁,地方行政组织与乡村社会,经济、财政及人口问题,民族问题与民族文化,思想、教育、科技与典籍文化,新资料与魏晋南北朝隋唐史专题研究,中国中古史研究的理论与方法等。

此外,学报和杂志也以笔谈的形式组织文章对该命题进行多角度的讨论。《河南师范大学学报》2006 年第 2 期以"多元视野下的唐宋社会"为主题,刊发了一组由王永平、宁欣、刘后滨、李鸿宾、王赛时、勾利军分别就儒学、城市经济社会、政治制度、民族互动关系等方面探讨的文章。同年,《江汉论坛》第 3 期约请了五位学者对唐宋变革问题展开讨论。张国刚、严耀中、孙继民、杜文玉、李天石从文化、军事和阶级(层)关系等不同角度阐明了各自的识见。

在频频出现的唐宋变革讨论会之外,有的学校还有针对性地设置了相关的专业课,有关的研究课题也围绕着这一学术命题展开,如湖北大学葛金芳教授主持的国家社科基金重点课题"唐宋之际经济结构变迁与经济政策转轨的互动关系",认为汉唐是同质社会,以小农经济为立国基础,自然经济气氛浓厚;宋明亦是同质社会,虽然仍以农业立国,但在高度发达的农业经济之基础上,已经生长出城市、纸币、商业、信用、市场、交通运输、海外贸易、沿海居民向海外移民等诸多工商业文明因子,雇佣劳动、包买商惯例、集资合伙等新生事物亦有踪迹可觅。换言之,汉唐和宋明在一定程度上可以说是异质社会。其间的转折,就发生在唐宋之际。与汉唐相比,宋代经济最引人注目的特点,就是商品经济的成分在农业社会母胎中的急速成长。

以汉唐宋明为坐标的跨断代史研究，并非因"唐宋变革"成为近年一个流行的学术话语而受到关注。20世纪初，京都学派的开山鼻祖内藤湖南首创唐宋变革期学说，认为唐宋之际是由中世向近世的转折，东京学派则认为是中国古代向中世的转折。两派虽然在唐宋变革期的性质判断上尖锐对立，但在唐宋之际中国社会发生了重大变化这一点上的认识却都是一致的。张广达《内藤湖南的唐宋变革说及其影响》（《唐研究》第十一卷）曾经就该学说的影响作了篇幅很长的全面的回顾和总结。

而在中国，现代国学大师陈寅恪就将唐代历史分为前后两个时期，提出"前期结束南北朝相承之旧局面，后期开启赵宋以降之新局面，关于政治社会经济者如此，关于文化学术者亦莫不如此"的承前启后理论（《金明馆丛稿初编》，上海古籍出版社1980年版）。汪篯《汉唐史论稿》（北京大学出版社1992年版）、唐长孺《魏晋南北朝隋唐史三论》（武汉大学出版社1992年版）皆是在打通时代界限的基础上进行宏观而具象的实证研究，可谓体大精深。吴宗国在《汉唐明比较——兼论中国古代秦以后的社会变迁》（《唐研究》第十卷）中，从10个方面长时段、多角度地探讨了进入帝国时期以后中国的社会变迁和社会转型问题，比较了汉、唐、明三代在历史发展和社会变迁中的重要作用。张泽咸《汉晋唐时期农业》（上、下）（中国社会科学出版社2003年版）按照自然区划和时代阶段探索古代农牧业生产发展的变化轨迹。张弓《汉唐佛寺文化史》（上、下）（中国社会科学出版社1997年版）有着选题宽广的时代范畴和包括各种人文信息的展示，如伽蓝分布与形制、寺院土地制度及经济结构、佛寺管理，以及绘画雕塑诸艺术等。牟发松的《汉唐异同论》（《华东师范大学学报》2004年第3期）分析了汉唐历史在建立背景、历史进程、典制沿革等方面的相似性，统治集团、意识形态、民族融合及国际化、经济运行等方面的差异性和连续性，试图从朝代循环出发探索中国历史发展的特殊性和规律。诸如此类，都力求上溯汉魏、下穷赵宋，这是与唐代自身历史发展变化的特点相符合的。

将具体历史问题与社会整体变迁相观照，将中古历史与前后时代相贯通的宏观研究和理论概括，对中古社会及其变迁的历史的综合考察、剖析与评判，以取得更全面、更深刻的认识，就需要突破"断代为史"

的局限，以"会通意识"为出发点，才能作出宏观的历史定位，揭示历史发展的规律。

从目前发表的论著和文章来看，无论对唐宋变革理论有着怎样的评价和认识，但是，将唐宋之际作为一种视角，一个问题来给予打破朝代界限的思考，在微观的实证研究基础上，力图实现历史承续性的考察。在不局限于朝代更易的框架之下认识问题的学人于是更关注到，中晚唐、五代乃至北宋初至真宗前期应该纳入同一研究单元。《中晚唐社会与政治研究》（中国社会科学出版社 2006 年版）是中国社会科学院历史所隋唐宋元研究室黄正建主持的集体课题，由唐史研究人员合作完成，选题针对中晚唐时期研究的薄弱环节，力求为唐宋之间社会变迁提供具体而实证的研究，从官制、礼制、城乡经济互动、衣食住行、道教、世俗佛教信仰等方面着手分析，其中诸多跨越唐宋界限的问题的研究，在同一个叙事范畴中进行，以求揭示更多制度变迁的内在要因。林文勋《商品经济与唐宋社会变革》（《中国经济史研究》2004 年第 1 期）从商品经济的认识的角度，讨论唐宋变革的重大理论问题，认为唐宋社会的变革不是前后性质完全不同的社会转型，而是商品经济发展所引起的社会要素的流动及其重新组合。也就是说，是商品经济的发展促成了唐宋社会的变革。谢元鲁《论唐宋社会变迁中平等和效率的历史转换》（《四川师范大学学报》2006 年第 2 期）认为，唐宋社会经济和政治变迁的结果，形成了经济和政治的潜在冲突。熊燕军《从公平优先到效率优先："不抑兼并"与唐宋变革》（《学术探索》2006 年第 6 期）提出了在唐宋变革的背景下从公平优先到效率优先的转变，"不抑兼并"政策标志着传统中国的经济社会发展观发生了根本性的变化。贾玉英《唐宋时期"道""路"制度区划理念变迁论略》（《中州学刊》2006 年第 6 期）则从唐道宋路区划理念的变迁及社会背景考察唐宋社会的变革。

事实上，对唐宋社会变革的认识，人们更多的是对陈寅恪先生所提出的论断的认同，而对于他提出的唐代历史的前后期划分，对唐宋制度的延续与嬗替，也多从此出发。比如，唐代的两税法在宋代作为财产税的全面推行；唐中叶府兵制瓦解后实行的募兵制，宋代军队的兵源也同样采取招募雇用方式；唐代中叶以后，地方财政使职与户部同掌财政管理的机构演变也为宋代所延续。而诸如此类的问题一直是学界讨论的热点。

（二）关于制度史的研究

西方汉学研究者曾经一度认为最能体现中国古代文明高度的莫过于我们的文官制度，并致力于该领域的研究。制度史研究也一直是隋唐五代史研究的重点，加之改革开放以后，与现实体制上的改革相适应，制度史研究继续保持原有势头，与敦煌学一道，成为 20 世纪 80 年代隋唐五代史研究的亮点。

从现有的一般关于政治制度史论著的内容结构来看，多由官制、军制、科举、法律等组成。有的则细化为皇帝制度、中央和地方制度、官吏考选及管理制度、军事制度、监察制度、教育制度。张国刚《唐代官制》（三秦出版社 1987 年版）系统地论述了唐代职官设置、职掌、铨选、管理、考课、俸禄、致仕等制度及变化，从总体上体现出官制所涵盖的内容范围。陈仲安、王素《汉唐职官制度研究》（中华书局 1993 年版）分中央官制、地方官制、选举制度、俸禄制度四章，对以往的研究成果作了总结，并对使职差遣、九品中正制等问题作了较深入的探讨。杜文玉《五代十国制度研究》（人民出版社 2006 年版）一书中是分专题来论述五代十国的贡举制度、选官制度、考课制度、职官制度、殿阁制度、起居制度、史馆制度、俸禄制度、军事制度、立法成就与司法制度的变化，以及助礼钱与诸司礼钱。

近几年，出版的政治、军事制度的论著侧重各有不同。程喜霖《唐代过所研究》（中华书局 2000 年版）将汉简、出土文书与典籍文献相结合，全面系统地探讨了过所的起源、唐代过所制度、过所与公验的嬗替、公验过所反映的关防及国家统一、交通贸易及社会关系等。石云涛《唐代幕府制度研究》（中国社会科学出版社 2003 年版）从整个国家体制动态地考察幕府制度，以发现制度变迁的意义。对玄宗、肃宗之际政局学界往往关注集团和权力斗争，任士英《唐代玄宗肃宗之际的中枢政局》（社会科学文献出版社 2003 年版）则从政治体制的变化入手，从对皇太子与宰相的权力地位与政治配置关系的变化，进而论述皇权的运行状态及其特征。贾志刚《唐代军费问题研究》（中国社会科学出版社 2006 年版）从总体上把握唐代军费实际运作特征，观察唐代军费在社会转型期间如何适时而变，从地域差异方面比较军费对不同区域产生的影响，解构由此而引发的诸多社会历史现象，客观评论了唐代军费体制诸问题。

随着对于政治学和历史学理论方法的综合利用，已经出现诸多新的特色。如在阐述制度的同时重视体制的运作，关注中央决策机构、信息传递渠道、决策政令执行程序和方式及效应等，财政史也纳入其中，将制度史与社会、文化和思想诸多因素联系贯穿进行的研究，逐渐成为制度史研究的新特色。2007 年 9 月 "唐宋时期的文书传递与信息沟通" 会议的召开，也反映出这种取向。

邓小南著文提倡有运作、有过程的动态制度史研究，即所谓 "活" 的制度史，"不仅是指生动活泼的写作方式，而首先是指一种从现实出发，注重发展变迁和相互关系的研究范式。官僚政治制度不是静止的政府形态与组织法，制度的形成及运行本身是一种动态的历史过程，有 '运作'、有 '过程' 才有 '制度'，不处于运作过程之中也就无所谓 '制度'"，强调以新的视角 "突破以往制度史的叙述阐释框架，将制度与社会氛围、文化环境和思想活动联系起来考察，把貌似抽象的制度 '还原' 到鲜活的政治生活场景中加以认识，赋予制度史研究以应有的蓬勃生命力"（《走向 "活" 的制度史——以宋代官僚政治制度史研究为例的点滴思考》，《宋代制度史研究百年（1900—2000）》，商务印书馆 2004 年版）。

其一，从官文书入手的研究指向对于体制下政务运作的考察。这得益于敦煌吐鲁番文书留给我们的诸如《公式令》中的移、关、牒、符等官府文书格式。卢向前对牒式及处理程序的研究（《牒式及其处理程序的探讨——唐公式文研究》，《敦煌吐鲁番文献研究论集》第三辑，1986 年）、楼劲由《公式令》展开的尚书省内部行政运作的探讨（《伯 2819 号残卷所载公式令对于研究唐代政制的价值》，《敦煌学辑刊》1987 年第 2 期）较早地关注政务运行机制中官文书的研究。刘后滨的《唐代中枢门下体制研究——公文形态·政务运行与制度变迁》（齐鲁书社 2004 年版）和系列文章（《从敕牒的特性看唐代中书门下体制》，《唐研究》第六卷、《敕后起请的应用与唐代政务裁决机制》，载《中国史研究》2001 年第 1 期），从公文运行和体制变化的角度切入，在 "中书门下体制" 这一新概念下探讨中书门下体制取代三省制的制度变化。史睿《唐代外官考课的法律程序》（《文津学志》第 1 辑，2003 年）从立法角度来看待考课制度的运行，分州校考和省校考两部分厘清了外官考课的基本概论和程序，复原了考状、考解及地方政府功曹关、牒等考课文书的样式并探讨其功能。游自勇《墨诏、墨敕与唐五代的政务运行》（《历史研究》2005 年第 5 期）从内涵、功能及地位上分析墨诏和墨敕，指出墨诏最初多为皇帝亲笔书写，有无可置疑的权威性，后来部分渐改由臣下代笔，玄宗后成为政务运行的一条途径，唐末五代时更为方镇跋扈提供了某种合法性。魏斌对赦文的关注同样是行政运作的视角，《"伏准赦文"与晚唐行政运作》（《中国史研究》2006 年第 1 期）考察"伏准赦文"这一公文用语出现的诸种场合，将其视为一种王朝政令运作的新模式。他的《唐代赦书内容的扩展与大赦职能的变化》（《历史研究》2006 年第 4 期）探讨唐代赦书中出现申禁、"差遣"等内容的变化，唐代赦书内容扩展的性质、背景和原因等问题，发掘大赦申禁所具有的"全面行政"的意义。雷闻最新的研究取自吐鲁番新出文书——《唐永徽五年至六年（654—655）安西督护府案卷为安门等事》的两件关文，通过考察关文在各曹司之间的传递使用，以揭示地方政府内部的政务运作（《关文与唐代地方政府内部的行政运作——以新获吐鲁番文书为中心》，《中华文史论丛》2007 年第 4 期）。刘安志《跋吐鲁番新出〈唐显庆元年（656）西州宋武欢移文〉》（《魏晋南北朝隋唐史资料》第 23 辑）认为，"移文"作为文书格式最先出现于南方，南北方"移文"有较大差异，中古时期吐鲁番地区所使用"移文"可能传自南方。

　　对财务行政运作的考察，以陈明光《唐代财政史新编》（中国财经出版社 1991 年版）和李锦绣《唐代财政史稿》（上、下）（北京大学出版社 1995 年版，2001 年版）为代表。两者皆从总体上把握唐代财政体系，将多种收支和财政现象纳入体系当中，以探讨制度的变化，具象地描绘出唐代财政面貌。前者开启了独特而富于创新的研究体系。后者则在疏释和驾驭史料钩沉索引的同时，以全面和宏观的眼光总体把握历史变化的规律，探幽发覆。王永兴先生《唐勾检制研究》（上海古籍出版社 1991 年版）当中就财务系统对文书的钩稽检核工作，亦有详赡的论证。

　　其二，地方制度以及地方与中央的关系的研究，延伸至国家与基层社会的探讨。对吐鲁番文书提供的特定区域性的一手材料的利用，李方

《唐西州行政体制考论》（黑龙江教育出版社 2002 年版）考察了唐代西州地区的行政机构、官员设置、官吏职掌、兼摄和升迁及官府的行政运作。陈志坚《唐代州郡制度研究》（上海古籍出版社 2005 年版）从州郡的种类和等级出发，探讨州郡、方镇、中央三者的关系，且以唐后期为重点，考察了州郡制度的变化。吴宗国《中国古代官僚政治制度研究》（北京大学出版社 2004 年版）认为，中央对地方的控制问题包括控制能力和控制手段如制度等，其中包括中央对地方的监督问题。李文澜《从唐代地方长官的选任看中央与地方的政治关系——以山南荆楚为例》（《魏晋南北朝隋唐史资料》第 19 辑）认为晚唐山南三镇成为维系唐王朝的根本，其中一个重要原因是节度使的任选。对于中央与地方关系的矛盾和调整，孟宪实《中央、地方的矛盾与长安三年括户》（《历史研究》2001 年第 4 期）通过对新旧史料的分析，从武则天时期对于农民逃亡中央政府与地方政府之间的矛盾，引导出对中央的括户政策的讨论。于赓哲《从朝集使到进奏院》（《上海师范大学学报》2002 年第 5 期）通过讨论从朝集使制度到进奏院的发展变化，以反映唐代中央集权制的兴衰。李治安《唐宋元明清中央与地方关系研究》从中国封建社会诸王朝在国家结构形式摸索和实践的重大课题的角度，长时段地探讨两者之间的关系。认为隋朝统一后，在中央与地方关系方面一改魏晋南北朝地方分权的模式，推行了较彻底的中央集权。唐前期在行政、军事、司法、财政等诸方面实行高度中央集权制，使得中央与地方关系具有明显的内重外轻的特点。安史之乱后，唐中央与地方关系转变为内轻外重。

国家社会控制干预的阐释，从政治社会、礼仪、财政多方面展开。如从政治权力的角度对专卖制度、土地所有制、商业税收政策的考察。2004 年 10 月，华东师范大学历史系主办，日本河合文化教育研究所、上海古籍出版社、中国魏晋南北朝史学会协办的"社会与国家关系视野下的汉唐历史变迁"国际学术研讨会在华东师范大学召开，30 余篇论文讨论话题涵盖从汉到唐宋不同历史时期的社会变迁。论文集《社会与国家关系视野下的汉唐历史变迁》由牟发松主编，华东师范大学出版社出版。张国刚《国家与社会：汉唐"家法"观念的演变》强调国家对社会的干预，论述了国家意识向士大夫日常生活的渗透过程。牟发松的《汉唐历史变迁中社会的国家化试析》，从总体上探讨了汉唐历史变迁中社会与国家的不同作用及其关联。郝春文《从冲突到兼容——中国中古时期传统社邑与佛教的关系》深入地方社会内部看外来佛教如何利用传统末端社会组织社邑的活动来影响民众日常观念。

刘玉峰《唐代工商业形态论稿》（齐鲁书社 2002 年版）讨论唐代工商业经济结构和运营方式，揭示政治权力支配经济的内部机制。吴丽娱《唐礼摭遗——中古书仪研究》（商务印书馆 2002 年版）在周一良、赵和平合著《唐五代书仪研究》（中国社会科学出版社 1995 年版）研究基础上，打破了政治、经济、文化史的界限，从文本研究上升为礼制的研究，上至国家意志、官场政治，下及民间时俗、庶民世风，从官僚政治阶层之间、中央与地方藩镇之间的交接往来，延伸至对中古礼制和社会变迁的宏大论题的探讨。林文勋、谷更有《唐宋乡村社会力量与基层控制》（云南大学出版社 2005 年版）讨论了"富民"阶层崛起、土地产权制度的变革、灾荒救济和基层社会控制等内容。

其三，《天圣令》的整理与研究。从 1998 年戴建国在天一阁博物馆首次发现宋代天圣七年（1029）编纂的令典《天圣令》以来，迄今已经 10 年。在这期间，戴建国研究并向学界介绍其概观，如《天一阁藏明抄本〈天圣令〉考》（《历史研究》1999 年第 3 期）、《天一阁藏〈天圣令·赋役令〉初探》（《文史》第 53 辑）。使人们了解到，《天圣令》中除了有参照唐令而制定的天圣宋令以外，还将没有行用的唐令附在后面，在结尾注明"右令不行"。

随着《天圣令》逐渐为世人所认识，进而引发中国和日本学者从法制史、制度史的角度开展唐宋史的研究。经过中国社会科学院历史所与天一阁的共同努力，《天一阁藏明钞本天圣令校证——附唐令复原研究》于 2006 年由中华书局出版，并获"首届中国出版政府奖"、"2007 年全国优秀古籍图书奖一等奖"。它的出版为唐宋史研究包括经济史、法制史以及唐、日和东亚各国古代法制的比较研究开辟了崭新的领域。不仅引起国内的广泛关注，更吸引国外学者尤其是日本学者的高度重视，使其国内自 20 世纪 30 年代以来三代研究者所致力的唐令研究有了新的话语焦点。

对唐田令的研究，一直是受关注的焦点。20 世纪 80 年代以后，随着敦煌吐鲁番文书利用的日益充分，深受中日学者重视的土地制研究进入新的实证研究阶段。宋家钰《唐朝户籍法与均田制研究》（中州古籍出版社 1988 年版）、杨际平《均田制新探》（厦门大学出版社 1991 年版）、武建国《均田制研究》（云南大学出版社 1992 年版）以及卢向前《唐代西州土地关系述论》（上海古籍出版社 2001 年版）相继问世，其中的系统考释，条分缕析，推进研究的细化和深入，实依赖于文书与史籍的结合。而《天圣田令》又添新材料，因而同样引发了相应的关注。戴建国《唐〈开元二十五年令·田令〉研究》（《历史研究》2000 年第 2 期）探索了唐田令的构成、内容等，还研究了《田令》令文是否完整及令与其他法律规范——律、格、式的关系，并提出唐令是唐法律体系主干的观点。杨际平《〈唐令·田令〉的完整复原与今后均田制的研究》（《中国史研究》2002 年第 2 期）指出《唐令·田令》的完整复原使我们对唐田令有了完整的认识，使许多长期有争议的重大问题得以解决，也给今后的研究提出了新的课题，即要研究的不是均田制是否实行，而是如何实行，主要按《田令》哪些条款施行。

与《天圣令校证》同时刊布的还有课题组《天圣令》整理人员的一组论文，由《唐研究》第十二卷集中刊出。其中包括黄正建《天一阁藏〈天圣令〉的发现与整理研究》、《〈天圣令（附唐杂令）〉所涉唐前期诸色人杂考》，李锦绣《唐开元二十五年〈仓库令〉研究》，孟彦弘《唐代的驿、传送与转运》，程锦《唐代女医制度考释》，赵大莹《唐宋〈假宁令〉研究》，牛来颖《〈营缮令〉与少府将作营缮诸司职掌》，吴丽娱《从〈天圣令〉对唐令的修改看唐宋制度之变迁》。

随着中日双方对《天圣令》研究的深入，其间有多篇有关《天圣令》研究论文面世。2008 年 6 月 14 日至 15 日，由中国社会科学院历史所、《唐研究》（北京大学）、中国人民大学历史系合办，邀请日本《天圣令》研究课题组和中国台湾《天圣令》读书班同道，在中国人民大学召开了《天圣令》刊布以后的第一次工作坊会议，会议上发表的论文结集刊载于《唐研究》第十四卷。从运用方法来看，中国学界近年对于令式的复原研究与日本律令制度研究有着诸多共性。

（三）地域社会与经济研究

研究范围和领域拓展到社会经济结构、小农经济、商品经济、城市经济社会、传统市场、区域经济、流域经济、环境变迁、自然灾害等各方面。许多研究课题的选择都是新时期形成的研究新领域和新热点，这与改革开放、社会转型的背景下的时代特色有着密切的关系，如气候、资源变化与可持续发展战略的要求催生了人口、资源与环境史学的发展，局部地区经济水平落后与腾飞推动了跨区域经济的比较研究，商品社会经济发展与城市化进程加快促进了传统经济与现代化、传统市场与市场经济的相关讨论。还有与生活状况相关的社会生活史的研究，家庭婚姻的研究，等等，受到越来越多的关注，逐渐成为研究热点。

例如，对全球范围的气候变化的关注，使人们日益自觉地反省人类的过去，思考环境与发展的内在联系。千年古都西安引发人们的多重思考。2007 年，《唐都学刊》组织了以"汉唐时期西安地区环境变迁研究"为题的笔谈活动，围绕长安城地理变迁、岁习时俗、生态环境等展开讨论。而历史学与人类学之间的对话，使历史人类学已经成为充满活力的学术取向，其研究方法的相互借鉴，相关的研究已进入操作层面，化为自觉的学术追求，有的领域已经取得丰硕成果。从礼仪变迁、家庭变迁、观念变迁等角度反观社会发展变迁的《唐研究》第十一卷"唐宋时期的社会流动与社会秩序专号"（2005 年）和 2007 年在上海召开的"唐代国家与地域社会研究"为题的学术研讨会都突出了地域与社会的关系。

《盛唐地域结构与运作空间》（北京大学出版社 2003 年版）收入的论文以地理学的独特视角观察唐代的政治、经济、文化与社会，考察了唐代政区地理、地域结构、区域开发、人口、经济、城市、文化和文献等方面的特征。同年，《唐研究》第九卷是唐长安研究的专辑，收录了多篇关于长安研究的论文。荣新江《关于隋唐长安研究的几点思考》介绍了以往对唐长安多层面的研究成果，并对其组织的《两京新记》读书班的缘起和主要研究方向做了说明。程存洁在《唐代城市史研究初编》（中华书局 2002 年版）中介绍了唐代边地城市城墙修筑的原因、过程和城市布局，提出军事防御是唐代修筑边城最直接的原因。

对城市研究的论文从经济和社会等不同角度展开，如城市构造（包括子城、罗城、坊、市等及其功能）、商业经济及管理、城市消费及娱乐生活、地理、人口、交通等。城市构造研究有史念海《唐代长安外郭城街道及里坊的变迁》（《中国历史地理论丛》1994 年第 1 期）、辛德勇《隋唐两京丛考》（三秦出版社 1991 年版）、曹尔琴《唐长安的东市和西市》（《唐史论丛》第 1 辑）、郭湖生《子城制度——中国城市史专题研究之一》（［日］《东方学报》五十七册，1985 年），等等。从人口及其流动入手的研究如冻国栋《略论唐代人口的城乡结构与职业结构》（《魏晋南北朝隋唐史资料》第 19 辑）指出，这一时期人口的城乡结构出现了城市人口增多和传统城市经济意义日渐明显的倾向，工商业者人数的增长成为基本的现实，所谓"四民"分业已无法概括行业间或部门间分工的实况。宁欣《由唐入宋都市人口结构及外来流动人口数量变化浅论——从〈北里志〉和〈东京梦华录〉谈起》（《中国文化研究》2002 年第 2 期）通过考察史籍所描述的唐长安和北宋东京娼妓业及其变化，探讨了流动人口与城市面貌变化的关系。作为历史地理学一支的历史城市地理学相对于其他分支学科更为成熟。韩昇《南北朝隋唐士族向城市的迁徙与社会变迁》（《历史研究》2003 年第 4 期）提出士族向城市迁移，使得城乡呼应的士族政治形态瓦解，唐宋间发生了继封建制向郡县制转变之后最具深远意义的社会转型。

社会经济史的区域研究成为经济史的新潮流，围绕区域社会发展的不均衡现状，致力于某一特定地区开发进程的探索，在研究中，充分利用考古材料、文物遗存及自然科学成果，包括水文地理、物产气候进行综合比较、纵横研究，避免了空泛和片面，而诸如郡县废置、人口变迁、地理环境、作物品种、开发程度、交通贸易、文明进步等，形成立体全面的考察。《古代长江中游的经济开发》（黄惠贤、李文澜主编，武汉出版社 1988 年版）就是新中国成立后第一部研究古代长江中游区域经济的论文集，围绕 3 至 9 世纪该地区农业、手工业、商业、城市、人口、民族、交通、地理等方面进行系统分析。陈勇《唐代长江下游经济发展研究》（上海人民出版社 2006 年版）探讨了唐代长江下游农业、手工业、商业的发展，以及交通与海外贸易、人口分布与变迁等问题。

区域的视角研究中，江南经济史成为关注的焦点。李伯重《唐代江南农业的发展》（农业出版社 1990 年版）注重经济分析方法的运用。张剑光《唐五代江南工商业布局研究》（江苏古籍出版社 2003 年版）着重研究浙东、浙西和宣歙三道的手工业、交通业和商业布局的特点。

作为南北交通的大动脉的京杭运河，对于沿河区域社会经济的发展、各地之间物质文化的交流尤其是漕运的管理和运输，历来受到关注。20世纪 90 年代运河考古取得了有效进展，1999 年获得"1999 年全国十大考古发现"之一的淮北隋唐时期运河遗址和唐代沉船、宋代码头的发现，令世人瞩目。（1999 年 12 月 8 日《中国文物报》发表《淮北隋唐大运河考古有重大发现》）隋唐以后运河两岸工商业城市的兴起和繁荣，吸引人们对由此发生的区域间物资、文化、信息的交流融会以及社会的流动，城市的发育的研究，如史念海《隋唐时期运河和长江流域的水上交通及其沿岸的都会》（《中国历史地理论丛》1994 年第 4 期）、傅崇兰《中国运河城市发展史》（四川人民出版社 1985 年版）、潘镛《隋唐时期的运河与漕运》（三秦出版社 1987 年版）。

经济重心南移对于中国文明换位和政治中心变迁的影响之巨历来为学界所关注。对于发生这一变化的内在原因，传统的社会变革重视对上层建筑和生产关系的变化的分析，从新的角度入手如将技术进步（水利、农业、航运、制造）作为切入点，从生产力发展的角度分析成为一种新路径，而这一方法在国外学者中已经得到重视和使用。如法国学者谢和耐就在他的《中国社会史》一书的中译本序言中强调："在数千年的和不停顿的发展中，于其历史上的每个时代，中国的社会、政治制度、法律、技术、经济和文化生活都互相影响"，"我非常注重技术史。同时，我认为虽然技术与社会发展是不可分割的，但它们对于改变历史却起着决定影响。"（江苏人民出版社 1997 年版）郑学檬《中国古代经济重心南移和唐宋江南经济研究》（岳麓书社 1996 年版）即关注技术发明的意义，从科技进步和发明来探寻南方经济发展的内在原因，他在《制度变迁：中国古代经济重心南移的动力之二》所作的理论分析中，就吸收了道格拉司·C. 诺斯《经济史中的结构与变迁》的观点，针对国家界定产权和统治者权力扩散等制度问题讨论分析唐宋时期制度变迁对经济重心改变的影响。受美籍华人施坚雅关于区域经济网络理论的影响，通过市场体系的划分，也对区域经济史研究提供了新的视角，虽然更多的研究并未集中于唐代，却提供了一种可贵的理论视野与方法启示。

社会学方法的引入，帮助人们将关注点下移，更多地关注构成社会的人口和家庭结构等问题，在 20 世纪 80 年代初对人口的研究就有宁可

《试论中国封建社会的人口问题》（《中国史研究》1980 年第 1 期）的总体论述。相关的研究有人口数量、空间分布、国家控制与户籍管理等。而家庭的研究更好地体现出人类学、社会学与历史学的结合。冻国栋《隋唐时期的人口政策与家族法——以析户、合贯（户）为中心》（《中国中古经济与社会史论稿》，湖北教育出版社 2005 年版），侧重这一时期国家政权对家族问题干预的措施、背景和影响。魏明孔《唐代工匠与农民家庭规模比较》（《西北师大学报》2004 年第 1 期）比较了隋唐时期手工业生产者与农民的家庭规模，提出个体手工业工匠家庭类型的五种大致情况。刘永华《唐中后期敦煌的家庭变迁和社邑》（《敦煌研究》1991 年第 3 期），利用敦煌文书，考察了中唐的变迁情况，认为家庭结构的残破化，导致家庭功能外移，促使社邑的出现和增多。家族问题和家族个案方面更加深化，吴玉贵《凉州粟特胡人安氏家族研究》（《唐研究》第三卷），通过运用碑志史料，对侨居唐朝的粟特胡人安氏家族进行个案研究，并用以解释唐朝民族关系中一些重大事件以及粟特人汉化的问题。

三　隋唐五代史研究的反思和展望

改革开放三十年来，史学研究在冲破各种学术禁区步入健康轨道之后，显现出繁盛的局面，在经世致用的使命感驱动下，在多学科的渗透和交叉影响下，在现实问题不断激发人们对历史经验性素材的追索下，新时期的史学研究的人文关怀取向愈益显著。这也为我们提出更新的起点和要求，即如何提高对社会现实问题的反应能力，有针对性地开展探索性研究，要求明确以问题为研究导向的意识，所谓"问题意识"，"实际上是一种'眼光'。它所反映的是一种追求历史识见的研究取向；所要求的是洞察敏锐而言之有物。它探索事物发展的内在逻辑，而不以重复大而无当的普遍规律为目标。对于问题意识的强调，有利于寻找学术前沿、减少浅层次的重复，有利于促进论点的提炼与研究的深入，也有利于多领域甚至跨学科的交叉合作"（《走向"活"的制度史——以宋代官僚政治制度史研究为例的点滴思考》，包伟民主编《宋代制度史研究百年（1900—2000）》，商务印书馆 2004 年版）。

改革开放以来，随着国门打开，20 世纪 80 年代初以来涌入的西学，包括西方哲学、史学、经济学、人类学理论的渐次传入，对中国的学术思想产生了重大影响，尤其是经过译介的一些西方重要经济理论著作对中国经济史研究的影响尤大，中国的史学研究已今非昔比，体现出在辨读、解析、整合历史资料上的多元的理论学术视角。在追求与时俱进、拓展国际视野的同时，更要求具备思辨的能力，寻找适合中国历史状况的理论方法尤为重要，"其真能于思想史上自成系统，有所创新者，必须一方面吸收输入外来之学说，一方面不忘本来民族之地位"（《冯友兰中国哲学史下册审查报告》，《金明馆丛稿二编》，上海古籍出版社 1980 年版），在加强译介和吸收的同时，注重理论视角的取舍、研究视点的把握、研究范式的选择、研究方法的运用，加强理论体系建设。

具体到隋唐五代史研究，关系着已经涉足的领域如何拓展、深入，已经取得的成果如何进一步提高水平，比如，民众生活和民间互助问题，已经有人关注，并呼吁开展强化社会史研究的新方法。在这方面，已经有宁可、郝春文《敦煌社邑文书辑校》和相关系列深入的实证研究，新的视阈如何借助社会学的方法运用，在基层民生问题、社会救济等方向得以拓展。而在社会生活史研究中，已经完成的研究如《隋唐五代社会生活史》（中国社会科学出版社 1998 年版）全面展示了隋唐五代的社会风貌，包括阶级状况、社会组织、衣食住行和婚丧等方面，以及黄正建《唐代衣食住行研究》（首都师大出版社 1998 年版）。如何将日常社会生活和公共空间利用于城市、社会转型和文化的延续性的理解和研究，使之深化和拓展，在这方面，大量的笔记小说等蕴涵着丰富而鲜活的历史社会信息，供人们研究利用。

在前面所述及的城市和区域研究中，区域空间的运用主要体现在经济史研究当中，而在这以外，在社会和政治史的领域中的扩展还有所欠缺。同样，城市研究限于都城和少数个别城市的局限性已经为学界所正视。李孝聪提出，城市史和历史城市地理学的研究不能局限于单一城市的描述，应从历代区域中心城市入手，挖掘城市体系形成的原因和过程（《北大史学》第二辑，1994 年）。

近年来，一直呼吁的突破朝代界限的长时段考察历史问题的学术取向，结合数字化的信息获取手段，可以帮助人们在更加宽广的向度内宏观地把握历史的发展趋向和规律。伴随着不断增多的可利用资料，尤其是敦煌吐鲁番文书和诸多考古发掘等实证性资料的出现，在既有的学术积累和水准上，更加严谨开放的学术风格、深入系统的研究方向、思辨批判的学术眼光是新时期学人共同的学术追求，终将使隋唐史的研究臻于真正尽显中国作为"世界上历史悠久、地域广阔、自成体系、影响深远的文化体系"（季羡林语）的辉煌与多彩。

改革开放三十年的宋史研究

江小涛

宋朝历时三百二十年，是中国历史上的主要朝代之一。但在传统史家看来，这是一个"文恬武嬉"、"积贫积弱"的朝代，有关天水一朝的史事，遂也为人们所忽视。清代以降，伴随着学术思潮的变迁，以程朱理学为代表的宋儒之学受到质疑和清算，"空言心性"、"游谈无根"的讥评洋洋盈耳，这在相当程度上也影响了人们对宋朝的观感。自元末迄于明清，曾有不少学者痛感于元修《宋史》存在的诸多问题而思重修，或未能实现，或所作难尽如人意。其间又多囿于夷夏之防、正统之辨，遂使政治因素妨碍了学术求真。除黄宗羲、全祖望、王夫之、章学诚、钱大昕等少数学者外，探究宋代史事且有所发明者寥寥无几。

20 世纪初，日本学者提出了"唐宋变革说"，以宋代作为中国近代的开端。此说对西方汉学家也产生了影响。中国学者如严复、王国维等也强调宋代历史文化的重要性。由此，关注和研究宋代历史的学者日渐增多。其代表性的人物有张荫麟、聂崇岐、全汉昇、邓广铭、金毓黻、蒙文通、陈乐素、张家驹等。有些学者虽非专治宋史，但也撰写了不少与宋史相关的传世之作。他们为 20 世纪上半期宋史研究学科的奠定作出了开创性的贡献。

新中国成立后，中国历史学研究进入一个新的发展阶段，宋史研究领域也是如此。学者们尝试着运用唯物史观开展学术研究，产生了一批学术成果。这些成果多是围绕着当时的若干热点问题如社会形态、阶级结构、土地制度、农民战争、民族关系以及历史人物评价等展开的。同时，形成了若干宋史研究和教学的基地，培养和储备了一批学科人才。

但其时政治因素对学术的干扰、破坏已露端倪。"文化大革命"期间，宋史研究陷于停顿状态，几乎没有什么有价值的学术成果和学术活动。所幸的是，有不少学者顶着重重压力，在极端困难的条件下仍从事着学术的研究和积累工作。更有很多学者在身罹这场浩劫的过程中，对国家的命运、学术的命运有了更深沉的思考。所有这些都为以后学术的复苏和发展创造了条件。

"文化大革命"结束后，特别是从改革开放以来，宋史研究真正出现了蓬勃发展的局面。20世纪70年代末、80年代初，在清算教条主义和"影射史学"的大背景下，宋史研究领域形成了若干热门课题，如宋江问题、岳飞问题、爱国主义与民族英雄、农民起义、王安石变法，等等。这些课题都引起了当时史学界的浓厚兴趣和热烈讨论。这股热潮虽仍带有某些极"左"时期的烙印，但也体现了思想和学术的活跃，在一定程度上起到了拨乱反正、正本清源的作用。1980年10月，中国宋史研究会成立，成为中国内地最早成立的断代史学术团体之一。从此，在邓广铭、陈乐素、漆侠等前辈学者的积极倡导下，宋史研究取得了长足的进步。研究者们重新学习、认识马克思主义理论，进一步解放思想，以实事求是的态度从事学术研究。同时借鉴国外史学理论、研究方法以及相关领域的学术成果，扩大了学术视野，使宋史研究的深度和广度有了明显的提高，并开辟了许多新的研究领域。经过近三十年的努力，宋史研究的队伍不断壮大，逐步实现了新老结合与交替，形成了北京大学、中国社会科学院历史研究所、河北大学、浙江大学、四川大学、河南大学、暨南大学、云南大学、武汉大学、华中师大、山东大学等人才培养基地。研究成果的数量和质量均超过了以往任何时期，平均每年发表学术论文五百余篇，出版的研究专著总计近五百部，并形成了若干较为固定的出版和发表阵地。相关的学术团体和机构纷纷建立，国内外学术交流空前活跃。仅以中国宋史研究会为例，迄今已召开了13届年会，出版了12部论文集，会刊《宋史研究通讯》已编至51期，面向中国大陆、港台，日本，韩国，欧美等地发行，该会委托河南大学承办的"中国宋代历史研究"网站也于2004年4月正式开通，为宋史研究开辟了新的学术交流平台。整个宋史学界呈现出欣欣向荣的发展局面，在很大程度上改变了这一领域长期以来的落后状况，使之足以跟其他断代史研究并驾齐驱，而且在许多方面跃居前列。以下从几个方面分加叙述。

成果回顾

（一）社会经济史

社会经济史是宋史研究中持久的热点，也是近三十年来学术成果最为丰硕的一个领域。其研究范围已从过去侧重于土地制度、租佃关系、雇佣劳动等生产关系方面拓展到农业、手工业、商业、货币信贷、区域经济、城乡网络、交通水利、边境及海外贸易、政府财政、赋役制度、籍账、户口、家庭财产等多个方面。既有宏观的研究与综论，也有具体与个案的深入探讨；既有基于传统治史方法的厘正和廓清，也有运用新的理论方法和视角而展开的别开生面的研究。漆侠的《宋代经济史》（1987、1988）是迄今为止分量最大的宋代经济史研究专著。该书运用马克思主义理论，对宋代经济的各个方面以及宋代经济在中国古代经济史中的地位作了系统深入的阐述，较为成功地构建了宋代经济史研究的整体框架，为进一步的具体和深化研究提供了条件。此外，他还与乔幼梅合作撰写了《辽夏金经济史》（1994），可视为前者的姊妹篇。葛金芳《宋辽夏金经济研析》（1991）则试图将宋辽夏金时期的经济作为一个整体，纳入东亚经济圈的历史演进中加以考察。程民生《宋代地域经济》（1992）首次对两宋区域经济作了全方位的探讨，对宋代经济的地域不平衡问题有若干独到的见解。贾大泉《宋代四川经济述论》（1985）则是较早以地区经济为研究对象的代表性作品。韩茂莉《宋代农业地理》（1993）运用现代地理学的理论与知识研究宋代农业地理，并尝试对宋代的人口、耕地进行定量分析。方健《关于宋代江南农业生产力发展水平的若干问题研究》（《江南社会经济研究·宋元卷》，2006）运用史料考辨、分析的微观研究方法，就宋代江南粮食亩产、总产以及与宋代江南农业生产力发展水平相关的几个问题作了系统阐述。杨果《宋代两湖平原地理研究》（2001）也是相关领域的一项重要成果。手工业方面，有郭正忠《宋代盐业经济史》（1990）、《三至十四世纪中国的权衡度量》（1993），李华瑞《宋代酒的生产和征榷》（1995），黄纯艳《宋代茶法研究》（2002）。王菱菱《宋代矿冶业研究》（2005）从经营管理方式的改进、技术水平的提高、社会需求的增加以及商品经济的日益活跃等方面论述了宋代矿冶业的高度发展。并对宋代矿冶技术作了大量分析考订，其辨明人陆容《菽园杂记》所引《龙泉县志》为南宋陈百朋所作尤具识见。商业方面，有姜锡东《宋代商业信用研究》（1993）、《宋代商人与商业资本》（2003），缪坤和《宋代信用票据研究》（2002），林文勋《宋代四川商品经济史研究》（1994），龙登高《宋代东南市场研究》（1994），李晓《宋代工商业经济与政府干预研究》（2000），魏天安《宋代行会制度史》（1997），刘秋根《中国典当制度史》（1995），陈高华、吴泰《宋元时期的海外贸易》（1981）等。货币史方面，有李埏、林文勋《宋金楮币史系年》（1996），车迎新等主编《宋代货币研究》（1995），刘森《宋金纸币史》（1993），高聪明《宋代货币与货币流通研究》（2000），汪圣铎《两宋货币史》（2003）、《两宋货币史料汇编》（2004）等。城市与市镇研究方面，有周宝珠《宋代东京研究》，林正秋《南宋都城临安》，李春棠《坊墙倒塌以后：宋代城市生活长卷》（1993），陈国灿《宋代江南城市研究》（2002），傅宗文《宋代草市镇研究》（1989）等。财政史方面，有汪圣铎《两宋财政史》（1995），梁太济、包伟民《宋史食货志补正》（1994），包伟民《宋代地方财政史研究》（2001）等，以及围绕宋代财政、赋役各项问题发表的大批论文。在社会结构和户口制度方面，王曾瑜《宋朝阶级结构》（1995）从乡村户与坊郭户、官户与民户等对称户名中提出户口分类制度的概念，对宋代诸社会阶层作了广泛的探讨。人口籍账方面，有吴松弟《中国人口史·辽宋金元卷》（2000），戴建国《宋代籍账制度探析——以户口统计为中心》（《历史研究》2007年第3期）等。

（二）制度史

制度史是宋史研究的传统领域，也是近三十年来取得突破性进展的一个领域。无论是通论性的著述还是专题、个案的研究都有一批重要的论著问世，不少薄弱环节也受到了重视。朱瑞熙、张其凡《中国政治制度通史》第六卷（1996）是第一部系统全面的宋代政治制度史的通论性著作。龚延明《宋史职官志补正》（1991）和《宋代官制辞典》（1997）是继邓广铭《宋史职官志考正》之后又一项重要成果，为宋代典章制度的深化研究提供了更为扎实的基础。其他重要作品有：邓小南《宋代文官选任制度诸层面》（1993），苗书梅《宋代官员选任和管理制度》（1996），诸葛忆兵《宋代宰辅制度研究》（2000），贾玉英《宋代监察制度》（1996），虞云国《宋代台谏制度研究》（2001），刁忠民《两宋御史中丞考》（1995），杨果《中国翰林制度研究》（以宋代为主）（1996），李昌宪《宋代安抚使考》（1997），李之亮《宋代郡守通考》（2001）、《宋代路分长官通考》（2003）、《宋代京朝官通考》（2003），李勇先《宋代添差官制度研究》（2000），余贵林、张邦炜《宋代技术官研究》（《大陆杂志》第83卷第1、2期，台北1991年7、8月出版），游彪《宋代荫补制度研究》（2001）等。科举和考试制度方面，有张希清《中国科举考试制度》（以宋代为主）（1994）、《中国考试通史·宋辽金元卷》（2001），何忠礼《宋史选举志补正》（1992）。军制方面，王曾瑜《宋朝兵制初探》（1983）依据现代军制学的规范，对宋代军事制度的各个方面作了系统的探讨，具有开创性意义。在法律制度和法制史研究方面，有王云海等合著《宋代司法制度》（1992），郭东旭《宋代法制研究》（1997），薛梅卿《宋刑统研究》（1997）、《两宋法制通论》（2002），周密《宋代刑法史》（2002），吕志兴《宋代法制特点研究》（2001）以及屈超立《宋代地方政府民事审判职能研究》（2003）等。戴建国《宋代法制初探》（2000）、《宋代刑法史研究》（2008）及其系列论文，可视为相关领域的前沿性成果。其他方面还有蔡崇榜《宋代修史制度研究》（1991）、曹家齐《宋代交通管理制度研究》（2002）等。包伟民主编的《宋代制度史研究百年》（2004）是2001年杭州"近百年宋史研究的回顾与展望"研讨会的论文集。其内容，一是对宋代制度史研究的若干具体方面作了总结和评述，如行政制度、法律制度、财政制度、军事制度等；二是通过对宋代制度史研究状况的分析与反思，来讨论制度史研究中某些带有普遍意义的问题。反映了宋史学界自我质疑、突破陈说，要求借鉴社会科学研究方法，转换研究范式的强烈愿望和初步思考。

（三）政治史

政治史方面，对某些"传统领域"的研究进一步深化，同时也有若干填补空白的成果问世。"祖宗之法"是宋代政治史和制度史的核心问题，囊括了宋朝缔造者们创制立法的诸方面内容，既包括治国理政的基本方略，也包括统治者所应抱持的治事态度；既包括维系制约精神的规矩设施，也包括不同层次的具体章程。邓小南《祖宗之法——北宋前期政治述略》（2006）对宋朝"祖宗家法"的缘起、宗旨、基本内容及其对宋代政治的正负影响作了详尽深入的探讨，围绕"祖宗之法"与宋代政治格局之间的互动关系，揭示了宋代政治史的基本线索和制度设计的基本原则，是将一种政治文化理念与一朝政治运程结合起来研究的有益尝试。王安石变法是宋代政治史研究的热门课题，王曾瑜《王安石变法简论》（《中国社会科学》1980年第3期）全面系统地否定了王安石变法，在当时引人注目，对学术界重新审视这一问题发挥了作用。李华瑞《王安石变法研究史》（2004）一书，从学术史的角度汇集了南宋以来人们对王安石其人、其学及其变法的种种评论及研究，为推动此一重大课题的深入研究提供了新的平台。何忠礼《宋代政治史》（2007）列述两宋时期的内政外交状况，以翔实的文献资料为据，对重大历史事件及相关人物作了分析和评述，对史家旧有的结论多有驳正，是带有突破性的新成果。赵永春《金宋关系史》（2005）以金朝兴衰为线索，系统论述金朝对宋政策，多方钩沉金宋和战史实，对若干有争议的问题阐述了自己的观点，是第一部系统翔实的金宋关系史。此外，李裕民《宋史新探》（1999），罗家祥《北宋党争研究》（1993），《朋党之争与北宋政治》（2001），沈松勤《北宋文人与党争》（1998），叶坦《大变法——宋神宗与十一世纪的改革运动》（1996），王瑞明《宋代政治史概要》（1989），张邦炜《宋代皇亲与政治》（1993），李华瑞等合著《中国改革通史·两宋卷》（2000），陈峰《北宋武将群体与相关问题研究》（2004），杨渭生《宋丽关系史研究》（1997），李华瑞《宋夏关系史》（1998），刘建丽《宋代西北吐蕃研究》（1998），胡昭曦、邹重华主编《宋蒙（元）关系研究》（1992）、《宋蒙（元）关系史》（1992），陈世松等著《宋元战争史》（1988），赵继颜《中国农民战争史·宋辽金元卷》（1991）等都是有关宋代政治、军事、民族、对外关系各研究领域的重要成果。

（四）社会史

从20世纪80年代后期开始，社会史、社会生活史日益受到关注，研究倾向更趋多样化，社会流动、婚姻女性、家族宗法、民间信仰、社会生活、基层社会等课题纷纷进入研究者的视野，逐渐成为宋史研究领域的一个新的增长点。朱瑞熙的《宋代社会研究》（1983）简要论述了社会经济、家族等方面的问题，并对宋代社会在中国历史上的地位提出了自己的见解。此外，他还发表了多篇有关宋代社会生活、风俗的论文。张邦炜《婚姻与社会：宋代》（1989）和《宋代婚姻家族史论》（2003）是系统论述宋代婚姻制度的成功之作。朱瑞熙、张邦炜、刘复生、蔡崇榜、王曾瑜合著《辽宋西夏金社会生活史》（1998）利用大量文献及实物等资料，深入考察了宋、辽、西夏、金时期社会生活的方方面面，内容涵盖饮食、服饰、交通、婚姻、宗教信仰等，是一部具有较高水平的社会生活史专著。邓小南主编《唐宋女性与社会》（2003）结合跨学科的研究手段，对这一相对比较薄弱的领域作了综合性的研究和总结。《唐研究》第 11 卷"唐宋时期的社会流动与社会秩序研究专号"中的一些文章则从礼仪变迁、家庭变迁、观念变迁等角度，来反观社会的发展变迁。伊永文的《宋代市民生活》（1999）对宋代城市居民的世态风情、生活习俗、民间流俗等作了生动细致的描述，是一部别开生面之作。其他重要作品还有：王善军《宋代宗族与宗族制度》（2000）、吴松弟《北方移民与南宋社会变迁》（1993）、《中国移民史》第四卷宋辽金元部分（1997）、林正秋《宋代生活风俗研究》（1997）、徐吉军等合著《中国风俗通史·宋代卷》（2001）、张文《宋朝社会救济研究》（2001）、包伟民主编《宋代社会史论稿》（2005）、夏维中《宋代乡村基层组织衍变的基本趋势》（载于《江南社会经济研究·宋元卷》2006）、汪圣铎《宋代社会生活研究》（2007），等等。所发表的相关论文数量在各个断代史中也名列前茅。

（五）文化史

宋朝是中国历史上文化昌明的时代。有关宋代文化史的研究，以往较为分散且大多列入各专门史的范畴。十余年来，从事两宋断代史研究的学者越来越认识到这一领域的研究对于推动整个宋史研究的重要性，研究力度大大加强，相关成果显著增多，内容涉及宋代学术思想、文学、史学、宗教、教育、科技、艺术等各个方面。

姚瀛艇等合撰的《宋代文化史》（1992）是第一部宋代的断代文化

史，杨渭生的《两宋文化史研究》（1999）在内容上又有所增加。陈植
锷的《北宋文化史述论》（1992）对北宋文化、学术的转型作了深入的
考察，提出了不少颇有见地的观点。程民生的《宋代地域文化》
（1997）则旨在探索宋代文化的地域差别。在学术思想方面，漆侠的
《宋学的发展和演变》（2004）力图摆脱以往思想史研究的局限，把思
想史的研究与社会政治、经济情况紧密联系起来，为宋学的研究提供了
新的路径。侯外庐等主编《宋明理学史》上卷（1984），张立文《宋明
理学研究》（1985）、《朱熹思想研究》（1981），陈来《宋明理学》
（1991）、《朱熹哲学研究》（1987）和《朱子书信编年考证》（2007），
姚瀛艇等合著《中国宋代哲学》（1992），姜广辉《理学与中国文化》
（1994），徐洪兴《思想的转型——理学发生过程研究》（1996），范立
舟《宋代理学与中国传统历史观念》（2004），刘复生《北宋中期儒学
复兴运动》（1993），姜国柱《李觏思想研究》（1984）、《张载的哲学
思想》（1982），陈俊民《张载哲学思想及关学学派》（1986），李祥俊
《王安石学术思想研究》（2000），李之鉴《王安石哲学思想初论》
（1999）、《陆九渊哲学思想研究》（1985），刘象彬《二程理学基本范
畴研究》（1987），潘富恩《程颢程颐理学思想研究》（1988），蔡方鹿
《程颢程颐与中国文化》（1996），潘富恩、徐余庆《吕祖谦思想初探》
（1984），蔡方鹿《一代学者宗师——张栻及其哲学》（1991），方如金
主编《陈亮和南宋浙东学派研究》（1996），周梦江《叶适与永嘉学派》
（1992），崔大华《南宋陆学》（1984），杨天石《朱熹及其哲学》
（1982），蔡方鹿《朱熹与中国文化》（2000），彭永捷《朱熹陆九渊哲
学的比较研究》（2002），张伟《黄震与东发学派》（2003），胡昭曦、
刘复生和粟品孝合著《宋代蜀学研究》（1997）等，都是这一领域的重
要作品。

宋代文艺方面论著很多，主要有唐圭璋主编《全宋词》，傅璇琮等
主编《全宋诗》，曾枣庄、刘琳主编《全宋文》。郭绍虞《宋诗话考》
（1979），吴组缃、沈天佑《宋元文学史稿》（1989），程千帆、吴新雷
《两宋文学史》（1991），王水照主编《宋代文学通论》（1997），张毅
《宋代文学思想史》（1995），苏者聪《宋代女性文学》（1997），肖庆
伟《北宋新旧党争与文学》（2001），洪本健《宋文六大家活动编年》
（1993），祝尚书《北宋古文运动发展史》（1995）、《宋代巴蜀文学通

论》（2005），张海鸥《宋代文化与文学研究》（2002），张智华《南宋的诗文选本研究》（2002），杨庆存《宋代散文研究》（2002），欧阳光《宋元诗社研究丛稿》（1996），詹安泰《宋词散论》（1980），薛砺若《宋词通论》（1985），陶尔夫、诸葛忆兵《北宋词史》（2002），王兆鹏《宋南渡词人群体研究》（1992），程毅中《宋元话本》（1982），萧湘恺《宋元小说史》（1997），景李虎《宋金杂剧概论》（1996），陈高华《宋辽金画家史料》（1984），水赉佑《宋代帖学研究》（2001），周宝珠《〈清明上河图〉与清明上河学》（1997）等。

史学方面有：吴玉贵《资治通鉴疑年录》（1994），裴汝诚、许沛藻《续资治通鉴长编考略》（1985），陈智超《解开〈宋会要〉之谜》（1995），王云海《宋会要辑稿研究》（1984）、《宋会要辑稿考校》（1986），王瑞明主编《文献通考研究》（1994），李勇先《舆地纪胜研究》（1998），吴怀祺《宋代史学思想史》（1992）等。

宗教方面有：郭朋《宋元佛教》（1981），顾吉辰《宋代佛教史稿》（1993），魏道儒《宋代禅宗文化》（2006），唐代剑《宋代道教管理制度研究》（2003），程民生《神人同居的世界》（1993）等。

论述宋代教育的著作有袁征《宋代教育——中国古代教育的历史性转折》（1991），苗春德《宋代教育》（1992），顾宏义《教育政策与宋代两浙教育》（2003），朱瑞熙主编《朱熹·教育与中国文化》（1991）等。

宋代是中国古代科技发展的黄金时期，相关的研究成果有：管成学《宋辽夏金元科学技术史》（1990），陈明达《营造法式大木作制度研究》（1993），周宝荣《宋代出版史研究》（2003），王兴文《宋代科技文献研究》（2006），吕变庭《北宋科技思想研究纲要》（2007）等。

（六）人物研究和传记

宋代人物研究和传记一直是宋史研究中的优势领域。邓广铭先生三写《岳飞传》、四写《王安石》在宋史学界传为佳话，他的"四传二谱"（《陈龙川传》、《辛弃疾（稼轩）传》、《岳飞传》、《王安石》和《韩世忠年谱》、《辛稼轩年谱》）是留给后人的传世之作。其他较为重要的作品有：刘耕荒《宋太祖大传》（1997），郝树侯《杨业传》（1984），戴应新《折氏家族史略》（1989），张其凡《赵普传》（1991），徐规《王禹偁事迹著作编年》（1982），蔡东洲《宋代阆州陈氏研究》（1999），程应镠的《范仲淹新传》（1986）和《司马光新传》（1991），李涵、刘经华《范仲淹传》（1991），方健《范仲淹评传》（2001），黄进德《欧阳修评传》（1998），姜国柱《李觏评传》（1996），孔繁敏的《包拯年谱》（1986）和《包拯研究》（1998），曾枣庄的《三苏评传》和《年谱》，梁绍辉《周敦颐评传》（1994），龚杰《张载评传》（1996），唐明邦《邵雍评传附陈抟评传》（1998），李昌宪《司马光评传》（1998），卢连章《程颢程颐评传》（2001），徐洪兴《旷世大儒：二程》（2000），黄宝华《黄庭坚评传》（1998），祖慧《沈括评传》（2004），王曾瑜《尽忠报国——岳飞新传》（2001），龚延明《岳飞评传》（2001），曾琼碧《千古罪人秦桧》（1984），王智勇《南宋吴氏家族的兴亡——宋代武将家族个案研究》（1995），王延梯《李清照评传》（1982），齐治平《陆游传论》（1984），邱鸣皋《陆游评传》（2002），张瑞君《杨万里评传》（2002），潘富恩、徐庆余《吕祖谦评传》（1992），周梦江《叶适与永嘉学派》（1992）和《叶适年谱》（1996），郭齐《朱熹新考》（1994），束景南《朱子大传》（1992）和《朱熹年谱长编》（2001），祁润兴《陆九渊评传》（1998），徐有富《郑樵评传》（1998），王瑞明《马端临评传》（2001），蔡方鹿《魏了翁评传》（1993），陈世松《余玠传》（1982），万绳楠《文天祥传》（1985），俞兆鹏《谢叠山大传》（1996），吉林文史出版社《宋帝列传》十二部（1996、1997），黄锦君《两宋后妃事迹编年》（1997）等。

（七）断代史和工具书

早在 20 世纪 40 年代，金毓黻先生即主张研究辽宋金时期的历史，"惟有三史兼治，乃能相得益彰"。邓广铭先生也始终倡导辽宋金夏史贯通兼治的"大宋史"研究理念。与其他断代史的同类作品相比，宋朝断代史专著的问世是比较晚的，但在这三十年里也取得了长足的进步。周宝珠、陈振主编的《简明宋史》（1985）为断代宋史的开篇，与那个年代的学术状态和水平相适应，体系结构和内容安排上侧重政治斗争、阶级矛盾、民族冲突等内容。吴泰《宋朝史话》（1987）、洪焕椿《宋辽夏金史话》（1980）为普及性历史读本，深入浅出，要言不烦。宋德金、张希清《中华文明史》第六卷《辽宋夏金》（1994）将辽宋夏金作为一个整体来编写，内容更加详细充实。白寿彝总主编的《中国通史·五代辽宋金夏时期》（陈振任分卷主编，上海人民出版社 1999 年版），融会了许多新成果，增添了不少社会、经济、文化、生活等方面内容。但其传记部分占了该卷一半的篇幅，仍深受传统纪传体修纂方式的影响。何忠礼等的《南宋史稿》（1999），内容侧重于政治史、民族关系和文化史，经济、社会、生活等方面的内容较为薄弱。虞云国的《细说宋朝》（2002）对宋史作了专题性的介绍和论述。张其凡的《宋代史》（澳亚周刊出版有限公司 2004 年 7 月初版）由导论和七章组成，导论介绍和评论了宋朝及西夏、喀喇汗王朝的基本史料，第一至第七章分别叙述和分析了宋朝的政治发展、政治制度、社会经济与社会结构、科学文化、社会与社会生活、周边民族与民族关系、与世界各国的交往，全景式地展现了宋代三百年的历史图卷，具有宋代全史的性质。陈振的《中国断代史系列·宋史》（2003）吸纳了宋史学界的最新成果，在《简明宋史》和白氏《中国通史》的基础上又有了新的扩充和改进。

工具书方面，主要有邓广铭任主编的《中国历史大辞典·宋史卷》（1984）和《中国大百科全书·中国历史·辽宋西夏金史卷》（1988），方建新《二十世纪宋史研究论著目录》（2006），俞如云《宋史人名索引》（1992），朱士嘉《宋元方志传记索引》（1986），沈治宏等编《中国地方志宋代人物资料索引》（1997），李国玲《宋人传记资料索引补编》（1994），程兆奇《宋元学案立目人物索引》（1984），刘琳等编《现存宋人著述总录》（1999），祝尚书的《宋人别集叙录》（2002）和《宋人总集叙录》（2004），龙潜庵《宋元语言词典》（1985）等。

（八）文献史料整理

文献史料的整理出版一直受到政府和学界的重视，取得的成绩也极为突出。主要有：程应镠、裴汝诚等点校的《续资治通鉴长编》（1995年出齐），邓广铭等点校的《宋朝诸臣奏议》（1999），徐规点校《建炎以来朝野杂记》（2000），陈智超、吴泰、王曾瑜点校《名公书判清明集》（1987），陈智超整理《宋会要辑稿补编》（1988），吴翊如点校《宋刑统》（1984），王瑞来《宋宰辅编年录校补》（1986），戴建国点校《庆元条法事类》（2002），栾贵明《四库辑本别集拾遗》（1983），邓广铭等增补整理《陈亮集》（1987），王曾瑜《鄂国金佗粹编续编校注》（1989），孔凡礼《范成大佚著辑存》（1983）和《增订湖山类稿》

（1984），王文楚点校《元丰九域志》（1984）和《太平寰宇记》（2008），李勇先点校《舆地纪胜》（2005），苏渊雷点校《五灯会元》（1984）等。不少重要的文集、笔记也陆续整理出版。巴蜀书社的《宋人年谱丛刊》（1999），共收谱主二百五十余人。由上海师范大学古籍研究所编辑整理的《全宋笔记》，堪称一部收罗齐全的宋人笔记总汇。除文献史料外，一批石刻材料相继问世，拓展了研究者运用史料的范围，如四川省社科院等编《大足石刻内容总录》（1985），国家图书馆善本部金石组整理的《宋代石刻文献全编》（2003）等。

总结与展望

经过改革开放三十年来的不懈努力，宋史研究的学科体系已趋于完整，在各领域、各层面都取得了长足的进步。而更为重要的是，学术团队中仍保持着一种积极、活跃的态势。从"文化大革命"结束之初配合现实政治的批判与反思，到服膺于实事求是、沉静笃实的"考索之功"，而后又转至对理论指导与史料运用之相互关系的重新思考和研究实践，我们可以清晰地看到研究者是如何跟随时代的步伐而实现超越的。"问渠哪得清如许，为有源头活水来"，这正是学术生命力的希望所在。

总结这三十年宋史研究的发展历程，有几个值得关注的特点和趋向。

一是实证性的研究仍牢固占据着主导地位。热衷辨析史事，究心典章制度，蔚然成风。也正因为如此，举凡官制、军事、法制、户籍、赋税、役法、史事、人物等基础领域才能不断有新的成果问世。而许多有争议的问题，在充分展示不同意见的讨论中也得到了深化和拓展。这在"先南后北"的统一方针，杯酒释兵权，澶渊之盟，祖宗之法，皇权与相权，重文轻武，庆历新政，王安石变法，党争，岳飞与秦桧，政治史分期，地方行政区划，宋与辽、西夏、金、蒙（元）关系，役法，货币地租，钱荒，户口统计，客户身份，土地所有制形式，土地权的集中和转移，商品货币经济发展水平，经济重心南移，江南经济革命，科举制定义，宋学与理学的关系，理学对社会的实际影响，妇女地位，律与敕的关系等方面都有不同程度的体现。

二是传统研究领域出现了不少新的趋向。比如，士大夫政治成为探析宋代政治的重点。在制度史研究方面，人们日益关注地方行政制度、基层社会管理以及中央与地方的互动关系。在研究思路方面，不再拘泥于以往对机构、部门和职能仅作平面的叙述，而更强调对制度运作和政令施行的动态过程进行考察；重视法制史和官制研究的结合，在机构沿革、职掌演变及机构之间横向联系的线索之外，开始注重对制度的文本系统和政令形式加以研究；在继续探讨宋代各项制度的基本事实与基本特征的同时，更重视探讨宋代官制特征所由形成的历史源流及社会背景；打破朝代局限，展开对宋代官僚群体的历史考察，分析其在不同阶段的来源、构成、素质特征及在制度实践中的作用和影响。

三是"横向联合"的条件已经成熟：以往宋、辽、西夏、金史的研究者多是各自为政，其研究充其量属于大范围的区域史研究。即便有前辈学者的一再呼吁，似也应者寥寥。因而，对这一时期中国历史的认识便显得很不完整，肤浅、偏颇和错误的事情每每发生。经过多年来辽、宋、西夏、金史研究者的共同努力，各个断代史的基本问题已初步厘清，为使研究进一步深入，打通辽宋夏金史间的壁垒、从事贯通整合的研究不仅必须，而且完全可能了。

四是"纵向打通"的趋势日益明显：以"唐宋变革"为视角的学术活动和学术成果不断出现，打通唐、宋断代局限，全面推进和深化唐宋之际社会变迁的研究，渐已成为学者们的共识。而研究的方法和倾向也更趋于扎实，先事实后估价，先具体后综合，强调"见微知著"的研究理路，成为近年来研究唐宋社会历史变迁的显著特征。

五是学科界限开始被打破。经济与社会、思想与政治、法律与社会、民族与文化，乃至更多领域间的互动研究已初露端倪。在传统学科领域的边缘或交叉界面，许多以往被忽视的课题进入主流，新的研究领域迅速发展，产生了不少令人耳目一新的成果。例如，社会史作为研究历史的方法或角度，极大地推动了各专题史的研究。一些从事经济史研究的学者在传统实证研究的基础上，将经济史与社会史结合，讨论区域性经济发展与大众文化、民间信仰、地方意识的关系。在思想史方面，纯粹形而上的哲学解说，经典笺注或学案编撰式的研究，转变为透过政局演变、群体关系、社会文化等因素的交互作用去考察思想、思潮以及社会风尚的演进。

六是资料范围不断拓展，开始重视传统史料以外其他文献及材料的整理与研究，如碑刻墓志、考古文物、类书方志、谱牒婚帖、契约账簿、佛道文献及域外史料，等等，通过新材料的运用，推动和拓展新的研究领域。在这方面，社会史、民族史、历史地理、思想史、艺术史领域的研究者可谓领风气之先。例如，以往对宋代基层社会的研究素称薄弱，近几年通过对上述材料的挖掘和利用，在宋代社会风俗、婚姻、家庭与家族、基层组织、宗教信仰、人际网络等方面的研究都取得了显著的进展。

与此同时，学者们还借鉴日本、中国台湾等地学者的经验，重视基本史料的研读和整理，通过对典型材料的系列研讨进一步夯实基础，并借助群体的交流合作，最后实现训练人员、积累经验、催生成果，为学科的发展开辟新局、创造条件。

就宋史研究的现状而言，仍然存在着若干亟待解决的问题。

例如，"炒冷饭式"的重复研究普遍存在，研究成果量大质低甚至没有价值的现象仍很严重。在尝试新的研究方法、涉足新的研究领域方面仍显得被动、幼稚，某些方面难免有"邯郸学步"、"鹦鹉学舌"之讥。在国际宋史研究的交流平台上，我们能够主导潮流、影响研究取向的方面还相当有限。这两点是制约我国宋史研究水平进一步提高的主要障碍。

前者不仅仅是学术问题，而且是既有社会环境的影响也有研究者自身德操的问题。对于道德问题，除了完善学术体制之外，更多还是要求学者自省自律，激发良知良能，最低限度也得恪守学术规范和职业道德。

从学术角度而言，改良之方似有以下几点：

第一，加强学术史研究，主要是指20世纪以来历史学各专题研究的学术回顾与展望，这既是对前人研究成果的尊重，也是从事学术创新的基础。通过对各专题研究的方法、观点及其变迁的认真总结，形成一种在科学归纳的基础上不断深入探究的学术风气。

第二，不断加强学者自身理论水平和研究能力的培养，同时根据自身的特点，有意识地选择适合自己的主攻方向和研究理路，如此才能真正培养起自信。跟风恰恰是缺乏自信的表现，也是没有出路的。

第三，只有以求真务实、服膺真理的态度学习马克思主义，才能更好地坚持马克思主义。在此基础上，重视中间层次的理论学习和训练。要适应当今世界人文学和社会科学互相渗透的趋势，借用社会学、心理学、经济学、政治学、人类学、地理学、语言学等手段来拓展历史研究的范围，寻求学术的增长点。例如，改革开放以来，学术界通过重新思考阶级问题，突破了阶级分析是认识中国古代社会的唯一方法的僵化观念，把认识社会的目光扩大到了多种社会关系、社会群体和社会生活，并开始关注中外历史的比较，不但产生了一大批有价值的学术成果，同时也有利于解决西方理论如何适应中国本土历史研究的根本问题。

第四，在信息日益发达的情况下，我们已有可能在材料的占有和运用上超越前人，这就要求我们从材料中解放出来，多着力于史识、能力和知识结构方面的改进。比如，以观察体悟现实社会来训练理解过去历史的能力，以严密的逻辑思维和"托物寓意"的同情心怀来洞悉材料鳞爪背后的史实真相。如陈寅恪所云："吾人今日可依据之材料，仅为当时所遗存最小之一部，欲借此残余断片，以窥测其全部结构，必须备艺术家欣赏古代绘画雕刻之眼光及精神，然后古人立说之用意与对象，始可以真了解。所谓真了解者，必神游冥想，与立说之古人处于同一境界，而对于其持论所以不得不如是之苦心孤诣，表一种之同情，始能批评其学说之是非得失，而无隔阂肤廓之论。"（《冯友兰〈中国哲学史〉上册审查报告》，《金明馆丛稿二编》，上海古籍出版社 1980 年版）又如，在信息发达的条件下，反可以使我们更加从容地精研重点史料，努力掌握传统治史方法的优长，训练和夯实基本功，尽量缩短与前辈学者的距离。在这方面，各种专题的读书会、研讨班值得大力提倡。

第五，根据学科现状，理性而科学地规划学科发展的轻重主次，准确锁定学术研究的突破口。换言之，就是要有"问题"意识，要对本学科及与本学科研究有关的其他学科的发展动向，对本学科研究队伍的现状及其特点，从事深沉而理性的战略思考，据此"调兵遣将"、"排兵布阵"。

以是观之，在宋代经济史、科技史、军事史、历史地理、典章制度、北宋中晚期政治、南宋中后期历史以及基层社会、地域文化、民间信仰等方面，仍然存在着许多未经深入开发的园地，无疑是应当重点加强的研究领域。

本文写作过程中，参考了李华瑞《建国以来的宋史研究》（《中国史研究》2005 年增刊），王曾瑜《宋史研究的回顾与展望》（《历史研究》1997 年第 4 期）、《宋史研究要点》（《文史知识》2006 年第 9 期），朱瑞熙《宋史研究》（福建人民出版社 2006），邓小南《近年来宋史研究的新进展》（《宋史研究通讯》2004 年第 2 期），张其凡《二十世纪中国宋史研究的回顾》（1998 年宋史研究会第八届年会论文，收入氏著《两宋历史文化概论》，广东人民出版社 2002 年版）等论著，谨致谢忱。

改革开放三十年的辽金西夏史研究

关树东

改革开放以来的三十年，是我国哲学社会科学界贯彻双百方针、拨乱反正、解放思想、取得长足发展的时期。中国古代史研究纠正以往片面突出社会形态和阶级斗争、对待唯物史观的模式化教条式倾向以及"以论代史"、"影射史学"等弊端，重新确立了马克思主义唯物史观的指导地位，全方位、多角度、多层次地探究中国历史的发展轨迹。除重视生产关系的研究外，也加强了生产力的研究，部门经济史、区域经济史得到应有重视；除重视政治史、制度史的研究外，社会史、文化史、风俗史、妇女史的研究得到加强；除重视整体性的研究外，也加强了个案性、区域性的研究。我国传统史学的文献考据方法和国外的实证史学方法融会贯通，形成一种重视甄别史料、考证史实的笃实风气。同时，社会科学各学科甚至自然科学的研究方法和理论被广泛应用到史学研究中来，史学研究的领域也不断拓展。新时期史学研究的上述特点在辽金西夏史研究中都有所反映。本文的评述不求面面俱到，挂一漏万、主观片面之处恳请学界同人批评指正。撰述过程中参考了宋德金《二十世纪中国辽金史研究》（《历史研究》1998 年第 4 期）、李锡厚、白滨、周峰《辽西夏金史研究》（二十世纪中国人文学科学术研究史丛书，福建人民出版社 2005 年版）、刘浦江编《二十世纪辽金史论著目录》（上海辞书出版社 2003 年版），以及《中国史研究动态》的年度学术综述，谨向作者表示感谢。本文对提及的论著只标明出版或刊发的年份，恕不罗列出版机构和刊物的名称。

一

三十年来我国的辽金西夏史研究，在中国古代各断代史研究中进步是较为显著的。改革开放前，海内外出版的辽金西夏史研究专著寥寥无几。改革开放以来，祖国大陆的辽金西夏史研究专著如雨后春笋，数以百计。（1）通史类、断代史类的著作如蔡美彪主编《中国通史》第六册（1979），白寿彝主编《中国通史》第 7 卷《五代辽宋夏金卷》（1999），李锡厚、白滨合著《辽金西夏史》（2003），李桂芝《辽金简史》（1996），张正明《契丹史略》（1979），陈述《辽代史话》（1981），杨树森《辽史简编》（1984），张博泉《金史简编》（1984），舒焚《辽史稿》（1984），何俊哲等《金朝史》（1992），刘凤翥等《二十五史新编》第 11 册《辽金西夏史》（1997），李锡厚《辽史》（2006），宋德金《金史》（2006），钟侃等《西夏简史》（1979），吴天墀《西夏史稿》（1983），李蔚《简明西夏史》（1997），李范文主编《西夏通史》（2005）等；（2）政治史、政治制度史著作如陈述《契丹政治史稿》（1986），李锡厚《中国封建王朝兴亡史·辽金卷》（1996），李锡厚、白滨《中国政治制度通史》第 7 卷《辽金西夏卷》（1996），杨若薇《契丹王朝政治军事制度研究》（1991），曾代伟《金律研究》（1995），王曾瑜《金朝军制》（1996），程妮娜《金代政治制度研究》（1999），武玉环《辽制研究》（2001），何天明《辽代政权机构史稿》（2004），王天顺主编《西夏天盛律令研究》（1998），杨积堂《法典中的西夏文化——西夏〈天盛改旧新定律令〉研究》（2003），杜建录《〈天盛律令〉与西夏法制研究》（2005），陈永胜《西夏法律制度研究》（2006）等；（3）经济史、经济地理史研究著作如张博泉著《金代经济史略》（1981），漆侠、乔幼梅《辽夏金经济史》（1994），刘森《宋金纸币史》（1993），田广林、周锦章《契丹货币经济史》（1999），韩茂莉《辽金农业地理》（1999）、《草原与田园——辽金时期西辽河流域农牧业与环境》（2006），杜建录《西夏经济史》（2002），吴松弟《中国移民史》第 4 卷《辽宋金元时期》（1997）、《中国人口史》第五卷《辽宋金元时期》（2000）等；（4）社会史、文化史著作如宋德金《金代的社会生活》（1988），王可宾《女真国俗》（1988），冯继钦等《契丹族文化史》（1994），孟广耀《儒家文化—辽皇朝之魂》（1994），田广林《契丹礼俗考论》（1995），张国庆、朴忠国《辽代契丹习俗史》（1997），张国庆《辽代社会史研究》（2006），王德朋《金代汉族士人研究》（2006），王善军《世家大族与辽代社会》（2008），史金波《西夏文化》（1986）、《西夏佛教史略》（1988）、《西夏社会》（2007），韩小忙《西夏道教初探》（1998），张广保《金元全真道内丹心性学》（1995）、《金元全真教史新研究》（2008），朱瑞熙等《辽宋西夏金社会生活史》（1998），宋德金、史金波《中国风俗通史·辽金西夏卷》（2001）等；（5）民族史、民族关系史、中外关系史著作如孙进己著《女真史》（1987），于宝林《契丹古代史研究》（1998），黄凤岐《契丹史研究》（1999），任爱君《契丹史实揭要》（2001），林荣贵《辽朝经营与开发北疆》（1995），赵永春《宋金关系史》（2005），魏良弢《西辽史纲》（1991），王慎荣、赵鸣岐《东夏史》（1990），陈佳华等《宋辽金时期民族史》（1996），魏志江《辽金与高丽关系考》（2001），周伟洲《唐代党项》（1988），杜建录《西夏与周边民族关系史》（1995），李华瑞《宋夏关系史》（1998）等；（6）区域史、地理史研究如王禹浪《金代黑龙江述略》（1993），王玲《北京通史·辽代卷》（1994），于光度、常润华《北京通史·金代卷》（1994），王天顺主编《西夏地理研究》（2002），李昌宪《中国历代政区地理·宋西夏卷》（2007）等；（7）人物研究如李锡厚《耶律阿保机传》（1991），王德忠《萧太后传》（1995），刘肃勇《金世宗传》（1987），纪宗安《西辽史论·耶律大石研究》（1996），周峰《完颜亮评传》（2002）、范军、周峰《金章宗传》（2003），白滨《元昊传》（1988）等。

　　张博泉等著《金史论稿》第一卷（1986），对辽代的女真部族制度、金代的猛安谋克制度作了全面系统的研究；《金史论稿》第二卷（1992），分别对金代的人物、政治、经济（包括二税户、奴婢、牛头地、计口授田、租佃制、经济结构、经济重心的研究）、制度（勃极烈制、赎身制、科举制、法制）进行了深入研究。两书各章既可独立成篇，又有一定的系统性，实际介于著作和专题研究之间。李锡厚《临潢集》（2001）、宋德金《辽金论稿》（2005）所收主要是二人的辽金史论文。前者侧重于政治制度、阶级阶层的研究，后者侧重于社会与文化史的研究。刘浦江的论文集《辽金史论》（1999）和《松漠之间——辽金契丹女真史研究》（2008），收录作者近二十年来有关辽代政治、部落族帐，金代户籍户口、土地、赋役，以及辽金民族、宗教、文献学等方面的研究论文。刘浦江穷尽史料和前人研究成果的学术特点十分突出，近年来他尝试将契丹文字的解读与辽史研究相结合，给人留下深刻印象。这几部论集，与前面提到的《辽金西夏史》、《辽夏金经济史》、《辽金简史》、《辽史》（李锡厚著）、《金史》（宋德金著）、《西夏通史》、《中国政治制度通史·辽金西夏卷》、《金代政治制度研究》、《辽制研究》、《西夏经济史》、《西夏社会》等著作，大致代表了目前国内外辽金西夏史研究的最高水平，集中反映了改革开放以来我国辽金西夏史研究取得的丰硕成果。

学者们对有关古籍文献的整理、点校、疏证，编著的论著目录索引，所作的学术综述，为研究辽金西夏史提供了宝贵的文献学、学术史资料。大量的考古报告、文物研究类著述为辽金西夏史研究提供了丰富的文物考古资料和研究成果。尤以韩荫晟先生倾 40 年心血纂辑、校疏的 3 卷 9 册、550 万言的西夏史料学全书《党项与西夏资料汇编》（2000）用力最勤。谭其骧主编《中国历史地图集》第 6 册《宋辽金时期》（1982），张修桂、赖青寿编《〈辽史·地理志〉汇释》（2001），既是历史地名、政区研究的集大成，也为辽金西夏史研究提供了极大的便利。

二

20 世纪三四十年代，日本学者对我国东北史和辽金史表现出一种特殊的"兴趣"，出现了表面的"学术繁荣"，余绪延至五六十年代，其间也确有一些有质量的研究成果。进入 70 年代，随着老一辈辽金史学者的离退，日本的辽金史研究趋于冷寂。俄罗斯由于收藏了黑水城出土的大部分西夏文献文物，第二次世界大战后，苏联学者中产生了数位有影响的西夏学研究专家。反观我国，改革开放前的数十年，辽金西夏史研究十分冷清。改革开放解放了思想，激发了学术研究的活力，辽金

西夏史研究进入了一个突飞猛进空前繁荣的时期。尤其在以下几个方面
成绩显著。

（一）经济史、历史地理研究

经济史是新时期辽金西夏史研究中成就最显著的领域之一。20 世
纪 80 年代以前的辽金西夏经济史论文十分罕见，经过 20 世纪 80 年代
的学术积累，进入 90 年代迎来辽金西夏经济史研究的高潮。大量的论
文有的揭示农牧业、手工业的生产状况，有的探讨地区经济，有的研究
人口问题，有的对货币、商业、城市、交通问题展开研究。这些研究成
果丰富了人们对辽金西夏统治区域经济发展状况的认识，极大地扭转了
辽金西夏经济史研究的薄弱、滞后局面。尤其是《金代经济史略》、
《辽夏金经济史》、《西夏经济史》、《辽金农业地理》等经济史、经济地
理史著作，对这一历史时期的农业生产、土地制度、阶级关系、财政、
赋役、手工业、商业、货币、专卖政策、市镇、人口、地区经济、经济
重心、农业地理与环境以及辽夏金经济在中国古代经济史上的地位作了
全面、深入的论证。评论者以为《辽夏金经济史》是"将辽夏金三个
北方少数民族建立的王朝作为中国北方一个独具特色的经济区域进行全
面、深入研究的拓荒之作，从而为辽夏金史特别是这一时期经济史的深
入研究提供了范例"（李锡厚、王曾瑜书评，1995）。

辽金西夏历史地理研究的一项重要成果是结合考古工作确定了大批
州县城址的位置。此外，韩光辉对金代都市警巡院、诸府节镇录事司、
防刺州司候司等城市建置的研究（1999—2000）揭示了其在中国古代
城市史和城市管理制度史上的重要地位。在谭其骧《金代路制考》
（1980）的基础上，张帆《金朝路制再探讨——兼论其在元朝的演变》
（2002）对金朝五类路级机构的设置、性质、职掌及其进入元朝的演
变作了研究。关树东《辽朝州县制度中的"道""路"问题探研》
（2003）厘清了辽朝州县系统的行政建置，重点考察了辽代八个理财路
的职官设置及职责。康鹏在其博士论文《辽代五京体制研究》（2007）
中重点探讨了辽朝地方行政、军政制度的总体结构，尤其是五京地区存
在的具有军事性质的道（路）建置。李昌宪认为西夏地方行政体制是
以监军司为主体的部落制，州县制名存实亡。他还对西夏的经略司路、
转运司路作了缜密研究。上述成果反映了近年来辽金西夏行政地理研究

的纵深发展。

（二）对辽金西夏王朝的历史地位与民族关系的讨论

关于辽金西夏王朝的历史地位，一向以其野蛮破坏和社会之落后而著称，改革开放前的相关研究很少见。20 世纪 80 年代掀起讨论的热潮，多数学者基于中国统一多民族国家的现状及其形成、发展的历史，以马克思主义民族理论为指导，论述了辽、金、西夏王朝在中国统一多民族国家缔造过程中发挥的积极作用，以及对开发边疆、民族融合的贡献，对其历史地位予以客观公正的评价。陈述先生认为两宋和辽金是中国历史上第二次南北朝时期，辽金对于祖国的历史文化，特别是民族融合、经济文化的相互影响和发展前进，起着极其重要的承前启后的作用（《辽金两朝在祖国历史上的地位》1982）。李蔚《试论西夏的历史地位》（1989）引证了丰富的史实说明：西夏所进行的局部统一，为祖国西北地区经济的发展和文教的昌盛，提供了政治上的保证，并为元朝的大统一奠定了一定的基础。漆侠、乔幼梅《辽夏金经济史》从经济史的角度阐述了辽夏金朝对边疆开发、加强中原与边疆的经济联系所起的独特作用。宋德金《辽代文化及其历史地位》（1990）、《辽朝的"因俗而治"与中国社会》（1998）、《金代社会与传统中国》（1995）从社会、文化、思想观念的角度论证了辽金在我国民族融合、中华民族多元一体格局形成过程中所起的作用及其历史地位。杨树森《我国历史上多民族国家的统一与分裂历史发展之管见——兼说辽夏金时期所起的承先启后的作用》（1998）认为，从五代十国到元朝大统一前是我国统一多民族国家历史发展过程中承前启后的转折时期，辽、夏、金相继建国，并实现了局部的统一，把广大的边疆地区和中原地区连结起来，奠定了元朝统一的基础。程妮娜《辽金王朝与中华多元一体的关系》（2006）指出辽金时期是中华多元一体形成的重要转型期。还有的学者对所谓"征服王朝论"进行了批驳，如孙进己《关于"征服王朝论"》（1982）、景爱《"征服王朝论"的产生与传播》（1989）等文，以及李锡厚在学术史著述《辽西夏金史研究》（2005）中的评述。

民族关系的研究突破了以往侧重国内诸政权间政治、军事关系的狭隘视野，新时期的研究广泛深入地涉及五代、宋、辽、西夏、金、蒙古国诸政权间的政治、经济、文化交往，以及各政权内部各民族的相互关系及其民族政策、民族思想。关于辽金时期的民族等级、民族融合及相关的"汉儿"称谓问题,引起了学者的高度关注。如张中正《汉儿、签军与金朝的民族等级》(1983),贾敬颜(伯颜)《金朝之汉人与南人》(1985)、《"汉人"考》(1985),陈述《汉儿汉子说》(1986),宋德金《金代女真的汉化与汉族士人的历史作用》(1991),刘浦江《说"汉人"——辽金时代民族融合的一个侧面》(1998),李锡厚《宋辽金时期中原地区的民族融合》(2005),武玉环《辽代的移民、治理与民族融合》(2006)等文。宋德金《双陆与民族文化的交流和融合》(2003)从考察双陆博戏的传播、改进、流行过程入手,从一个侧面反映了中国北方民族对中原文化的吸收与传承,见证了各民族文化的交流与融合。

(三)对社会性质与阶级关系的深入研究

契丹、女真、党项族建国前及辽、金、西夏王朝的社会性质,一直是颇受关注与引起探索的问题。20世纪五六十年代,陈述、张博泉、漆侠、华山、金宝祥等先生的论著,主要有两种看法:一种认为契丹、女真、党项族建国前处于父系氏族制末期,未经过奴隶制阶段,直接过渡到封建制;一种意见认为契丹、女真、党项族建国前后由父系氏族制经历奴隶制,然后发展到封建制。改革开放后,社会性质问题的讨论进一步深入。除《金代经济史略》、《辽夏金经济史》、《西夏经济史》等论著外,主要有张广志、佟家江、孙秀仁、赵冬晖、张博泉、乔幼梅、李锡厚、陈炳应、李范文、王天顺等人的论文。虽然论者分歧依旧,但显示向纵深研究发展的特点。漆侠、乔幼梅认为:契丹、女真、党项族都经历了从父系家长制阶段进入奴隶制,而后又演进到封建制的历史过程。在这一发展过程中,女真奴隶制的形成、发展、衰落及其向封建制转化,脉络分明,而契丹、党项族在向阶级社会过渡时,奴隶制和封建制两种经济成分长期同时并存。李锡厚在《辽金时期契丹及女真族社会性质的演变》(1994)、《辽朝汉族地主与契丹权贵的封建化》(2004)等文中,分别探讨了契丹、女真族如何由氏族社会末期直接过渡到封建土地所有制阶段,以及契丹、女真贵族怎样在汉族、汉地地主制经济影响下变成封建地主的。如在辽朝境内,不仅燕云地区仍然维持着封建土地所有制,而且还有一大批迁徙到塞外的汉族地主,他们在宫卫管辖下的头下州县中依靠剥削"转户"即客户致富。在汉族地主的影响下，契丹权贵们在自己拥有的头下州县中也普遍发生了汉化和封建化。王天顺《〈天盛律令〉与西夏社会形态》（1999）认为，从党项兴起到西夏建国的四百多年间，党项社会完成了从原始氏族社会向阶级社会的转变，元昊建立的奴隶制国家政权实行的军事化国家体制和宗族部落组织的始终存在，延缓了西夏社会的封建化进程，直到西夏仁宗时期封建制才居于主导地位；《天盛律令》反映的是西夏社会封建租佃制的状况。杜建录认为西夏为封建农奴社会，而不是封建租佃制或奴隶制社会。

围绕社会性质和阶级关系的讨论，学者对阶级阶层的研究也更加具体和深入。主要论文有：费国庆《辽部落人户剖析》（1986），唐统天《辽代斡鲁朵户、头下户的阶级地位》（1986），姚家积《辽代的蕃汉转户》（1991），李涵《金代的"驱"不是奴婢吗？——与张博泉先生商榷》（1986），张博泉《金代"驱"的身份与地位辨析》（1988），贾敬颜《金代的"驱"及其相关的几种人户》（1987），李锡厚《论驱口》（1995）、《头下与辽金"二税户"》（1994），蒋松岩《辽金二税户及其演变》（1981），佟家江《关于辽金二税户》（1984），张博泉《辽金"二税户"研究》（1983）等。经过讨论，学者对"驱口"奴隶说取得一致看法，并将其追溯到辽朝。对斡鲁朵户、蕃汉转户、头下户、二税户身份地位的认识则存在较大分歧。

（四）制度史研究的深入

1. 辽代的捺钵、斡鲁朵、头下、部落制度

捺钵制度与契丹族的生产、生活方式、辽朝国家体制、政治中心等密切相关，并对金、元两朝产生影响，历来受到学界的高度重视。1949年以前傅乐焕先生《辽代四时捺钵考五篇》详细考证了四时捺钵的词源词义、活动地点、活动内容、政治意义；1949年后，台湾学者姚从吾著文论述了契丹族捺钵文化的内涵、捺钵生活习俗及其与军事组织、两元政治、世选制度的关系。1978年以后，我国大陆学者在以往研究的基础上，对捺钵习俗、制度作了进一步的深入研究。李健才考证了四时捺钵的地址和路线（1988）。李锡厚在《辽中期以后的捺钵及其与斡鲁朵、中京的关系》（1991）中指出：辽朝的朝廷设在"四时捺钵"，只有捺钵才是辽朝全境范围的政治中心，斡鲁朵作为宫卫组织的一部

分，是一种类似部落的组织，而中京作为统治汉人汉地的中心，仅是一座礼仪性的都城，仍然隶属于捺钵。都兴智、刘浦江分别考察了金代捺钵活动的情况（1998、1999—2000）。陈述先生早年认为史料中的"西楼"即"迭剌"部落的对音，宋辽时期人误将"西楼"附会为"四楼"。王树民《略论契丹建国初期营建的四楼》（1982）认为东、西、南、北"四楼"确实存在，是耶律阿保机建国方略的组成部分。任爱君相继撰写4篇文章阐述契丹"四楼"源自回鹘"楼居"文化，"四楼"对契丹国家的建立发挥了重大作用（1989—1997年，收入《契丹史实揭要》）。近年，他又发表《说契丹辽朝前期四楼、捺钵、斡鲁朵的关系》（2005），进一步指出，契丹辽朝捺钵制度的渊源直接形成于辽太祖时期四季游猎往来于四楼之间的生活方式，而四楼实际就是辽太祖建立的四大斡鲁朵，既是其宫卫，也是其行营，斡鲁朵与捺钵形影相随；辽景宗以后，契丹斡鲁朵的移动功能被逐渐终止，捺钵与斡鲁朵之间的密切联系逐渐淡漠。

　　研究斡鲁朵制度的专题论文都发表于1978年以后。费国庆《辽朝斡鲁朵探索》（1979），认为斡鲁朵由行营演变而来，保留着行营的特点，故称行宫；斡鲁朵拥有的州县和人户，是皇权强大的经济基础，斡鲁朵宫分户既有封建小生产者，也有奴隶。杨若薇《辽代斡鲁朵所在地探讨——兼谈所谓横帐》（1985）、《辽代斡鲁朵官制探讨》（1986），认为辽代的诸斡鲁朵（行宫）并非固定的穹庐，而是随着当朝皇帝四时迁徙的毡帐，所谓"大横帐"是诸斡鲁朵皇族的总称；进而考察了斡鲁朵人户的来源及其军事职能、职官设置。漆侠《契丹斡鲁朵（宫分）制经济分析》（1992），认为斡鲁朵作为隶属皇室的经济实体，是契丹社会的缩影，既包含着奴隶制经济成分，也有封建制经济成分。任爱君《契丹国家的房帐宫卫制度》（1996），认为阿保机在充实、改造旧的宫分体制的基础上，确立了宫卫制度，至圣宗朝，宫卫制度发生根本变化，宫卫的军事职能被削弱，日渐成为典型的封建化庄园经济体。参加讨论的还有赵鸣岐（1994）、苏赫（1999）、武玉环（2000）等。

　　头下制度的研究，1949年以前陈述先生著有《头下考》、《头下释义》，"文化大革命"前有费国庆《辽代的头下州军》一文。1978年以后，随着辽史研究的深入及元朝投下分封制度研究的进展，辽代头下研究不断深化，主要论文有：唐统天《辽代头下州官制小议》（1984），冯永谦《辽代头下州探索》（1986）、《辽志十六头下州地理考》（1988），李锡厚《头下与辽金"二税户"》（1994）、《关于头下研究的两个问题》（2001），孟凡云《圣宗削夺头下因果考论》（2000），刘浦江《辽朝的头下制度与头下军州》（2000）等。向达先生早年即指出，敦煌文书中所见敦煌寺户的"头下"就是《辽史》中所记"头下"。李锡厚循此思路，从考证敦煌文书中的"头下"出发，推翻了"头下"为契丹固有制度的成见，认为头下制度的渊源在中原汉族社会，是唐朝编组脱离户贯的农民组成军队的办法，即把若干人经"团结"编为"团"、"保"等组织，以其中一人充当"团头"、"保头"，余人即谓之"头下户"。辽代契丹贵族建立的头下军州，其中居主导地位的社会经济关系，并不是奴隶占有制，而是封建制关系。头下军州居民的主体"蕃汉转户"，与客户名义虽殊而实质相同，其身份并非奴婢；所谓"二税户"实即缴纳夏税、秋粮的"两税户"，既包括南京、西京地区的正户和客户，也包括上京、中京、东京地区的蕃汉转户。刘浦江仍然主张"头下"为契丹语音译，认为唐朝的"头下户"与辽朝的"头下"没有任何关系；契丹军事贵族们拥有被称为头下兵的私甲，他们所拥有的私奴部曲被称为头下户，头下城的出现则比较晚；辽朝的头下制度是一种封建领主制，头下户与头下主之间具有严格的人身隶属关系，他们不是国家的编户齐民，而是头下主的私奴和部曲。

关于契丹的部落组织，20世纪70年代，我国台湾学者王民信和日本学者岛田正郎先后著文考述。进入新时期，孙进己首先著文《契丹部落组织发展变化初探》（1981）。李桂芝对契丹古八部、大贺氏遥辇氏联盟的部落组织及其演变作了精深研究（1992、1993）。杨若薇考察了"辽内四部族"，即皇族横帐、国舅帐的组织结构（1987）。武玉环论述了契丹建国前后部族制度的发展变化（2000），王德忠则重点考察了辽前期对部族组织的调整（2001）。陈述遗作《契丹舍利横帐考释》（2000）、葛华廷《辽代"横帐"浅考》（2000）都对皇族横帐的含义、构成作了有价值的考证。刘浦江《辽朝"横帐"考——兼论契丹部族制度》（2004）认为辽代契丹族的社会组织分为部落和宫帐两类，宫帐又有宫院与帐族之别，辽朝的横帐包括诸斡鲁朵皇族和三父房在内的四帐皇族，是独立于部落之外的头下世袭宫帐。利用了契丹文字的解读成果是该文的一大亮点。

2. 猛安谋克制度

猛安谋克是金代女真人最基本的军事、行政组织。早年日本学者三上次男曾有专著研究。"文化大革命"前我国学者张博泉先生有《论金代猛安谋克制度的形成、发展及其破坏的原因》（1963）、《论猛安谋克在女真族社会发展中的作用》（1963）两文。1978年以后，我国学者的研究不断深化，如张博泉《金代女真部族的村寨组织》（1984）、关亚新《论金代女真族的村社组织——谋克》（1997）、费国庆《猛安谋克的起源及其与氏族部落的关系》（1987）、李薇《关于金代猛安谋克的分布和名称问题——对三上次男先生考证的补订》（1984）、胡顺利《金代猛安谋克名称与分布考订的商榷》（1987）等文。张博泉在《金史论稿》第一卷的猛安谋克专题研究中，深入、系统地阐述了猛安谋克制度的形成发展及其破坏的原因、在女真社会发展中的作用、猛安谋克内部世袭贵族与平民的关系、猛安谋克的分布、民族关系，并与八旗制度作了比较研究。

3. 官制和选举制

20世纪60—70年代，日本学者岛田正郎著系列文章考述辽朝的官制。20世纪30—60年代，日本学者三上次男持续关注金朝的官制。中国学者研究辽金官制、选举制的论著出现于20世纪70年代以后。大陆学者的论著广泛涉及辽金官制的特点、辽金官制改革、皇帝制度、宰相制度、官僚机构、官吏的选举、管理、监察制度等各个层面。除李锡厚、武玉环、程妮娜的综合性系统性研究外，何天明对辽朝重要的官僚机构逐一作了研究。唐统天的研究主要涉及契丹北、南宰相府（1988）、辽朝的宰相制度（1992）、辽官的散阶、勋级、封爵和食邑制度（1988、1990）。王曾瑜充分吸收唐宋官制研究的成果，探讨了辽朝官员的实职和虚衔（1992），揭示了辽朝官制中加官虚衔对唐宋官制的传承及变异，厘清了史料记载的诸多混淆和错讹。漆侠从分析《辽史》列传的传主构成入手探讨了辽朝的国家体制（1994），为辽朝官制研究提供了新的视野和方法。杨果讨论了辽金翰林学士的地位与作用（1994、2000），以及辽金的俸禄制度（1997）。李桂芝考证了辽朝的郎君、宫卫提辖司（1997、2005）。关树东对辽朝的宣徽使等御账官（1994、1997）、金朝的宫中承应人（1999）作了考察，并研究了辽朝的选官制度与社会结构的关系（2006）。王滔韬研究了辽朝的南面官制度（2002、2006）。李涵著文探讨了金初的汉地枢密院问题（1989）。赵冬晖（1987）、王景义（1997）对金初的勃极烈官制作了探讨。张帆对金元皇权与贵族政治的关系提出了自己的看法（1998）。孟繁清研究了金代的令史制度（1991）。周峰讨论了金代的近侍官、酒务官（1998、2000）。蒋松岩研究了金代的御史台、提刑司与按察司机构（1987、1989），徐松巍发表了研究金代监察制度的系列论文（1988—1992）。王世莲考察了金代的考课与廉察制度（1989），曾代伟也对金朝的职官管理制度作了研究（1993）。朱子方、黄凤岐（1987）、杨若薇（1989）对辽朝科举制度的研究，都兴智对辽金科举制度的研究（1987、1991、2004），赵冬晖（1989）、宋德金（2000）、李文泽（2003）对金朝科举制度的研究，张希清对辽宋科举制度的比较研究（2006），吴凤霞（1999）、王德忠（2003）对辽朝世选制度的研究，都各有创获。

对西夏官制的研究集中于西夏是否存在蕃、汉两套官制的讨论上。清人吴广成《西夏书事》谓西夏有区别于汉官系统的蕃职。20 世纪70—80 年代发表或出版的西夏史论著均采此说。如吴天墀《西夏史稿》、汤开建《〈西夏蕃官名号表〉补正》（1983）、李蔚《西夏蕃官刍议》（1985）等文。白滨《论西夏使臣的"番号"问题》（1987）一文通过考察史籍中出现的"番号"名称的历史背景，即"番号"仅出现于西夏派遣到宋朝的使臣的记载中，指出"番号"不过是西夏本官称谓的党项语译名罢了。史金波《西夏的职官制度》（1994）一文通过对西夏文《天盛改旧新定律令》、《官阶封号表》和汉文资料的综合考察，正确地指出西夏不存在蕃、汉两套官制，所谓"蕃官"、"番号"不过是西夏语西夏官阶官品的音译。白滨在后来的著述中对此有进一步的考证和研究。

4. 法制和军制

法制。日本学者岛田正郎最早关注辽朝律、令和鞠狱官的研究（40—60 年代）。日本学者仁井田陞最早进行金律的研究（1944）。1977 年，小林高四郎提出元代法律文献中的"旧例"为金律说。1972 年，我国台湾学者叶潜昭出版了研究金律的专著。大陆学者的辽金法制史研究论著出现于 20 世纪 80 年代以后。既有一般性的概述，也有细微的考证，如陈述《辽代（契丹）刑法史论证》（1987），唐统天《辽代鞠狱机构研究》（1989），王继忠《论辽法二元现象及其融合趋势》

（1997），杨黛《辽代刑法与唐律比较研究》（1998），武玉环《辽代刑法制度考述》（1999），王善军《辽朝籍没法考述》（2001），傅百臣《金代法制初探》（1986）、《女真习惯法初探》（1987）、《女真法与金朝法制》（1994），曾代伟《金律研究》（1995 年出版）、《金朝诉讼审判制度论略》（1999），姚大力《金泰和律徒刑附加决杖考——附论元初的刑政》（1999）。以上研究使我国辽金法制史研究水平超越日本学者。西夏法典《天盛律令》及一批西夏文书的原件、汉译本刊布后，我国西夏史、法制史学界掀起研究西夏法制的热潮，尤其最近十年，研究成果不断涌现。

军制。杨若薇在《契丹王朝政治军事制度研究》中研究了辽朝斡鲁朵的军事职能及部族戍边制度。王曾瑜有论文《试论辽朝军队的征集和编组系统》（1986）和专著《金朝军制》。贾敬颜、蔡美彪、王恩厚、杨若薇、阎万章对辽金元时代的乣军问题展开讨论（1980—1989）。此外，李锡厚对辽朝汉军和边防的研究（1989—1990），关树东对辽朝部族军、中央宿卫军、兵役制度的研究（1995—1997），张国庆对辽朝军事制度特色、军事机构及辽军征调制度的研究（1993—1998），武玉环对辽朝兵役制度、武官选任、战略战术的研究（2000），都各有侧重。西夏军制史研究有汤开建对监军司驻地的考证（1982），陈炳应对党项人的军事组织、西夏军队的兵种、兵员、廪给制度的研究（1986—1989），杜建录对边防制度、沿边堡寨、武器装备的研究（1993—1998），陈广恩对边防制度的研究（2001），鲁人勇对监军司增减、移置情况的考察（2001），刘建丽对西夏军制中党项传统和汉文化影响的考察（2007）等。乔幼梅《西夏兵制初探》（1995）侧重对西夏宗法封建制下的宗族兵兵役制、中央军和地方军的编组系统作了阐述。陈炳应《贞观玉镜将研究》不仅将这部西夏兵书译成汉文，还对西夏军制进行了探索。白滨在《中国政治制度通史·辽金西夏卷》中也对西夏军事制度作了系统研究。

5. 土地、户籍、赋役制度

《金代经济史略》、《辽夏金经济史》、《西夏经济史》对土地、户籍、赋役制度等各项经济制度有深入的研究。吴松弟对辽金户籍制度有深入研究。此外，有孟古托力对辽朝户籍制度的研究（1999—2000），高树林对辽金赋役制度的研究（1988），武玉环对辽朝土地、赋役制度的研究（2001），王曾瑜对金朝户口分类制度的研究（1993），韩光辉、张清华对辽朝户口类型的考察（2003），刘浦江对金代户籍制度、通检推排制度、物力钱、杂税的研究（1995—1996），冷鹏飞、傅百臣对女真牛头地制度的研究（1985、1991），赵光远对金代通检推排制的研究（1982、1996），李锡厚对宋金之际华北地区土地制度变化的研究（2003），史金波对西夏农业租税、户籍问题的探讨（2004、2005）等。

（五）婚姻家庭家族问题、社会生活、礼俗、宗教研究

这几方面是改革开放以来我国学者新开拓的研究领域。辽代婚姻家庭家族问题研究，向南、杨若薇《论契丹族的婚姻制度》（1980）肇其端，孙进己（1983）、王玲、齐心（1987）、张国庆（1991）、程妮娜（1992）、席岫峰（1993）、孟古托力（1994）、田广林（1999）、宋德金（2000）等先后参与讨论。冯永谦根据出土的墓志碑刻材料，考证文献，撰文《辽史外戚表补证》（1979）；蔡美彪综合新的石刻文字和相关文献，撰文《辽史外戚表新编》（1994）；阎万章、向南分别对《辽史·公主表》作了补证工作（1987）。他们的工作对辽代家族史研究具有重要意义。近年，王善军发表了研究辽朝各民族世家大族经济、政治、军事、社会文化生活的一系列高水平论文，并出版专著。韩世明著文论述了辽金时期女真族的氏族制度和家庭形态（1993—1994）。漆侠、乔幼梅在《辽夏金经济史》中提出契丹、党项、女真族的宗法制度在辽夏金社会经济史上具有基础地位。乔幼梅在《论党项的宗法封建制》（1994）中认为西夏党项族的宗族既是以宗法为表现形式的社会基本组织，又是一种经济实体；氏族制末期大量的宗法关系和奴隶制经济成分，与封建制经济长期纠结，形成西夏独具特色的宗法封建制。杜建录《论党项宗族》（2001）详细考察了党项宗族的内部结构与社会形态，认为党项宗族呈树冠状分布，众多个体族帐组成中小家族，若干中小家族支撑着强宗大族；大小首领虽然是世袭的部族头领而非西夏职官，但在西夏社会政治经济生活中，起着非常重要的作用；党项宗族是一个经济实体，内部既有农奴也有奴隶，包含着封建制与奴隶制两种经济成分；宗族有着强大的军事力量，族帐往往只认首领，而不认官府。邵方著有《西夏服制与亲属等级制度研究》（2004）。

辽金社会生活、礼俗史方面的著作不下十种，论文也很多，广泛

涉及衣食住行、风俗习惯、朝廷礼仪。宗教对辽金政治、经济、社会、文化具有重要影响，一向受到学者的关注。20世纪80年代的开拓之作有：陈述《辽代宗教史论证》（1981），朱子方《辽代的萨满教》（1986）、《辽代佛教的宗派、学僧及其著述》（1986），郭旃《全真道的兴起及其与金王朝的关系》（1983）、《金元之际的全真道》（1986），陈智超《金元真大道教史补》（1986）等文。20世纪90年代的深入研究有：武玉环《论金代女真的宗教信仰与宗教政策》（1992），舒焚《辽上京的道士与辽朝的道教》（1994）、《金全真道及其创始人王嚞》（1997），师道刚《金元之际儒学与全真教的关系》（1992），刘浦江《辽金的佛教政策及其社会影响》（1996）等论文提升了西夏宗教的研究水平。近年的新作有：王德朋《金代道教述论》（2004），李洪权《论金元全真教经济生活方式的衍变》（2007），韩小忙《略论西夏的原始宗教》（2003），史金波《西夏的藏传佛教》（2002），李清凌《高僧传合集与宋夏金时期西北的佛教》（2004），崔红芬《〈天盛律令〉与西夏佛教》（2005）、《藏传佛教各宗派对西夏的影响》（2006），李华瑞《儒学与佛教在西夏文化中的地位》（2006），陈广恩《试论伊斯兰教在西夏的流传》（2005）等论文提高了西夏宗教的研究水平。张广保从宗教思想和教史两个方面深入研究了金元时期的全真教。金元时期新道教和西夏佛教的研究形成学术热点。

（六）民族古文字文献的释读与整理

民族古文字研究对辽金西夏史研究的推进作用日益显现。内蒙古大学蒙古语言文字专家清格尔泰、陈乃雄，中国社科院民族史专家刘凤翥等人自20世纪70年代中期以来潜心钻研契丹文字，取得突破性进展，1985年合作出版了《契丹小字研究》，将契丹文字的解读推向了一个新的阶段。在此基础上，他们不断努力，成果迭出。金启孮等人的女真文字研究也取得新的更大成就。他们还培养了契丹、女真文字研究的新人。近年来，契丹、女真文字的解读和研究成果开始用于辽金史研究，这必将产生巨大的学术影响。黑水城西夏文献被公认是我国继殷墟甲骨、敦煌吐鲁番文书之后的第三大重要考古文献发现。20世纪70年代后期，随着俄藏黑水城文献的陆续发表，我国学者及时予以引进、译释与研究。史金波等翻译整理的西夏语辞典《文海研究》（1983）、西夏法典《天盛改旧新定律令》（1998—2000），陈炳应翻译、整理、研究西夏兵书的著作《贞观玉镜将研究》（1995），中俄学者合作整理出版的《俄藏黑水城文献》1—11卷（其中汉文部分6册，西夏文世俗文献5册，1997—2000），等等，都堪称功在当代、泽被后世的工作。我国的西夏学研究进入一个繁荣发展的新阶段，近年来取得了卓越的成绩。

三

至20世纪90年代中后期，我国的辽金西夏史研究队伍顺利完成新老交替。前期的研究队伍是老、中、青结合，既有"文化大革命"前就已成名的学者，也有"文化大革命"后新培养的年轻一代，而以"文化大革命"前的大学毕业生为生力军。他们为夺回被"文化大革命"耽误的时间，以只争朝夕的精神拼命工作，撰写了许多高水平的论著，同时培养了一支年轻的研究队伍；20世纪90年代中期以后，第一代学者基本辞世或因年迈不再从事学术研究，第二代即"文化大革命"前的大学毕业生也陆续退休，改革开放后培养和成长起来的中青年学者成为研究队伍的主力。他们继承了老一辈学者的优良学风，同时又善于学习和思索，思想更加开放，视野更加开阔，不断开拓辽金西夏史研究的新课题、新境界。综观三十年来的辽金西夏史研究，具有以下鲜明的时代特点：

（一）坚持以马克思主义理论指导学术研究

陈述、张博泉、吴天墀等老一辈史学家坚持以马克思主义指导历史研究，在辽金西夏史学界起到了很好的垂范作用。漆侠是学界公认的马克思主义史学家，他与乔幼梅合著的《辽夏金经济史》，运用马克思主义历史唯物主义和政治经济学原理，全面深刻地论述了辽夏金社会形态的演变、生产力状况、生产关系、商品流通等各个方面的内容；在探索辽、金、西夏的社会形态的过程中，他们没有生搬硬套马克思主义经典著作的词句和结论，而是从实际出发，着重剖析了宗族这个社会群体，指出宗族组织贯穿于契丹、女真、党项诸族自原始社会末期到奴隶制、封建制演变的全过程，具有普遍性、典型性意义。他们认为辽、金、西夏的社会性质就是由这些强宗豪族所代表的社会经济制度决定的。这是作者运用马克思主义研究辽金西夏史得出的重要结论，也是贯穿全书的一条基本线索。这部著作的问世，在理论上、学风上发挥了很好的导向作用。学者还以马克思主义民族理论、国家理论为指导，科学地阐述了辽金西夏王朝在中国历史上的地位，肯定了它们对缔造我国统一多民族国家的贡献，批判了当时的民族歧视与压迫政策，正确揭示了当时各政权间战争的性质，以及民族关系的主流。对社会阶层、阶级构成、阶级矛盾的论述，也从总体上贯穿了马克思主义的阶级分析法。官制、法制、田制、赋役制等的研究也遵循了马克思主义关于经济基础与上层建筑相互关系的基本观点。学者们努力准确地把握马克思主义活的"灵魂"，指导史学研究，摆脱了教条主义的羁绊。

（二）重视对某些事关全局的"传统问题"、重大问题的再认识

这主要表现在对辽金西夏的社会性质、历史地位、民族关系、生产力水平、土地制度、赋役制度、社会分层和阶级结构、社会制度、官僚制度、军事制度等这些具有全局性意义的基本问题的重点讨论上。近十几年来，辽金西夏史研究的视野不断开阔，许多新的研究课题引起学者的重视，如社会生活、习俗礼仪、宗教、教育、史学、学术、艺术等，但对政治、经济、军事、社会史上的重大问题的讨论，一直是辽金西夏史研究的重中之重。举其荦荦大者，如蔡美彪《辽代后族与辽季后妃三案》（1994），利用新出土的墓志碑刻，结合文献，缜密考证了辽代后族中两大族系的分属及其地位的沉浮。通过对辽圣宗齐天后被害案、道宗懿德后及太子被诬陷案、天祚帝文妃及其子被害案三大案件的背景、过程与实质的翔实考察，作者指出辽后期统治阶级的内部斗争，并非惯常以为的皇族与外族、帝党与后党的斗争，而是围绕后族两大家族的权力斗争展开的。刘浦江《女真的汉化道路与大金帝国的覆亡》（2000）通过考察女真族的汉化过程，认为金朝亡国的深层次原因是女真人的全盘汉化。宋德金《大金覆亡辨》（2007）则认为金亡是由多种原因造成的，首先一个王朝从建立、巩固、发展到鼎盛，以后逐渐走向衰落，乃事物发展的必然规律；其次，金朝后期的军政腐败加速了其衰亡，这是内因；最后，外交政策失误，蒙宋联盟形成，决定了金国的

覆亡，则是外因。以上三篇文章，均属对王朝兴亡问题的再认识，史论结合，纵横捭阖，不落窠臼，具有强劲的学术影响力。

（三）将辽宋夏金作为整体史研究，重视诸政权、各地区的互动研究，探寻我国统一多民族国家的发展规律

改革开放后，邓广铭先生等一再倡导"大宋史"即辽宋夏金史的整体研究。蔡美彪和白寿彝二先生分别主编的《中国通史》，都在这方面作出了可贵的探索。这个时期的辽金西夏断代史著作，大多贯穿着整体史思想，力求阐述辽金西夏在我国统一多民族国家发展史上的地位。漆侠、乔幼梅、葛金芳等学者的经济史研究，吴松弟等学者的移民史、人口史研究，都很好地体现了辽、宋、西夏、金"全国一盘棋"的整体观。如葛金芳《宋辽夏金时期的经济干扰与经济波动》（1992）一文，就是将诸政权共存的历史背景作为影响当时中国经济波动的重要因素来考察的。近年，虞云国《试论10—13世纪中国境内诸政权的互动》（2006）一文，论述了辽宋夏金时期各政权、各民族互动的历史条件、复杂情况、民族气节问题，及其对统一进程的合力作用。李锡厚认为"澶渊之盟"非"城下之盟"，是北宋战而胜之条件下签订的互利协议，对辽宋关系、双方内政以及后来的全国统一都具正面意义（2007）。武玉环、陈德洋对澶渊之盟后辽宋双方经济文化交流的加强予以肯定，认为和平的环境也导致了辽朝政治的腐败（2007）。关树东论述了澶渊之盟对辽朝社会与文化的深刻影响（2007）。北京大学中国古代史研究中心近年完成的重大科研项目《10—13世纪中国文化的碰撞与融合》，从中国古代文化的大格局出发，围绕不同民族政权、不同文化背景、不同社会形态下形成的分裂与对立，以及各地区各民族之间各种形式的交往与沟通导致的文化融合与更新，尝试对10—13世纪中国境内不同文化的冲突、沟通与整合进行总体研究。由已故历史学家漆侠先生主编的《辽宋夏金史》经过多年的努力，已经完稿。该书将辽宋夏金作为整体史研究，重视对经济社会发展的总体性特点和区域性差异的研究，阐述了辽宋夏金时期中国历史发展的多样性与同一性并存的特点。

（四）对北方民族历史文化的贯通性研究

20世纪五六十年代，我国台湾学者姚从吾曾撰文讨论契丹族的习

俗文化，并将其与游牧社会的特点联系起来。1980 年，贾敬颜著文论述了游牧民族行国体制的若干特点，指出契丹的捺钵制度，蒙古的奥鲁制度，都是行国体制的体现，在游牧民族中具有一定的普遍性（《释"行国"——游牧国家的一些特征》）。后来，他又在《奥鲁制度与游牧民族》（1988）一文中指出，奥鲁与游牧民族的生活、生产息息相关，是游牧民族的特征之一，是一切游牧民族在军政合一、军民合一条件下具有共同性的组织形式。他的研究推动了我国学者对北方游牧民族行国制度的贯通性研究。如李桂芝《辽朝最高决策机构的职能及其演变》（2000）将辽制与蒙元时期的贵族大会联系起来，阐述了游牧民族建立的政权其最高决策机构及其运行机制的共性。申友良《中国北族王朝初探》（1997）、《中国北方民族及其政权研究》（1998），杨茂盛《中国北疆古代民族政权形成研究》（2004），探讨了北方民族政权的共性及政治文化传承。任爱君也对游牧民族的斡鲁朵、楼居制度、文化习俗作了贯通研究。萧爱民《中国古代北方游牧民族两翼制度研究》（2008）对游牧民族政权地方行政体制中的两翼制作了全面、系统的阐释，揭示了这一制度在中国古代北方游牧民族中建立和发展的脉络及其传承。此外，学者还梳理了契丹与鲜卑、回鹘、蒙古、达斡尔族，党项与羌、吐蕃、藏、彝族，女真与靺鞨、渤海、满族的文化传承关系。张碧波主编《北方民族文化史》是这方面的代表作。

（五）大量的考古新发现，为辽金西夏史研究提供了丰富的资料

由于存世的文献资料匮乏，文物考古资料对辽金西夏史研究的重要性是不言而喻的。改革开放以来，随着经济建设的快速发展，辽金西夏考古工作取得了令人瞩目的成就，为历史研究提供了丰富的文物考古资料。如辽陵、金陵、西夏陵的考古发掘，辽上京、中京、金中都、上京会宁府的勘探发掘，应县辽代木塔、辽庆州塔出土的文物，北京龙泉务辽金瓷窑的普查与研究，宁夏灵武西夏瓷窑的考古发掘，敦煌莫高窟、安西榆林窟、东千佛洞西夏石窟艺术的普查与研究，以及大量的辽金西夏古墓葬、古城址的发掘，出土的纺织品、金银器、铜器、铁器、玉器、砖雕、石雕、彩塑、壁画、碑刻、官印、符牌、钱币等文物，都是研究辽金西夏物质文明和精神文明的宝贵资料。辽金西夏史研究者十分重视文物考古资料，尤其是经济史、文化史、宗教史、社会生活史、历史地理（尤其是对城址、聚落的确定）研究，充分利用实物、图像资料与文献多重证据，取得突出成果。墓志、碑刻、官印为官制、人物、政治史、宗教史、家族史研究提供了珍贵的文字资料。

各地的文物考古工作者，尤其是内蒙古、辽宁、黑龙江、吉林、北京、河北、山西、河南、宁夏、甘肃、陕西等省区市的基层考古、文博工作者，默默耕耘在考古、文博第一线，他们不仅从事田野考古和文物保护工作，还撰写考古报告，发表介绍和研究文物的文章，并结合文物、文献资料考证当地的史地，对推进辽金西夏史研究功不可没。如北京市辽金城垣博物馆的同志们深入各区县进行田野考古，摸清了北京市境内辽金遗迹的家底，并及时公布了考察所得的资料。内蒙古赤峰市及辖内各旗县都建立了博物馆，积极开展辽代考古和文物征集工作，馆藏文物中辽代文物占相当比重，工作人员认真钻研业务，发表了许多研究成果。赤峰市博物馆的项春松所著《辽代历史与考古》（1996）可谓其代表。辽宁省社科院的冯永谦结合考古与文献资料，撰写长文《〈辽史·地理志〉考补》（1998），补充、考证《地理志》失载的州军甚多。1992 年以来，辽宁省阜新市的考古、文博、地方史志工作者的辽金史论文已经连续汇编了数辑。

（六）借鉴和吸收新的研究方法，拓展了研究领域

研究者注意借鉴和吸收民族学、人类学、民俗学、社会学、宗教学、政治学、军事学、法学、经济学、地理学的理论、方法，拓展了研究领域，对辽金西夏史作全方位的探索和研究。如《中国政治制度通史·辽金西夏卷》、《金代政治制度研究》借鉴和吸收了现代政治学的理论和方法；《金朝军制》是一部运用现代军事学理论和范畴研究古代军制的专著；《辽金农业地理》则是运用现代农业地理学理论和方法研究辽金农牧业的首次尝试；《中国风俗通史·辽金西夏卷》、《辽代社会史研究》、《西夏社会》综合运用了民俗学、社会学、民族学、人类学、语言学的理论和方法。社会生活、礼俗、宗教、法制、家族宗族制、城市史、人口史、农业地理的研究，都是以往很少涉及的领域。同时，研究者注意把中国传统史学的考据方法和西方史学的实证研究方法相结合，重视史料的甄别，重视利用图像、实物解读历

史。李著《辽史》，宋著《金史》，《中国风俗通史·辽金西夏卷》，堪称这方面的杰作。

（七）专业研究队伍分布相对集中；宋史、元史及专门史学者的有关研究以专精见长

辽金西夏史研究队伍主要集中于北京、长春、沈阳、大连、呼和浩特、赤峰、哈尔滨、银川、兰州、西安等地。除北京的中央级科研教学单位外，队伍分布呈现出明显的地域性特点。近年来，吉林大学的辽金史研究，宁夏社科院和宁夏大学的西夏史研究，发展态势良好，不仅拥有一支高水平的科研教学队伍，推出了一批有较高水平的科研成果，而且培养了不少博士、硕士，源源不断地为辽金西夏史研究输送新的专业人才，产生了较大的学术影响。

三十年来，宋史、元史及专门史学者的辽金西夏史研究，不仅数量可观，而且质量上乘。如邓广铭先生的宋金关系史、金史研究，漆侠先生的辽金西夏经济史研究、宋辽战争史研究，蔡美彪先生的契丹民族史、辽朝政治史研究，李涵教授的金代政治史、制度史研究，乔幼梅教授的辽金西夏经济史研究，王曾瑜先生的辽金官制、军制史研究、宋金战争史研究，高树林先生的辽金经济史研究，杨果的辽金官制史研究，王善军的辽朝世家大族研究，张帆的金朝政治史、制度史研究，韩茂莉的辽金农业地理研究，韩光辉的辽金人口史、城市史研究，吴松弟的辽金人口史、移民史研究，李昌宪的辽金西夏政区地理研究，李华瑞的宋夏关系史研究等。由于撰者对于宋史、元史以及专门史具有较高造诣，他们的辽金西夏史研究成果具有很高的学术价值，对辽金西夏史研究起了很大的促进作用。

当然，辽金西夏史仍是中国古代史研究中的薄弱环节。这固然因为史料相当匮乏，难以吸引较多的专业研究者，但也与研究者的学养有很大关系。这个时期的辽金西夏史研究存在若干不容回避的问题：

1. 与原创性、实证性论著相比，重复性研究和一般叙述性论著所占比重较高。

一些研究者对学术界已有的研究成果重视不够，对相关课题缺乏必要的学术史了解。有的不够遵守学术规范，撰述时对相关的成果不作介绍，引述他人的观点不出注。有的作者往往自说自话，甚至沿袭学术界

已经公认的错误论据或观点。比如，《辽史》编撰草率，错讹、重复之处很多，前人已有定论，但有的研究者仍然固执地以《辽史》的记载为准绳，得出的结论根本经不住推敲。

2. 史料的深入发掘和利用尚显不足。

辽金西夏史史料匮乏，除正史外，尚需广泛地从其他体裁的史书、宋元人的文集、笔记小说、诗词曲赋、方志、石刻，甚至朝鲜等域外文献中爬梳整理史料。但不少研究者在文献资料方面没有下足够的工夫，往往囿于正史和编年体史书的记载；有的不重视文本的原始可靠性，引证二手资料，不去追本溯源引用一手资料。近年来，随着俄藏黑水城文献在国内的整理出版，极大地推动了西夏史的研究，但一些学者因此而忽视了对传统文献的研读和利用。

3. 与其他断代史研究相比，辽金西夏史学界与国内外同行的学术交流不够。

这既有主观的原因，也有客观原因。中国辽金契丹女真史学会是国内最早成立的史学研究学术团体之一，20 世纪 80 年代在陈述会长的领导下，开展了很好的学术研究和交流活动，对辽金史研究起了巨大的推进作用。20 世纪 90 年代初，陈述会长去世后，学会的凝聚力大大下降。西夏史研究者没有自己的学术组织，国内同行之间凝聚力不强，交流渠道不畅。这直接影响了辽金西夏史学界内部的学术交流。长期以来，辽金西夏史学界与其他断代史、专门史研究者也缺乏必要的学术交流。近些年，这种状况始有所好转。

4. 社会因素对学术研究的冲击。

20 世纪 80 年代末和 90 年代的大部分时间，由于社会上兴起一股"下海"经商的热潮，学术研究受到一定的冲击。加之教学科研人员的收入偏低，知识分子学术研究的积极性受到一定程度的伤害。社会上刮起"读书无用论"，物质文明和精神文明建设"一手硬、一手软"。这些都对哲学社会科学事业带来消极影响，辽金西夏史研究也莫能例外。近些年，随着科教兴国战略的实施，以及文化建设的加强，以上情况得到很大改变。但由于社会浮躁风气的影响，以及哲学社会科学成果评价体系的不完善等因素，学术界存在急功近利、不愿意"坐冷板凳"潜心研究、片面追求论著数量、忽视学术质量的现象，需要引起学者和有关部门的重视。

改革开放三十年的元史研究

刘　晓　党宝海

　　元朝是由蒙古族建立的统治中国的王朝，起始年代，以前有以1271年忽必烈建国号大元开始计算，也有从1279年元朝灭亡南宋、统一全国时算起，目前学界通行的观点则以1260年忽必烈即位作为元朝的开始，因为此后的蒙古政权，随着统治集团的分裂、政治重心的南移，政权性质已发生了很大变化。不过，从学术研究角度而言，因成吉思汗建立的大蒙古国（Yeke Mongol Ulus）与元朝有着一脉相承的关系，追本溯源，一般也把1206年大蒙古国建立以来的历史都囊括在元史研究范围之内，有时或将二者径称作"蒙元史"。至于元朝统治的结束时间，学界并无多大异议，一般以1368年元顺帝退出大都作为元朝灭亡的标志。此后退居漠北的蒙古统治者虽仍长期行用元朝国号，但学界一般将其划入明代蒙古史研究的范围。本文的叙述范围，即采用通行的做法，以1206—1368年为限。

　　在叙述改革开放三十年来的元史研究状况之前，我们有必要先简单回顾一下此前中国的元史研究情况。中国近代的元史研究，始于20世纪初，由王国维、陈垣、陈寅恪开其先河，但三位国学大师的治学领域非常广泛，元史只是其中一个方面。继他们而起的翁独健、韩儒林、邵循正，则是以元史为专门领域的学者。他们除在国内新式大学受到系统的史学培训外，还曾到海外不少国家留学，先后师从当时世界公认的汉学大师伯希和（Paul Pelliot），受到了很好的语言（尤其是波斯语等研究必备的语言工具）与方法训练。在治学方面，三人均注意面向世界，善于借鉴国外的最新研究成果，因熟悉审音勘同的译名还原方法，注重结合汉文文献与其他文字文献作比较研究，开展名物制度的考证，取得了不少突破性进展。新中国成立以后成长起来的元史学者，大都与三人有着直接或间接的师承渊源，因此，以上三位学者，可以说是中国元史学科的实际奠基者。

1949 年中华人民共和国的成立，标志着中国史学研究进入了一个全新的发展阶段。在此期间，史学工作者普遍接受了唯物史观，研究思想与方法均发生了很大转变。不过，从新中国成立到"文化大革命"前的 16 年（1949—1965）间，总起来看，元史研究的队伍规模还很小，研究范围也主要集中在农民战争、蒙古社会性质与历史人物的评价等有限的几个方面，此后意识形态领域中的极"左"思潮与接连不断的政治运动，则对学术研究的正常进行造成了极大干扰，严重挫伤了史学工作者研究的积极性。到"文化大革命"期间（1966—1976），学术研究已基本上处于停顿状态，即使"文化大革命"结束后的头几年，极"左"思潮的惯性也依然存在。1978 年中共中央十一届三中全会召开后，学术思想得到了真正解放，中国的元史研究也由此开始走上了蓬勃发展之路。

十一届三中全会以后，中国的元史研究面目一新，研究队伍开始急剧扩大。全国高考制度恢复后，中国社会科学院历史研究所与民族研究所、中央民族学院（后改名中央民族大学）、南京大学、南开大学、内蒙古大学、北京大学、暨南大学等单位的专家学者先后承担起培养元史方向的博士研究生、硕士研究生的任务，为元史学科培养了一大批后备人才。如今，随着老一辈专家学者的相继谢世与退休，这批高考恢复后成长起来的中青年学者已成为元史研究的中坚力量。

研究队伍的扩大，为学术团体的建立创造了条件。1979 年 8 月与1980 年 10 月，中国蒙古史学会与元史研究会相继在呼和浩特与南京成立，这两个学术团体分别挂靠在内蒙古大学与南京大学，蒙古史学会先后由翁独健、蔡美彪、成崇德与齐木德道尔吉担任理事长，元史研究会先后由韩儒林、蔡美彪、陈高华、李治安与刘迎胜担任会长。蒙古史学会与元史研究会的成立，为全国蒙元史学者提供了一个定期交流的场所，大家齐聚一堂，互相交流，共同研究，极大地推动了中国元史研究的发展。两个学术团体分别出版有自己的会刊——《蒙古史研究》与《元史论丛》（二者迄今为止已分别出版 9 辑与 11 辑），南京大学历史系元史研究室则编有《元史及北方民族史研究集刊》（1978—1990 年共出版 13 期，此后停刊，2000 年起复刊，先后改名为《元史及民族史研究集刊》、《元史及民族与边疆研究集刊》，目前已出版到第 22 期），集中发表了一批高质量的学术论文。元史研究会还不定期出版《元史研究通讯》，使会员能及时了解国内外的最新研究动态。

三十年来，中国元史研究成果，无论是在数量、质量，还是所涉及的领域，与以前相比都有了质的飞跃。据不完全统计，从 1978 年至今，平均每年发表的论著数量可达百篇以上（其中头十年有的年份未到此数，但以后则远远超过此数），也就是说，三十年发表的论著至少应在 3000 篇以上，这一数量，远远超过了 20 世纪初中国近代元史学科出现到"文化大革命"结束近 80 年的总和。与之相应，研究领域也在不断拓宽。从横的方面而言，已广泛涉及政治（包括政治事件、制度、人物等）、经济（包括人口、农业、手工业、赋役、商业等）、文化（包括思想、宗教、文学艺术、科技等）以及民族、中外关系等各个方面。从纵的方面来看，过去的研究非常重视两头，即大蒙古国和元末农民战争时期，对元代中期的历史则关注较少。近年来，这种局面已彻底改观。与之相应的是研究角度的变化。元史研究中，长期存在一种倾向，即特别强调与重视元代社会中蒙古及其他非汉族的文化成分，对汉族文化的固有成分则往往忽视。现在的研究者则更多地将元代社会作为一个整体加以考察，努力分析各种文化成分的主次地位，相互之间的碰撞与影响。

限于篇幅，以下仅介绍一些专题研究方面有代表性的著作。

（一）政治史方面

这方面的作品已出版很多，内容广泛涉及典章制度、政治人物、政治事件、军事史、农民战争等各个方面。其中，政治制度方面主要有许凡《元代吏制研究》、李治安《元代分封制度研究》、《行省制度研究》、《元代政治制度研究》、陈高华与史卫民合著《中国政治制度通史》第八卷"元代"、张帆《元代宰相制度研究》等。李治安主编《唐宋元明清中央与地方关系研究》则对元代中央和地方的关系问题有较全面的论述。法律制度方面，主要有韩玉林主编《中国法制通史·元》等。政治人物有韩儒林《成吉思汗》、沙日勒岱等编《成吉思汗研究文集

（1949—1990）》、黄时鉴《耶律楚材》、周良霄《忽必烈》、李治安
《忽必烈传》、陈庆英《元朝帝师八思巴》、王启龙《八思巴评传》与
《八思巴生平与〈彰所知论〉对勘研究》、纳为信《元咸阳王赛典赤·
赡思丁世家》、邱树森《妥懽帖睦尔传》等。军事史方面，有陈世松
《余玠传》、《蒙古定蜀史稿》、陈世松、匡裕彻、朱清泽、李鹏贵编
《宋元战争史》、胡昭曦与邹重华主编《宋蒙（元）关系史》等。军事
科学院主编《中国军事通史》第十四卷《元代军事史》（撰稿者史卫
民），为元代军事史研究最为全面的成果。邱树森关于元朝后期的历史，
特别是元末农民战争史有深入研究，论文已结集收入《贺兰集》。

（二）社会经济史方面

先期论著主要有李干《元代社会经济史稿》。陈高华多年潜心元代
经济史研究，发表了一系列重要论文，其中绝大部分已收入《元史研究
论稿》、《元史研究新论》与《陈高华文集》。他与史卫民合著的《中国
经济通史·元代经济卷》，体例严整，论述严密，是元代经济史方面的
力作。此外，值得一提的还有高树林《元代赋役制度研究》。有关元代
农业生产的相关论著，主要有中国农业科学院和南京农学院农业遗产研
究所编《中国农学史》下册、《中国屯垦史》中册第六章《元代的屯
垦》（陈高华、孟繁清执笔）、吴宏岐《元代农业地理》等。交通史方
面，主要有党宝海《蒙元驿站交通研究》。经贸活动的研究则有陈高华
与吴泰《宋元时期的海外贸易》、高荣盛《元代海外贸易研究》、修晓
波《色目商人》等。元代城市史研究，集中在都城史研究方面，主要
有陈高华《元大都》、陈高华与史卫民《元上都》、叶新民《元上都研
究》等。

（三）思想文化史方面

综合性论著主要有近年陈高华、张帆、刘晓合著《元代文化史》。
侯外庐主编《宋明理学史》第三编"元代"、徐远和《理学与元代社
会》深入研究了元代的理学。商聚德《刘因评传》、陈正夫与何植靖
《许衡评传》、方旭东《吴澄评传》、刘晓《耶律楚材评传》等则是对元
代思想家的个案研究。教育方面，主要有申万里《元代教育研究》、徐
梓《元代书院研究》。文学艺术方面的研究论著相当多，像孙楷第《元

曲家考略》、邓绍基主编《元代文学史》、廖奔《宋元戏曲文物与民俗》、李修生《元杂剧史》、幺书仪《元代文人心态》与《元人杂剧与元代社会》、任道斌《赵孟頫系年》、尚刚《元代工艺美术研究》等，都是有代表性的论著。史学方面，主要有周少川《元代史学思想研究》。王慎荣、叶幼泉、王斌《元史探源》对《元史》的史料来源进行了详细探讨。王瑞明主编《〈文献通考〉研究》则是一部关于马端临及其史学研究的重要论文集。宗教史研究方面，主要有王宗维《元代安西王及其与伊斯兰教的关系》、任宜敏《中国佛教史·元代》、杨曾文《宋元禅宗史》、卿希泰主编《中国道教史》第三卷等。陈达生《泉州伊斯兰教石刻》，在吴文良《泉州宗教石刻》基础上，又搜集了大量元代石刻。科技史研究方面，有李迪《郭守敬》、孔国平《李治传》、钱宝珠等编辑《宋元数学史论文集》等。反映元代社会史状况的著作有任崇岳主编《中国社会通史·宋元卷》。社会风俗方面则有史卫民《元代社会生活史》、陈高华与史卫民《中国风俗通史·元代卷》等。

（四）元代少数民族和民族地区历史地理方面

这方面一直是元史研究的一个热点。其中，罗贤佑《元代民族史》对元代民族状况作了整体性研究。高文德《蒙古奴隶制研究》探讨了早期蒙古社会制度。刘迎胜《西北民族史和察合台汗国史研究》、《察合台汗国史研究》是中国学界有关元代西北史地研究的重要成果。已故藏族青年学者仁庆扎西关于元代藏族史的研究论文，已收入《仁庆扎西藏学研究文集》。陈庆英《藏学论文集》也集中收录了作者这方面的大量论文。杨志玖的论文集《元代回族史稿》收入不少有关元代回族史研究的论文。邱树森也有不少这方面的研究，除主编《中国回族史》外，还有不少重要论文收入论文集。张云《元代吐蕃地方行政体制研究》、田卫疆《蒙元时代维吾尔人的社会生活》、尚衍斌《元代畏兀儿研究》等，也是颇有分量的研究专著。此外，有关元代西南少数民族，还有杜玉亭、陈昌范《云南蒙古族简史》等。

（五）中外关系史方面

杨志玖先生对《马可波罗行记》的研究享有国际声誉。他关于这一课题的论文多收入其论文集《马可波罗与中国》。中国国际文化书院编有《中西交流先驱——马可波罗》。《岛夷志略》和《真腊风土记》是元代有关中外关系的两部重要著作。苏继庼《岛夷志略校释》和夏鼐《真腊风土记校注》是这方面研究的最优成果。黄时鉴主编《解说插图中西关系史年表》，关于元代中外关系有颇为翔实的解说。另外，黄时鉴《东西交流史论稿》和王颋《圣王肇业——朝日中交涉史考》、《驾泽抟云—中外关系史地研究》、《西域南海史地研究》与《西域南海史地考论》等，对元代中外关系研究均不少突破。

元史研究取得进展的另一个重要表现是资料的整理与工具书的编纂。

资料整理方面，1978年以前，这方面的工作只有《元史》的点校与《中国历史地图集·元代卷》的编纂较为重要。改革开放后，史学界在这方面投入了大量力量，取得了丰硕成果。其中，北京师范大学古籍所主持出版的《全元文》是目前最为庞大的元人文献总汇，《全元诗》的整理工作在中国社会科学院文学研究所专家的努力下也已告完成，将于近期出版。额尔登泰、乌云达赉校勘的《蒙古秘史》在20世纪80年代初出版，改正了以往各本中的多处错讹，对《蒙古秘史》的研究作出了很大贡献。大都（今北京）地方志《析津志》与《大德南海志》都已散佚，已经先后出版辑佚本，使读者得以窥见原书面貌。另一些重要的元代方志《至顺镇江志》、《至正金陵新志》也都有了点校本。黄时鉴主持的《元代史料丛刊》由浙江古籍出版社出版了7种，分别为《元代法律资料辑存》、《吏学指南（外三种）》、《通制条格》、《庙学典礼（外二种）》、《秘书监志》、《元代奏议集录》、《宪台通纪（外三种）》。耶律楚材、元好问、苏天爵、虞集、黄溍、刘敏中、柳贯、萨都剌、马祖常、揭傒斯、赵孟頫、贯云石等人的诗文集以及元人笔记如孔齐《至正直记》、王恽《玉堂佳话》、杨瑀《山居新语》等，均已标点出版。两种在历史上占有重要地位的农书（《农桑辑要》和《王祯农书》）、中外关系方面的文献（《岛夷志略》、《真腊风土记》、《西游录》、《异域志》、《长春真人西游记》、《安南志略》）和记述顺帝一朝历史的《庚申外史》，也都有整理本（校注、校释）问世。

史料专题辑录方面，有杨讷、陈高华合编《元代农民战争史料汇编》、杨讷《元代白莲教资料汇编》、陈高华《元代画家史料汇编》与《元代维吾尔哈剌鲁资料辑录》、杜玉亭《元代罗罗斯史料辑考》、宗典

《柯九思史料》、胡昭曦、唐唯目《宋末四川战争史料选编》等。陈智超、曾庆瑛在陈垣旧作基础上增补而成的《道家金石略》，相当多内容也属于元代。前面提到的黄时鉴点校的《元代法律资料辑存》，也是一种史料的专题辑录。以上诸书把分散的资料汇集在一起，加以考证辨析，无疑为研究者提供了很大便利。

民族史籍的整理、研究与翻译，是元代文献研究的一大特色。《蒙古秘史》、《蒙古黄金史纲》与《蒙古源流》号称蒙古三大历史文献，其中都有不少元代历史的文字记载。三者之中，又以《蒙古秘史》地位最为重要，是研究蒙古早期历史的首要文献，但仅有汉字标音本传世。恢复《秘史》的本来面目，是各国蒙古学家追求的目标。1987 年，内蒙古大学出版社出版了蒙古族学者亦邻真《秘史》的畏兀儿字复原本，这在国内尚属首次。《秘史》的转写、整理与研究，已经有数量相当多的论著发表。《蒙古黄金史纲》，有朱风、贾敬颜的汉文译本。《蒙古源流》的整理，以乌兰的《〈蒙古源流〉研究》最为重要。零散的蒙古语文献整理与研究，则有道布《回鹘式蒙古文文献汇编》、照那斯图《八思巴字和蒙古语文献》、呼格吉勒图、萨如拉《八思巴字蒙古语文献汇编》等。元代藏文文献也很丰富，其中蕴涵了大量珍贵历史史料，先后译成汉文的藏文史籍有《汉藏史集》、《红史》、《新红史》、《青史》、《萨迦世系史》、《朗氏家族史》等。

早在 19 世纪下半期，中国学者就已认识到"域外史料"、特别是波斯文史籍对于元史研究的重要性。但由于资料搜集和语言文字等方面的许多困难，在很长一段时间内，中国多数学者只能通过《元史译文证补》和《多桑蒙古史》等书去了解"域外史料"中的有关记载。改革开放以来，"域外史料"的汉文译本才得以陆续与中国学者见面。其中较为重要的有何高济从英译本转译的志费尼《世界征服者史》，余大钧、周建奇从俄文本转译的拉施德《史集》、周良霄译注《成吉思汗的继承者》（《史集》第二卷英译本）。13 世纪上半期欧洲教会使节出使蒙古的行记，现在已有两种译本（吕浦译《出使蒙古记》与耿昇、何高济译《柏朗嘉宾蒙古行纪鲁布鲁克东行纪》）。此外，何高济还翻译出版了《海屯行记、鄂多立克东录》。《马可波罗行记》和《伊本·白图泰游记》，也有新的译本出现。

与元史研究有关的工具书也已陆续出版。其中，辞书主要有韩儒林主编《中国大百科全书·中国历史卷》"元史"分册，蔡美彪主编《中国历史大辞典·辽夏金元》分册，这两本辞书在《中国大百科全书》与《中国历史大辞典》系列中，都是较早出版的分册，反映了元史研究工作者集体协作的力量。历史地图有谭其骧主编《中国历史地图集》第六册"元明时期"。索引有方龄贵《元朝秘史通检》，陆峻岭《元人文集篇目分类索引》，姚景安《元史人名索引》。周清澍《元人文集版本目录》虽然篇幅不大，却是很有实用价值的一部书。元代语言在中古汉语史中有着非常特殊的地位，目前也有不少工具书出版，像龙潜庵《宋元语言辞典》、方龄贵《元明戏曲中的蒙古语》和李崇兴、黄树先、邵则遂等编《元语言词典》等。

元代文物考古发现，相对于其他朝代，并不算丰富。但在这一时期，也有不少进展，颇值得关注。

新中国成立后，曾对元代的两座都城大都（今北京）、上都（今内蒙古正蓝旗）进行过考古调查。20世纪八九十年代对上都遗址及其周围所做的发掘和调查工作，有不少重要发现。在内蒙古地区，发现了相当多的元代古城遗址，如应昌路故城、宁城路故城等。20世纪90年代以来，对元中都（今河北省张北境内）的调查工作也有所进展，收集到许多地面上的零散文物，大体搞清了中都的建筑格局。元代墓葬也时有发现，其中近年发现的比较著名的墓葬有河北真定史氏家族墓、北京颐和园耶律铸夫妇合葬墓等。河北隆化鸽子洞，也是近年来非常重要的考古发现，有不少珍贵文物尤其是文书出土。此外，在福建泉州发现了大量伊斯兰教、基督教信徒的石刻，是研究元代中外文化交流的珍贵史料，还有不少印度教文物，也应是宋、元时期的遗迹。陈达生《泉州伊斯兰教石刻》，汇集了大量泉州伊斯兰教石刻，主要属于元代。内蒙古额济纳旗黑城埋藏着大量珍贵文献，20世纪外国探险家曾进行过盗掘，窃取了大量文书与文物。改革开放后，我国考古工作者在当地进行过多次调查，其中尤以1983—1984年两次发掘收获最丰，目前已出版《黑城出土文书（汉文文书卷）》，其他文字的整理研究经与日本学者合作，也已于近年出版。与元代有关的水下考古也取得不少进展。像辽宁绥中海域的沉船被确定为元代遗物，沉船载有瓷器和铁铧犁等物，其中的磁州窑龙凤罐实属瓷器珍品。宋元之间的最后一战发生在广东崖山海域，即今新会的银洲湖地区。经初步调查，银洲湖水下及周围陆地确有此次大战的遗物存在。

如前所述，三十年来，中国的元史研究成果丰硕，取得了巨大成就，但不可否认的是，我们的研究也存在着许多不足，有以下几个方面需要大力加强。

首先是史料的发掘与整理。在汉文、藏文、蒙文史料利用方面，中国有得天独厚的优势，20世纪中国元史研究所取得的巨大成绩，从某种程度上可以说正得益于这种优势。近年来，元史研究领域又出现了一些引人注目的新史料，如在河南发现的西夏遗民文献——《述善集》，在韩国发现的元刊《老乞大》、《至正条格》，俄国与中国合作出版的《俄藏黑水城文献》等，这些新问世的文献资料，有的已被学者引入研究领域，为元史研究增添了勃勃生机。其实，除这些新资料外，我们还有许多工作可做。如元代基本文献《元典章》，至今连一个经过初步整理的标点本都没有，更不用说在此基础上的校注了。元代政书《经世大典》的搜集整理，也有待完成。元代还有很多重要人物的文集，都需很好地进行校勘、辑佚。地方志、金石志中的元代文献，更应当下大力气全面、系统地加以辑录，而且，因同一地区不同时期编纂的方志，收录的文献往往互有异同，我们绝不能以查阅其中一种为满足。至于分散各地未见辑录的元代碑刻、拓片，以及新出土的墓志、碑刻等，数量也颇为可观，早在20世纪80年代初，翁独健先生就曾提倡进行《元碑集成》的编纂，可惜这方面的工作至今也没有人去做。汉文文献资料的整理可以多方面进行，以便于学者研究利用为原则。目前编纂完成的《全元文》、《全元诗》是一个很好的途径。资料的分类整理也很有必要，像《道家金石略校补》一书的出版，曾极大地推动过元代道教史的研究，元代的佛教金石文献存世者也很多，如也能汇集在一起编辑成册的话，肯定也会推动元代佛教史的研究。

"域外史料"是元史研究的一大资料宝库，这方面的整理与利用，国外学者已取得了丰硕成果，远远走在了我们的前头。为此，翁独健先生曾提出分两步走的建议，即先将国外学者整理研究的成果翻译过来，以后待条件成熟时再直接翻译原始文本。这方面的工作，我们目前仅完成了第一步，即从西方文字的转译，而且种类十分有限，仅有《史集》、《世界征服者史》等几部较为重要的著作。以后，我们要加强这方面的工作，不仅要增加翻译的种类数量，而且要逐步过渡到第二步，即从波斯文、阿拉伯文文本直接翻译，这方面的工作任重而道远，需要我们长期不懈的努力。此外，"域外史料"在国内各大图书馆收藏较少，以往学者研究多通过私人渠道获得，流传不广，给研究带来极大的不便，因此，今后有必要建立依托于某一大学或某一研究机构下的资料中心，广泛搜集收藏于世界各国的"域外史料"抄本或刻本，以方便国内学者的研究。

其次是考古成果的吸收与借鉴。考古发现不仅能为历史研究提供新资料，而且还可以发现许多新问题。自王国维"二重证据法"提出以来，历史文献与考古发现相结合，已成为史学研究的一条重要途径，元史研究当然也不例外。元代考古同其他朝代相比，应该说是比较薄弱的。其中固然有某些客观原因，但并不意味着元代考古没有工作可做。新中国成立后元代的重要考古发现首推黑城文书，黑城文书虽在数量上与唐代敦煌文书不可同日而语，但因内容大多反映的是元代世俗社会的情况，学术研究价值丝毫不亚于后者。近年来，有的学者已提出建立"黑城学"的构想。泉州等地的宗教石刻以及全国各地出土、征集到的元代文物也有不少，被学者广泛应用于宗教习俗、社会生活等方面的研究，取得了很好的效果。元大都、上都与中都等都城史的研究，更是因考古发现较多地弥补了文献记载的不足，才取得了飞快发展。以上情况表明，元代考古并非可有可无，而是大有希望的，在此基础上，我们完全有必要开始翁独健先生所倡导的《元代文物图谱》的编集，结合考古发现，带动元史研究进一步走向深入。

再次是专题研究的深化与新领域的开拓。尽管 20 世纪的元史研究在许多方面取得了可喜成绩，但也明显存在着许多不足，各领域的研究并没有得到均衡发展，即使研究较多的领域，成果也不平均。例如政治制度史，对中央机构的研究多集中在省、院、台等重要机构，对部、寺、监等机构的专门研究就显得很薄弱。再如选举制，怯薛出职、吏员出职与科举研究已受到学者的普遍关注，但对其他入仕途径像荫叙等的研究却没有得到应有重视。这方面的问题，在其他领域也都不同程度地存在着。像经济史中区域经济与财政制度的研究，近年来虽取得了不少进展，但有待深化之处仍有不少。元代法制史的研究则刚刚起步，从法律编纂、刑罚制度到实体法研究等许多问题都还有可挖掘的潜力。再如，宗教史的研究，有关内地佛教的研究就十分薄弱，即使是学者们关注稍多的禅宗，其实也有许多问题没有展开讨论。元代卫生医药，内容丰富多彩，迄今没有得到史学界的重视。目前出版的几部元朝断代史，已获得了学术界较多的好评，在今后相当一段时间内，我们应当把主要精力放在深化专题研究与弥补研究不均衡的缺陷上。近年来，陆续出版了一些元代专门史著作，如《元代社会生活史》、《元代民族史》、《元代政治制度史》、《中国军事通史·元代军事史》、《中国经济通史·元代经济卷》、《元代文化史》等，我们希望今后能有更多这方面的著作问世。

除已有研究外，客观世界的变化和研究手段的进步，都会导致新的问题出现，以往一些被视作研究的"范式"，现在看来，还有许多需要重新认识的地方。例如，关于"汉法"问题，不少学者认为，蒙古统治者实行"汉法"就是进步，不实行"汉法"就是落后，这种中原王朝本位式的评判，是否过于公式化，有无偏颇之嫌？元代"四等人制"是以往学者的共识，但从目前所见材料，我们找不到元朝政府在这方面的正式规定。"四等人制"是怎样形成的，是仅适用于某些具体规定，还是影响遍及元代社会的各个角落？此外，我们在研究元朝史的时候，往往立足于中原王朝与少数民族征服王朝的角度，却很少从蒙古世界帝国的视野去观察问题。实际上，蒙古各宗藩兀鲁思的历史与元朝史都有非常密切的关系，四大汗国史研究的深入对我们理解与把握元朝历史有许多益处，二者的研究应是一个良性互动的发展过程。可惜的是，我们对各宗藩兀鲁思的研究，除察合台汗国史有较大进展外，基本上还很薄弱，语言文字的障碍、文献资料的局限固然是主要原因，但重视程度不够也是一个方面。

最后是加强国际学术交流，及时了解国外学术界的研究情况。作为东方学的一个分支，蒙古学在18、19世纪一直是国际上的显学。直到今天，世界各国仍有不少学者致力于这方面的研究，尽管他们研究的角度、关注的问题与中国学者不尽相同，有些观点也不为中国学者所接受，但这并不妨碍双方互通有无、取长补短。20世纪初的中国元史研究，可以说正是在这一影响下才发展起来的，也正由于此缘故，元史被国内不少学者称之为"不中不西"之学。新中国成立以后，由于众所周知的原因，我们的对外学术交流走过了一段曲折道路，长期的自我封闭，使我们对外界的学术研究动态几乎一无所知。

直到 1978 年后，随着改革开放政策的实施，这种局面才得到较大改善，包括《剑桥中国史》在内的一大批国外学术著作被翻译介绍到国内。今后，我们要继续加强对外学术交流，开阔视野，不断吸取国外同行的研究成果与研究方法。也只有这样，中国的元史研究才能真正走在世界前列。

改革开放三十年的明史研究

万　明　　张金奎

　　明代是与中国古代社会向近代社会转型和全球化开端相联系的一个时代，这一承上启下的时代特征赋予了明史研究特殊重要的意义。明史学科体系的建立与发展，突出特点是与中国社会现实发展有着极为密切的联系。1978 年 12 月党的十一届三中全会召开以后，改革开放政策全面推开，形成了伟大的转折，中国历史从而进入了一个崭新的发展时期。以此为标志，明史学科的发展反映了中国国情及时代特征，也进入了一个繁盛发展的新时期，这一时期明史研究取得的成就极为显著。根据明史研究室先后编辑的《中国近八十年明史论著目录》（1900—1978）、《百年明史研究论著目录》（1900—2005）的大致统计，20 世纪的明史研究，在改革开放以前的研究论著约 1 万条，而改革开放以后至 2005 年的明史研究论著达 3 万多条，由上述数字可以看出，近三十年明史研究获得了迅速发展，取得的进步是明显的，成绩是巨大的。此外，据不完全统计，2006 年出版的明史著作约 110 种，各种刊物发表的论文达 1465 篇；2007 年出版的明史著作约 101 种，各种刊物发表的论文达 925 篇。①

　　概括地说，自改革开放以来，从事明史研究的人员大量增多，明史研究在经济、政治、社会、文化、中外关系等方面的研究取得重大进展，专题研究呈拓广加深之势，成果斐然，影响深远。在 20 世纪结束前，回顾与反思形成一股学术思潮，为 21 世纪开创明史研究的新局面，

---

①　2006—2007 年论著数字为陈时龙撰写这两年概述所统计。

奠定了良好的基础。本文拟对近三十年来的明史研究作一简略回顾，将明史研究大致分为两个阶段：第一个阶段是 1978—1999 年，约 22 年时间；第二个阶段是 2000—2007 年，约 7 年时间。限于篇幅，这里仅仅是勾勒明史研究的大致脉络，挂一漏万在所难免。

一　改革开放以来明史研究的第一阶段：1978—1999 年

史学的最高品格是实事求是，忠于历史事实。1978 年以后，随着"解放思想，实事求是"的思想路线的确立，广大史学工作者重新获得了畅所欲言、百家争鸣的宽松科研环境，明史研究因之恢复了勃勃生机。史学工作者在"文化大革命"中备受压抑的研究热情完全迸发出来，研究获得了迅猛发展。

（一）研究的主要特点

这一阶段的明史研究有几个特点，具体表现在六个方面：

1. 研究队伍迅速发展壮大

1977 年中国社会科学院正式成立，次年，历史研究所即成立了独立的由王毓铨先生任主任的明史研究室。明史研究室是国内第一个完全以明史为研究方向的学术单位，研究人员最多时达 28 人，研究力量雄厚，在国内外具有公认的学术优势，确立了世界领先地位，为此后的明史研究作出了重要贡献。

与此同时，一大批地方社会科学院及高等院校的史学工作者也加入到明史研究的队伍中来。在这支空前庞大的研究队伍中，既有新中国成立前即从事研究工作的老专家，也有 1949 年新中国成立后成长起来的中年学者，他们在新的历史时期重新焕发了学术青春，在史学研究和培养人才方面作出了重要贡献。随着研究生培养制度的恢复与发展，大批新人才被培养出来，他们在 20 世纪 80 年代后期陆续成长为具有合理的知识结构和开拓精神的、思维敏捷的研究骨干，为明史研究队伍输送了大量的新鲜血液。这部分优秀的学者大多数至今仍很活跃，是明史研究的中坚力量。

1989 年，以明史研究室为依托，明史学科全国性学术团体组织中国明史学会宣告成立，会员达 200 多人。明史学会每两年举办一次明史国际学术讨论会，定期出版会刊《明史研究》，对明史研究的发展起了很大的推动作用。

2. 研究领域不断拓展

在"解放思想，实事求是"的思想路线的指引下，史学工作者加深了对马克思主义的理解，逐步摆脱了"文化大革命"中形成的教条主义的束缚，突破了种种禁区，这一阶段的明史学科基本形成了比较完整的学科体系。研究涉及明代历史的方方面面，传统领域在原有的基础上深化，新的领域得到不断开拓，并获得迅速发展；伴随研究结构的调整，研究向前所未有的纵深发展。

3. 研究方法不断创新

解放思想，史学工作者的新思路、新见解层出不穷。很多学者注重借鉴其他学科的优势，把社会学、经济学、政治学、人类学、地理学、环境生态学、人口学、考古学、民族学等与历史研究结合起来，形成一股多学科交叉融会及其理论方法相互渗透的潮流，亦分亦合，并行不悖。另外，随着计算机技术的发展与普及，传统的手工采集资料和写作的方式逐步被现代电子技术手段所取代，极大地提高了研究的效率，推动了明史研究的发展。

4. 对外交流迅速扩大

加强与海外学者的交流与合作是改革开放以后促进学科发展的重要途径，也是改革开放后明史研究的主要特点之一。1980 年南开大学主办的"明清史国际学术讨论会"在当时尚不非常宽松的环境中是一重大突破。这一会议连续举办了三届，为中国学者了解海外学术动态打开了一个窗口。中国社会科学院历史研究所明史研究室也和其他单位联合举办了多次明史国际学术讨论会。1989 年中国明史学会成立后，这项工作一直坚持到现在。在党和政府的支持下，一些专题性国际讨论会也陆续召开。这类学术会议以及各地区各单位的学者与国外和中国台港澳地区的频繁互访，使大量的国外学术思想、新理论和新方法被引进来，开阔了内地学者的视野和思路，从而出现了内地与海外的明史研究相互激荡的新局面，同时亦使中国内地的明史研究在国际学术界产生了相当大的影响。既增进了了解，也宣传了自己。

5. 研究成果大量涌现

1981 年中国社会科学院明史研究室编《中国近八十年明史研究论著目录》出版，在总结以往研究的基础上，将明史研究推向了繁荣发展时期。与此同时，明史研究室主编的《明史研究论丛》和《明史资料丛刊》两种学术刊物先后问世，明史学会刊物《明史研究》1991 年创刊，为明史研究工作者提供了宝贵的学术园地。随着改革开放的深入，学术园地增多，明史研究呈现出百花齐放的繁荣局面，二十余年所取得的丰硕成果，无论是论文，还是专著，在数量上都超过了 20 世纪前 80 年成果的总和。

6. 基础建设着力开展

整理既往的学术家底是开展下一步研究的基础，历史所明史研究室成立之后，首先担负起这一重任。1981 年，明史研究室编辑的《中国近八十年明史论著目录》由江苏人民出版社出版，受到学界的热烈欢迎，对研究起了推动作用。1988 年李小林、李晟文主编《明史研究备览》由天津教育出版社出版，也对研究起了推动作用。

史料是史学研究的基础。1978 年以后，大批涉及明代史的文献档案资料被整理公布出来。如《天一阁藏明代地方志选刊》（上海古籍书店 1982 年版）、《天一阁藏明代地方志选刊续编》（上海书店 1990 年版）、《北京图书馆古籍珍本丛刊》（书目文献出版社、北京图书馆出版社 1988—1998 年版）、《新中国出土墓志》（文物出版社 1994 年开始陆续出版）等。

现存在于民间的民间文书、族谱、碑刻和社会调查等资料的整理得到了充分的重视，如王国平、唐力行主编《明清以来苏州社会史碑刻集》（苏州大学出版社 1998 年版）等，其中最著名的是徽州文书的出版（见下文）。明史资料浩如烟海，靠个人的力量很难做到竭泽而渔，因此，一批学者投入到某些专题史料的编选工作中，为广大学者提供了方便，其中，以谢国桢编《明代社会经济史资料选编》上、中、下三册（福建人民出版社 1980 年版）、中国第一历史档案馆编辑部、厦门大学台湾研究所编《郑成功档案史料选辑》（福建人民出版社 1985 年版），李国祥主编《明实录类纂》（武汉出版社 20 世纪 90 年代陆续出版）等最为著名。

（二）研究成果概述

1978—1999 年的 20 年时间里，明史研究呈现迅猛发展的态势，明史研究的对象主要集中在传统课题的恢复与发展以及新领域的开拓与发展上。总的特点是百花齐放。

1. 总体研究的发展

先后出版了汤纲、南炳文《明史》（上、下册，上海人民出版社分别于 1985 年和 1991 出版）；中国社会科学院历史所中国史稿编写组（刘重日等）《中国史稿》第六册（人民出版社 1987 年版）；蔡美彪等《中国通史》第八册（人民出版社 1993 年版）；傅衣凌主编，杨国桢、陈支平《明史新编》（人民出版社 1993 年版）；白寿彝主编《中国通史·明史卷》（上海人民出版社 1999 年版）等重要著作。这些著作大体反映出二十余年的明史研究从带有时代的"左"的痕迹，至 20 世纪 90 年代展现明代社会整体风貌的变化轨迹，显示明史研究也在与时俱进，紧随时代潮流不断地向前发展。

2. 传统课题的恢复与发展

新中国成立之初的历史研究曾有"五朵金花"之说，大部分史学家们围绕相关命题进行了大量研究。无论是中国古代史分期问题，土地所有制问题，农民战争问题，还是资本主义萌芽问题，封建社会长期延续问题，都与明史研究有着密不可分的联系。改革开放以后的明史研究，对这些课题都有所恢复和发展，突出表现在对土地所有制问题、资本主义萌芽问题、农民起义问题等课题的研究上。

（1）土地所有制与地主阶级

对土地所有制形式的讨论，牵涉到对中国古代社会整个经济结构和体制特征的认识，因而一直为人们所重视。在"文化大革命"前，大体可以分为以侯外庐、贺昌群、李埏等为代表的土地国有制主导论和以胡如雷、杨志玖、李文治等为代表的土地私有制主导论。[①] 1991 年，王毓铨先后发表了《明朝的配户当差制》（《中国史研究》第 1 期）、《明朝田地赤契与赋役黄册》（《中国经济史研究》第 1 期）、《户役田述略》

---

① 有关文章分别有：侯外庐：《中国封建社会土地所有制形式的问题》（《历史研究》1954 年第 1 期）；贺昌群：《关于封建土地国有制问题的一些意见》（《新建设》1960 年 2 月号）；李埏：《试论我国的封建土地国有制》（《历史研究》1956 年第 8 期）；胡如雷：《试论中国封建社会土地所有制形式》（光明日报 1956 年 9 月 13 日）；杨志玖：《关于中国封建社会土地所有制的理论和史实问题的一般考察》（《中国封建社会土地所有制形式问题讨论集》上册）；李文治：《关于研究中国封建土地所有制的方法论问题》（《经济研究》1963 年第 5 期）等。

（《明史研究》第1辑）等多篇文章，比较系统地论证了其明代土地归国家所有，编民不具备土地所有权的观点。在一定程度上呼应了侯外庐先生的观点。李文治于同年发表的《论明代封建土地关系》（《明史研究》第1辑）、《从地权形式的变化看明清时代地主制经济的发展》（《中国社会经济史研究》第1期）等文，则进一步阐述了他的土地属于地主私有，只有屯田才是国有土地的观点。

顾诚《明前期耕地数初探》（《中国社会科学》1986年第4期）、《明帝国的疆土管理体制》（《历史研究》1989年第3期）等文章，提出明代疆土分别由行政系统和军事系统管理的观点，引起了很大反响。张海瀛《张居正改革与山西万历清丈研究》（山西人民出版社1993年版）研究了万历山西土地清丈文册，印证了顾诚的观点。

伍丹戈《明代土地制度和赋役制度的发展》（福建人民出版社1982年版），章有义《明清徽州土地关系研究》（中国社会科学出版社1986年版）、杨国桢《明清土地契约文书研究》（人民出版社1988年版）、唐文基《明代赋役制度史》（中国社会科学出版社1991年版）、傅衣凌《明清封建土地所有制论纲》（上海人民出版社1992年版）等论著，均对明代土地问题提出了自己的见解。古代中国社会存在国有土地和私有土地，私有土地可以出佃收租，可以买卖是历史事实，争论的焦点实际在国家对私有土地的干预究竟是国家具有最高的土地所有权，还是仅仅是历史传统的延续。上面各位学者的讨论也是在这一聚焦点上引发的，只不过其立论的立足点放在了明代而已。对土地所有权的讨论和改革开放后对亚细亚生产方式问题的热烈讨论有紧密联系。相对而言，研究元明以前各断代史的学者对此曾积极参与，明史方面的学者则呼应寥寥。这也是王毓铨国有论提出后没能在明史学界引起更广泛的讨论的原因之一。

针对封建社会主导阶级地主阶级的系统研究较为薄弱，《历史研究》等单位于20世纪80年代组织召开了多次专门的学术讨论会。在明史界，对地主阶级及其相关问题的研究，主要体现在伍丹戈《明代绅衿地主的发展》（《明史研究论丛》第2辑）、许大龄《试论明代的封建地主阶级及其历史作用》（《北京大学学报》1984年第4期）、傅衣凌《明清封建地主论》（《厦门大学学报》1985年第4期）、韩大成《明代官绅地主控制下的佃户》（《明史研究论丛》第3辑，1985）、周良霄

《明律"雇工人"研究》（《文史》第 15 辑）等文章，推进了研究的进展。20 世纪 90 年代以后，研究视角有所转移，关于地主的专门研究明显减少。值得注意的是陈支平《中国社会经济史学理论的重新思考》（《中国社会经济史》1998 年第 1 期）一文，指出从明清时代的大量记载中，经常看到有关"庶民地主"不堪官府、富豪的转嫁赋役、流亡破产的事实，提出中国封建社会中央集权制下的阶级划分并不完全合理，这些"庶民地主"在中国封建社会的剥削关系中仅是很次要、很微不足道的角色。栾成显则运用档案文书对于庶民地主进行了具体而深入的研究（《明代黄册研究》，中国社会科学出版社 1998 年版）。

（2）资本主义萌芽与商品经济

由于社会发展的重心从阶级斗争转移到经济建设上来，这一阶段对资本主义萌芽的研究出现了又一次高潮。主要集中在具体的地区和行业的探讨，而不仅侧重于整体分析。据粗略统计，相关文章在 100 篇以上。1980 年和 1981 年连续举行四次以此为主题的全国性学术讨论会，其成果主要反映在《明清资本主义萌芽研究论文集》（上海人民出版社 1981 年版）和《中国资本主义萌芽问题讨论集》（江苏人民出版社 1982 年版）中。李文治、魏金玉、经君健合著《明清时代的农业资本主义萌芽问题》（中国社会科学出版社 1983 年版）重点探讨了农业领域的资本主义萌芽问题，是这一领域的力作。1985 年人民出版社出版的由许涤新、吴承明主编《中国资本主义发展史》第一卷《中国资本主义萌芽》近 60 万字，以定量分析与定性分析相结合，系统地阐述了资本主义萌芽的有关理论以及明清之际资本主义萌芽的发生、发展特点等问题。该书可以视作对此前资本主义萌芽问题研究的一个系统总结。该书出版后，对资本主义萌芽问题的研究明显减少。

20 世纪 50 年代，黎澍在《中国的近代始于何时?》（《历史研究》1959 年第 3 期）一文中，对中国历史上是否存在过资本主义萌芽提出了质疑，但在当时的社会环境下，注定不会得到多少共鸣。20 世纪 80 年代对资本主义萌芽的探讨基本停留在旧有的社会发展理论基础之上，探讨的问题也大多仍集中在萌芽是否出现、发展水平以及发展迟缓的原因上，与同期史学界对原有五种社会形态发展理论的再认识不太合拍，略显滞后。与此相应，顾准在《资本的原始积累与资本主义发展》（《马克思主义研究》1985 年第 4 期）一文中，提出了认为中国中世纪存在资本主义萌芽的观点是"非历史的类推","认为任何国家都必然会产生出资本主义是荒唐的",中国传统文化土壤不可能生长出资本主义的观点。虽然观点新颖,却没有在当时的讨论热潮中得到足够的重视。随着世纪末的临近,一些学者开始对 20 世纪的历史研究进行总结和反思,并提出了一些新看法。具体来说,20 世纪 90 年代中后期,随着对五种社会形态理论再认识的深入,对资本主义萌芽的质疑开始产生规模效应。吴承明先生率先在《要重视商品流通在传统经济向市场经济转换中的作用》(《中国经济史研究》1995 年第 2 期)一文中,提出中国革命的实践证明资本主义阶段是可以绕过的,市场经济的阶段则是不能绕过的,因而他建议重点研究市场经济萌芽问题,以代替对资本主义萌芽问题的讨论。1996 年,李伯重在《读书》第 8 期提出了"资本主义萌芽情结"问题,认为这是一种特定时期中国人民的民族心态的表现,就是"别人有,我们也要有"的心态。但是他同时也提出了资本主义萌芽的研究与讨论也推动了中国社会经济史的研究。

随着改革的深入,商品经济在国民经济运行中的作用日益突出。史学工作者对古代商品经济的发展历史展开了热烈的讨论。明代城乡商品经济问题,由于与资本主义萌芽问题紧密相连,在"文化大革命"前就是研究热点之一,在此阶段更是达到一个高潮。明代城乡商品经济的发展,以长江三角洲地区、福建沿海地区、珠江三角洲等地区最为显著,相关区域的研究因此成为研究主流。如王家范《明清江南市镇结构及其历史价值初探》(《华东师范大学学报》1984 年第 1 期)、蒋兆成《明清时期杭嘉湖地区乡镇经济试探》(《中国社会经济史研究》1986 年第 1 期)、韩大成《明代的集市》(《文史哲》1987 年第 6 期)、陈忠平《明清时期长江、珠江三角洲商品经济发展的比较》(《学术研究》1989 年第 5 期),等等,均就各个地区的商品经济进行了比较深入的探讨,得出的结论是明代商品经济获得了迅速发展。陈学文《中国封建晚期的商品经济》(湖南人民出版社 1989 年版)则是通论商品经济的专著。进入 20 世纪 90 年代以后,随着改革开放的步伐,社会经济史的研究不断走向深入,明清市镇与商品经济仍是研究的热点。出现了樊树志《明清江南市镇探微》(复旦大学出版社 1990 年版)、许檀《明清时期山东商品经济的发展》(中国社会科学出版社 1998 年版)等在前期研究基础上的阶段性总结力作。

（3）农民起义及其热点

农民起义在20世纪80年代仍是史学界的一个热点话题，主要集中点是元末朱元璋和明末李自成，发表了大量的研究成果。除了为数众多的论文外，还出现了几部重要的著作，如顾诚《明末农民战争史》（中国社会科学出版社1984年版）、袁良义《明末农民战争》（中华书局1987年版）等。前者是内地学者新中国成立以来第一部关于明末农民战争史的专著，以资料翔实为特征。此外，谢国桢《明代农民起义史料选编》（福建人民出版社1981年版）等资料集的出现也为研究提供了方便。进入20世纪90年代以后，关于明末李自成的论文仍有相当数量，但是总的趋势是在逐渐减少，研究者开始关注农民本身以及与明代社会变迁直接相关的各种民变和动乱。

自20世纪80年代湖南石门县夹山寺发现了奉天玉和尚的部分遗物后，对李自成的归宿问题的讨论成为一个热点。韩长耕、向祥海《李自成死地终年问题考》（《湘潭大学社会科学学报》1981年第3期）等文章认为李自成没有遇害，而是禅隐于夹山寺；顾诚《李自成牺牲的前前后后》（《北京师范大学学报》1982年第2期）等文则坚持认为李自成遇难于湖北通山九宫山。20世纪90年代末形成几部重要的著作。湖北通城县史志学会编印的《李自成殉难通城资料选辑》（1997）提出李自成死于通城九宫山的观点；以中国社会科学院历史研究所李自成结局研究课题组名义出版的《李自成结局研究》（辽宁人民出版社1998年版）继续主张遇难通山的观点。刘重日主编《李自成终归何处——兼评〈李自成结局研究〉》（三秦出版社1999年版）一书则坚持禅隐观点，或认为通山说不实。对这一问题的讨论，虽然至今也没能得出一个相对一致的结论，但在讨论过程中促使双方学者对史料进行了系统清理，逐渐明确了症结所在，为问题的最后解决创造了条件。

（4）政治史研究及其进展

鉴于"文化大革命"期间封建专制的残余严重损害了社会主义建设，为肃清残余，史学界展开了对历史上封建专制的批判，对明代专制集权的研究是其中的重要组成部分。代表文章有陈梧桐《论朱元璋强化封建专制中央集权的统治》（《中央民族学院学报》1980年第2期）、洪焕椿《明清时期封建专制主义的基本特征》（《南京大学学报》1981

年第 1 期）、商传《试论明初专制主义中央集权的社会基础》（《明史研究论丛》第 2 辑）、郭厚安《关于明代专制主义中央集权高度强化的问题》（《西北师范学院学报》1983 年第 4 期）等。这些文章大多站在批判的角度，认为封建专制阻碍了社会的发展，延缓了封建社会的瓦解。这种观点此后持续不断出现。王春瑜、杜婉言《明代宦官与经济史料初探》（中国社会科学出版社 1986 年版），大量收集了文集、笔记、奏疏、野史中的宦官与经济的史料，说明宦官的危害，影响很大。很多学者把明代中后期几度出现的宦官专权作为封建专制的产物，对宦官制度、厂卫制度的研究也大体以批判为主，类似廖心一《试论刘瑾》（《明史研究论丛》第 3 辑）这样的正面评价宦官的文章，与主流不合拍，没有得到充分的重视。20 世纪 90 年代出现皇帝传记热，出版了一批明代皇帝传记，其中以陈梧桐《洪武皇帝大传》（河南人民出版社 1993 年版）为代表，对于朱元璋的专制集权不再单纯批判，而是对其在恢复社会经济、惩治贪官豪强等方面的积极作用作了较为公正的评价。关于宦官的评价问题，20 世纪 90 年代以后关注视角发生了较大的变化，对宦官在经济、文化建设方面的积极作用给予了较为客观的评价。

政治史与政治制度史研究，是明史研究的基础课题之一。经过十余年的积淀，很多学者开始对此前的研究进行总结处理，出现了多部重要著作。郑克晟《明代政争探源》（天津古籍出版社 1988 年版），王其榘《明代内阁制度史》（中华书局 1989 年版），王天有《明代国家机构研究》（北京大学出版社 1992 年版），关文发、颜广文《明代政治制度研究》（中国社会科学出版社 1995 年版），杜婉言、方志远《中国政治制度通史·明代卷》（人民出版社 1996 年版）等先后问世。这些著作的影响都很大，对相关领域的研究有很大的推动作用。与此同时，对两京制度、监控体制等以往没有关注的明代重要的制度、体制方面的研究也呈现出了新的成果。

3. 新领域的开拓与发展

研究领域在旧有基础上恢复和发展的同时，明史学界也着力开拓了一些新的领域。改革开放以后新领域的开拓发展中，主要有社会史与文化史的勃兴，从 20 世纪 80 年代开端，发展到 90 年代，出现了多彩纷呈的局面。由于改革开放以后思想解放，突破禁区，中外关系史得到了极大发展，成为明史研究发展最为迅速的领域之一。

（1）社会史研究

社会生活与社会群体：这一阶段，社会史研究主要集中在社会生活和习俗方面。发表的论著在 20 世纪 90 年代以后数量大增，反映了学者们的关注所在。主要有孟彭兴《明代商品经济的繁荣与市民社会生活的嬗变》（《上海社会科学院学术季刊》1994 年第 2 期），常建华《论明代社会生活性消费风俗的变迁》（《南开学报》1994 年第 4 期），钱杭、承载《十七世纪江南社会生活》（浙江人民出版社 1996 年版），陈宝良《飘摇的传统——明代城市生活长卷》（湖南出版社 1996 年版）等论著。毛佩琦主编《中国社会通史·明代卷》（山西教育出版社 1996 年版）则对明代社会生活的各个方面进行了总体论述。

对社会群体的研究是社会史的重要话题，李洵《论明代江南地区士大夫势力的兴衰》（《史学集刊》1987 年第 4 期）、罗一星《明末佛山的社会矛盾与新兴士绅集团的全面整顿》（《广东社会科学》1992 年第 5 期）、周学军《明清江南儒士群体的历史变动》（《历史研究》1993 年第 1 期）、牛建强《明代山人群的生成所透射出的社会意义》（《史学月刊》1994 年第 2 期）等论著，均为对社会群体考察的佳作。各地商帮大多兴起于明代，20 世纪 90 年代，对各地商帮的研究迈上一个新台阶，张海鹏、张海瀛主编《中国十大商帮》（黄山书社 1993 年版）是对各地商人群体研究的力作。王振忠《中国商人阶层研究的新构架》（《中国史研究动态》1994 年 8 期）提出了对于商人群体研究的新思考。各地商人的研究全面铺开，其中最大的热点之一是徽商，主要论文有王世华《论徽商与封建政治势力的关系》（《安徽师大学报》1995 年第 1 期）、王廷元《论徽州商帮的形成与发展》（《安徽师范大学学报》1995 年第 4 期）、李琳琦《徽商的奢侈性消费及其心理探析》（《历史档案》1995 年第 4 期）等。晋商也是热点之一，主要有张正明《明清山西商人概论》（《中国经济史研究》1992 年第 1 期）等。关于其他地区商人的研究，主要有黄启臣《明清广东商帮》（《中国社会经济史研究》1992 年第 4 期）、王兴亚《明清时期的河南山陕商人》（《郑州大学学报》1996 年第 2 期）、钞晓鸿《陕商主体关中说》（《中国社会经济史研究》1996 年第 2 期）等。

家族、宗族与社会管理：家族与宗族是社会史研究的又一重点。对宗族问题的研究在"文化大革命"以前就存在，但主要着眼于批判，角度比较单一。改革开放之初，研究角度还没有放开，发展到20世纪80年代末至90年代以后，则不仅有一般性的综合研究，还有对具体地区具体家族的研究，角度多样，评价也较客观。值得注意的是，宗族组织以其普遍性、多样性和兼容性而具备独特的文化魅力，吸引了历史学、社会学和人类学研究者的广泛关注，成为研究的热点。这一阶段的主要论文有李文治《明代宗族制的体现形式及其基层政权作用》（《中国经济史研究》1988年第1期）、唐力行《明清徽州的家庭与宗族结构》（《历史研究》1991年第1期）、刘志伟《祖先谱系的重构及其意义——珠江三角洲一个宗族的个案分析》（《中国社会经济史研究》1992年第4期）等。陈支平《近500年来福建的家族社会与文化》（上海三联书店1991年版），郑振满《明清福建家族组织与社会变迁》（湖南教育出版社1992年版）等专著取得了较大的突破。其中前者从本土的问题意识出发考察，明确提出族权不是阶级压迫的重要工具的新观点，影响很大。后者对于家族组织提出了一整套独创性的分类标准，即新的研究框架，有重要发展。在社会史方面，海外的一些研究成果对国内的研究产生了较大影响。如施坚雅《中国封建社会晚期城市研究》（王旭等译，吉林教育出版社1991年版）讨论了流寓人士的社会组织，他们所依据的纽带经常是"同籍"，结成同乡会、会馆、同盟、公所等各种社团。罗一星《明清佛山经济发展与社会变迁》（广东人民出版社1994年版），探讨了佛山的家族组织、会馆、教育组织如书塾、社学和书院乃至祖庙等对基层社会的整合作用，呈现了政府与民间管理的面貌。王日根把会馆作为一种社会管理设置来认识，关注流动社会的管理组织会馆（《乡土之链：明清会馆与社会变迁》，天津人民出版社1996年版）。

区域研究：区域研究在"文化大革命"前虽有涉及，但文章数量很少。在20世纪80年代后，这方面的研究成为一大热点，这主要是因为人们已经普遍认识到中国作为一个幅员辽阔的统一多民族国家，各地区发展很不平衡，如果不做分区研究，很难把握区域发展的历史全貌。开展区域研究，既是全面把握明代社会总体面貌的需要，也是各地经济建设、探索发展道路的客观要求。因此，在20世纪90年代进入了繁荣发展的阶段。应该指出的是，同时，这一研究取向也与国际上人类学的发展以及日本学术界的地域研究趋同。如刘志伟、陈春声等对于珠江三角洲社会的研究，充分显示了历史学与人类学、社会学相结合的趋向，具有深度，反映了与国际学术界"接轨"的努力。刘志伟的专著《在国家与社会之间：明清广东里甲赋役制度研究》（中山大学出版社1997年版）是区域经济的力作。陈春声对于明代逐渐成为澄海县北部最重要的政治、军事和市场中心的樟林神庙系统与社区历史的考察（《信仰空间与社区历史的演变——以樟林的神庙系统为例》《清史研究》1999年第2期）颇有新意。这一阶段对江南、广东、福建等地的研究成果尤多，且话题涉及农业生产、经济水平、社会风尚等诸多层面，明显呈现出综合研究的趋向。其中，对徽州的研究是一典型。

20世纪五六十年代，中国社会科学院历史研究所选购收藏了万余件徽州文书，但对它的大规模研究开始于改革开放之后。1983年，叶显恩的《明清徽州农村社会与佃仆制》一书由安徽人民出版社出版，这是徽州研究的第一部专著，从而开启了社会史研究，在国内外产生了广泛的影响。在这一阶段问世的主要论著还有刘重日、曹贵林《徽州庄仆制及其研究》（《中国古代史论丛》第2辑，1981年）、章有义的专著《明清徽州土地关系研究》（中国社会科学出版社1984年版）等。1985年原徽州地区和安徽省先后成立了徽学研究会，陆续创办了《徽学通讯》、《徽学》、《徽州学丛刊》等会刊。1989年中国社会科学院历史研究所建立了由明史研究室周绍泉牵头的徽州文书研究组，1993年升格为中国社会科学院徽学研究中心。继《明清徽州社会经济资料丛编》第一辑（安徽省博物馆编，中国社会科学出版社1988年版）之后，研究中心编辑出版了《明清徽州社会经济资料丛编（二）》（中国社会科学出版社1990年版）和40卷本、约2000万字的《徽州千年契约文书》（花山文艺出版社1993年版），为徽学研究的大规模展开奠定了良好的基础。研究中心还先后主办了全国与国际徽学学术研讨会，并将文书研究与明史研究紧密结合，发表了如栾成显《明代黄册研究》（中国社会科学出版社1998年版）等高质量论著，使徽学研究中心在国内外处于领先地位。2000年姚邦藻主编《徽州学概论》一书问世（中国社会科学出版社2000年版），从宏观角度探讨了徽州学的含义、研究对象和范围等问题，初步完成了徽州学作为一门独立学科的理论构建工作。

（2）文化史研究

文化史研究亦呈丰富多彩的局面，陈宝良《悄悄散去的幕纱：明代文化历程新说》(陕西人民教育出版社 1988 年版),任道斌《论明代学术文化的发展》(《中国社会科学院研究生院学报》1991 年第 1 期),姜广辉、陈寒鸣《关于明清之际启蒙思想的几个问题》(《中国史研究》1992 年第 1 期),刘志琴《中国文化近代化的开启》(《社会学研究》1993 年第 2 期),马涛《西欧人文主义文化与明朝市民文化》(《汕头大学学报》1994 年第 2 期),郑利华《士商关系嬗变:明代中期社会文化形态更好的一个侧面》(《学术月刊》1994 年第 6 期),孙竞昊《明清时代商品经济熏染下的文化变迁述略》(《山东师大学报》1996 年第 4 期)等,均为结合时代特征的研究之作。尹韵公《中国明代新闻传播史》(重庆出版社 1990 年版)、商传《明代文化志》(上海人民出版社 1998 年版)、赵园《明清之际士大夫研究》(北京大学出版社 1999 年版)等堪称代表。

在思想史方面,对于宋明理学、王阳明心学的研究成果极为丰硕,张显清在《晚明心学的没落与实学思潮的兴起》(《明史研究论丛》第 1 辑,1982)一文中提出"实学"概念。实学逐渐成为显学,80 年代末,先后出现陈鼓应、葛荣晋主编《明清实学思潮史》(齐鲁书社 1989 年版)等有影响的论著。虽然研究成果很多,但对实学的内涵及特征等并未形成一致看法。

这一阶段文化史研究的特点是晚明多元文化发展的方方面面都已进入研究者的视野,从而展开了全方位的研究。其中,以关于明代文学的研究成果尤为众多。

(3)中外关系史研究

1)对外政策与海外贸易

与对外开放基本国策有直接联系,明代对外关系史成为明史研究的重要聚焦点之一。1978 年以后,随着对外开放政策的深入贯彻,以史为鉴,回顾历代对外政策,总结历史经验教训成为热门话题,同时,这也是与时代特点联系最为紧密的课题之一。中国中外关系史学会于1987、1988 年两次召开历史上的开放与闭关学术研讨会,进行专门讨论。史学界对中国古代是否实行过符合当时历史条件的开放或闭关政策问题,格外关注,争论纷纭,聚焦点即在明清(鸦片战争前)时期。对于明代对外政策的观点,有开放论、部分开放论和闭关论三种,研讨会成果主要汇集在《中外关系史论丛(第 3 辑)》(世界知识出版社

1991 年版）中。此外，陈尚胜《闭关与开放：中国封建晚期对外关系研究》（山东人民出版社 1993 年版）等著作，万明《明前期海外政策简论》（《学术月刊》1995 年第 1 期）等文章也有很大影响。与此同时，对明代海禁政策的批判文章很多，如晁中辰《论明代实行海禁的原因》（《海交史研究》1989 年第 1 期）等。与之相关，对明代海外贸易的研究备受重视，先后出版了林仁川《明末清初私人海上贸易》（华东师范大学出版社 1987 年版）、李金明《明代海外贸易史》（中国社会科学出版社 1990 年版）等重要论著。

2）郑和下西洋

郑和下西洋研究与对外开放政策有着密切关系。改革开放以后，1985 年值纪念郑和下西洋 580 周年，在此前后对郑和下西洋的探讨，无论在数量、深度还是广度上，都大大超过了 20 世纪前 80 年的研究成果，使研究达到了一个高潮。特点是《郑和研究资料选编》（人民交通出版社）、《郑和史迹文物选》（人民交通出版社）等资料汇编和《郑和下西洋论文集》第一辑（人民交通出版社）、《郑和下西洋论文集》第二辑（南京大学出版社）等一批论文集等出版物出版，研究全方位展开，研究热点持续讨论。郑鹤声、郑一钧编《郑和下西洋资料汇编》上、中、下册，在 20 世纪 80 年代末由齐鲁书社出版，影响很大。20 世纪 90 年代中期，郑和下西洋研究进入全面综合发展的时期，出现了从政治史向社会史更大空间转变的新取向，主要有万明《郑和下西洋与明中叶社会变迁》（《明史研究》第四辑，1994 年）等，并形成了一支由多学科学者组成的庞大研究队伍，推动了研究的全方位迅速发展。郑和下西洋研究也是改革开放三十年来为数不多的几个长盛不衰的研究课题之一。

3）倭寇问题

明代倭寇问题在改革开放政策实施后再度引起热议。陈杭生《嘉靖"倭患"探实》（《江汉论坛》1980 年第 3 期）、林仁川《明代私人海上贸易商人与"倭寇"》（《中国史研究》1980 年第 4 期）等文章提出嘉靖年间的倭寇主体是中国人，倭寇海盗行动实际是东南地区人民反对海禁斗争的观点。郝毓楠《明代倭变端委考》（《中国史研究》1981 年第 4 期）等文则针锋相对地指出倭寇主体就是日本海盗，抗倭斗争不是国内战争。其实，这两种观点在 20 世纪 50 年代都曾经出现过，不同的是，新时期的史学界倾向于倭变存在反海禁因素的声音明显增多，类似王守稼《试论明代嘉靖时期的倭患》（《北京师范学院学报》1981 年第1 期）一文这样既肯定抗倭战争主要是国内战争，主要是反海禁战争，同时又强调汪直等人是民族败类，这场战争是正义的，与资本主义萌芽无关的观点的出现，正是折中的观点。随着中日关系的变化、社会关注点的变化，关于倭寇性质的讨论逐渐减少。同时，对中日之间经贸活动的探讨增多。文化交流的探讨，出现了李甦平《转机与革新——论中国畸儒朱之瑜》（中国人民大学出版社 1989 年版）等论著。

以改革开放为契机，解放思想，突破禁区，中外关系史成为历史研究发展最快的领域。具体到明代，以下两个领域的勃兴与发展是重要表现。

第一，澳门史研究。澳门自古以来是中国的领土，自 16 世纪葡萄牙人进入租居地到逐步占据，直至 20 世纪末中国恢复行使主权，4 个世纪以来，形成了澳门特有的曲折历史。1978 年以后的改革开放政策，给澳门史研究带来了发展的重要契机。自 20 世纪 80 年代以来，特别是1987 年《中葡联合声明》签订后，促使学者们转向关注澳门史研究，研究进入了一个发展的崭新阶段。澳门史研究取得的成绩，主要表现在以下的四个方面：一是对澳门史的一系列重大问题进行了比较深入的探讨和研究，取得了丰硕成果；二是研究论著无论在数量和质量上，都远远超过了以往任何时候；三是研究领域的拓宽，不仅局限于澳门重大历史问题的探讨，而且扩展到以往研究尚未涉及，或者述及不多的领域，如澳门文化、宗教、城市、人口等；四是在史料整理方面做了大量工作，大批有关澳门史的档案文献被发现和整理、注释出版。

20 世纪 80 年代以后，戴裔煊《〈明史·佛郎机传〉笺正》（中国社会科学出版社 1984 年版）、费成康《澳门四百年》（上海人民出版社1988 年版）、黄鸿钊《澳门史纲要》（福建人民出版社 1991 年版）等专著先后问世。论文也开始出现增长的态势。1999 年 12 月 20 日澳门回归前后，对澳门历史的研究达到一个高潮，产生了一大批研究成果。1999 年是澳门回归祖国之年，也是澳门史研究的丰收之年，黄启臣《澳门通史》（广东教育出版社 1999 年版），是以个人之力，毕十余年之功完成的一部澳门通史著作。当年还出版有邓开颂等主编《澳门通史新说》（河北人民出版社）、《粤澳关系史》（中国书店）、章文钦《澳门历史文化》（中华书局）、汤开建《澳门开埠初期史研究》（中华书局）、万明《明朝对澳门政策的确定》（《中西初识——中外关系史论丛》第 6 辑）等一批澳门史论著，产生了较大反响。

第二，明清之际中西文化交流史成为一大热门。据不完全统计，这 20 年间，发表有关学术论文 300 多篇，出版专著 10 多部，译著 10 多部。受时代影响，这方面研究在改革开放以前属于禁区，只有一个批判的取向。1978 年以后，这一状况有了很大改变。冯天瑜《利玛窦等耶稣会士的在华学术活动》（《江汉论坛》1979 年第 4 期），陈申如、朱正谊《试论明末清初耶稣会士的历史作用》（《中国史研究》1980 年第 2 期）等文章开始对耶稣会士做出了较为客观的评价，肯定了耶稣会士在中国和西方起到的文化桥梁的重要作用。但类似程伟礼《基督教与中西文化交流》（《复旦学报》1987 年第 1 期）一文这样评价较低的观点依然存在。新旧观点的碰撞，既是学术发展过程中不可避免的现象，也是学术向前进的动力之一。20 世纪 90 年代以后，关于中西文化交流、融合与冲突出现了一批力作，如陈卫平《第一页与胚胎——明清之际的中西文化比较》（上海人民出版社 1992 年版）、孙尚扬《明末天主教与儒学的交流与冲突》（文津出版社 1992 年版）和《基督教与明末儒学》（东方出版社 1994 年版）、林金水《利玛窦与中国》（中国社会科学出版社 1996 年版）等。大多数学者的著作对西方传教士的活动进行了具体分析和研究。对传教士在华传播西学，尤其是科技活动方面，进行了较深入的探讨，给予了比较充分的肯定。但是，受过去几十年极左思潮影响，对耶稣会士的负面评价也仍然存在。

从总体上看，1978—1999 年的明史研究已呈现出多元发展的局面，在继承前人成果的同时顺利完成了新时期的转轨。研究课题既有基础性问题，也有紧随时代步伐，带有学以致用、古为今用色彩的新课题。而世纪末深刻的总体反思则为 21 世纪的史学发展打下了坚实的基础。

二　改革开放以来明史研究的第二阶段：2000—2007 年

改革开放以来的明史研究在 21 世纪呈现出新的面貌。在前阶段反思与总结的基础上，研究迅速进入一个新的高潮，呈现出全面开花的局面。这一阶段总的特点，是世纪初一批学术水准较高的论著问世，基本保持每年出版专著在 30—50 部之间，论文有四五百篇之多，并有持续增长的势头。

总体而言，传统课题研究仍在继续发展，新的课题开始涌现，并取得了丰硕成果。

（一）研究热点

在 21 世纪之初的七年里，明史研究有两个最为显著的热点。

1. 晚明史研究

世纪之交，全球化浪潮和中国社会转型的现实促使明史研究学人以全新的视野重新审视晚明社会。重新审视当时的社会结构，使旧有的社会历史观有所更新，强调社会史研究不应仅限于社会生活层面，更应当关注社会形态、社会结构和社会关系的研究。

晚明时期社会转型及其特质、中西直接接触以及世界融为一体的全球化开端的中国与世界的关系，既是学术界广泛关注的问题，同时也是全社会普遍关注的重大理论问题。主要研究成果有：樊树志《晚明史：1573—1644 年》（复旦大学出版社 2003 年版），对于晚明社会作了全面论述，这是作者研究晚明史多年的总结性成果；刘志琴《晚明史论：重新认识末世衰变》（江西高校出版社 2004 年版），是作者关于晚明史研究的论文结集，反映了改革开放以后作者对晚明史的重新认识与思考。万明主编《晚明社会变迁：问题与研究》（商务印书馆 2005 年版）是中国社会科学院历史研究所明史研究室为主体的研究人员尝试以整体世界——多元社会作为全新研究取向，贯穿问题意识的综合研究。在《晚明社会变迁：问题与研究》的《绪论》中，首先对以往研究进行了比较全面的回顾与反思，提出与晚明社会变化密切相关的社会经济研究视角，即资本主义萌芽的追寻，一直是中国史学界探索历程的中心问题，我们必须以中国历史经验作为出发点，跳出既定单一的思维方式去思考和研究，中国古代社会的发展有着自身独特的发展道路。

陈平原主编《晚明与晚清：历史传承与文化创新》（湖北教育出版社 2002 年版），聚焦在中国历史上的两个重大转折时期，挑战传统的研究格局，既跨越"古代"、"近代"、"现代"的时段划分，又打通文学、史学、文化的学科边界，为国内外学术界所瞩目。

2. 郑和研究

对郑和下西洋的研究一直是改革开放以来的热点。2005 年是郑和下西洋 600 周年，郑和下西洋 600 周年纪念活动筹备领导小组主办了 3 次学术会议（在上海召开的海峡两岸学术研讨会、在福建召开的全国学术研讨会、在南京召开的国际学术研讨会），从而在史学界掀起了一股新的研究热潮。各地先后纷纷举办研讨会，出版了一大批研究成果。主要有王天有、万明编《郑和下西洋百年论文选》（北京大学出版社 2004 年版），万明《明钞本〈瀛涯胜览〉校注》（海洋出版社 2005 年版），王天有、徐凯、万明编《郑和远航与世界文明》（北京大学出版社 2005 年版），郑一钧《郑和全传》（中国青年出版社 2005 年版），江苏纪念活动筹备领导小组编《传承文明走向世界和平发展：纪念郑和下西洋 600 周年国际学术论坛论文集》（社会科学文献出版社 2005 年版）等。郑和下西洋 600 周年纪念活动筹备领导小组编《郑和下西洋研究文选 1905—2005》（海洋出版社 2005 年版）则对既往研究进行了系统的清理，选编了百年来的代表性论文。朱鉴秋主编《百年郑和研究资料索引：1904—2003》（上海书店出版社 2005 年版）则为进一步的郑和研究提供了方便。

在全国和世界范围开展的纪念活动，有力地推动了研究的迅速发展和深入，并为人文社会科学和自然科学相结合研究搭建了学术平台，成为明代中外关系研究发展的一个不可多得的有利条件，同时，也对明史研究工作者提出了新的更高要求。

（二）基础建设

在学科基础建设方面，文献的整理与出版取得了喜人的成绩。

由中国历史档案馆和辽宁省档案馆合编的《中国明朝档案总汇》（广西师范大学出版社）于 2001 年出版，全套丛书计 101 册，将中国内地档案馆现存明代档案资料基本都收集了进去。四库系列丛书大量出版：《四库全书存目丛书》（1994—1997）、《四库全书存目丛书补编》（2000—2002）、《续修四库全书》（上海古籍出版社 1996—2003 年版）、《四库禁毁书丛刊》（1997—1999）、《四库禁毁书丛刊补编》（2005）《四库未收书辑刊》（1997—2000），其中包括了大量明代文献。《天一阁藏明代科举录选刊·登科录》于 2006 年出版，2007 年中国国家博物馆推出了《明清档案卷（明代）》（上海古籍出版社）。加之各地区出于区域研究需要整理出版了大量地方志、地方名人文集等，这些都为新世纪明史研究的深入发展创造了良好的条件。

由历史研究所明史研究室承担编辑的《百年明史研究论著目录》（即将由安徽教育出版社出版），是对 2005 年以前百余年明史研究成果的新的清理，收录各类论著 4 万多条，远远超过了 1981 年明史室编《近八十年明史论著目录》的 1 万多条，既反映了改革开放以来近三十年明史研究所取得的丰硕成果，也为今后的研究工作奠定了良好的基础。

（三）成果举要

新世纪开端，诸多研究领域，出现了许多视野宽阔、立论扎实而富有创见的成果。其中有不少成果是上个世纪研究的总结。

1. 著作

由于出版成果数量众多，恕无法一一罗列，仅择要如下。

总体方面，主要有陈梧桐、彭勇《明史十讲》（上海世纪出版股份公司、上海古籍出版社 2007 年版）。政治史方面，主要有田澍《嘉靖革新研究》（中国社会科学出版社 2002 年版），张显清、林金树主编，由中国社会科学院历史研究所明史研究室人员主要承担撰写的《明代政治史》（广西师范大学出版社 2003 年版），潘星辉《明代文官铨选制度研究》（北京大学出版社 2005 年版），胡吉勋《大礼议与明廷人事变局》（社会科学文献出版社 2007 年版）等。经济史方面，先后涌现王毓铨主编，刘重日、张显清副主编《中国经济通史·明代经济卷》（上、下册，经济日报出版社 2000 年版），李伯重《江南的早期工业化：1550—1850》（社会科学文献出版社 2000 年版），高寿仙《明代农业经济与农村社会》（黄山书社 2006 年版）等。军事史方面，主要有彭勇《明代班军制度研究——以京操班军为中心》（中央民族大学出版社 2006 年版）、张金奎《明代卫所军户研究》（线装书局 2007 年版）等。文化史方面，主要有张学智《明代哲学史》（北京大学出版社 2000 年版），沈定平《明清之际中西文化交流史——明代：调适与会通》（商务印书馆 2001 年版），南炳文、何孝荣《明代文化研究》（人民出版社 2006 年版），郭培贵《明代选举志考论》（中华书局 2006 年版），林金树《插图本中国古代思想史》明清卷（广西人民出版社 2006 年

版)、张岂之主编《中国思想学说史（明清卷)》（广西师范大学出版社
2007 年版）等。宗教史方面，主要有陈楠《明代大慈法王研究》（中央
民族大学出版社 2005 年版)、何孝荣《明代北京佛教寺院修建研究》
（南开大学出版社 2007 年版）等。社会史方面，主要有陈宝良《明代
社会生活史》（中国社会科学出版社 2004 年版)、常建华《明代宗族研
究》（上海人民出版社 2005 年版)、张小也《官、民与法：明清国家与
基层社会》（中华书局 2007 年版)、周致元《明代荒政文献研究》（安
徽大学出版社 2007 年版）等。中外关系史方面，主要有万明《中国融
入世界的步履——明与清前期海外政策比较研究》（社会科学文献出版
社 2000 年版)、《中葡早期关系史》（社会科学文献出版社 2001 年版)、
汤开建《委黎多〈报效始末疏〉笺正》（广东人民出版社 2004 年版)、
晁中辰《明代海禁与海外贸易》（人民出版社 2005 年版)、李庆新《明
代海外贸易制度》（社会科学文献出版社 2007 年版）等。区域史方面，
主要有赵世瑜《小历史与大历史：区域社会史的理念、方法与实践》
（三联书店 2006 年版)、王卫平《明清时期江南社会史研究》（群言出
版社 2006 年版)、陈江《明代中后期的江南社会与社会生活》（上海社
会科学院出版社 2006 年版)、陈锋《明清以来长江流域社会发展史论》
（武汉大学出版社 2006 年版)、王云《明清山东运河区域社会变迁》
（人民出版社 2006 年版)、张崇旺《明清时期江淮地区的自然灾害与社
会经济》（福建人民出版社 2006 年版）等。民族史方面，主要有韩世
明《明代女真家庭形态研究》（中国社会科学出版社 2006 年版）等。
南明史方面，有钱海岳《南明史》（中华书局 2006 年版）经整理出版。

　　2. 论文

　　发表论文众多，更是举不胜举。仅上述 2005 年郑和下西洋 600 周
年纪念活动筹备领导小组委托江苏纪念活动筹备领导小组在南京召开的
国际学术讨论会的论文集就收有论文 147 篇之多。据不完全统计，2006
年的论文数量惊人，多达 1465 篇。

　　21 世纪是经济全球化的世纪。进入新世纪前后，"经济全球化"或
"全球化"，是人们使用最频繁的语汇之一，相关的学术探讨，毋庸置
疑地成为学术前沿。西方学者在 20 世纪 70 年代以后，已展开对欧洲中
心论的批判。新世纪开端，一部抨击西方中心论的重要著作被译介过
来，即德国学者安德烈·贡德·弗兰克《白银资本——重视经济全球化

中的东方》（刘北城译，中央编译出版社 2000 年版），引发了抨击西方中心论的热潮。

在这一背景下，资本主义萌芽的问题重新提起。李伯重在以往对于江南早期工业化研究的深厚基础上，进一步提出在对资本主义萌芽问题的讨论中"生产力实际上是没有多大地位的，而生产关系则被视为推动社会生产发展的决定因素"，根本违背了历史唯物主义生产力与生产关系的基本原理（《英国模式、江南道路与资本主义萌芽》，《历史研究》2001 年第 1 期）。王学典则把资本主义萌芽看作一个"假问题"，是既定话语背景下的产物（《20 世纪中国史学评论》，山东人民出版社 2002 年版）。仲伟民在《资本主义萌芽问题研究的学术史回顾与反思》（《学术界》2003 年第 4 期）一文中，指出探讨萌芽问题的前提是解决资本主义产生的问题，首先要明确资本主义的基本内涵和特征。指出此前的讨论存在本末倒置的失误。万明则论证了明代中国是主动走向世界，而不是如以往所认识的那样是被动卷入世界的。她从明代白银货币化的实证研究出发，提出中国走向世界有内部强大驱动力，沿着一条白银货币化—市场扩大发展—与世界连接的道路，中国积极参与了经济全球化的初步建构，深刻地影响了全球化的历史进程。（《明代白银货币化：中国与世界连接的新视角》，《河北学刊》2004 年第 3 期）。

针对明代历史的评价一向偏低，世纪初已有学者追根溯源。潘星辉对造成否定明朝的种种原因作出探讨，认为清初明遗民着眼于总结明亡教训，清初压制对明朝的正面评价，修史把明朝成就一笔抹杀，对于明制的继承仅取其形而去其神，这种"清承明制"论，致使把清朝的种种弊端归咎明朝，更导致"明清板块论"出现，将明清视为一体，抹杀了明朝的特色和亮点。近代对于明清持批判态度，认为必须对近代的落后负责。20 世纪上半叶，又出现进步史学家借朱元璋和明史影射、抨击蒋介石黑暗统治，给明史蒙上一层灰暗阴影（《被扭曲与被辱没的历史》，《明清论丛》第六辑，2005 年）。陈梧桐则从吴晗《从僧钵到皇权》（《朱元璋传》）、丁易《明代特务政治》、黄仁宇《万历十五年》三部书的负面影响出发，批评了影射史学和非历史主义的做法，以及停滞论、倒退论的明史观（陈梧桐《〈朱元璋传〉和〈明代特务政治〉的政治影射》，《历史学家茶座》第六辑，2006 年；《从〈僧钵到皇权〉到〈朱元璋传〉》，《安徽师范大学学报》2007 年第 1 期）。

生态史的研究在 21 世纪之初即表现出新的进步。随着人们环保意识的加强，对自然环境史及人类活动与自然的互动关系研究成为一个新热点，这是国际史学的新潮流。韩昭庆《明代毛乌素沙地变迁及其与周边地区垦殖的关系》（《中国社会科学》2003 年第 5 期）、曹永年《明万历间延缓中路边墙的沙壅问题——兼谈生态环境研究中的史料运用》（《内蒙古师范大学学报》2004 年第 1 期）等文章都产生了较大的影响。

三　成就与不足

改革开放以来明史研究的发展，是同当代中国的改革开放息息相关、密不可分的。当代中国的改革开放经历了两大阶段，与此相对应，史学工作者的思想也经历了两次大转变，即实现了两次思想解放。第一次是从"以阶级斗争为纲"转向"以经济建设为中心"，第二次是从"计划经济"转向"市场经济"。这样的两次大转变，在明史研究中都有所反映。改革开放以来，明史工作者自身的思想解放主要表现在以下五个方面：一是从二元对立的思维方式当中解放出来；二是从教条主义研究方式中解放出来；三是从简单化的倾向中解放出来；四是从旧的解释模式中解放出来；五是从研究的"固定"状态里解放出来。总之，十一届三中全会确立的"解放思想，实事求是"的思想路线是明史研究取得巨大进步的思想源泉。"解放思想"不仅仅是敢于"百花齐放"，也包括史学界对自身研究理论、方法、领域等方面的解放。一度出现的"史学危机"也曾影响明史研究，而能够走出"危机"主要靠的就是自身的解放，这是一条宝贵的经验。

回顾和总结改革开放以来的明史研究，我们可以清楚地看到，改革开放以来明史研究的主要成就表现在：第一，解放思想，实事求是地研究明代历史，不断地开拓了研究的新领域，从而为明史研究注入了生机和活力。第二，研究成果大量涌现，发表的速度与规模是新中国成立以来最好的时期；研究方式、结构都发生了前所未有的变化，整体形成繁荣、活跃的局面。第三，研究的多样性，明显地表现在不仅注重史论结合，而且注重明史学科与史学各分支学科，以及政治学、经济学、哲学、社会学、文化学、国际关系学、语言学以及伦理学、心理学、宗教学等学科的多向融合，把握"多向"关系的时代内容。在 20 世纪 80 年代以前，各个学科处于界限分明、互不介入的状态，以改革开放为标志，多学科的融合趋向，开始形成新时期明史研究一大特点，也使得明史研究工作者在探索中国古代社会向近代社会转型以及全球化开端重大理论问题的过程中，显著地开阔了研究视野。

纵观三十年来的明史研究，总体上取得了巨大进步，有经验也有教训。迄今为止，我们取得的成就是显著的，但是同时也要看到，研究的进展颇不平衡，还存在很多不足，留下诸多有待进一步研究的空间。由于历史的原因，明史研究与其他断代史比较而言，相对滞后，有些研究领域几乎处于空白的状态，不少已有大量研究成果的领域实际上仍存在表层的概述，缺乏深层次的开拓，以致至今尚缺乏高质量的多卷本明代通史。更为重要的是，研究趋势的国际化，对我们提出了更高的要求。明史研究的进一步深入，需要大力加强各个专题的研究，尽量避免浅层次的重复劳动，不断扩大研究的广度与深度，更需要切实加强对基本史料的整理与研究，以便充实各个领域的实证研究，取得新的突破，进行理论创新，并逐步形成具有本国特色的学派。

展望未来，我们认为，在科学发展观的指导下，通过新资料的发掘、新理论、新方法的采用、电子网络技术的普及发展，21 世纪的明史研究必将达到一个前所未有的高度。

改革开放三十年的清史研究

林存阳　朱昌荣

1978 年 12 月，中国共产党十一届三中全会的召开，不仅拉开了中国步入改革开放新时代的序幕，而且有力地促进了哲学社会科学跨入发展繁荣的新时期。在此新的时代潮流和氛围的孕育下，作为哲学社会科学研究整体的一个有机组成部分，清史研究随之获得新的发展机遇，焕发出既与中国古代史研究律动相一致又颇具自身特点的生机与活力，从而成为史学研究领域的一支重要力量。正是得益于新时代的发展契机，以及自身学科较为坚实的学术积累，改革开放以来的清史研究，遂以崭新的发展态势，成为史学研究领域中新的学术增长点，呈现出新的发展局面。

一　清史研究发展繁荣的主要表现

在马克思主义理论的指导下，在"解放思想、实事求是"思想路线和"双百"、"二为"方针的指引下，改革开放以来的清史研究，较之1901—1937 年"近代清史分支学科萌生和奠基阶段"、1937—1949 年"清史研究初步发展阶段"、1949—1976 年"清史研究的马克思主义改造阶段"①，无论就学术发展客观条件的改善，还是具体研究中观念、视野、方法、材料的更新和成果的数量与质量等，皆取得了长足进步。

---

① 参见何龄修《清史研究的世纪回顾与展望》，《中国史研究动态》2002 年第 1 期。

新时期清史研究发展繁荣的主要表现为：

一是大量基础文献的发掘、整理和出版，为学术研究提供了有力保障。陈寅恪先生曾指出："一时代之学术，必有其新材料与新问题。取用此材料，以研求问题，则为此时代学术之新潮流……此古今学术史之通义，非彼闭门造车之徒，所能同喻者也。"①这一论断，正揭示出基础文献之于研究的重要性和紧密关联度。事实上，清史研究的起步和不断发展，正是与文献资料的持续拓展相伴而行的。如清代档案的整理出版、《满文老档》的翻译出版、契约的利用，《清史稿》、《清实录》的刊行，《明清史料》、《清代文字狱档》、《中国近代史资料丛刊》的陆续出版等，皆对清史研究起到了很大的推动作用。而改革开放以来随着出版事业的大发展和研究的不断推进，清史文献资料的整理出版，更步入新的阶段。诸如朱批奏折、上谕档、起居注册、军机处随手档、六科史书、官员履历档案、知府文档、秘密结社档案、热河档案、孔府档案、巴县档案、妈祖档案等的汇编出版，《清史列传》、《清国史》、《钦定大清会典事例》、《清朝通典》、《清朝通志》、《清朝文献通考》、《清朝续文献通考》、《清代硃卷集成》、《中国珍稀法律典籍集成》、《清经解》等的刊行，《四库全书》系列大型丛书、《清经世文编》系列、《丛书集成初编》系列、《纂修四库全书档案》、《清代档案史料丛编》、《清代史料笔记》、《清代笔记小说》、《清史资料》、《北京图书馆藏珍本年谱丛刊》、《广清碑传集》、《中国考试史文献集成》等的推出，《徽州千年契约文书》、《闽南契约文书综录》、《清代边疆史料抄稿本汇编》等的整理，北京工商会馆碑刻、上海碑刻、佛山碑刻、福建宗教碑铭等的汇编选辑，以及大批清代人物诗文集、著作、年谱、传记、日记，地方志、谱牒、科举、少数民族史料等的面世，等等，皆为相关问题和专题的研究，提供了非常丰富和便利的资源，推进了相关研究领域的拓展和深化，某些新学科更因之而生。事实表明，文献资料的积累，是学术研究的前提和起点；而学术研究不断深入的需求，又反过来促进了对文献资料发掘和整理的拓展。这一互动共生关系，体现出史料在学术研究中的基础性和重要性。学术实践一再昭示：文献资料积累不到一定的程度，

① 陈寅恪：《陈垣敦煌劫余录序》，《金明馆丛稿二编》，生活·读书·新知三联书店2001年版，第266页。

问题的研究就难以有所突破，更不用说创新了；而某些并非建立在扎实文献资料基础之上的所谓新观点、新结论，是难以令人信服的。

二是建立起许多学术阵地，清史研究队伍不断壮大。改革开放之前，清史研究没有自己专门的学术阵地。改革开放之后，情况则发生了很大变化。1979 年《清史研究通讯》（起初为内部资料，1982 年正式创刊，1991 年更名为《清史研究》）、《清史论丛》创刊及此后的定期出版，为清史学界同仁搭建起集中发表学术成果的重要平台，1999 年《明清论丛》的继起，更壮大了清史研究的学术阵容。"清史研究丛书"、"明清史研究丛书"、"北京大学明清研究丛书"的相继推出，成为展示学者专题研究的重要园地。其他如《故宫博物院院刊》、《历史档案》、《满学研究》、《中国社会经济史研究》，以及高校学报等学术刊物，也为清史研究成果的展示提供了一席之地。而随着网络的普及，专门清史网站及相关网站的迅速崛起，更为清史研究者搜寻信息、把握前沿、发表心得、互动交流，提供了极大的便利。

较之此前清史研究者人数少、分散的状况，改革开放之后随着高校改革的不断推进，从事清史研究者的队伍迅速壮大，而且形成了较为集中、颇具研究特色的科研教学单位和区域。如北京的中国社会科学院历史研究所清史研究室、中国人民大学清史研究所、中国第一历史档案馆、故宫博物院，天津的南开大学历史文化学院，东北地区的省社科院，广东的中山大学历史系，福建的厦门大学历史系，安徽的安徽师范大学社会学院、安徽大学徽学研究中心，以及文博单位和其他地方社科院、高校历史系等，皆拥有一批学有专长的清史专业研究人员，并形成了各自的科研特色和优势。[①] 其中，值得指出的是，硕士、博士、博士后人才培养的不断扩大，为清史研究队伍注入了生机和活力，一些具有高学历的年轻学人已经成为推动清史研究发展的生力军和科研骨干。

三是科研成果不断推陈出新，成绩斐然。历经 20 世纪前中期的酝酿和发展，清史研究已形成一定的规模，取得了诸多有影响的成果。改革开放后，清史学界同仁在承继前辈学者治学精神、门径和已有成果的基础上，更以新的姿态和努力，将清史研究推向新的高度。就取得成果的数量来看，改革开放后 30 年的科研成果，文章和专著的数量，大大

---

① 参见王江、颜军《大陆清史研究队伍现状调研报告》，《史苑》第 9 期。

超过此前 70 余年的总和。至于学术水准，尽管前辈学者的论著有不少依然具有典范意义，但就整体状况而言，改革开放后 30 年的发展，无论研究的广度还是深度，皆有很大的提升，显示出新时期科研发展的新态势。如清史断代史方面，郑天挺著的《清史简述》和主编的《清史》、戴逸主编的《简明清史》、《清史简编》课题组编的《清史简编》、王戎笙主持的《清代全史》和主编的《清代简史》、杜家骥著的《清朝简史》、李治亭主编的《清史》、朱诚如主编的《清朝通史》、南炳文和白新良主编的《清史纪事本末》，以及《清史编年》和两部同名作《清通鉴》的编辑，无论立意、架构，还是学术视野，皆各具特色，其中一些著作对整体清史的着意，更具学术融贯意义；而一些中国通史著作中的清代部分，如蔡美彪等的《中国通史》第 8、9、10 册，何龄修和郭松义主编的《中国史稿》第 7 册，周远廉和孙文良主编的《中国通史》第 10 卷等①，亦对清史研究产生了积极推动作用。清代人物研究方面，除许多人物传记的不断推出外，由中国人民大学清史研究所、中国社会科学院历史研究所清史室等单位组织编撰的《清代人物传稿》，可谓网罗宏富，比较集中地展示了清代各种人物在当时历史舞台上的作为；而杨向奎《清儒学案新编》，则以 8 卷的篇幅，对清代学术思想发展渊源及流派，作了新的阐释。工具书方面，《明清档案通览》、《清史论文索引》、《徽州历史档案总目提要》、《清人别集总目》、《清人诗文集总目提要》、《清代目录提要》、《20 世纪世界满学著作提要》、《清代职官年表》、《明清进士题名录索引》、《明清进士录》、《中国历史大辞典》（清史上）、《清代六部成语辞典》、《满汉合璧六部成语》、《清史满语辞典》、《汉英明清档案词典》、《清代学术辞典》、《清代人物研究》、《近三百年人物年谱知见录》、《清代人物传记史料研究》、《清代人物大事纪年》、《清代人物生卒年表》、《清代翰林传略》，以及王戎笙编《台港清史研究文摘》等，无不为研治清史者提供了极大的便利。至于专题性或综合性的研究，则更是新作迭出，视角独到。其间，如社会史、文化史、徽学、"科举学"、"故宫学" 的兴起，尤能彰显新时期清史研究突破传统研究侧重政治史、军事史框架的新活力和新创获。

---

①　参见赵云田《20 世纪通史中的清史研究》，见 "中华文史网" 2005 年 10 月 9 日。

　　四是学术交流日益扩大，科研手段更新加速。学界同仁的相互交流
和启发，是学术整体发展的重要契机。而学术会议的召开，正适合了这
一需要。自 1980 年"首次国际明清史学术讨论会"和 1981 年"首届
全国清史讨论会"成功举办之后，各种类型的学术会议遂逐渐展开。如
清史国际研讨会、全国清史研讨会、清代宫廷史学术讨论会、国际满学
研讨会、国际八旗学术研讨会、明清档案与历史研究学术讨论会、科举
制与科举学国际研讨会、徽学研讨会、清文化学术研讨会、18 世纪中
国与世界学术讨论会、清代灾荒与中国社会国际学术研讨会，以及清代
人物、地区文化、地方史、经济史和社会史等专题研讨会等，或定期或
不定期地举行，为国内外从事清史研究者提供了学习、交流、互动的平
台，从而有力地推动了清史研究的整体发展。在改革开放不断深化的时
代背景下，中外学者的交流空间更大、接触更为频繁，互访、合作、进
修等形式，成为沟通中外学者的重要渠道。此外，学术著作的翻译，如
"海外中国研究丛书"、"海外汉学丛书"、"海外汉学研究丛书"、"当
代汉学家论著译丛"、"中国近代史研究译丛"等的推出，以及海外中
国学研究机构的设立与研究刊物的出版①，也越来越成为学术交流日益
扩大的一种新趋势。

　　与传统利用卡片和做笔记不同，新时期特别是近 10 余年来，清史
研究者的科研手段发生了很大的改变，其主要体现为电脑使用的普及化
和互联网的广泛应用。这一全新的科研手段和工具，使学者们处理文稿
更为便捷、收集文献资料更为简化、获得信息更为及时、互动交流更为
便利、立足前沿的视野更为广阔、中外沟通的途径更为多样。清史专业
网站及有关网站清史研究专栏的大量出现，极大地丰富和扩展了学术研
究的视阈。尤其是网上图书馆和数字化文献资源的开发与利用，如"超
星电子图书馆"、"汉籍电子文献"、"文渊阁四库全书"等②，更为研
究者摆脱繁重的文献查找过程转而进行创造性理性思维，提供了非常便
利的条件。实践证明，这一具有革命性的科研手段的转化，已经在清史

---

　　① 参见吴原元《改革开放以来海外中国学研究析略》，《海外中国学评论》第 1 辑，2006
年。

　　② 参见袁林《中国古代史研究数字化文献资源与利用》，《中国史研究动态》2000 年第
12 期。

研究中发挥了重要作用，其发展潜力和不可或缺性亦愈益明显。

五是清史学界不断对自身加以总结和反思。对自身发展不断加以总结和反思，是学术研究得以推进的基础，更是学术自觉和理性的体现。改革开放以来，不少清史学界同仁即致力于此项工作的努力。如冯佐哲和冯尔康《清史研究概述》（《中国史研究》编辑部编：《中国古代史研究概述》，江苏古籍出版社 1987 年版）、王思治和李鸿彬《清史》（肖黎主编：《中国历史学四十年》，书目文献出版社 1989 年版）、陈生玺和杜家骥《清史研究概说》（天津教育出版社 1991 年版）、李治亭《建国四十年来清前史研究述评》（《历史教学》1995 年第 12 期、1996 年第 1 期）、李文海《清史研究八十年》（《人民日报》1998 年 9 月 5日）、高翔《五十年来的清史研究》（《清史论丛》1999 年号）、曾业英等主编《五十年来的中国近代史研究》（上海书店出版社 2000 年版）、何龄修《清史研究的世纪回顾与展望》（《中国史研究动态》2002 年第1 期）、姜涛《晚清史研究向何处去?》（《清史研究》2002 年第 2 期），钞晓鸿和郑振满《二十世纪的清史研究》（《历史研究》2003 年第 3期）、赵云田《20 世纪通史中的清史研究》（"中华文史网"2005 年 10月 9 日），秦国经《明清档案学》（学苑出版社 2005 年版），《中国史研究动态》、《中国历史学年鉴》的清史研究年度动态，清史研究各专题的述评，以及林甘泉《二十世纪的中国历史学》（《历史研究》1996 年第 2 期）、姜义华和武克全主编《二十世纪中国社会科学》（历史学卷，上海人民出版社 2005 年版），等等，既对清史研究取得的成就予以充分展示和肯定，又对其间存在的问题，诸如整体清史的研究视野、专题研究的深化、借鉴国外学术理论、学风建设、学术争鸣与批评等，进行了较为深刻的揭示。凡此努力，无疑对学界同仁正确认识清史研究发展的态势和所面临的挑战，发挥了重要启示意义。

此外，2002 年底，在国家扶持下，大型《清史》纂修工程的启动①，既是国家文化建设事业的一件大事，更是清史学界的一件具有重

---

　　①　关于此项文化工程的动议和启动，参见戴逸《把大型〈清史〉的编写任务提到日程上来》（《清史研究通讯》1982 年第 1 期）、《构建新世纪标志性文化工程》（《光明日报》2003年 2 月 25 日），李尚英《〈清史〉纂修与中华传统文化》（王天有、徐凯主编：《纪念许大龄教授诞辰八十五周年学术论文集》，北京大学出版社 2007 年版）等文。

要意义的大事情。这一文化工程的启动，无论就人力、物力，还是就资金扶持而言，皆是清史研究发展的一个难得机遇，同时也对从事此项研究的人提出了更高的要求和期望。清史学界能否抓住此一契机，将关系到清史研究整体发展的走势，所以很值得关注和期待。其他如中国社会科学院将"清史学科"确立为院重点学科之一、地方社会科学院和高校对清史研究的大力支持等，无不彰显出清史研究在新时期特别是进入21 世纪以来的良好发展态势。

二 清史研究中的主要论题与创获

在清史学界老、中、青三代学人的共同努力下，经过 30 年的不断积累和创新，清史研究已经成为中国古代史研究中的一个重要研究领域，日益焕发出学科发展优势，且越来越受到国际学术界的高度重视。30 年来的清史研究，不仅进一步深化了传统问题的探究，而且不断开辟出新的研究领域，形成诸多新的学术增长点，可以说，无论宏观论述、专题研究，还是理论探讨、基础文献资料的累积等，皆达到了一个全新的高度和阶段。承继与创新、务实与理性、历史与现实的有机结合，可谓改革开放以来清史研究的总体特征。

改革开放后 30 年清史研究的历程，大体可划分为三个阶段：1978—1991 年为第一阶段，该阶段起初的研究主要赓续了新中国成立之初 17 年前辈学者的议题，继之在文化热、社会史兴起的促动下，呈现出新的研究热点和态势；1992—2002 年为第二阶段，该阶段的突出特点，是随着改革开放和现代化建设的不断深化，尤其是社会主义市场经济体制的确立，经济史研究成为新的学术热点，整体发展态势更趋稳健；2003 年以后为第三阶段，该阶段是清史研究的全面繁荣时期，也是清史研究的重要转型期，特别是随着大型《清史》纂修工程的启动，清史研究获得了难得的发展机遇。

改革开放以来的清史研究，涉及的领域非常广泛，诸如政治史、经济史、文化史、社会史、学术思想史、边疆民族史、中外关系史、宫廷史、秘密结社与会党史等，无不在学者的研究视野之内；上至朝廷大政，下至广大民众的日常生活，无不受到学者的关注；无论清朝的历史地位、与世界的关系、资本主义萌芽、近代化、民族统一等问题的宏观性思索，还是一人、一事、一制度等问题的微观考察，皆引发了学者的深度思考；不管基础性研究的不懈努力，还是对历史与现实相关度的求索，皆是学者们致力于实事求是探研的追求。惟其如此，30 年的清史研究遂取得了跨越性的突破和成就。以下，我们拟就清史研究中的主要问题和观点，略作梳理和勾勒，以观其演进状况之大体。

（一）清入关前史

改革开放以来，清史研究最重要的创获之一是对清入关前史进行了系统梳理，这一梳理不仅促进了对清朝历史的完整把握，而且深化了对清朝历史特殊性的认识。

学术界推出了一批研究清入关前史的著作。重要的有周远廉《清朝开国史研究》（辽宁人民出版社 1981 年版）和《清朝兴起史》（吉林文史出版社 1986 年版）、刘小萌《满族的部落与国家》（吉林文史出版社 1995 年版）、姚念慈《满族八旗制国家初探》（燕山出版社 1996 年版）、张晋藩与郭成康合著《清入关前国家法律制度史》（辽宁人民出版社 1988 年版）、孙文良《满族崛起与明清兴亡》（辽宁大学出版社 1992 年版）、袁闾琨等《清代前史》（沈阳出版社 2004 年版）等。

毋庸讳言，在清入关前史研究领域中，难点多，分歧大。集中体现在对清入关前的社会性质、明清战争的研究等。

1. 关于清入关前的社会性质研究

这是讨论最为热烈、争论最为集中的问题。争论的焦点是清入关前社会是否经历过奴隶制社会。众所周知，新中国成立初期，以张维华、莫东寅、李洵等为代表的学者否认清入关前社会经历过奴隶制时期。王锺翰则撰文较早提出了奴隶制说。改革开放后，学术界对这一问题又进行了深入研究。郑天挺、周远廉、李鸿彬的研究，进一步论证了满族社会经历过奴隶制阶段的观点。当然，尽管这些学者看法大体相同，但在一些具体问题上如时代断限，也存在分歧。不过，有一点是一致的，那就是后金进入辽沈地区后已开始或已经封建化了。

2. 明清战争的研究

明清战争一直是清入关前史研究的重点之一。孙文良、李治亭、邱莲梅《明清战争史略》，是国内研究明清战争的第一部著作。在明清战争的研究领域，对清军入关问题的研究成果尤其突出。1985 年在长春举行的第三次全国清史讨论会，中心议题就是明清之际的历史发展趋势。1994 年恰逢清军入关 350 年，在沈阳举行了第七次全国暨国际清史研讨会，主题专论清军入关。王思治对这一问题的讨论具有代表性，他在《明清之际的历史应置于世界范围来考察》（《史学集刊》1985 年第 3 期）一文中指出，肯定清军入关重建统一的政权，对已东来的西方殖民主义势力起到了抵御的作用；当然，肯定清朝的统一，并不意味着肯定清朝的全部政策。孙文良《1644 年，中国社会大动荡》（辽宁大学出版社 1994 年版）、陈生玺《明清易代史独见》（中州古籍出版社 1991 年版），也肯定了清军入关的积极意义。与此认识相反，李洵发表的《40 天与一百年》（《史学集刊》1985 年第 1 期）一文则断言，由于清朝夺取了政权，使封建社会解体延缓了一个世纪，因而否定了清入关和统一全国的必要性。这方面的成果尽管不多，却集中反映了学术界两种意见的尖锐对立。

3. 八旗制度

有分量的成果有杨学琛、周远廉《清代八旗王公贵族兴衰史》（辽宁人民出版社 1986 年版）、定宜庄《清代八旗驻防研究》（辽宁民族出版社 2003 年版）、雷炳炎《清代八旗世爵世职研究》（中南大学出版社 2006 年版）、杜家骥《八旗与清朝政治论稿》（人民出版社 2008 年版）。此外，李鸿彬和郭成康等人对八旗创设时间的研究、白新良对入关前政权早期前四旗的考察、李新达和陈佳华对汉军八旗的探讨，都是有分量的成果。①

（二）明清之际历史

改革开放以来，明清之际历史也是成果极为丰硕的领域之一。以下三方面成果尤为突出。

1. 抗清斗争和复明运动

有分量的成果有南炳文《南明史》（南开大学出版社 1992 年版）、

---

① 详见李鸿彬《清朝开国史略》（齐鲁书社 1997 年版，第 99—100 页）；郭成康《清入关前国家法律制度史》（辽宁人民出版社 1988 年版，第 146—159 页）；白新良《满洲政权早期前四旗考》（《南开史学》1983 年第 1 期）；李新达《关于满洲旗制和汉军旗制的始建时间问题》（《清史论丛》第 4 辑）；陈佳华等《八旗汉军考略》（《民族研究》1981 年第 5 期）。

张玉兴《南明诸帝》（吉林文史出版社 1996 年版）、顾诚《南明史》
（中国青年出版社 1997 年版）等。

何龄修《史可法扬州督师期间的幕府人物》及补正、再补正，是一
组研究抗清斗争的比较重要的文章。继陈寅恪先生对复明运动的研究，
何先生沿其开辟的路径，续有探讨，相继发表了一系列研究成果，并从
理论的角度，分析了复明运动产生的原因、特点等重要问题。

2. "李自成结局问题" 研究课题的新收获

该课题由中国社会科学院历史研究所组织实施，研究报告——《李
自成结局问题的由来和发展》（辽宁人民出版社 1998 年版）由王戎笙
先生主持完成。李自成结局如何，近 10 余年来史学界争论激烈，主要
有两种意见：一是主张李自成兵败后在湖北通山遇害；二是主张李自成
率领大军顺利转移至湖南，后来禅隐石门夹山寺，秘密指挥联明抗清
20 年。这两种观点颇为相左，受到学术界的广泛关注。《李自成结局问
题的由来和发展》依据大量翔实的材料，对这两种说法的源流、演变进
行了深入考辨，对湖南石门奉天玉和尚墓出土的文物作了较为详尽的辨
析，最终否定了禅隐说。

3. 明清之际人物的研究也很活跃

学界对吴三桂、洪承畴等在易代之际产生重要影响的人物研究尤为
着力，推出了一批有分量的成果。重要的有李治亭《吴三桂大传》（江
苏教育出版社 2005 年版），王宏志《洪承畴传》（红旗出版社 1991 年
版）、苏双碧主编《洪承畴研究》（中国社会科学出版社 1996 年版）、
杨海英《洪承畴与明清易代研究》（商务印书馆 2006 年版）等。

总的来说，学界对明清之际人物的研究分歧多，争论大，其中一个
很重要的原因是对评价历史人物标准的把握上。王思治《关于明清之际
历史人物的评价问题》（《清史研究通讯》1983 年第 4 期），从理论上
对人物评价的标准进行了讨论。该文指出，处于明清鼎革之际的人物，
所处地位不同，遇到的矛盾不同，其业绩和表现因人而异，因事而异。

以学术界对吴三桂的评价为例，就深刻地反映了学术界不同的历史
观。1986—1987 年，在近两年的时间里，以《北方论丛》为阵地，集
中展开对吴三桂的讨论，掀起了又一热潮。左书谔首发《吴三桂 "降
清" 考辨》为吴三桂翻案。黄岩峰、李兴祥、杨丽华、李士龙、战继
发、邓中绵、李治亭等纷纷著文（详见该刊各期），从不同角度予以反

驳。李治亭、王宏志各对吴三桂、洪承畴给予了新的评价。他们完全不同意"汉奸论"，认为满族是中国统一的多民族国家的一员，不是"异民族"，不可同西方等国外异民族同日而语。明清的斗争，是中国内部之争，有正确与错误或先进与腐败的区别，所谓"汉奸"之说就不能成立。此后，相关观点与思想的交锋就一直没有停止过。

（三）政治史

政治史历来是清史研究的重点，成果突出。改革开放以来，清代政治史研究最主要的成就是对清朝统治政策和统治思想、政治制度、政治机构、政治斗争以及政治人物等问题作了全方位的考察，并取得了一系列重要成果。

1. 政治制度

由郭松义、李新达、杨珍合著的《中国政治制度通史》第 10 卷（清代卷，人民出版社 1996 年版），是关于清代政治制度研究的重要成果之一。有分量的成果还有杨启樵《雍正帝及其密折制度研究》（广州人民出版社 1983 年版），郭松义、李新达、李尚英合著《清朝典制》（吉林文史出版社 1993 年版）等。

皇位继承制度，是近年来清代政治史研究中取得重要成绩的领域之一。杨珍《清朝皇位继承制度》（学苑出版社 2001 年版）一书，充分利用满文等第一手文献并广泛参考相关史料，对有清一代的四种皇位继承形态的曲折变化及相关问题，从历史、政治、文化、心理等视角，进行了较全面、深入而富于理论性的综合探讨，得出了不少新的认识。

官僚制度和官僚群体是近年来学界重点关注的领域。重要的专著有吴吉远《清代地方政府的司法职能研究》（中国社会科学出版社 1997 年版）、鲍永军《绍兴师爷汪辉祖研究》（人民出版社 2006 年版）等。郑天挺《清代的幕府》、《清代幕府制的变迁》对幕府制的研究、朱金甫对胥吏制度的研究，也多有创获。①

2. 政治机构

对军机处的研究无疑是这一领域成果最为突出的内容。学界在以往

---

　　①　参见《中国社会科学》1980 年第 6 期，《学术研究》1980 年第 6 期；《清代胥吏制度略论》，《清史论丛》1994 年号。

研究的基础上，对军机处的创设时间、性质和作用等问题进行了别开生面的探讨。关于军机处的设立时间，历来有分歧，有雍正四年、七年、八年、十年等多种说法。四年说的较早提出者是台湾学者李宗侗，季士家持雍正七年说，吴秀良则主八年说。①

关于军机处的性质和作用，从晚清以来，学界一直高度重视它对强化皇权的重要意义。也有学者不同意这一观点，如庄吉发认为："就雍正年间而言，军机处的设立，与独裁政治的背景及发展，不宜过分强调。"（《清代奏折制度》，台湾"故宫博物院"1979 年版，第 67 页）高翔发表文章对军机处、内阁和皇权的关系进行辨析，认为：清初内阁和皇权并不对立，创设于雍正年间的军机处也非针对内阁，其主要目的是将皇帝"乾纲独断"局面制度化和规范化，它的出现对皇权的强化并无特别重要的意义。②

此外，祁美琴的《清代内务府》（中国人民大学出版社 1998 年版）一书，对清代内务府产生的历史背景、与十三衙门的关系、确立与完善过程、经费来源和支出、内务府皇庄、内务府的历史地位等诸多问题，进行了深入分析，是目前研究内务府颇为全面、系统的著作。

3. 政治斗争

在清朝政治斗争中，最引人注目的当属围绕皇（汗）位而展开的激烈权力争夺。而对雍正即位的研究，尤其深受学术界和社会关注。主要有两种观点：

一是夺位说。自孟森先生首倡雍正帝位系篡夺而得以来，王锺翰先生继之又有多篇文章论证了此一观点。许曾重先生通过对允禵所处的地位、玄烨建嗣的变化、《圣祖实录》纂修等方面的分析，认为康熙帝是将允禵作为皇位继承人，而雍正帝的上台则系矫诏夺杀。③杨珍在考察了大量满文档案的基础上，基本理清了康熙后期储位斗争的大致情形，认为在康熙五十七年出兵西藏前，已秘密确立允禵为储君，皇四子胤禛之最后继位，是与隆科多勾结，由隆科多假造遗诏而来（《满文档案所

---

① 参见王戎笙《台港清史研究文摘》，辽宁人民出版社 1988 年版，第 287—291 页。

② 参见《也论军机处、内阁和专制皇权：对传统说法之质疑兼析奏折制之缘起》（《清史研究》1996 年第 2 期）、《略论清朝中央权力分配体制：对内阁、军机处和皇权关系的再认识》（《中国史研究》1997 年第 4 期）。

③ 许曾重：《清世宗胤禛继承皇位新探》，《清史论丛》第 4 辑。

见允禵皇位继承人地位的新证据》，《中国史研究》1990 年第 3 期；《允禵储君地位问题研究》，《清史论丛》1992 年号；《关于康熙朝储位之争及雍正继位的几个问题》，《清史论丛》第 6 辑等文）。

二是合法继位说。这一说法的重要代表者是冯尔康。冯先生在考察了现存档案以后，认定康熙帝十四子原名允禵，更名胤祯，后经雍正帝复名允禵。而雍正帝本名就叫胤禛，没有伪造名讳，所传篡改"皇位传十四子胤祯"遗诏，书写方法不合清朝制度，极不可信，从而否定了雍正帝夺嫡说的一个重要证据，即篡改遗诏，盗名窃位（《清世宗本名胤禛，并未盗名》，《南开大学学报》1982 年第 1 期；《雍正继位新探》，天津人民出版社 2008 年版）。

4. 统治思想和统治政策

高翔的《康雍乾三帝统治思想研究》（中国人民大学出版社 1995 年版）一书，通过对三位皇帝政治思想形成原因、前后嬗变、历史影响的考察，对清初民族矛盾、政治腐败、康乾盛世等一系列问题提出了自己的看法。常建华的《清代的国家与社会研究》（人民出版社 2006 年版）一书，从国家与社会互动关系的角度讨论了清朝的基本国策（敬天法祖、勤政爱民、以孝治天下），民生问题和社会问题的对策，对待民间群体、民间风俗习惯的政策及其归宿等。

5. 政治人物

清代帝王是政治人物研究成果最为集中的领域。阎崇年《努尔哈赤传》（北京出版社 1983 年版）、滕绍箴《努尔哈赤评传》（辽宁人民出版社 1985 年版）、孙文良与李治亭合著《清太宗全传》（吉林人民出版社 1983 年版）等，是清入关前帝王研究领域的代表作。应当指出的是，学界对清代每一帝王都撰有传记，有些皇帝的传记甚至不止一部。以乾隆帝为例，研究乾隆帝及其时代的，比较重要的就有周远廉《乾隆皇帝大传》、白新良《乾隆传》、唐文基等《乾隆传》、庄吉发《清高宗十全武功研究》、戴逸《乾隆帝及其时代》5 部，前四种资料丰富，后一种以分析见长。出版较早的冯尔康《雍正传》（人民出版社 1985 年版），是雍正帝传记中写得很好的一种。

此外，冯佐哲《和珅评传》（中国青年出版社 1998 年版），张玉兴《明清史探索》（辽海出版社 2004 年版），邸永君《清代翰林院制度》（社会科学文献出版社 2002 年版）、《清代满蒙翰林群体研究》（黑龙江人民出版社 2005 年版），也是清代政治史研究中有分量的著作。

30 年来，学界对清代政治的研究总的说来还是成功的，这不仅表现为基本理清了清朝政治的发展脉络，对一些重大历史问题（如关于军机处创设、内阁职能、专制皇权强化等）作出了新的探讨，而且也表现在研究视野的不断扩大。当然，目前的清代政治研究也有不足之处，其突出表现是对政治思想、政治文化的研究较为薄弱。

（四）经济史

经济史是清史研究中十分活跃而且成果相对集中的领域。30 年来，经济史研究在继承传统研究热点的基础上，不仅研究领域广泛，诸如资本主义萌芽、清朝经济政策、手工业和商业、人口以及市镇经济等问题皆有不少研究成果，而且在一些具体问题的研究上取得新拓展。其中，资本主义萌芽和市镇经济的研究尤其具有典型性。

1. 资本主义萌芽

在改革开放初期，经济史研究的重点仍是资本主义萌芽问题，这在一定程度上可以说是 20 世纪五六十年代有关讨论的继续。许涤新、吴承明主编的《中国资本主义发展史》第 1 卷（人民出版社 1985 年版），比较全面地分析了资本主义萌芽的概念、表现形式，讨论了清代资本主义萌芽的状况，探讨了其发展迟缓的原因，是近 30 年资本主义萌芽研究的一部力作。

改革开放以来，学界对资本主义萌芽的研究视角更加开阔，分析更为深入。具体说来，在以下三个方面取得了明显突破：

一是改变了新中国成立初期对资本主义萌芽的研究过多集中在手工业领域的状况，将讨论大幅度推进到农业领域。刘永成的《清代前期农业资本主义萌芽初探》（福建人民出版社 1982 年版）是这方面的第一本专著，该书对农业资本主义萌芽的历史前提、表现等提出了新的见解。李文治、魏金玉、经君健的论文集《明清时代的农业资本主义萌芽问题》（中国社会科学出版社 1983 年版），是近年来比较系统地论述明清时期农业资本主义萌芽问题的力作，值得学界重视。

二是行会研究取得了长足进步。刘永成、赫治清对我国行会制度的分期、阶段特点（职能）以及与资本主义萌芽的关系，进行了深入探讨。指出行会制度与资本主义二者并行不悖，资本主义萌芽的发展过程，也就是行会制度从发展逐步走向分解的过程。①

三是开始注意对资本主义精神及近代化的考察。与研究资本主义萌芽相关的，是学者们高度重视对清代中国社会发展水平的估计，就清代中国是停滞还是发展问题，展开了热烈的讨论。研究资本主义萌芽不仅应当从经济角度进行考察，而且也应将视角置于更宽广的领域中，将萌芽与当时的政治、文化等因素结合起来考察。由此，我们必然会回到近300年来中国社会发展水平的问题上来，这实际上是要回答中国社会存不存在近代化？中国近代化的特点是什么？高翔对这一问题提出了新见解。在《论清代前期中国社会的近代化趋势》一文中，高先生首先界定了"近代化"的基本概念，即主要指以资本主义和人文思潮为标志的社会变革（"第九届国际清史研讨会"提交论文）。并特别指出：从否定当年对资本主义萌芽和启蒙思想的研究，发展到否定明清时期，特别是清代社会的进步，以致将中国的近代化完全视为西方侵略刺激的结果，对中国历史来说，是极不公平的（《近代的初曙：18世纪中国观念变迁与社会发展》，社会科学文献出版社2000年版，第627页）。

应当指出的是，近年来学界也出现了一些反思"资本主义萌芽"研究的认识。如李伯重就称之为"资本主义萌芽情结"，是一种主观的愿望②；王家范认为资本主义萌芽问题的研究是一个"死节"③；王学典更是把资本主义萌芽看作一个"假问题"。④这些反思，对推动"资本主义萌芽"问题研究的深入是有一定作用的，但对20世纪（尤其是改革开放）以来有关资本主义萌芽的研究亦不宜过分否定。客观地说，近几十年来，在社会经济领域，学界对商品经济、城镇发展、区域经济、市民文化和阶级关系的研究取得了很大进展，这些成就的取得在相当程度上正是基于对资本主义萌芽考察的基础之上的。

2. 市镇经济

改革开放后，市镇经济研究取得了丰硕成果，具体表现在：

---

① 刘永成、赫治清：《论我国行会制度的形成和发展》，载南京大学历史系明清史研究室编《中国资本主义萌芽问题论文集》，江苏人民出版社1983年版，第136—137页。

② 李伯重：《理论、方法、发展趋势：中国经济史研究新探》，清华大学出版社2002年版，第11—13页。

③ 仲伟民：《资本主义萌芽问题研究的学术史回顾与反思》，《学术界》2003年第4期。

④ 王学典：《20世纪中国史学评论》，山东人民出版社2002年版，第168页。

一是江南市镇始终是学界用力最勤、成果最多的领域。重要的著作有刘石吉《明清时代江南市镇研究》（中国社会科学出版社 1987 年版）、洪焕椿与罗仑主编《长江三角洲地区社会经济史研究》（南京大学出版社 1989 年版）、樊树志《明清江南市镇探微》（复旦大学出版社 1990 年版）、陈学文《明清时期杭嘉湖市镇史研究》（群言出版社 1993 年版）、蒋兆成《明清杭嘉湖社会经济史研究》（杭州大学出版社 1994 年版）等。

二是以往研究中侧重江南一隅的学术格局有所突破，更多区域的市镇经济逐渐纳入研究者的视野，从而使明清市镇研究呈现出多样性的发展格局。如许檀对山东商品经济的考察，梁淼泰对明清时期景德镇经济特点的分析，罗一星对明清佛山经济的研究，罗星亚对明清河南集市庙会的把握，钟文典对广西圩镇的探讨等，均取得了令学界瞩目的成绩。① 再者，从学术论文的分布看，据有的学者统计，1980—1999 年上半年，国内学者发表有关明清市镇经济的论文约 690 篇。其中，有关江南市镇的论文约为 244 篇，占 35%；有关长江中上游区域（江西、湖南、湖北、四川）市镇的论文约为 107 篇，占 16%；有关华南市镇的论文约为 90 篇，占 13%；有关北方市镇的论文约为 84 篇，占 12%；属于市镇宏观研究的论文约为 165 篇，占 24%。② 从中我们可以窥见市镇经济研究格局的新变化。

值得注意的是，20 世纪 80 年代以来，一些学者尝试用现代社会发展理论（特别是韦伯的理论），考察清代特定文化背景与经济发展特别是资本主义萌芽之间的某种内在的渊源关系，应该说是一种有益的探索。日本研治明清史的学者森正夫等人率先提出"地域社会论"，主张加强对中国基层社会的研究，其触角必然涉及明清市镇，这也对我国史学界产生一定的影响。

与江南市镇研究的繁荣局面相比，长江中上游地区，华北、西北等其他地区的市镇研究则略显薄弱，发表的论著数量亦相对较少。

---

① 参见许檀《明清时期山东商品经济的发展》（中国社会科学出版社 1998 年版）；梁淼泰《明清景德镇城市经济研究》（江西人民出版社 1991 年版）；罗一星《明清佛山经济发展与社会变迁》（广东人民出版社 1994 年版）；王兴亚《明清河南集市庙会会馆》（中州古籍出版社 1998 年版）；钟文典《广西近代圩镇研究》（广西师范大学出版社 1998 年版）。

② 任放：《二十世纪明清市镇研究》，《历史研究》2001 年第 5 期。

　　区域经济研究也是市镇经济研究中成果最为集中的领域之一。对清代区域经济的研究，傅衣凌是重要开拓者之一。20世纪80年代以后，综合性的成果有叶显恩《清代区域社会经济研究》'（中华书局1992年版），陈春声《市场机制与社会变迁——18世纪广东米价分析》（中山大学出版社1992年版），范金民《江南丝绸史研究》（农业出版社1993年版），陈桦《清代区域社会经济研究》（中国人民大学出版社1996年版）。值得注意的是，李伯重对区域经济（尤其是江南经济）进行了深入研究，陆续推出了一系列有分量的成果，主要有：《江南的早期工业化》（社会科学文献出版社2000年版）、《多视角看江南经济史》（生活·读书·新知三联书店2003年版）、《江南农业的发展（1620—1850）》（上海古籍出版社2007年版）。尽管李先生在各书中侧重点有所不同，但有一点是一致的，即他的著作中始终贯穿和体现了在中国历史研究中应当如何对待"西方中心论"的思考，这尤其值得学界反思。

（五）学术思想史

　　改革开放以来，清代学术思想研究取得较大进展，主要集中在清初学术发展轨迹、学案与学派、对18世纪中国思想界的估计、清代理学、乾嘉新义理学、汉宋关系、学术人物等方面。

1. 清代学术发展轨迹

　　陈祖武的《清初学术思辨录》一书，是研究清初学术发展轨迹的一部重要著作。该书将清初学术的演变置于明清更迭的社会发展大环境中予以考察，对17世纪中国学术的发展提出了诸多独创性的见解（中国社会科学出版社1992年版，第288—302页）。陈先生的另一本著作《清儒学术拾零》（湖南人民出版社1999年版），既是《清初学术思辨录》的赓续，又是其研究清代学术史20年来的一个总结性文集。该书选取了清代学术发展史上的关键人物和思潮、学派，进行了深入、细致的分析研讨，重在梳理清代学术发展的脉络，从而揭示学术演进的趋势。马积高的《清代学术思想的变迁与文学》（湖南人民出版社1996年版）一书，从学术变迁的角度，考察了清代文学演进的基本途径。陈其泰的《清代公羊学》（东方出版社1997年版），重点探讨了清代公羊学的兴起及其影响，并对庄存与、孔广森、刘逢禄、龚自珍、魏源等人的思想进行了细致考察。

2. 学案与学派

改革开放以来，关于清代学案史，学术界完成了一系列高水平的研究著作。由杨向奎先生主持撰写的《清儒学案新编》8 卷本，近 400 万字，包括学案正文和资料选辑，基本上网罗了清代主要学术流派，尤其是"典型训诂、考据那部分和今文经学那部分源流分明，解释清楚，可无愧于前人"。① 陈祖武接续杨先生所辟治学路径，也非常重视对清代学案的研究，其所著《中国学案史》（台湾文津出版社 1994 年版；东方出版中心 2008 年版），是学案史研究中具有开拓意义的力作。在详细占有文献资料的基础上，陈先生对中国学案史尤其是清代学案史、学术史研究中的诸多重要问题，提出了自己独到的见解。而对研究中某些一时难以解决的问题，如《学案序》的序文作者是何人等，则予以存疑，这充分表明了著者严谨、求实的为学精神。②

改革开放以来，在乾嘉学派与乾嘉学术的研究领域推出了一批有影响的成果。如戴逸《汉学探析》（《履霜集》，中国人民大学出版社 1987 年版），王茂等《清代哲学》（安徽人民出版社 1992 年版），漆永祥《乾嘉考据学研究》（中国社会科学出版社 1998 年版），郭康松《清代考据学研究》（崇文书局 2001 年版），王俊义《清代学术探研录》（中国社会科学出版社 2002 年版），刘墨《乾嘉学术十论》（生活·读书·新知三联书店 2006 年版），徐道彬《戴震考据学研究》（安徽大学出版社 2007 年版）等。

陈祖武先生主持的中国社会科学院院重大课题"乾嘉学派研究"，在继承前人研究的基础上，别开生面，集众人之力，将该问题的研究进一步推向深入。该课题的结晶——《乾嘉学术编年》和《乾嘉学派研究》两书（河北人民出版社 2005 年版），即其集中体现。陈先生认为，近一二十年来乾嘉学派研究起步甚速，但"文献准备似嫌不够充分，因此未来一段时间，在这方面切实下一番功夫，或许是有必要的"（《乾

---

① 李尚英：《杨向奎先生著作和论文提要及编年》，载《庆祝杨向奎先生教研六十年论文集》，河北教育出版社 1998 年版，第 766—768 页。

② 陈先生之于学案史的研究，尚撰有《徐世昌与〈清儒学案〉》（《清史论丛》1993 年号）、《〈明儒学案〉杂识》（《商鸿逵教授逝世十周年纪念文集》）、《"学案"试释》（《书品》1992 年第 2 期）、《我与中国学案史》（《文史知识》1996 年第 5 期）、《学案再释》（《北京师范大学学报》2009 年第 2 期）等文。

嘉学派研究与乾嘉学术文献整理》，《光明日报》2003 年 6 月 24 日）。
课题组成员历时近 5 年推出的两部专著，就是这一取向的新尝试。通过
该课题的研究，课题组主要揭示和论证了如下三个重要学术观点：乾嘉
学派是一个历史过程，不可简单地按地域来区分学派；乾嘉时期的地域
学术与学术世家，彼此渗透，交互影响，皆已融入一时学术大局；乾嘉
学派以朴实考经证史为基本特征，此一特征的形成，有其深刻而久远的
社会和学术背景。这一探索，旨在以坚实的学术文献梳理为基础，进而
对乾嘉学派与乾嘉学术加以实事求是的全局性把握。此一努力，为推进
该领域研究的深化提供了有益的思路。

3. 对 18 世纪中国学术思想的研究

对清廷文化政策的评价是学界关注的重点之一。以往学界往往对其
持批评态度。如黄见德《西方哲学东渐史》（人民出版社 2006 年版）
认为，雍正以来，对外闭关封锁，强化封建文化专制，恢复宋明理学权
威，前一个世纪启蒙思想的火花，到这时期几乎都熄灭了。喻大华《清
代文字狱新论》（《辽宁师范大学学报》1996 年第 1 期），则从文字狱
的认定、影响及产生等方面，对文字狱的危害进行了重新估计，认为过
去对文字狱的危害估计过高。应当说，喻先生对文字狱危害问题的再思
索，值得学界反思。

不少学者将 18 世纪的中国描述为充斥着沉闷而无新意的状态，改
革开放以后，学者们对其进行了新的探讨。他们认为正是在封建社会
"全盛"的特殊环境中，知识阶层出现了以批判传统观念为特色的新的
思想动向。18 世纪的反传统观念和同时期欧洲的启蒙思想有相似之处，
它预示着未来社会价值观的巨大变迁，也为这种变迁准备了最原始的文
化土壤（高翔：《论十八世纪中国知识界的反传统倾向》，《中国人民大
学学报》1996 年第 2 期）。

在 18 世纪学术的研究中，黄爱平《四库全书纂修研究》（中国人
民大学出版社 1989 年版），利用当时学界尚不多用的中国第一历史档案
馆的档案，结合其他文献记载，对《四库全书》的纂修背景、机构组
成、书籍征采、编纂校勘、提要撰写等进行了深入分析，是《四库全
书》研究领域的一部力作。而"四库学"的兴起，则彰显出学界关注
点的新趋势。林存阳的《三礼馆：清代学术与政治互动的链环》（社会
科学文献出版社 2008 年版）一书，则对学界甚少关注的乾隆初叶清廷

诏开三礼馆这一具有多重意义的政治性学术活动，进行了较为系统、深入的研究，指出：在清代社会政治文化由治转盛的历史进程中，"三礼馆"发挥了至关重要的承前启后作用，同时成为后来四库全书馆开馆的直接先导，从而为乾嘉时期的政治转型、文化嬗变以及学风移易，建构起一个清晰的逻辑链环。

18 世纪的学术思想中，今文经学占据重要的地位。以艾尔曼为代表的不少学者，将今文经学的起因归结为庄存与和珅的矛盾、对立和斗争。而王俊义的《庄存与复兴今文经学起因于"与和珅对立"说辨析——兼论对海外中国学研究成果的吸收与借鉴》（"中华文史网"2006 年 9 月 29 日首发）一文，则提出了不同的看法，认为庄存与与和珅难以形成矛盾和斗争，并强调在吸收海外研究成果时，应当注意处理好吸收和如何吸收的关系问题。

4. 清代理学

清代理学的研究，是过去学界关注相对薄弱的一环。[①] 近年来，对清代理学的研究有所加强，出版的专著重要的有：史革新《晚清理学史研究》（商务印书馆 2007 年版）、龚书铎主编的三卷本《清代理学史》（广东教育出版社 2007 年版）。林国标《清初朱子学研究：对一种经世理学的解读》（湖南人民出版社 2004 年版），也是值得关注的成果之一。此外，相关的学术论文数量亦越来越多。

较早提出应当从学术思想史与社会史结合的角度考察清代理学，是高翔研究清代理学的创获。其所撰《论清初理学的政治影响》（《清史研究》1993 年第 3 期）、《清初理学与政治》（《清史论丛》2002 年号）二文，可以视作此一学术取向的姊妹篇。在此二文中，高先生对清初理学与政治的关系作了深入细致的考察，提出了一些颇有见地的认识，其所提出的应当将清初理学"置于社会演变的历史长河中，探索其盛衰轨迹，衡量其是非得失"的重要认识，尤其具有理论价值和学术实践意义。这无疑为研究清代理学提供了重要的理论视角。

5. 乾嘉新义理学

改革开放以来，大陆学界在中国台湾、香港等地学者重视对乾嘉新

---

① 参见朱昌荣《20 世纪中国大陆地区程朱理学研究回顾》，《中国史研究动态》2006 年第 3 期。

义理学的探讨的影响下，开始对这一问题的研究予以关注。代表性的学者有周积明、陈居渊、吴通福等。尤其是周先生，先后在相关学术刊物以及学术会议上发表了《关于乾嘉新义理学的通信》、《四库全书总目与乾嘉新义理学》以及《从"戴氏之理"到"乾嘉新义理"》等文，对"乾嘉新义理学"提出了自己的见解。如他认为：在方法论上，必须转换视阈，不能以宋明义理学为"义理"的唯一形态；在概念的界定上，要把握住"新"这一层意义，即乾嘉诸儒所探讨的问题虽然仍然属于道德论的范畴，但在核心价值上相对于宋明诸儒发生了重要转型；在价值判定上，"乾嘉新义理学"具有近代指向，属于中国早期启蒙的内容，是一个广阔社会背景之下的社会文化思潮的涌动。

6. 汉宋关系

自清代江藩《国朝汉学师承记》、《国朝宋学渊源记》与方东树《汉学商兑》揭橥汉宋关系讨论以来，这一问题就一直深受清史学界关注。暴鸿昌、周积明等人的认识值得关注。暴鸿昌否定有所谓汉宋之争，他认为将清代汉宋关系视为"党同伐异、仇若水火"的认识不是笃论，应当对汉宋关系作具体分析。并指出，清代前期无汉学、宋学之分；乾嘉时期汉学鼎盛，但多数汉学家并不排击宋学；道咸以降，汉、宋二学调和已成主流。① 周积明对汉宋之争的焦点进行了辨析，认为乾嘉时期的汉宋关系，不能简单概括为"争"或"不争"，而是"争"与"不争"并存。②

7. 学术人物

对学术人物的研究是近 30 年来成果颇多的领域之一。由匡亚明先生主编的《中国思想家评传》丛书，共收入人物 200 个，其中清代学术人物就占了很大比例，是迄今为止收录人物最为全面的丛书。

清代学术人物资料的点校、整理工作也成就斐然。陈祖武在此领域取得了丰硕成果。他点校整理了多位学术人物的年谱、文集，如《李塨年谱》（中华书局 1985 年版）、《颜元年谱》（中华书局 1992 年版）、《榕村语录》（中华书局 1995 年版）、《杨园先生全集》（中华书局 2002

---

① 暴鸿昌：《清代汉学与宋学关系辨析》，《史学集刊》1997 年第 2 期。

② 周积明、雷平：《清代学术研究若干领域的新进展及述评》，《清史研究》2005 年第 3 期。

年版）；又对清代历史上具有重要影响的学术人物进行了深入研究。

樊克政的《龚自珍年谱考略》（商务印书馆 2004 年版）一书，是近年来对学术人物研究较好的一种。与以往的同类研究相比，该书有诸多创获，如充分利用诸家年谱从未利用过的龚自珍家世的资料，首次绘制了龚自珍世系表；更为广泛地采用了龚自珍同时代人的诗、词、文集等资料，对旧谱未载的龚自珍事迹作了许多补充；对旧谱、有关论著等所载龚自珍生平事迹及龚自珍作品的写作时间等一系列问题，作了非常深入的考辨等。

（六）边疆民族史

边疆民族问题始终是清史研究的一个重点，因为对该领域的考察，不但直接关系到对清朝历史地位的评价，而且还具有重要的现实意义。改革开放以来，学界对边疆民族政策的研究最有特色的内容集中在对民族政策、改土归流、土司制度等方面的研究，不仅研究成果丰富，而且有不少新突破。

1. 民族政策方面

马汝珩和马大正主编的《清代的边疆政策》（中国社会科学出版社 1994 年版），对清代边疆政策的基本内容、治理蒙藏的宗教政策、海疆政策、东北的军政制度、新疆的军府制度等作了深入考察，对学界进一步研究清代边疆民族历史具有重要参考价值。龚荫《中国民族政策史》（四川人民出版社 2006 年版），是近年来集国内学术界对中国民族政策史研究之大成的一部具有重要学术价值的创新之作。[1] 杨学琛对清代民族史、赵希鼎对少数民族地区政治制度的考察、何瑜对清代海疆政策的探讨，也多有创见。[2]

2. 改土归流方面

对雍正改土归流的评价是最重要的成果之一。以往的研究者，对雍正改土归流的评价基本上是持否定态度。张捷夫提出了不同看法，他陆

---

① 杨健吾：《深刻的历史反思和精辟的理论总结——〈龚荫著中国民族政策史评介〉》，《满族研究》2007 年第 3 期。

② 杨学琛：《清代民族史》，四川民族出版社 1996 年版；赵希鼎：《清代边疆少数民族地区政治制度》，《社会科学战线》1980 年第 3、4 期；何瑜：《清代海疆政策的思想探源》，《清史研究》1998 年第 2 期。

续发表《论改土归流的进步作用》（《清史论丛》第 2 辑）、《关于雍正西南改土归流的几个问题》（《清史论丛》第 5 辑）等文，论证了自己的观点。尤其是《论改土归流的进步作用》一文，从改土归流消除了土司割据状况和生产关系得到调整等方面，详细阐释了雍正朝改土归流的进步作用。李世愉的《试论清雍正朝改土归流的原因和目的》（《北京大学学报》1984 年第 3 期）一文，对改土归流的客观形势、目的、结果等，进行了深入探讨。

3. 土司制度方面

龚荫《明清云南土司通纂》（云南民族出版社 1985 年版）、《中国土司制度》（云南民族出版社 1992 年版），是土司制度研究领域的重要著作。李世愉的《清代土司制度考论》（中国社会科学出版社 1998 年版）一书，比较全面地探索了土司制度的起源和形成，对雍正朝改土归流的原因和目的、实施过程、政策措施、成败得失等，作了系统而细致的论述，且依据方志、档案、实录、文集等资料，对土目、土舍、雍正朝五省革除土司及新设流官等基本问题，进行了深入考辨，并订正了《清史稿·土司传》中的不少错误。该书资料翔实，论证充分，是近年来清代土司制度研究的重要成果。吴永章、成臻铭等对土司制度也进行了深入研究，发表不少有分量的成果，如吴永章《清代广西土司制度》（《学术论坛》1984 年第 4 期），成臻铭《清代湖广土司自署职官系统运行状态初探——主要以容美土司康熙 42 年事为基础》（《湖北民族学院学报》2002 年第 6 期）、《论明清时期土目的生存形态》（《青海民族研究》2006 年第 4 期）、《明清时期土目的职能及其转变》（《青海民族研究》2007 年第 3 期）等。

此外，中国边疆史地中心为推动边疆史地研究，自 1988 年起，在中国社会科学院和社会出版界的支持下，组织出版了多套丛书。主要的有《中国边疆史地研究丛书》、《边疆史地丛书》、《中国边疆史地文库》、《中国边疆史地探究资料丛书》、《中国边疆史地资料丛刊》等。这其中就包括了大量的清代边疆民族史的内容。

（七）秘密社会研究

秘密结社在清代历史上有着重要的作用与影响。如何客观、准确地衡量和评价秘密结社，是学界需要认真研究的理论问题之一。改革开放后，在"文化大革命"期间几陷于完全停顿的秘密社会研究才重新复苏，20世纪80年代初期以来，相关研究才进入一个更加广阔的天地，学界对秘密社会，尤其是天地会研究取得较大进展，推出了不少有分量的专著。如蔡少卿《中国近代会党史研究》（中华书局1987年版）、《中国秘密社会》（浙江人民出版社1990年版），秦宝琦《清前期天地会研究》（中国人民大学出版社1988年版），胡珠生《清代洪门史》（辽宁人民出版社1996年版），赫治清《天地会起源研究》（社会科学文献出版社1996年版），宋军《清代弘阳教研究》（社会科学文献出版社2002年版），秦宝琦与孟超合著《秘密结社与清代社会》（天津古籍出版社2008年版）等。一大批基础史料也得以公布出版，如张希舜等主编的《宝卷初集》（山西人民出版社1994年版）、黎青等编的《清代秘密结社档案辑印》（言实出版社1999年版）、刘子扬与张莉编的《清廷查办秘密社会案》（线装书局2006年版）等。

学术界对天地会研究的分歧主要在它的起源、性质上。就起源而言，影响较大的观点是乾隆说和康熙说。乾隆说的重要代表人物是蔡少卿、戴玄之、秦宝琦等；康熙说的重要代表人物是胡珠生、翁同文、赫治清等。赫治清自20世纪70年代以来，一直将天地会作为自己的研究课题，发表了一系列有影响的成果，是天地会起源康熙说的主将之一。赫先生的《天地会起源研究》一书，是一部高屋建瓴地研究天地会历史的专著，在天地会起源问题上创见颇多，在学术界产生了较大影响。罗尔纲为该书所作序称："这部集中阐述'康熙说'的专著，在天地会起源问题上取得了重要突破，揭开了多年困扰人们的起源之谜"，也是"全面地系统地对清前期天地会进行研究"的专著。① 何龄修所撰序文亦指出："天地会起源，是天地会研究的一个根本问题"，它"涵盖了天地会前期历史的所有重要方面，并且与中、后期历史也有广泛和深刻的联系"，天地会起源康熙说，已为信史。②

秦宝琦与孟超合著《秘密结社与清代社会》一书，共分15章，从秘密结社与清代社会结合的角度，对整个清代的秘密结社问题作了详细、系统的探讨。

---

① 罗尔纲：《〈天地会起源研究〉序》，《中国史研究》1995年第4期。
② 何龄修：《〈天地会起源研究〉序》，《中国社会科学院研究生院学报》1995年第6期。

　　清代"邪教"是与秘密教门有紧密联系的问题。赫治清的《清代邪教与清朝政府对策》(《清史论丛》2003—2004 年号)一文,对中国历史上的"邪教"一词进行溯源,详细论述了中国不同历史时期的"邪教"概念及其内涵的演变,集中阐述了清代"邪教"的六大基本特征、清朝政府有关"邪教"问题的七大对策、清代"邪教"屡禁不止的原因,以及清代"邪教"与民间宗教、秘密教门、农民起义关系等问题。此文是赫先生主持的"中国历史上的邪教与政府对策"课题的主要研究成果,集中体现了该课题研究的理论体系、基本观点和主张,在诸多方面颇具创新意义。如该文把学术界已知"邪教"一词最早见诸中国史籍的时间,上推了 150 余年,对中国历史上不同时期"邪教"概念及其内涵的演变作了很具说服力的阐述;首次提出明清以来"邪教"是政治概念而非宗教概念,等等。

(八) 中外关系史

　　在这一领域,学界也推出了不少有分量的专著。如中国社会科学院近代史研究所编的《沙俄侵华史》(第一卷)(人民出版社 1978 年版)、孟华《伏尔泰与孔子》(新华出版社 1993 年版)、张维华与孙西合著《清前期中俄关系史》(山东教育出版社 1997 年版)、宿丰林《早期中俄关系史研究》(黑龙江人民出版社 1999 年版)、徐海松《清初士人与西学》(东方出版社 2000 年版)、莫小也《十七—十八世纪传教士与西画东渐》(中国美术学院出版社 2002 年版)、许明龙《黄嘉略与早期法国汉学》(中华书局 2004 年版)、张国刚与吴莉苇合著《启蒙时代欧洲的中国观:一个历史的巡礼与反思》(上海古籍出版社 2006 年版)。此外,学界还整理出版了不少基础史料,重要的有大象出版社出版的《耶稣会士中国书简集》6 卷 (2001),中华书局出版的《清中前期西洋天主教在华活动档案史料》4 册 (2003)、《清代外务部中外关系档案史料丛编》3 册 (2004) 等。

　　总的来说,在中外关系研究领域,以往学界较多关注中俄关系的研究。然改革开放以来,则出现了一些新动向:

　　一是在外交关系方面,研究领域有所拓展,除中俄关系外,中英关系、中朝关系、中法关系也受到学界关注。中英关系方面,尤其是1793 年马戛尔尼使团来华,是中外学术界所关注的重要课题。讨论的焦点是如何衡量清廷对英政策，比较有影响的观点是"机会"说，即清朝推行的闭关政策使中国丧失了走向世界、获得发展的机会。这一观点的代表人物是戴逸，他在《清代乾隆朝的中英关系》一文中说："环观18世纪的国内外环境，应该说，这是中国主动开放门户，加强与西方交流，提前实现历史转轨的有利时机。可惜中国内部尚未形成革新的力量和机制，致使机会白白丧失。"（《清史研究》1993年第3期）中朝关系方面，利用过去较少使用的韩国所藏史料进行相关研究取得突破，如王政尧以《燕行录》为主要史料，结合其他文献记载考察清代中朝关系上一些重要问题；李花子对17—18世纪中朝围绕朝鲜人越境问题的交涉的考察等。[①] 中法关系方面，以个案研究为切入点推动了相关研究的深入，如学界对陈季同的研究。重要的成果有李华川《晚清一个外交官的文化历程》（北京大学出版社2004年版），广西师范大学出版社出版的陈季同法文著作译丛，收入其《中国人自画像》（1884）、《中国人的戏剧》（1886）、《中国人的快乐》（1890）、《巴黎印象记》（1891）、《吾国》（1892）等作品。

　　二是在文化关系方面，如何评价传教士的历史地位历来是学界争议颇为集中的领域。改革开放之初，对这一问题的讨论又深入展开。以陈胜粦、林健等为代表的学者认为传教士是西方殖民侵略的先遣队。[②] 陈申如、朱正谊、沈定平等则对传教士在中西文化交流中的作用估计较高，认为传教士的陆续来华，带来了西方先进的科学技术文化，为长期停滞不前的中国科学文化的苏醒和重新焕发青春注入了积极因素。[③] 更多的学者则认为传教士在向中国移植宗教的同时，也输入了西方科学技术，客观上促进了中西文化交流。

　　客观地说，如何准确衡量传教士在中西文化交流中的地位与作用，是一个理论色彩很强的问题。何兆武先生对此提出了自己的看法。他认

---

　　① 参见王政尧《清史述得》（辽宁民族出版社2004年版）；李花子《清朝与朝鲜关系史研究：以越境交涉为中心》（香港亚洲出版社2006年版）。

　　② 陈胜粦：《鸦片战争前后中国人对美国的了解和介绍》，《中山大学学报》1980年第1期；林健：《西方近代科学传来中国后的一场斗争》，《历史研究》1980年第3期。

　　③ 陈申如、朱正谊：《试论明末清初耶稣会士的历史作用》，《中国史研究》1980年第2期；沈定平：《论卫匡国在中西文化交流史上的地位与作用》，《中国社会科学》1996年第3期。

为，西学的实质有中世纪和近代之分，担任第一波西学东渐传播的天主
教传教士，所传播的是与中国时势要求相背离的中世纪的神学观和科学
体系，而不是当时正在勃兴的宗教改革运动和近代科学。近代西学传入
中国并非通过传教士，而是中国学者。[①]

尤其应当指出的是，不少学者充分发挥近年来档案被大批整理出版
的优势，就清廷对西学的政策、帝王与传教士的关系等问题，进行了新
的考察。如吴伯娅的《康雍乾三帝与西学东渐》（宗教文化出版社 2002
年版），该书使用了不少一手档案资料，兼及其他史料，剖析了康雍乾
三帝的海外政策、他们对西教和西学的认知与态度，涉及清代前期和中
期中西关系史中的许多重要问题。白新良的《康熙朝奏折和来华西方传
教士》（《南开学报》2003 年第 1 期），翻检满汉文奏折 160 余份，梳理
出不少有关传教士的新材料。

除了以上研究领域外，改革开放以来，清史研究中还呈现出一些新
亮点。

（一）社会史与文化史的重新兴起

1. 社会史[②]

清代社会史研究在以下几方面取得了重大突破：

第一，以社会结构和社会生活为中心，学术界对清代社会进行了深
入考察，基本揭示出清代社会的大体面貌，为深入研究清代社会运行和
变迁打下了良好基础。学界研究清代社会生活史最有代表性的著作是中
国社会科学院历史研究所承担的国家社会科学基金项目《中国古代社会
生活史》10 卷本丛书（中国社会科学出版社陆续出版），冯尔康和常建
华的《清人社会生活》（天津人民出版社 1990 年版），王日根的《乡土
之链——明清会馆与社会变迁》（天津人民出版社 1996 年版）、《明清
民间社会的秩序》（岳麓书社 2003 年版）。冯尔康主编的《中国社会结

① 何兆武：《重新审视西学东渐的历史——明末清初文化变迁学术研讨会侧记》，《联合
早报》（新加坡）1998 年 8 月 27 日；《明末清初西学之再评价》，《学术月刊》1999 年第 1 期。

② 参见王先明《中国社会史理论研究概述》（《中国史研究动态》1992 年第 5 期）；郭松
义《中国社会史研究五十年》（《中国史研究》1999 年第 4 期）；赵世瑜、邓庆平《二十世纪
中国社会史研究的回顾与思考》（《历史研究》2001 年第 6 期）；周积明、宋德金主编《中国
社会史论》（湖北教育出版社 2000 年版），等等。

构的演变》（河南人民出版社 1994 年版），是社会结构研究方面的一部重要著作。

第二，区域社会史研究取得新进展。区域社会史的研究是伴随着社会史的复兴而兴起的。近 10 余年来，区域社会史研究呈现出以下鲜明特点：一是研究视野有所拓展，研究的地域范围有所扩大；二是注重地域社会的"整体的历史"，强调全方位、立体地考察地域社会。比较有代表性的成果，如乔志强、行龙主编《近代华北农村社会变迁》（人民出版社 1998 年版），魏宏运主编《20 世纪三四十年代冀东农村社会调查与研究》（天津人民出版社 1996 年版），定宜庄、郭松义合著《辽东移民中的旗人社会——历史文献、人口统计与田野调查》（上海社会科学院出版社 2004 年版）。区域社会史向纵深方向研究的深入，在很大程度上得益于学界对国外人文社会科学理论、方法及多学科交叉合作。如郑振满《明清福建家族组织与社会变迁》（湖南教育出版社 1992 年版）、王笛《跨出封闭的世界——长江上游区域社会研究（1644—1911）》（中华书局 1993 年版）、郭松义《伦理与生活：清代婚姻关系》（商务印书馆 2000 年版）、行龙与杨念群主编《区域社会史比较研究》（社会科学文献出版社 2006 年版）。

第三，医疗社会史、自然灾害史、妇女史和婚姻史，以及社会史理论等过去较少关注的领域，取得了显著成绩，推出了不少重要成果。如周积明、宋德金主编《中国社会史论》（湖北教育出版社 2000 年版），李文海、夏明方主编《中国荒政全书》（北京古籍出版社 2002—2004年陆续出版），余新忠《清代江南的瘟疫与社会：一项医疗社会史的研究》（中国人民大学出版社 2003 年版），杜家骥《清代满蒙联姻研究》（人民出版社 2003 年版），郭松义、定宜庄合著《清代民间婚书研究》（人民出版社 2005 年版），赫治清等《中国古代灾害史研究》（中国社会科学出版社 2007 年版）。

2. 文化史①

改革开放以来，文化史研究取得了显著进展。这与 20 世纪 70 年代末以来中国命运的大转折息息相关。党的十一届三中全会召开后，改革开放逐渐向纵深发展，在此过程中，中国传统文化日益彰显出重要的价

---

① 参见周积明《二十世纪的中国文化史研究》（《历史研究》1997 年第 6 期）等。

值。在此背景下，"中国传统文化与现代化"、"传统文化与当代精神文明的建设"等论题被集中讨论。文化史研究开始走向繁荣。以复旦大学中国思想文化史研究所和中国社会科学院近代史研究所近代文化史研究室相继成立及《中国文化》研究集刊问世为基点，更多的文化史研究机构和专业刊物问世。据不完全统计，到1994年底，全国已经成立10所中国文化史研究机构。到1996年底，已有5个单位的研究机构开始招收文化史方向的研究生，已出版的专门刊物则续有增长。清代文化史也在中国文化史繁荣的局面下获得发展。系统的、综合性论著，有冯天瑜、何晓明、周积明等著《中国文化史》（上海人民出版社1990年版），南炳文等《清代文化——传统的总结和中西交流的发展》（天津古籍出版社1991年版），冯天瑜《明清文化史散论》（华中工学院出版社1984年版），王俊义、黄爱平《清代学术与文化》（辽宁教育出版社1993年版）等。概括来说，30年来清代文化史研究取得卓著成绩，具体表现在：

第一，文化史丛书的出版掀起高潮。如国际文化出版公司出版的《蓦然回首丛书》、上海古籍出版社出版的《中国古代生活文化丛书》、陕西人民出版社出版的《中国风俗丛书》、上海人民出版社出版的《中国文化史丛书》。值得特别指出的是，《中国文化史丛书》是这些丛书系列中较有影响的一种，至20世纪90年代末，已经陆续出版著作20余种。此外，有关文化史专题的著作，亦不断推出。如王政尧《清代戏剧文化史论》（北京大学出版社2005年版）等。

第二，区域文化研究成果卓著。这是20世纪80年代以来文化史研究的热点之一。总论性的著作有李勤德《中国区域文化》（山西高校联合出版社1995年版），分论性的著作数量更为丰富，主要的有王志民主编《齐文化概论》（山东人民出版社1993年版），张正明《楚文化史》（上海人民出版社1987年版），李学勤、徐吉军主编《长江文化史》（江西教育出版社1995年版）等。由辽宁教育出版社组织出版的《中国地域文化丛书》，则是其中较好的一种，包括巴蜀文化、三晋文化、台湾文化、燕赵文化、三秦文化、两淮文化、中州文化、江西文化、徽州文化等。这些综合性和分论性著作中，即包括了不少清代的内容。应当特别指出的是，杨念群的《儒学地域化的近代形态：三大知识群体互动的比较研究》（三联书店1997年版），是一本引起过学术界广泛讨论的专著。作者采用区域研究取向，将广东、湖湘、江浙三地的学人或知识分子，视作三个具有独立形态的知识群体，审视在中国近现代化的过程中，不同地域的知识分子所发挥的不同作用，提出了不少新的见解。

第三，观念文化史受到学界关注。高翔在这方面的努力值得重视。在《近代的初曙——18世纪中国观念变迁与社会发展》（社会科学文献出版社2000年版）一书中，高先生提出了其研治清史的理论思考，认为："观念史研究的基本使命是反映时代精神的变迁，从社会精神文化的角度，展现人类历史演变的轨迹。而要真正做到这一步，最重要的就是严格地将观念置于特定时代范围来考察，并高度重视二者之间的互动关系。对18世纪知识阶层社会观念及意识形态的研究，我们不妨也作如是观。"本此思路，他对18世纪知识界的发展趋向作了多角度、多层面的剖析。诚如李治亭评价此书时所揭示的："作者的命题及其研究，独辟蹊径，开辟了清史研究的新领域，提出了新思路、新方法，为我国清史研究的深入启示了新方向。"

（二）徽学的发展壮大

20世纪四五十年代，傅衣凌发表《明代徽商考》，日本学者藤井宏发表《新安商人研究》，揭开了徽商研究的序幕。改革开放以来，随着徽商研究以及徽州文书的整理和研究的开展，徽州民间文献和文书资料不断被公开出版，推动了徽学作为一门新兴学科的兴起。20世纪90年代以后，徽学研究队伍日益壮大，研究领域逐步拓展，各级研究机构不断出现，相关研究成果不断推出。徽学成为一门以徽州文书档案、徽州典籍文献、徽州文物遗存为基本研究资料，以徽州历史文化为研究对象，进而探索中国传统文化的一门综合性学科。概括来说，30年来徽学研究在以下几方面显示出其发展壮大的趋势：

第一，专门的研究中心相继成立、专门的学术刊物先后创刊。以20世纪90年代初中国社会科学院徽学研究中心成立为契机，陆续又成立了安徽师范大学徽学研究中心（现改名为"安徽师范大学皖南历史文化研究中心"）、安徽大学徽学研究中心。此外，广东省社会科学院、南京大学、复旦大学等皆有一批学有专长的学者从事相关研究。学界又推出了专门的徽学学术刊物，如《徽学》、《徽州社会科学》。

第二，一批以整理徽州文书资料为中心的成果陆续推出。重要的有张海鹏、王廷元主编《明清徽商资料选编》（黄山书社 1985 年版）、安徽省博物馆编《明清徽州社会经济资料丛编》（第一集）（中国社会科学出版社 1988 年版）、中国社会科学院历史研究所编《徽州千年契约文书》（花山文艺出版社 1991 年版）和《明清徽州社会经济资料丛编》第二辑（中国社会科学出版社 1990 年版）。

第三，一批有分量的研究成果相继推出。如叶显恩《明清徽州农村社会与佃仆制》（中国社会科学出版社 1986 年版），张海鹏、王廷元合著《徽商研究》（安徽人民出版社 1995 年版），栾成显《明代黄册研究》（中国社会科学出版社 1998 年版），王振忠《明清徽商与淮扬社会变迁》（三联书店 1996 年版）、《徽州社会文化史探微：新发现的 16—20 世纪民间档案文书研究》（上海社会科学院出版社 2002 年版），周晓光《新安理学》（安徽人民出版社 2005 年版）等。

（三）不少学者提出并努力构建"科举学"和"故宫学"

1. "科举学"

近年来，有学者提出并构建科举学的主张，旨在促进科举研究的学科整合及理论化、系统化，探究科举考试的发展规律，以为现实考试改革提供有益借鉴。具体表现在：

第一，以"科举学"与科举制为中心议题，定期召开学术会议。如 2005 年 9 月，由厦门大学高等教育发展研究中心、北京大学中国古代史研究中心主办，中国高等教育自学考试专业委员会、《厦门大学学报》哲学社会科学版编辑部协办的"科举制与科举学国际学术研讨会"，在厦门大学隆重举行。而引人注目的是，作为 20 世纪 90 年代兴起的一门崭新而独立的研究领域，"科举学"成为本次国际学术研讨会聚焦的一大亮点。2006 年 10 月，由上海中国科举博物馆、厦门大学考试研究中心、上海嘉定博物馆联合召开了"科举文化与科举学学术研讨会"。2007 年 7 月，由中国社会科学院历史研究所与黑龙江大学联合主办了"第三届科举制与科举学研讨会"。此项活动，已经成为一年一次的固定形式，持续下来。

第二，"科举学"研究的成果纷纷面世。较早的有李世愉《清代科举制度考辨》（中央广播电视大学出版社 1999 年版）。华中师范大学组织出版了科举学研究丛书，陆续推出了刘海峰《科举学导论》（2005）、张亚群《科举革废与近代中国高等教育的转型》（2005）、李兵《书院与科举关系研究》（2005）、刘海峰与张亚群合著《科举制的终结与科举学的兴起》（2006）。其中，刘海峰《科举学导论》一书在学界影响尤大，被誉为是一部"准确阐述科举学定义，全面、系统论述科举学范畴、宗旨、研究内容的开山之作"，"它确立了科举学在研究领域的地位"（李世愉：《沈浸醲郁　含英咀华——简评刘海峰著〈科举学导论〉》，《中华读书报》2005 年 10 月 19 日）。

2. "故宫学"

自清朝退出历史舞台以来，以故宫为中心的研究即已开始，90 多年来，相关研究领域逐渐扩大，成果不断涌现，但从故宫本身的地位、作用及研究状况看，对它的研究还需要进一步提升、创新、突破。一批学者提出应当推动"故宫学"的建设，即明确"故宫学"是一门学科。具体表现在：

第一，编辑出版了专门的学术刊物。创办于 1958 年的《故宫博物院院刊》在历经"文化大革命"时的停刊后，于 1979 年复刊。至今一直定期出版。2004 年，《故宫学刊》正式创刊，之后持续出版。这些刊物的定期出版，使得故宫学研究成果的发表有了专门的学术阵地。

第二，2005 年，以纪念故宫博物院 80 年院庆为契机，召开了 4 次国际性学术讨论会：8 月，与国家清史编纂委员会联合召开了"故宫博物院 80 年华诞暨国际清史学术研讨会"，提交会议的百余篇论文专集出版；10 月，与中国紫禁城学会共同邀请中外学者召开"中国明清宫廷建筑国际学术研讨会"，部分会议论文由《故宫博物院院刊》10 月份第5 期出版"古建筑研究专辑"；10 月，故宫博物院古书画研究中心成立暨"《清明上河图》与宋代风俗画国际研讨会"；10 月，故宫博物院古陶瓷研究中心成立暨"古陶瓷国际学术研讨会"。

第三，一批有影响的研究成果相继问世。专著有万依、王树卿、刘潞《清代宫廷史》（百花文艺出版社 2004 年版）。一些会议的论文也结集出版，如上述 4 次国际性学术研讨会的成果，或者分别有专集、专辑出版，或者由《故宫学刊》发表。

纵观 30 年来的清史研究，如下几点体现出清史学科发展的新态势。

一是整体清史观的倡导。以往，学术界习惯上将晚清 70 年（从鸦片战争至清帝逊位）的历史从清史整体中分出来，将其划入近代史的范

畴。不可否认，在较长时间内，近代史范畴内的晚清史研究取得了很多
基础性的研究成果，这些成果至今还被研究者所广泛征引。但是，随着
清史研究的逐渐深入与拓展，将晚清史重新纳入整个清史体系的呼声日
益增高。整体清史观的倡导成为近 30 年来清史研究的一个鲜明特点，
具体表现在：一是一些学术刊物，如《清史论丛》和《清史研究》的
论文早已涵盖了晚清 70 年。一些有重要影响的著作也是在整体清史观
的指导下完成的，如王戎笙主编的《清代全史》。二是学界呼吁以整体
清史观研治清史。比较有代表性的学者有王思治、罗明、李文海、姜涛
等。改革开放初期，王思治、罗明二先生就提出："要提高清史研究的
水平，还有另一个方面，那就是把有清一代作为一个历史的整体，进行
综合的全面的研究。"① 此后，整体清史观越来越成为学界的一个重要
认识。李文海《论晚清史研究》（《光明日报》2001 年 5 月 31 日）一
文提出，"作为断代史的清史，应该是研究清王朝从兴起至灭亡全部政
治时期的社会历史"，"从断代史的角度进一步加强晚清史的研究，是
清史学科建设的一个重要课题"。姜涛发表《晚清史研究向何处去？》
（《清史研究》2002 年第 2 期），强调晚清史"与属于中国古代史范畴
的清代前中期史的内在联系已开始愈益显露"，呼吁应当将晚清史与清
代前中期史进行整合。

　　二是学界自觉贯彻以学术思想史与社会史结合的路径研究学术思想
史的理路。在前辈学者侯外庐、杨向奎等先生的倡导和实践下②，将思
想史（或学术史）与社会史有机结合起来的治学路径，越来越被学界
所认可和运用，思想与社会的互动成为学者们非常关注的一个重要课
题。此一治学取向，对研治学术思想、社会观念甚至其他众多研究领
域，皆具有重要的方法论指导意义。近年来，清史学界不少学者在侯、
杨二位前辈的教诲、熏陶下，以侯先生《中国思想通史》、杨先生《中
国古代社会与古代思想研究》为典范，非常自觉地贯彻和实践这一治学
路径，且取得了明显的成效。比较重要的成果有卢钟锋《中国传统学术
史》（河南人民出版社 1998 年版）、汪学群《清初易学》（商务印书馆
2004 年版）、林存阳《三礼馆：清代学术与政治互动的链环》（社会科

---

① 王思治、罗明：《关于清史研究的几个问题》，《文史哲》1982 年第 1 期。
② 参见陈祖武《思想史与社会史相结合的典范》，《中国史研究》2003 年第 2 期。

学文献出版社 2008 年版）等。

三是专题研究中出现新的学术取向。一是在区域史研究中，区域社会史、区域文化史的兴起。二是对地方史研究（如"徽学"）的加强。三是民族经济史、民族文化史的研究也日益受到学界重视。有分量的专著有林永匡、王熹《清代西北民族贸易史》（中央民族学院出版社 1991年版），张碧波、董国尧主编《中国古代北方民族文化史》（黑龙江人民出版社 2002 年版）等。相关的研究论文数量更为众多，学界对内地与内蒙古、青海、西藏、四川、新疆等地的民族经济都进行了探讨。应当说，专题研究中出现的这些新动向，颇有利于清史研究在纵深方向上的发展。

由以上简略的回顾，我们不难看出，改革开放以来清史研究的步伐是健实的，其视野之开阔、研究之深化、水准之提升、手段之更新、学风之务实、局面之良好，皆彰显出新时期清史研究气象的宏大。

三 清史研究得以发展繁荣的因缘

清史研究自改革开放以来短短 30 年内之所以能得到全面发展和繁荣，进入一个全新的发展阶段和高度，不断取得新的突破和丰硕成果，并非是偶然的，而是诸多彼此关联因素综合作用的大趋势。要而言之，以下一些因素对清史研究的长足发展发挥了积极推动作用。

其一，在清史研究中，学者们始终坚持以马克思主义唯物史观对研究工作的指导，贯彻了"解放思想，实事求是"的正确思想路线，这是清史研究得以稳步发展的前提和根本保证。学术实践一再表明，没有一个正确的思想理论作指导，学术研究便不能健康发展；学术禁区、教条主义的泛滥，极不利于学术研究的正常开展，甚至还会给学术研究带来灾难性的毁坏。改革开放诸举措的实行和不断推进，不仅巩固了马克思主义理论的指导地位，而且进一步深化了马克思主义理论中国化的成果。作为哲学社会科学有机组成部分的清史研究，其发展既体现了马克思主义唯物史观指导的重要性，又在实践中印证了马克思主义理论中国化的必要性，并为马克思主义理论中国化理论大厦的建构提供了切实的历史素材。

其二，国家经济社会的发展与繁荣，为清史研究提供了良好的大环境，尤其是国家对哲学社会科学重要性认识的不断深化和扶持，更为清史研究提供了发展机遇。学术研究，任何时候都与国家、民族的命运紧密相连、息息相关，唯有国家强大了，民族自立了，学术研究才会发挥出应有的作用和意义。改革开放以来，随着党和国家领导人对哲学社会科学重要性和不可或缺性认识的不断深化，以及"科教兴国"战略的实施、《关于进一步繁荣发展哲学社会科学的意见》的颁布等，哲学社会科学发展的步伐遂得以大幅度迈进。① 而对清史学界来说，则获得了更为难得的发展机遇。经过几代学人的呼吁和努力，在国家的重视与扶持下，大型《清史》纂修工程终于在 2002 年底正式启动。这一工程的启动，不仅规格高、规模大、投入多，而且聚集了一大批从事清史研究及相关研究的科研人员，这在清史研究发展历程中是空前的。以此为契机，清史研究的发展速度必将大大提高。当然，能否达到预期的目标，还需从事此项工程者付出更为艰辛的努力。但不管如何，清史研究是幸运的，毕竟获得了一个难得的发展机遇期。

其三，基础文献资料的发掘、整理和出版，为清史研究发展提供了坚实的基础。史料之于研究，其重要性已成为学人的共识。学术研究的发展和突破，与史料的不断发掘、开拓是成正比的。可以说，史料积累、发掘、开拓的越多，学术研究就会越深入、新领域就会得到开辟。内阁大库明清档案的抢救、整理和不断出版，为清史研究奠定了重要根基。② 20 世纪 80 年代以来，随着契约文书进入学者的研究视野、社会史研究的重新崛起等，文献资料开发的广度和深度皆呈现快速增长态势，其中如徽学等还逐渐成为新的学术增长点或学科热点。清史史料浩如烟海③，是前代所不能比拟的，对清史研究者来说，这既是一个优势，同时也是一个难点。因此，如何充分发挥史料占有丰富的优势、走

---

① 参见江泽民《必须高度重视哲学社会科学的发展》（《江泽民文选》第三卷，人民出版社 2006 年版）；李铁映《伟大的时代　辉煌的成就——新中国人文社会科学 50 年》（《中国社会科学》2000 年第 1 期）等。

② 参见郑天挺《清史研究和档案》（《历史档案》1981 年第 1 期）；秦国经《明清档案学》（学苑出版社 2005 年版）；王子今《20 世纪中国历史文献研究》（清华大学出版社 2002 年版）等。

③ 参见冯尔康《清史史料学》，沈阳出版社 2004 年版。

出因史料繁富而无所适从的困境，便成为清史研究中需要认真处理的重要问题。尽管如此，为将清史研究持续推向深入，对文献资料的开发和利用，仍应给予高度的重视。

其四，国外史学理论和著作的大量引入与翻译出版，为清史研究带来了可资借鉴的新理论、新思维、新方法。早在 20 世纪初叶，国外特别是西方的史学和理论即被引入，并得到了一定的回响。如鲁宾逊新史学、兰克史学、斯宾格勒和汤因比文化形态史观等，皆受到学者的关注。此后，苏联史学一度成为新中国成立初期影响史学界的主流。"如果说本世纪初到'五四'前后是外国史学理论引入中国的第一次高潮，新中国成立初期到 60 年代初是第二次高潮，那么自 70 年代末 80 年代初则开始了第三次高潮。"① 这一次高潮的兴起，无论就引入的广度、深度，还是自觉性、理性，都是此前不可企及的。之所以如此，一是得益于改革开放的时代潮流；二是丰富和发展马克思主义史学理论的需要；三是史学界为应对所谓"史学危机"的探索；四是我国史学向现代转型更新的客观需要；五是中外文化交流日趋频繁的良好氛围。以此为契机，不仅原先受到批判的史学理论被重新评价和认识，各种新兴史学被引介的步伐更快，而且与史学相关的其他理论如社会学、人类学、经济学理论等甚至自然科学理论，也被大量引入和应用于史学研究。继改革开放之初系统论、控制论、信息论流行之后，像法国的年鉴学派、英国新社会史学，以及结构主义、功能主义、结构化理论、批判理论、知识考古学，等等，无不给我国史学界带来耳目一新的感觉。而随着改革开放的不断深入，这一局面大有方兴未艾之势。② 经此酝酿，马克思主义史学、中国传统史学、西方史学理论，遂成为史学界的三大构成要素。清史研究的发展，自然也受到这一时代潮流的影响。其中，如史景

---

① 于沛：《外国史学理论的引入和回响》，《历史研究》1996 年第 3 期，第 156 页。

② 参见于沛《外国史学理论的引入和回响》（《历史研究》1996 年第 3 期）；鲍绍霖等《西方史学的东方回响》（社会科学文献出版社 2001 年版）；张广智主编《20 世纪中外史学交流》（北京师范大学出版社 2007 年版）；王学典《二十世纪后半期中国史学主潮》（山东大学出版社 1996 年版）；杨念群《中层理论——东西方思想会通下的中国史研究》（江西教育出版社 2007 年版）；巴勒克拉夫《当代史学主要趋势》（上海译文出版社 1987 年版）；伊格尔斯《欧洲史学新方向》（华夏出版社 1989 年版）；贝尔特《二十世纪的社会理论》（上海译文出版社 2002 年版）等。

迁、孔飞力、魏裴德、柯文、施坚雅、艾尔曼、彭慕兰、罗斯基、曼素恩、欧立德、倪德卫、默顿、佩雷菲特、沟口雄三、夫马进、黄仁宇、黄宗智、余英时等学者的思想与著作，对研治清代政治史、经济史、社会史、学术史、妇女史、满族史等的学者来说，尤其耳熟能详；长时段、整体史、心态史、过密化、内卷化、碎片化、大分流、内在理路、中层理论等，皆对清史学者产生了或大或小的影响。可以说，国外史学研究范式的迅速更新，以及跨学科、多学科、交叉学科取向的兴起，对清史研究而言，其影响是不容忽视的；而面对如此众多的国外理论，治清史者如何既借鉴和吸收其长处又不为其所囿，则是一个无论如何也需正确应对的关键性问题。

其五，对前辈学者优良学风、治学精神、开辟路径的承继、发扬、开拓，是清史研究得以稳步发展、迅速提高的内在动力。学术的发展，没有创新就没有生命力和活力，然创新的前提和基础，则在于对以往研究的真切体认和把握。清史研究发展的历程表明，正是得益于孟森、梁启超、钱穆、郑天挺、萧一山、侯外庐、杨向奎、商鸿逵、张舜徽、傅衣凌、王锺翰等诸多前辈学者对清史研究的开拓、推进，改革开放以来的清史研究方得以有序、稳健地发展，从而形成全新的繁荣局面；他们的治学风范、严谨精神、学术道德、关心国家民族命运的情怀，成为继起者学习和自励的榜样。而新时期教育体制改革的不断推进，更为培养、造就新的薪火传承人提供了强有力的制度保障，学术梯队建设因之而更趋良性、更趋合理。正因如此，从事清史研究的队伍逐日益壮大，而科研力量的相对集中，则更有利于对重大课题、综合研究的攻关与创新。

其六，新科研手段的应用和普及，极大地推动了清史研究前进的步伐。"工欲善其事，必先利其器"，科研手段的更新，对学术研究来说无疑是至为关键的。一改过去劳神费力的在浩瀚的文献中翻检资料和卡片式摘抄，电脑、网络、数字化信息的普及和迅速扩大，使学者们获得文献资源更为便捷、积累史料和处理文字更为简化、学术视野更为广阔、彼此交流更为方便、立足前沿更为及时、相互合作更为通畅、成果展示的平台更为多样。科技、信息的大发展、大爆炸，已然显示出其对学术研究发展的革命性意义，其影响未来将更加巨大。

四　清史研究持续发展的思考与展望

改革开放以来，在马克思主义唯物史观的指导下，清史研究所取得的进步，无论文献的整理、专著的出版、文章的发表、会议的召开、学术的交流，还是理论的探讨、新课题的开辟、学术观点的创新、科研手段的更新等，皆焕发出旺盛的生命力和活力，显示出可持续发展的良好态势。林甘泉先生曾概括十一届三中全会以后新时期历史学发展呈现的显著特点说："对马克思主义理论的理解和运用逐渐摆脱了简单化和公式化的毛病，强调研究工作要从历史事实出发而不是从概念和原则出发；研究领域多方面拓宽，研究课题更加贴近现实和注重学科的生长点；重视中外历史的比较研究，借鉴西方近现代的史学理论和方法；一些传统的历史观念和认识受到了挑战，对不少历史人物和历史事件提出重新评价；涌现了一批很有潜力和发展前途的中青年史学工作者，史学队伍从总体上说来知识结构较前更趋合理。"① 清史研究 30 年来的学术实践，亦体现出此一整体特点。

当然，在充分肯定清史研究获得长足发展和取得丰硕成果的同时，也应清醒地认识到，清史研究在发展过程中亦存在一些值得反思和引起注意的问题。如在注重问题的事实梳理的同时，也应注意理论方面的提高和升华，不能就事论事或空谈理论，而需将两者尽可能有机地结合起来；选题方面，陈旧、重复现象时有发生；专题的研究，尚缺乏学术创新的力度；某些研究领域，至今依然处于空白状态；史料的发掘和利用，可拓展的余地还很大；宏观性研究和整体清史的融通，仍有进一步加强的必要；在借鉴运用国外学术理论方面，存在生吞活剥或盲目崇拜的现象；传统与新研究方法的有机结合，仍需予以妥善处理；受某些因素的影响，学风浮躁、学术失范现象大有泛滥之势；学科建设和理论建构，尚有大量的工作要做；在历史研究与现实关注方面，如何将两者有机结合起来，仍需加大探索的力度。凡此等等，既对清史研究形成了挑战，也在一定程度上为其发展提供了动力。

---

① 林甘泉：《二十世纪的中国历史学》，《历史研究》1996 年第 2 期，第 20—21 页。

在《清史研究的世纪回顾与展望》一文中，何龄修先生曾指出："人们明显地看到，在著作中，创新与抄袭并存，精彩与平庸同在，学术的纯洁性、原则性与学术的腐败、堕落共生，理论和是非的混乱严重表现，著作和出版的基本标准、基本要求激烈动摇。这类现象不免使人感觉迷惘、悲观，但在经济转型时期似乎有其必然性，是史学进一步发展和更新局面诞生前的阵痛。"① 何先生对"辉煌的背后有消极面"的警示，很值得清史学界同仁深思和自励。

面对已有的成就，清史学界同仁有理由感到欣慰和自豪；面对研究中存在的不足和问题，清史学界同仁应更加奋勉。站在新的起跑线上，清史研究任重而道远。那么，今后清史研究的生长点何在呢？

我们认为以下一些方面值得思考：一、应始终坚持马克思主义唯物史观对清史研究的指导，充分借鉴和吸收一切国外学术理论的有益成分，尽可能避免简单化、教条化、盲目排斥和崇信的偏向，以增强清史学科的理论建设，形成新的具有自身特点的研究模式，为马克思主义理论中国化的伟大实践提供应有的基础；二、应加强宏观性研究，推进整体清史研究，以探索清代历史发展的总体面貌、演进规律；三、在深化已有研究的基础上，应努力开辟新的研究领域、发掘和利用新的文献资料，克服研究中过多关注诸如政治斗争、精英人物、知名学者、个别区域、民族矛盾，而忽视像政治观念、普通民众、民间学者、民族统一、社会共同体等问题的研究；四、应大力加强学风建设，遵守学术道德、学术规范，开展正常的学术批评，提倡有益的学术争鸣，而最大限度地避免学风浮躁、学术腐败、恶性指责等不良行为②；五、清代是中国社会由传统向近代转型、中西方接触频繁和激烈碰撞的聚焦点，其与当今社会有着紧密的关联，因此，研治清史者在考察此段历史时，也应对与现实重大理论和课题有密切联系的问题，予以高度的关注和探讨，以期

---

① 何龄修：《中国史研究动态》2002 年第 1 期，第 4 页。

② 侯外庐先生曾说："我认为，学贵自得，亦贵自省。二者相因，不可或缺……对于那种毫无客观真理标准的今是昨非论，以及随机应变、毫无理论气节的风派态度，更是不足取的。坚持自己的学术见解，并非拒绝批评……我觉得学术批评之所以值得欢迎，主要是自己可以借助于这些批评（那怕在自己看来是不能同意的批评）来启发思考，帮助自己提高学术水平。"（《侯外庐史学论文选集·自序》，人民出版社 1987 年版，第 19 页）

达到基础研究与关注现实的有机结合。①

回顾既往，展望未来，我们有理由相信，以无数前辈学者的丰厚积累为基石，以新时代难得的发展机遇为契机，清史研究今后的发展必将更加健实、深入，开创出更为绚烂多姿的新局面。

---

① 在《清史研究与政治》一文中，冯尔康先生曾指出："固然，政治对于学术研究有着正负两方面的影响，承认它的积极因素的那一方面，并不是为了赞扬它，欢迎它，只是认识到这种事实而已，并以此知道纯学术研究是不可能的。其实事情的关键是如何排除政治对学术研究的干扰，让学术研究真正成为学人的事业，能够独立自主地健康地进行，寻觅对人类社会发展有益的经验及建议，得出符合历史实际的学术结论。要而言之，'史学研究，排除政治干扰，独立思考，实事求是，以历史经验的总结服务于社会'，应当是历史学工作者所追求的目标吧？"（《史学月刊》2005 年第 3 期，第 11 页）

改革开放三十年的中国思想史研究

张海晏

引 言

柯林武德在《历史的观念》一书中讲："一切历史都是思想史。"他认为，自然科学的对象是给定的、客观的世界，历史的对象是有思想的人的行为，历史之成为历史就在于它的思想性。① 克罗齐在《历史学的理论与实际》中说："一切历史都是当代史。"一切历史都是从当代精神出发，都是当代人对过去的把握与理解，反映了当代人现实的认知需求和发展需求。② 由此可见，历史科学中，无论就研究对象还是研究者而言，人的精神性因素都是根本性的。没有思想，谈何历史？不知思想史，遑论历史学？

如所周知，思想史作为历史学科的一个分支，其功能在于理解那些共同构成以往社会精神或反思生活的观念、思想、主张、信仰、预设、立场以及成见。当然，思想史的主要研究对象，尚不是一般性的广义的精神现象与思想活动，而是历史上哲人、思想者和理论家高度抽象化、系统化和理论化的观念体系，或曰"高级观念"，其以历史上那些少数伟大心灵的哲学思想、逻辑思想和社会政治思想为核心内容。

中国思想史、哲学史的著述，渊源有自，其来尚矣。远有《庄子·天

---

① 柯林武德：《历史的观念》，何兆武、张文杰译，商务印书馆1997年版。
② 克罗齐：《历史学的理论与实际》，傅任敢译，商务印书馆1982年版。

下篇》、《荀子·非十二子》、《论六家之要指》以及《宋元学案》、《明儒学案》，近有梁启超的《中国学术思想变迁之大势》与章太炎的《国故论衡》，以及1916年中华书局出版的谢无量《中国哲学史》六卷本。

然而，用近代科学方法研究中国哲学史，则始自胡适的《中国哲学史大纲（上）》。该书于1919年由商务印书馆出版。关于《中国哲学史大纲（上）》的学术立意，胡适在本书"导言"中指出：其一是"明变"，知道古今思想沿革变迁的线索；其二是"求因"，寻出这些沿革变迁的原因；其三是"评判"，知道各家学说的价值。① 胡适认为，要达于上述三项目标，首先需要对思想史料下一番考订甄别、去伪存真、条分缕析的功夫，这种基础性的工作他称之为"述学"。

在该书"序"中，蔡元培将胡适《中国哲学史大纲（上）》在方法论上的突破概括为"证明的方法"、"扼要的手段"、"平等的眼光"和"系统的研究"四点。②

不过，《中国哲学史大纲（上）》所涉及的范围只限于先秦，胡适计划中的中世哲学、近世哲学部分，终其一生，未能完成。就用近代眼光研究中国哲学史来说，《中国哲学史大纲（上）》是一部开创性的著作，但又是未完成的作品；胡适虽有开山之功，又有未竟之憾。

第一部用近代方法写成的中国哲学通史著作，是冯友兰两卷本的《中国哲学史》。该书上始自先秦孔子，下迄于清代经学。上册于1931年由上海神州国光社出版，1934年商务印书馆一并出版了上、下两册。冯友兰的《中国哲学史》，后由美国学者卜德（Derk Bodde）译成英文，于1953年在普林斯顿大学出版社出版。另外，冯友兰还有一部用英文撰写的《中国哲学简史》（*A Short History of Chinese Philosophy*），原是他于1947年在美国宾夕法尼亚大学讲授中国哲学史的英文讲稿，后经整理于1948年由麦克米伦公司出版。该书成于冯友兰"贞元六书"之后，体现了他的"新理学"思想体系。

在方法论方面，冯友兰于20世纪30年代中期对"释古"方法的阐释，20世纪30年代末期关于"照着讲"和"接着讲"的提法，20世纪40年代对"正的方法"和"负的方法"的阐述，20世纪五六十年代

---

① 胡适：《中国哲学史大纲（上）》，商务印书馆1987年版，第3—4页。
② 同上书，第2—4页。

提出的"抽象继承法"和"普遍性形式"的思想，等等，都独具匠心，颇多创获，推动了中国哲学史学科的近代化、现代化转化。

当然，无论胡适的《中国哲学史大纲（上）》还是冯友兰的《中国哲学史》、《中国哲学简史》，正如书名所示，研究范围仅限于哲学史，还不是完整意义上的思想史著述。侯外庐先生等著《中国思想通史》则是第一部中国思想通史著作，也是中国思想史学科的奠基之作。《中国思想通史》，凡五卷六册，洋洋260万言，它的撰写始于20世纪40年代后期，成于60年代初，全书于1963年由人民出版社出齐。

《中国思想通史》是侯外庐先生及其领导的学术群体——"侯外庐学派"的代表作，集中体现了侯外庐先生及其学派的治学成就、特点、风格和方法。这可简述为如下数点：其一，综合论述哲学思想、逻辑思想和社会思想；其二，强调中国历史的民族特点与文明发展的特殊路径；其三，注意社会史与思想史的关联，着重于经济基础、上层建筑和意识形态的说明；其四，重在解决历史上的重大与疑难问题，尤以时代课题与社会思潮为主线和切入点；其五，彰显民主与科学精神，批判宗法专制主义。关于《中国思想通史》所关注的学理问题与遵循的科学规范，正如侯外庐先生在《中国古代思想学说史》"序言"中提出并在回忆录《韧的追求》中重申的那样，不外乎如下五点：一、社会历史阶段的演进，与思想史阶段的演进，存在着什么关系。二、思想史、哲学史出现的范畴、概念，同它所代表的具体思想，在历史的发展过程中，有怎样的先后不同。范畴，往往掩盖着思想实质，如何分清主观思想与客观范畴之间的区别。三、人类思想的发展与某一时代个别思想学说的形成，其间有什么关系。四、各学派之间的相互批判与吸收，如何分析究明其条理。五、世界观与方法论相关联，但是有时也会出现矛盾，如何明确其间的主导与从属的关系。[①]

20世纪50年代初至70年代中叶，与其他学术领域一样，中国思想史、哲学史学科也未能幸免于政治运动的干扰，且因其特有的意识形态的敏感性而承受了更多的压力，尤其是"文化大革命"后期的"批林批孔"和"评法批儒"运动，更使之沦为"学术重灾区"。

改革开放以来，中国思想史学科进入了空前繁荣的大发展时期。经

----

① 侯外庐：《韧的追求》，三联书店1985年版，第267页。

过这三十年的发展，中国思想史学科已然成为国内学术界的"显学"，正所谓"三十年河东，三十年河西"。

关于改革开放三十年以来中国思想史学科的学术热点与成就，下面拟从八个方面进行论述。

一　研究方法的引入与丰富——诠释学

这一时期，中国思想史领域开始摆脱原来一度盛行的教条主义和绝对主义的学风，出现研究方法与手段的多元化、多样化的局面，诸如比较哲学、分析哲学、符号学、结构主义、诠释学、文化人类学和后现代主义等理念与方法都被引入与应用，为思想史学科的发展提供了方法论的支持。其中，引进西方诠释学的尝试与创立中国诠释学的努力，为中国思想史学科的发展开拓出广阔的空间。

如所周知，诠释学（Hermeneutik）一词源于古希腊神话中的信使赫尔默斯（Hermes）之名，赫尔默斯的任务是来往于奥林匹亚山的诸神与尘世的凡夫俗子之间，向人们传达诸神的消息与指令。赫尔默斯是在神人不同语言间传递信息，因而需要进行翻译和解释；以他命名的诠释学就是一门关于理解、翻译和解释的技艺学。最早出现的诠释学有神学诠释学和法学诠释学，前者以《圣经》为诠释对象，后者以罗马法为诠释对象。后来，施莱尔马赫（Schleiermacher）则使诠释学从特殊门类的应用发展为一般性的普遍原则，他的诠释学将正确理解文本语词的意义作为诠释的首要任务。他一方面将语法学当作诠释学的基本方法；另一方面又补充了一条新的方法，即心理学方法。这种心理学方法的核心就是"心理移情"，要求读者将自己的心灵、思想植入作者创作文本时的情境以及作者的心理活动，以"设身处地"地理解作者，推断作者的原意，从多义性的语言中选择符合作者原意的理解。这一观点受到狄尔泰（Dilthey）的重视，并在他的体验诠释学中又作了进一步的发展。后来，贝蒂（Betti）在其《作为精神科学一般方法论的诠释学》一书中，制定了一套更具体的诠释方法，包括诠释客体的自主性原则、整体性原则、理解的现实性原则和诠释的意义之和谐原则，这被统称为"诠释学的四原则"。不同于把诠释学当作一种技艺的传统诠释学，海德格尔（Heidegger）将诠释与理解视为人类存在的基本方式，伽达默尔（Gadamer）在其基础上发展出哲学诠释学。他特别强调诠释学乃是"理解"、"解释"和"应用"的三位一体，旨在揭示各种理解现象所依据的基本条件。利科（Paul Ricoeur）的诠释学体系则融汇了各家学说，构造了包括理解与说明、间距与占有、隐喻与象征、多样性与同一性诸多对立项辩证关系的诠释学。近几十年来，诠释学作为一种具有普遍意义的文本诠释方法，已渗透到西方人文社会科学的各个领域。

　　三十年来，诠释学愈来愈受到国内学术界的关注。有的学者尝试着把西方诠释学运用到中国思想文本的解读中，以求使理解更为有效；更有学者提出，要参照西方诠释学，依托中国经典诠释的经验，创建"中国诠释学"。

　　海外华人及港台学者较早就有过创建中国自己的诠释学的尝试。海外华裔学者傅伟勋先生曾提出"创造的诠释学"（Creative Hermeneutics）的理论构想，认为中国哲学方法论建构应分为五个层次：第一是"实谓"层次（探讨原典实际上说了什么），第二是"意谓"层次（探问原典想要表达什么或它所说的意思到底是什么），第三是"蕴谓"层次（考究原思想家可能要说什么或他所说的可能蕴涵是什么），第四是"当谓"层次（追究原思想家本来应当说些什么或诠释者应当为原思想家说出什么），第五是"必谓"层次（思虑原思想家现在必须说出什么或为了解决原思想家未能完成的思想课题，诠释者现在必须践行什么）。另一海外华裔学者成中英教授曾提出"本体诠释学"（Onto-Hermeneutics），按他的理解，所谓"本"是指生生不息的充满创造力的本源，"体"则是理解和知识的体系，他认为，中国哲学的本体诠释具有"本体相生、一体二元、体用互须"的思维结构，如何用人类的心灵与理性来表达与说明这个活生生的宇宙本体，就是诠释的根本问题，故"本体诠释学"是以本体为本，以诠释为用的根本学问。台湾大学黄俊杰教授则在其《孟学思想史论》中探讨了具有中国文化特质的诠释学传统，认为与西方近代的解释学传统相比，中国古代的经典诠释更具有强烈的历史性与现实取向。

　　大陆学者中，汤一介先生近年相继发表了多篇论文，探讨"中国诠释学"的创建问题。他认为，中国有很长的解释经典的历史传统，有非常丰富的解释经典的文献资源，如何发掘这一传统和有效利用这些资源，是中国哲学思想在新时代谋求发展的重要课题。汤先生分析了中国注经传统中的一些方法，如汉儒的"章句之学"以纬证经、"辗转牵合"的荒诞比附之法；魏晋玄学家"得意忘言"（王弼）、"辨名析理"（郭象）的证体思辨之法；佛教译经的"格义"之法，以及"音义"、"音训"等等。他特别以先秦时代典籍注解的不同方式为例，归纳出了中国古代早期经典诠释的三种路向。一是"历史事件的解释"，以《左传》对《春秋》的注解为代表。它对经文的说明是叙事式的，有完整的情节和过程描述，有对事件的看法和评论，在对"事件的历史"进行诠释的过程中，形成一"叙述的历史"。二是"整体性的哲学解释"，以《系辞》对《易经》的发挥为代表。这一解释包含了哲学本体的观念或对宇宙生成变化的整体性看法，解释者的头脑中已经有了先入为主的架构模式，然后用这个总体性的模式来调度材料，展开诠释。三是"社会政治运作型的解释"，以《韩非子》对《老子》的论说为代表。《解老》篇大多以法家的社会政治观点来解释《老子》，很少涉及形而上的层面；《喻老》篇则更甚，干脆直接用历史故事来说明君主成败、国家兴衰之故，完全是政治功利性的。诚如汤一介先生所言，"中国诠释学"在目前还仅仅是一个设想，因为中国传统哲学中并无系统化、形态化的解释理论，只是在西方的诠释学传入以后，这个研究课题才开始浮现出来。所以，真正的中国诠释学理论应该是在充分地了解西方诠释学，并运用西方诠释学的理论和方法对中国的注经传统作系统的研究，又对中国注释经典的历史和方法进行系统的梳理，比较中西注释经典的异同，然后归纳出中国传统的特点。①

　　应该说，目前中国哲学史、思想史与诠释学的结合还处于初级阶段，即引进与实验阶段。西方诠释学的输入，使中国思想史的研究获得了一种新的视阈，丰富了已有的研究手段。而中国古代思想的话语表达与经典注疏的特点，为我们吸纳与消化诠释学营造了独特的思考空间，并有助于丰富诠释学的内容，使之更有概括性和解释力。至于"中国诠

---

① 汤一介：《能否创建中国的诠释学?》，《学人》第 13 辑，江苏文艺出版社 1998 年版；《再论创建中国诠释学问题》，《中国社会科学》2000 年第 1 期；《三论创建中国诠释学问题》，《中国文化研究》，2000 年，夏之卷；《关于僧肇注〈道德经〉问题——四论创建中国诠释学问题》，《学术月刊》2000 年第 7 期。

释学"的创立，则是更高更远的目标，如果能够实现，不仅使中国思想的研究有了自己的得心应手的理论工具，并且，亦将使近代以来与传统之间的文化断裂得以修复，在古今之间架起一座意义的桥梁，为当代中国思想的创造注入传统资源的源头活水。总之，正如学者们所说，诠释学也许是未来最有前景的中国思想史的研究进路。

二　史料的发掘与整理——《郭店楚墓竹简》

三十年来，国内陆续整理与出版了大量思想史典籍，如中华书局出版的《新编诸子集成》、《中国古典名著译著丛书》、《十三经注疏（影印本）》、《十三经清人注疏》，上海古籍出版社出版的《方以智全书》（前二册，侯外庐主编）、《中华要籍集释丛书》、《朱子全书》（二十七卷），北京大学出版社出版的《十三经注疏（标点本）》（李学勤主编）、《胡适文集》（十二册，欧阳哲生编），浙江古籍出版社出版的《黄宗羲全集》（十二册，吴光主编），黄山书社出版的《胡适遗稿及秘藏书信》（四十二册，耿云志主编），岳麓书社出版的《船山全书》（十六册），安徽教育出版社出版的《胡适全集》（四十四卷，季羡林主编）等，蔚为大观，不胜烦引。

这一时期，思想文献的出土发掘也取得了重大突破，数量可观的帛书、竹简和木简等得以重见天日。其中，最重要的当属湖北郭店出土的一号战国楚墓竹简《郭店楚墓竹简》（荆门市博物馆编，文物出版社1998年版）与上海博物馆从香港回购并整理编辑的楚简《上海博物馆藏战国楚竹书》（马承源主编，已出七卷，上海古籍出版社2001年至今）。

1993年10月，湖北荆门市四方乡郭店村出土了一座战国楚墓，随葬品中有一批竹简，共804枚。后经专家整理为13种18篇，即《老子》三篇、《太一生水》、《缁衣》、《鲁穆公问子思》、《穷达以时》、《五行》、《唐虞之道》、《忠信之道》、《成之闻之》、《尊德义》、《性自命出》、《六德》和《语丛》四篇，约13000字。1998年5月，文物出版社出版了这批竹简的照片、释文和注释，定名为《郭店楚墓竹简》。《郭店楚墓竹简》的问世意义重大，有助于修正或证实我们对先秦思想史的某些固有观念。其意义主要在于：其一，早期道家并不反对"仁义"。"圣人贵名教，老庄明自然"，儒道两家渊源处即旗帜鲜明、互相攻讦，这似乎成了学人的共识。然而，《郭店老子》的出土，则颠覆了我们这一常识性的观念。如今本《老子》十九章云："绝圣弃智，民利百倍；绝仁弃义，民复孝慈；绝巧弃利，盗贼无有。"这句话在《郭店老子》中则有不同的表述："绝知弃辩，民利百倍；绝巧弃利，盗贼无有；绝为弃作，民复孝慈。"这里不见了今本《老子》中的"圣"、"仁"、"义"，意义不同寻常。考之《郭店老子》，其中确实不见蔑弃儒家"仁义"的言辞，这也许说明，儒道两家最初并非视若水火。其二，以"水"为基本元素的宇宙模式。《郭店楚简》中有一篇《太一生水》，系道家学派的佚文，其中讲："太一生水，水反辅太一，是以成天；天反辅太一，是以成地……"它似是与《老子》"道生一，一生二，二生三，三生万物"不同的道家的另一种宇宙演生模式。《太一生水》以"水"为宇宙本源，与古希腊哲学家泰勒斯"水为万物之源"的说法相似，这极大地丰富了我们对中国古代宇宙观的认知。其三，儒家所谓"五行"，系指仁、义、礼、智、圣。《荀子·非十二子》说子思、孟子之徒"案往旧造说，谓之五行"。此"五行"，唐杨倞注曰："五行，五常，仁、义、礼、智、信。"20 年前，《马王堆汉墓帛书》出土，其中《老子》甲本卷后古佚书有一篇讲"仁、义、礼、智、圣"，篇首残缺，学者名该篇为《五行》。20 年后，《郭店楚墓竹简》出土，有一篇与帛书《五行》内容相似的竹书，以"五行"两字开篇，是为书名。郭店本《五行》的出土，对确定儒家《五行》的内容与了解思孟学派的思想特质提供了弥足珍贵的史料。其四，早期儒家也重"情"。《郭店楚墓竹简》中有篇《性自命出》，其中讲："性自命出，命自天降。道始于情，情生于性。始者近情，终者近义。知情者能出之，知义者能纳之。"这说明，"情"在早期儒家思想中占有重要地位，而汉儒与宋明理学秉持的"性善情恶"说，倒是"别子为宗"，离《郭店楚墓竹简》所代表的原始儒家的精神相去甚远。

　　当然，目前学术界对《郭店楚墓竹简》的研究尚属初步，郭店一号楚墓的墓主身份与下葬时间尚未最终确定，竹简编连、文字释读等基础性工作还有待完善，在此情况下进行的思想史方面的研究，难免显得有些仓促，某些结论也有立论过勇或诠释过度之嫌。

一百多年前，殷墟甲骨文的发现，为殷商社会与观念史的研究奉献了信而有征的资料，哺育出一代学术大师；而今《郭店楚墓竹简》与《上海博物馆藏战国楚竹书》等出土文献的问世，为董理中国早期思想史提供了难得的历史机遇。当然，对《郭店楚墓竹简》与《上海博物馆藏战国楚竹书》更有成效的研究，还有待时间的沉淀和学者的沉潜。

三　西方汉学著作的翻译与引介——"《老子》热"

西方汉学家就其长处而言，一般具有用力勤、方法新、视野广和成见少等特点。由于长期封闭的缘故，过去我们对西方汉学著作知之不多，不甚了然。改革开放以来，西方同行的重要著作开始纳入我们的视野，像德国马克斯·韦伯（Max Weber），英国葛瑞汉（A. C. Graham），法国汪德迈（L. Vandermeersch）、谢和耐（Jacques Gemet），荷兰许里和（Erik Zürcher），美国狄百瑞（Theodore de Bary）、史华慈（Benjamin Schwartz）、格里德（Jerome B. Grieder）、列文森（Joseph Levenson）、艾兰（Sarah Allan）、安乐哲（Roger Ames）和郝大维（David Hall）等重要学者的有关论著被翻译成中文，极大地激活与推动了国内的中国思想史研究。其中，西方经久不衰的"《老子》热"及其在中国学术界产生的共振效应，便具有典型意义。

诚然，道家传入欧美虽比儒家晚得多，但它却以独特的魅力在异域产生了巨大而持续的影响，尤其是道家典籍《老子》，更是风靡西方。从19世纪初至今出版的各种西文版的《道德经》已近250种。据联合国教科文组织的统计，在被译成外国文字发行量最大的世界文化名著中，《道德经》排名第二，仅次于《圣经》。

西方人对《老子》的解读与痴迷，林林总总，形形色色。历史上，冯·布兰切勒《老子〈道德经〉：美德之道》一书将老子比之于基督教的上帝，说二者同具博爱与宽容的精神；新教神学家尤利乌斯·格里尔则列举出《道德经》与《新约全书》的80处相似点；阿贝尔·雷米说《老子》第十四章中出现有"耶和华"三个汉字；萨冯·施特劳斯的《老子》注释本按照严密的德国唯心主义体系重构五千言的逻辑结构；荣格用格式塔心理学的模型来解读《老子》；当代哲学大师海德格尔阅读过卫礼贤和布贝尔有关东方哲学的翻译，深受道家哲学的启发，据说还曾与华人学者萧师毅合译《老子》；雅斯贝尔斯著有名为《老子与龙树——两位亚洲神秘主义者》的专著，并在《大哲学家》一书中辟有"孔子"、"老子"专章；维特根斯坦的著作也有老庄哲学的影子，他的《逻辑哲学论》的结语——"对不能言说的东西，就应当保持沉默"，易于让人联想到道家"不言"的主张；德里达对西方语言中心主义的解构，颇有老庄哲学的精神气象，以至于他被称为"德里达道家"（Derridaoism）；美国新实用主义代表人物罗蒂声称自己的哲学理念与《老子》思想有异曲同工之妙；汉学巨著《中国科学技术史》的主编李约瑟，认为道家有不少东西可以向世界传授，自称"名誉道家"，并皈依道教，取字"丹耀"，号"十宿道人"和"胜冗子"；美国卡普拉的《物理学之道》指出西方近代物理学与《老子》的东方神秘主义有着相似性；弗兰克·劳埃德·赖特从《老子》的"当其无，有室之用"的表述中绅绎出建筑学上的空间与砖瓦匠同等重要的原则。此外，还有《老子》中的"雌"、"母"的隐喻引起了西方女权运动者的兴趣，练气功或柔道的人、传统医学的从业者、环保主义者、和平主义者、从《老子》寻找经营理念的商人以及要消解现代性的后现代主义者，都宣称从《老子》那里找到了精神养料与灵感源泉。对于《老子》文本的这类"西化"或"欧式"的解读，斯罗特戴克在其《欧道》一书中戏仿《老子》卷首语"道，可道，非常道"为"欧道，可道，非常欧道"。

　　"《老子》热"这一文化现象，原因自然是多方面的，荷兰汉学家许理和（Erik Zürcher）《东西方的老子观》（张海燕译，《国外社会科学》1993 年第 9 期）、德国汉学家卜松山（Karl Heinz Pohl）《时代精神的玩偶——对西方接受道家思想的评述》（赵妙根译，刘慧儒校，《哲学研究》1988 年第 7 期）、法国索安（Anna Seidel）《西方道教研究编年史》（吕鹏志、陈平等译，中华书局 2002 年版）以及美国安乐哲（Roger Ames）和郝大维（David Hall）《道不远人——比较哲学视域中的〈老子〉》（何金俐译，学苑出版社 2006 年版）等，对此多有论及。近年，英国学者克拉克（J. J. Clarke）的《西方人的道——道家思想的西方化》（*The Tao of the West*：*Western Transformations of Taoist Thought*，London：Routledge Press，2000）一书把"《老子》热"的原因归结为西方人思维方式上的三个变化：希望过更好的生活，但要从传统宗教教条式信念的束缚中解放出来；透过克服身心二元论达到一种身心完整的生活；需要从更广的范围看待当代各种思想潮流。

我以为，《老子》本身的思想特质是其流行于西方的重要因素：其一，《老子》言简意深，哲理宏富，它虽然只有区区"五千言"，但却浓缩了这位东方老人的大量的人生智慧与感悟，而且它的诗化哲学的话语表达式往往寓意隐晦，言有尽而意无穷，也给后人的无限解读提供了广阔空间；其二，也是最重要的一点，《老子》的核心价值与精神方向，在于揭示出人类创造的文明反而成为一种异己力量，与自然人性、人的本质相对抗，《老子》提出的自然无为、见素抱朴、去伪存真、知足不争、不言之教和贵柔守雌等理念旨在反对文明的异化，这在文明高度发展因而其负面问题愈发显现的西方社会，自然会得到人们越来越多的认同。此外，不应忽略的是，1973 年长沙马王堆三号汉墓出土的帛书《老子》甲、乙本与 1993 年湖北省荆门郭店古墓出土的楚墓竹简《老子》甲、乙、丙三个版本，以其沉埋千载的历史身份，极大地激发了人们研读《老子》原典、向古人寻求智慧的热忱，给西方热度不减的"《老子》热"又添了一把火。

三十年来，国内学者也陆续推出了一系列"老学"研究的重要论文与著作，如朱谦之《老子校释》（中华书局 1984 年版），张松如《老子说解》（齐鲁书社 1987 年版），高明《老子帛书校注》（中华书局 1996 年版），陈鼓应《老子注译及评价》（中华书局 1984 年版）、《论道家在中国哲学史上的主干地位——兼论道、儒、墨、法多元互补》（《哲学研究》1990 年第 1 期）、《道家在先秦哲学史上的主干地位》（《道家文化研究》第 10 辑）与《老庄新论》（上海古籍出版社 1992 年版），刘笑敢《老子古今——五种对勘与析评引论》（上、下卷，中国社会科学出版社 2006 年版），尹振环《帛书老子再疏义》（商务印书馆 2007 年版）等；另一方面，诸如海德格尔、德里达和罗蒂等曾受道家濡染的西方哲学家及其著作，深为国内学人所喜爱，深刻影响了当代中国知识界。再有，与西方扑面而来的"《老子》热"相呼应，国内有学者打出"当代新道家"的学派旗帜。

早在 1947 年，冯友兰的《中国哲学简史》就曾提出"新道家"的概念，用来指称魏晋玄学。1991 年，董光璧发表《当代新道家兴起的

时代背景》（《自然辩证法通讯》1991 年第 2 期）一文，同年又出版了
《当代新道家》（华夏出版社 1991 年版）一书。董光璧明言，他之所以
使用"新道家"这个名称是出于与"当代新儒家"对应的考虑，"当代
新道家"其实几乎是与"当代新儒家"并行发展的，其是在科学和技
术的社会危机情势下由一批科学家发展的。并称物理学家、科学史家汤
川秀树、李约瑟、卡普拉为"当代新道家"，认为三人的新科学世界观
和新文化观的哲学基础早已蕴涵在道家思想中，三人发现了道家思想的
现代性和世界意义，并发展出它的现代形式，自觉不自觉地塑造了当代
新道家的形象。他指出，当代新道家的实质在于，把中国古代道家的自
然人文主义发展为一种科学人文主义，体现了科学精神与人文关怀的统
一，这种新道家思想，不仅是解决当代世界文明危机的一条出路，也是
重整中国传统文化的一个可取方案。

　　2003 年，陈鼓应主编的《道家文化研究》第 20 辑，出版了"道家
思想在当代"专号。在该刊头篇《道家思想在当代》一文中，陈鼓应
开宗明义，指出道家文化在当代受注意的程度显示出它的生命活力，
其主要通过蕴涵的政治智慧、人生境界及形上思辨等智慧表现出来。
道家传统在当代复兴的契机在于：它的批判意识可以让人们在喧哗的
闹市中保持心灵的自主与独立，并不断审视各种现存的价值与秩序，
这有助于个人与社会的平衡、和谐发展；它提出的"公"、"正"、
"无私"等社会秩序之精神更易于和当代社会民主法治的理想相适应；
道家的宇宙精神强调从自然秩序中维系人间秩序，视自然界为人类生
存的基础，并把人类看作自然界的一部分，这种理解显然更能形成人
与自然界的一体关系，对当代社会重视的人与自然界的和谐相处显然
是积极的思想资源；它的生命意境，引导人们以有形的世界超越到无
形的世界，使得人们的生命可以超越功利的追求，而具有审美和艺术
的灵魂，这种对个人生命的提升，对于处在当代社会的人们来说，显
然具有重要的意义。此外，在本刊中，还有学者著文讨论了现代新道
家得以成立的现代意义；亦有学者标出当代中国学人中的"当代新道
家"的代表人物，认为严复、王国维、金岳霖、方东美、宗白华等亦
可称为"当代新道家"，冯友兰、熊十力等乃是儒道兼宗的哲学家，
蒙文通、汤用彤等则颇具道家情怀。

　　至此，"当代新道家"作为与"当代新儒家"相对应的哲学流派，

它的思想宗旨与学术谱系清晰呈现，也大致表达出作为一个学派所不可或缺的学派的认同与自觉。

《老子》老而不朽，历久弥新。《老子》的传播与研究，在东西方文化形成良性互动、使古今思想实现超距交流。这堪称世界文化史上的一大盛事。

四　专题研究的深化与创新——《宋明理学史》

改革开放以来，思想史学科的一些专题、范畴、人物、流派、思潮等的研究都有长足推进。就宋明理学研究来说，这一时期陆续出版了张立文《朱熹思想研究》（中国社会科学出版社 1981 年版），侯外庐、邱汉生、张岂之主编《宋明理学史》（上、下卷，人民出版社 1984 年版、1987 年版），陈来《朱熹哲学研究》（中国社会科学出版社 1987 年版）、《有无之境——王阳明哲学的精神》（人民出版社 1991 年版），蒙培元《理学范畴系统》（人民出版社 1989 年版），杨国荣《心学之思——王阳明哲学的阐释》（三联书店 1997 年版）等有影响的专著。

侯外庐、邱汉生、张岂之主编的《宋明理学史》，系从 1980 年开始动笔，到 1985 年全部完成，历时六载。全书共 130 万字，分上、下两册，由人民出版社分别于 1984 年和 1987 年出版。作者基本上是中国社会科学院历史所思想史研究室和西北大学思想中国文化研究所的中青年学者，他们绝大多数是侯外庐和邱汉生二位先生的学生及学生的学生。《宋明理学史》的学术成就和特色主要表现在：

第一，对宋明理学思潮进行了全面系统的研究。理学是宋元明时期占统治地位的思想体系，绵延七百余年，对我国封建社会后期乃至近、现代社会影响甚大。但 1949 年以后，国内关于宋明理学的研究很不充分。直至改革开放以后，宋明理学才开始引起学人的研究兴趣，但全面系统地研究宋明理学的著作尚付诸阙如。《宋明理学史》的出版弥补了这一缺陷。此书除了研究宋元明时期的著名理学家的思想资料外，还对学术界未曾涉足或涉猎不多的理学家人物，如胡安国、胡宏、张九成、真德秀、魏了翁、程端蒙、董铢、程端礼、饶鲁、许谦、方孝孺、曹端、钱德洪、王畿、刘邦采、王时槐、胡直、薛应旗、唐鹤征、张元忾、陈建和黄道周等人的思想资料进行了研究。

第二，凸显实事求是与独立自得的精神，研究视角和学术观点具有原创性。该书避免了国内学术界长期以来那种贴标签、引语录等简单化和绝对化的倾向，强调具体问题具体分析，尊重历史的客观性、复杂性和多样性；同时，注重理论创新，贵在自得，不人云亦云。书中许多见解是发前人所未发。

第三，方法论取得突破。该书在坚持唯物史观的前提下，在研究方法上又体现了如下特点：一、历史与逻辑的统一。本书把宋明理学划分为北宋、南宋、元代、明初、明中期、明后期与清前期六个阶段，指出北宋是理学的形成阶段，南宋是理学的发展阶段，元代是朱学的北传阶段，明初是朱学的统治阶段，明中叶是王学的崛起和传播阶段，明后期和清前期是对理学的总结批判阶段。既注意到时间顺序，又注意到理学发展的内在逻辑。二、史实与理论的结合。该书史实翔确，考证严密，每个论断都是在胪陈史料、考辨真伪的基础上自然得出，全无空疏武断、浮谈无根之嫌。三、在史料爬梳和人物发掘上取得重要成绩。本书从第一手材料出发，对浩如烟海、纷繁驳杂的理学史史料进行广泛的搜罗和审慎的董理，此外，还发掘出不少如地方志史等鲜为人知的史料。

毋庸讳言，对于该书将"性与天道"认定为理学的核心议题，特别是把理学定性为"浊流"等等，学术界有不同的意见，尚有进一步讨论的余地。

《宋明理学史》是新中国成立后第一部全面系统和科学地阐述宋、元、明时期理学产生、发展和衰歇的学术著作，其在完整性、系统性和科学性、思想性方面都是空前的。如果说《中国思想通史》奠定了侯外庐学派的学术基础和风格，那么，《宋明理学史》则是侯外庐学派学术发展中的又一部重要著作，它在历史科学的民族化、史料考辨与运用的科学性以及对哲学范畴与理论框架的逻辑分析方面，体现了侯外庐学派的进一步发展和成熟。

五　研究视阈的转换与拓展——《中国经学思想史》

改革开放以来，思想史学科的研究范围与角度有了一定拓展，以前少有学者问津的理论视野与分析角度，如经学思想、儒教、气论、反理学思潮、实学思潮、哲学与科学关系、生态伦理思想，以及齐文化、鲁文化、楚文化和三晋文化等区域文化都有学者进行尝试，并有重要著作问世。

《中国经学思想史》（姜广辉主编，共四卷，第一、二卷已于2003年9月由中国社会科学出版社出版），分别论述了"前经学时代"、"汉唐经学"、"宋明经学"和"清代经学"。参加本课题研究的学者二十余位，以中国社会科学院历史研究所中国思想史研究室学者为主体，同时邀请国内的一些资深专家和知名学者友情加盟。

我们认为，《中国经学思想史》的学术价值主要体现在：

第一，填补中国思想史、学术史的研究空白。经学是中国中世纪的官方哲学，在近代走向衰歇。经学的式微有着多方面的原因：一是西方思想潮流的冲击；二是科举制度的废止使经学赖以维系的体制性因素不复存在；三是经学自身未能实现现代化的转化。改革开放以来，中国传统学术的研究虽然有了很大发展，但经学研究一直没能走出五四以来的低谷。然而，儒家经典之成为经典，如同《圣经》之于西方文明、《古兰经》之于阿拉伯文明一样，在于其是民族传统文化的价值载体与意义源泉。不了解儒家经典及其诠释史，就不可能完整、深刻地了解中国思想史的源流与特质。可以说，《中国经学思想史》是思想史、学术史领域的拓荒之作。

第二，开创中国经学研究的新视角和新领域。传统的经学研究不外乎对经典文本的训诂笺注或经学学术谱系的梳理。对于这种传统经学的研究路数，徐复观批评说："中国过去涉及经学史时，只言人的传承，而不言传承者对经学所把握的意义，这便随经学的空洞化而经学史亦因之空洞化。更因经学史的空洞化，又使经学成为缺乏生命的化石。"有鉴于此种弊端，他提出："即使不考虑到古代传统的复活问题，为了经学自身的完整性，也必须把时代各人物所了解的经学的意义，作郑重的申述，这里把它称为'经学思想'，此是今后治经学史的人应当努力的大方向。"①《中国经学思想史》，尽管也包括了对经典文本的训诂考释或经学传承和流派的董理爬梳，但其研究重心是以儒家经典的诠释历史

---

① 徐复观：《中国经学史的基础》，台湾学生书局1982年版，第208页。

为切入点，着重阐发先民追寻意义与价值的心路历程与精神轨迹。中国思想史的发展是以对原典不断解读和诠释的形式展开的，不同的历史时代，因其历史境遇与时代课题的不同而往往对经典有着不同的寓意解读和价值评判。就此意义而言，一部儒家经典的诠释史就是不断探寻意义与价值的历史。

第三，探寻民族传统文化的思想价值与精神资源。五四以来的主流看法认为，经学是封建糟粕、是中世纪的官方意识形态。但是，儒家经学之所以能够主导中国人的精神世界达两千年之久，里面一定蕴涵了历史合理性的内核与反映民族精神的价值理性。本书的旨趣之一就是着力发掘儒家经典及其诠释中的积极健康的合理元素和文化基因，为当前民族文化的伟大复兴提供某些历史资源和精神动力。

《中国经学思想史》得到学者专家的高度评价，庞朴先生讲："《中国经学思想史》在体系上和观点上不仅超过了古老经学的樊篱，而且也避免了近人的轻浮，从而在中国经学思想上，作出了突破性的进展，对许多重大的课题都给出了公允的新颖的解释。由于经学的特殊地位，这些新的解释，不仅对于经学本身，而且对于整个中国学术，都有着启发性的意义。"余敦康先生说："本课题就其视野的宏阔、论述的全面、理论的突破与方法的创新而言，不仅填补了此项研究的空白，而且具有开拓性的意义，誉之为奠基之作，诚不为过。本课题着眼点在于经学的价值体系问题，此价值体系由长期的历史发展而形成，代表着中华民族的文化'基因'，一种在世界民族文化之林中独具个性的生存样法，通过口耳相传到写成文字，确立为经典。在往后的历史发展中一方面表现为动态的开放的过程，不断地丰富扩展，同时又表现为向本源的复归、对核心价值观的坚守执著，由此而展现为一部仪态万千异彩纷呈的中国经学思想史。这种卓见通识彻底改变了学术界沿袭已久的成见，把经学置于一种全新的视角重新认识，提出了一系列不同凡响而又令人信服的论点，在理论上产生了极大的突破。我认为，这是本课题研究最值得称道的成果，在学术界必将激起强烈反响，热情关注。"①

---

① 关于此节的叙述和引文，参阅姜广辉《继承侯外庐的中国思想史研究事业——写于〈中国经学思想史〉第一、二卷出版之际》，《中国社会科学院院报》，2003 年 10 月 30 日。

六　新领域的开拓与发展——当代新儒家

　　思想史研究历来与时代精神、时代课题密切相关，如20世纪80年代的"文化热"、90年代的"儒学热"以及时下正兴的"国学热"都是如此。在至今仍然热度不减的"儒学热"中，除了对儒家人物、范畴、命题、思潮的个案研究外，学术界更对宏观且现实性大的论题投入了极大热情，如关于儒学与人学、儒学与宗教、儒学与马克思主义、儒学与人文精神、儒家伦理与亲亲互隐、儒学与现代性、儒学与和谐理念，等等。尤其值得一提的是，在当代新儒学研究方面的成就。

　　"新儒家"一词，20世纪30年代曾被冯友兰《中国哲学史》用来指称宋明理学，该书把子学时代的孔孟看作原始儒家，把阐释、发挥孔孟之道的程朱理学视为新儒家。而现在学术界所讲的当代新儒家或曰现代新儒家，主要是指五四以来一批诠释和弘扬儒家传统的学人，尤其包括当代活跃于港台及海外学术界的一些人物。这些人也常被称作当代新儒家、20世纪的儒家，其学说也常被称作当代新儒学、儒学的第三期发展。从五四时期至今，当代新儒学的发展已历经三代。从时间上讲，20世纪20—40年代为第一代，1922年梁漱溟《东西文化及其哲学》一书的问世，开启了当代新儒学；尔后，张君劢出版了《民族复兴之学术基础》，主张发扬民族文化传统，重振儒家学说；冯友兰《新理学》等"贞元六书"，声言其"新理学"不是"照着"而是"接着"宋明理学讲的；贺麟发表《儒家思想的新开展》一文，详尽阐述了新儒学的理论观点；熊十力杂糅儒释，独创"新唯识论"，提倡发扬儒家《易》理之刚健精神。20世纪50—70年代，为新儒学第二代，1958年元旦，张君劢、唐君毅、牟宗三和徐复观四人联名在香港《民主评论》和台湾《再生》杂志上发表题为《中国文化与世界——我们对中国学术研究及中国文化与世界文化前途之共同认识》的"宣言"，提出当代新儒学"返本开新"的思想纲领。此后，唐君毅著《中国文化精神价值》、《人文精神之重建》、《中国哲学原论》，牟宗三著《道德的理想主义》、《心体与性体》，徐复观著《中国人性论史》，东方美著《科学哲学与人生》。从20世纪80年代至今乃为新儒学的第三代。当代新儒家的第二、三代代表人物主要活跃于港台地区与海外。

"内圣开出新外王"是当代新儒家的核心命题,所谓"内圣"指传统儒家的道德心性之学,"外王"即指科学与民主,传统儒学能够转换出现代文明,所谓"良知坎陷"是其思辨形式的表述。方克立先生指出:现代新儒家是20世纪20年代产生的以接续儒家"道统"为己任、以服膺宋明儒学为主要特征、力图用儒家学说融合、会通西学以谋求现代化的一个学术思想流派。现代新儒学所致力的就是"儒学第三期发展"的工作。①"现代新儒学"概念本身就显示了它有这样一些理论特征:其一,它是现代中国的"儒家",就必然具有尊孔崇儒、以儒家学说为中国文化的正统、以继承儒家"道统"、弘扬儒家学术为己任等儒家的一般共同特征;其二,它是现代新中国的"儒家",即主要是继承和发扬了宋明理学的精神,以儒家心性之学为其所要接引的"源头活水",强调以"内圣"驭"外王",表现出明显的泛道德主义的倾向;其三,它具有区别于先秦儒家和宋明新儒家的"现代"特征,即"援西学入儒",一方面认同传统儒学,一方面又适应现代新潮,走融合中西、"返本开新"的特殊道路;其四,如果从文化心态和思维取向看,"新儒家"还具有民族本位的文化立场、中体西用的基本态度、道德形上的哲学追求和推重直觉的思维方式等思想性格。②

1949年以后,以承续宋明理学道统为己任的当代新儒家在中国大陆几成绝学。然而,经过近三十年的努力,国内学术界推出一批相关研究成果,如《现代新儒学辑要丛书》(全15册,方克立、张品兴主编,中国广播电视出版社1992—1996年版)、《现代新儒家学案》(全3册,方克立、李锦全主编,中国社会科学出版社1995年版)、《现代新儒学研究丛书》(全24册,方克立、李锦全主编,辽宁大学出版社、天津人民出版社1993—1997年版),等等。有关新儒家著作或全集的编纂与出版,亦有《梁漱溟全集》(8卷,中国文化书院编,山东人民出版社1989年版)、《马一浮集》(3册,马镜泉等校点,浙江古籍出版社、浙江教育出版社1996年版)、《三松堂(冯友兰)全集》(13卷,河南人民出版社1985—1994年版)、《熊十力全集》(10册,萧箑父、郭齐勇

---

① 方克立:《要重视对现代新儒家的研究》,《天津社会科学》1986年第5期。

② 方克立:《第三代新儒家掠影》,《文史哲》1989年第3期。

编，湖北教育出版社 2001 年版）以及唐君毅（如：《文化意识与道德理性》，中国社会科学出版社 2005 年版；《生命存在与心灵境界》，中国社会科学出版社 2006 年版；《中国文化之精神价值》，江苏教育出版社 2006 年版）、牟宗三（如：《心体与性体》全 3 册，上海古籍出版社 1999 年版；《才性与玄理》，广西师范大学出版社 2006 年版）、徐复观（如：《中国艺术精神》，春风文艺出版社 1987 年版；《两汉思想史》3 卷，华东师范大学出版社 2001 年版；《中国人性论史（先秦篇）》，上海三联书店 2001 年版）和杜维明、成中英等新儒家代表人物的论著。

中国大陆的新儒学研究不仅激活了港台新儒学，客观上也为其谋求新的发展提供了某种契机。现代新儒学在港台的文化思想界原本处于边缘状态，声势较小，影响有限，只是由于多年来中国大陆的新儒家研究才促使港台的新儒家活跃起来。

不过，20 世纪 90 年代初以来，海峡两岸的当代新儒家的早期代表冯友兰和牟宗三相继离世，新儒家内部也就学派归属问题发生激烈争论。1991 年，余英时发表《钱穆与新儒家》一文①，引起新儒学内部的一场争论。回应文中具代表性者有大陆学者罗义俊《近十余年现代新儒学的研究与所谓门户问题》②，台湾学者李明辉《现代新儒家的道统论》③ 与香港学者刘述先《对现代新儒家的超越内省》。④ 余英时认为，根据新儒家的解释，传统儒家的"道"所完成的是道德主体的建立。新儒家则在这个基础上推陈出新，使道德主体可以通过自我坎陷的转折而化出政治主体与知性主体，开出民主和科学。这一创造性的转折便是新儒家给他们自己所规定的现代使命。很显然的，这一理论建构必须预设新儒家在精神世界中居于最高的指导地位，表现为"良知的傲慢"。在回应中，刘述先也坦称，中国经过百年来的苦难，新儒家的反思逼使他们在给予儒家精神以创造的诠释之余，也真诚地体认到自己传统的不足，必须吸纳西方科学与民主的成就。现代新儒家的重

①　余英时：《钱穆与新儒家》，《犹记风吹水上麟》，台北三民书局 1991 年版。

②　罗义俊：《近十余年现代新儒学的研究与所谓门户问题》，《儒学与当今世界》，台北文津出版社 1994 年版。

③　李明辉：《现代新儒家的道统论》，《当代儒学之自我转化》，台北"中央研究院"中国文哲研究所，1994 年。

④　刘述先：《对现代新儒家的超越内省》，台北《中国文哲研究通讯》第 5 卷，第 3 期。

心，由于种种原因，已经逐渐由道统的担负，转移到学统的开拓、政统的关怀。

20 世纪 90 年代，美国新儒家代表成中英提出"新新儒学"的概念，为了促进当代儒学的自我超越和继续发展，他特别强调在当今社会对中国传统文化的系统化的改造和重新诠释，以便使它融入整个人类的文明潮流之中。这表达出对一种开放的、多元的世界文化的追求。

由上种种，依稀可以看出当代新儒家的某种文化转向，即由"尊德性"转向"道问学"，由对道义与道统的执守转向对知识学问的强调。新儒家营垒独有的学派的规定性日渐模糊，已如学者所说成为一个"走向消解的群体"。据此，有学者提出"后新儒家时代"的概念。

与港台和海外新儒家的转向形成对照的是，中国大陆的新儒家研究也出现某种微妙的变化。新儒家在中国大陆当初主要是作为研究对象而被关注，研究中并往往伴有意识形态的批判；后来，则更多地表现为同情的了解与价值的认同，有的还提出"大陆新儒家宣言"，催生"大陆新生代新儒家"。在当下中国大陆学术界文化保守主义和文化民族主义的热潮与声浪中，当代新儒学民族文化本位的立场，似乎有了更多的同调与知音。

七 思想价值的讨论与重估——五四思潮

思想史的研究与时代有着密切的关联性。一方面，研究者提出与切入思想史问题的理论视角，用以审视与评判历史的价值尺度，都反映出某种时代气息；另一方面，对当下思想文化热点问题的讨论，也往往会延伸到对传统文化的反思与重估。改革开放以来思想文化界围绕传统文化、《河殇》、人文精神、亚洲价值、文明冲突、全球伦理以及"儒学热"或"国学热"的讨论，都是谈古论今、打通历史与现实。其中，20 世纪 90 年代有关五四思潮的保守与激进之争，因其争论之热烈、探讨之深入、古今联系之密切、参与者之多、持续时间之长，而具有个案研究的典型意义。

1979 年，旅美华裔学者林毓生著《中国意识的危机——五四时代激烈的反传统主义》①，1988 年，三联书店又出版了其论文集《中国传统的创造性转化》。林毓生认为五四犯了"整体性反传统主义"和"文化化约主义"的错误，这种错误本质上是"借思想、文化以解决问题"的"有机式一元论思想模式"，是"受儒家强调'心的理知与道德功能'及思想力量与优先性的思想模式的影响所致"。

1988 年 9 月，另一旅美华裔学者余英时在香港中文大学作了题为《中国近代思想史上的激进与保守》的演讲。② 1989 年，余英时的著作《中国思想传统的现代诠释》由江苏人民出版社出版，内收《五四运动与中国传统》一文。1992 年 4 月，余英时在《二十一世纪》发表《再论中国现代思想中的激进与保守》。余英时宣称："一部中国近代思想史就是一个激进化的过程。最后一定要激化到最高峰，'文化大革命'就是这个变化的一个结果。"余英时认为，在近代中国，政治现实太混乱，得不到大家的认同，在这种情况下，只有激进主义，只有变的程度不同。大多数知识分子在价值上选择了往而不返的"激进"取向。20 世纪的中国思想史上几乎找不到一个严格意义的"保守主义者"，从所谓中体西用论、中国本位文化论、到全盘西化论、马列主义，基本取向都是"变"，所不同的仅在"变"多少、怎么"变"以及"变"的速度而已。因此接近全变、速变、暴变一端的是所谓"激进派"，而接近渐变、缓变一端的则成了"保守派"。无论是戊戌的维新主义者，五四的自由主义者，或稍后的社会主义者，都把中国的文化传统当作"现代化"的最大的敌人，而且在思想上是一波比一波更为激烈。与近代西方或日本相比较，中国思想的激进化显然是走得太远了，文化上的保守力量几乎丝毫没有发生制衡的作用。中国思想的主流要求我们彻底地和传统决裂。因此，我们对文化传统只是一味地"批判"，而极少"同情的了解"。甚至把传统当作一种客观对象加以冷静的研究，我们也没有真正做到。"中国百余年来走了一段思想激进化的历程，中国为了这一历程已付出极大的代价。"

---

① 林毓生：《中国意识的危机——五四时代激烈的反传统主义》，贵州人民出版社 1986 年初版、1988 年增订再版。

② 余英时：《中国近代思想史上的激进与保守》，《钱穆与中国文化》，上海远东出版社 1994 年版；又载李世涛主编《知识分子立场——激进与保守之间的动荡》，时代文艺出版社 2000 年版。

　　针对海外的这种说法，王元化先生在 1988 年 11 月 28 日的《人民日报》发表《论传统与反传统》一文，他认为五四主要反对儒家的"吃人礼教"，而儒家并非传统思想的唯一代表，陈独秀、胡适、鲁迅等领袖人物都并没有全盘反传统的问题，甚至对于儒家也未进行更全面的批判。"文化大革命"固然把封资修作为批判的对象，但其本质正是封建主义的复辟。林毓生的理论图式不是实事求是的分析。在《对于"五四"的再认识答客问》① 中，他不同意简单地把五四比拟为"文化大革命"，认为二者运动性质截然不同；但从思维模式和思维方式来看，却是可以比较的，甚至是有相同之处的。所谓激进应是指思想狂热，见解偏激，喜爱暴力，趋向极端。激进主义不是五四时期才有的。100 多年来，中国的改革屡遭失败，这是激进主义在遍地疮痍的中国大地得以扎根滋长的历史原因。他反对对于那些因改革屡遭失败与社会过于黑暗而成为激进主义的革命者加以嘲讽。

　　袁伟时在中国文化书院主办的"五四 70 周年国际学术研讨会"上提交《五四怨曲试析》一文②，以与林毓生商榷，重新肯定五四科学与民主的立场。他在《新文化运动与"激进主义"》③ 一文中，针对指摘新文化运动应该对 20 世纪激进主义泛滥负责的说法，指出：不能局限于在思想文化领域去寻觅激进思想泛滥的原因，更不能把社会动乱归罪于知识阶层和新文化运动。应该追问的是：为什么化解激进的机制在中国被摧毁？从制度着眼才能找到激进思潮在中国泛滥的根本原因。继承五四，首要的是继承和回归已初具规模的现代思想文化和教育制度，完成告别中世纪的思想变革。如果需要"超越五四"，也应该从当时的缺陷中寻求可供今日改革借鉴的智慧，完成新文化运动清理中世纪意识形态，确立现代观念，分享现代文明成果的历史重任。如果反其道而行之，冀图从有待清理的传统文化中寻求救世良方，很可能是南辕北辙。

　　1992 年 4 月，复旦大学姜义华教授在香港《二十一世纪》上发表《激进与保守：与余英时先生商榷》一文，《开放时代》1997 年第 2 期

---

　　① 王元化、李辉：《对于"五四"的再认识答客问》，载李世涛主编《知识分子立场——激进与保守之间的动荡》，时代文艺出版社 2000 年版。

　　② 袁伟时：《五四怨曲试析》，《中国现代思想散论》，广东教育出版社 1998 年版。

　　③ 袁伟时：《新文化运动与"激进主义"》，载李世涛主编《知识分子立场——激进与保守之间的动荡》，时代文艺出版社 2000 年版。

刊又有陈炎对姜义华的访谈《激进与保守：一段尚未完结的对话》。①
姜义华对余英时的"激进主宰论"提出了相反的判断。他认为，20世
纪以来，在中国占主导地位的既不是"激进主义"，也不是五四精神，
而恰恰是"保守主义"。中国的"保守主义"，不是太弱，而是太强了，
这正是百年变革不断受阻的真正原因。从整体上看，保守主义是近代中
国社会的主导价值取向。说百年来中国历史实践的失误在于"激进主
义"太强、"保守主义"太弱，说五四运动与"文化大革命"是一脉相
承的事件是不符合历史事实的。姜先生反复强调：任何一次大规模的社
会实践，都有其特定的文化背景，都有其特殊的历史意义。因此，对它
的评估，不能仅看其提出了什么样的口号，而且要看其真正支持了什
么，反对了什么，达到了什么样的社会目标。他不赞成用"激进主义"
与"保守主义"这两个概念来涵盖太多的东西，更无意全盘肯定"激
进主义"，只是不同意尽量美化所谓"保守主义"而尽量丑化所谓"激
进主义"；主张跳出"激进"与"保守"的立场，来重新看待"革命"
和"改良"的问题。

　　除了这种批评的声音外，大陆有不少学者对林毓生、余英时的说法
表示认同。其中典型的看法认为"文化激进主义在五四时代形成了第一
个高峰"，主要表现为以"打倒孔家店"为口号的全盘否定儒家与中国
传统文化的激烈态度，而五四时期这种要求彻底打倒整个中国传统文化
的激进主义，就其出发点和根本观念来说主要有三点：第一，强烈的政
治指向；第二，以富强为标准的功利主义；第三，以科学、民主排斥其
他文化价值的信念。"文化大革命"所预设、所主张的文化观念与价
值，除了来自对马克思原典的片面了解之外，明显地与五四新文化运动
的观念价值有继承性。其认为，从五四到"文化大革命"、"文化热"
的过程，文化激进主义始终在其中扮演着重要角色，从五四到"文化大
革命"、"文化热"的过程，激进主义的口号远远压过了保守主义的呼
声。整个20世纪中国的文化运动是受激进主义主导的。激进主义的理
论把中国的一切问题归结为孔子、儒家，把现实问题变为传统问题，把

---

　　① 姜义华、陈炎：《激进与保守：一段尚未完结的对话》；又载李世涛主编：《知识分子
立场——激进与保守之间的动荡》，时代文艺出版社2000年版。

制度问题变为文化问题,其结果与其动机可能正好背道而驰。①

也有学者对这种批评进行反批评,认为从反激进主义,到恪守保守性价值,再到回归本土文化资源,这是一个完整的逻辑行程。反激进主义话题的兴起与展开基于一种反省,这种反省显然具有历史批判和学理探求的双重意义,同时又是迫于权威意识形态的压力。激进与保守之间的对立乃是构成人类文化转换、调节的内在张力,中国近代思想的激进趋向,恰与社会保守势力之强大成正比。设想20世纪80年代的文化思潮为"激进主义"所主宰,让激进主义承担所有政治灾难和文化恶果,也是不合乎历史实际的。反激进主义是对"现代性"的反省批判的自然延伸,从反激进主义可自然推导出尊崇保守主义的价值立场。回到本土资源实际隐含了与西方平等对话与凭借西方资源和视点的双重的西方背景,由此可见,恪守本土文化资源难以做到,也本来做不成所谓"纯粹中国的"学问。②

八　思想史学科的范式转换与学术走向

三十年来,陆续出版了不少中国哲学、思想史的通史著作,其中影响较大或较有特点的有:肖萐父、李锦全《中国哲学史》(二卷,人民出版社1982—1983年版),冯契《中国古代哲学的逻辑发展》(三册,上海人民出版社1983年版)和《中国近代哲学的革命进程》(上海人民出版社1989年版),任继愈主编《中国哲学发展史》(七卷本已出四卷,1983年至今),冯友兰《中国哲学史新编》(前六卷,人民出版社1995年版)和《中国现代哲学史》(广东人民出版社1999年版),葛兆光《中国思想史》(三卷,复旦大学出版社2001年版),朱大渭主编《中国古代思想史(插图本)》(六卷,广西人民出版社2006年版),张岂之主编《中国思想学说史》(九册,广西师范大学出版社2007年版),等等。此外,近年亦出版了几部重要的中国现代思想史的通论性

---

① 参见陈来《20世纪文化运动中的激进主义》,《东方》1993年第1期(创刊号)。

② 参见陈晓明《反激进与当代知识分子的历史境遇》,载李世涛主编《知识分子立场——激进与保守之间的动荡》,时代文艺出版社2000年版。

著作，如许纪霖《二十世纪中国思想史论》（二册，东方出版社 2000年版）、张汝伦《现代中国思想研究》（上海人民出版社 2002 年版）和汪晖《现代中国思想的兴起》（四册，三联书店 2004 年版），等等。

此外，还应提到李泽厚先生关于中国思想史的三部"史论"，即《中国古代思想史论》（人民出版社 1985 年版）、《中国近代思想史论》（人民出版社 1979 年版）和《中国现代思想史论》（东方出版社 1987年版）。他的思想史论著作，以其敏锐的思想、畅达的文笔和强烈的现实关怀而风行天下，他提出的"乐感文化"、"西体中用"和"启蒙与救亡的双重变奏"诸说，曾在学术界产生强烈反响。

近年学术界还就思想史研究的范式更新表达出热切的期盼，并就有关问题进行了热烈讨论。所谓范式（paradigm），正如库恩在《科学革命的结构》中指出的那样，它表示一套由概念、假设和方法构成的框架，为特定专业的成员所自觉遵循与重复运用。而当此范式不能解决的问题累积到一定程度，便会出现范式转换（paradigm shift），新的范式应运而生。这里，拟就近年中国思想史范式及其相关问题的讨论，以及思想史研究中的某些学术走向，分述如下：

（一）哲学史与思想史

2001 年 9 月，访华的法国著名哲学家德里达语出惊人："中国没有哲学，只有思想。"[①] 与西方传统上的一些哲学家一样，德里达亦认为所谓"中国哲学"不是哲学而是一种思想，但他并不像黑格尔那样贬低中国哲学，而是主张哲学作为西方文明的传统，乃是源出于古希腊的东西，而中国文化则是逻各斯中心主义之外的一种文明。德里达此言一出，再次引起中国学者关于中国有无哲学或"中国哲学合法性"问题的思考和讨论。这一讨论至今未了，也很难有最终的定论。

过去曾有学者认为，中国思想史与哲学史的研究范围较为接近，并因此对思想史作为一门学科的合理性提出质疑。其实，造成这种局面的原因恐怕是，若按西方关于哲学的严格定义看，中国历史上没有那么多的同类货色，所以哲学史的研究有意无意地扩充了自己的专业范围，以至于与思想史的边界近乎重叠。汤一介先生就曾指出："长期以来，对

---

① 《中国图书商报》2001 年 12 月 13 日。

哲学史研究的内容一般地说都扩大了，而把某些具体学科的思想史的内容都包含进去了，特别是常常把政治思想史的内容包含进去了。"① 就中国思想史学科而言，它探讨的是人类的意识活动与观念体系，除了各专门领域的思想史外，完整的中国思想史并非各门思想的简单相加与杂凑，也不是了无涯际、蔓延无所归一，而是对中国历史上思想家以哲学、社会和逻辑思想为内核的观念形态的有机综合。思想史的研究更注重于时代思潮及其历史源流的梳理，着重考察思想观念与社会场景之间的矛盾运动与彼此型塑，强调的是思想的整体性、历史性和连续性。

（二）精英思想与民众思想

20 世纪中叶以后，西方一些研究者不满于以思想家、经典文本的解读和理论诠释为主的传统的精英思想研究，开始探索思想史研究的新途径，强调对民众观念的研究，重视普通民众的一般的知识、意识、心理和情感的考察。近年来国内也有学者开始强调对下层民间观念的研究。民众的思想丰富、朴素、鲜活，影响既广大又深远，而且，长期以来似乎成了被思想史学科遗忘的角落，所以对之进行研究自有其合理之处。但是，哲学思想是时代精神的精华，是民族文化的精髓，它是历史上思想精英们高度理论化、抽象化的思想体系，这是任何一个民族或时代都引以为荣的标志性存在，那些顶天立地的大思想家、大哲学家们理应作为思想史研究的焦点人物。作为社会共同体中不同文化阶层的观念之间的联系的一个维度，民众思想的研究应在"大传统"（great tradition）与"小传统"（little tradition）、"精英文化"（elite culture）与"通俗文化"（popular culture）的互感互动的框架中进行探讨，以丰富我们的研究视角和内容，但不应膨胀拔高，以偏赅全，避重就轻。

（三）社会史与观念史

思想史的英文称谓为"Intellectual History"或"History of Ideas"，二者之间存在着一致性，都注重研究思想与社会之间的互动关系，且强调思想观念比物质力量对社会历史更具有能动的塑造作用，认为观念不单是公共事件的结果而更是其原因。一方面，我们研究历史要避免柯林

---

① 汤一介：《中国哲学史与中国思想史》，《哲学研究》1983 年第 10 期。

武德所批评的那种"剪刀加糨糊的历史学"，要在历史的沉沙下面，经由史料的爬梳，理性的审视与理论的批判，发现历史的真实轨迹与内在逻辑，发现有血有肉、有思想的人的历史；另一方面，研究思想史要注重观念史与社会史的逻辑联系与矛盾运动，洞悉时代精神与流行观念与特定的政治经济环境之间的复杂的相互作用方式，尤其是，对思想的阐发应以对历史背景的把握为依托，惟其如此，方能避免在概念的迷宫中打转或是在史料的汪洋大海中迷惘，做到立论准确、可信而深刻，具有理论的穿透力与历史的厚重感。

（四）"照着讲"与"接着讲"

"照着讲"与"接着讲"是 20 世纪 30 年代末冯友兰创立新理学之初提出的研究中国哲学史的一对概念，这主要见于其《新理学·绪论》中。在 20 世纪 80 年代，他又对之加以申论。研究思想史，第一要务是最大限度地准确理解原典原意，忠实于历史的客观性，在此基础上方可作出评判或发展前人的思想。事实判断在先，价值判断在后。一方面，我们应避免无视史实而游说无根、放言空论，甚至是随意演绎或恶意误读。另一方面，我们也不能满足于那种"述而不作"的诠释态度，有的历史研究者强调自己搞的是纯学术，只问"是"什么而不问"应该"怎样，也就是只作事实判断而不作价值判断，恪守"价值中立"。我们知道，事实判断与价值判断的二分法，是西方近代以来的主导性思维定式。然而，实际上事实判断与价值判断是不可能截然二分的。在学术研究中我们应该愈发积极、自觉地表达我们的价值观、善恶观，不仅求真，还应向善。我们推崇既能"照着讲"又能"接着讲"的论著，看重有学问的思想家与有思想的学问家。

（五）具体与抽象

在学术界，那些肯定传统文化的学者大多从抽象意义来把握历史上的"道"、"德"、"仁"、"礼"、"孝"及"无为而治"、"仁者爱人"、"己所不欲，勿施于人"等范畴与命题，试图从中绎出具有普遍意义的道德与价值。而对传统持基本否定态度的学者每每强调思想学说特定的历史和政治内涵，反对脱离具体的社会背景和历史语境而奢谈所谓"纯"精神、"纯"道德。其实，如果否定抽象继承的合理性，那么人类的传统思想就几乎无法继承，因为各民族的先哲们总是在特定的语境下以特殊的话语表达式来面对、思考和表达具有人类普遍意义的问题。在思想文化的研究中，历史叙述与哲学抽象这两种方法可以并行不悖。"抽象继承法"的主旨是试图以抽象的方法，在中国古代哲学以至传统文化中，寻求能够超越时空阻隔和阶级局限、具有永恒价值的思想，使之能为现实服务。我们可以也应该向与现代文明具有异质性的中国传统文化中寻求智慧与灵感，使其经过检验与筛选、诠释与引申、价值的重估与再创造，对现代化的偏失与人性的异化起到某种修正作用。

（六）时代落差与价值取向

目前西方正在进入后现代，而我们还正在走入现代化，这种"时代的落差"使我们在时代课题与价值取向的选择及认同上处于矛盾尴尬的境地。同是研究传统思想，有的学者着重探寻中国何以迟迟不能进入现代社会的文化因素，有的则关注于如何用传统德行救治现代化进程中出现的物欲横流、道德危机的时代问题，有的则热衷于为所谓东亚"儒家文化圈"的经济起飞寻找共同的文化因素，而有的则试图用东方的智慧去解答西方后现代社会提出的问题或者把西方的问题幻化为我们自己的问题，有的则急于与对现代化有消解作用的西方后现代主义思潮的前沿理论接轨。在这好似"无主题变奏"的文化纷争中，我们淡化了历史赋予我们的时代主题。现代化是我们压倒一切的首选目标，我们应该重新调整理论研究的焦距。因为从根本上讲，中国当下的主要问题尚不是现代化发展过了头，而是未能全面接纳现代化或曰现代化发展不平衡所致。

目前，我们正迎来一个前所未有的大时代，思想界、理论界和学术界正面临着一些全新的时代课题，这为思想史学科在理论框架、话语系统和价值体系上的重大调整提供了某种必要和可能，新的思想史研究范式或许会在不远的将来应运而生。然而，这种新的范式恐怕不是对原有范式的简单遗弃而是某种修正，范式的转换也不是学科危机的体现而恰恰表明了它的活力。伟大的时代正呼唤着新的中国思想史巨著的诞生；而要产生这样的凌云杰构，首先要产生博通古今、纵横中西与思想深邃、境界非凡的大思想家和大学问家。

（历史所思想史室的张文修、江向东等同事对本文进行了部分修改，特此致谢！）

改革开放三十年的中国
史学史研究

杨艳秋

　　璀璨宏富的中国历史文化遗产中，历史学占有着非常重要的地位。中国史学从历史记载和史书编纂中产生，有着悠久的历史和传统。伴随着史学活动，在对历史记载和史书编纂状况的追述和评论中即产生了史学史的意识和观念，但史学史成为专门学科，却是到了 20 世纪初期，在中国史学近代化的历程中发展起来的。近代著名学者梁启超是倡导中国史学史研究的先行者，1922 年，他在《中国历史研究法》一书的《过去之中国史学界》一章，论述了"二千年来史学经过之大凡"。1926 年的《中国历史研究法补编》中，他又专设《史学史的作法》一节，主张对史学进行专门研究，提出把史学史作为文化专史中学术思想史的一个分支，以史官、史家、史学的成立及发展、最近史学的趋势为史学史研究的四项基本内容。① 受梁启超的影响，伴随着新史学的倡导，进化论、唯物史观的传播和中国近代学术史的发展，中国史学史作为一种专史，被明确提上了研究的日程。② 20 世纪三四十年代，一些高等院校的史学系开设了中国史学史课程，十几种史学史讲义和著作问

① 参见梁启超《中国历史研究法》，东方出版社 1996 年版，第 316、318 页。
② 参见瞿林东《中国史学史研究八十年》（下）之《中国史学史之提出的学术背景》，《淮阴师范学院学报》2007 年第 2 期。

世，表明了史学界对建立史学史学科的自觉要求。①

新中国成立以后，一些高等院校历史系开设了中国史学史的课程。1961 年，全国文科教材会议召开，以此为契机，随着教学和研究工作的开展，我国史学界出现了关于史学史基本问题的讨论热潮。来自北京、上海、广州、济南、西安等地的史学工作者先后召开座谈会，对史学史研究的目的、对象和基本内容，中国史学的发展规律，中国史学史的分期等问题进行了广泛的讨论。②

据统计，新中国成立以来，与教学并行，除《资治通鉴》和二十四史的点校、整理、出版之外，1949—1966 年出版的史籍补注和研究论著将近七十余种；发表的关于中国史学史和研究中国古代著名史学家和史学名著的论文，总数在 750 篇以上。③ 北京师范大学历史系还创办了史学史研究的专业刊物《中国史学史参考资料》。更值得注意的是，这个时期的中国史学史研究，已经初步形成了全国范围的分工合作局面。④ 然而，正当中国史学史学科建设将要迈出新的一步时，1966 年开始的"文化大革命"遏止了它前进的脚步，使它陷入了 10 年的沉寂。

"文化大革命"结束，拨乱反正，中国历史进入了改革开放的新时期。在改革开放的历史大背景下，历史学研究迎来了发展的春天，中国史学史这个古老而年轻的学科也逐渐恢复了生机和活力，很快重新确立

---

① 如曹聚仁《中国史学史 ABC》（世界书局 1930 年版）、卫聚贤《中国史学史》（暨南大学印行，1933 年）、蒙文通《中国史学史》（四川大学铅印本，1938 年）、陆懋德《中国史学史》（北平师范大学，铅印本）、魏应麒《中国史学史》（上海商务印书馆 1941 年版）、王玉玮《中国史学概论》（重庆商务印书馆 1942 年版）、朱希祖《中国史学通论》（重庆独立出版社 1943 年版）、傅振伦《中国史学史概要》（重庆史学书局 1944 年版）、王玉璋《中国史学史概论》（重庆商务印书馆 1944 年版）、金毓黻《中国史学史》（重庆商务印书馆 1944 年版）、方壮猷《中国史学概要》（中国文化服务社 1947 年版）、周谷城《中国史学之进化》（上海生活书店 1947 年版）、顾颉刚《当代中国史学》（南京胜利出版社 1947 年版）、何炳松《中国史学史》（王云五主编《中国文化史丛书》之一），等等。其中，金毓黻的《中国史学史》是史学史学科草创时期的代表作，它构建了中国史学发展的基本框架。

② 参见瞿林东《中国史学史研究八十年》（上）之《活跃时期的突出进展》，《淮阴师范学院学报》2007 年第 2 期。

③ 参见《中国史研究》编辑部编《中国古代史研究概述》第十三编，江苏古籍出版社 1987 年版。

④ 参见瞿林东《近五十年来中国史学史研究的进展》之《从寥落走向活跃：关于中国史学史前所未有的大讨论》，《史学月刊》2003 年第 10 期。

了在历史学中的地位，成为自成体系的二级学科。1978 年后，全国各大学普遍开设了史学史课程。北京师范大学的白寿彝教授、华东师范大学的吴泽教授、中国社会科学院历史研究所的尹达研究员、南开大学的杨翼骧教授等人开始较具规模地招收史学史专业的硕士研究生。与此同时，一些大学和科研单位相继建立了史学史研究机构。1977—1978 年，尹达先生决定在中国社会科学院历史研究所创建史学史学科研究阵地，短短几年的时间，史学史研究室已形成规模，研究范围自先秦一直到 20 世纪前半段。1980 年，北京师范大学、华东师范大学先后成立了史学研究所。此后，这些机构先后被教育部确定为史学史专业的博士点。

专门刊物的恢复也是史学史学科地位重新确立的标志。1979 年，在白寿彝先生的主持下，北京师范大学《中国史学史参考资料》复刊，并更名为《史学史资料》。1981 年，《史学史资料》又更名《史学史研究》，开始向国内外公开发行。

作为研究历史学的发生、发展及各时期史学状况的史学史学科，担负着研究史学史、清理史学遗产、阐明史学演进进程和揭示史学发展规律的任务。① 三十年来，通过几代史学工作者的不懈努力，中国史学史学科建设不断发展，中国史学史的研究也出现了前所未有的新局面。

一

据统计，20 世纪 80 年代初至 20 世纪末，大约 20 年的时间里，史学史专著和论文数量已超过 20 世纪 20—60 年代这 50 年的总和，研究水准也在提升，关注问题的深度和广度更是今非昔比。② 就是这 20 年间，中国史学史学科的发展也有不同的面貌和趋势，前一个 10 年，是史学史学科建设的恢复和发展时期，呈现出三大主要特点：

（一）新的史学史学科建设的完善
20 世纪 60 年代初，史学工作者曾提出发展史学史学科的一些具体

① 参见乔治忠、姜胜利《中国史学史发展述要》第一章《绪论》，天津教育出版社 1996 年版。
② 参见姜胜利《中国史学史学科的发展与存在的问题》，《南开学报》2004 年第 2 期。

任务，如编写史学史教材，编辑史学史论文集，编制史学史著作目录、史学史论文篇目索引和近代中国史学刊物索引，汇编史学评论，等等，但是都因为"文化大革命"而中断。改革开放以来，在"解放思想、实事求是"的思想指导下，史学史学科逐渐得到恢复，建设新的史学史学科的工作也被提上了日程。

1984年，白寿彝先生提出：在新的形势下，史学史工作"应该甩掉旧的躯壳，大踏步前进，把新的史学史学科早日建立起来"，他强调史学史应当着重研究两个问题，第一是对于历史本身的认识的发展过程，第二是史学的社会作用的发展过程。这两个问题如果能解决好，史学史这门学科就可能面目一新。① 学者们主张在马克思主义指导下，建立新型的科学的史学史，形成了总结史学发展规律的学科共识。②

1985年3月3日至5日，在白寿彝先生的倡导下，来自全国各地的历史学者在北京师范大学举行了史学史座谈会，认真回顾，总结经验教训，在六个方面对史学史学科未来的建设方向和具体措施展开讨论，其中包括：1. 历史教育和史学史工作的意义；2. 我国中、外史学史研究的回顾与现状；3. 如何进一步开展史学史研究；4. 中国史学史上的几个问题（如中国的史学传统、中国古代史学长期停滞、中国近代史学史的基本内容、中国近代爱国主义史学思想、中国近代史学史发展的特殊道路、史学思想的构成等）；5. 如何教学、如何将教学与研究相结合、如何培养专业人才；6. 史学工作。这是新中国成立以来史学史工作的第一次总结大会，对于史学史工作的开展和新的史学史学科的建设有着

---

① 白寿彝：《中国史学史上的两个重大问题》，《中国史学史论集》，中华书局2001年版，第397页。

② 如王天顺认为："史学史是以人类历史认识发展过程和规律为对象的学科。它是人类历史观的进步史，是历史研究方法和历史编纂方法的改进史，是史学和政治的关系及历史认识的其他社会条件的变迁史，是以发现社会发展规律为其指归的人类认识史之一种。"（《史学史的研究需要开拓新局面》，《华中师院学报》1985年第4期）；陶懋炳认为要创立和发展具有中国特点的马克思主义的新史学，"不但要鉴取近代中国史学和外国史学的经验教训，尤其要从我国古代史学这一珍贵的民族文化遗产中吸取营养，批判地继承，剔除糟粕，吸取精华，寻求规律，以收推陈出新之效"。（《中国史学史研究的几个问题》，《湖南师大社会科学学报》1986年第2期）

继往开来的重大意义。① 在这次会议上，白寿彝先生指出：史学只是研究历史，史学史要研究人们如何研究历史，因而比一般的史学工作要高一个层次。

20 世纪 80 年代有关新的史学史学科建设的讨论，在以下三个方面都取得了进展：

1. 史学史研究的对象、研究范围和宗旨

这在 20 世纪 60 年代初曾进行过热烈的讨论，20 世纪 80 年代的讨论更为深入。王天顺指出，史学史要研究的主要内容是历史观的发展、历史编纂方法的进步、历史研究方法的进步、史学评论的开展、史官制度的变化，研究的宗旨在于揭示这种认识发展的规律。②白寿彝先生认为：中国史学史的研究对象是"中国史学史发展过程及其规律"③；其研究范围"包括中国史学本身的发展，中国史学在发展过程中跟其他学科的关系，中国史学在发展中所反映的时代特点，以及中国史学的各种成果在社会上的影响"。④

2. 史学史的研究方法

大家意识到，孤立地研究史学的发展是新中国成立前治史学史的最大缺陷，研究中国史学史的一条最基本的方法是必须把它当作整个中国历史发展的一个组成部分，"治中国古代史学史又必须把各个时期的史学跟当时的思潮联系起来，或者说，把史学置于时代思潮之中来考察。不但如此，还要把史学和当时文学、哲学作综观比较，考察它们之间的相互影响和各自的作用和地位"。⑤

3. 如何编纂史学史著作

葛兆光力倡发掘前人未发掘的领域。⑥ 赵俊则提出："史学史著作不单要从学术的角度来说明史学发展历程，而且还要重视研究社会经济

---

① 施丁：《中国史学史》，载肖黎主编《新中国历史学四十年：1949—1989》，书目文献出版社 1989 年版，第 579 页。

② 王天顺：《史学史的研究需要开拓新局面》，《华中师院学报》1985 年第 4 期。

③ 白寿彝：《中国史学史上的两个重大问题》，《中国史学史论集》，中华书局 2001 年版，第 397 页。

④ 白寿彝：《中国史学史》第一册，上海人民出版社 1986 年版，第 26 页。

⑤ 陶懋炳：《中国史学史研究的几个问题》，《湖南师大社会科学学报》1986 年第 2 期。

⑥ 葛兆光：《谈史学史的编纂》，《史学史研究》1983 年第 4 期。

基础及政治制度对史学的影响。这样才能搞清史学史上一些重大问题，才能全面、恰当地阐明史学史的发展规律。"① 白寿彝先生认为，在编写体裁上，"主要考虑史学史应从旧的框框里摆脱出来"，写史学史应该贯穿整个历史过程②，进而提出了编纂多卷本史学史的设想。

新的史学史学科建设，还引发了对中国史学发展中的某些基本问题的探讨，讨论较多的是中国史学传统问题、中国封建史学特点问题、史书体裁问题、史学史分期问题，等等③。

（二）中国史学史论著出版与编撰连续不断

编写中国史学史，集中反映出研究的深入程度和学科逐步形成的实际过程。仅是史学史通论性质的著作，从 1980—1990 年的 10 年间，就有朱杰勤《中国古代史学史》（河南人民出版社 1980 年版），刘节《中国史学史稿》（中州书画社，1982 年版），仓修良、魏得良《中国古代史学史简编》（黑龙江人民出版社 1983 年版），张孟伦《中国史学史（上册）》（甘肃人民出版社 1983 年版），尹达《中国史学发展史》（中州古籍出版社 1985 年版），白寿彝《中国史学史》（第一册）（上海人民出版社 1986 年版），张孟伦《中国史学史》（下册）（甘肃人民出版社 1986 年版），陶懋炳《中国古代史学史略》（湖南人民出版社 1987 年版），施丁《中国史学简史》（中州古籍出版社 1987 年版），周春元《中国史学史》（贵州师大学报编辑部 1989 年版），邹俊贤《中国古代史学史纲》（华中师范大学出版社 1989 年版）等相继出版，几乎年年都有新著面世。这些著作中，大多是编写的教材，反映出中国史学史这门学科在教学领域中为自己开辟了广阔的天地，也反映出研究水平的整体提高。

刘节《中国史学史稿》原为他在"文化大革命"前授课的讲稿，后经过整理出版，其产生影响是在 20 世纪 80 年代以后。20 世纪三四十年代的史学史著述大多未能脱出史部目录学的影响，《中国史学史稿》

---

① 赵俊：《对编纂史学史著作的几点建议》，《江汉论坛》1984 年第 9 期。
② 白寿彝：《在第一次全国史学史座谈会上的讲话》，《中国史学史论集》，中华书局 2001 年版，第 412 页。
③ 参见《中国史研究》编辑部编《中国古代史研究概述》第十三编，江苏古籍出版社 1987 年版。

则在史学史的体系上别开生面，把中国史学史的发展分为魏晋南北朝、两宋、清代三个高潮时期，论述了中国史学的起源和发展。其中明确提出，史学史的一项主要任务是要把历史家的历史哲学系统介绍出来，所以这部著作对历史哲学非常重视。

尹达《中国史学发展史》的编撰始于 1982 年下半年，经过 3 年的撰写，于 1985 年 7 月正式出版。这是中国社会科学院成立以来，在史学史学科建设方面推出的第一本具有代表性的专著。

该书特点之一是建立起了一个贯通古今的中国史学史体系。它从史学的起源一直写到 20 世纪 40 年代马克思主义史学的发展，较为全面地叙述了各个阶段史学发展的特点及其内在联系，并且注意每个时期的史学发展在整个中国学发展进程中的地位。把中国史学从起源、成长、发展直至形成一门科学的基本过程系统地展现在人们眼前，是一部完整意义上的史学通史。特点之二是按社会形态划分中国史学史的发展阶段，先将中国的史学分为奴隶社会史学、封建社会史学和半殖民地半封建社会史学，然后再按时期作出阶段划分。特点之三是重视史学理论和史学思想，专章专节论述一个时期、一个朝代或史家的历史思想和史学观点。这部著作也在国外引起了反响，认为"史学史研究中出现的许多新的趋势都在这部著作中得到了某种程度的反映"，是现代中国史学研究中出现的一种新气象。①

白寿彝先生的《中国史学史》（第一册）是他主编的六卷本史学史中的第一部，包括"叙篇"和先秦史学两部分。叙编是六卷本史学史的总论，其中，作者论述了史学史的任务和范围，中国史学史的分期等学科的理论问题和发展问题，还涉及关于史学史的古今论述以及作者对中国史学史的摸索过程和设想，该书在 20 世纪 80 年代出版的史学史著作中最为独特，"它研究了史学和社会历史的关系，探讨了中国史学发展的规律，形成著者的一家之言"②。

连续不断的中国史学史著作的编撰与出版是建设新的史学史学科的

---

① ［苏］勃·格·多罗宁：《现阶段中国史学的发展》，《远东问题》1988 年第 2 期；中文译文，参见中国社会科学院文献情报中心《国外社会科学快报》1988 年第 9 期，转引自谢保成《中国史学史》（一），商务印书馆 2006 年版，第 8 页。

② 施丁：《成一家之言：评白寿彝著〈中国史学史〉第一册》，《历史研究》1987 年第 2 期。

实践，也展现了史学史学科发展的强大的生命力。

（三）史学史研究基础积累不断丰富

这反映在史学史专题论文集、史籍举要、史学家传、史学史资料集的不断出版和史学史辞典的编撰等方面。

1980 年，吴泽主编、袁英光选编的《中国史学史论集》第一、二辑由上海人民出版社出版，编选了新中国成立至 1979 年以前有关史学史的论文 48 篇。同年，张孟伦《中国史学史论丛》出版印行。1984 年，华东师范大学的《中国近代史学史论集》、陈光崇《中国史学史论丛》出版。1986 年，北京师范大学出版社出版杨燕起、陈可青、赖长扬《历代名家评史记》（北京师范大学出版社 1986 年版），收集了自《史记》问世以后至 1949 年底有关讨论《史记》的资料。

20 世纪 80 年代"史籍举要"、"史著解题"类著作很多，张舜徽《中国古代史籍举要》（湖北人民出版社 1980 年版）、王树民《史部要籍解题》（中华书局 1981 年版）、李宗邺《中国历史要籍介绍》（上海古籍出版社 1982 年版）、柴德赓《史籍举要》（北京出版社 1982 年版）、张舜徽《中国史学名著题解》（中国青年出版 1984 年版）等皆为此类。

张舜徽《中国史学家传》（辽宁人民出版社 1984 年版），陈清泉、苏双碧、肖黎《中国史学家评传》（中州古籍出版社 1985 年版）和瞿林东、杨牧之《中华人物志·史学家小传》（中华书局 1988 年版）是这一时期出版的三部主要史学家传。

1983 年，吴泽、杨翼骧主编的《中国历史大辞典·史学史卷》面世，这是中国第一部中国史学史专业辞典。全书包括史学一般、史官、史家、史籍诸方面，共收词目 3630 条[1]，包括上起先秦、下至清末的史家 1000 余人，史籍 2400 余部。被称为"我国史学工作不可多得的一部很好的工具书"。[2]

在史学史资料编年方面，杨翼骧先生付出了几十年的心血，他于

---

① 吴泽、杨翼骧主编：《中国历史大辞典·史学史卷》卷首《史学史卷说明》。
② 杜汉鼎、刘光胜：《喜读中国历史大辞典·史学史卷》，《史学史研究》1985 年第 3 期。

1957 年写成《先秦史学编年》、《三国两晋史学编年》，1964 年，又完成《南北朝史学编年》。1987 年，他主编的《中国史学史资料编年第一册》（南开大学出版社 1987 年版）即先秦至五代卷正式出版，以公元纪年，以年月为序，逐一编订中国史学上有关的人物、事件、著作和制度变化，是研究中国史学史不可不读之书。他的这种"披沙拣金"的工作一直持续到新世纪。①

这些基础积累为中国史学史研究提供了很大的方便。

二

进入 20 世纪 90 年代，史学史研究出现了一些新成就和新的发展趋势。

（一）史学史编著的新进展

20 世纪 90 年代中期以来，一批以"史学史纲"为题的史学史著作不断涌现，宋衍申《中国史学史纲要》（东北师范大学出版社 1996 年版）、王树民《中国史学史纲要》（中华书局 1997 年版）、李炳泉《中国史学史纲》（辽宁师范大学出版社 1998 年版）相继出版。

瞿林东的《中国史学史纲》（北京出版社 1999 年版）是 20 世纪出版的最后一部史学史著作，体现出史学史研究中的新进展。

这部《中国史学史纲》以朝代与史学发展为线索分为九章：史学的兴起——先秦史学；正史的创立——秦汉史学；史学的多途发展——魏晋南北朝史学；史学的发展转折与创新——隋唐五代史学；历史意识与史学意识的深化——宋辽金史学；多民族史学的进一步发展——元代史学；史学走向社会深层——明代史学；史学的总结与嬗变——清代前期史学；史学在社会大变动中的分化——清代后期史学，最后附录 20 世纪的遗产与 21 世纪的前景（论纲）、百年史学断想。阐述了自先秦至

---

① 1994 年和 1999 年，南开大学出版社分别出版了《中国史学史资料编年》第二册（两宋卷）和第三册（元明卷）。2003 年，杨翼骧先生不幸辞世。现在，在其弟子乔治忠教授的主持下，"编年"第四册的整理工作正在进行。

20 世纪中国史学发展的过程及其在各个发展阶段的面貌特征。

与同类著作相比，这部著作有三个突出的特点①：第一，在阐述中国史学史发展全貌的基础上，注重对每一过程中史学理论成就的发掘与阐释，同时，兼顾到有关认识历史的理论和有关认识史学的理论，这在本书的导言中得到了充分的体现。在长篇导言中，作者论述了史学史意识的产生和发展、史学史的性质和任务、中国历史上的史官制度和私人著史、中国史书的特点、历史思想和史学思想、史学和社会六个方面的理论问题，揭示了中国史学史学科的性质和内涵。

第二，在分期方面，既不刻意结合今天社会发展的分期观点，也不刻意结合史学自身的发展过程进行分期，而是采用长期以来人们比较习惯并易于理解和接受的时段划分，便于人们在熟悉的历史时段的框架中认识该时段的史学面貌。

第三，实现了史学活动与社会活动的结合，在历史进程与史学发展方面，于横向上把握和揭示相关历史时段的社会面貌对史学发展的影响；在纵向上于社会历史发展过程中探索史学自身的发展过程以及相关时段的主要特点和发展趋势。

何兹全先生从两个方面评述了这部著作的成就，一是通与专的结合，二是史与论的结合②，即言这部著作完成于作者多年的专门研究的基础上，并且在重视史料的同时又重视理论，使两者在研究和论述中融合为一体。这部著作在 2000 年重印，2002 年由台湾五南图书出版股份有限公司出版了繁体字本，2005 年，北京大学出版社再次重版，充分说明了它的影响力。

（二）断代史学研究的兴起

20 世纪 90 年代，断代史学的专著很少，主要的几部也集中在对《史记》、《文史通义》等著名史家和史著的专门研究③，少有对一个时期史学的专论。20 世纪 80 年代末，瞿林东《唐代史学论稿》（北京师

---

①　参见瞿林东《中国史学史纲·自序》，北京大学出版社 2000 年版。

②　何兹全：《专与通、史与论的有机结合——读〈中国史学史纲〉》，《光明日报》1999年 12 月 10 日。

③　参见张大可《史记研究》，甘肃人民出版社 1985 年版；仓修良《章学诚与文史通义》，中华书局 1984 年版。

范大学出版社 1988 年版）出版，这是一部唐代史学的论文集，着重论述唐代史学发展的特点和成就，史学与社会的关系，史家在历史理论、历史认识和历史编纂方面的贡献与成就。

20 世纪 90 年代以后，关于中国史学史断代与专题研究的著作不断增多，陈桐生《中国史官文化与史记》（汕头大学出版社 1995 年版）、吴怀祺《宋代史学思想史》（黄山书社 1992 年版）、姜胜利《清人明史学探研》（南开大学出版社 1997 年版）、乔治忠《清代官方史学研究》（台北文津出版社 1994 年版）、牛润珍《汉至唐初史官制度的演变》（河北人民出版社 1999 年版）等，都是断代史学的专题研究。谢保成的《隋唐五代史学》（厦门大学出版社 1995 年版）是第一部断代史学史的专著。囊括了此前隋唐五代史学研究的基本内容，全面、系统地论述了隋唐五代史学的发展和演变。特别注意中唐以后史学的转折以及史学范围的扩大，在预见此后史学发展趋势的同时，将史学史的范围从史部拓展到子部（小说家言）和集部（"文之将史"的趋向）以及佛、道二典。

这里说断代史学"兴起"，即言这种现象不是这个时期的一个片段，而是方兴未艾，连绵不绝，直到 21 世纪初，硕果累累。注重断代史学，实际上是关注史学发展的脉络及其阶段性的特点，也是史学史研究深入发展的表现。

（三）中国史学思想、史学理论研究取得进展

史学思想是历史研究的核心，早在 20 世纪 60 年代，老一辈史学家侯外庐在其《中国思想史》中就大力提倡研究史学思想。20 世纪 80 年代，白寿彝先生强调："史学思想史毕竟是构成史学史的重要内容，应当特别重视。"① 要更深层次地研究中国史学史，必须将研究史学思想史提上日程。但长期以来，史学史的研究中对这一领域一直重视不够。20 世纪 90 年代，这个新领域有了突破性的进展，这在很大程度上归功于吴怀祺先生 10 余年来在这个领域的不懈努力。

1992 年，吴怀祺《宋代史学思想史》（黄山书社 1992 年版）出版，在绪论中，著者对史学思想史的理论作了系统阐述，明确了史学思想史

---

① 白寿彝：《中国史学史》（第一册），上海人民出版社 1986 年版，第 172 页。

与史学史研究的关系、史学思想史的内涵和研究方法，并在著作中付诸实践。从宋代史学与社会现实的辩证联系入手，以欧阳修、二程、邵雍、司马光、郑樵、朱熹、吕祖谦、王应麟、黄震、胡三省、马端临等10余位思想家、史学家的历史思想和史学思想为脉络，论述了宋代史学思想演进的过程，探讨了宋代社会和史学思想、宋代理学和史学思想的相互作用和影响。白寿彝先生在所写序言中指出，这是史学史分支学科中的一部断代史，也是一部专史，"正是适应分支学科的建设而作出的成果"。①

4年之后，吴怀祺的《中国史学思想史》（安徽人民出版社1996年版）出版，分为"从原始的历史意识到史学意识"、"中世纪史学思想的形成和发展"、"中世纪史学思想进一步发展和哲理化倾向"、"历史批判和史学求变"、"近代史学思潮"五编，从原始的历史意识一直论述到20世纪新史学思潮的出现、唯物史观的传入，比较全面、准确地总结了中国古代史学思想的方方面面。并溯源探流，揭示出它的发展过程及规律，论述了中国史学思想的发展和有关各时期的不同特点。这部著作对史学与哲学、社会思潮的联系非常重视，"论述了史学和经学、玄学、理学、事功之学、经世之学、实学之间的关系"②，还在"结语"中概括了中国史学思想的主要特征，即通变的史学思想，历史编纂的二重性、历史借鉴思想、经世致用的史学思想。

按吴怀祺先生的说法，这是中国史学思想研究起步阶段的成果，但对中国史学史的分支学科——中国史学思想的发展来说，其影响是不言而喻的。

关于中国古代史学理论遗产的研究，长期以来，许多人认为，中国古代史学以叙事见长，缺乏理论，所以这方面的研究非常薄弱。20世纪80年代的"史学危机"也阻碍了人们对传统史学理论遗产的发掘。20世纪90年代，这方面的研究却有了新的气象，杨翼骧、乔治忠《论中国古代史学理论的思想体系》指出，中国史学理论具有"丰富的思想往往浓缩在简要的概念、范畴或类若格言的语句之中"的特点，认为："在中国古代，成部伙的史学理论专著虽然较少，但各种典籍文献

---

①　吴怀祺：《宋代史学思想史·白寿彝序》，黄山书社1992年版，第1页。

②　吴怀祺：《中国史学思想史·白寿彝序》，安徽人民出版社1996年版，第1页。

则包含着丰富的史学理论方面的论述，在总体上的发展是十分全面的。古代史家和学者对于史学宗旨、史学地位、史学方法、史家标准、治史态度、修史制度、史籍优劣、史学流变等问题，都有明确的论断、深刻的剖析和多方面的探讨，构成了一套完整的思想体系"①，并对所提出的八个方面进行了阐述。1998 年，瞿林东的《史学志》（上海人民出版社 1998 年版）出版，第一次对中国传统史学的丰厚的理论遗产进行了全面清理，系统地论述了我国传统史学中关于天人关系、古今关系、"历代成败兴坏之理"、多民族国家的历史认识、"英雄"与"时势"等历史理论，以及关于史才、史学、史识、史德、书法和信史、史论的艺术、史文的表述、史学的社会功用、史学批评的标准和史学批评的方法论等史学理论。

中国古代史学批评是中国古代史学理论的一个组成部分，"中国古代史学理论的发展，虽非全然是但却往往是在史学批评中实现的，并取得了自己的表现形式"。② 研究中国古代史学理论不能脱离研究中国古代史学批评。对这一领域，亟待进行全面深入的研究。自 20 世纪 80 年代末以来，一些文章探讨了中国古代史学批评的发展历程，勾画出中国古代史学批评的发展脉络和基本特征。③ 瞿林东的《中国古代史学批评纵横》（中华书局 1994 年版）是他在这个领域内多年探索后形成的一部专论著作，将中国古代史学批评的发展大致分为先秦两汉、魏晋南北朝、宋元、明清四个阶段，认为这四个阶段分别是中国古代史学批评的产生、形成、发展和终结时期，并对各个阶段的标志与特征进行了阐述，对中国史学在漫长的发展过程中，逐步形成的一些基本概念和范畴（如史才、史学、史识、史德等观念，直书、曲笔、采撰、史法、史意、会通、断代等范畴），从现代意义上进行了科学的阐释，从而发掘出中国古代史学批评的价值。更值得一提的是，这部著作奠定了史学批评学

---

① 杨翼骧、乔治忠：《论中国古代史学理论的思想体系》，《南开学报》1995 年第 5 期。

② 瞿林东：《中国古代史学批评纵横·后记》，中华书局 1994 年版，第 270 页。

③ 参见王建辉《中国古代史学批评的萌芽与发展概说——从原始到唐代的刘知几》，《江汉论坛》1989 年第 8 期；游翔《中国古代史学批评发展概说》，《湖北大学学报》1996 年第 2 期；白云《中国古代史学批评的发展轨迹》，《社会科学战线》1998 年第 6 期。

科体系的基本框架。①

(四) 史学史研究视角的多元化

　　视野更加宽广和深入，从不同的角度来看待中国的史学，是这一时期史学史的研究中出现的一个特色。陈其泰《史学与中国文化传统》（书目文献出版社 1992 年版）提出"从文化的视角研究史学"，对史学和文化作出"双向考察"，他主张"结合各个时代的社会思潮、文化走向，来研究优秀史著的成就和价值，这是从文化视角研究史学。同时，通过总结中国史学的精华，进一步提高我们对中华民族优良文化传统及民族智慧的认识"。② 他的《史学与民族精神》（学苑出版社 1999 年版）一书亦遵循这种思路，从史学这一文化的重要载体中发掘出历代优秀史著中所蕴涵的我们民族的优秀精神。钱茂伟《民族精神的华章——史学与传统文化》（北京图书馆出版社 1999 年版）也力图在文化背景下对传统史学作出思考，总结传统史学的优良传统。

　　许凌云《儒学与中国史学》（山东大学出版社 1992 年版）是一部以儒学与史学的关系为着眼点来研究中国史学史的著作。以历史为线索，以思想为中心，以孔子、儒学与中国史学的结合点为重点，系统而扼要地叙述儒学与史学关系的历史进程与相互影响。

　　胡宝国《经史之学与文史之学》一文不是局限于史学本身的考察，而是通过"经史之学"与"文史之学"的变动来分析史学如何摆脱经学的附庸地位，由自在走向自觉。作者认为，魏晋南北朝时期史学的发展，历经了晋代的"经史之学"与南朝的"文史之学"前后相承的两个阶段。在经史分离中，随着今文经学的衰落，史学主动走向了独立。在文史分离中，文学正处于高涨阶段，人们越来越认识到文学的特性，逐渐把史学从文学中排斥出去，史学随着文学的进一步独立而被迫随之独立。③

　　《周易》是产生于历史大变动时期的著作，在中国史学史上，大史

---

①　参见田禾《建设当代史学评论学科的奠基作——读〈中国古代史学批评纵横〉》，《史学月刊》1995 年第 5 期。

②　陈其泰：《史学与民族精神·卷首识语》，学苑出版社 1999 年版，第 1 页。

③　胡宝国：《经史之学与文史之学》，《文史》1999 年第 2 辑。

家对《周易》都有精深的认识，直接影响到对历史的看法，进而影响到史学上的成就。① 关于易学与中国史学的关系，彭忠德《略论〈周易〉在中国史学史上的地位》②、吴怀祺《易学与中国史学》是这方面的专论。吴怀祺认为，易学的发展关乎中国史学的发展历程，对中国史学的发展产生过三次大的冲击，在先秦两汉时期为中国史学的诞生提供了思想基础；在魏晋时期，直接影响史家对历史的议论；在两宋时期，作为理学的要素，成为史学家、思想家的历史盛衰论、因革论的哲学基础，波澜所及，直至明清。

这些多角度的审视与研究，必将促进中国史学史的研究范围的扩大。

此四大趋势③，显示出中国古代史学史研究无论在广度还是深度上都出现了全新的变化，为中国史学史学科的进一步发展创造了广阔的前景。

三

进入21世纪，中国史学史研究的范围逐渐扩大，空白不断填补，短短的数年间，取得的学术成就令人惊叹，以下四个方面，是新世纪以来的史学史研究的突出特点和表现：

---

① 参见吴怀祺《易学与中国史学》，《南开学报》1997年第6期。

② 《湖北大学学报》1993年第3期。

③ 按：中国史学史的发展，20世纪90年代还有一个重要的趋势就是中国史学近代化进程的研究受到重视，即近代史学史研究兴起。1989—1999年的10年间，吴泽主编，袁英光、桂遵义著《中国近代史学史》（上、下册）（江苏古籍出版社1989年版），胡逢祥、张文建著《中国近代史学思潮与流派》（华东师范大学出版社1992年版），陈其泰著《中国近代史学的历程》，马金科、洪京陵编著《中国近代史学发展叙论》（中国人民大学出版社1994年版），蒋俊著《中国史学近代化进程》（齐鲁书社1995年版），张岂之主编《中国近代史学学术史》（中国社会科学出版社1996年版）等，都是关于近代史学和20世纪史学的著作。回顾和总结20世纪学术文化发展，自90年代中逐渐引起普遍重视，这类著作，王学典著《二十世纪后半期中国史学主潮》（山东大学出版社1996年版）和张书学著《中国现代史学思潮研究》（湖南教育出版社1998年版）为主要代表。因本文专论中国古代史学史，故不具论。

（一）纵横与开阔：中国史学史研究范围的不断拓展

这是新世纪史学史研究的总体面貌。陈虎《论中国古代史学的起源》（知识产权出版社 2006 年版），许兆昌《周代史官文化》（吉林大学出版社 2001 年版），彭忠德《秦前史学史研究》（湖北人民出版社 2004 年版），李小树《秦汉魏晋南北朝史学史稿》（人民大学出版社 2007 年版），胡宝国《汉唐间史学的发展》（商务印书馆 2003 年版），邱敏《六朝史学》（南京出版社 2003 年版），郝润华《六朝史籍与史学》（中华书局 2003 年版），岳纯之《唐代官方史学研究》（天津人民出版社 2003 年版），王盛恩《宋代官方史学研究》（人民出版社 2008 年版），燕永成《南宋史学研究》（甘肃人民出版社 2007 年版）、罗炳良《南宋史学史研究》（人民出版社 2008 年版），曹刚华《宋代佛教史籍研究》（华东师范大学出版社 2006 年版），傅玉璋、傅正《明清史学史》（安徽大学出版，2003），钱茂伟《明代史学的历程》（社会科学文献出版社 2003 年版），杨艳秋《明代史学探研》（人民出版社 2005 年版），侯德仁《清代西北边疆史地学研究》（群言出版社 2006 年版）、阚红柳《清初私家修史研究——以史家群体为研究对象》（人民出版社 2008 年版）等是这一时期出版的断代史学史著述，从先秦至明清各个时期，都有专门研究。关于史家的研究，有汤勤福《朱熹史学思想研究》（齐鲁书社 2000 年版）、任冠文《李贽史学思想研究》（广西师范大学出版社 2000 年版）、孙卫国《王世贞史学研究》（人民文学出版社 2006 年版）、白兴华《赵翼史学新探》（中华书局 2005 年版）、王记录《钱大昕的史学思想》（社会科学文献出版社 2004 年版）等著作。关于史书体裁，则有白云《中国古代史书体裁研究》（中国文史出版社 2002 年版）和谢贵安《中国实录体史学研究》（武汉大学出版社 2007 年版）。2008 年，上海东方出版中心出版了陈祖武的《中国学案史》，这实为一部"学术史之史"，对中国史学史研究而言，在研究方向上又有了新的推进。

史学理论的研究方面也取得了突出的成绩，罗炳良《18 世纪中国史学的理论成就》（北京师范大学出版社 2000 年版）比较全面地论述了清代康、雍、乾时期的史学在理论上的成就。瞿林东《中国史学的理论遗产》（北京师范大学出版社 2005 年版）对于中国史学著作中所涉及的历史理论和史学理论方面的诸多问题进行了深入的梳理，并由此提出了自己的见解，是目前为止第一部集中对中国史学发展中的理论问题进行系统研讨的著作。[1]

（二）理性与纵深：十卷本《中国史学思想通史》的出版

进入 21 世纪，作为史学史与史学理论的一个分支——史学思想的研究取得了丰硕的成果。自 2002 年开始，北京师范大学吴怀祺先生主编的《中国史学思想通史》由黄山书社陆续出版，2005 年，总论先秦卷（吴怀祺、林晓平著）、秦汉卷（汪高鑫著）、魏晋南北朝卷（庞天佑著）、隋唐卷（牛润珍、吴海兰、何晓涛著）、宋辽金卷（吴怀祺著）、元代卷（周少川著）、明代卷（向燕南著）、清代卷（王记录著）、近代前卷（陈朋鸣著）、近代后卷（洪认清著）全部出齐，将中国史学思想的研究推向了更深的层次。

本书特点之一是立足于世界史学的发展，科学地总结中国史学思想。在总论卷中，作者指出：不只中国史学要吸收外国史学特别是西方史学的精华，中国史学的精粹对于世界史学的发展和繁荣也有重要的意义[2]，从而对西方学人扭曲中国传统史学作出回应。中国古代思想中的精华，如历史变化的"趋势说"、历史运动的通变观、天人相关的思想、历史盛衰论中的"见盛观衰"思想、认识历史兴衰的民为邦本、民贵君轻的理念、风俗人心关乎国之盛衰的观点、关注历史前途的忧患意识，等等，无论是对发展中国史学还是思考当代世界史学发展的有关问题，都有重要的价值。书中也客观地分析了中国史学思想里的精粕，对于循环史观、天意史观、英雄史观等都作出了深刻的批判。

特点之二是贯通、融会，展现史学思想完整的发展历程。多卷本《中国史学思想通史》向我们展示了开阔的视野。全书重点考察的史学思想是史学史中的重要内容，但各卷著者显然没有将研究对象囿限于"史学史"本身所构成的史家、史著、史学活动等内容，而是将史学

---

[1]　参见邹兆辰《中国史学史研究中的理论审视——评瞿林东教授著〈中国史学的理论遗产〉》，《史学理论与史学史学刊》2004—2005 年卷。

[2]　吴怀祺、林晓平：《中国史学思想通史·总论先秦卷·导言》，黄山书社 2005 年版，第 8 页。

家、思想家、政治家的史学思想、历史观放在一起考察，进行总结和概括，这承袭了吴怀祺《中国史学思想史》的思想。各卷以社会背景、各朝代史学思想的总体发展线索为铺陈，以人物、史籍的史学思想、历史观为深入剖析的对象，做到了点与面、整体与个案的贯通和融会。

特点之三是把握史学思想的时代特色，展现史学思想的时代精神。抓住时代史学思想的主流，突出史学思想的明显的时代印记。注意各个时期不同思潮与史学思想的兴衰嬗递，相互激荡相互影响。

正如编者所言，《中国史学思想通史》的写作，是在从一个特定的视角尝试对中国史学进行一种总结，是对中华民族史学风采的长卷式的展示。这使我们可以骄傲地认识到，即使在 20 世纪西方史学传入中国后，传统史学仍然是珍贵的遗产。①

史学思想史是史学史的重要组成部分，史学的发展主要表现为史学思想的发展，而史学思想的进步，又总会促进史学的进一步发展。《中国史学思想通史》的写作着眼于发展 21 世纪的史学，拓展了中国史学史的研究领域，而且对中国思想史的研究，乃至整个中国古代史的研究皆会产生重大影响。

（三）翔实与精进：多卷本《中国史学史》的出版

21 世纪中国史学史编撰的突出成就是两部以集体之力编纂的中国史学史著作相继推出。2006 年 10 月，谢保成主编的《中国史学史》三卷本由商务印书馆出版，两个月后，白寿彝主编的《中国史学史》六卷本也由上海人民出版社出齐。这两部著述都是集体成果的结晶，分别集中国社会科学院历史研究所和北京师范大学众多史学史研究人员的力量完成。

继尹达主编《中国史学发展史》10 年之后，中国社会科学院历史研究所又推出了《中国史学史》的三卷本。这部著作从"史"的产生写至"新史学"的兴起与反思。在指导思想和阶段划分方面，基本遵循《中国史学发展史》一书的编写原则，同时结合 21 世纪史学的发展、学科建设情况，尽可能吸收了近 20 年间史学研究的最新成果。在注重

---

① 吴怀祺、林晓平：《中国史学思想通史·总论先秦卷·导言》，黄山书社 2005 年版，第 39 页。

史学理论和史学思想的同时，将基础理论、基础知识、基本史料尽可能融合在一起。充分利用了传统史书以外的其他材料，如甲骨卜辞、青铜器铭文、子部、集部等史料。①

本书的特点之一是按照史学自身发展的阶段性来进行划分，将中国史学的发展分为三个大的时期，第一至第四编"从'史'的产生到第一次系统总结"叙述先秦—中唐史学的发展，以《史通》的出现为中国史学形成时期的总结。第五至第十编"分支发展，各成系列"归纳出中唐—明末史学的特点。第十一至第十二编"古典史学终结，'史界革命'开始"为17世纪中叶至20世纪初叶的中国史学，论述的是"以史经世"到"稽古右文"的清前期史学和"增其新而不变其旧"的晚清史学。

特点之二是在按时段考察中国史学的发展时，重视史学基础理论的阐发，注重史学的分支发展、各成系列的特点。在基础理论方面，本书对历史、史学、史学史三者的关系与联系作出归纳和划分，而且概括了传统史学的四大基本特点以及史学传统的四大利弊。对同一时间跨度内的每一系列史学，则按照时间先后进行了系统的考察，着重于系列的形成与演变，最为突出的是其中对"三大史书系列"的叙述。

特点之三是关注各个时段新发生的史学现象。本书提出了很多以往史学史著述中很少涉及或完全忽视的一些问题，恢复了史学史著述写修史制度的做法，对宋、辽、金、元、明修史制度与国史纂修进行了专门探讨。这部著作探讨的许多论题，如汉魏时期史学、经学、文学的关系，中唐至明"文之将史"的倾向、史学通俗化趋势、校勘、金石、辨伪之学的兴起，佛教史籍与佛教史学等都具有开拓史学史研究新领域的意义。

白寿彝先生主编的《中国史学史》是继其主编22册《中国通史》之后的又一部史学巨著，历时20载完成，是迄今为止容量最大的史学史专著。以历史发展的时间为序，别为六卷，依次为：先秦时期·中国古代史学的产生、秦汉时期·中国古代史学的成长、魏晋南北朝隋唐时期·中国古代史学的发展、五代辽宋金元时期·中国古代史学的继续发

---

① 参见谢保成《中国史学史·导言》之《本书编写原则》；《中国史学史·后记——从中国史学发展史到本书的撰写》，商务印书馆2006年版。

展、明清时期（1840 年前）·中国古代史学的嬗变和近代时期（1840—1919 年）·中国近代史学，按历史时期和朝代更替展现中国史学史的发展历程。各卷基本结构和发展脉络的表述方面，大致遵循白寿彝先生在第一卷的导论中所提出的关于中国史学史撰写的总体思路，而在各卷具体的论述方面，则反映了该卷作者自己的学术积累和研究心得。这部史学史著作的特点与优胜之处，在于学术上的开拓新境，精义充盈。不仅富于创见，而且提出不少史学史研究的新视角。整部著作贯穿了白寿彝先生特别强调的"通识"精神，注重理论分析，评析透彻，博大精深①，为体现史学与时代相联系的中国史学史之佳构。

在编纂结构上，两部著述有着明显的不同。谢保成教授主编的《中国史学史》以史学自身发展的线索进行阶段划分，不以王朝兴亡为单元。白寿彝先生主编的《中国史学史》则以历史朝代划分，将史学的发展置于中国历史发展的长河中。我们知道，中国哲学史、中国文学史、中国思想史都早已有多种多卷本的大部帙的系统著述，这是该专业发展成熟、研究队伍宏大的体现。21 世纪这两部不同编纂方式的多卷本《中国史学史》的出版将持久地推动史学史学科的建设与发展。

（四）检讨与自省：史学史学科发展和史学史研究的总结

追溯到 20 世纪 20 年代史学史被作为近代历史学的一个分支学科明确提出，中国史学史的研究已经走过 80 年的历程。在 21 世纪，中国的史学史研究将面临什么样的任务？会遇到哪些挑战？将会呈现怎样的发展趋势？其发展前景如何？这些都是大家所关注和思索的问题。它们使新世纪的中国史学史研究呈现出一个重要的趋势，那就是进入了对中国史学史学科的发展道路和史学史研究进行总结的阶段。

对中国史学史学科发展的回顾和展望是 21 世纪史学史研究的一大特点，周文玖、张子侠《最近中国史学史学科的发展趋势及展望》（安徽史学 2003 年第 6 期），归纳了中国史学史学科自 20 世纪 90 年代以来的新进展，这些进展表现为对中国传统史学理论进行自觉研究；20 世纪史学成为研究热点；史学史分支学科的建设取得了进展；研究范围有

---

① 参见乔治忠《继之成之，三代学人协力；开焉拓焉，铺展专业通途——读白寿彝先生主编六卷本〈中国史学史〉》，《史学理论与史学史研究》2008 年卷。

了明显的扩大。其中具体展望了本学科以后的发展趋向，即继续扩展研究内容；更加关注现实史学的发展；加强研究机构和队伍的建设；在历史学专业的范围内普及中国史学史的教学；保持严谨扎实的学风。

瞿林东《近五十年来中国史学史研究的进展》（《史学月刊》2003年第10期）总结了新中国成立以来的50年间中国史学经历的两起两落的发展轨迹。《中国史学史研究八十年》（上）、（下）（《淮阴师范学院学报》2007年第2期、第3期）则自20世纪20年代中国史学史被提到专史研究日程上至今，将中国史学史研究的发展道路划分为草创时期（30—40年代）、沉寂时期（50年代）、活跃时期（60年代前期），再度沉寂时期（60年代中期—70年代中期）和发展时期（70年代末至今）五个阶段，对草创时期、活跃时期和发展时期，以及当前面临的问题和未来的前景进行了着重阐述，认为其间中国史学史的发展经历了两个马鞍形的演变轨迹。其中，对中国史学史研究之提出的学术背景、各个时期的史学史著述、学科发展特点进行了细致的分析，可以作为一部中国史学史学科的发展史来看。

姜胜利《中国史学史学科的发展与存在的问题》（《南开学报》2004年第2期）将中国史学史学科自20世纪20年代梁启超倡立至今的80余年的历史，以1949年为界分为旧、新两个阶段。认为，旧阶段的史学史学科，以西方资产阶级史学理论为指导，以史官、史家、史学的发展及当前史学的趋势为学科框架。新阶段的史学史学科，在唯物史观指导下，以历史观、史学思想、历史编纂学及史家活动等为研究内容，理论认识提高了一个层次。文章特别指出："（20世纪）50年代末至60年代中叶数年间的史学史热潮，不足以作为中国史学史学科发展的一个阶段，而只是新阶段中国史学史学科的起始。""（20世纪）60年代与80年代虽在时间上相隔20年，但所做的工作有密切的连续性，因此60年代上半期的四五年，只是新阶段中国史学史学科重建进程的开始，并不能成为一个完整的阶段，与80年代以来的中国史学史学科的发展连为一起，皆属于正在进行的'新阶段'。"

需要特别提到的是周文玖所撰《中国史学史学科的产生和发展》（北京师范大学出版社2002年版）一书，这是第一部系统总结中国史学史学科发展史的专著，本书论述了史学史学科的产生和发展历程，对史学史学科的基本理论问题进行了深入的思考，揭示了史学史的学科性质及其科学价值和社会价值。其后他又出版了《史学史导论》（学苑出版社 2005 年版）一书，上篇"学科理论"阐述了史学史学科的基本理论；中篇学科专史系统地梳理了中国史学史学科的学术谱系，以专题的形式研究了梁启超、朱希祖、李大钊、何炳松、朱谦之、魏应麒、王玉璋、金毓黻、白寿彝等人对史学史学科的贡献；下篇 20 世纪的中国史学，涉及 20 世纪中国史学研究中的几个问题。上、中两篇具有史学史学科专史的性质。

21 世纪的中国史学，在当今的中国社会中仍然有它固有的重要地位，其基本走向仍将是在马克思主义唯物史观指导下进行创造性研究，开辟新的领域，攀登新的高峰。① 鉴于此，许多学者提出了创新史学史研究的设想。瞿林东在《史学史研究的过去和未来》一文中回顾了 20 世纪前半期、后半期中西史学史研究水平的升降，认为 21 世纪史学史的研究要在理论探讨上有新的突破，还要在中国多民族史学的发展上下功夫，还着重指出，史学史研究具有突出的学术价值和社会价值。吴怀祺《新世纪史学史研究的若干思考》在对传统史学的总结，对中国近现代史学史的研究，21 世纪当代史学史的总结与研究三个方面为新世纪史学的发展方向提出了三条思路。许凌云认为，注重跨学科的综合研究越来越迫切，在 21 世纪开创史学史研究的新局面，很重要的一点是要加强"经史"、"文史"、"子史"等关系的研究。张子侠《史学史学科发展的新趋向》认为，在 21 世纪，史学史研究将由封闭走向开放，必须加强研究的内外交流。②

在史学史学科的建设方面，乔治忠提倡将史学史的研究置于学术史的角度进行审视，要建设中国史学史学术体系③，这对今后的中国史学史学科的进一步发展具有深刻的启示价值。

一个学科越成熟越发达，越需要进行总结和反思，反之，反思与总结也是一个学科发达与成熟的表现。新世纪的这些现象，显示了史学史

---

① 瞿林东：《论史学在社会中的位置——为中国史学步入 21 世纪而作》，《史学月刊》2001 年第 1 期。

② 以上文章均见《走向 21 世纪中国史学史研究笔谈》，《淮北煤师院学报》2000 年第 3 期。

③ 参见乔治忠《论中国史学史的学术体系》，《史学理论与史学史学刊》（2002 年卷）；《论学术视野下的史学史研究》，《南开学报》2004 年第 2 期。

学科发展的良好前景。

四

　　以上是近三十年以来中国史学史的发展趋势，我们看到，三十年间的中国史学史研究展现了史学史学科从恢复到发展到成熟的轨迹，它在不同的时段呈现出不同的发展趋势和方向，展示出不同的面貌，反映出了史学与时代的密切联系。

　　"述往事，思来者"，总结过去，是为了着眼于今天。不可否认，在21世纪，史学史的研究也将面对众多的问题和挑战。就具体的研究而言，有许多问题需要解决，研究领域的不均衡、理论研究相对贫弱、制度研究不够、贯通综合研究欠缺、重复研究，等等，都需要引起我们的重视。更为严峻的是，在市场经济条件下，在知识经济发展趋势和经济全球化趋势之下，史学应有的社会价值和社会地位受到质疑，所以，"史学在社会中的位置"这个问题，尤其需要我们进行深入的思考。①

　　20世纪90年代初，白寿彝先生指出，"史学史是一门在建设中的学科，从近年发展的形势来看，这门学科还需要历史文献学史、历史思想史、历史编纂学史、历史文学史、史学比较研究等分支学科的建设。"② 可见，大力发展史学史的各分支学科，应当是完善这门学科的必由之路，这在21世纪的今天，亦是如此。而且在史学史的研究方面，创新、贯通和开放的理念则必不可少。

　　创新：学术开新才有生机和活力，新领域的拓展、新方法的引入是创新的前提。目前，加强民族史学的研究、比较史学研究、历史学各学科史的研究应是一条创新之路。

　　贯通：史学史研究必须要具备"通识"。"究天人之际，通古今之变，成一家之言。"这是中国"史学之父"司马迁提出的著述宗旨，今天，史学史研究中，要写出在思维方式和表现形式上都能影响深远的传

---

　　①　瞿林东：《中国史学研究八十年》（下）之《面临问题和未来前景》，《淮阴师范学院学报》2007年第3期。

　　②　吴怀祺：《宋代史学思想史·白寿彝序》，黄山书社1992年版，第1页。

世史著，仍须遵循这种宗旨。

开放：要求我们有国际的视野。若将中国史学置于世界史学的发展背景下，我们会发现广阔的空间。在注重研究中外史学交流的同时，尤应重视外国学者的中国史学史研究，这一研究视角对我们重新认识中国史学有重要的实践意义。①

总之，美好的发展前景需要我们去努力去实现，巩固和提升中国史学史的学术地位，需要我们继续开拓和发掘。

---

① 参见朱政惠《海外学者的中国史学的研究及其思考》（二），《史林》2006 年第 6 期。

改革开放三十年的中国文化史研究

王 艺

一 概念的提出与理论的建设

探讨改革开放三十年来文化史研究的成果，与其他专门史或断代史有一个很大的不同。其他的专门史或断代史大多在改革开放之前，在国内外的学术界，已经是成熟的学科了，而即使个别学科如"社会史"由于种种原因在中国大陆的改革开放之前也没有成为独立学科，但其在西方史学界，却不但是成熟的学科，而且俨然已经成为显学，起码可以为我们的新学科建立提供一定的坐标和参照系。

唯独文化史学，在中西方的史学界都是从 20 世纪七八十年代开始兴起的（西方学界当时兴起史学新潮流被称为"新文化史"学，以区别于 19 世纪的"旧文化史"学），而 20 世纪的后 20 年，虽然是我们睁大眼睛，放开怀抱，努力吸收西方学术成果的两个 10 年，但在史学方面主要的关注点大都放在了西方史学界当时已经拥有相当多成熟硕果的社会史学领域，对于正在成长中的"新文化史"学并未重视。因此中西两方面的文化史学研究在那 20 年中并没有发生什么有益的互动。20世纪 80—90 年代初，中国大陆的文化热，文化史热也曾蓬蓬勃勃，但是到了 21 世纪我们才刚刚开始有意识、系统化地引入西方"新文化史"学研究成果的时候，我们的文化史研究却面临着既没有确立本学科的学术规范，又没有建立起学科体系，而且随时有可能被消解的尴尬境地。

甚至到现在我们还说不清什么是"文化"，什么是"文化史"。

（一）什么是"文化"，什么是"文化史"

"文化"一词在中国古代本指"以文教化"，与武力征服相对应，即所谓的"文治武功"，最早在西汉已经使用了。但是现在使用的"文化"一词，含义却与之不同。我们今天所说的"文化"是19世纪国门初开，西风初渐的时代，由日文转译过来的，源出拉丁文的cultura。那个时代一批借我国古文原有之词，由日文转译的西文词汇，如民主、民族、文化、知识分子，等等，现在都成了语意模糊，形态尴尬的概念，这类词汇似乎都面临同一种状态，即看似谁都明白，一追根溯源，却发现中西方文化、古代与现代文明相纠缠，导致越解释越糊涂。

18世纪中叶，法国的启蒙运动大师伏尔泰（1694—1778）在他的《论各族的风尚与精神》（又译《论风尚》）一书中提出了撰写文化史的必要性。100年后，到19世纪中叶，欧洲的历史学界才产生了真正的文化史运动，出现了关于文化史方面的专著。当时这一新兴的历史学潮流主张冲破传统历史学仅关注政治、军事历史的狭窄范畴，将历史研究的领域拓展到人类活动的各个方面。到了20世纪的七八十年代，欧美史学界又在"文化转向"（或称"语言学转向"）思潮的推动下全面展开了"文化研究"和"新文化史"学的热潮。

这样一种对历史学不断推进和改变的要求总是与社会政治、经济的变化息息相关。这种用文化史的观念重新观察和写作历史的思潮在中国百多年现代学术建立以来也出现过两次。第一次在20世纪初，从辛亥革命到五四运动是其发轫，先有梁启超批判旧史学为"君史"，二十四史是"二十四姓帝王之家谱"，并指出旧史学的"四弊二病"："知有朝廷而不知有国家"、"知有个人而不知有群体"、"知有陈迹而不知有今物"、"知有事实而不知有理想"，从而生出"能铺叙而不能别裁"、"能因袭而不能创作"两大病端，遂造成难读、难别择、无感触三恶果，因而倡导"新史学"（梁启超：《新史学》，《饮冰室合集·文集之九》）。

1924年泰东图书局出版顾康伯《中国文化史》，20世纪30年代还曾经出版过卷帙浩繁的文化史丛书，在经学、理学、法律、政党、交通、婚姻、算学、医学、商业、绘画、陶瓷、民族、考古、优伶、娼妓等范畴，皆有专书出版。

在引入西方文化理论进行文化史研究方面，有五四期间，吴宓、梅光迪等人从美国引入新人文主义，实践了白璧德（Irving Babbitt，1865—1933）的文化史研究理论，柳诒徵、陈登原所各自撰著的《中国文化史》注重精神、思想和伦理的作用，又注重研究并揭示民族文化精华和特性，同时采用批评与实证的方法，回应了新人文主义的思想。[①]

柳诒徵著《中国文化史》称："世恒病吾辈史书，为皇帝家谱，不能表示民族社会变迁进步之状况。实则民族社会之史料，触处皆是，徒以浩穰无纪，读者不能博观而约取，遂疑吾国所谓史者，不过如坊肆纲鉴之类，止有帝王嬗代及武人相斫之事，举凡教学、文艺、社会、风俗以至经济、生活、物产、建筑、图书、雕刻之类，举无可稽。吾书欲祛此惑，故于帝王朝代、国家战伐，多从删略，惟就民族全体之精神所表现者，广搜而列举之。"[②]

据中国社会科学院近代史所的闻实编录的《八十年来有关中国文化史论著资料目录》收录辛亥革命前后至 1983 年国内发表的有关中国文化的著作、论文和资料，[③] 从国人最早探寻中西文化特质的专著，梁漱溟《东西文化及其哲学》在 1921 年出版以来，60 年间关于中国文化史的综合性著作计有 134 种：新中国成立前内地出版的有 46 种；港台地区出版的有 54 种；外国学者撰写的 32 种；新中国成立前后内地出版的仅 2 种，分别为蔡尚思的《中国文化史要论》和李泽厚的《美的历程》，其中前者重在文献评介，后者则是一本关于审美意识发展史的著作。

改革开放之后，文化史的研究和写作蔚然成风，关于这一方面将在本文的第二部分进行介绍，可惜在众多的著述论文中，关于理论方面的探讨不但数量少，而且深度不够。

对于"文化"作为一个名词在语源学上的追溯，以及对"文化"作为一个概念在内涵和外延方面的探讨，中西方学者都有诸多论述。早在 1982 年，就有黄沫先生辑录了西方学者眼中的《什么是文化和文化史》[④]，而在 20 世纪 80 年代的文化史研究著作中，几乎每个作者都会追

---

① 关于白璧德对学衡派文化史观的影响可参看段怀清《白璧德与中国文化》，首都师范大学出版社 2006 年版。

② 柳诒徵：《中国文化史·前言》，中国大百科全书出版社 1988 年版。

③ 《中国文化研究集刊》第 3 辑，第 494—525 页。

④ 黄沫辑录：《什么是文化和文化史》，收入《中国文化研究集刊》，复旦大学出版社 1984 年版。

溯一下"文化"一词在西方语言中的起源和发展，以及晚清民初"文化"作为现代词汇进入中国的白话文之后被使用的状况。但是这个问题讨论了 30 年似乎仍然没有达成共识，以至于近两年仍然有学者针对中国文化史研究中的基本概念问题，不断撰文探讨。比如黄兴涛《晚清民初现代"文明"和"文化"概念的形成及其历史实践》（《近代史研究》2006 年第 6 期，第 1—34 页）；刘象愚《文化观念的演化》（《学术界》2006 年第 3 期，第 7—24 页）；李醒民《论文化的固有特征和研究进路》（《社会科学论坛》2005 年第 7 期，第 5—20 页）等。这几篇文章都是近两年发表的，也都重复探讨了"文化"一词在西方语言中的起源和发展，以及晚清民初"文化"作为现代词汇进入中国的白话文之后被使用的状况。不过也都有较新的研究思路，和相对开阔的视野，其中黄文更多注重我国近代史上使用"文化"和"文明"观念的历史实践，并对这两个概念进行了甄别；而刘文在介绍了我国近代学者文化史研究的实践之外，还介绍了西方文化史研究中所引入的文化人类学对"文化"的观念；李文则着重译介了西方"文化学"对"文化"的观点和研究思路。

20 世纪 80 年代以来这些文章和专著的作者都提出了各自对"文化"的定义及其特征，每个人之间的观点有重合，也有区别，但最重要的是，各人的立足点完全不同，足可以看出尚未实现一个学科内部的共识。

这些对文化定义的讨论虽然说法各异，莫衷一是，但集中起来主要就是两种观点，即：究竟是将"文化"视为相对于政治、经济、宗教、学术以及艺术等的狭义文化现象，从而把"文化史"看作是部分地或综合地记述该类历史的一种特殊史，还是赋予"文化"以更广泛的含义，认为它包括人类的活动及其成果的一切。①

1997 年国务院学术委员会制定的旨在规范学科体系的专业目录中，文化史被列在"专门史"之下。似乎是意在将"文化"视为相对于政

---

① 本文的写作是以中国大陆的史学研究为背景，以总结改革开放三十年史学研究的成果为立足点，致力于总结三十年来大陆文化史学研究的现象和成果，不想再为原本纷繁复杂的定义再加一层说法，因此不以提出新的定义或概念为目的，也无意评判哪位研究者的观点为标准答案，只是在主观的挑选之下作尽量客观的介绍。

治、经济、宗教、学术，以及艺术等的狭义文化现象。而 1999 年第四版的《中图法使用手册》又把"文化史"交叉列在了 G（文化）类和 K（历史）类之下。① 如果我们在图书馆按照这样的分类目录去寻找有关中国文化史方面的著作的话，会发现基本上都是些对应广义"文化"概念的通史、概述类作品，而对应专业目录定义的"专门"类作品，如礼仪、器用、民俗、服饰、饮食文化等书目却被分散消化到了诸如"风俗习惯"、"考古"，甚至工业技术类的"服饰"、"食品"这些名目之下了。这样无奈尴尬的划分不得不说是令文化史研究者们感到遗憾的事情。

（二）对"文化史"学的研究对象与研究方法的探讨

对于中国文化及文化史研究进行理论探讨像对其进行定义一样，也大多是在文化史著作的前言中完成的，而真正针对理论建设的专著或专论从 20 世纪 80 年代起就不太多。专著如张岱年、程宜山合著的《中国文化与文化论争》（中国人民大学出版社 1990 年版）②，既在书中表达了作者的文化观，也探讨了中西文化的基本差异，中国传统文化的体系结构和类型，中国文化的发展演变、重要成就以及严重缺陷，还追溯了 16 世纪以来的中西文化论争，并且明确指出中国传统文化的核心是中国传统哲学。

比张、程之作晚了十几年的邵汉明主编的《中国文化研究二十年》（人民出版社 2003 年版）一书多达 70 多万字，该书的介绍是这样写的："20 世纪最后 20 年的中国文化研究和文化论争在中国文化的历史发展中是一个重要阶段，起着承前启后的作用。本书首次就 20 年来中国文化研究和讨论的情况作出全面、系统的回顾和总结，试图理清文化论争的脉络和轨迹，指出各种理论的长短得失，并对深化中国文化研究提出建设性、前瞻性看法。"

这本书与前书有着非常相似的构思，书分上下两篇，上篇部分介绍

① 陈利媛：《文化史图书资料分类新探》，《武汉交通管理干部学院学报》2001 年第 1 期，第 62—65 页。

② 该书于 2006 年以《中国文化论争》为题，与三十年代一批文化史类书籍如陈序经的《中国文化的出路》，韦政通的《中国文化与现代生活》等书共同组成"文化要义丛书"，又由人民大学出版社重新排印出版。

中国文化研究 20 年的成果，但其目录却是：道家文化、儒家文化、墨家文化、法家文化、兵家文化，以及道教文化、佛教文化和现代新儒家文化的研究，虽然对 20 年来这些领域的各家观点学说有着非常全面详细的罗列和陈述，但很明显，编者的关注点仅仅局限在了思想文化史的研究领域，而忽略了"文化"广泛的内涵和外延，可见是书的编者继承了张、程的文化史观，认为中国传统文化的核心就是传统哲学。该书致力于探讨文化研究和文化论争的理论部分即下篇，确实是作出了相对全面和系统的回顾和总结，讨论了"文化理论"的若干问题，既界定了"文化"的概念，又探讨了"文化"的本质、特征、结构、功能、模式、类型，以及文化评价的标准和文化发展的机制，等等；该书还以 20 世纪 80 年代的"文化热"和文化论争为基础，搜罗了 20 世纪后 20 年中国文化研究的大量成果进行分述和讨论，基本上囊括了当时的重要主题，如传统文化与现代化关系的研究，中国文化精神的研究，对五四精神的文化反思，中西文化的比较，马克思主义与中国民族文化关系的研究等。

这两本书还有一个共同特点，即作者长篇大论地谈论中国古代文化史，但其真正的兴奋点不在历史，不在知识，不在学理，而在现实，或者说未来。两书最终的结论都是要提出前瞻性的文化建设理论，而不是文化研究的理论。前书提出"综合创造论"的文化主张，而后书则提出了坚持以马克思主义为指导，坚持为人民服务、为社会主义服务的方向，坚持双百方针的有中国特色的社会主义文化建设理论。

真正完全针对"文化史"研究理论的作品，可以说目前国内尚无专著出版，倒是日本的文化史学家石田一郎的著作《文化史学：理论与方法》先是被台湾学者翻译出版后，又两度在大陆出版。石田氏理论其实是以文化史统领了整个历史研究的领域，"文化史学的基础概念既是经济史、社会史的基础概念，又是政治史的基础概念，同时也是思想史、美术史的基础概念……文化史学可以真正统一美术史学、文艺史学、宗教史学以及政治史学、经济史学，它比之特殊史学是更为根源的历史学，所以能够从目前历史学的分解作用中解救历史学和历史学家"。①

国内学者，尤其中国古代史学的工作者往往重视实践远远多于理

---

① ［日］石田一郎著，王勇译：《文化史学：理论与方法》，台北：淑馨出版社 1994 年版，第 183—184 页。

论，因此即使在理论著述中通常也是理论与实践并重，前面提到的邵氏主编的一书即是例证之一。另外还有冯天瑜先生曾经一版再版的论文集《明清文化史札记》（上海人民出版社 2006 年版）①，作为前言的纲领性理论文章是作者在 20 世纪 80 年代初曾发表过的论文《文化·文化史·明清文化史》。② 该文论述了中国文化史的研究对象以及明清文化史的特色，提出了从文化史的角度对中国古代史进行分期的观念，在当时还是很有启发意义的。不过要作为文化史研究的理论指导是远远不够的。③ 再如陕西学者常金仓的专著《穷变通久——文化史学的理论与实践》，前半部分论其自己的文化史学理论，后半部分则集合了几篇同作者先秦史研究的论文作为实践的样板，并提出"文化史学乃是史学的一种研究策略"④，但纵观全书，却并未见到作者提出具体的研究策略，而其实践也与常见的先秦史研究无甚差别。

相对于专著，论文方面的理论探讨略显活跃一些，而且大多提出要以引进西方的"文化研究"以及"新文化史"的理论作为中国文化史学理论建设的方向。早期的文章如吴廷嘉、沈大德《文化学和文化史的研究对象及其学科特征》（《人文杂志》1987 年第 5 期，第 7—15 页），曹大为、曹文柱《关于中国文化史学科建设的若干构想》（《北京师范大学学报》1988 年第 6 期），陈启能《当代西方史学的演变与中国史学》（《史学理论研究》1995 年第 2 期，第 67—77 页）；近期的有张广智《西方文化形态史观的中国回应》（《复旦大学学报（社会科学版）》2004 年第 1 期），何晓明、王艳勤《文化史研究向何处去》（《学术月刊》2006 年第 6 期，第 13—17 页），张昭军《"文化研究"理论与中国文化史研究》（《理论学刊》2006 年第 1 期，第 97—102 页）等。但是这些学者往往是专业的西方历史或西方史学理论的研究者，虽然对欧美

---

① 该书分别在 1984 年、1998 年以《明清文化史散论》为题由华中理工大学出版社出版（原名华中工业学院出版社）。

② 冯天瑜：《文化·文化史·明清文化史》，《武汉师范学院学报》1983 年第 1 期，第31—38 页。

③ 关于作者对中国古代文化史分期问题的探讨还可参见冯天瑜、杨华《中国古代史分期刍议》，《学术月刊》1998 年第 3 期，第 54—62 页。

④ 常金仓：《穷变通久——文化史学的理论与实践》，辽宁人民出版社 1998 年版，第 36 页。

比较新潮的史学理论非常了解，在引进上所做的工作值得称赞，但是在与中国历史研究的实际情况相结合的方面就缺乏建树了。

文化史研究的理论建设状况目前虽然还很不乐观，但是实践性的研究成果却已经蔚然大观，因此有学者乐观地评价说："文化史自兴起以后，至今不衰，虽然中间有所起伏，但总的说来，有关的著述层出不穷，讨论的问题既广又深，研究的领域不断拓宽，发展势头始终未减。从研究领域来说，文化史涉及的面已相当广泛，纵向上从古至今，横向上不仅包含传统的文献典籍、文化传统、文化制度和各代学人的思想研究等内容，而且包括社会生活风尚、大众生活方式，以及社区文化、企业文化、校园文化、服饰文化、饮食文化、茶文化、商业文化、旅游文化、地域文化、科学文化等等。从讨论的问题来说，也是不胜枚举……关于文化史的性质、学科建设和今后发展等问题，也是仁者见仁，智者见智，引起了热烈的讨论。这些情况足以说明历史学在新时期的深刻变化，说明它对自己学科特性的回归，并正在努力按照社会的需要和自身学科建设的需要不断发展自己。"①

因此我们还是应该来认真梳理一下改革开放三十年来，中国古代文化史研究的实际成果。

二 改革开放三十年文化史研究的成果

（一）作为通史的文化史

20 世纪 80 年代的"文化热"很多人到现在仍然记忆犹新，这个热潮更多的是一股"文化大革命"后痛定思痛的社会思潮。在学术，或者说在中国历史学方面，则表现为很多学者厌倦了长期以来教条化的宏大叙事所赋予历史的一贯性和目的性，甚至对其产生质疑。

学者一般都公认这股热潮的揭幕当属 1982 年 10 月中国科学院《自然辩证法通讯》杂志为响应联合国教科文组织编写《中国古代科学技术史》的需要，召开"中国近代科学落后原因"的学术讨论会，提出

① 陈启能：《近 20 年中国历史学的新发展》，《世界历史》1999 年第 3 期，第 74—82 页。

从文化传统探索近代中国科学为什么落后的课题。同年 12 月，在上海复旦大学举行了一次"中国文化史研究学者座谈会"，并在随后出版的《中国文化研究集刊》上发表了《中国文化史研究学者座谈会纪要》，"应邀出席座谈会的，有来自北京、上海、天津、广州、济南等地三十多个单位的著名学者和中年专家，分别属于思想史、哲学史、科学史、文学史、艺术史、宗教史、中外关系史、考古学、文物学、古文献学等十多门学科"。会议指出："忽视中国文化史的历史全貌开展总体研究的结果，不仅妨碍各种学科的研究向纵深发展，更加妨碍我们从总体上认识中华民族的灿烂文明"，"不了解一种文化的历史过程，就很难了解一个民族一个时代的整个精神状态，也对深入了解那个民族那个时代的社会全貌极为不利"。①

1983 年 9 月 28 日《光明日报》发表的《关于文化史研究的初步设想》，是新中国成立以来见诸报端的从总体方面研讨文化史的首篇文章。从 1984 年始，新中国成立以来第一批文化史研究专刊《中国文化》研究集刊，《中国近代文化史研究专辑》问世，几年后又有《中国文化研究》、《东方文化》等期刊出现；大型文化史丛书，上海人民出版社的《中国文化史丛书》、中华书局的《中华近代文化史丛书》付排，而诸如"中国近代文化史丛书"、"二十世纪文库"、"蓦然回首丛书"等，都是在追溯过往的文化，有关文化史的专论、专栏遍及各大报刊，民间文化团体、文化沙龙蓬勃兴起。大家纷纷来讨论什么是传统文化，传统文化的基本特征和主干又是什么，而传统文化与现代化又有着什么样的关系，并深入到价值取向、文化心态、思维方式等深层的问题。可谓众说纷纭。②

总体来讲，当时的文化史著作最重要的特色就是注重于对中国传统文化整体性的描述，急于与西方文化传统作整体性的比较，为未来的发展找到出路。这也是当时国门初开，众多中青年学者背负着诸多痛

---

① 《中国文化史研究学者座谈会纪要》，《中国文化》研究集刊第一辑，复旦大学出版社 1984 年版，第 1—23 页。

② 对于 20 世纪 80 年代"文化热"较为详细、全面的介绍可以参见这场文化运动、社会思潮的亲历者刘志琴的《中国文化史》，收入肖黎主编《中国历史学四十年（1949—1989）》，书目文献出版社 1989 年版，第 419—438 页，以及朱维铮《中国文化研究的新进展》和郭双林《20 世纪最后 20 年文化讨论之检讨》，《河南大学学报（社科版）》2004 年第 5 期，第 40—46 页。

苦的记忆，带着沉重的使命感，急于反思、急于走向世界，走向未来的一个表现。20 世纪 80 年代的学者怀抱着那个时代特有的自信和激情，认为当时的文化研究之超越五四时代的成就在于"唤起跪着的奴隶站起来，打碎封建制度的镣铐，恢复人的地位。（20 世纪）80 年代人的主体性思潮，是要求人的自我实现，转换人的观念，提高人的价值，发挥人的潜能，逐步实践马克思指出的，共产主义社会的基本原则是'人的全面而自由的发展'，是更高层次的人的觉醒运动。这是五四英烈们梦寐以求而又不能企及的新高度。历史把这样的重任，赋予了我们这一代"。①

正如当时的学者所总结的："传统文化与现代化的研究热，实际上是围绕人的观念变革问题而对传统的反省。经济体制的改革，对生产力的进一步解放，从更广阔的领域调动了人的主体性。这一切都表明人的主体性的觉醒，已成为社会性的思潮。这是发展中国家迈向现代化，必须要在精神上彻底走出中世纪的必经途程。"②

20 世纪 80 年代初兴起的研究和写作热潮真正形成出版热潮则是在 20 世纪 80 年代末到 90 年代中期，以中国文化史为名的著作在这一时期大量涌现，这些作品关注的主要议题是如何估价中国传统文化、如何看待中西文化的关系和中国文化的未来走向，因此大多的所谓"文化史"，其实就是换一个角度写作出来的中国通史。这类著述的代表作如：冯天瑜、周积明、何晓明合著，曾一版再版的《中华文化史》（上海人民出版社 1990 年版）；刘蕙孙《中国文化史稿》（文化艺术出版社 1990 年版）；多人合著十卷本的《中华文明史》（河北人民出版社 1989—1993 年版）；张凯《中国文化史》（燕山出版社 1992 年版）；徐明仪等《中国文化史纲》（河南大学出版社 1992 年版）；吴方撰文、齐吉祥配图的《中国文化史图鉴》（山西教育出版社 1992 年版）；张维青、高毅清《中国文化史》（山东人民出版社 2002 年版）等。③ 其中冯著《中华文

---

① 刘志琴：《社会史的复兴与史学变革——兼论社会史和文化史的共生共荣》，《史学理论》1988 年第 3 期，第 13—22 页。

② 同上。

③ 关于 30 年来以"文化史"为名的著作甚多，在此不一一罗列，如果需要更多的书单不妨参看李平《建国五十年来中国文化史研究的回顾与反思》，《学术界》2002 年第 6 期，第 253—261 页。

化史》影响较大，提出了中华文化的生态环境论，在当时算比较具有新意。但是这些文化通史类的著作其实不妨称之为改头换面的通史，只不过略微强调了一些文化方面的描述，但是对于文化在历史中的主体性创造并没有真正关注，因此使得文化史的研究又一次陷入空疏的宏大架构，从而失去了文化史观念进入史学领域的真正意义。

另外，还有限定了时间的断代文化史，比如万绳楠《魏晋南北朝文化史》（黄山书社 1989 年版），熊铁基《汉唐文化史》（湖南出版社 1992 年版）等。或限定了空间的地域文化史，比如徐吉军《浙江文化史》（浙江人民出版社 1992 年版），多人合作的《安徽文化史》（南京大学出版社 2006 年版）等。再或者限定了人群的民族文化史，比如李德洙主编《中国少数民族文化史》（辽宁人民出版社 1995 年版），张佳生主编《满族文化史》（辽宁民族出版社 1999 年版），丁守璞等《蒙藏关系史大系·文化卷》（西藏人民出版社 2000 年版）等。这些作品大多可以看作偏重于文化方面的断代史或者地方史、民族史。

而 20 世纪末由全国近 200 位专家历时 8 年写就，由上海人民出版社出版的全 101 卷的《中华文化通志》则把上述所有内容都囊括在内了，全套通志共 101 卷、4000 余万字，包括序卷和十典百志，既有断代文化史的"历代文化沿革典"，也有地域文化史和民族文化史的"地域文化典"及"民族文化典"，更有"制度"、"教化"、"艺文"、"科学"等专门范畴类的典志，内容之全面广泛，如果我们不为文化史研究探索新的研究思路的话，那么这部伟大的通志恐怕会成为中国文化史的终结之作了。

（二）作为专门史的文化史

改革开放以来文化史研究在另一方面的诸多成就则是史志类的专史研究。比如阴法鲁、许树安主编《中国古代文化史》（北京大学出版社 1989—1991 年版）；李宗桂《中国文化概论》（中山大学出版社 1988 年版）；谭家健主编《中国文化史概要》（高等教育出版社 1988 年第一版，1997 年增订）；胡世庆等《中国文化通史》（浙江大学出版社 1996 年版）；李建中主编《中国文化概论》（武汉大学出版社 2005 年版）。还有以工具书的形式出现的涂文学、张乐和《中国古代文化知识百题》（工人出版社 1988 年版）；杨金鼎主编《中国文化史词典》（浙江古籍出版社 1988 年版）。

更大型的还有由商务印书馆、中共中央党校出版社、天津教育出版社、山东教育出版社联合出版的《中国文化史知识丛书》（1998）。该丛书侧重于物质形态文化发展过程的溯流探源，既有分门别类的选题（如缪启珊《中国古建筑简说》、刘申宁《中国古代兵器》、李发林《中国古代石刻丛话》），也有断代研究的选题（如徐鸿修《商周青铜文化》）。还有专题史和典章制度史的编著，如项观捷《中国古代数学成就》、李威周和刘志义《中日文化交流史话》、于培杰《辉煌的古代音乐》、陈梗桥《书法源流概谈》、周国荣《中国历代官制纵谈》、盛奇秀《中国古代考试制度》等。

总体来讲，这一类著作都秉承我国史志写作的传统，不以时间、空间为限定，而是以人类活动的层次和领域为限定，在相对大范畴内进行描述的文化史。比如阴、许二位先生主编的《中国古代文化史》，全书共分三册，作为大学文科的专业教材，全书致力于全面系统地介绍中国古代文化的方方面面，内容包括各主要民族的形成过程、分布地区、社会生活、历史贡献以及迁徙流动等情况；介绍了古代人的日常生活方面的农业生产、纺织工艺、建筑艺术和交通工具等；在古代典籍和思想方面，介绍了汉字的起源和演变、书籍制度和历史上有广泛影响的儒学；在古代制度方面，介绍了婚姻制度、家族制度、丧葬制度、官制、选举及科举制度、礼仪制度、货币制度等；在古代器物方面，介绍了礼器、兵器和日用器物等；在古代礼俗方面，介绍了礼仪制度、宗教、民间神道、民间禁忌、民间节日等；在古代地理学方面，介绍了地理学的发展状况，历代行政区划沿革；在古代艺术方面，介绍了陶瓷、髹漆、绘画、书法、音乐、建筑等；在古代科学技术方面，介绍了科学技术的重要成就、天文历法及度量衡制度等。

再如杨金鼎主编《中国文化史词典》收录词目四千多条，分为史前文化、民族、朝代、历史地理、名胜古迹、宗法、礼俗、节庆、服饰、饮食、宫室、器用、交通、田制、盐制、工商、赋役、货币、经济、天文历法、科技、历代兵制、兵器战具、职官、科举、教育、法律、哲学、经学、宗教、文学、戏曲、音乐、舞蹈、美术、书法、篆刻、文字、音韵、训诂、版本校勘、史学体裁、体育武术博戏、姓名字号避讳、中外交通、中外文化交流等 47 个门类。

这两部大型著作的分类虽然看起来有些杂乱，但是也相对比较全面，可以想见编者在编排过程中的辛苦，也见证了文化史研究自身的不规范性。

再如21世纪以来，人民出版社推出的"中国文化新论丛书"，其中包括的若干专史类文化史著作如《书法与中国文化》、《京剧与中国文化》、《围棋与中国文化》、《孝与中国文化》、《礼仪与中国文化》、《禁忌与中国文化》，等等。作为一系列面对广大文史爱好者的文化普及读物，固然内容充满趣味，语言清新活泼。其中有几位大家的作品，如欧阳中石《书法与中国文化》和徐城北《京剧与中国文化》，由于作者有着多年深入研究的功力，因此即使是普及读物也显得底蕴深厚。但是有些选题因为尚缺乏坚实的学术研究基础，使得原本富有特色的内容在论述方面显得浮泛。这种情况就更加催促着从事文化史研究的学者放宽视野，深入研究。

如果说上述几部大型史志类的文化史致力于全面介绍和描述中国古代历史中出现的各类文化现象，那么针对其中某一领域的文化现象进行深入研究的著作当然也应该算是文化史研究的范畴了。然而有趣的是，事实并非如此。比如"职官"一项，放到"中国古代文化史"中算作一个门类，是不会有异议的，但是如果单独拿出来写作一部专著，就会很自然地被归入"政治史"和"制度史"的门下。而那些被称为"文化史"的专史著作往往是一些新兴的，或者边缘的学科门类，在传统的史学分类中难以找到自己的位置，于是就会很自然地被归入了"文化史"。

这一类著作如沈从文主编《中国古代服饰研究》（商务印书馆香港分馆1981年初版，1992年版修订本）；李仁溥《中国古代纺织史稿》（湖南人民出版社1983年版）；王亚蓉《中国民间刺绣》（商务印书馆香港分馆1985年版）；王春瑜《明朝酒文化》（台湾东大图书公司1990年版）；孙机《汉代物质文化资料图说》（文物出版社1991年版），李零《中国方术考》（东方出版社1993年版）；林永匡《中国饮食文化史》（广西教育出版社1995年版）；王育成《道教法印令牌探奥》（宗教文化出版社2000年版）；李宗山《中国家具史图说》（湖北美术出版社2001年版）；张银河《中国盐文化史》（大象出版社2009年版）。

在这一类研究著作中，最值得一提的应该就是沈从文先生主编的

《中国古代服饰研究》。该书共 479 页，文字约 25 万字，主图并插图共有 351 幅，是新中国成立以来第一部中国古代服饰研究专著，是该项研究的开山之作。全书以出土及传世文物为依据，结合考古材料及大量文献记载，对历代服饰（包括丝织印染、金属工艺及少数民族服饰）进行了系统研究，从政治、经济、军事、文化等各个角度进行了探索，提出了很多新见解、新观念。

　　沈先生这部著作不仅开创了服饰史的研究，更重要的是提供了一种新的文化史的观念和视角，即提倡了一种以可以感知的物质存在为对象的文化史和作为某种范畴或建构的文化史。一直以来，中国古代史写作中的文化观是把文化视作第二性的，是经济基础所决定的表象和结果。总是在政治、经济之后作为附录的内容顺带提一下所谓的文化、艺术、科技成就。但是对中国古代的文化现象进行描述不等于就进行了文化史的研究，因为这样的描述没有触及文化为人类的行为、人类的社会，以及人类的历史所赋予的意义。只有探讨文化对人们的行为、社会的模式，以及历史的进程的制约，探讨文化是如何渗透到一个民族灵魂深处的研究，才是文化史的研究。比如服饰研究，如果仅关注其物质特性，就只是服饰研究，而沈先生的研究还进一步探讨了服饰在历史进程中的符号意义，才成为真正的服饰文化研究。而沈先生所提倡的这样一种把历史文献记载与传世文物和考古材料等实物相结合的研究方法，以及关注可以感知的物质存在在历史发展过程中的主体性的研究态度，也为尚未成熟的"文化史"学科建设提供了一种可能的方向。

（三）与社会史合流的文化史

　　在 20 世纪 80 年代的文化讨论中，出于对"文化大革命"的反思、异质文化的冲击、新时期文化建设的客观需要，反传统、新启蒙甚至全盘西化的主张占到主流，以《河殇》现象为其高潮的标志。当时那种时不我待的急迫心情我们在今天也完全可以理解，但是这种急迫的状态显然并不是严肃的学术研究所应该具有的态度。20 世纪 90 年代中期以后，随着中国经济的腾飞，中国人自信力的增强，对于文化史研究的态度也逐渐变得从容淡定起来，而继 20 世纪 80 年代的文化热之后兴起的"文化学人"热则成为这一转变的表征。以至于有学者认为 20 世纪 90 年代之后是"思想家淡出，学问家凸显"的时代。到了 21 世纪，国人的自信心似乎又有些过度膨胀，近乎自恋的"国学热"所带来的怀旧、复古情绪似乎比20多年前自我否定的"文化热"更加强烈。不管怎么说，社会公众对"文化"的热情转移到了"国学"上，从学术上讲绝对是文化史学的幸事。学者们也确实应该沉下心来，上下左右、古今中外地看一看当今世界，文化史学到底发展到了一个什么样的地步。

前面提到，欧美的新文化史学和我们的文化热在兴起的时间上基本同步，这二三十年来其蓬勃发展的态势很值得我们借鉴。"文化因素的重要影响和作用也越来越得到认可和重视，这又更进一步推动了研究的展开。新文化史因而呈现出前所未有的繁荣景象，其中最显著的一个表现，就是大量以文化为方法与取向、以文化为内容与对象的历史研究著作的出版问世，这些新文化史著作一方面将许多旧的研究领域吸纳和包括于其中，另一方面也开拓出了新的研究视角。它们之中不仅有艰深专业、学术性极强的理论著作和专题研究，更有无数通俗性的文化史著作，关注到了社会生活的方方面面。在文化转向的车轮下，似乎在一夜之间任何事物都具有了某种文化特性，都可以命名为某种文化，也都有必要去考察它们作为文化的历史、并探究其中的深意。各类新文化史论著的纷纷出现，既反映了学术的活跃，也带来了出版的繁荣……许多通俗化的文化史更在题材上极力开拓，以吸引读者的注意，从人的喜怒哀乐、身体发肤，到衣食住行、生老病死，都可以被作为一种文化的符号和象征展开历史的演绎，文化史著作呈现出强烈的多样性和多元化。"①

新文化史在方法上借助了文化人类学、心理学、文化研究等学科的理论和方法，通过对语言、符号、仪式等文化象征的分析，解释其中的文化内涵与意义。中国大陆学者近年不但译介了一些新文化史学较为经典的理论和实践著作，而且还引进了一些国外汉学家从新文化史的角度对中国古代史进行研究的著作，就更有借鉴意义了。燕海鸣在《作为文化的历史与作为历史的文化》（《中国图书评论》2009年第7期）一文中介绍评述了一系列西方20年来的文化史著作，实则都是以文化社会学的观念来研究历史事件，这类研究在国内一般被称为社会文化史。

美国学者史景迁（Jonathan D. Spence）著，李璧玉译的《王氏之死：大历史背后的小人物命运》（The Death of Woman Wang）（上海远东

---

① 周兵：《精彩纷呈的新文化史》，《历史教学问题》2007年第1期，第35—42页。

出版社 2005 年版）。该书完成于 1978 年，但是介绍到中国来却是近两年的事情。研究对象是 1668—1672 年的山东郯城，相对于欧洲比较完整丰富的档案资料保存来讲，中国古代地方史料的辑录和保存都很不完备，而作者根据中国古代史文献资料的特色，选取了《郯城县志》、曾任郯城县令的黄六鸿所撰的诗文集《福专全书》，以及蒲松龄的小说《聊斋志异》作为他的基础史料，叙述了在历史上四件互不关联的、毫不重要的小事，但是对于那些被卷入其中的普通人来说，却又是性命攸关的大事情，再现了"在那个时间和空间中"，"那些生活在受过教育的精英阶层之下的人们：农民、长工和他们的妻子，那些没有官府联系、没有强大的宗族组织可以在困难时依靠求助的人们"的生活。

再如美国学者孔飞力（Philip A. Kuhn）著，陈兼、刘昶译的《叫魂——1786 年中国妖术大恐慌》（Soulstealers: The Chinese Sorcery Scare of 1786）（上海三联书店 1999 年），通过深度描述 1786 年一场牵动了乾隆皇帝注意力的叫魂案，透视了清代中央集权与地方官僚系统之间的冲突。

而美国学者何伟亚的《怀柔远人：马噶尔尼使华的礼仪冲突》（社会科学文献出版社 2002 年版），施坚雅（G. William Skinner）主编，叶光庭等译的《中华帝国晚期的城市》（中华书局 2001 年版），华裔美籍学者李欧梵著，毛尖译的《上海摩登（一种新都市文化在中国 1930—1945）》（北京大学出版社 2008 年版）等著作的译介都在国内史学界引起了关注。这些都可以说是欧美新文化史学对中国史学所作的贡献。

其实即使在中国内地 20 世纪 80 年代"文化热"追求宏大叙述的大潮之中，仍然有在"文化研究"、"文化人类学"等理论影响下针对人物、事件以及文化现象等较小范畴的对象进行研究和探讨的趋势，这股小小的潮流在 20 世纪末"新文化史"的研究理念正式引入中国后逐渐成熟壮大起来。

而近几年中国的中青年学者也逐渐有越来越多承载着新观念新方法的文化史研究作品问世，比如杨念群的《再造"病人"——中西医冲突下的空间政治（1832—1985）》（中国人民大学出版社 2006 年版），探讨晚清以来的中国人如何从"常态"变成"病态"，又如何在近代被当作"病人"来加以观察、改造和治疗的漫长历史。这就属于新文化史所关注的"身体史"、"疾病史"的范畴。而作者通过数十幅相互衔接的场景，形象地再现了中国社会变迁波澜壮阔的另一个历史侧面的叙事手法，则正是新文化史所谓"厚描述"（thick description）的叙事态度及方法。以这种社会文化史的观念来挖掘和运用史料的研究成果还见于近年中国大陆及港台出版的几部论文集，如陈平原、王德威主编《北京：都市想象与文化记忆》（北京大学出版社 2005 年版）；李长莉、左玉河主编《近代中国社会与民间文化》（社会科学文献出版社 2007 年版）；台湾学者黄克武主编《书中有画：近代中国的视觉表述与文化构图》（台湾"中央研究院"，2003 年）。

以上几部著作和论文集的确都非常优秀，但它们拥有一个共同的特点：由于条件限制，这种新文化史的研究和写作方式只适用于档案、文献等史料保存相对较为丰富的明清时代及以后。前面提到的几位海外汉学家的著作中，可以看到他们所研究的对象的时代限制也是很明显的。因此，针对更早时代的中国古代文化史研究，需要什么样的方法、理论，仍然是我们中国学者必须自行解决的问题，仅仅依靠引进外来的理论，是绝对不够的。

与西方史学不同的是，西方的"新文化史"学的兴起是针对 20 世纪 50 年代以来占统治地位的"社会史"学的一种反动，因此天然地有其自身的文化立场；而中国的"文化史"学和"社会史"学则是在改革开放后，站在同一起点、同一高度上共同接受西学冲击，因此具有天然的共生共荣的关系，尤其在上述这一类作品中，呈现出了合流的倾向。虽然在 20 世纪末有学者为"文化史"盖棺定论，称："80 年代席卷学界的'文化热'如今已尘埃落定，'文化史'之为当代史坛显学的地位渐由'社会史'取代。近年的《中国历史学年鉴》中，'文化史'往往不是独立栏目，而被'思想史'和'社会史'分割归并。"[1] 但我们相信，新的"社会文化史"学观是传统的"社会史"无法完全囊括的，名称或许并不重要，重要的是对新的研究思路的探索。冯尔康的《简述文化史与社会史研究的结合》（《历史教学》2001 年第 8 期）一文在这方面进行了简短但是较有条理的理论探讨，我们还需要更多的学者投入到这一领域的理论和实践研究中来。

---

[1] 　江湄：《"文化热"、"文化史"与当代史学的观念变革》，《首都师范大学学报（社会科学版）》1999 年第 5 期。

三　中国文化史研究存在的问题

对于目前文化史研究中存在的问题，早有学者作出了批评，比如林甘泉先生就指出了文化史概念内涵模糊，外延不清的状况，导致"泛文化"的结果："文化史是新时期最早引人注目的热门研究领域。新中国成立以后，一般意义上的文化史在很长一个时期内受到了冷落。改革开放以来，在历史的反思和对未来的探索中，中国传统文化的价值和负面作用，中国历史发展的文化背景等问题备受人们关注，从而引起了一股'文化热'。以研究文化史为宗旨而创办的刊物如雨后春笋，各种有关文化史的论著也大量涌现。但随之也出现了泛文化的现象，诸如政治文化，商业文化，旅游文化，饮食文化，茶文化，酒文化，江湖文化，乃至神鬼文化等等，五花八门，几乎无所不包。这里就产生了一个问题：文化史的研究对象究竟是什么？从目前的情况来看，这门方兴未艾的分支学科其内涵和外延都是相当模糊而有待界定的。"① 文化史研究对象的无所不包，实际上也就自动消解了文化史存在的意义。

这也是文化史在严肃的学术研究方面显得有些后继乏力的原因。比如 1982 年 12 月掀起"文化热"之潮流的那次学术会议有编辑出版的《中国文化研究集刊》是由中国社会科学院近代史研究所中国近代文化史研究室和复旦大学历史系中国思想文化史研究室合办的，阵容不可谓不强大，可惜后继乏力，一共只出了五辑，到 20 世纪 90 年代后就断绝了，而该集刊提出其宗旨是"替中国文化史研究学者提供一个专门的学术园地"，其所要致力于的研究方向则是"社会政治思想史、学术史、科学史、艺术史、宗教史、民俗学、民族文化史、民间文化史、文化运动史、文化事业史、中外文化交流、中外文化比较等"学科的工作。但是以我们今天较为成熟的学科分类观念来看，这些领域已经大多成为独立成熟的学科如"思想史、学术史、科学史、艺术史、宗教史、民俗学"等，而所谓的"民族文化史、民间文化史"可以视其内容不同归

---

① 林甘泉：《二十世纪中国历史学回顾·二十世纪的中国历史学》，《历史研究》1996 年第 2 期，第 5—25 页。

入"民族学、民俗学、艺术史、民间文学"等学科门类，而"文化运动史、文化事业史"都可以成为社会史的观察对象，"中外文化交流、中外文化比较"的研究领域则大多被中外关系史、比较文学的学者占领。如果仅从研究对象的角度讲，文化史在今天的史学研究领域确实已经没有栖身之地了。

由文化史学者自身作出的反思则更加痛切："由于在文化史的内涵上，文化史研究者本身就是各说各的话，其结果是难以确立本学科的学术规范，建立起科学的学科体系。20 世纪的中国文化史研究，之所以虽有大潮奔涌之势，却始终无法形成相对稳定的研究队伍，缺乏向纵深度的开拓，其原因盖在于此……文化史理论和方法的匮缺，使国内的文化史研究中存在着两种突出缺陷：一种是脱离中国文化史丰富具体的客观现实运动，在纯粹形式上对中国文化加以抽象，以偏概全，以名代实，以静释动……另一种倾向是在文化史研究中，不少著作和文章只不过是改换了命题，即从传统的经济史、政治史论题转向冠以'文化史'的论题，但无论是思维方式还是研究方法都依然如故……再次，由于近 20 年，文化史成为热门话题，不少出版社在未能很好地组织作者、充分论证选题的情况下，一拥而上，竞相出版形形色色的文化史著作，尤其盲目追求大部头、多卷本的文化史著作。部分学者则在前期准备不充分，甚至是完全不具备文化学和文化史基础的情况下，学风浮躁，草率为文，洋洋洒洒，指日可待地去撰写几十万、甚至上百万的文化史著作。在此种浮躁、空疏的风气中不仅产生了相当一部分平庸的、媚俗的或论题重复的文化史著作，而且，有些作品的质量相当成问题。"①

该学者提出的文化史研究的三点问题，前两点我都非常赞同，不过最后一点却另有看法。和枯燥难懂的断代史以及专业性较强的经济史、政治史等相对传统、成熟的专史相比，与人们日常生活的娱乐、审美活动更为贴近的各类文化史就很是妙趣横生了。于是我们现在看到的出版市场上大量文化史著作其实并不能算是作为学术的文化史研究，而更应该被看成是作为消费品的文化史写作。所以我认为严肃认真的学者是大可不必与那些作品去计较的。

倒是在专业学者的文化史写作中，我认为存在的一个很严重的问题

---

① 周积明：《中国文化史研究的反思》，《史学理论研究》1998 年第 3 期，第 30—35 页。

就是宏观论述太多，微观研究太少。在 20 世纪 80 年代文化热的时代这种问题尚可以归结为当时的学者在方法论上的确有着缺失，又急于给中国文化一个定位，以谋求现代化的发展这种紧迫心情，导致无视时间、空间，生搬硬套自然科学研究方法，空洞地为中国传统文化及其特点下判断。但是到了今天就不得不说是一种缺乏耐性和创造性的偷懒行为了。

本文上述的文化史研究和写作所显示的三种倾向中，第一种以无所不包的姿态囊括了所有人类历史中精神和物质的范畴，成为通史代替品的所谓大文化史，恐怕很难成为未来文化史研究的正确走向；而在专门专项的研究中被消解到了各个专门史当中的文化史，或者在对历史上的人物、事件等社会现象的分析描述中与社会史合流的社会文化史，倒都显示出可供提取新的研究对象和研究思路的蓬勃生命力。

文化史作为一个学科，尚未真正确立。无论是机械性的知识还是体系性的理论话语，都未必是建立一个学科的真正支点，只有当我们设定出明确的研究对象，并为其选配相应的方法论，才能产生出真正富有创造性的思考，从而为一个学科的建立提供坚实的基础。

改革开放三十年的中国社会史研究

邱源媛

改革开放三十年来，中国大陆史学界的复兴，与整个文化学术事业的复苏、发展同步进行。随着学界思想逐渐开放，以及对传统研究模式的不断反思，社会史自 20 世纪 80 年代至今，经历了从复兴到逐渐成为热门学科的过程。本文仅就此三十年间，社会史学科发展中的一些重要问题，从发展脉络、研究领域、方法论三个方面作一回顾，挂一漏万之处，还望方家见谅。

一

改革开放后的社会史复兴，与产生于 20 世纪初的新史学有着种种不可分割的紧密联系。1902 年，梁启超作《新史学》，针对为统治者服务的传统旧史学，提出了批判，大声疾呼"史界革命"，提倡打破政治史一统天下的局面，研究全体民众的历史。此后，打破帝王将相史，重视"民史"的研究倾向在学界蔚然成风。20 世纪三四十年代，顾颉刚又提出"打破民族出于一元的观念"、"打破地域向来一统的观念"、"打破古史人化的观念"和"打破古代为黄金世界的观念"等四个以"疑古"为基础的观念，强烈撞击了传统史学的治学体系。与此同时，顾颉刚还倡导中国现代民间文化研究，为推动史学发展作出了重大贡献。这一时期，以顾颉刚为代表的众多学者在实际研究工作中，展现出异于旧史学的鲜明特点：一方面大胆借鉴其他社会科学的理论与方法，如顾颉刚运用人类学、民俗学的田野调查方式对北京妙峰山、东岳庙等地进行的研究工作；另一方面，民众历史及非政治史走进了众学者的视野，极具开创性的有学术分量的著述层出不穷，直到今天这些作品仍具有鲜活的气息。

突破旧史学的局限，推动新史学发展的另一支生力军，来自于持马克思主义历史观的学者。1920 年，李大钊率先阐明了马克思主义史观，明确反对"只是些上帝、皇天、圣人、王者，决找不到我们自己"的旧史学①，倡导"人生的、物质的、社会的、进步的"新史学。② 20 世纪 30 年代，在大革命失败，国家前途堪忧的背景下，中国思想界、学术界展开了关于中国社会性质、中国社会史分期和中国农村性质的"三大论战"。运用马克思主义历史理论观察中国历史进程，成为此次论战的突出特点。这一时期出现了大量以探讨中国古代社会问题为主旨的论著，其中马克思主义史学奠基人之一郭沫若撰写的《中国古代社会研究》（联合书店 1930 年版），成为中国史学家运用马克思主义理论系统阐述中国历史的第一部著作。此外，吕振羽《史前期中国社会研究》（北平人文书店 1934 年版）、《殷周时代的中国社会》（南京文心印刷社 1936 年版），侯外庐《中国古典社会史论》（1943 年，后改名为《中国古代社会史论》）等，也是以马克思主义史观分析中国社会史的代表性论著。

进入 20 世纪五六十年代，在极"左"思潮的影响下，社会史研究整体上趋于停滞，但仍有少量学者依旧关注社会史问题。1954 年，侯外庐在《历史研究》创刊号上发表了《中国封建社会土地所有制形式的问题》，随后，又撰写多篇有关中国封建社会史的论文。1979 年，侯先生将这部分文章结集成册，出版了《中国封建社会史论》（人民出版社 1979 年版）一书，成为《中国古代社会史论》的姊妹篇。值得一提的是，以华南傅衣凌为代表的经济史学者，通过探讨"五朵金花"之一资本主义萌芽问题，在一定程度上，保存并推动了该时期的社会史研究。同时，该学派还培养了一拨年轻学者，在改革开放思想解禁之后，他们成为经济史、社会史领域中的重要生力军。

---

① 李大钊：《史学要论》，《李大钊史学论集》，河北人民出版社 1984 年版，第 200 页。
② 同上书，第 72 页。

　　20 世纪 80 年代初，随着全国范围内拨乱反正的全面展开，史学界也逐渐摆脱"左"的禁锢，开始对以往学术研究进行深刻反思。与此同时，关注西方学界、借鉴相关理论方法，成为中国大陆学人的共识。这一时期，弗莱德曼的宗族、乡村社会研究，施坚雅的城市史研究，以及年鉴学派的诸多理论及著述，逐渐为中国大陆学者所了解。这些西方研究，给中国史学发展带来了新的启示。

　　正是在这一契机中，在突破史学研究以阶级斗争为指导的僵化观念，延续顾颉刚、李大钊等前人开创的学术脉络，吸纳西方学术理论等多种因素的促进下，中国社会史开始了复兴之路。1986 年，冯尔康、乔志强、王玉波诸位先生几乎同时撰文倡导开展中国社会史研究。[①] 同年 10 月第一届中国社会史研讨会在天津召开，大会对中国社会史的研究对象、范畴、社会史与其他学科的关系、开展社会史研究的意义等问题进行了探讨。此后，中国社会科学院历史所、南开大学、南京大学、山西大学、中国人民大学等科研单位及高校，设立了专门的社会史研究室或研究点，调拨优秀科研人员，规划了一批中长期研究课题。同时，还定期举行全国性的社会史研讨会，并在 1992 年的沈阳社会史会议上，成立了中国社会史学会。学科建设的全面开展，对规范、促进社会史研究起到了积极的作用。

　　社会史复兴之初，到底什么是"社会史"？其定义如何？引起了学界广泛而热烈的争论。在 1986 年的首届社会史学会上，学者们即对此问题发表了不同见解。多数学者认为，社会史是历史学的一个分支、一门专史，以社会生活和社会关系等为主要研究对象。[②] 但一部分学者却主张社会史就是"历史"，现在大家所理解的社会史实际上是指社会生活史。[③] 这些观点，日后逐渐形成"专史说"与"通史说"两种理论，其中"专史说"影响较大。乔志强、冯尔康、王先明等多位先生，曾先后撰文阐发"专史说"论点，指出社会史是历史学的一门分支学科，

　　① 　冯尔康：《开展社会史的研究》，《历史研究》1987 年第 1 期；乔志强：《中国社会史研究的对象和方法》，《光明日报》1986 年 8 月 13 日第 3 版；王玉波：《为社会史正名》，《光明日报》1986 年 9 月 10 日第 3 版。

　　② 　持此观点的学者主要有南开大学历史系冯尔康、中国社会科学院哲学研究所王玉波、山西大学历史系乔志强、上海社会科学院社会学与人口学研究所陆震等。

　　③ 　持此观点的学者主要有西北大学历史系李晓东、云南大学历史系武建国等。

相当于政治史、经济史、思想史、军事史、法制史、外交史等等，社会史就是社会生活史、生活方式史、社会行为史。① 而以陈旭麓、张静如为代表支持"通史说"的学者则主张，社会史是一门综合史、通史、总体史，换言之，真正的通史应该是社会史。②

"专史说"与"通史说"虽各有不同，但学者们对社会生活、社会行为等内容却有着共同的关注，这促使研究者将目光投向下层，投向民众。从较为具体的社会生活、社会文化、社会风俗、社会群体、社会问题，到宏观抽象的社会结构、社会变迁、社会运行、社会控制、社会功能，学者们尝试着从各个层面，以社会史的视角重新解读历史。这一时期的众多成果，以其学术视野的拓展性及研究指向的广阔性，着实为史学研究增添了异彩，将史学研究的目光引向更为宽阔的领域。

然而，当社会史取得可喜成绩，跃身成为新时期中国史学界最令人瞩目的领域之一时，一部分学者却敏锐地察觉到社会史研究中存在的诸多困惑。早在 20 世纪 90 年代初，彭卫就曾指出，中国社会史研究出现了类似欧美国家早年所面临的那种"缺乏创造性"的状况，"尽管社会史研究的各种著述不断增加，但它们所负载或提供的新意见却没有相应的增添，就是说，社会史研究表面上的方兴未艾，并不能掩盖它实质上的困境，表面上的'热'正在'冷'中摇曳"。③ 而"冷"的症结，归根结底则源于面对困境却不知如何突破。其后，赵世瑜也谈到"'眼光向下'看历史把目光投放到更为宽阔的领域，使史学研究的内容更加丰富多样"，但也由此带来了两个问题，"一是所进行的研究带有某种猎奇猎艳的色彩，只是为了满足某种对于我们过去知之甚少的东西进行了解的欲望，而没有真正采取一种同情理解的立场；二是导致对重大历史问题进行反思和解释的忽略，似乎持'新史学'立场的人只注意一些

---

① 参见乔志强《中国社会史研究的对象和方法》(《光明日报》1986 年 8 月 13 日)、《中国近代社会史》(人民出版社 1992 年版)，冯尔康等编著《中国社会史研究概述》(天津教育出版社 1988 年版)，王先明《论社会史研究的对象》(《河北学刊》1990 年 2 月)、《中国近代社会史研究的理论思考——兼论历史学的社会学化》(《近代史研究》1993 年第 4 期) 等文章。

② 参见陈旭麓《略论中国近代社会史研究》(《华东师范大学学报》1989 年第 5 期)；张静如：《以社会史为基础深化党史研究》，《历史研究》1991 年第 1 期。

③ 彭卫：《时代体验与历史知识的汇合》，《中国社会史研究笔谈》，《历史研究》1993 年第 2 期，第 17 页。

鸡毛蒜皮的生活琐事，而不去关注那些给人们印象深刻的宏大历史叙事，以至人们将某些社会史讽刺为'剩余的历史'或者'漏掉了政治的历史'"。①

实际上，"鸡毛蒜皮"研究选题并不是产生研究困境的根本原因，法国年鉴学派的史学大师布罗代尔正是从面包、饮食习惯、住房样式、闲暇的利用等日常生活琐事入手，考察重大的历史问题，写出了《腓力二世时代的地中海及地中海世界》、《十五至十八世纪的物质文明、经济和资本主义》等名作。近期的杜赞奇《文化、权利与国家》、孔飞力《叫魂》、艾尔曼《经学、政治与宗族》等作品，也都是从微观的下层民众生活入手，最终着眼于宏观的政治、社会、国家。

如何克服琐碎的叙事，成为中国社会史发展必须解决的问题。20世纪90年代初，有学者在"专史说"、"通史说"之外，提出了"范式说"，认为社会史并不是一个史学部类，而是一种新的研究方法、新的研究态度、新的研究视角和新的治学理念，简言之，社会史研究是史学研究的一种新范式。将"范式说"理论阐述得最为全面，且影响最大的，当属赵世瑜。赵先生认为"社会史根本不是历史学中的一个分支，而是一种运用新方法、从新角度加以解释的新面孔史学"②，"是一个史学新范式，一个取代传统史学的政治史范式的新范式。只有这样，我们才能充分认识倡导社会史研究的意义：它并不只是重新发现一个以往被遗忘了的角落，它是一场革命，它是使史学家的眼界、方法、材料统统发生变化了的一场革命"，"其次，社会史作为一种整体研究，是作为新史学范式的具体表现。它既不应被误解为'通史'或'社会发展史'，也不是可望而不可即的幻想，而是我们努力追求的目标"。③

同样持"范式说"观点的定宜庄先生，则从自己多年来的研究体会出发，指出："早些年，很多学者倾向于把它（社会史）看作是史学的

① 埃利：《当代西方社会史研究的趋势》，载蔡少卿主编《再现过去：社会史的理论视野》，浙江人民出版社1988年版，第29页；参见赵世瑜、邓庆平《二十世纪中国社会史研究的回顾与思考》，《历史研究》2001年第6期，第167页。

② 赵世瑜：《中国社会史研究笔谈·社会史研究呼唤理论》，《历史研究》1993年第2期，第15页。

③ 赵世瑜：《再论社会史的概念问题》，《历史研究》1999年第2期。

一个新分支，或者直接将其等同于'社会生活史'乃至'下层社会生活史'，由此而产生诸多误解。譬如，以为社会生活就是对衣食住行的琐碎描述……以为所谓的'下层社会'，就是流氓、乞丐、小偷、强盗和妓女等'下九流'的代名词，把他们作为研究对象的结果，是将粗鄙庸俗的趣味带进本来很高雅的史学研究之中，等等。这些误解，曾使很多学者，尤其是在传统史学的研究上功底甚深的学者对社会史退避三舍甚至心生反感，也因此而对社会史的发展产生了不利的影响。"① 因此，仅仅将社会史视为史学的一个分支，在很大程度上限制了社会史的发展，只有当其以研究范式的面貌出现时，才能真正充分展现社会史研究的意义所在。

　　基于"范式说"，学者们进一步提出，社会史研究者应调整立场，将"眼光向下"转变为"自下而上"，这意味着社会史研究不能仅仅"停留在对草根社会的关注，而是要从民众的角度和立场来重新审视国家与权力，审视政治、经济和社会体制，审视帝王将相，审视重大的历史事件与现象。如果我们从普通人的角度去观察这样的种种重大事件和制度，我们对问题的看法就有可能深化，甚至可能有很大的不同"。② 民众生活离不开社会群体，他所有的基本日常活动、行为、生活习惯、风俗都来自于社会，也必然对社会有所反映。"自下而上"的视角，正是要将"底层个体"与"国家"、"社会"结合在一起，强调置于"国家"、"社会"、"群体"中的"底层个体"研究。然而，这种视角又绝不等同于传统史学以"国家"为主体的思维方式，它关注的是"底层个体"与"国家"之间的互动，"国家"对"底层个体"的影响，以及"底层个体"之间的相互影响。正如学者所指出的那样，"王朝的兴起更替是剧烈的社会变动的产物，不仅是王侯将相，而且每一个经历这一切的人，都会对此有着切身的感受，都会以不同的身份、在不同的程度上参与这场变动，也会影响着变动的进程。甚至就各个不同区域来说，全国性的社会变动对它们会具有并非相同的意义；影响全国，或者

---

　　① 定宜庄：《"新""旧"夹击之下的中国社会史》，《中国社会科学院院报》2006 年 2 月 28 日。

　　② 赵世瑜、邓庆平：《二十世纪中国社会史研究的回顾与思考》，《历史研究》2001 年第 6 期，第 168 页。

是跨区域的事件在各个地方的展演是不同的，反过来说，这种地方性的展演对于大历史的影响也是不同的。"① 历史是不同阶层、不同区域、不同人群、不同环境造就的产物，它就像拥有无数棱面的水晶体，每个棱面在构成整体的同时，都会折射出自我个性的独特光芒。

"范式说"的出现虽稍晚于"专史说"及"通史说"，但它却在某种程度上突破了社会史学界原有的思维模式，拓宽了学者的眼界，深化了学者对历史问题的思考。自此而后，学界涌现出一大批学者及论著，对整个社会史的发展起到了至关重要的推动作用。

进入 21 世纪，理论问题仍是社会史研究领域的焦点性问题。除了"范式说"依然具有强烈影响外，社会史学界还涌现出了一些新观点。近年来，以杨念群为代表的"新社会史"②，提出建构中国本土的"中层理论"③，倡导政治史的"复兴"。杨念群声称，虽然尚无明确而清晰地解释"新社会史"概念的内涵，也无法清晰地划定它与以往社会史相区别的严格界限，但有两点是很明确的：其一，历史学根本就不存在"范式转换"的可能性，"新型社会史不存在一个范式转换的要求，但也不是一个简单的类分范围的概念，而应是与本土语境相契合的'中层理论'的建构范畴"，因此，"划定范围当然重要，但更为重要的是厘定与传统研究方法不同的规范性概念和解释思路。这些界限的划定不一定具有范式突破的意义。却一定代表着不与以往框架重复的实际操作含义，否则大量史料的发现与阐释有可能不过是为解读旧有框架服务的工具而已。"其二，所谓新社会史"就是要在由传统经济史出发而建构的整体论式的架构笼罩之外，寻求以更为微观的单位深描诠释基层社会文化的可能性"。④ 由此"新社会史"所关注的是中国社会史研究的本土化前景，力图建构与传统史学相区别的解释框架、概念体系。新社会史的另一位倡导者——孙江则直接提出新社会史将放弃构建整体史的观点，主张接受后现代主义/后结构主义关于解读文本的观念和方法，并

① 赵世瑜：《社会史研究向何处去？》，《河北学刊》2005 年第 1 月，第 65 页。

② 杨念群：《空间·记忆·社会转型——"新社会史"研究论文精选集》，上海人民出版社 2001 年版。

③ 杨念群：《中层理论：东西方思想会通下的中国史研究》，江西教育出版社 2001 年版。

④ 参见杨念群《中层理论：东西方思想会通下的中国史研究》，江西教育出版社 2001 年版，第 202—203 页。

摆脱以美国中国学为中心的中国研究。①

社会史复兴三十年来，关于社会史理论的各种争论从未间断。学术争鸣，对于人们认清社会史，不断反思社会史具体研究中存在的各种问题，推动社会史研究的具体实践，探索社会史未来的学术目标与学术追求，具有相当重大的意义。三十年来，社会史的蓬勃发展与理论问题的热烈讨论紧密相关。但我们也要清醒地看到，理论探讨仍显不够，尤其缺乏层层深入，或在理论指导下就具体课题所作的某种示范性研究，很多工作仍有待众学者继续探索。

二

法国年鉴学派于 20 世纪上半叶提出的长时段、整体观，以及反对以政治史为主体的历史研究等理论，无疑强烈地撞击了国际史学界，为史学研究开拓了一片天地，成为 20 世纪最具影响力的理论之一。这些学说对中国史学界，尤其是社会史的复兴、发展，也产生了决定性的作用。无论持何种理论观点的学者，自社会史复兴初始起，都一致认同社会史不同于传统史学的王朝史和政治史，它并不仅仅重视上层建筑中的政治因素，不是为统治者总结历朝统治得失以便借鉴的"镜子"，也不是用来"教化"子民的工具，它更加强调在长时段中对整体社会的变迁进行的全方位考察，关注政治之外的经济、文化、生活，关注历史发展中的草根阶层，打破了传统史学以往从上而下的模式，独辟蹊径地从自下而上的角度看待历史。这一颠覆性的改变，使得大量过去从未进入史学家视野的领域，成为人们关注的焦点。

社会生活史是最早开拓的社会史研究领域之一，也是社会史复兴之初，学界关注的重点内容，众学者撰写了很多该方面的论著。其中最引人注意的，是中国社会科学院历史研究所组织编撰的多卷本"中国古代社会生活史"，该课题得到 1987 年国家社会科学基金的资助。1987 年 6 月，中国社科院历史所召开专门会议，就中国古代生活史的概念、范

①　参见孙江《后现代主义、新史学与中国语境》，载杨念群等主编《新史学》下册，中国人民大学出版社 2003 年版，第 675—767 页。

围、研究方法和理论框架进行了讨论。此套丛书目前已由中国社会科学出版社出版了宋镇豪《夏商社会生活史》（1994）、朱大渭等《魏晋南北朝社会生活史》（1998）、李斌城等《隋唐五代社会生活史》（1998）、朱瑞熙等《辽宋西夏金社会生活史》（1998）、史卫民《元代社会生活史》（1996）、陈宝良《明代社会生活史》（2004），均以资料系统、内容翔实见称。此外，林剑鸣主编《秦汉社会文明》（西北大学出版社1985年版），刘志远《四川汉代画像砖与汉代的社会生活》（文物出版社1983年版），黄正建《唐代衣食住行研究》（首都师范大学出版社1998年版），朱瑞熙《宋代社会史研究》（中州书画社1983年版），宋德金《金代的社会生活》（陕西人民出版社1988年版），冯尔康、常建华《清人社会生活》（天津人民出版社1990年版）等著作，也从各个方面考察了不同时代的社会生活。还有一部分学者，如吴玉贵《白居易"毡帐诗"所见唐代胡风》（《唐研究》1999年第5辑）、吴丽娱《唐礼摭遗》（商务印书馆2002年版）则从不同角度对社会生活、社会风气、习俗、文化等的问题进行了探讨。

社会结构是社会史研究中的一个有机组成部分，冯尔康主编的《中国社会结构的演变》（河南大学出版社1994年版），在总结现有成果的基础上，结合家庭、宗族、职业、民族、社区等内容，对中国传统社会结构作了有益的分析。另外，社会各阶层或某些角色在不同历史时期所处的地位和动向，也是人们探求的一个重要方面。2004—2007年，中国社会科学院历史研究所社会史研究室曾以"中国传统社会结构及其演变研究——社会主导群体为主"为题，对中国古代各个历史时期的社会主导群体进行了研究。本课题主持人商传先生，参与学者有社会史研究室定宜庄、胡宝国、孟彦弘、陈爽等先生，他们指出社会主导群体的演变是社会变迁的重要标志，而社会主导群体的变化也是社会转型的先决条件。同时，学者们还澄清了人们对于中国历史上作为读书人代表的士与士大夫是社会主导群体的误解（这里所说的士与士大夫指科举产生后出现的读书人并取得社会身份的群体）。实际上，通过读书考试成为士或士大夫，并成为社会主导群体的时期，只有晚唐、宋、明三个朝代。该课题是迄今为止，在中国由血缘社会转向地缘社会的过程中，就整体社会结构进行深入对比研究的开创性成果。

宗族史的相关研究起步较早，尤其难能可贵的是学者们跳出以往对家族族权是政权附庸的先验性框架，从宗族的社会功能、文化功能等方面，对宗族、家族进行了较之先前更为深入、客观的探讨。1992 年，徐扬杰《中国家族制度史》（人民出版社 1992 年版）是第一部较为系统的宗族史论著。此后，冯尔康、常建华又于 1994 年出版了《中国宗族社会》（浙江人民出版社 1994 年版）。二书均从先秦乃至原始社会末期一直谈到宋明以后，或延续到近现代，从时间跨度来看，称得上是宗族通史。断代史方面，厦门大学学者在傅衣凌先生"乡族"理论的基础上，进一步对福建的宗族问题进行深入的研究，如陈支平《近 500 年来福建的家族、社会与文化》（上海三联书店 1991 年版），从家族活动、家族制度的发展、祠堂与族谱、族产与义田、族谱的社会功能等方面进行了论述；郑振满的一系列研究，则从明清福建的家族组织出发，探讨地方乡族的自治化与国家权力向下渗透的相互关系，他的《明清福建家族组织与社会变迁》（湖南教育出版社 1992 年版），重点探讨了不同类型的宗族组织形式和家族组织在福建不同地区的发展等问题。其他学者，如钱杭、谢维扬《传统与转型：江西泰和农村宗族形态———一项社会人类学的研究》（上海社会科学院出版社 1995 年版），采用了田野调查的研究方式，将区域与个案相结合，以宗族系谱结构及其功能为重心，进而就宗族形态的诸多问题进行了探讨。陈爽《世家大族与北朝政治》（中国社会科学出版社 1998 年版）一书，在宏观考察与微观剖析相互结合的基础上，通过考察北朝世家大族的家族背景、宗族形态、政治取向、文化风貌等问题，进而揭示北朝世家大族的演进历程及其对北朝隋唐政治的影响。刘源《商周祭祖礼研究》（商务印书馆 2004 年版）通过考察商周祭祀类型、仪式、过程，探讨了该时期对祖先的观念，以及仪式中所反映出的社会关系与宗法制度。再如朱凤瀚《商周家族形态研究》（天津古籍出版社 1990 年，该书增订本于 2004 年天津古籍出版社出版）、刘驰《六朝士族探析》（中国广播电视大学出版社 2000 年版）、徐扬杰《宋明家族制度史论》（中华书局 1995 年版）、朱勇《清代宗族法研究》（湖南教育出版社 1987 年版）、张研《清代族田与基层社会结构》（人民大学出版社 1991 年版）、张杰《清代科举家族》（社会科学文献出版社 2003 年版），以及 2005 年由上海出版社出版，南开大学中国社会史研究中心组织的家庭、家族、宗族研究系列丛书：李卿《秦汉魏晋南北朝家族、宗族关系研究》、阎爱民《汉晋家族研究》、邢铁《宋代家庭研究》、常建华《明代宗族研究》、冯尔康《18世纪以来中国家族的现代转向》，等等，均从不同层面、对不同朝代，对宗族史进行了讨论。

婚姻、家庭历来是众多学者关注的热点领域，成果众多，成绩突出。20世纪80年代末，彭卫《汉代婚姻形态》（三秦出版社1988年版）一书，成为社会史复兴之初运用新方法进行跨学科研究的代表作。陈鹏《中国婚姻史稿》（中华书局）出版于1990年，1994年重印，内容涉及婚姻仪礼以及各种婚姻形态，包含的时代上起周秦，下迄明清，全书约54万字，称得上是洋洋巨著。张邦炜《婚姻与社会（宋代）》（四川人民出版社1989年版）及《宋代婚姻家族史论》（人民出版社2003年版）、韩世明《明代女真家庭形态研究》（中国社会科学出版社2006年版）、王跃生《十八世纪中国婚姻家庭研究》（法律出版社2000年版）及《清代中期婚姻冲突透析》（社会科学文献出版社2003年版）、张研和毛立平《19世纪中期中国家庭的社会经济透视》（中国人民大学出版社2003年版）等都是断代史方面的力作。郭松义《伦理与生活——清代的婚姻关系》（商务印书馆2000年版）是该领域的一部上乘之作。传统婚姻史研究，大多着眼于制度层面，该书从社会学的角度出发，侧重于上层社会与下层百姓婚姻行为差别的研究，体现了不同人群，由于地位、身份、经济条件的不同而产生的差异性行为。该书以资料雄厚和数量统计为研究特色，内容涉及婚姻地域圈、婚姻社会圈、婚龄、童养媳、入赘婚、妾、节烈妇女和贞女、妇女再嫁、婚外性关系等问题，是一部富有创见的高质量学术专著。其后，郭松义先生又与定宜庄先生合著《清代民间婚书研究》（人民出版社2005年版）一书。中国传统社会的官方文献，有关下层民众婚姻生活的史料非常缺乏，仅有的少量史料，也凌乱难稽；方志、笔记与其他私家著述，对这类题目多做空泛之谈，从中很难把握实质。婚书却是当事人持有并作为证据的最直接、最原始的材料，它所展现的婚姻各方之间、婚姻各方与社会道德以及国家法律之间的真实关系，都是我们在其他任何史料中难以具体地和系统地领悟到的。郭、定二位先生开创性地将婚书作为主要研究对象，从婚书出发探讨了婚姻家庭史方面的诸多问题。

社会群体一直是社会史学者探求的重要内容，涉及各种各样的人群，有以身份界定的士人、乡绅、商人、农民、官员、胥吏、幕僚、游民、移民、艺人等历史；以性别界定的妇女史；以年龄界定的老年人、儿童历史。其中，妇女史的研究显得尤为突出。20 世纪 80 年代以来，妇女史研究指向从以往的被压迫史、解放史，扩展到两性关系史、性别史等领域，成果令人瞩目。杜芳琴继《发现妇女的历史》、《中国社会性别的历史文化寻踪》（天津社会科学院出版社 1996 年、1998 年版）之后，又与王政合编了《中国历史中的妇女与性别》（天津人民出版社 2004 年版），收录赵宇共《史前时期的社会性别：多学科的历史考察》、高世瑜《中古性别制度与妇女》、邓小南《"内外"之际与秩序格局：宋代妇女》、定宜庄《清代妇女与两性关系》等论文。2002 年 5 月，李伯重、高世瑜、定宜庄、高翔、郭松义、徐新建、彭兆荣、王和、刘小萌、赵世瑜、王子今、徐思彦等学者在大连大学性别研究中心，召开了以"历史、史学与性别"为主题的会议，从各个不同层面探讨了中国妇女史、性别史问题。主持人李小江在会议发言的基础上，收录多篇重要论文，结集出版《历史、史学与性别》（江苏人民出版社 2002 年版）。2003 年，李小江又主编系列丛书《让女人自己说话》（三联书店），包括《文化寻踪》、《民族叙事》、《亲历战争》、《独立的历程》四个部类，编者意在通过口述访谈，通过女性的声音，讲述女性的历史，考量历史的足迹。在断代史方面，邓小南主编的论文集《唐宋女性与社会》（上海辞书出版社 2003 年版），从不同层面对唐宋妇女加以考探，展现出研究视角与研究方法的多元化。定宜庄《满族的妇女生活与婚姻制度研究》（北京大学出版社 1999 年版），将妇女点点滴滴的生活与清代国家政治制度相挂钩，从微观层面探析了宏观的民族、政治与国家；定先生的另一本作品《最后的记忆：十六位旗人妇女的口述历史》（中国广播电视出版社 1999 年版），则尝试着运用口述的方式，通过呈现十六位妇女眼中的世界，展示出一个时代的变迁。

人口史研究几乎与社会史复兴同时起步，20 世纪 60 年代马寅初《人口论》遭到批判，人口史研究成为禁区。改革开放后，现实人口问题，引起了人们的广泛关注，人口史也逐渐进入了史学家的视野。中国社会科学院历史所的郭松义是较早注意人口问题的大陆学者之一，自 80 年代初起，郭先生陆续发表了《清初人口统计中的一些问题》（《清史研究集》第 2 辑）、《清代的人口增长和人口流迁》（《清史论丛》第 5 辑）、《从宗谱资料看清代的人口迁徙》（《清史研究通讯》1986 年第

2 期）、《清代人口问题与婚姻状况的考察》（《中国史研究》1987 年第
3 期）、《清初四川外来移民和经济发展》（《中国经济史研究》1988 年
第 4 期）等文章，运用家谱、方志等史料，借鉴人口学、统计学等学科
的理论与方法，对清代人口统计、人口增长、流迁、男女寿命、人口与
婚姻状态、经济发展的关系等问题进行了有益的探讨，这些作品对当时
的社会史研究产生了很大影响。此后，郭松义又与定宜庄、李中清等学
者合作编辑并撰写了多部论文集及专著，该部分内容将于下文介绍，此
处不赘。此外，行龙《人口问题与近代社会》（人民出版社 1992 年
版）、姜涛《中国近代人口史》（浙江人民出版社 1993 年版）、《人口与
历史》（人民出版社 1998 年版）、王跃生《中国人口的盛衰与对策——
中国封建社会人口政策研究》（社会科学文献出版社 1995 年版）、池子
华《中国流民史·近代卷》（安徽人民出版社 2001 年版）、葛剑雄《中
国人口史》（复旦大学出版社 2002 年版）、曹树基《大饥荒：1959—
1961 年的中国人口》（香港时代国际出版有限公司 2005 年版）等研究，
也是人口史领域内的重要作品。

近年来，随着社会史研究视野的深化与扩展，一些新的领域不断被
开拓。如与底层农村群体紧密结合的乡村社会、民间信仰史；涉及民众
文化、城市空间、城市人口及社会群体、早期城市化等问题的城市史；
从人类对自身生命与身体的认知，发展出医疗社会史；由意念、心态出
发，演绎出心态史，等等。这些散发着新鲜气息的领域，成为社会史研
究的新指向。

乡村社会、民间信仰是进入底层民众生活世界，考察其观念形态的
重要窗口，它与区域社会史研究紧密相连的特性，以及借鉴其他学科田
野调查方式的可能性（主要指晚近时期），使得该领域近年来日益得到
社会史学者的重视。侯旭东《五、六世纪北方民众佛教信仰》（中国社
会科学出版社 1998 年版），通过剖析造像记，考察了北方民众的思想意
识、宗教信仰、心态以及佛教对北方社会的影响，是研究民众思想的上
乘之作。2005 年，侯旭东又出版《北朝村民的生活世界——朝廷、州
县与村里》（商务印书馆 2005 年版）一书，通过论述北朝村落生活、
乡村制度中的诸多问题，解析了该时期的民众意识、民众的国家观念与
国家认同，以及朝廷眼中的民众，本书是该作者的又一力作。赵世瑜
《狂欢与日常——明清以来的庙会和民间社会》（三联书店 2002 年版），

从中华帝国晚期时代的民间庙会这一生活空间向外延伸，探索明清社会转型时期的民众生活与大众文化，全书内容恰如书名"狂欢与日常"，揭示了庙会这一类游神祭祀活动的基本特征，即它每年不仅构成了民众日常生活的一部分，而且也集中体现了特定时节、特定场合的全民狂欢。赵世瑜是首先提出"范式说"的学者之一，此书可看作赵先生对于该理论的具体实践。朱小田《在神圣与凡俗之间——江南庙会论考》（人民出版社 2002 年版）通过考察了庙会的组织、活动内容、人们的观念与娱乐、社会功能等问题，指出庙会活动兼具神圣与凡俗的双重性，同时，作者还提出庙会允许女性参与，是小传统，庙会中的妇女，绝不是那样刻板的，大传统话语下的女性没有真实反映女子的全面生活状态。

中国城市的研究，在 20 世纪 70 年代以前还以国外学者的成果居多，其中对中国学界影响最大的，当属美国学者施坚雅提出的区域体系分析理论。20 世纪 80 年代后，城市史研究逐渐为学者所关注，出现了一批相关作品。如通史：何一民《中国城市史纲》（四川大学出版社 1994 年版）；断代史：韩大成《明代城市研究》（中国人民大学出版社 1991 年版）、刘凤云《明清城市空间的文化探析》（中央民族大学出版社 2001 年版）、《日本江户时代的城人与明清商人之比较——兼论中日都市文化的差异》（《中国人民大学学报》1996 年第 6 期）、赵世瑜《腐朽与神奇——清代城市生活长卷》（湖南出版社 1996 年版）等。随着研究的不断深入，学者们将研究视野从关注城市空间的物理形成与发展，扩展到关注城市的空间结构对历史行为的影响。2002—2007 年，中国社会科学院历史研究所与日本大阪市立大学文学部合作中日城市史研究课题，尝试运用历史学、哲学、地理学、社会学、文学等多种学科知识，考察中日古代城市的历史、空间构造以及各种文化设施等问题，探索在前近代以来的传统基础上孕育了怎样的城市、存在什么问题，以及如何才能创造出新的城市文化。2004 年 3 月，由大阪市立大学中村圭尔和中国社会科学院历史研究所辛德勇共同主编的《中日古代城市研究》一书，作为两个合作机构的共同研究成果，由中国社会科学出版社出版。2007 年，大阪市立大学井上彻与中国社会科学院历史研究所杨振红又共同主编《中日学者论中国古代城市社会》（三秦出版社），该书主要就中国各个时期的城市问题进行了探讨。除了与日本同仁的合作外，中国社会科学院历史研究所在城市史研究方面还做了很多其他工作。2007 年 12 月，由中国社科院历史研究所社会史研究室主办的"多重视角下的北京城市史研讨会"在北京召开。中国社科院历史研究所郭松义、定宜庄，近代史研究所刘小萌三位先生作了学术演讲。三位报告人通过不同的研究视角、不同的研究方法，探讨了北京城史中的诸多问题。① 其中，郭松义《18—19 世纪的北京外来人口——我国早期城市化的探索》，通过考察城市下层流动人群的生存状况、政治待遇等内容，探讨该群体对北京城市化进程的作用力，以及社会变迁对下层流动群体的影响。刘小萌《清代北京旗人社会》，则强调了旗人在北京城历史发展中所起的重要作用。定宜庄以《老北京人的口述史》为题，讲述了自己 10 年来采访近百名老北京人的经历与感受。通过丰富而生动的个体记忆，定先生向与会学者展示了沉浮于历史兴衰中的各个群体的"生命史"，正是这些活生生的人的历史，构成了风风雨雨的百年北京史。

　　当代史医疗社会史研究的发轫者当属台湾"中央研究院"留法博士梁其姿教授，梁教授于 1987 年首先发表了《明清预防天花措施之演变》② 和《明清医疗组织：长江下游地区国家和民间的医疗机构》③ 两篇疾病医疗社会史论文。中国内地史学界的医疗社会史研究相对较晚。1996 年，谢高潮《浅论同治初年苏浙皖的疫灾》（《历史教学问题》1996 年第 2 期）利用当代编就的灾荒史和太平天国史资料探讨了太平天国战乱期间，同治初年发生在苏浙皖的大疫灾。同年，梅莉、晏昌贵

① 三位学者的报告来源于本人课题，均耗时 10 年上下，已有部分阶段性成果问世。郭松义：《清宣统年间北京城内人口死亡情况的分析》（《中国人口科学》2002 年第 3 期）、《清代的"农转非"》（《中国社会科学院院报》）、《自杀与社会：以清代北京为例》（《中国社会历史评论》第 8 卷）等文章。刘小萌：《八旗子弟》（福建人民出版社 1996 年版）、《清代北京内城居民的分布格局与变迁》（《首都师范大学学报》1998 年第 2 期）、《碓房与旗人生计》（《清史论丛》2005 年号）等十余篇论文。定宜庄：《最后的记忆——十六位旗人妇女的口述历史》（中国广播电视出版社 1999 年版）、《守墓十七代：我们守的是一种精神（余幼芝夫妇口述）》（《口述历史》第一辑）、《这些历史没有写在书上》（《口述历史》第二辑）等论文。

② 梁其姿：《明清预防天花措施之演变》，《国史释论：陶希圣先生九秩荣庆祝寿论文集》，台北：食货出版社，第 239—253 页。

③ 梁其姿：Organized Medicine in Ming-Qing China: State and Private Medical Institutions in the Lower Yangzi Region, Late Imperial China Vol. 8. 1 (1987)，pp. 134 – 166。

初步考察了明代的传染病，就频发病重、分布地域及其原因等问题进行了考察。① 此后，医疗史开始逐渐得到学界的关注。复旦大学的曹树基、李玉尚曾专门针对病疫之一的鼠疫撰写过一系列文章，就鼠疫所产生的社会影响，鼠疫的流行模式以及地方政府与中央政府的对应等社会史问题进行了深入的探讨。② 南开大学余新忠《清代江南的瘟疫与社会：一项医疗社会史的研究》（中国人民大学出版社 2003 年版），立足近世社会发展、清代国家与社会关系两大问题，较为全面地探讨了清代江南的瘟疫及瘟疫与社会的互动关系。郭松义利用大量的档案史料，撰写了《清宣统年间北京城内人口死亡情况的分析》（《中国人口科学》2002 年第 3 期）、《清代刑案中记录的蒙汗药》（《清史论集：庆祝王钟翰教授九十华诞》，紫禁城出版社 2003 年版）、《自杀与社会：以清代北京为例》（《中国社会历史评论》第 8 卷）等文章，关注了以往较少涉及的领域。杨念群《再造"病人"——中西医冲突下的空间政治（1832—1985）》（中国人民大学出版社 2006 年版），则从身体政治的角度探讨社会变迁，体现了"新社会史"的研究思路。

心态史研究（亦称为心理史学），早在 20 世纪 80 年代中期，就已有学者发出过应该重视心态史研究的倡议，中国社会科学院历史所彭卫先生即是其中之一。1986 年，彭卫撰文《心态史学研究方法评析》（《西北大学学报》1986 年第 2 期），介绍西方心态史的研究方法及研究状况，尤其对奥地利、法国、美国三个最重要的研究基地进行了评述，还就如何发展中国心态史学作出展望。1989 年，彭卫又于《历史心理学如何成为可能——从史学本质角度的思索》（《社会科学》1989 年第 8 期）一文中，阐述了心态史研究的相关理论问题。1992 年，彭卫撰写《历史的心镜——心态史学》（河南人民出版社 1992 年版），该书成为大陆第一部较为系统的关于心理史学理论架构的作品。其后，彭卫再出《另一个世界——中国历史上的变态行为考察》（陕西人民出版社 1993

---

① 梅莉、晏昌贵：《关于明代传染病的初步考察》，《湖北大学学报》1996 年第 5 期。

② 曹树基：《鼠疫流行与华北社会变迁（1580—1644）》，《历史研究》1997 年第 1 期；曹树基、李玉尚：《鼠疫流行对近代中国社会的影响》；李玉尚、曹树基：《18—19 世纪云南的鼠疫流行与社会变迁》，复旦大学历史地理研究中心主编：《自然灾害与中国社会历史结构》，复旦大学出版社 2001 年版；李玉尚、曹树基：《咸同年间的鼠疫流行和云南人口死亡》，《清史研究》2001 年第 2 期。

年版)、《汉代社会风尚研究》(三秦出版社 1998 年版)等书,均是运用心态史进行研究的佳作。此外,罗凤礼先生也是较早论述心态史学的学者。1989 年,罗先生撰写了《西方心理历史学》(《史学理论》1989年第 1 期)、《再谈西方心理历史学》(《史学理论》1989 年第 4 期)、《历史与心灵——西方心理史学的理论与实践》(中央编译出版社出版)等论著,对欧美心理史学作了较为详尽的介绍。1987 年,已故历史学家谢天佑撰写《专制主义统治与臣民的心理状态》一文,陈旭麓先生称之为"触摸了千百年来的历史神经"。① 稍后,谢先生将其扩充为《专制主义统治下的臣民心理》(吉林文史出版社 1990 年版)一书,得到学界的较高评价:"作者借用西方心理学的方法运用于中国古史的研究,所叙所论恣肆新颖,其思绪足以表明作者之识见,而又无生搬硬套西方社会心理学术语之嫌。"② 当前,心态史研究,较之其他社会史各领域,仍相对冷门,但从其对历史关注角度的深度、研究前景的广阔以及其对史学所能产生的意义而言,心态史必将成为社会史研究中的重要领域。

随着社会史的复兴,史学界涌现出一大批优秀的学者与作品,限于篇幅,我们无法涉及每一个领域、每一篇作品。但从以上列举,我们已经可以感受到,社会史在冲击传统史学研究的同时,也为中国史学界注入了鲜活的血液。它异于传统史学的研究视角、研究理念、研究方法,极大地扩展了学者的探索空间,在社会史研究视角的关照下,中国历史学得到长足发展。

三

社会史研究领域、研究对象、研究视角远远超出了传统史学的治学范围,这种变化使得传统史学的经、史、子、集以及档案等史料,早已不能满足治史者的需要,史料的范围扩展到族谱、碑刻、契约文书、诉讼文书、乡规民约、账本、日记、书信、唱本、剧本、宗教科仪书、经

---

① 陈旭麓:《陈旭麓学术文存》,上海人民出版社 1990 年版,第 1269 页。
② 张广智:《心理史学在东西方的双向互动与回响》,《学术月刊》2002 年第 12 期。

文、善书、药房、日用杂书，甚至突破书面文字的局限，发展到口述、图片、影像、实物、声音等资料。

随着史料的多元化，史学家对于史料的概念，在日益革新的社会史研究中，出现了革命性的飞跃。如何寻找史料，如何解读、运用史料，如何将这些新史料以理论的形式支撑起来等问题，便摆在了史学家的面前。一方面，要求学者改变视角，重新诠释传统史料；另一方面，突破传统史学，汲取其他学科尤其是社会学科的诸多方法、概念、理论，也就非常自然地成为社会史研究者的选择。

社会史复兴之初，由于社会学与社会史在研究对象上的相似性，社会学成为社会史最为亲近、借鉴最多的学科。社会史需要借鉴社会学的理论方法，成为社会史学者的共识。社会学与社会史密不可分的关系，社会学对社会史复兴的强烈影响，也被学者们一再强调。陆震指出："重建的社会学及其广泛的社会学研究，也是促进社会史研究复兴的一个有力因素。"① 王先明也认为："社会史作为独立的历史学的一个分支，日益受到社会学的影响。它是建立在历史学与社会学的交叉点的一门边缘学科。因此在探讨社会史的许多问题时，我们不能不同时使用历史学和社会学中比较成熟的概念、范畴、一般理论。我们应该力求从历史学和社会学的结合部寻找我们研究的突破点。"② 常宗虎对社会史研究中的社会学化现象，则采取了更为积极的态度，认为："近代社会史研究中绝大多数的论著根本不存在过分社会学化的问题。"③ 换言之，社会史研究中的社会学化程度还远远不够。毋庸讳言，社会史研究曾在一段时间内笼罩在社会学的光环之下，针对这种现象，某些学者指出不应该过于强调社会史与社会学的亲缘关系，也不应该把社会史视为历史学与社会学的交叉学科，社会史在观念和概念以至方法上受惠的学科绝不仅仅是社会学，而应该是整个社会科学。④

实践证明，后一种观点更为科学，也更加有利于推动社会史的发

---

① 陆震：《关于社会史研究的学科对象诸问题》，《历史研究》1987 年第 1 期，第 100 页。

② 王先明：《论社会史研究的对象》，《河北学刊》1990 年第 2 期。

③ 常宗虎：《也论中国近代史的理论研究——与王先明同志商榷》，《历史教学》1995 年第 9 期。

④ 赵世瑜：《社会史：历史学与社会科学的对话》，《社会学研究》1998 年第 5 期。

展。事实上，自社会史复兴至今，社会史除了受惠于社会学外，其他诸如人类学、民俗学、民族学等社会学科，甚至统计学、心理学、地理学等理工学科，都对社会史研究产生了巨大影响。而在最近 10 年的研究中，人类学对社会史的影响显得尤为突出。

人类学对历史学的影响由来已久，勒高夫曾在《新史学》中指出历史学要"优先与人类学对话"，新史学的发展"可能是历史学、人类学和社会学这三门最接近的社会科学实行合作"，勒高夫称之为"历史人类学"。① 自 20 世纪 70 年代起，年鉴学派及欧美一些史学家就开始在具体研究中运用历史人类学的方法。大陆社会史复兴之后，民众生活与社会、国家控制之间的关系成为社会史研究的热点话题，而乡村社会则随着社会史研究的不断深入，日益受到学界重视。这些研究取向，与人类学的传统选题有着诸多契合之处，人类学相关概念与研究方法也就因此得到历史学家的青睐。

改革开放后，较早将人类学理论与方法运用在历史研究中的是华南地区中山大学、厦门大学的学者。这部分学者有着傅衣凌先生留传下来的坚实的经济史基础，利于社会史研究的转向。从 20 世纪 80 年代初开始，由于不少海外学者到闽粤地区研究区域社会史，中山大学、厦门大学的一些青年历史学者与他们合作，从事田野调查。这些学者受到海外学者的学术影响，开始关注人类学对历史研究，尤其是区域史研究的重要性。中山大学陈春声、刘志伟等与国外学者萧凤霞、科大卫等人合作，开展对珠江三角洲暨华南地区有关家庭、民间信仰、风俗习惯的调查，经过 20 多年的扎实研究，取得了引人注目的成绩。厦门大学杨国桢、陈支平、郑振满等与美国及中国台湾学者合作，就闽南家庭组织和乡村社会进行的研究，也成为区域史研究中的一个亮点。此外，华南学者还特别注意理论学习，他们通过建立历史人类学研究中心，创办《历史人类学学刊》，举办历史人类学研究生研讨班、历史人类学讲座系列、历史人类学高级研修班等，加强了学者，尤其是青年学者的理论素养，并进一步促进了历史学与人类学的互动。在多年的历史人类学实践与理论探讨中，华南学者指出："历史学家必须走出森严的档案库，一方面在田野中探索和体验乡民的历史，一方面把当代的、眨眼即逝的、非文

① ［法］雅克·勒高夫：《新史学》，《再现过去：社会史的理论视野》，第 121 页。

字的资料转为有用的、可长期参考的资料。在这方面，人类学家发展出
来的方法和理论，足资让走向民间的历史学家参考。"①

与此同时，其他研究机构的诸多学者，也在不同地区进行历史人类
学研究。中国社会科学院历史研究所的定宜庄先生，近十来年，在北
京、福建、辽宁、甘肃、陕西、黑龙江等地进行过广泛的田野调查和口
述访谈工作，借鉴了大量人类学、民族学、统计学等学科的理论及方
法，或独立撰写，或与中国社会科学院历史研究所郭松义、人民大学社
会学系胡鸿保等先生合作了多本专著及数十篇论文。北京师范大学赵世
瑜，上海社会科学院历史所钱杭、谢维扬，江西师大梁洪生等，也分别
就不同区域进行了相关研究。中国社会科学院历史研究所社会史研究
室，于1996年与中国社会科学院边疆中心及云南大学民族所在昆明成
立了"中国边疆地区历史与社会研究云南工作站"，深入滇西一带，就
当地少数民族的婚姻、家庭作了一系列集体座谈和家庭访谈。这些工作
对社会史研究的扩展与深入起到了相当积极的作用，社会史研究又向前
迈进了一大步。

近年来，随着研究的细化，整个区域史开始显露出零散、碎化的状
况②，学者们从不同的角度，对此进行了严肃认真的反思。杨念群指出
中国社会史研究逐步变成"区域社会史"研究，而"区域社会史"研
究又趋向于探讨"宗族"和"庙宇"功能的现状，成为"进村找庙"
的同义词；另外，杨先生还提倡打破"村落研究取向"，从"跨区域研
究"的角度使社会史研究趋于多元化。③ 这一批评，引起了众多学者的
讨论。赵世瑜表示赞同郑振满的说法，认为区域社会史学家到乡下去进
行田野调查工作，固然有为了找新的材料方面的因素，"但不仅仅是为
了这个，其实是为了更好地理解这些传世文献、传统的史料，这才是第

---

① 程美宝、蔡志祥：《华南研究：历史学与人类学的实践》，《华南研究资料中心通讯》
第22期。

② 胡英泽、郝平：《跨区域研究的区域社会史研究》，《清史研究》2005年第2期，第
118—124页。

③ 杨念群：《"地方性知识"、"地方感"与"跨区域研究"的前景》，《天津社会科学》
2004年第6期，第119—125页。

一位的，寻找新材料是第二位的，或者说是一个手段"。① 行龙也指出历史学的田野工作不仅仅是寻找材料，它可以辅助学者更好地理解文献，还能激发调查者的灵感，使调查者萌生新的问题意识；而寻找材料又可以分为两层意思：1. 扩充史料，对正史做一个"由下自上"的补充；2. 纯粹搜集史料，当前，很多研究问题都是史书记载缺失或非常有限，只能通过田野调查完成。② 常建华则指出区域史研究从其产生开始，就从来不是画地为牢的，它的终极追求是探索"中国社会变迁"，很多学者已为此做出了很多工作。③

定宜庄先生对当前的区域史研究，尤其是"田野调查"的状况，也提出了自己的看法。他认为社会史学者效法人类学家，走出书斋去做"田野"，到某一个村落或城镇去研究个案，建立模型，这是近十多年社会史学界最为时髦也最为人推崇的做法，看起来成果累累，事实上问题甚多。"从人类学家一面来看，这些史学家更热衷也更擅长的是寻访家谱、碑碣和民间流传的某些抄本，而没有能力与活人进行面对面的接触和交谈，说到底这不过是书斋的延续，而不是真正的'田野'。而从史家一面来看，仅仅通过对几个个案的描述便下结论，'捡到篮中都是菜'，事前不在文献上做充分的准备，事后也不与文献作认真的比勘，社会史便不再是'史'，在史学上究竟具有多大价值也令人怀疑。"④ 在这里，定先生强调了两个问题：1. 田野调查应加强与活着的人接触，不能仅仅成为书斋的延续；2. 区域史研究应强调田野与文献的比勘。在我理解，这两个问题事实上是紧密联系的，如果田野仅仅是书斋的延续，学者即便将田野与文献作对比，实际在某种程度上而言，只是将两种不同的材料进行对比，并没有突破书斋的范围；只有当田野跳出书斋，不再仅仅承担搜集史料的工作，而能够有其自身独立价值的时候，

① 赵世瑜：《小历史与大历史——区域社会史的理念、方法与实践》，三联书店 2006 年版，第 368 页。

② 行龙：《二十年中国近代社会史研究之反思》，《近代史研究》2006 年第 1 期。

③ 常建华：《跨世纪的中国社会史研究》，《中国社会历史评论》（第八卷），天津古籍出版社 2007 年版，第 368—369 页。

④ 定宜庄：《"新""旧"夹击之下的中国社会史》，《中国社会科学院院报》2006 年 2 月 28 日。还可参见定宜庄《口述传统与口述历史》，《广西民族学院学报》2003 年第 5 期，第 3 页。

二者的比勘才更具意义。

定先生的这一看法，来源于她本人在研究实践中的心得体会。如上文所述，定先生长期从事田野调查与口述访谈工作，借鉴了多种学科的理论与方法，这些研究特色在她与郭松义、李中清、康文林等先生合作的《辽东移民中的旗人社会》一书中体现得最为明显。1998—2004年间，定宜庄与郭松义二位先生曾几度前往辽宁省的盖州、海城、营口、法库、开原、铁岭、新宾、怀仁和本溪等市、县的近百个村庄，访问了百余名老人。他们的田野工作，除了搜集到丰富家谱、碑刻等文献外，还在实践中，形成一套调查方法。在该书的绪论中，定先生谈到他们田野工作的要点：1. 田野调查的主要目的在于通过活人的回忆去追溯过去的历史；2. 这种追溯，是在掌握的户口册与文献基础之上进行的，将其称为"核对"更确切些；3. 即使是做口述史，其实也是在从当地人口中寻找对散佚文献的记忆，而不是真正意义上的口耳相传的历史。① 由此可见，他们田野工作的特点在于：1. 在寻找文献的同时，还着重考察活着的人如何记忆历史；2. 通过对比历史文献与人群记忆的异同，考察这一群体的形成、历史上的存在状态、族群记忆、族群意识及自我认同。这种研究方法，使得田野不再仅仅是文献的附庸，而具有了与文献平等的独立价值，拓展了田野调查的内容、深化了田野调查的意义。

对于当前区域社会史研究中出现的零散、碎化现象，我们无须讳言。学界广泛、积极、严肃的争论，往往能刺激下一个发展契机的萌发。在争鸣中，我们期待着区域社会史研究的下一个春天。

在历史人类学蓬勃发展的同时，社会史还广泛地借鉴其他学科的理论与方法，形成了诸多研究领域，如与人口学、计量学相结合的人口史；与医疗、生态环境相结合的医疗史、环境史、生态史；与人口、生态、心态等多学科结合的城市史；还有与社会学、心理学相结合的心态史，等等。学者们在这些研究领域内的勤奋耕耘给史学界带来了大量优秀成果，对社会史，甚至历史学的发展都起到了举足轻重的推动作用。

人口史兴起之初，研究者就比较重视跨学科研究模式的运用。1993

---

① 定宜庄、郭松义、李中清、康文林：《辽东移民中的旗人社会——历史文献、人口统计与田野调查》，上海社会科学院出版社2004年版。

年，郭松义先生与美国学者李中清组织召开了"清代皇族人口及其环境——人口与社会历史（1600—1920）"会议，并出版论文集《清代皇族人口行为和社会环境》（北京大学出版社 1994 年版）。这次会议强调人口问题的社会背景和环境状况，因此与会者不仅有历史学者，还有民族学、历史地理学、气象学、地理学，以及疾病学等领域的专家学者，众学者从各个角度探讨了清代皇族人口增减的问题，促进了多学科之间的相互借鉴。1998 年，郭松义、李中清、定宜庄三位先生，又组织了"中国婚姻、家庭与人口行为"会议，邀请了历史学、人类学、社会学学者，分别从各自的领域，以不同的视角探讨婚姻、家庭、人口行为，并结集出版《婚姻家庭与人口行为》（北京大学出版社 2000 年版）一书。上文提到的定宜庄、郭松义、李中清、康文林《辽东移民中的旗人社会》（上海社会科学院出版社 2004 年版）一书，则是几位学者在具体研究中对多学科合作的一次实践。除此而外，还有诸多人口史论著也都体现出学者们长期以来探索跨学科研究模式的不断努力。

医疗社会史的发展，离不开医学界与史学界的相互合作。2003 年 11 月 24 日，北京大学医学史研究中心举办了"首届中国医学社会史学术研讨会"，来自医学界、史学界、自然科学界的 40 余位专家学者出席了会议，就医疗社会史问题展开了热烈的跨学科对话。医学界的张大庆、赖文、李永宸等先生也撰写了多部医疗社会史著作①。医学界的积极参与，对医疗社会史领域的发展起到了极大的促进作用。2006 年 8 月 11—14 日，南开大学召开了"社会文化视野下的中国疾病医疗史"国际研讨会，邀请了来自美国，日本，韩国，中国台湾、香港、澳门和内地的 50 余位史学界和医学界学者，诸位学者发表了对未来医疗社会史发展方向具有指针性意义的演讲②。

---

① 张大庆：《中国近代疾病社会史（1912—1937）》，山东教育出版社 2006 年版；赖文、李永宸：《岭南瘟疫史》，广东人民出版社 2004 年版。

② 如台北"中央研究院"历史语言研究所的梁其姿教授（"医疗史与中国现代性的问题"）、日本青山学院大学的饭岛涉教授（"Epidemic Disease in China as Index of History"，"作为历史进程指标的传染病"）、中国社会科学院历史研究所荣誉学部委员郭松义教授（"疾病与自杀：187 件清代北京自杀样本的分析"）、中国中医科学院医史文献研究所郑金生教授（"中药的药害与社会因素的关联"）及中国人民大学杨念群教授（"如何从'医疗史'的视角理解现代政治?"）等等。这次会议的多篇论文收录于《中国社会历史评论》第八卷，天津古籍出版社 2007 年版。

在城市史研究方面，近年来兴起的 Urban History（城市史），与以往 History of city（城市的历史）相比，存在很多不同。History of city，是以城市为空间背景而作的所有历史研究的总称；Urban History，则以城市内部的社会集团的矛盾、都市环境与人类生活的相互影响为主要研究目的。就 Urban History 研究而言，城市不仅被视为社会文化变化的构造本身，也被视为社会文化变化的主体；学者们将城市看作一个有机的社会主体，将城市化视为特定环境和历史条件下发生的一个广泛的社会运动过程。新兴城市史的研究视角、研究范畴体现出更浓的社会史色彩，其研究框架已远远超越传统史学范围，这就要求研究者必须借鉴、汲取诸如社会学、人口学、人类学、生态学、经济学乃至心理学等社会科学、自然科学多个领域的理论与方法，从整体史的角度考察城市的变迁。

心态史研究对心理学的借鉴，自心态史兴起之初，就得到了学者的重视。如何在史学范畴下进行心态史研究，如何合理吸纳心理学理论与方法，如何将心理学的解释内容"应用到一去不复返的历史时间中去"，"人"成为沟通两个学科的桥梁。彭卫曾说历史学家"终身穿越'人'这个庞大无垠莽莽林海"，而"心理学研究所要达到的根本目的，也是要洞悉人类的行为之谜，也是把人作为分析的中心环节"。"心理学与历史学所共同瞩目的主题都是人的活动，这一切为两个不同领域的跨学科研究提供了相当有利的前提"。"学科的本质（目的、意义）和学科之间的契合程度，构成了历史心理学之所以成为可能的基本理论条件"。[①] 对"人"的共同关心，使得放眼过去的历史学与关注今天的心理学出现了对话的可能。

值得一提的是，吸纳新理论、新方式，并不代表对传统史学研究方法的摒弃。传统方法与新理念并不冲突，就某种程度而言，反倒有相当的切合之处。中央民族大学姚念慈撰写的长文《魏象枢独对与玄烨的反思——康熙朝满汉关系释例》，完全运用传统史学的考证方法，通过对康熙及魏象枢等汉族大臣言语行为细致入微的考察，剖析了康熙帝对待汉民族极其复杂的心理状态。正如作者所言："本文拟用最习见的史料，通过一个具体事件的考辨，证明三藩之乱亦为玄烨带来

① 彭卫：《历史心理学如何成为可能》，《社会科学》1989 年第 8 期，第 62—63 页。

极为消极的思想。玄烨心理上所形成的巨大阴影，终其一生都不曾消除。"① 该文堪称实证史学中探讨心态问题的典范之作。

综上所述，由于借鉴多种社会科学，甚至自然科学的理论与方法，社会史研究得以蓬勃发展。同时，随着跨学科范围的不断扩大、程度的不断加深，不同学术背景的团队协作，成为社会史研究的一个趋势。更加开放研究视野，更加广泛地与其他学科对话，合理运用新理论、新方法，将历史学与其他社会科学、自然科学有机地结合在一起，仍然是今后社会史发展的关键所在。

由于篇幅所限，本文对近三十年来社会史研究的回顾，仅以学科发展脉络为叙述主线，无法对每一个领域加以一一评述。很多重要的学者及著作，都未能涉及，实在是内容宏大，难以尽述，也由此可见社会史发展的迅速程度。

改革开放三十年来，众多学者为社会史学科建设，付出了艰辛的努力，取得了令世人瞩目的成绩，推动了中国史学的发展。为数众多的杰出社会史学家，以及一大批高质量研究成果，固然体现了社会史的成就，但社会史对中国史学的最大贡献还不在于此。社会史在某种程度上转变了传统史学的思维模式，也在某种意义上改变了人们对历史的认识，或许这才是社会史发展三十年来最具意义的贡献。

传统史学的阅读者是帝王将相，它的职责是让统治者"以史为鉴"。由此，关注焦点很自然地落到了改朝换代、宫廷阴谋和统一征服等宏大叙事，以及与之相关的重要历史人物上。对人物的关注，实质上也是基于与重大事件的关联，其中心仍然是"事"。在这样的准则下，与"宏大叙事"无关的底层民众，便远离了"史"的修撰。而社会史却打破了这一观念，强调了"人"的独立存在，赵世瑜先生曾指出："人是历史的主体，没有人的活动，便只剩下了自然史，社会史研究不应该放弃这个责任。"② 定宜庄先生也曾发问："历史学家说，历史是过去曾经发生的事。但我们还可以再追问一句：过去曾经发生的事就全部都是历史吗？宇宙间有潮涨潮落，有斗转星移，它们如果不与人类发生关系，对我们又有什么意义呢？所以说到底，这里

---

① 姚念慈：《魏象枢独对与玄烨的反思》，《清史论丛》2008 年号，第 1 页。
② 赵世瑜：《社会史研究向何处去？》，《河北学刊》2005 年 1 月，第 65 页。

落下了最关键的一个词，那就是'人'，过去的事，指的是人类的事，是人类在过去曾经发生的故事。历史，就是自有人类以来，人类所创造的历史。可惜的是，人们读史，往往就把这最关键的一词忽视甚至忘记了。"①

随着社会史研究视野向着更为纵深、宽阔的方向发展，"人"越来越明显地成为社会史研究的主轴，社会史学者也越来越自觉地关注"人"及其与之相关联的一切。最后，我想借用定宜庄先生的一句话来为文章结尾："我们读史，从读事件、读政治、读制度转而到读人，读人的生活、人的生命、人对所经历的天地万物的心态和感受，这使史学这门在人们眼中最枯燥无味的'钻故纸堆'的学问变得越来越新鲜有趣、生机盎然，也与现实越来越紧密相关，史学与普通人的距离也越来越近。史学研究的作用和意义，我想正是在这里。"②

---

① 定宜庄：《读史与读"人"》，《时代教育》2008 年第 6 期，卷首语。
② 同上。

改革开放三十年的古代中外
关系史研究

刘中玉

　　古代国家没有严格意义上的疆界，也没有严格意义上的外交，自然谈不上有严格意义上的对外关系。作为古代中国史研究的一个重要领域，所谓古代中外关系史乃指历代中原王朝与其他国家、地区联系和交往的发生、发展史。它既包括和平状态下的政治、经济（这是古代中国与外部世界发生联系的主要层面）、文化、宗教等的交流，也包含敌对状态下的冲突和战争（以与周边少数民族政权的冲突和战争为主）。从区域史研究的范畴而言，古代中外关系史又与中亚史、西亚史、北亚史、东北亚史、南亚史、东南亚史、东中欧史、西欧史、北非史、东非史等有着千丝万缕的联系。而从交通史的角度来看，这一领域又因交通路线的差异而被明显划分为陆路和海路两块。其中，陆路以传统意义上的丝绸之路为主，在中唐以前是中国与外部世界往来的主要途径。中唐以后因欧亚时局动荡，陆路交通变得极不稳定，海路遂成为中外交流的重要通道。其大体涉及东亚海域、南海海域、阿拉伯海—印度洋海域，以及地中海和红海海域。纵观人类文明发展史不难发现，古代各洲际、各国家、各地区之间的关系和当前国际关系的相同之处在于，其往往交织着错综复杂的政治、经济、文化、民族、语言、宗教等问题。因此，拟厘清一族一地的发展线索，便须在民族、语言、宗教、史地等多方面下足功夫，更遑论从宏观的历史背景下把握整个古代中外关系演进的脉络。这正是古代中外关系史学科在发展的延续性、各研究领域之间的关联性以及学科建设的整体性等方面都较其他学科更为复杂的原因所在。

三十年前，矢志于古代中外关系史研究的从业者，振起于百废待兴之时，承继前人百余年来的治学传统，惕励务实求真、革故鼎新的精神，不仅重构了这一学科的发展体系，使研究梯队渐趋完善、研究水平大获提升、研究领域更为开阔，而且为今日跨学科、跨地域，乃至多学科协作研究局面的形成奠定了坚实的根基。其具体情貌难以一一胪列，兹从以下几个层面略论梗概。

一　学科体系的重构和发展

（一）人才培养

众所周知，学科发展的关键是人才。20 世纪二三十年代起，国内虽然在古代中国与周边区域关系史（尤其是内亚史）研究方面成果显著，但是"文化大革命"十年，教育废弛，学术凋敝，人才培养因此陷入困境，诸专门之学颇有难以为继之虞。动乱勘定之初，名师硕学往往犹在，在他们的精心操持下，边疆史地之学又重获转机。以中国社会科学院历史研究所、北京大学、南京大学、新疆大学、贵州大学、西北大学、兰州大学等为代表的科研院校皆以对古代中外关系史领域人才的造就而享有声名。1980 年，联合国教科文组织编写《中亚文明史》，我国学者孙毓棠、张广达、马雍、安志敏、王炳华、刘迎胜等或援笔入撰，或与列主编。看似一次普通的合作，实乃为"文化大革命"后国内古代中外关系史领域人才在国际学界的崭新亮相。再如《中国历史地图集》的编纂。其虽是"文化大革命"末期以政治任务的因由促成的，但其最终定稿却是在"文化大革命"之后，而且是中国社会科学院相关研究所、复旦大学、南京大学、中央民族学院（现为中央民族大学）、云南大学等数十位老中青三代精研边疆史地的学人毕数年之功的成果。迄今仍不失为国内外同类图集中质量最高、绘制最精、内容最详的重要工具书，为相关领域的学者案头常备。1990 年，由中国社会科学院边疆史地研究中心主持编辑、国家图书馆文献缩微复制中心出版的《中国边疆史地资料丛刊》，亦是国内相关院所的前沿学者共同参与的结果，是目前颇具影响的大型工具文献丛书。以上协作的事例说明，这些年国内各科研机构在研究梯队的培养和建设方面成效斐然。

（二）学科建设

学科建设的一个重要方面是成立相关研究机构、学会，创办宣传平台（刊物、网站等）。20 世纪 80 年代以来，各科研单位如雨后春笋般涌现出众多专门性的研究机构、学会。如中国边疆史地研究中心（中国社会科学院）、民族与边疆研究中心（暨南京大学元史研究室）、敦煌研究院（甘肃）、吐鲁番研究院（新疆）、东南亚研究中心（1956 年，厦门大学成立南洋研究所，1996 年更名南洋研究院，2000 年又在此基础上成立该中心）、中国南海研究院（原海南南海研究中心，2004 年更名）、内陆欧亚学研究中心（中国社会科学院历史研究所），等等。以中国边疆史地研究中心为例。其成立于 1983 年，是中国社会科学院直属的开放性研究机构，重点研究中国古代疆域、近代边界的变迁和中国边疆史。近年来先后主持国家系列工程（如"东北边疆历史与现状系列研究工程"、"新疆历史与现状综合研究"项目等），对于古代中外关系史相关研究领域的推进起到了相当大的作用。

相关学会的成立是古代中外关系史学科繁荣发展的另一表现。如成立了中亚文化研究协会、中外关系史学会、中国海外交通史研究会、中国元史学会、蒙古史学会、敦煌吐鲁番学会、阿尔泰学学会等全国性的学术组织。以中外关系史学会为例。该学会成立于 1981 年，迄今已举办近 30 次大型学术研讨会。议题含纳海陆丝绸之路、海外贸易与海外移民、重要港口城市的国际地位、中国与周边国家及民族的关系、中原王朝的闭关与开放等各个方面。既有纵贯式的集中考察，又有针对性的专题探讨，同时也因时局之变而对古代中外关系的发展脉络进行理论性检讨。如学会成立之初，为配合国家的开放战略，连续两次举行研讨会集中讨论"中国历史上的闭关和开放"问题；而随着南方经济特区的蓬勃建设，又展开"中国华南对外经济文化交流和发展的历史与现状"的讨论；近年来，在全球化进程加快和多元文化世界格局形成的背景下，又连续举办"多元文化视角下的古代中外关系"研讨会。以上作为，对于古代中外关系史学科的发展意义重大。

由各专门学术机构创办的一系列刊物也为该学科成果的及时交流和研究的继续推进作出了重要贡献。《中亚学刊》、《中外关系史论丛》（后更名为《中西初识》）、《海交史研究》、《元史及北方民族史研究集刊》（现更名《元史及民族与边疆研究集刊》）、《中国边疆史地研究》、《南洋问题研究》、《西域研究》、《西域史论丛》、《敦煌学辑刊》、《敦煌研究》、《西北史地》、《西北民族研究》等刊物的创办发行，凭借优质的学术论文在国内外学界产生了重要影响。近年来，由中国社会科学院历史研究所中外关系史研究室创办的《欧亚学刊》，则是在新形势下催生的内陆欧亚学的专门宣传阵地。而随着网络的普及，各研究机构纷纷创建专门性网站作为与国内外同行沟通和交流的平台，同时也是宣传和展示前沿成果和动态的窗口。这些都对古代中外关系史研究的深入开展助力甚多。

二 研究方法、研究工具的继承和创新

浩如烟海的传世官修典籍、私家著述以及各类杂史、笔记、游记、金石、方志中，对于外部世界和中外互动的载录时常寻见，且不乏专门著述。然长期以来，因天朝上国和夷夏之防心理的拘囿，这些著录并未引起学人的足够重视，形成专门之学。迨至清前期，受版图扩增和中俄领土纠纷的影响，部分学者开始关注边疆史地，着手整理和考校旧典中的夷、外载录。鸦片战争后，随着民族危机的加剧，治学边疆更是成为当时知识分子关心国事的一种方式，所谓"西北舆地之学"便在这种背景下应运而生，学界将此视为我国古代中外关系史研究之滥觞。代表人物钱大昕、祁韵士、松筠、张穆、徐松、魏源和何秋涛等，详前人之所未述，颇具开创之功。20世纪前半叶，王国维、陈寅恪、陈垣诸前辈开辟新径，把乾嘉以来"西北舆地之学"的考据传统与西方近现代"东方学"的研究方法结合起来，极大地推动了古代中外关系史学科的研究。尤其是王国维提出"二重证据法"，把考古发现和文献记载并重，初步确立了近代科学意义上的古代中外关系史（同时也是诸多人文学科）的学科基础。

20世纪二三十年代前辈学人的又一贡献便是，引进并确立了审音

与勘同也即历史比较语言学原理和方法作为研究中外历史文化的重要工具。1887—1890 年，洪钧以出任驻俄、德、荷、奥四国公使之机广历游学，采摭域外史料而成《元史译文证补》，一新学人眼目。其后，比较利用汉文史料与阿尔泰语系诸史料研究古代中外关系史渐成风气。王国维以后，冯承钧、陈寅恪、岑仲勉、张星烺、方壮猷、韩儒林、邵循正、翁独健、王静如、冯家昇等在考释古文献和审音勘同方面贡献良多。尤其是韩、邵、翁三位负笈西游，师从国际东方学大师伯希和，掌握了多种东西方语言文字，同时借鉴国外东方学的学术成果和研究方法（特别是历史语言比较方法），利用各种文字史料对种族氏族、语言文字及名物制度进行比勘和审订。韩儒林《成吉思汗十三翼考》、《蒙古氏族札记二则》等文就是会通历史学、语言学（主要采用《史集》波斯原文与汉文史料"直接互校"的方法）而成的名著。可以说，历史比较语言法的引入，大大拓宽了国内学者的学术视野和研究领域。

三十年间，成长起来的中青年学者大都通晓几种外语，他们沿前人蹊径而多有发扬：重视新近考古发掘和出土文献，借鉴考古学（尤其是类型学）、考古人类学、文化人类学、遗传学等学科的研究理论和方法，利用现代科技手段对所掌握的中外文献史料重加释读等（如 2004 年由科学出版社出版的荣新江、李孝聪主编《中外关系史：新史料与新问题》一书，从七个角度揭示了中外交通史领域的最新史料和最新研究成果，并针对研究方法和研究范式阐发建议），使古代中外关系史研究取得了重大进展和突破。

三　主要成就和进展

（一）传统文献的考订和注释

乾嘉考据之学一直被中国学界视为从事研究的基本功之一。三十年来，国内同仁绍继前贤余烈，使众多关涉古代中外交往著录的考校工作获得了长足进步。1981 年，夏鼐《真腊风土记校注》（元周达观著，中华书局）的出版，以版本考订完备、注释丰赡而大大超出此前的各种校注本。同年，苏继庼《岛夷志略校释》（元汪大渊著，中华书局 1981

年版）问世。1985 年，季羡林主持校阅的《大唐西域记校注》（中华书局），以广采中外文献和研究成果而居资料集辑之功。是年，章巽利用十一种古刻本、抄本校注的《佛国记》出版（《法显传校注》，上海古籍出版社）。其后，王邦维《大唐西域求法高僧传校注》、《南海寄归内法传校注》（中华书局 1988 年、1995 年版。后者另有华涛译释本，台北佛光文化事业有限公司 1998 年）、杨武泉《岭外代答校注》（宋周去非，中华书局 1999 年）等（以上中华诸本乃属《中外交通史籍丛刊》系列）推出。贾敬颜《五代宋金元人边疆行记十三种疏证稿》（中华书局 2001 年版），对《陷辽记》（胡峤）、《鸭江行部志》（王寂）等 13 种关涉东北边疆地区之纪略详加疏考。2003 年、2005 年，余太山先后出版《两汉魏晋南北朝正史西域传研究》、《两汉魏晋南北朝正史西域传要注》（中华书局）两本要书，前者旨在解读两汉魏晋南北朝正史"西域传"的认知和阐述系统，后者乃作者多年研究西域史的小结，同时也是对近百年来国内外有关西域传研究的一个总结。此外如万明《明钞本〈瀛涯胜览〉校注》（海洋出版社 2005 年版），采用五种明抄本对郑和通事马欢所记南海诸国情实和行程等进行校勘。李锦绣、余太山《〈通典〉西域文献要注》（上海人民出版社 2009 年版）一书，以对杜佑所取 60 个西域国家小传详赡而简明的考释见长。等等。

（二）域外史料、研究成果的译介

在域外史料文献的整理和介绍方面，三十年来成绩堪称卓越。20 世纪 80 年代以来，何高济、余大钧、耿昇、宋岘等接续冯承钧、张星烺等前辈之薪火，继续翻译和整理了大量与古代中外关系史相关的西方以及中亚、西亚文献。如何高济所译志费尼《世界征服者史》、余大钧和周建奇所译拉施特《史集》（第 1—3 卷）、耿昇所译费郎《阿拉伯波斯突厥人东方文献辑注》和戈岱司《希腊拉丁作家远东古文献辑录》、宋岘所译注伊本·胡尔达兹比赫《道里邦国志》和《回回药方》、张锡彤（张广达）父子所译《蒙古入侵时期的突厥斯坦》、罗致平所译巴托尔德《中亚突厥史十二讲》、叶奕良所译伊朗阿宝斯·艾克巴尔·奥希悌扬尼《伊朗通史》，等等，大大拓宽了国内读者和研究者的视野。在译介之风的推助下，中华书局、商务印书馆、三联书店、云南人民出版社等多家出版单位凭依良好声誉而纷纷组编系列汉译名著及史籍丛刊。

如中华书局出版的《中外交通史籍丛刊》和《中外关系史名著译丛》、商务印书馆的《世界名著译丛》、上海译文出版社的《中外关系史译丛》、云南人民出版社的《欧亚历史文化名著译丛》，皆因在史料文献整理及域外成果介绍方面普受学界赞誉。

（三）中外史料、语言的对校应用

张广达在介绍和利用穆斯林文献方面有功与焉，其《关于马合木·喀什噶里的〈突厥语词汇〉与见于此书的圆形地图》（上）（《中央民族学院学报》1978年第2期；又载《西域史地丛稿初编》，上海古籍出版社1995年版）、《出土文书与穆斯林地理著作对研究中亚历史地理的意义》（《新疆大学学报》1984年第1、2期；又载《西域史地丛稿初编》）等文，重点介绍了当时为国内学者鲜少关注的《突厥语大辞典》等阿拉伯、波斯文献。1984年，陈达生对泉州海外交通史博物馆所藏大量阿拉伯文以及少量波斯文碑刻进行了系统研究（《泉州伊斯兰教石刻》，宁夏、福建人民出版社联合出版），为国内外学者了解和利用泉州伊斯兰石刻提供了便利。王治来《中亚史纲》（湖南教育出版社1986年版）、魏良弢《西辽史研究》（宁夏人民出版社1987年版）与《叶尔羌汗国史纲》（黑龙江教育出版社1994年版）等成果，从整体上将伊斯兰时期西域历史的研究推进了一步。刘迎胜直接利用多种波斯文原始史料，对比汉文史料记载，在察合台汗国史研究上取得了突出成绩（《西北民族史与察合台汗国史研究》，南京大学出版社1994年版；《察合台汗国史研究》，上海古籍出版社2006年版）。王小甫《唐吐蕃大食政治关系史》（西藏人民出版社1991年版）在直接研究藏文、阿拉伯文原始史料的基础上与汉文史料进行比勘，从而在吐蕃与西域间的通道、大食对西域的介入等问题上取得了突破性进展。许序雅在《唐代丝绸之路与中亚历史地理研究》（西北大学出版社2000年版）一书中，利用西译穆斯林史料重新检讨了《大唐西域记》、《新唐书·地理志》、《新唐书·西域传》、《册府元龟》中有关昭武九姓的史地记载。华涛《西域历史研究（八至十世纪）》（上海古籍出版社2000年版）一书，亦以大量利用阿拉伯文等穆斯林原始史料与汉文等其他史料对比研究而著称。等等。

四 热点研究括论

（一）欧亚历史语言研究

欧亚历史语言研究主要集中在语系研究和语言理论方面。语系研究主要包括汉藏语系语言研究、阿尔泰语系语言研究（含突厥语、蒙古语、满—通古斯语）、朝鲜语研究等。以阿尔泰语系为例。最早直接释读阿尔泰语系之古突厥文、回鹘文的是冯家昇，其撰有《回鹘文写本〈菩萨大唐三藏法师传〉研究报告》（中国科学院《考古学专刊》丙种第 1 号，1953 年；又见《冯家昇论著集粹》，中华书局 1987 年版）、《1960 年吐鲁番新发现的古突厥文》（《文史》1963 年第 3 辑）等文。继其之后，耿世民在回鹘文佛经《玄奘传》、摩尼教寺院文书、回鹘文碑铭研究方面贡献卓著。20 世纪 50 年代以来，他先后以中、英、德等文字发表专著 20 余部、专题论文近 170 篇，翻译法、德、英、日、俄等文字论著近 20 部。代表作有《维吾尔古代文化和文献概论》（新疆人民出版社 1983 年版）、《现代哈萨克语语法》（中央民族学院出版社 1989 年版）、《敦煌突厥回鹘文书导论》（台湾新文丰出版社 1994 年版）、《新疆文史论集》（中央民族大学出版社 2001 年版）、《回鹘文社会经济文书研究》（中央民族大学出版社 2006 年版）、《回鹘文哈密本〈弥勒会见记〉研究》（中央民族大学出版社 2008 年版）等。其卓越的成就得到国际同行的广泛认可，被称为真正意义上的语文学家 philologe。在同源词的探讨和语言系属关系研究方面，目前尚无普遍认可的理论与方法。1998—2003 年，于邦新和孙宏开共同主持的"汉藏语同源词研究"项目（后出版为三卷：第一卷《汉藏语研究的历史回顾》，第二卷《汉藏、苗瑶同源词专题研究》，第三卷《汉藏语研究的方法论探索》，广西民族出版社 2000、2001、2004 年版），收集了汉语、藏缅语、苗瑶语、南亚语、南岛语约 100 种以上的语言或方言资料，对不同层次的同源词各语族之间的关系、汉藏语系亲属关系研究的理论与方法、原始汉藏语的语音系统等展开探讨。

（二）早期地中海文明和中国关系史研究

古代中国的历史不仅与周邻有着密切的联系，而且与地中海区域也有着较为广泛的交往。在国际学界，从 16 世纪末兴起了专门研究拜占庭（东罗马）与内亚关系的学科——拜占庭突厥学（Byzantinoturcica）。20 世纪 50 年代中期，齐思和《中国和拜占庭帝国的关系》（上海人民出版社 1956 年版）是当时少有的创见性论著之一。20 世纪 80 年代以来，学者们拓宽了研究视野，开始把拜占庭与中国的关系放在欧亚历史发展和各民族关系的大背景下进行考察。张绪山《公元 3 世纪以前希腊—罗马世界与中国在欧亚草原之路上的交流》（《清华大学学报》2000 年第 5 期）、《6—7 世纪拜占庭帝国与西突厥汗国的交往》（《世界历史》2002 年第 1 期），结合中西史料，通过史实比对与考古文献互证，在这一方面取得了重大进展。蓝琪、芮传明等还探讨了拜占庭与突厥、粟特等部族的关系。20 世纪 90 年代，学界出现了针对汉代中国与罗马关系真伪性的大辩论。不少学者认为《后汉书·和帝纪》和古罗马推罗城地理学家马林的《地理学导论》所记罗马"使团"事是可信的。林梅村在前人研究的基础上，提出罗马商团是一支由马其顿巨商梅斯委托代理人组成的冒充罗马使者的商团的假说（《公元 100 年罗马商团的中国之行》，《中国社会科学》1991 年第 4 期）。邢义田、徐苹芳等人则认为罗马俘虏在甘肃永昌县建骊靬城和罗马商团在公元 100 年抵洛阳两件事皆缺乏坚实的史料证据和考古发现，是"一件捏造的伪史"（参见邢义田《汉代中国与罗马帝国关系的再检讨（1985—1995）》，《汉学研究》第 15 卷第 1 期，1997 年；徐苹芳《关于中国境内"丝绸之路"考古的新发现和研究》，周伟洲、王欣主编《西北大学史学丛刊》第 2 辑）。在此期间出版的丘进《中国与罗马——汉代中西关系研究》（广西人民出版社 1991 年版）一书，在考论汉代中国与罗马交往上兼备东西史料，颇受学界青睐。近年来在汉文史籍所见罗马、拜占庭关系资料的辑录、注释和研究方面，又进入了一个新的阶段。2005 年和 2009 年，余太山分别完成《汉文史籍有关罗马帝国的记载》（《文史》2005 年第 2 辑）、《早期丝绸之路文献研究》（上海人民出版社 2009 年版）等著述，对于进一步探讨先秦至魏晋南北朝时期与罗马、拜占庭关系交往史中的诸多问题具有一定的推动作用。但是，在早期地中海文明与中国文化形成、发展之关系研究方面，由于牵涉面较广，难度颇大，国内同仁涉猎者屈指可数（如杨希枚），故而亟待加强。

（三）游牧民族研究

游牧民族与古代中国的中原王朝有着千丝万缕的联系，彼此相互影响，相互促进。因此，对游牧民族诸如政治经济、社会生活、迁徙规律等问题加以梳理和考证，实有助于深化对中原王朝历史的研究。三十年来，学界在匈奴、塞种、贵霜、嚈哒等古部族，以及突厥、契丹、女真、蒙古等部族研究上进展迅速。以塞种、嚈哒史研究为例。19 世纪以来，它们一直是中亚学、印度学和伊朗学的重要内容。余太山《嚈哒史研究》（齐鲁书社 1986 年版）是迄今为止涉及面最广的一本研究嚈哒史的专著。该书的最大特点是注意挖掘汉文史料，并将各种意见放到尽可能宽广的历史联系中进行检验以决定其取舍，形成了一个与众不同的嚈哒史体系。其《塞种史研究》（中国社会科学出版社 1992 年版）是我国第一部关于塞种史的专著，首次清楚地勾勒出了塞种历史的基本轮廓，对塞种及其各组分的名称、起源、种族、语言及迁徙过程等提出了一个自成系统的假说。王炳华、韩康信、彭树智等人在对古塞种文化、社会经济生活以及种族人类学特征等方面的研究上也取得了较大进展。再如突厥史研究，早期主要集中在突厥碑铭的翻译和考释上。20 世纪 30 年代，韩儒林把突厥文部分译成汉文，并进行了大量的考证工作，先后发表《阙特勤碑文译注》（《国立北平研究院院务汇报》第 6 卷第 6 期，1935 年；又载林幹编《突厥与回纥历史论文选集》下册，中华书局 1987 年版）、《苾伽可汗碑文译注》和《暾欲谷碑译注》（《禹贡》第 6 卷第 6 期，1936 年），对于我国的突厥碑文研究进入汉文史料与突厥文对校的阶段确有开创之功。近年来，芮传明《古突厥碑铭研究》（上海古籍出版社 1998 年版）、耿世民与阿不都热西提·亚库甫合著《鄂尔浑—叶尼塞碑铭语言研究》（新疆大学出版社 1999 年版）、耿世民《古代突厥文碑铭研究》（中央民族大学出版社 2005 年版）诸书，从语言学和历史学等多角度对突厥碑文进行综合研究。林幹《突厥史》（内蒙古人民出版社 1988 年版）、薛宗正《突厥史》（中国社会科学出版社 1992 年版）、吴玉贵《突厥汗国与隋唐关系史研究》（中国社会科学出版社 1998 年版）等论著，从社会性质、对外关系等方面对东西突厥历史进行了较为详细的探论。游牧民族迁徙方面。1972 年，台湾学者萧启庆《北亚游牧民族南侵各种原因的检讨》（《食货月刊》复刊第 1 卷第 12 期；又载《元代史新探》，台湾新文丰出版公司 1983 年版）一文，在参照西方和日本学者研究的基础上，全面剖析了游牧民族南侵之各种原因，是不可多得的佳作。不过，相较西方学者在内陆欧亚史研究尤其是理论领域研论颇著的局面而言（如苏联学者阿纳托尔·M. 卡扎诺夫先后出版《游牧民族与外部世界》，剑桥大学出版社 1984 年版、威斯康辛大学出版社 1994 年版；《地中海东部的畜牧社会组织：人类学视野中的考古资料》，美国麦迪逊史前史出版社 1992 年版；《变化世界中变化的游牧民族》，英国萨塞克斯学院出版社 1998 年版；合著之《游牧民族在定居世界》，英国里士满 2001 年版），国内在这一方面尚嫌不足。近年来一些学者试图运用现代移民学理论来研究北方游牧民族迁徙，但在方法论上存在明显缺陷。此外，关于跨境民族（特别是那些可能与我国北方民族有历史渊源的匈牙利、保加利亚、楚瓦什等欧洲民族）研究方面，国外学者虽然研究较多，但因缺少与信息丰富的汉文史料互证这一环节而失色不少。目前这一领域仍是古代中外关系史学科亟待加强的薄弱环节。

（四）海路交通研究

自古及今，海路在中外物质交换、技术交流、文化传播、政治交往等方面一直发挥着重要作用。仅就东亚范围而言，海路交通对于中华文化圈的形成和发展，其意义便十分明显。三十年来，海路研究中诸如定名问题、下限问题，以及海外贸易、传统海政、朝贡体系、郑和下西洋等问题颇为学界关注。定名问题最早由法国汉学家沙畹提出，此后学界长期以来争议不断，有"丝绸之路"、"陶瓷之路"、"丝瓷之路"、"香料之路"等说。1982 年，联合国教科文组织进行"丝绸之路"考察，对于学界统一"海上丝绸之路"称谓起到一定作用。关于下限问题亦存在较大分歧，有"明末说"、"1840 年说"等。海外贸易研究方面。如前所述，海路成为中外交流的重要通道始于中唐以后，海外贸易自两宋开始进入大盛阶段，元代明初更是获得了长效推进。陈高华、吴泰《宋元时期的海外贸易》（天津人民出版社 1981 年版）、高荣盛《元代海外贸易研究》（四川人民出版社 1998 年版），都是宋元海外研究的重

要力作。林仁川《明末清初私人海上贸易》（华东师范大学出版社 1987
年版）、李金明《明代海外贸易史》（中国社会科学出版社 1990 年版）
等论著则对明清官私海外贸易作了较为细致的梳理。海外政策方面的论
著亦多可引述，主要有中外关系史学会所编"中国历史上的闭关和开
放"会议论文集《中外关系史论丛》第 3 辑（世界知识出版社 1991 年
版）、陈尚胜《闭关与开放：中国封建晚期对外关系研究》（山东人民
出版社 1993 年版）、万明《中国融入世界的步履——明与清前期海外政
策比较研究》（社会科学出版社 2000 年版）、沈定平《明清之际中西文
化交流史——明代：调适与会通》（商务印书馆 2001 年初版，2007 年
增订版）、李庆新《明代海外贸易制度》（社科文献出版社 2007 年版）
等。朝贡体系研究。所谓朝贡体系，指鸦片战争前通行的以中国儒家礼
制为标准、以与中国关系的亲疏为依据而确立的以中国为中心的亚洲
（尤其是东部亚洲）国际关系体系。最早提出这一体系轮廓的是西方学
者。20 世纪初叶，西方学者把朝贡制度定性为历史上中国与周边国家
关系的基础和近代中国与西方列强关系的依据，英国学者马士（Hosea
Ballou Morse）、美国学者费正清便是这一观点的代表人物。与此同时，
日本学者如内藤湖南、藤间生大，中国学者傅斯年等都对以中国为一元
中心的亚洲体系提出了不同见解。而近三十年来，影响最大的是日本学
者滨下武志在 20 世纪 90 年代初从经济层面提出的朝贡贸易体系论，其
意在对抗欧洲中心论。这一观点集中反映在其《朝贡体系与近代亚洲》
（岩波书店 1997 年版）、《朝贡贸易体系与近代亚洲经济圈》（中文版，
朱荫贵、欧阳菲译，中国社会科学出版社 1999 年版）等著述中。与此
相先后，中国学者在对朝贡体系的研究上与日本学界形成呼应，并提出
"天朝礼治体系"、"华夷秩序"、"世界体系论"、"册封制度"等概念。
台湾学者张存武（《清韩宗藩贸易：1637—1894》，"中央研究院"近代
史所 1978 年版）、高明士（《从天下秩序看古代的中韩关系》，台湾韩
国研究学会编《中韩关系史论文集》，1983 年）、张启雄（《"中华世界
帝国"与中琉宗藩体制的秩序原理性展开：中华世界秩序原理的考
察》，《琉中历史关系论文集》，1993 年），香港学者黄连枝（《天朝礼
治体系研究》三卷本，中国人民大学出版社 1992、1994、1995 年版），
内地学者陈伟芳（《甲午战前朝鲜的国际矛盾与清政府的失策》，《甲午
战争九十周年纪念论文集》，齐鲁社 1986 年版）、高伟浓（《走向近

世的中国与"朝贡"国关系》，广东高等教育出版社 1993 年版）、何芳川（《"华夷秩序"论》，《北京大学学报》1998 年第 6 期）、王正毅（《世界体系论与中国》，商务印书馆 2000 年版）、陈文寿（《近代初期日本与华夷秩序研究》，香港社会科学出版社 2002 年版），等等，分别是上述论点颇具影响的代表。此外，关于郑和下西洋等问题研究成果颇多，限于篇幅，不一一具列。

（五）海疆研究

近年来中国与亚洲各国的海疆争端主要集中在东海和南海，其中与东南亚各国的南海海域之争最为激烈。东南亚作为海上丝绸之路的咽喉地带，与古代中国关系密切。前文已提及古代学人、使节等对于东南亚地理海域情实多有记载，如《诸藩志》、《岛夷志略》、《南海志》三种（分别为宋陈岘、宋方大琮和元代陈大震、吕桂孙修纂）、《东西洋考》（明张燮撰）等。近代以来，学界对南海有所探研。1929 年，李长傅《南洋地理》（中华书局），可谓是较早概论南海地理形貌的专著。1933 年，向达《唐代长安与西域文明》一书中对南海诸国古地理亦有概述（参见《汉唐间西域及海南诸国古地理书叙录》章节），等等。最近三十年，学界对传统南海文献和南海地理考实的研究颇有可举。如陈高华《印度马八儿王子字哈里来华新考》（《南开学报》1980 年第 4 期）、朱杰勤《汉代中国与东南亚和南亚海上交通路线试探》（《海交史研究》1983 年第 3 期）、赵和曼《古代中国与柬埔寨的海上交通》，（《历史研究》1985 年第 6 期）、陈连庆《〈大德南海志〉所见西域南海诸国考实》（《文史》1986 年第 27 辑）、陈佳荣（与谢方、陆峻岭）合著《古代南海地名汇释》（中华书局 1986 年版）、马勇《东南亚与海上丝绸之路》（《云南社会科学》2001 年第 6 期）、周伟洲《长安与南海诸国》（西安出版社 2003 年版）、陈永华《两宋时期中国与东南亚关系考略》（《求索》2005 年第 8 期）、白晓霞和张其凡《宋元时期中国与南印度的交往——以马八儿、俱蓝国为例》（《内蒙古大学学报》2005 年第 5 期），等等。而随着南海多处重大考古发现的出水和因国际能源问题而突显出来的南海能源开发与能源转运等的升温，南海划界问题愈演愈烈。在这种情势下，学界关于海疆问题的研究更具针对性。中国社会科学院边疆史地研究中心专门设立西南边疆和海疆研究室；厦门大学成立东南亚研究中心，以《南洋问题研究》和《南洋资料译丛》为主要宣传平台；海南成立中国南海研究院，并推出专刊《南海研究》，等等。研究推进方面。1988 年，韩振华主编《我国南海诸岛史料汇编》（东方出版社），为南海诸岛的归属集辑了充分的历史依据。1999 年至 2003年，香港大学亚洲研究出版中心连续出版《韩振华选集》（五卷本，钱江、谢方、陈佳荣等合编），分别为《中外历史研究》、《诸蕃志补注》、《航海交通贸易研究》、《南海诸岛实地论证》、《华侨史与古民族宗教研究》。其中《南海诸岛实地论证》选辑了其生前所撰相关论文 20 篇，以识见明锐、引证广博见长，内容含纳中国历史上的南海海域及其界限、南海诸岛古地名考证、中国史载之七洲洋、宋元时期的西沙群岛与南沙群岛、郭守敬"四海测验"与南中国海疆域、西文所载 Paracel 岛与西沙群岛之关系等。1996 年，司徒尚纪《岭南海洋国土》（广东人民出版社）的出版，是海洋国土研究领域的又一力作。2001 年，他发表的《海上丝绸之路与我国在南海传统疆域的形成》（《云南社会科学》第 6 期）一文，系统阐述了海上丝绸之路对我国南海传统疆域的形成和历史变迁之影响，等等。可以说，加大对东南亚地区的研究，有助于我们在南海海疆的激烈争夺中占据理论宣传上的优势。但总体来看，由于受语言、文字和文献记录等原因的限制，对于古代中国与南海海域上交通路线的开辟和变迁，以及因国际贸易变化对这一海域内尤其是海国（岛）政权的影响等问题则较少深入和全面之考察（西方史家在这一方面成就突出，尤其是 D. G. E. 霍尔之《东南亚史》，更是被学界引为重镇）。

（六）陆上边界研究

我国东北、内蒙古、新疆、西藏等省区与欧亚其他国家和地区有着漫长的边界线，近代以来便是欧亚国际关系中的敏感问题，自然也成为国内外学界关注的焦点之一。以中朝边界史研究为例。台湾学者张存武曾关注于此，著有《清代中韩边务问题探源》（《"中央研究院"近代史所集刊》第 2 期，1971 年 6 月）、《清韩陆防政策及其实施——清季中韩界务纠纷的再解释》（《"中央研究院"近代史所集刊》第 3 期，下册，1971 年 12 月）、《穆克登所定的中韩国界》（《"中央研究院"国际汉学会议论文集·历史考古组》下册，1981 年）等文。内地学者徐德源、杨昭全、孙玉梅、刁书仁等近年来也对上述问题进行了较为深入的探讨（如杨昭全、孙玉梅《中朝边界史》，吉林文史出版社 1993 年版）。2003 年起，李花子陆续发表《清入关前后围绕朝鲜人越境问题的朝鲜与清的交涉》（《韩国学报》2003 年秋季号，一志社）、《17—18 世纪中朝围绕朝鲜人越境问题的交涉》（北京大学韩国学研究中心编《韩国学论文集》第 13 辑，2004 年）、《康熙年间中朝查界交涉与长白山定界》（《欧亚学刊》第 5 辑，中华书局 2005 年版）、《穆克登错定图们江源及朝鲜移栅位置考》（复旦大学韩国研究中心编《韩国研究论丛》第 18 辑，世界知识出版社 2008 年版）、《18、19 世纪朝鲜的"土门江"、"分界江"认识》（北京大学韩半岛研究中心编《韩国学刊》第 1 辑，2009 年）等论文，并出版专著《清朝与朝鲜关系史研究——以越境交涉为中心》（延边大学出版社 2006 年版）、《朝清国境问题研究》（韩国集文堂 2008 年版），匡正了韩、日学界对于康熙五十一年定界、土门江和豆满江二江说、鸭绿江和图们江以北"中间地带"说、"间岛"归属等问题的歪曲，在学术层面和国家层面皆有一定参考价值。但整体而言，由于边界问题关涉敏感，研究一时难以充分展开。

　　要之，一个学科的建立和发展，从根本上来说既是学术自身发展的规律使然，同时又与国内、国际形势的演变密切相关。古代中外关系史学科尤其如此。三十年来，它正是循时代潮流之变动，而自觉调整和开拓自我发展的方向与领域。以上举列虽难具全貌，但仍可从中窥见该学科蓬勃奋进之气象。而今，继往开新已成为新一辈学人的担当和责任。我们认为，继续本着求真务实、志存高远的精神，进一步推进古代中外关系史研究，不仅有益于中国历史上一些重大且悬而未决问题的澄清，同时，对于从整体上考察世界文明进程和洞悉当前国际变局亦有其难以替代的意义和价值。

改革开放三十年的中国历史地理研究

成一农

一 改革开放三十年来中国历史
地理研究简述

（一）学科发展概述

北京大学侯仁之教授、复旦大学谭其骧教授、陕西师范大学史念海教授等前辈学者对我国历史地理学的发展作出了杰出贡献，引导了传统"沿革地理"向现代"历史地理学"的演进。侯仁之先生最早阐明了历史地理学是现代地理学组成部分的基本观点，系统地阐述了历史地理学的研究对象、任务、方法和意义，提出历史地理学的主要研究对象是人类历史时期地理景观的变化，主要工作不仅要复原过去的地理景观，而且还要探求其发展演变的规律。这一观点确立了历史地理学的学科地位，也得到了学界的广泛认同。[①]

在侯仁之教授等人的努力下，北京大学率先在地理系中招收了历史

[①] 相关主要的论著有：侯仁之：《历史地理学四论》，中国科学技术出版社 1994 年版；侯仁之：《历史地理学的理论与实践》，上海人民出版社 1979 年版；谭其骧：《在历史地理研究中如何正确对待历史文献资料》，《学术月刊》1982 年第 11 期；史念海：《河山集·三集》自序，人民出版社 1988 年版；黄盛璋：《论历史地理学与地理学》，《湘潭大学学报》1982 年第 3 期；黄盛璋：《论历史地理学与历史学》，《史学月刊》1983 年第 1 期；邹逸麟：《回顾建国以来我国历史地理学的发展》，《复旦学报》1984 年第 5 期；侯甬坚：《历史地理学探索》，中国社会科学出版社 2004 年版；韩光辉：《历史地理学丛稿》，商务印书馆 2006 年版。

地理专业的研究生，中国科学院地理研究所设立了历史地理研究室，复旦大学、陕西师范大学、武汉大学和中国社会科学院历史研究所等单位也先后设立了专门的教研室、研究室，形成了北京、上海、西安三个研究中心。近年来设立历史地理专业的高校和科研机构不断增加，这显示了我国历史地理学影响力的扩大以及蓬勃的发展动力。

改革开放以来，随着研究机构的增多和研究人员队伍的壮大，专业的学术期刊、综合性的研究著作、历史地图集和工具书不断涌现：

1. 先后创办了两种重要刊物：由中国地理学会历史地理专业委员会主办、复旦大学中国历史地理研究所主编的大型丛刊《历史地理》（创办于1980年），至今已经出版了22辑；由陕西师范大学西北历史环境与社会经济发展研究中心创办的《中国历史地理论丛》（1981年创刊）至今仍是本学科唯一的定期学术刊物，截至2007年年底已经出版了85辑。不定期的刊物有《环境变迁研究》（1—6辑）、《九州》（1—4辑）等。

2. 综合性历史地理著作，目前至少已出版了十余种。[①] 谭其骧、史念海、陈桥驿主编的《中国自然地理·历史自然地理》[②] 和邹逸麟主编的《中国人文地理·历史人文地理》[③]，分别由各个分支的专家撰写，集众人之长，是国内相关领域具有代表性的研究成果。此外还有大量区域历史地理著作，如史念海《黄土高原历史地理研究》[④]、邹逸麟《黄

[①]　如：史念海：《中国历史地理纲要》（上、下册），山西人民出版社1991、1992年版；黄盛璋：《历史地理论集》，人民出版社1982年版；黄盛璋：《历史地理与考古论丛》，齐鲁书社1982年版；邹逸麟：《中国历史地理概述》，福建人民出版社1993年版；马正林：《中国历史地理简论》，陕西人民出版社1987年版；王育民：《中国历史地理概论》（上、下册），人民教育出版社1987、1990年版；施和金：《中国历史地理研究》，南京师范大学出版社1993年版；陈昌远：《中国历史地理简编》，河南大学出版社1991年版；张步天：《中国历史地理（上、下）》，湖南大学出版社1987、1988年版；韩滨娜：《中国历史地理》，东北师大出版社1995年版；李恩军：《中国历史地理学》，人民交通出版社1995年版；张全明等：《中国历史地理论纲》，华中师大出版社1995年版；陈代光：《中国历史地理》，广东高等教育出版社1997年版；林颋：《中国历史地理学研究》，福建人民出版社2006年版。

[②]　谭其骧、史念海、陈桥驿主编：《中国自然地理·历史自然地理》，科学出版社1982年版。

[③]　邹逸麟主编：《中国人文地理·历史人文地理》，科学出版社2001年版。

[④]　史念海：《黄土高原历史地理研究》，黄河水利出版社2001年版。

淮海平原历史地理》①、苏北海《西域历史地理》②、陈守忠《河陇史地考述》③、石泉《古代荆楚地理新探》④、李孝聪《中国区域历史地理》⑤、孙进己主编《东北历史地理》⑥、冯季昌《东北历史地理研究》⑦、李并成《河西走廊历史地理》⑧、司徒尚纪《岭南史地论集》⑨、邓辉《从自然景观到文化景观——燕山以北农牧交错地带人地关系演变的历史地理学透视》⑩。

　　3.《中国历史地图集》的出版。《中国历史地图集》的编绘始于20世纪50年代，定稿出版于改革开放之后，其学术价值毋庸置疑，至今仍是沿革地理和疆域地理最高的学术成就。不仅是历史地理学者，而且也是历史学者的必备工具书。

　　4. 工具书的编制。杜瑜、朱玲玲合编《中国历史地理学论著索引》⑪，汇集了1900—1982年，我国（包括台湾和香港地区）和日本学者撰写的与中国历史地理有关的研究论文、著作及资料等目录，虽然已经过去了二十多年，但至今仍是我国历史地理学方面唯一的较为完整的论著索引。此外，谭其骧主编的《中国历史大辞典（历史地理卷）》⑫、史为乐主编《中国历史地名大辞典》⑬、戴均良等主编《中国古今地名大词典》⑭、靳生禾《中国历史地理文献概论》⑮、杨正泰《中国历史地

---

① 邹逸麟：《黄淮海平原历史地理》，安徽教育出版社1993年版。

② 苏北海：《西域历史地理》，新疆大学出版社1988年版。

③ 陈守忠：《河陇史地考述》，兰州大学出版社1993年版。

④ 石泉：《古代荆楚地理新探》，武汉大学出版社1988年版。

⑤ 李孝聪：《中国区域历史地理》，北京大学出版社2004年版。

⑥ 孙进己主编：《东北历史地理》，黑龙江人民出版社1989年版。

⑦ 冯季昌：《东北历史地理研究》，香港同泽出版社1996年版。

⑧ 李并成：《河西走廊历史地理》，甘肃人民出版社1995年版。

⑨ 司徒尚纪：《岭南史地论集》，广东省地图出版社1994年版。

⑩ 邓辉等：《从自然景观到文化景观——燕山以北农牧交错地带人地关系演变的历史地理学透视》，商务印书馆2005年版。

⑪ 杜瑜、朱玲玲：《中国历史地理学论著索引》，书目文献出版社1986年版。

⑫ 谭其骧主编：《中国历史大辞典（历史地理卷）》，上海辞书出版社1996年版。

⑬ 史为乐主编：《中国历史地名大辞典》，中国社会科学出版社2005年版。

⑭ 戴均良等主编：《中国古今地名大词典》，上海辞书出版社2005年版。

⑮ 靳生禾：《中国历史地理文献概论》，山西人民出版社1987年版。

理要籍介绍》①、华林甫主编《中国历史地理学五十年（1949—1999)》② 等也都是历史地理研究者案头必不可少的工具书。

（二）历史自然地理学

历史自然地理学是我国历史地理学中与现实问题结合得最为紧密的一个分支，改革开放三十年来其所关注的焦点问题随着现实问题的涌现而不断转变。

1. 环境变迁的研究

随着社会发展的加速，在经济发展的同时，带来了一系列的环境问题。如何在保持经济高速发展的同时，减少环境污染，保持生态平衡，是改革开放以来一直受到广泛关注的问题。这一问题也引起了历史地理学者的注意，试图从历史地理的角度探讨我国古代的生态环境问题，并努力寻求解决当前环境问题的答案，其中史念海对黄土高原地理环境变化的研究投入了毕生的精力，《河山集》（1—9集）是其毕生心血的结晶。此外主要的代表论著有侯仁之主编《中国北方干旱半干旱地区历史时期环境变迁研究文集》③、陕西师范大学西北历史环境与经济社会发展研究中心、中国历史地理研究所编《人类社会经济行为对环境的影响和作用》④ 以及侯甬坚⑤、邓辉⑥等学者的论著。由于迫切的现时需要，近年来历史时期环境变迁的研究越来越受到学界的重视，从事这方面研究的学者不断增加，这是当前我国历史自然地理学中发展最为迅速的分支学科。

---

① 杨正泰：《中国历史地理要籍介绍》，四川人民出版社1987年版。

② 华林甫主编：《中国历史地理学五十年（1949—1999)》，学苑出版社2001年版。

③ 侯仁之主编：《中国北方干旱半干旱地区历史时期环境变迁研究文集》，商务印书馆2006年版。

④ 陕西师范大学西北历史环境与经济社会发展研究中心、中国历史地理研究所编：《人类社会经济行为对环境的影响和作用》，三秦出版社2007年版。

⑤ 侯甬坚：《历史地理学探索》，中国社会科学出版社2004年版；《鄂尔多斯高原自然背景和明清时期的土地利用》，《历史地理论丛》2007年第4辑。

⑥ 邓辉：《全新世气候最宜期燕北地区人地关系研究》，《环境变迁研究》第5辑；《燕北地区两种对立青铜文化的自然环境透视》，《北京大学学报》1996年第2期；《全新世大暖期燕北地区人地关系的演变》，《地理学报》1997年第1期；《从自然景观到文化景观——燕山以北农牧交错地带人地关系演变的历史地理学透视》，商务印书馆2005年版，等等。

2. 水文

随着新中国成立以来治黄力度的不断加大以及黄河流域大量水库的修建，改革开放以来黄河流域的水患已不常见，反而是长江流域的水灾频发，尤其是 1998 年长江中游百年不遇的特大洪水灾害，引起了学界对以往相对重视不多的长江流域历史自然地理问题的研究，以探讨长江流域水灾的成因和解决办法，代表著作有邹逸麟《关于加强对人地关系历史研究的思考》①、蓝勇《历史上长江上游水土流失及其危害》②、刘沛林《历史上人类活动对长江流域水灾的影响》③，此后长江三峡水库的修建，使得这方面的研究继续深入，如华林甫《清代以来三峡地区水旱灾害的初步研究》④、李文澜《唐代长江中游水患与生态环境诸问题的历史启示》。⑤ 此外中国社会科学院历史所陈可畏主编的《长江三峡地区历史地理之研究》⑥ 一书是这方面研究的集大成之作。

关于水文的重要研究论著还有史念海《论济水和鸿沟》（上中下）⑦，张修桂《洞庭湖演变的历史过程》⑧，谭其骧、张修桂《鄱阳湖演变的历史过程》⑨，陈桥驿《论历史时期浦阳江下游的河道变迁》⑩，张修桂《海河流域平原水系演变的历史过程》⑪ 等。

---

① 邹逸麟：《关于加强对人地关系历史研究的思考》，《光明日报》1998 年 11 月 6 日。

② 蓝勇：《历史上长江上游水土流失及其危害》，《光明日报》1998 年 9 月 25 日。

③ 刘沛林：《历史上人类活动对长江流域水灾的影响》，《北京大学学报》1998 年第 6 期。

④ 华林甫：《清代以来三峡地区水旱灾害的初步研究》，《中国社会科学》1999 年第 1 期。

⑤ 李文澜：《唐代长江中游水患与生态环境诸问题的历史启示》，《江汉论坛》1999 年第 1 期。

⑥ 陈可畏：《长江三峡地区历史地理之研究》，北京大学出版社 2002 年版。

⑦ 史念海：《论济水和鸿沟》（上、中、下），《陕西师大学报（社科版）》1982 年第 1—3 期。

⑧ 张修桂：《洞庭湖演变的历史过程》，《历史地理》创刊号，上海人民出版社 1981 年版。

⑨ 谭其骧、张修桂：《鄱阳湖演变的历史过程》，《复旦学报》1982 年第 2 期。

⑩ 陈桥驿：《论历史时期浦阳江下游的河道变迁》，《历史地理》创刊号，上海人民出版社 1981 年版。

⑪ 张修桂：《海河流域平原水系演变的历史过程》，《历史地理》第 11 辑，上海人民出版社 1993 年版。

3. 沙漠化问题

沙漠化是影响中国北方地区气候和农业的重要问题，自老一辈学者开始就对这一问题进行了广泛的关注，如侯仁之先生对西北毛乌素沙地与乌兰布和沙漠变迁的研究①，此外王守春②、李并成③、朱震达④、景爱⑤等都对这一研究作出了贡献。

4. 气候变迁

近三十年来，全球气候转暖以及极端气候的频发，造成了严重的自然灾害，甚至在个别地区引起了社会问题，因此受到了国际上的广泛关注。气候变化是一个长时段的过程，要了解当前气候变化的趋势和所处阶段，则必须探询历史时期气候的变化过程。气候变迁，是我国历史地理学传统的研究内容之一，改革开放以来，这一研究领域有了进一步的发展。在物候、方志资料的基础上，随着科技手段的进步，孢粉分析等现代技术手段在中国古代气候变迁的研究中逐渐占据了主导地位，使得这方面的研究有了突破性的进步，取得的成果也更具有科学性。近年从事这方面研究的主要有满志敏⑥、杨煜达⑦、郑维宽⑧等学者，他们就这一问题发表了一系列具有影响力的论著。

---

① 侯仁之：《历史地理学的理论与实践》，上海人民出版社 1979 年版。

② 王守春：《历史时期我国沙漠变迁研究与历史地理学》，《中国历史地理论丛》1988 年第 3 辑。

③ 李并成：《河西走廊历史时期沙漠化研究》，科学出版社 2003 年版。

④ 朱震达、刘恕：《中国北方地区的沙漠化过程及其治理区划》，中国林业出版社 1981 年版。

⑤ 景爱：《呼伦贝尔草原的变迁》，《历史地理》第 4 辑，上海人民出版社 1986 年版；《平地松林的变迁与西拉木伦河上游的沙漠化》，《中国历史地理论丛》1988 年第 4 辑；《额济纳河下游环境变迁的考察》，《中国历史地理论丛》1994 年第 1 辑；《木兰围场破坏与沙漠化》，《中国历史地理论丛》1995 年第 2 辑。

⑥ 满志敏：《唐代气候冷暖分期及各期气候冷暖特征的研究》，《历史地理》第 8 辑，上海人民出版社 1990 年版；《黄淮海平原仰韶温暖期的气候特征探讨》，《历史地理》第 10 辑，上海人民出版社 1992 年版；《黄淮海平原北宋至元中叶的气候冷暖状况》，《历史地理》第 11 辑，上海人民出版社 1993 年版；《用历史文献物候资料研究气候冷暖变化的几个基本原理》，《历史地理》第 12 辑，上海人民出版社 1995 年版等。

⑦ 杨煜达：《清代档案中气象资料的系统偏差及检验方法研究》，《历史地理》第 22 辑，上海人民出版社 2007 年版；《清代昆明地区（1721—1900）冬季平均气温序列的重建与初步分析》，《中国历史地理论丛》2007 年第 1 辑。

⑧ 郑维宽：《近六百年来广西气候变化研究》，《社会科学战线》2005 年第 3 期。

（三）历史人文地理学

人文地理学是研究人地关系的学科，20 世纪以来，人文地理学开始在中国发展，但在 50 年代后却被列为资产阶级的学说而被禁止，这种情况一直持续到 70 年代末。改革开放之后，随着思想的解放，长期受到压制的历史人文地理学迅速发展起来，建立了门类繁多的分支学科，取得了大量的研究成果。

1. 传统沿革地理的研究（政区研究和地名考证）

改革开放以来，全国地名普查和新方志的修纂对政区沿革、地名考证等传统"沿革地理"的研究提出了新的要求，历史地理学者在以往研究的基础上，取得了新的研究成果，如：周振鹤《西汉政区地理》、《体国经野之道》①、李晓杰《东汉政区地理》②、牛平汉主编《清代政区沿革综表》、《明代政区沿革综表》③、靳润成《明朝总督巡抚辖区研究》④ 等都是断代政区研究的代表之作。此外，辛德勇《两汉州制新考》尤其值得注意。与以往汉代州制研究大多偏重于单纯关注监察区不同，《两汉州制新考》"审视汉代州制的着眼点，是首先注意区分开监察区、视察区、治安区和行政区这些政治区域设置的性质差异；同时，还特别着意于将州制的形成和演变同汉代的地域控制方略以及对儒家畿服制度的追求等政治运作理念和措施结合在一起来作分析"。⑤

近年来，政区地理的研究中，在关注传统政区沿革的同时，有些学者开始从不同角度探讨中国古代政区设置的原因：如周振鹤从宏观视角出发，提出的我国历史上行政区域划界的两大原则，即"山川形便"和"犬牙交错"⑥，在当时的政区地理研究中是具有开创性的观点；还

---

① 周振鹤：《西汉政区地理》，人民出版社 1987 年版；《体国经野之道》，中华书局香港公司 1990 年版。

② 李晓杰：《东汉政区地理》，山东教育出版社 1999 年版。

③ 牛平汉主编：《清代政区沿革综表》，中国地图出版社 1990 年版；《明代政区沿革综表》，中国地图出版社 1997 年版。

④ 靳润成：《明朝总督巡抚辖区研究》，天津古籍出版社 1996 年版。

⑤ 辛德勇：《两汉州制新考》，《文史》2007 年第 1 期。

⑥ 周振鹤：《犬牙相入还是山川形便——历史上行政区域划界的两大原则》（上、下），《中国方域》1996 年第 5、6 期；《中央地方关系史的一个侧面——两千年地方政府层级变迁的分析》（上、下），《复旦大学学报（社会科学版）》1995 年第 3、4 期。

有些学者认识到政区的设置，除了国家层面的考虑之外，在具体研究中，还需要考虑与此有关的地方势力、传统习惯等的影响，这样才能把握政区沿革的全貌，如李嘎《雍正十一年王士俊巡东与山东政区改革》①，认为雍正末年山东政区的调整是对以往行政体制不合理以及紊乱状况的纠正，在文章的结尾，作者对作为政区"末梢"之县的调整、设立的曲折反复的原因进行了分析，认为由于多种因素的交织，使得对于这一问题的研究必须要始终心存一种"整体史"的意识；又如张伟然《归属、表达、调整：小尺度区域的政治命运——以"南湾事件"为例》②，论述了湖南省衡山县境与安仁县交界的南湾乡在 20 世纪 50 年代归属变迁中各种影响因子的具体作用。上述两篇论文，虽然视角各异，但都试图从多侧面解剖政区演变的过程和原因，这是对以往政区沿革研究的超越。

此外，在这三十年来还有大量的地名学研究著作问世，如徐兆奎《历史地理与地名研究》③，孙冬虎等《中国地名学史》④，华林甫《中国地名学源流》、《中国地名学史考论》⑤ 等。

2. 历史农业地理

中国是农业大国，农业问题一直是我国政府关注的重要问题之一。历史农业地理的研究，主要立足当前，试图从中国古代农作物地理分布的变化，以及与环境、气候、人类活动的关系入手，为现时的农业问题提供有益的借鉴。这方面真正意义的研究是由史念海先生开创的，其系列著作《河山集》中的多篇论文都是这方面的代表作。在史念海先生的影响下，先后出版了十余部历史农业地理的研究专著，其中具有代表性的有韩茂莉《宋代农业地理》⑥、《辽金农业地理》⑦，吴宏岐《元代

---

① 李嘎：《雍正十一年王士俊巡东与山东政区改革》，《历史地理》第 22 辑，上海人民出版社 2007 年版。

② 张伟然：《归属、表达、调整：小尺度区域的政治命运——以"南湾事件"为例》，《人类社会经济行为对环境的影响和作用》，三秦出版社 2007 年版。

③ 徐兆奎：《历史地理与地名研究》，海洋出版社 1993 年版。

④ 孙冬虎等：《中国地名学史》，中国环境科学出版社 1997 年版。

⑤ 华林甫：《中国地名学源流》，湖南人民出版社 1999 年版；《中国地名学史考论》，社会科学文献出版社 2002 年版。

⑥ 韩茂莉：《宋代农业地理》，山西古籍出版社 1993 年版。

⑦ 韩茂莉：《辽金农业地理》，社会科学文献出版社 1999 年版。

农业地理》①，郭声波《四川历史农业地理》② 等。但由于传世资料的欠缺，作为历史农业地理研究基础的我国古代农产品的产量、赋税额度、人口数量、气候变化、灾害程度等缺乏可信的、统一的量化标准和量化数据，因此如何能更为科学地进行数据分析，是今后研究中亟待解决的问题之一。

3. 历史人口地理

毋庸置疑，人口问题是制约我国经济起飞、社会发展的重要问题之一。自改革开放以来，我国政府采取多方面措施，力图控制我国人口的过快增长。而这方面的研究，也为历史地理学者所重视，其中1986年出版的葛剑雄《西汉人口地理》③ 是第一部真正意义上的历史人口地理专著。此后又陆续出版了翁俊雄《唐初政区与人口》④、费省《唐代人口地理》⑤、韩光辉《北京历史人口地理》。⑥

与此相关的还有移民史的研究，主要代表著作有葛剑雄、曹树基、吴松弟《简明中国移民史》⑦，葛剑雄、吴松弟、曹树基合著六卷本《中国移民史》⑧，张国雄《明清时期的两湖移民》⑨，安介生《山西移民史》。⑩ 其中六卷本的《中国移民史》，至今仍是这一领域的权威著作。

4. 历史军事地理和交通地理

历史军事地理的研究，涉及对许多重大历史事件的认识和王朝兴衰的探讨，甚至对今天的军事行动依然有一定的指导意义，因此这方面的研究虽然与历史地理其他方面的研究相比成果不多，但一直是历史地理研究不可或缺的内容，代表著作有辛德勇《历史的空间与空间的历

---

① 吴宏岐：《元代农业地理》，西安地图出版社1997年版。

② 郭声波：《四川历史农业地理》，四川人民出版社1993年版。

③ 葛剑雄：《西汉人口地理》，人民出版社1986年版。

④ 翁俊雄：《唐初政区与人口》，北京师范学院出版社1990年版。

⑤ 费省：《唐代人口地理》，西北大学出版社1996年版。

⑥ 韩光辉：《北京历史人口地理》，北京大学出版社1996年版。

⑦ 葛剑雄、曹树基、吴松弟：《简明中国移民史》，福建人民出版社1993年版。

⑧ 葛剑雄、吴松弟、曹树基：《中国移民史》，福建人民出版社1997年版。

⑨ 张国雄：《明清时期的两湖移民》，陕西人民教育出版社1995年版。

⑩ 安介生：《山西移民史》，山西人民出版社1999年版。

史》① （部分章节）、李新峰《西汉西河郡西北边境考》②、程龙《北宋西北战区粮食补给地理研究》③ 以及李万生《侯景之乱与北朝政局》④ 等。

历史交通地理研究集中在丝绸之路、海上丝路、大运河等问题，出版和发表了一大批有影响的论著，其中杨正泰《明代驿站考》⑤、王文楚《古代交通地理丛考》⑥、辛德勇《古代交通与地理文献研究》⑦、陈良伟《丝绸之路河南道》⑧ 等都是目前历史交通地理研究的代表作。

5. 历史城市地理

城市发展的日新月异是三十年改革开放成果的具体体现，与此相应，历史城市地理的研究也成为历史地理学中发展最快的一个分支，出版了一些具有代表性的专著，但是从事这方面研究的很多并不是专业的历史地理学者，而是历史学者和城市规划研究者，在这些论著中"历史地理"往往只是整部论著中的一小部分。

关于中国古代城市的综合性研究著作不多，具有影响力的有贺业矩《中国城市规划史》⑨、董鉴泓《中国城市建设史》⑩、马正林《中国城市历史地理》⑪、李孝聪《历史城市地理》⑫。前两部著作的特点是通过个案来研究都城和地方城市的布局，研究内容存在一定的局限。马正林的著作中存在诸多问题和错误，在使用时需要注意。李孝聪的著作将中国古代城市的发展分为四个阶段，并对每个阶段的特点进行了细致的分析。作者不仅注重城市外部形态的介绍，而且对以往注意较少的城市内部结构也进行了分析，并提出了不同时期的特点，尤其重要的是作者非

① 辛德勇：《历史的空间与空间的历史》，北京师范大学出版社 2005 年版。
② 李新峰：《西汉西河郡西北边境考》，《文史》2005 年第 4 辑。
③ 程龙：《北宋西北战区粮食补给地理研究》，社会科学文献出版社 2006 年版。
④ 李万生：《侯景之乱与北朝政局》，中国社会科学出版社 2003 年版。
⑤ 杨正泰：《明代驿站考》，上海古籍出版社 1994 年版。
⑥ 王文楚：《古代交通地理丛考》，中华书局 1996 年版。
⑦ 辛德勇：《古代交通与地理文献研究》，中华书局 1996 年版。
⑧ 陈良伟：《丝绸之路河南道》，中国社会科学出版社 2002 年版。
⑨ 贺业矩：《中国古代城市规划史》，中国建筑工业出版社 1996 年版。
⑩ 董鉴泓：《中国城市建设史》，同济大学出版社 1989 年版。
⑪ 马正林：《中国城市历史地理》，山东教育出版社 1998 年版。
⑫ 李孝聪：《历史城市地理》，山东教育出版社 2007 年版。

常关注中国古代城市形态变化背后的政治、社会、经济动因，将中国城市的研究与中国古代史、社会史的研究结合起来，提出了很多前沿性的观点。

断代的历史城市地理研究论著，具有代表性的有许宏《先秦城市考古学研究》①、马世之《中国史前古城》②、周长山《汉代城市研究》③、张继海《汉代城市社会》④、宿白《隋唐城址类型初探（提纲）》⑤、程存洁《唐代城市史研究初篇》⑥、李孝聪《唐宋运河城市城址选择与城市形态研究》⑦ 等。

历代都城的研究是历史城市地理的主要关注点，代表著作有陈桥驿主编，侯仁之等执笔撰写的《中国六大古都》⑧、曲英杰《先秦都城复原研究》⑨、王学理《咸阳帝都记》⑩、徐卫民《秦都城研究》⑪、辛德勇《隋唐两京丛考》⑫、杨鸿年《隋唐两京考》⑬、刘春迎《北宋东京城研究》⑭、侯仁之主编《北京城市历史地理》⑮、吴宏岐《西安历史地理研究》⑯，还有《中国古都研究》系列丛书等。此外，杨宽《中国古代都城制度史研究》⑰ 一书，虽然其中某些观点存在诸多争论，但至今仍是这一领域的重要著作。与都城相比，地方城市的研究一直停滞不前，然

---

① 许宏：《先秦城市考古学研究》，北京燕山出版社 2000 年版。

② 马世之：《中国史前古城》，湖北教育出版社 2003 年版。

③ 周长山：《汉代城市研究》，人民出版社 2001 年版。

④ 张继海：《汉代城市社会》，社会科学文献出版社 2006 年版。

⑤ 宿白：《隋唐城址类型初探（提纲）》，《纪念北京大学考古专业三十周年论文集》，文物出版社 1990 年版。

⑥ 程存洁：《唐代城市史研究初篇》，中华书局 2002 年版。

⑦ 李孝聪：《唐宋运河城市城址选择与城市形态研究》，《环境变迁研究》第 4 辑，北京古籍出版社 1993 年版。

⑧ 陈桥驿主编：《中国六大古都》，中国青年出版社 1983 年版。

⑨ 曲英杰：《先秦都城复原研究》，黑龙江人民出版社 1991 年版。

⑩ 王学理：《咸阳帝都记》，三秦出版社 1999 年版。

⑪ 徐卫民：《秦都城研究》，"秦俑·秦文化"丛书，陕西人民教育出版社 2000 年版。

⑫ 辛德勇：《隋唐两京丛考》，三秦出版社 2006 年版。

⑬ 杨鸿年：《隋唐两京考》，武汉大学出版社 2005 年版。

⑭ 刘春迎：《北宋东京城研究》，科学出版社 2004 年版。

⑮ 侯仁之：《北京城市历史地理》，北京燕山出版社 2006 年版。

⑯ 吴宏岐：《西安历史地理研究》，西安地图出版社 2006 年版。

⑰ 杨宽：《中国古代都城制度史研究》，上海古籍出版社 1993 年版。

而地方城市才真正代表了中国古代城市，因此为了推进城市研究的发展，今后应该从地方城市的各个地理要素入手进行长时段、综合性的研究，并以此为基础形成对中国古代城市历史地理的总体认识。

还需要提及的就是城市历史地图集的绘制。城市历史地图集是历史城市地理研究的集大成，近年来出版的城市历史地图集有《北京历史地图集》第一、二集①（第三集正在绘制中）、《西安历史地图集》②、《上海历史地图集》③。

不过，在迅速发展的同时，近年来历史城市地理的研究方法、内容、视角已显陈旧，新的突破性的研究成果不多。

6. 历史文化地理

历史文化地理是近年来随着文化研究的热潮而逐渐兴起的历史地理学的分支学科，研究领域广泛，涉及内容众多，具有代表性的著作有周振鹤《中国历史文化区域研究》、《现代汉语方言地理的历史背景》④，葛剑雄《秦汉时期的人口迁移与文化传播》⑤，周振鹤、游汝杰《方言与中国文化》⑥，卢云《汉晋文化地理研究》⑦，张伟然《湖南历史文化地理研究》、《湖北历史文化地理研究》⑧ 等。由于历史文化地理的研究正处于起步阶段，其研究方法、研究内容仍需要进一步的探索。

7. 专题性的区域历史地理研究

区域历史地理的研究在近几年来逐渐引起了学界的注意，取得了一些研究成果，以城市为研究对象的有陈庆江《明代云南政区治所研究》⑨、刘景纯《清代黄土高原地区城镇地理研究》⑩ 等；以文化为切入

① 侯仁之主编：《北京历史地图集》第一集，北京出版社 1988 年版；《北京历史地图集》第二集，北京出版社 1997 年版。

② 史念海主编：《西安历史地图集》，西安地图出版社 1996 年版。

③ 周振鹤主编：《上海历史地图集》，上海人民出版社 1999 年版。

④ 周振鹤：《中国历史文化区域研究》，复旦大学出版社 1997 年版；周振鹤：《现代汉语方言地理的历史背景》，《历史地理》第 9 辑，上海人民出版社 1990 年版。

⑤ 葛剑雄：《秦汉时期的人口迁移与文化传播》，《历史研究》1992 年第 4 期。

⑥ 周振鹤、游汝杰：《方言与中国文化》，上海人民出版社 1986 年版。

⑦ 卢云：《汉晋文化地理研究》，陕西人民教育出版社 1991 年版。

⑧ 张伟然：《湖南历史文化地理研究》，复旦大学出版社 1995 年版；《湖北历史文化地理研究》，湖北教育出版社 2000 年版。

⑨ 陈庆江：《明代云南政区治所研究》，民族出版社 2002 年版。

⑩ 刘景纯：《清代黄土高原地区城镇地理研究》，中华书局 2005 年版。

点的有司徒尚纪《广东文化地理》①等；以经济为视角的有邹逸麟《先秦两汉时期黄淮海平原的农业开发与地域特征》②、杜瑜《甘肃、宁夏黄土高原历史时期农牧业发展研究》。③总体来看，区域研究范围广泛，研究视角多样，但在理论方法上进行深入探讨的不多。在此要提及鲁西奇《区域历史地理研究：对象与方法——汉水流域的个案考察》④一书，该书不仅从人地关系的角度讨论了汉水流域的历史地理问题，而且正像其题目所展示的，作者还对区域研究的方法和对象进行了深入的探讨，这在近年的研究中是不多见的。

8. 学术史、古代地理文献的整理以及古代地理学家的评述

关于学术史的研究，近年来的主要著作有中国科学院自然科学史研究所地学史组主编的《中国古代地理学史》⑤、鞠继武《中国地理学发展史》⑥、司徒尚纪《简明中国地理学史》⑦、王成组《中国地理学史》（先秦至明代）⑧、赵荣《中国地理学史》（清代）⑨等。

对于古代地理学家及其著作的研究主要集中于郦道元、徐霞客和王士性。徐霞客的研究，鞠继武等人曾进行过综述⑩，有褚绍唐、吴应寿先生整理的《徐霞客游记》⑪、朱惠荣《徐霞客游记校注》⑫等。关于郦道元和《水经注》的研究，陈桥驿作出了巨大贡献，代表著作有

---

① 司徒尚纪：《广东文化地理》，广东人民出版社 1993 年版。

② 邹逸麟：《先秦两汉时期黄淮海平原的农业开发与地域特征》，《历史地理》第 11 辑，上海人民出版社 1993 年版。

③ 杜瑜：《甘肃、宁夏黄土高原历史时期农牧业发展研究》，《黄河文集》，海洋出版社 1993 年版。

④ 鲁西奇：《区域历史地理研究：对象与方法——汉水流域的个案考察》，广西人民出版社 2000 年版。

⑤ 中国科学院自然科学史研究所地学史组：《中国古代地理学史》，科学出版社 1984 年版。

⑥ 鞠继武：《中国地理学发展史》，江苏教育出版社 1987 年版。

⑦ 司徒尚纪：《简明中国地理学史》，广东地图出版社 1993 年版。

⑧ 王成组：《中国地理学史》（先秦至明代），商务印书馆 1982 年版。

⑨ 赵荣：《中国地理学史》（清代），商务印书馆 1998 年版。

⑩ 鞠继武：《建国以来徐霞客及徐学研究综述》，《徐霞客研究文集》，江苏教育出版社 1986 年版。

⑪ 褚绍唐、吴应寿：《徐霞客游记》，上海古籍出版社 1982 年版。

⑫ （明）徐弘祖著，朱惠荣校注：《徐霞客游记校注》，云南人民出版社 1985 年版。

《水经注研究》（一、二、三、四集）以及其点校的《水经注》。① 关于王士性的研究主要是周振鹤整理的《王士性地理书三种》。② 此外，谭其骧主编的《中国历代地理学家评传》（1—3 卷）③ 是中国古代地理学家研究方面的权威著述。

此外，中国古代一些重要的地理典籍经过整理已经陆续出版，如《元和郡县图志》、《括地志》、《太平寰宇记》、《元丰九域志》、《舆地纪胜》、《方舆胜览》、《大明一统志》、《读史方舆纪要》、《大清一统志》等，对已经散佚的《大元一统志》④ 也已经进行了整理。此外，对正史中的地理志也进行过细致的研究，如胡阿祥对《南齐书·州郡志》⑤、施和金等对《宋史·地理志》⑥、冯永谦等对《辽史·地理志》⑦ 的研究等。

在古代地理文献整理方面，近年来最值得注意的是古代地图的整理与研究，其中曹婉如《中国古代地图绘制的理论和方法初探》⑧，对于中国古代地图的研究具有开创性的贡献。此后出版了大量图录和研究论文集，如曹婉如等主编的《中国古代地图集（战国——元）》⑨、《中国古代地图集（明）》、《中国古代地图集（清）》⑩，郑锡煌主编的《中国古代地图集·城市地图》⑪ 等。李孝聪教授整理出版的国外所藏中国古代舆图图目对中国古地图的研究具有特殊的价值，已发表的成果有《欧

---

① （北魏）郦道元撰，陈桥驿点校：《水经注》，上海古籍出版社 1990 年版。

② （明）王士性著，周振鹤编校：《王士性地理书三种》，上海古籍出版社 1993 年版。

③ 谭其骧主编：《中国历代地理学家评传》（1—3 卷），山东教育出版社 1990—1993 年版。

④ 赵万里校辑：《元一统志》，中华书局 1966 年版。

⑤ 胡阿祥：《〈南齐书·州郡志〉札记》，《历史地理》第 10 辑，上海人民出版社 1992 年版。

⑥ 施和金：《〈宋史地理志〉补校考》，《南京师大学报》1997 年第 4 期；徐规：《〈宋史·地理志〉补正》，《历史地理》第 14 辑，上海人民出版社 1998 年版。

⑦ 冯永谦：《〈辽史·地理志〉考补》，《北方文物》1998 年第 3 期；张修桂等：《〈辽史·地理志〉评议》，《历史地理》第 15 辑，上海人民出版社 1999 年版。

⑧ 曹婉如：《中国古代地图绘制的理论和方法初探》，《自然科学史研究》1983 年第 3 期。

⑨ 曹婉如主编：《中国古代地图集（战国——元）》，文物出版社 1990 年版。

⑩ 曹婉如主编：《中国古代地图集（明）》，文物出版社 1995 年版；《中国古代地图集（清）》，文物出版社 1997 年版。

⑪ 郑锡煌主编：《中国古代地图集·城市地图》，西安地图出版社 2005 年版。

洲收藏部分中文古地图叙录》、《美国国会图书馆藏中文古地图叙录》。①
在近年来中国古地图研究中，值得注意的是余定国《中国地图学史》
一书，虽然存在一些不足之处，但是该书认为以往的现代地图学的研
究视角，限制了我们对中国古代地图的认识，中国古代地图"具有比
数学概念更广泛的其他含义。传统中国知识的概念，跟以前研究中应
用于传统中国地图的概念是不一样的。中国传统地图是中国传统学术
的产物，在中国所独有的概念之下，地图具有知识的价值。在这些概
念下，'好'地图不一定是要表示两点之间的距离，它还可以表示权
力、责任和感情"。② 他提出的这一观点在今后研究中值得注意。

二　问题与展望

（一）理论研究有待于深入

改革开放以来关于历史地理学理论的研究大都仍局限于学科性质的
讨论，在已经取得基本一致意见的情况下，这一问题不应再作为理论研
究的重点。今后历史地理学的理论研究，重点应放在历史地理学的定
义、内涵、范畴以及与其他相关学科的关系上。

在我国最早对历史地理学进行界定的应是侯仁之先生，他在
《历史地理学刍议》一文中指出："研究在历史时期主要由于人的活
动而产生或影响的一切地理变化，这就是今日所理解的历史地理学
的主要课题"③，"历史地理学研究的对象，如上所述，乃是人类历史
时期地理的本身，也就是无异把当前地理学的研究，推回到已经过去了
的历史时期……其主要目的则在于探讨同一地区或同一地理环境在不同
历史时期的实际情况，以及其发展演变的规律，因为只有这样，才能更
深刻地去理解当前这一研究对象的形成和特点"。④ 这一对历史地理学

---

① 李孝聪：《欧洲收藏部分中文古地图叙录》，国际文化出版公司1996年版；《美国国会
图书馆藏中文古地图叙录》，文物出版社2004年版。

② ［美］余定国著，姜道章译：《中国地图学史》，北京大学出版社2006年版。

③ 侯仁之：《历史地理学刍议》，《历史地理学的理论与实践》，上海人民出版社1979年
版。

④ 同上。

研究内容的界定非常简明，也易于理解，毫无疑问其强调历史地理学的研究对象是"地理"，而且这一观点也得到了绝大多数研究者的支持，但在实际研究中无论是历史地理学的论著索引，还是专业学术刊物《历史地理》和《历史地理论丛》，选择范围都非常广泛，基本上凡是涉及历史时期的地点、地名、地理，甚至相关文献的研究都涵盖在内。这一选择标准，虽然表面上扩大了历史地理学的研究领域，但实际上却模糊了历史地理学的研究对象，因此也造成了很多历史学者，甚至部分历史地理学者对历史地理学的误解，当前大量以"历史地理"为题的论文实际上研究的只是"过去的地名"和"历史"就是很好的例证。

在今后的研究中可能需要区分"历史地理"、"地理的历史"以及"以地理论历史"三个概念。"历史地理"按照前引侯仁之先生的定义，可以简单地认定为历史时期地理的变化，其研究对象是地理。

"地理的历史"则是研究地理的历史，其目的在于研究历史，如高国荣《环境史及其对自然的重新书写》①，作者认为由于根深蒂固的静止世界观及地理环境决定论的消极影响，再加上人类对自然的生态价值缺乏认识，自然长期被历史学家所忽视。以此为背景，作者介绍了19世纪后半期开始的，自然史回归历史研究的探索过程，并提出环境史扩大了历史研究的范畴，提供了观察历史的新思路和新视角。从作者的论述来看，虽然这篇论文中涉及地理，但仍应当属于历史学的范畴。类似的论文在以往的研究中被划入历史地理研究的举不胜举。单纯的地名考订也是如此，其中并不涉及"地理"，在一定意义上可以认为是"地名的历史"，纯粹的政区沿革的考订也属于这一范畴。

"以地理论历史"，即将地理因素或者地理分析作为历史研究的论据。如李峰著、徐峰译《西周的灭亡——中国早期国家的地理和政治危机》②，与其他研究政治史的著作不同，作者在研究中强调地理环境与国家政治体系之间的复杂关系，将西周政治体系的兴衰与当时的地理环境结合起来，这种研究视角在之前的研究中也存在，但如此注重地理环境对国家兴衰的影响则不多见。这本著作虽然强调了地理，但其主旨是

---

① 高国荣：《环境史及其对自然的重新书写》，《中国历史地理论丛》2007 年第 1 辑。

② 李峰著，徐峰译：《西周的灭亡——中国早期国家的地理和政治危机》，上海古籍出版社 2007 年版。

以地理来探讨西周的兴衰，而不是研究西周的地理，因此至少不应当被认为是历史地理著作。

当然，理论研究并不是要历史地理学画地为牢，而是希望认清历史地理学与其他相关学科的关系，认清历史地理学的性质和内涵，同时对于学科理论认识的加强，才能促进历史地理学研究的发展和深入，而不仅仅是研究内容的扩展。

在这里必须要提到阿兰·贝克著、阙维民译《地理学与历史学——跨越楚河汉界》①。《地理学与历史学》一书与国内其他理论著作不同，并不拘泥于历史地理学学科性质的讨论，而是努力探讨历史地理学与其他相关学科，尤其是与历史学的关系，并提出了历史地理学的 7 条基本原则：1. 如同历史学一样，历史地理学探讨的是有关往日的问题；2. 如同历史学的资料与理论一样，历史地理学的资料与理论是未定的；3. 辩论是历史地理学实践的中心；4. 历史地理学本质上关注时间过程中的地理变化；5. 历史地理学在总体上是地理学的核心，不是地理学的边缘；6. 历史地理学主要关注地点综合体，而不是关注空间分析；7. 历史地理学特别突出特定地点的历史特性。这本著作对于我们今后研究历史地理学的理论具有一定的借鉴意义。

此外，历史地理学作为地理学的重要分支学科（有些学者甚至认为历史地理学是地理学的核心），在以往的研究中对于近几十年来地理学的理论、方法缺乏足够的认识，对于其他学科的理论、方法也缺乏认识，这也是今后需要加强的研究方向。

（二）深化"人地关系"的研究

人地关系的研究一定程度上是地理学研究的核心内容，同样也是历史地理学研究的核心，但是当前历史地理学对人地关系的研究可能主要受到以往历史学关注政治史的影响，受到寻求"规律"这种研究趣向的束缚，并且有时错误地认为历史地理中的"地理"就是自然地理，因此在人地关系的研究中将"人"的因素主要定位于政治制度、经济发展、交通路线等宏观因素上。当然这种视角本身也是人地关系中的一

---

① ［英］阿兰·贝克著，阙维民译：《地理学与历史学——跨越楚河汉界》，商务印书馆2008 年版。

种，但是这种"人地关系"是死板、僵化的，甚至带有一定程度"决定论"的色彩，今后的研究中我们应该重视可能论或者或然论，"没有必然性，但处处有可能性；作为可能性的主宰者，人类对如何利用可能性具有判定权。恰恰相反的是，可能性将人类置于首位——是人类，而不是地球，也不是气候的影响，更不是地理位置的决定条件"。①

近年来，有些学者对历史地理研究中人地关系的问题进行了探讨②，提出"而最为重要的是，或然论仅仅给出了一定自然条件下的几种可能性，而没有论证这些自然条件用什么方式和在什么程度上决定了任何特定结果，换言之，或然论只给出了一种思想方法，而没有得出任何带有普遍性的认识，而这显然与近代科学追求规律认识的目的相背离"。③显然，作者在强调追求规律的前提下，误解了或然论。追求规律与追求或然，其实是问题的两个方面，并不矛盾。而正是这种对于规律的过于强调，忽视了更能代表人的能动作用的"人"，当前历史地理学某些方面的研究已经趋于僵化。

如当前对中国古代城市选址，一般多从城址所在的自然环境（其中包括宏观环境和微观地貌）、交通路线、经济条件、政治环境以及其他历史人文环境（如国都的转移）等方面进行入手。这种研究方法注意的是城市选址的宏观原因和客观因素，具有很强的决定论的意味，即绝大多数的研究都默认其所研究的城市选址是最为合理的，一方面暗含着"存在即合理"，另一方面也暗含着"环境决定了城市选址"。虽然这种研究视角在某些情况下是正确的，但却完全忽视了人的能动作用。举几个实际研究的例子：

如当前对于统万城的研究，大都认为统万城的选址是合理的，有些

---

① ［英］阿兰·贝克著，阚维民译：《地理学与历史学——跨越楚河汉界》，商务印书馆2008 年版。

② 鲁西奇：《人地关系理论与历史地理研究》，《史学理论研究》2001 年第 2 期。

③ 同上书。除了这篇论文之外，鲁西奇还撰写了其他几篇论文来论述这一问题，主要观点是主张通过区域来研究人地关系，然后在大量区域的研究上，进行比较，并得出一些规律性的认识。这一主张具有一定的合理性。但是即使再小的区域，人地关系都是非常复杂的，我们只可能研究其中一个或者多个侧面。而且区域的划分标准也是问题，纯粹的自然地貌和行政单元，显然不适合这种作为人地关系研究的区域划分标准，而只能以一个或者多个人地关系作为区域划分的标准。因此总结出来的规律可能只是某些人地关系的规律，全方位地进行人地关系规律的研究似乎是不可行的。

论文甚至从当时的政治格局、交通和军事地理因素、经济支撑系统、社会背景和自然地理因素五个方面，论述了定都统万城的合理性。但是，按照上述思路也很容易举出统万城选址不合理的例证，如政治格局，正如胡戟所述，赫连勃勃在占领长安之后，"执意要回到北鄙偏在一隅的旧地，没有借长安地望图谋进一步发展，实在有点愚不可及……这就犯了一个使大夏政权注定没希望的错误"①；军事地理因素方面，无定河河谷在古代军事上的价值是毋庸置疑的，但河谷范围广大，其军事价值与城市选址并无直接联系。至于"背名山而面洪津，左河津而右重塞"，当属夸大之词，这种对形势的描述在古文中比比皆是。从实际地貌来看，唯一能作为统万城防御屏障的只有南侧的红水河谷，其余所谓名山、洪津、重塞，距离都很远。而且从历史上来看，北魏进攻统万城时，其军队轻易就抵达城下，所谓的"背名山而面洪津，左河津而右重塞"并没有起到什么作用，这说明统万城所在地区在军事防御上并没有太大的优势；交通线路方面，关键在于是先有交通线再有都城，还是先有都城然后为了都城而开凿了交通线。从宋代放弃夏州后，这条道路也随之废弃的情况来看，后者可能更接近于实际情况②；经济支撑系统，从自然环境来看，统万城位于黄土地区向沙地的过渡带边缘，也是从暖温带森林草原向温带干草原、温带荒漠草原过渡的地区。虽然统万城建城之初，这里自然环境较为优良，但是自然环境的脆弱，使得这里绝不是可以大规模开垦荒地或者大规模放牧，供养数万人口的地区。这一点胡戟先生也已经指出③；社会背景，即朔方是赫连勃勃统治的核心地区，当然有道理，但是朔方是一个广大的地理范围，并不足以说明统万城的选址。其实如果转化视角，注重"人"的能动作用，就可以发现至少当时在都城选择上存在长安、统万城两种意见，此外《元和郡县图

---

① 胡戟：《十六国时期丝绸之路重镇统万城》，《统万城遗址综合研究》，三秦出版社2004年版。

② 此外，虽然统万城建成之后，直至宋代废毁之前一直都是丝绸之路上的重要枢纽。但问题在于，丝绸之路早已开通，汉代在这一地区也已建县，但是为什么在统万城建成之前，这里并不是丝绸之路的重要通道呢？还有，除去其他因素而言，如果统万城不是修建在现在的位置，而是在附近其他地区的话，那么交通线是否也会改变呢？是城市决定道路，还是道路决定城市，还是两者相互影响，是一个值得思考的问题。

③ 胡戟：《十六国时期丝绸之路重镇统万城》，《统万城遗址综合研究》，三秦出版社2004年版。

志》引《十六国春秋》:"赫连勃勃北游契吴,欢曰:'美哉,临广泽而带清流。吾行地多矣,自马领以北,大河以南,未之有也!'"① 虽然这条资料并没有提及统万城的选址,但是统万城最初的选址是不是可能只是出于赫连勃勃个人对这一地区的钟爱,而并没有太多地考虑各种理性因素呢?退一步讲,如果说这种偶然性缺乏说服力的话,那么至少以往的研究中提出的各种"理性"因素,其实是我们加强给古人的,并没有任何证据证明古人与我们的考虑是一致的。

再如,李大海《明清民国时期靖边县域城镇体系发展演变与县治迁徙》一文②分析了明清时期靖边县城城址的迁移过程,该文认为同治时期靖边县治迁治的原因是当时通商大路已经是在镇靖,而不在新城堡,"可见,县域经济中心城镇的空间转移是此次迁治的内部原因之一,将县治迁至镇靖在一定程度上实现了县域政治、经济中心的再度统一","回民起义只是造成县城改治的促发因素"③;民国三十一年的迁治,"学界看法较为统一,即认为是县境内主要交通道路的改变导致张家畔代替了镇靖城成为通商大路的必经之地,以及张家畔一带相对优越的自然环境促使县治的再一次变化,这是有一定道理的"。④ 按照以往的研究思路,上述结论基本上清晰地解释了靖边县城的两次迁徙,但是实际上这种分析用决定论将生动、复杂的历史简单化了,用宏观因素代替了对历史事实的分析,因而忽略了城址选择中的或然性。实际上,虽然自设县以来,镇靖堡一直是靖边县的交通要道,甚至也是经济中心,但在同治时期,随着关外宁条梁的兴起,镇靖堡的优势已经不复存在。这次迁治在很大程度上只是官方的意愿,并不一定能代表其他阶层的要求,而且如果按照纯粹的现代地理学的宏观视角来看,这次选址其实是错误的。民国三十一年,由于国共对峙,当时实际上存在两个县治,即国民党控制的宁条梁和共产党控制的张家畔,李文所提及的迁治其实只是共产党县治的迁移。从现代地理学来看,当时的宁条梁在交通、经济、人

---

① 《元和郡县图志》卷四 "关内道·夏州",中华书局 1983 年版。

② 李大海:《明清民国时期靖边县域城镇体系发展演变与县治迁徙》,载陕西师范大学西北历史环境与经济社会发展研究中心编《历史环境与文明演进——2004 年历史地理国际学术研讨会论文集》,商务印书馆 2005 年版。

③ 同上。

④ 同上。

口等方面占据绝对优势。张家畔之所以成为靖边县的治所，完全在于共产党最终的胜利。从这点来看，张家畔成为靖边县治带有一定的历史偶然性。

总体来看，从或然论出发，在今后城市选址研究中要注重人的能动作用，具体而言有以下几个方面：首先，城市是人类活动的产物，其选址是由人进行的。对同一城市的选址，不同的人群、不同的阶层，甚至不同的个人，都会有着各自的观点。以往的研究方法，忽略了人对城市选址认识的多样性。其次，人，而且是古人，对城市选址的认识一方面不可避免地带有主观性；另一方面对制约城市选址的各种因素，也很难进行全面、正确、客观的认识（这一点即使是现代人也难以做到），因此古人对城址的选择，有可能存在一定的不合理，甚至可能是错误的。再次，城址的选择，无论是在古代还是在今天，都是非常复杂的问题，也必定存在大量烦琐的讨论以及争论。以往的研究思路，偏重于宏观和客观因素的归纳，而忽略了对选址过程的分析。最后，在研究中我们必须要意识到，古代城市（甚至一些当前的城市），其选址并不一定是最为合理的，除了选址极为错误的城市，那些选址不是"最佳"的城市，由于人的活动可以在很大程度上营造和改变城市的选址条件，因此大都会延续下来，这也是人的能动性的体现。

与此类似的还有对政区地理的研究，这方面的研究过去大都以自然地貌和中央与地方的关系为入手点，其中最具影响力的就是周振鹤提出的"山川形便"和"犬牙交错"，这种研究视角是政区地理研究中不可缺少的，而且对于中国古代政区地理的研究具有开创性的贡献。但是上述研究方法，将人地关系简单化了，在历代政区演变中，除了上述因素之外，文化传统、地方利益甚至一些个人的态度都具有影响作用。在近年来的一些政区地理的研究论著中，多元化的，更注重"人"的研究视角已经得到了重视，如李嘎《雍正十一年王士俊巡东与山东政区改革》①、谢湜《清代江南苏松常三府的分县和并县研究》②、张伟然《归属、表达、

① 李嘎：《雍正十一年王士俊巡东与山东政区改革》，《历史地理》第22辑，上海人民出版社2007年版。

② 谢湜：《清代江南苏松常三府的分县和并县研究》，《历史地理》第22辑，上海人民出版社2007年版。

调整：小尺度区域的政治命运——以"南湾事件"为例》等。

（三）深入理解"因果"关系

在以往历史地理的研究中，研究的第一步是复原历史时期的某些地理分布现象，然后再探询产生这种地理分布现象的原因。当前这方面的研究中，对于第一步的复原大都比较充分，但是对于地理分布原因的解释在很多论著中主要是研究者在少量甚至没有材料的情况下，提出的其认为最为合理的因果解释，有时甚至是基于少量史料的臆测，如赵克礼《古塔遗存研究中的历史地理价值取向——以陕西宋代古塔遗存为例》①，作者通过史料提出宋代古塔沿当时的交通线分布，是明确的对地理分布的描述。对于地理分布现象产生的原因，作者认为是"往来人口的增多，也为寺院经济增添了巨大的活力，加之战争的阴云、旅途的艰辛，又使得人们从心理上更多地增加了对于神灵的依赖"。这一解释虽然有一定的道理，但是并无任何史料支持。当然，并不是说这种推测一定是错误的，但这种弱证据的推测如果可行的话，那么不同的研究者从不同的角度，就可以得出不同的推测，比如可以认为，这些高耸的塔是否是作为道路的指示标志？如果是楼阁式塔的话，这些道路沿线，尤其是沿边城市的塔是否可以作为瞭望敌情之用？再如，笔者撰写的《宋、元以及明代前中期城市城墙政策的演变及其原因》一文对于元代长期禁止地方城市城墙的修筑、明初沿海地区城市城墙的修筑都带一定的推测或者臆测。② 为了解决这一问题，在今后这方面的研究中应该注意以下几点：

第一，我们要意识到，在历史地理的研究中，尤其是那种对于宏观现象或者大尺度问题的研究中，直接、单一的因果关系极少存在，"前因必有后果。在 18 世纪中，大卫·休姆认为，除非通过检验同一事物序列的无数的重复例证，否则这种因果关系是不可能显示出来的……因果规则并没有被放弃，但是现在一般认为简单的因果关系不存在，事实

---

① 赵克礼：《古塔遗存研究中的历史地理价值取向——以陕西宋代古塔遗存为例》，《唐都学刊》2007 年第 1 期。

② 成一农：《宋、元以及明代前中期城市城墙政策的演变及其原因》，《中日古代城市研究》，中国社会科学出版社 2004 年版。

上，地球上事物和事件的交织关系，要比过去意识到的复杂得多"。①如关于中国古代的城市规模与行政等级，很多学者认为两者之间存在因果关系，即城市的行政等级决定了城市的规模，或者说因为城市的行政等级高，所以城市规模也大。但实际上，城市的行政等级可能只是影响城市规模的因素之一，而且二者之间并不存在因果关系②，而且就本人的研究来看，中国古代城市规模的相关因素并不是单一的。

在今后这方面的研究中，要注意统计方法的使用，"在地理学研究中使用数学概念和统计方法取得的好处很多。数学提供了清晰的方法，避免了追溯因果关系中存在的老问题。计算中不同的公式可以用来描述随着时间变化的变量，但是它们却不能说明前因和后果。给定任何一个时间一种现象的条件，就可能可以描述它之前或者之后的状态。函数方面的理论可以规定当 A 存在的时候，B 也存在，但并不涉及彼此的因果关系"。③ 比如，就清代城市的规模与行政等级而言，相关性只有 0.48，在统计学上，可以认为两者之间基本上没有相关性。当然，由于我国史料中缺少可以用于统计学相关性分析的数字，因此这一研究方法在今后应是探索的方向之一。

第二，要充分运用历史学的分析手段。在历史地理研究中，对于地理现象背后原因的探寻，在一定程度上类似于历史学的研究，对于这方面的研究要借助历史学的研究手段。因此，加强历史学的训练和与历史学的沟通，是今后历史地理学发展的重点之一。

（四）加强地理学以及其他学科研究手段和方法的应用

历史地理学在学科性质上属于地理学，有些学者认为历史地理学是地理学的核心，但实际研究中除了历史自然地理之外，历史人文地理的研究中极少使用地理学的研究方法，这在某种程度上也显示出历史地理学与地理学的脱节。当然，也存在一些将现代地理学研究方法应用于历史人文地理研究的例子，如李孝聪教授《应用彩红外航片研究城市历史地理——以九江、芜湖、安庆三座沿江城市的文化景观演化与河道变迁

---

① ［美］杰弗里·马丁著，成一农译：《地理学思想史》，上海人民出版社 2008 年版。
② 成一农：《清代的城市规模与城市的行政等级》，《扬州大学学报》2007 年第 3 期。
③ ［美］杰弗里·马丁著，成一农译：《地理学思想史》，上海人民出版社 2008 年版。

关系为例》^① 一文，不仅仅揭示了沿江城市发展的规律，更为重要的是将现代地理学彩红外航片判读的方法引入历史地理学的研究，这为研究被现代城市所叠压的古代城市提供了可靠和便捷的手段。高松凡《历史上北京城市场变迁及其区位研究》^②，运用中心地理论，分析了历代北京城市市场空间分布的中心地结构的形成、演变与影响市场区位的主要因素。

现代地理学研究方法在历史地理研究中最为值得关注以及最易于取得成果的就是"地理信息系统"（GIS）。当前研究中影响力最大、最具有发展潜力的地理信息系统就是复旦大学和美国哈佛大学联合编制的"中国历史地理信息系统"（CHGIS），数据现已更新到 4.0 版。虽然当前使用这套系统进行的研究大都处于探索阶段，但由于地理信息系统自身的特点，将来必定会拓展历史地理的研究领域和研究视角。地理信息系统最为突出的优势大致有以下三点：

第一，数据的查询功能。作为传统数据库的延伸，数据的查询功能是必不可少的，但与传统的数据库相比，地理信息系统的查询结果可以即时反映在地图上，研究对象的地理分布状况一目了然。

第二，数据的空间分析能力。如根据 CHGIS 提供的 1820 年数据，通过缓冲区分析，可查得在 1859 座城市中，有 1226 座位于距离河流 5公里的范围之内，有 445 座城市位于距离河流 1 公里的范围之内，这种空间分析能力是传统数据库和研究方法难以实现的，而且这仅仅是地理信息系统最基本的空间分析功能。

第三，数据的整合和分析功能。地理信息系统是一个开放的平台，可以将众多的数据同时整合在同一地图上，从而显现出各种要素之间的相关性。

此外，地理信息系统还具有方便的绘图功能。用表格的形式排列数据，并以此为基础，解释、分析研究对象的地理分布，这是传统研究中经常采用的方法。但是将表格归纳成对研究对象地理分布的描述，一般需要手工绘制地图，这种方法所费时间较多，尤其是数据量较大的情况

①　李孝聪：《应用彩红外航片研究城市历史地理——以九江、芜湖、安庆三座沿江城市的文化景观演化与河道变迁关系为例》，《北京大学学报》（历史地理学专刊），1992 年。
②　高松凡：《历史上北京城市场变迁及其区位研究》，《地理学报》1989 年第 2 期。

下，绘制一张地图可能需要几天甚至几个星期的时间。更为麻烦的是，一旦数据发生变动，那么地图就需要重新绘制。而地理信息系统的地图是随着数据库的建立即时生成的，如果数据发生变化，地图也会随之变化。这种绘图的便捷性，客观上方便了研究者从更多的视角绘制不同的地图，从而鼓励创新性的思考，由此很可能会发现更多的历史地理问题，扩大了研究视角和研究内容。

当然，当前中国历史地理信息系统尚处于基础平台的开发阶段，能实际运用于历史地理研究的数据还极为缺乏，但是随着越来越多的学者投入这方面的研究，历史地理信息系统的数据正在不断增加。

在这里还需要提到的就是，在今后的研究中除了文字描述之外，还需要加强统计学方法的运用。虽然在中国古代史研究中曾经出现过计量方法应用的热潮，但在当前已经不是研究的热点，而且很多研究者认为数学模式并不能用于描述具有自由意志的人的活动。其实数字方法和文字叙述都是对事实的描述，只不过现在人为地割裂了这两种方法。尤其是在综合的整体性研究中，由于研究的是整体特征，因此数字比文字更能准确地描述事实。而且，正是由于我们不了解计量的方法，使得我们在研究中有时会出现一些低级错误，最为典型的误用就是在研究中经常使用的平均数。由于平均数并不能反映一组数字的离散情况，因此在统计学中较少使用平均数来进行分析。举一个简单的例子，99 和 1 的平均数是 50，51 和 49 的平均数也是 50，虽然平均数相同，但是两组数据代表的实际情况差异很大。具体到历史地理研究中，以往对城市规模的研究之所以出现偏差，在很大程度上就与平均数的使用有关。如斯波义信先生在《宋代江南经济史研究》一书中对宋代城市的行政等级与城市周长进行了分析[①]，在文中斯波义信使用平均数来表示不同行政层级城市的城市规模，其结论认为行政层级与城市规模存在密切的联系。但是，根据斯波义信先生提供的数据进行计算，宋代城市规模与城市行政等级二者之间的相关性仅为 0.66，并不是很高。而且，更为有意思的是，就斯波义信划分的三个区域的城市行政等级与规模的相关性而言，华北为 0.71，华中为 0.68，华南为 0.81（江西为 0.73），显然华南和

---

① ［日］斯波义信著，方健、何忠礼译：《宋代江南经济史研究》，江苏人民出版社 2001 年版。

华北城市规模与城市行政等级的相关性要高于华中，或者说华南、华北不同行政等级城市之间，城市规模的差异要大于华中地区，按照斯波义信的解释方式，那么华南、华北地区城市化的水平应该高于华中，这正好和他用平均数得出的结论相反。之所以出现这种错误，主要是因为斯波义信先生提供的数据中，同一行政等级城市的周长存在较大差异，如果用平均差[①]来衡量的话，华北地区下位治所平均规模是 4.1 里，平均差为 2.15；华中地区下位治所平均规模为 3.7，平均差为 2.95；华南地区下位治所平均规模为 1.5，平均差为 0.42。这再次说明了平均数的局限性。

（五）区域研究的理论和方法亟待深化

区域研究在地理学领域中具有重要的地位，甚至在一定程度上代表了地理学研究的最高成就，在过去三十年中也先后出版了一些区域研究的著作。但是，在这些著作中基本上都没有界定什么是"区域"或者其研究的区域是如何划分的。何为区域，威廉·T.罗在《帝国晚期的江南城市》一书导言中认为："首先，什么是'区域'？我在这里用的'区域'的概念，自施坚雅以来在中国研究中经常被使用。'区域'并不是指一个由一些关键因素如语言、宗教或大宗经济产品所构成的具有同一性和一致性的地带，而是指由一些层级地位会发生变化的地区所组成的系统，它们是一种建立在相互依赖的交换关系上的较强的模式。一个区域，其主要特点并不是内部的同质性（尽管在一些次等因素如方言上会相同），而是在功能上的差异性。"[②] 当然，上述威廉·T.罗所论述的只是区域划分方式的一种，在我国历史地理中的区域研究，基本上以地貌单元或者行政区划作为划分方式，这种划分方式也具有一定的合理性。但是，在本人看来，无论以何种方式划分的区域，必定要具有一定的研究意义，即这种划分出来的区域与其他区域相比存在什么特

---

① 平均差是数组中各个值对平均数的离差绝对值之和的平均数，代表了数组中各个数字与平均值之间的平均差异水平。

② 威廉·T.罗《导言：长江下游的城市与区域》，林达·约翰逊主编，成一农译：《帝国晚期的江南城市》，上海人民出版社 2005 年版。

色?① 如果不能回答这一问题的话，那么区域研究的意义何在呢，总体性的研究岂不是更具有学术价值？如果仅仅是为了进行总体研究，而将全国划分成不同的区域，虽然确实有利于资料的掌握，但是这种人为的，以地貌或者行政单元的划分方式，是否掩盖了原本存在区域差异？因此，今后在进一步进行区域研究之前，非常有必要探讨"区域"本身的问题。

三　总结

改革开放三十年来，我国的历史地理学研究取得了大量突破性的成就，学科建设日渐成熟，影响力不断扩大。但是随着研究成果的丰富，今后历史地理研究的发展重点不应该再是研究内容的扩展，而是需要进一步探讨历史地理学的理论和方法，并以此为基础深化历史地理学的研究。如果今后我国历史地理学在理论和方法不进行创新和突破，那么整个学科将会有平庸化、表面化，甚至逐渐消散的危险。

（本文收录的资料截至 2008 年 6 月）

---

① 当然，在以往的一些研究中有时也会提出一些本区域的特色，但是大部分特色都是作者推测的，并没有进行过详细的论证。

改革开放三十年的敦煌史学研究

杨宝玉

若从罗振玉刊发世界上首篇敦煌研究文章《敦煌石室书目及发见之原始》的 1909 年算起，至改革开放起始的 1978 年，敦煌学这一新兴学科已经存在和发展了整整 70 年。在前五六十年中，我国的敦煌学研究无疑处于世界前列，但其后的"文化大革命"造成的长达 10 年的中断却使 1978 年时的我们远远落后于日本、法国，及我国港台地区的同行，个别外国学者甚至提出了"敦煌在中国，敦煌学在日本"的说法。可以说，1978 年时我国相关学者所面临的形势是极其严峻和令人痛心的。

如今，整整三十年过去了，在这至关重要的三十年中，敦煌学已从知识界不甚熟悉的冷门学科发展成了一般民众有所知闻的国际显学，世界敦煌学格局更是发生了翻天覆地的变化，无论就研究人员而言，还是就研究成果而论，今日敦煌学研究的重心与中心均已毋庸置疑地回归故里，我国的学者也已豪迈地提出了"敦煌在中国，敦煌学在世界"的观点，博得了各国学者的尊重与瞩目。

任何学术研究都是在特定的社会的、历史的和文化的背景下进行的，因而学术不仅是一个时代社会文化的重要构成部分，还经历、体现着所处时代的变化，而作为有特殊研究对象和研究方法的国际显学敦煌学来说，其与国情时势的关照自然更是显著。前述中国敦煌学地位的根本转变发生于改革开放之后，与三十年来中国社会的巨大变革、中国经济的崛起腾飞、综合国力的整体增强、国际地位的迅速提升同步。那么，在改革开放三十年后的今天，回顾这一段令人欣慰的历程，对这三十年的情况进行总结和反思，就不仅仅是对学术成就本身的审视，同时也是对时代脉搏的再次感触。而通过反思来探寻规律，获取经验，亦可以为今后的研究提供有益的借鉴，对于未来的学科建设等必然有着十分重要的意义。

（一）三十年来的敦煌学发展概况

改革开放政策的制定与实施使我国的学术研究焕发了勃勃生机，20世纪70年代末，彻底沉寂了10年的敦煌学研究也随着科学春天的到来迅速复兴，一些"文化大革命"前就对敦煌学有所了解，甚至曾作过相关研究的学者迅即搜集当时能够看到的很有限的敦煌文书图版和录文，并利用它们陆续撰写发表了一些论文。由于他们具有高深的学养、勤谨的态度，所依据的又是敦煌文书这一最可靠的第一手资料，很快就引起了学术界的广泛关注，在短短的四五年时间里，敦煌学与敦煌文书便成了文史学界的热门话题。

正是在这一背景下，常书鸿、段文杰、季羡林、周绍良、唐耕耦、张锡厚、宁可、唐长孺等22位知名学者联名致信中央领导同志，争取到了国家在组织上的支持和资金上的投入，1983年9月，中国敦煌吐鲁番学会正式成立，这是世界上第一个敦煌学研究学术团体，其创立为日后敦煌学的发展奠定了组织基础，起到了巨大的协调与促进作用，极有助于我国学者展示群体优势。不仅如此，1984年，敦煌学的故乡甘肃又将敦煌文物研究所升级为敦煌研究院，形成了世界上最大的敦煌学研究实体。在此前后，中国社会科学院历史研究所、北京大学、南京大学、兰州大学、西北师范学院等研究所和高校也纷纷设立敦煌学研究专门机构，聚拢相关研究人员，使敦煌学研究的规模与影响不断扩大。经过三十年的不懈努力，目前国内的各类敦煌学专门研究组织或相关机构已难以尽数，凝聚于研究院系统（如：敦煌研究院、中国社会科学院敦煌学研究中心）和高校系统（如：兰州大学、西北师范大学、北京大学、首都师范大学、武汉大学、中山大学、浙江大学、南京师范大学）中的研究力量尤其强大，形成了众多敦煌学研究重镇，充分发挥了团体实力。与此同时，三十年来各团队之间的交流合作也在日益加强，各类大中型学术会议和各种讲学出访等学术活动方便了学者之间的切磋交流，近年在中国敦煌吐鲁番学会基础上成立的敦煌学国际联络委员会，又为我国敦煌学研究更好地与国际学术界接轨和促进世界敦煌学研究的持续蓬勃发展提供了极其重要的体制与机制保障。

改革开放初期我国从事敦煌学研究的学者非常少，敦煌学后继人才的培养便成了老一辈敦煌学家极为关注的问题。与对各级各类教育问题的高度重视和教育体制的改革相应，自20世纪80年代初，北京大学、北京师范学院、兰州大学、西北师范学院、武汉大学、中山大学、杭州大学等高校纷纷积极开设敦煌学课程，举办敦煌学讲习班和研讨班，培养出的年轻学者日后都成为了接续敦煌学研究的种子，保证了敦煌学这一特殊学科的薪火相传。经过三十年的努力，我国敦煌学界不仅早已形成了老中青三结合的正常的学术梯队，还涌现出了众多学术名家，为学界翘楚，正是他们进一步提升了敦煌学的知名度。目前各大高校经常开设敦煌学讲座，很多院校还设有敦煌学专业，专门培养敦煌学博士、硕士。随着敦煌学影响的迅速扩大，我国学术界还出现了一种十分有趣的现象，那就是其他领域的相关学者不时加盟敦煌学研究阵营，进行大量跨学科或交叉学科研究。这使得敦煌学研究者的数量无法确计，甚至敦煌学者的范围都难以界定，但是这种新鲜血液的补充不仅拓展了敦煌学分支领域，还带来了新的研究方法和研究手段，非常有益于敦煌学这一特殊学科的正常发展。因为敦煌学系以地名学，敦煌在古代丝绸之路上居于枢纽位置，在中西交通史上占有重要地位，故敦煌学必然与吐鲁番学、丝绸之路学等相关学科关系密切，同时也与中国古代史研究、西域史研究、中亚史研究，乃至世界史研究等有千丝万缕的联系，可与这些学科互为促进，偕同发展。敦煌文物文献所提供的又是一批广博庞杂的古代史料，要想从事敦煌学研究，除需要对这些材料本身有深刻的认识外，还应该在某一或某几方面学有专长，并以这些其他学科的专门知识为依据和基础，取用相应的敦煌资料进行科学诠释以解决问题，开拓思路，从而推动学术研究的发展。近百年来，各国的敦煌学者无不是以此种方式进行敦煌学研究的。

受改革开放初期学术刊物种类少的影响，当然也与上述敦煌学研究的特点有关，在改革开放的最初几年，学者们撰著的敦煌学论文都是分散刊发于史学、文学、语言学等相关学科的期刊。随着敦煌学研究论著的逐渐增多，至20世纪80年代初，两种敦煌学研究专业刊物——兰州大学历史系敦煌学研究室主办的《敦煌学辑刊》和敦煌研究院主办的《敦煌研究》——相继问世，再辅以《中国敦煌吐鲁番学会研究通讯》、

《中国敦煌吐鲁番学会语言文学分会研究通讯》等内部刊物，相关学者终于有了集中发表敦煌学研究成果的多处专业园地，彼此之间的交流切磋更加便利。至1995年，中国敦煌吐鲁番学会等主办的又一种大型年刊《敦煌吐鲁番研究》创刊，敦煌学的声势更加壮大。2003年，准确快速报道国际敦煌学研究状况的《敦煌学国际联络委员会通讯》创刊，敦煌学与全球学术界的交流进一步加强。与此同时，多种其他相关刊物，如《西北史地》、《兰州大学学报》、《北京大学学报》、《武汉大学学报》等，也经常以专号、专栏形式刊发敦煌学论文，成为前举敦煌学专业刊物的强有力的补充。

以上所述机构、人员、刊物的变化均是改革开放以后我国敦煌学研究突飞猛进所呈现出的繁荣昌盛局面的重要侧面，综合起来看，我们认为现在我国的敦煌学研究已经形成了几大特点：

其一，研究领域广泛。可以说，目前几乎敦煌汉文文书研究的各个方面不仅都已经有我国学者专攻或涉猎，甚至能执各分支领域牛耳的学者也大多为中国学者，至于非汉文文书研究领域，改革开放后参与其中的我国学者也渐渐增多，在回鹘文和藏文文书研究方面取得的成就尤其显著。

其二，研究课题专深。敦煌学发轫期的选题多是着眼于对研究对象进行宽泛描述与解读阐释，以后在相当长的时期内学者们都在试图摆脱此倾向，改革开放后我国学者进一步开拓思路，努力将研究向纵深发展，已以大量专精具体的选题展现了新时代研究者的独具慧眼与功力深厚。

其三，研究方法科学。经过数十年的累积，当今的敦煌学研究已从早期的偏重资料整理发展为整理与研究并重，并从单纯个案研究发展出了全方位综合研究，可以说，无论就学术观念还是著述形式而论，敦煌学界在这三十年间已建立起了科学合理的现代学术研究体系。

其四，研究成果丰硕。三十年来，我国敦煌学研究者在各类刊物上发表的论文数以千计，出版的各种著作达二三百部（具体篇目请参阅已刊发的有关敦煌学学术史回顾方面的综述性论著，主要有：林家平等《中国敦煌学史》，北京语言学院出版社1992年版；郝春文《敦煌文献与历史研究的回顾与展望》，原刊《历史研究》1998年第1期，后收入氏著《二十世纪的敦煌学》，上海古籍出版社2006年版；李锦绣《敦煌吐鲁番文书与唐史研究》，福建人民出版社 2006 年版；杨宝玉《敦煌文书的发现和研究》，载《20 世纪中国社会科学·历史学卷》，广东教育出版社 2006 年版。这些论著对敦煌学，特别是敦煌史学研究的具体进展有详尽评介），其中包括数种里程碑式的敦煌学研究成果，如以敦煌学的全面发展为基础的大型辞书《敦煌学大辞典》（上海辞书出版社 1998 年版）等的编印即是，各种集成性成果已基本覆盖了敦煌学各主要领域，而以敦煌文书研究为基础深入到其他学科的相关研究成果更是难以计数。

其五，研究水平高超。目前我国学者在敦煌学的许多分支领域，如敦煌史学、敦煌文学、敦煌民俗学、敦煌语言学研究等方面，都已处于领先地位，所出版的权威论著在论述的深入、细致，及材料掌握的完备、充分上，令外国学者难于比肩，在某些专题的探究上，我国学者的研究堪称独占鳌头，甚至一枝独秀。

其六，对相关学科影响巨大。且不说改革开放后的隋唐五代史、西北民族史、通俗文学史、禅宗史与世俗佛教史等研究领域所取得的突破性进展均是以敦煌文书的再现为契机的，仅以科技史而论，近三十年来的敦煌学相关研究成果对中国古代天文学史、算学史、医学特别是药学史，及印刷术起源研究等产生的影响即令世人瞩目。有识学者早已认识到，如果全然忽视敦煌文献中的有用资料，就难以写出令人信服的科技史权威著作。事实上，通过对敦煌文书和敦煌石窟艺术的精细研究，中华文明史乃至世界文明史的许多篇章已获改写。

因而，我们完全可以自豪地说，在改革开放之后的三十年中，我国的敦煌学研究者作出了无愧于时代的贡献，我国在敦煌学研究上取得的成就是能够与时代的进步相映照的。

（二）三十年来敦煌史学研究取得的主要成就

敦煌学所依据的研究资料主要是敦煌地区遗存的古代文物文献资料，两者常可互相印证。文物资料的主体是古敦煌郡（约相当于今敦煌、安西两市县）境内的数座石窟群，特别是莫高窟中的壁画、彩塑、建筑等，同时也包括敦煌地区存留的古墓葬、长城关隘遗址、塔寺等。文献资料则是指在古敦煌郡境内的各类古代建筑遗存中发现的，及从民间征集来的各种形式的古代文书，其主体是敦煌石窟中保存的数万件古籍文书，尤其是藏经洞中存藏的五六万件写本、刻本及拓本文书，其写刻年代上至十六国，下迄宋初，内容更是包罗万象，涵括至广，既有佛教、道教、摩尼教、景教等宗教经籍，又有涉及政治、经济、民俗、历史、哲学、宗教、语言、文学、艺术、科技等众多领域的世俗文书，内中相当一部分是已失传的佚书，具有无法估量的文物珍藏价值和文献研究价值。这一研究资料的特殊性决定了所谓"敦煌学"只能是一个学科群式的概念，内中包括敦煌史学、敦煌文学、敦煌语言学、敦煌佛学、敦煌民俗学等众多分支学科，而各分支学科之间又必然存在着千丝万缕的联系，往往可以相互促进与借鉴。

在敦煌学各分支学科中，改革开放三十年来发展最为迅速的当首推历来备受重视的敦煌史学。敦煌史学与敦煌学其他分支学科之间的联系最为广泛、紧密，因为敦煌文献乃是一批产生于公元4—11世纪的古代文书，敦煌石窟艺术也基本创作于同一时期或稍后，对于它们的研究价值，我们均可以"史料"视之，故此可以说任何敦煌学分支学科的研究都与史学研究有关，这也是我们前面首先简要介绍敦煌学总的发展状况的原因。但是，敦煌学各分支学科也同时具有各自不同的发展轨迹和特点，我们必须对它们有所区别和界定。限于本书体例，本文将主要讨论敦煌史学，即三十年来我国史学工作者利用敦煌文书研究历史问题所取得的成就。需要先此说明的是，由于敦煌文书的写刻年代大多集中于唐五代时期，因而其对隋唐五代史研究的促进作用最为巨大，考虑到本书有专门章节探讨改革开放后的隋唐五代史研究状况，其中自然包括利用敦煌文书进行的隋唐五代史研究，故为避免重复和割裂，此处仅集中讨论敦煌学范畴之内的敦煌史学研究成就。

1. 敦煌地区史研究

敦煌偏处于我国的西北边陲，传世史书中对该地区历史的记载非常简略，唐宋期间甚至出现了大段的空白。这是因为"安史之乱"爆发后，吐蕃乘乱尽占河西地区，切断了包括敦煌在内的西北地区与中原长安的联系，致使这一地区长期脱离中原王朝的控制，或沦为吐蕃领地，或自建了独立半独立王国，社会历史的发展呈现出了与其他地区不同的状况，中原无以闻其详，史官无以书其状，史书中的片言只语也只能是据传闻转录，不够准确详尽。但是，敦煌文献再现后，研究者们却惊喜地发现藏经洞中保存了大量中唐至北宋初期的官私文书和史籍，为这一时期的西北地区史研究提供了前所未有的丰富资料，这些史料是当地人书当时事的真实记录，未经后人改篡，足资证史，也最可凭信。它们使敦煌成为我国乃至世界上存留历史真相最真切最丰富的地区。试想，世界上还有哪个地区保存有数量如此巨大，内容如此繁复，跨越时间如此长久的地方历史文献？这些文献揭示的全方位的敦煌地区史是中华民族史的一个缩影，透过它，我们可以更形象生动地认知我们伟大民族成长演进的点点滴滴和方方面面。因而敦煌文书一经再现，那些披露敦煌史事端倪的文书便立即引起了各国学者的高度重视。经过多年研究，特别是近三十年来的深入挖掘，现在学者们已补充纠正了两《唐书》、新旧《五代史》、《资治通鉴》等传世史书中的大量疏漏谬误，勾勒出了唐后期至北宋初敦煌地区史的基本脉络。

中原史书对敦煌地区记述的简而失当并互相抵牾起始于吐蕃攻占西北后的中唐。在对这一时期历史进行研究时，学者们首先探讨了吐蕃攻陷敦煌的时间问题。由于敦煌文书中没有直接的记录，这一探讨持续了多年，各国学者曾提出了大历十二年、建中二年、贞元年间等多种说法，并以主张后者的研究者比较多，但从贞元元年到贞元四年，所执看法又不一致，其中贞元二年（786 年）说最初由日本学者山口瑞凤提出，至 80 年代，经过我国多位学者，特别是陈国灿先生《唐朝吐蕃陷落沙州城的时间问题》（《敦煌学辑刊》1985 年第 1 期）一文的有力论证，终于为多数研究者接受。在确定年代的同时，学者们也在努力考索吐蕃统治时期沙州敦煌的政治状况与社会形态，明确了攻占沙州后吐蕃系以"节儿"为沙州的最高军政长官，由他执掌当地的军事、财政和司法大权，其下属官员有都督、部落使和判官等职（邵文实《沙州节儿考及其引申出来的几个问题——八至九世纪吐蕃对瓜沙地区汉人的统治》、金滢坤与盛会莲《吐蕃沙州节儿及其统治新探》）。其中部落使是吐蕃取消了县、乡、里后，依吐蕃习俗设置的新的行政组织——部落的首领。通过多年努力，现在学者们已掌握了吐蕃在敦煌设置部落的时间、次数、部落名称与作用等具体情况（杨铭《吐蕃时期敦煌部落设置考》、姜伯勤《沙州道门亲表部落释证》）。

学界已有的研究显示，吐蕃贵族在敦煌地区的统治始终不甚巩固，汉族人民一直在为自由和尊严抗争，敦煌文书即记载有驿户起义的情况，但那些起义的规模不是很大。唐大中二年（848 年），沙州豪族张议潮趁吐蕃内乱，率领义军成功地收复了瓜沙地区，然后一边继续攻夺河西其他失地，一边派遣使者赴长安报捷，唐廷遂顺势在河西建立了归义军，委任张议潮为首任节度使，从而开始了敦煌历史上长达近200年的归义军时期。这一时期又可具体划分为三个时段：张氏归义军时期、西汉金山国时期、曹氏归义军时期。

在改革开放后所进行的张氏归义军政治史研究中，第二任节度使张淮深的死因是一热点问题。孙修身《张淮深之死再议》（《西北师院学报》1982年第2期）用充分的证据否定了流行多年的索勋作乱杀淮深等人而自立为节度使的旧说，并推测张淮深之死与唐廷有关。此文引起了强烈反响，学者们纷纷撰文表示同意孙文对旧说的否定，但对张淮深究竟死于谁手则各执己见。李永宁《竖牛作孽，君主见欺——谈张淮深之死及唐末归义军执政者之更迭》（《敦煌研究》1986年第2期）认为杀淮深者为议潮另一子淮鼎。荣新江《晚唐归义军李氏家族执政史探微》（《文献》1989年第3期）在肯定李永宁上述推论的前提下，进而推断瓜沙大族在896年又发起倒李扶张的政变，使张承奉得以执掌实权。此说本已得到学界认同，但李丽近年发表的《关于〈张淮深墓志铭〉的两个问题》（《敦煌学辑刊》1998年第1期）又提出杀淮深者为延思、延嗣，淮□为教唆者；淮□病故前托孤于索勋，索勋亦死于疾病而非亡于乱军之中。杨宝玉与吴丽娱《张议潮束身归阙后与沙州人士的往来及其对敦煌政局的影响》（《转型期的敦煌学》，上海古籍出版社2007年版）、《P.3804咸通七年愿文与张议潮入京前夕的庆寺法会》（《南京师范大学学报》2007年第4期）两文则认为张淮深之死及其后沙州政局的动荡与张议潮入京后遥控归义军的企图及中和年间其子自京城西归敦煌有关。看来学者们仍有兴趣将这一问题探讨下去。不过，张淮深死于归义军政权内部斗争已成定论。与张氏内乱相关的另一热门话题是归义军节度使向中原王朝请授旌节事。以往曾有学者推测张淮深在继任后的很长时间内，甚至可能终身都未被朝廷授予节度使名义。改革开放后荣新江在对归义军政治史进行系列研究的过程中以充足的证据否定了上述推论，其《归义军史研究——唐宋时代敦煌历史考索》（上海古籍出版社1996年版）即考证出888年张淮深已得如愿。

曾在内乱中充当傀儡的张氏归义军末任节度使张承奉成年后接掌了归义军政权，他在中原混战无暇西顾时，曾一度称帝建立了西汉金山国。这是五代十国之外的又一国，但传世史书中对它的记述仅有区区二三十字。早在20世纪30年代，我国学者既已对金山国史进行了较为全面的考证，对后来学者影响很大，但其时提出的金山国建立于905年的观点则在最近三十年的讨论中逐渐被否定。卢向前《金山国立国之我见》（《敦煌学辑刊》1990年第2期）对日本学者藤枝晃提出的910年说进行了论证，荣新江亦撰文予以补充，910年说遂为大多数学者所接受。但是，最近杨宝玉《金山国成立时间再议》（《敦煌学辑刊》2008年第4期）、杨宝玉与吴丽娱《归义军朝贡使张保山生平考察与相关历史问题》（《中国史研究》2007年第4期）等文则通过重新解读P. 3518v《张保山邈真赞》和P. 2945书状，并参证以P. 2094抄存的纪年题记，及传世文献邵雍《皇极经世书》和新旧《五代史·吐蕃传》中的记载等，提出了金山国建立于909年的新观点，其说已引起了学界的关注和对该问题进行再探讨的兴趣。有关金山国史研究中杨秀清取得的成绩颇为突出，不仅发表了《试论金山国的有关政治制度》（《敦煌学辑刊》1998年第2期）等系列论文，更出版了专著《敦煌西汉金山国史》（甘肃人民出版社1999年版），对一些重大历史问题，如归义军内部矛盾、金山国的立国时间、政治制度、文化特征、民族关系、崇佛状况等等，都提出了自己的看法。

张承奉称帝违背民心时势，很快便陷于内外交困之中，敦煌另一大族曹氏顺势接掌敦煌地方实权。敦煌学诞生后不久学者们即着手探究曹氏归义军历任节度使的卒立次序和卒立时间。改革开放后我国学者贺世哲、孙修身、荣新江、谭蝉雪等继续进行深入考证，通过几代学者的努力，目前曹氏归义军历任节度使的卒立时间与世系已基本明确，唯独首任节度使究竟为谁仍是近年的争议焦点。最初学者们先为曹议金说和曹仁贵说各作了大量论证，并都言之有据。稍后，贺世哲、李正宇撰文论证曹仁贵就是曹议金，不过是在不同时期分别使用了名和字。此说虽然并无直接证据，但推论合理，已为学界采纳。但数年前又有学者提出异议，马德《尚书曹仁贵史事钩沉》（《敦煌学辑刊》1998年第2期）认为曹仁贵是曹议金的第三子，曾于曹议金外出不在敦煌时充归义军节度兵马留后守沙州，但未曾担任过节度使一职，系在曹元深执政时期死于非命。

在进行分段专门研究的同时，学者们也注意到西汉金山国，特别是曹氏归义军在很多方面都沿用了张氏归义军实行的政策策略，因而学者们也常将这三个时段合在一起，对贯穿于唐五代宋初的某些问题进行全面研究，其中荣新江取得的成果备受关注。荣氏的研究在全面占有资料的基础上广征博引，论说缜密而锐利，其《沙州归义军历任节度使称号研究（修订稿）》（《敦煌学》第 19 辑，1992 年）一文就归义军节度使称号的研究对敦煌学界的影响尤其深远。荣氏的专著《归义军史研究——唐宋时代敦煌历史考索》（上海古籍出版社 1996 年版）综合了前此所撰系列论文的成果，对敦煌文书中有关归义军史和西北民族关系史文书，及国内外有关研究成果进行了系统整理与研究，为后来治归义军史者的必读书。兰州大学历来是敦煌学研究的重镇，郑炳林主编《敦煌归义军史专题研究》（兰州大学出版社 1997 年版）及其续编（兰州大学出版社 2003 年版）、三编（甘肃文化出版社 2005 年版）会聚了兰州大学敦煌学研究所多位学者历时多年的研究成果，同样应当引起治斯学者的重视。此外，一些散见于各处的论文分别考察了归义军政权所属机构，如军资库司、客司、宴设司、水司、羊司等的名称、渊源、始置、职能、活动内容等问题（冯培红《唐五代归义军军资库司初探》、《客司与归义军的外交活动》、《唐五代敦煌的河渠水利与水司管理机构初探》，刘俊文与牛来颖《敦煌吐鲁番文书所见宴设司》，高启安《敦煌归义军政权的宴设司述略》，张亚萍《晚唐五代归义军牧羊管理机构——羊司》），这些论文对归义军内部的政权组织的剖析深刻周全，既是唐宋时期敦煌地区政治制度史研究的重要成果，又对了解我国中古时代地方政权运作情况具有重要意义。

2. 西北地区史研究

西北地区在中国历史上的各个朝代均具有重要战略地位，但史书中关于该地情况的记载却并不翔实，幸赖敦煌吐鲁番文书我们才得以认知该地中古时期的概貌。在改革开放后的西北军事史研究中，王永兴《唐代前期西北军事研究》（中国社会科学出版社 1994 年版）是一部完成较早的力作，即主要依据敦煌吐鲁番文书写成。近年新出的孙继民《敦煌吐鲁番所出唐代军事文书初探》（中国社会科学出版社 2000 年版）则对相关敦煌文书进行了彻底整理，又将之与传世史籍相互参证，勾勒出了唐代西北地区军事史的全貌，并探讨了若干唐朝军事制度问题，如府兵装备、府兵的征行制度、行军制度、军镇制度，等等，取得了不少新认识和新突破。除专著外，学者们发表的专题论文所涉及的论题也相当广泛，其中对马政问题的探讨最为充分，王冀青《唐交通通讯用马的管理》（《敦煌学辑刊》1985 年第 2 期）、《唐前期西北地区用于交通的驿马、传马与长行马》（《敦煌学辑刊》1986 年第 2 期），及卢向前《伯希和 3714 号背面传马坊文书研究》（《敦煌吐鲁番文献研究论集》，中华书局 1982 年版）等文是其中的代表作。

西北地区历来是我国的多民族聚居区，民族征战与迁徙频繁，但以往我国有关西北民族变迁史的研究却比较薄弱，这与缺乏可信史料大有关系。敦煌文书中保存的相关资料为此项研究带来了新天地。三十年来，学者们已对生活于敦煌西北地区的回鹘人、粟特人、吐谷浑慕容氏、仲云、达怛、龙家、嗢末、南山部族等的有关情况作了深入探究，填补了大量空白。其中对回鹘政权有关情况的讨论最引人注目，学者们已经在曹元忠《沙州石室文字记》等早期敦煌学研究成果的基础上进一步明确在归义军之后，敦煌历史上应有一个沙州回鹘时期。陆庆夫《归义军晚期的回鹘化与沙州回鹘政权》（《敦煌学辑刊》1998 年第 1 期）认为沙州回鹘政权是归义军晚期回鹘化及其与周边各族关系发展变化的产物，其基础是沙州、西州及甘州三支回鹘部众之融聚。杨富学与牛汝极《沙州回鹘及其文献》（甘肃教育出版社 1994 年版）论述了沙州回鹘国的建立与消亡过程、政权组织、社会性质、经济、文化和宗教信仰等问题，并附有相关回鹘文献译文和疏证，极便学者研读。另外，张广达、荣新江对张氏归义军与西州回鹘的关系所进行的深入研究（《张氏归义军与西州回鹘的关系》、《公元十世纪沙州归义军与西州回鹘的文化交往》）也值得重视。除回鹘外，有关于阗的研究也比较充分。张广达、荣新江在同类研究中取得了较大成就，他们共同或分别撰写的《关于唐末宋初于阗国的国号年号及其王家世系问题》（《敦煌吐鲁番文献研究论集》，中华书局 1982 年版）、《九、十世纪于阗族属考辨》（《新疆社会科学》1987 年第 4 期）、《于阗王国与瓜沙曹氏》（《敦煌研究》1994 年第 2 期）等单篇论文及专著《于阗史丛考》（上海书店 1993 年版）考订了一批于阗文献的年代，并探讨了上古于阗的塞种居民、于阗国的国号、王家世系，及佛教信仰状况等问题。另外，黄盛璋《再论于阗王尉迟徐拉与沙州大王曹元忠书》（《新疆社会科学》1990 年第 1 期）对敦煌文书中保存的内容涉及 10 世纪末于阗与黑韩王朝争战的信函原件进行了剖析，从而理清了相关史实。

近年西北民族变迁史研究中一个非常可喜的现象是不少学者在利用敦煌文书中的少数民族文字文书进行研究方面取得了很大进展。王尧、陈践利用藏文文书研究吐蕃史，耿世民、李经纬、牛汝极、杨富学等利用回鹘文书，黄振华、黄盛璋利用于阗文文书，林梅村、黄振华利用粟特文文书，耿世民对突厥文文献的研究等都取得了较大成绩。这表明我国学者在非汉文文书研究领域已经占有了一席之地，西方学者垄断相关研究的时代一去不复返了。

西北地区史研究中的另一类重大成果是西北历史地理研究。我国学者对地志的研究开始得很早，改革开放后此类整理研究又取得了突破性进展，很快出版了两本专著：郑炳林《敦煌地理文书汇辑校注》（甘肃教育出版社 1989 年版）、王仲荦《敦煌石室地志残卷考释》（上海古籍出版社 1993 年版），两书所收藏经洞出土地理文书的记载范围并不局限于沙州敦煌，而是关涉整个西北地区甚至中原内地，两书各有所长，可相互补充。将实地踏勘与文献考证相结合是近三十年来西北历史地理研究中的一大特色，李并成、李正宇在这方面均取得了突出成绩，除发表了多篇系列论文外，还各自出版了一本专著：李并成《河西走廊历史地理》（甘肃人民出版社 1995 年版）、李正宇《敦煌史地新论》（台北新文丰出版公司 1996 年版），这两部专著在敦煌史地研究方面颇具权威性。

至于具体到敦煌历史地理研究，一项极为突出的成就是对莫高窟史的探究，在这方面敦煌研究院的学者发挥了巨大作用。该院集体整理编著的《敦煌莫高窟内容总录》（文物出版社 1982 年版）、《敦煌石窟内容总录》（文物出版社 1996 年版）、《敦煌莫高窟供养人题记》（文物出版社 1986 年版）等是了解敦煌艺术与莫高窟史的必备工具书；马德《敦煌莫高窟史研究》（甘肃教育出版社 1996 年版）在深入研究造像功德记等敦煌文书及壁画供养人题记的基础上，考出了一批洞窟的年代和施主，并对敦煌民众在莫高窟举办的佛事活动的具体内容及其社会文化背景等问题提出了自己的见解。除敦煌研究院人员外，其他单位的历史与考古学者的研究也很有特色，王素《敦煌出土前凉文献所见"建元"年号的归属》（《敦煌吐鲁番研究》第 2 卷，北京大学出版社 1997 年版），认为敦煌文书中的"建元"年号绝不可能属前秦，而必属东晋。

若此，莫高窟创建之年即应为东晋康帝建元二年（344 年），从而将莫高窟创建年代从传统的 366 年说提前了 22 年，不过目前还未见其他学者对此说作出较大反应。另外，李并成《唐代敦煌绿洲水系考》（《中国史研究》1986 年第 1 期）、李正宇《唐宋时代敦煌县河渠泉泽简志》（《敦煌研究》1988 年第 4 期、1989 年第 1 期）、《敦煌地区古代祠庙寺观简志》（《敦煌学辑刊》1988 年第 1、2 期）等文对古敦煌郡境内地理问题的探讨也相当精细。

3. 中古史研究

作为古代中国政区之一，敦煌地区实施的政策措施自然可以反映中古中国行政运作的一般情况，敦煌历史中的许多现象也可以看作是中古社会的缩影，因而敦煌史学研究中的许多问题实际上也是中国中古史研究课题。值得注意的是，利用敦煌文书研究中古史的学者均有唐史方面的良好学养，故而此类研究与传统史学研究的结合更为紧密。

比如，敦煌文书中保存的法制文书原本就是极其珍贵的唐代法制文献。早在敦煌学肇始之初，敦煌学的拓荒者们就给这部分文献以充分重视，刊布了他们当时所能见到的所有法制文书。改革开放后对法制文书的整理和研究以刘俊文的成绩最为突出，发表了系列研究论文，并出版了专著《敦煌吐鲁番唐代法制文书考释》（中华书局 1989 年版），该书辑录敦煌吐鲁番出土的律、律疏、令、格、式、令式表等法典和制敕、判、牒、案卷等法律档案共 50 件，对各件文书进行了校补、考证和笺释，堪称集成之作。另外，刘氏对敦煌文书的准确应用，也为其《唐律疏议》（中华书局 1983 年版）点校本增色不少。除刘俊文外，荣新江与史睿《俄藏敦煌写本〈唐令〉残卷（Дx. 3558）考释》（《敦煌学辑刊》1999 年第 1 期）等对特定法律文书的整理研究也颇见功力。

关于制度的实施情况，有关均田制的研究最有代表性。利用难得的敦煌户籍资料研究均田制历来是敦煌史学研究的重要课题，自 20 世纪 50 年代中期开始，均田制问题即备受学界关注，唐史学界曾就唐代是否真正实施过均田制展开过长达 10 年的热烈讨论，争议过程中，双方所用的主要论据都是敦煌文书中的户籍文书，争论的结果是学界基本接受了胡如雷等所持唐代曾在一定程度上实施过均田制的观点。在那场大辩论中，学者们普遍把均田制理解为按田令的标准授受土地。改革开放后，研究者们从重新认识均田制的实质入手，相关研究渐渐深入到从不同侧面探讨唐代均田制的各个具体环节，出现了一些有系统、成体系的论著。王永兴《论唐代均田制》（《北京大学学报》1987年第2期）反对把均田制视作土地分配制度，认为均田制是对私田的管理制度，这种管理表现为依据田令收退田、补欠田，以保证各等级各种人可以占有不等量的私有土地。宋家钰《唐朝户籍法与均田制研究》（中州古籍出版社1988年版）从研究户籍法出发，认为田令规定的受田数即敦煌户籍上的应受田数，是法律规定的可以占田的最高限额，并非官府要实际授给的土地数；户籍上的永业田、口分田的区分是为了便于根据田令审核民户土地的继承与转让是否合法，在所有权上并无区别而均为私田。这样，户籍上已受田和应受田之间存在的差额和比例不一的现象得到了合理解释。目前王、宋关于均田制的基本观点已为多数学者接受。不过，武建国《均田制研究》（云南人民出版社1992年版）又提出了均田制下的口分田、永业田具有国有和私有两重性质的观点。杨际平《敦煌吐鲁番出土文书研究——均田制新探》（厦门大学出版社1991年版）的第三章《唐代均田制实施状况》也论述了唐代均田制下私田的存在及均田制下土地还授的实际情况这两个敏感问题。

借助敦煌文书研究中古经济史的学者很多，切入的角度也是多种多样。

敦煌文书中的契约原件或抄件具体而准确地反映了中古社会经济往来交易的实态，沙知《敦煌契约文书辑校》（江苏古籍出版社1998年版）已对契约文书作了精细的录校和研究。在全面辑校研考的同时，一些学者也在对特定类别的契约进行剖析，如唐耕耦《唐五代时期的高利贷》（《敦煌学辑刊》1985年第2期、1986年第1期）、杨际平《敦煌吐鲁番出土雇工契研究》（《敦煌吐鲁番研究》第2卷，北京大学出版社1997年版）、李天石《敦煌所出卖身、典身契约年代考》（《敦煌学辑刊》1998年第1期）等即试图挖掘这些契约文书中保存的历史信息，并已借此搞清了相关经济活动的源流。

敦煌文书因其特殊的出土地点而保存有大量寺院经济文书，改革开放后这方面研究日益受到重视，既有就某一问题展开的专门研究，也有对总体情势的全面探讨。其中姜伯勤《唐五代敦煌寺户制度》（中华书局1987年版）以宏大的学术视角，对吐蕃统治时期和归义军时期敦煌的寺户制度进行了系统研究，阐明了寺户制度衰落过程中寺院经济结构的变迁情形，同时又对一些具体问题进行了细致入微的解析，为该领域的扛鼎之作。唐耕耦《敦煌寺院会计文书研究》（台北新文丰出版公司1997年版）对敦煌寺院入破历、常住什物历等会计文书作了缀合、复原和研究。在写作此书之前，作者曾出版了《敦煌社会经济文献真迹释录》第1—5辑（书目文献出版社、全国图书馆文献缩微复制中心，1986、1990年），将当时能够看到的敦煌社会经济文书网罗殆尽，在世界敦煌学界影响极大。有这样规模庞大的文献整理工作为基础，《敦煌寺院会计文书研究》这部专题性学术论著的分量自然异常厚重。郝春文《唐后期五代宋初敦煌僧尼的社会生活》（中国社会科学出版社1998年版）系统考察了敦煌僧尼的经济生活方式及其与寺院常住财产、常住什物的关系，论述具体而透辟，很有新意，为中古寺院经济史研究增添了重要内容。

对唐代经济进行全面研究的论著中，探讨唐五代赋役与财政史的学者大多利用了敦煌文书中的相关内容，研究范围涉及唐代的课户与课口、户税、公廨本钱、和籴、交籴、财务勾检、行市制度与市估法等众多具体问题。其中陈国灿《唐代的经济社会》（台北文津出版社1999年版）、李锦绣《唐代财政史稿》（上下卷，北京大学出版社1995年、2001年版）等专著为其中的重要代表作。专门从事敦煌地区经济史研究的多为甘肃学者，目前有关敦煌的手工业、纺织业、酿酒业、食品加工业、种植林业、牧业等都已有人进行过探讨（马德《敦煌工匠史料》，刘惠琴《从敦煌文书看沙州纺织业》，金滢坤《从敦煌文书看晚唐五代敦煌地区布纺织业》，郑炳林《唐五代敦煌酿酒业研究》、《唐五代敦煌种植林业研究》、《晚唐五代敦煌园圃经济研究》、《唐五代敦煌畜牧区域研究》，高启安《唐五代敦煌饮食文化研究》，雷绍锋《论曹氏归义军时期官府之"牧子"》，张亚萍《唐五代敦煌地区的骆驼牧养业》、《唐五代归义军政府牧马业研究》），同时有关商品货币经济方面的研究也已展开（尹伟先《从敦煌文书看唐代河西地区的货币流通》、郑炳林《晚唐五代敦煌贸易市场的物价》、唐耕耦《8至10世纪敦煌物价》、郑学檬《从敦煌文书看唐代河西地区的商品货币经济》、苏金花《唐五代敦煌地区的商品货币形态》）。刘进宝《唐宋之际归义军经济史研究》（中国社会科学出版社2007年版）分析介绍了唐宋之际敦煌地区的人口与耕地面积，分"土地制度及有关问题"、"赋税"、"徭役"、

"敦煌的种植业"等四章对相关问题进行了全方位考察，是归义军经济史研究方面的集成性成果。

作为中古中国社会的有机组成部分，对于中古社会史研究而言，敦煌社会史有如一只麻雀，对它的深入解剖无疑有助于我们解读整个中古社会史而具有普遍意义。敦煌文书为社会史研究提供了难得而可信的丰富资料，敦煌壁画中又存有一幅幅形象有趣的社会生活画卷，因而有关社会史的研究常与石窟壁画题记，甚至壁画本身相结合，牵涉面较广，涉及的问题也较多。在社会史诸课题中，有关婚姻问题的探讨以谭蝉雪取得的成就最大，其专著《敦煌婚姻文化》（甘肃人民出版社1993年版）探究了唐宋时期敦煌地区婚嫁与生育习俗的方方面面，并深入阐释了其与中原婚俗的异同及传承关系。与婚姻相关的家庭与家族问题的探讨，也是学者们近年的努力方向之一，杨际平《平均寿命与家庭结构、家族规模》（《段文杰敦煌研究五十年纪念文集》，世界图书出版公司1996年版）及其与郭锋、张和平合著的《五—十世纪敦煌的家庭与家族关系》（岳麓书社1997年版）探讨了中古时期敦煌地区的家庭结构、家庭功能、家族关系，及当地居民的心理文化特点等问题，此类个案研究对解析中古时期中国家庭的一般情况具有指导意义。关于引领社会潮流的大姓望族，改革开放后学界的相关研究成果非常多（史苇湘《世族与石窟》，姜伯勤《敦煌邈真赞与敦煌名族》，刘安志《唐朝吐蕃占领沙州时期的敦煌大族》，邓文宽《归义军张氏家族的封爵与郡望》、孙修身《敦煌李姓世系考》、马德《敦煌李姓世家订误》、张书诚《〈新唐书〉陇西李氏敦煌房辨疑》，马德《敦煌阴氏与莫高窟阴家窟》、杨学勇《敦煌阴氏族源与郡望》，孙晓林《汉—唐十六国敦煌令狐氏述略》、《敦煌遗书中所见唐宋间令狐氏在敦煌的分布》），除已理清掌控敦煌社会的张、李、索、令狐等大姓的发展演变情况外，对敦煌文书中保存的姓望氏族谱等类文书的整理又揭示了全国范围内一些大姓豪族的发展状况（唐耕耦《敦煌四件唐写本姓望氏族谱（？）残卷研究》，王仲荦《〈新集天下姓望氏族谱〉考释》、《敦煌石室出残姓氏书五种考释》）。社会组织方面，宁可、郝春文取得的成就最令学界瞩目，他们合作或分别撰写的系列论文及专著《敦煌社邑文书辑校》（江苏古籍出版社1997年版）全面校录研究了敦煌文书中的社邑文书，并对之进行了细致的排年，探讨了敦煌地区社邑的组织、活动及其与寺院的关系，对汉至唐及唐以后社邑的发展脉络和社邑在古代社会中的作用也作了深入考察。另外，近年孟宪实等进行的相关研究也值得关注。

礼仪与民俗研究是近年学界关注的焦点之一，周一良、赵和平开创了利用敦煌文书研究中古礼仪史，特别是书仪发展史的先河，他们合作或单独完成的专著《唐五代书仪研究》（中国社会科学出版社 1995 年版）、《敦煌写本书仪研究》（台北新文丰出版公司 1993 年版）、《敦煌表状笺启书仪辑校》（江苏古籍出版社 1997 年版）为此类研究奠定了坚实基础，吴丽娱《唐礼摭遗——中古书仪研究》（商务印书馆 2002 年版）对前人研究进行了很大程度的补充与修正。关于中古生活方式研究，黄正建、高启安的成就较为突出。黄正建的专著《唐五代衣食住行研究》（首都师范大学出版社 1998 年版）利用了多件敦煌文书，论据充足，颇受学界好评。高启安曾发表了系列文章和学术著作《唐五代敦煌饮食文化研究》（民族出版社 2004 年版）对唐五代敦煌人的饮食衣装进行了全面精细研究。改革开放后利用敦煌文书研究占卜问题的论著相当多，黄正建《敦煌占卜文书与唐五代占卜研究》（学苑出版社 2001 年版）为较早较重要的研究成果。近年郑炳林领导兰州大学敦煌学研究所的一批年轻学者利用敦煌文书对解梦、相面等术数类文书进行了集中研究，出版了数种专著，已经显示出了团队优势。

4. 对敦煌史学研究状况的总体观察

以上对改革开放三十年来敦煌史学研究取得的主要成就进行了扼要回顾，此处我们也应对此间存在的问题作些反思。我们认为已经暴露出来的问题主要有以下几点：某些热门课题研究者过多，但信息不畅，有时甚至出现低水平重复现象，而某些难度较大课题的研究力量不足，无法展开学术争鸣；一些学者古文献学功底不扎实，文献整理能力不过关，对文书有误读、误判、误用之处，甚至个别学者无力直接利用文书，而只能据他人录文构造自己的观点，难免以讹传讹；少数学者相关背景知识欠缺，缺乏正规全面的学术训练，又急于求成，以致研究结论难以令人信服，等等。对于这些问题，辩证地说，一方面我们应该在今后的研究中尽量避免，另一方面我们也应该看到这是很多研究领域都可能出现的情况，并不影响我们对三十年来敦煌史学，乃至敦煌学研究总体走向的判断。纵观改革开放以来敦煌学，特别是敦煌史学的发展历程，我们认为有几点值得注意。

其一，从世界敦煌学研究的整体情况来看，现在我国学者在归义军史、西北民族史、西北历史地理、敦煌社会史、唐代均田制研究，及某些类别文书的深入研究等方面明显处于领先地位。

其二，研究资料的特殊性决定了敦煌史学研究受敦煌文书内容的制约而详略不一。与文书的来源和当初封闭藏经洞的原因密切相关，敦煌文书是仓促或随意堆积而成的集合体，并不是有系统有条理的档案文卷，其内容的分布很不均衡。从地域上说，藏经洞中保存的主要是西北地区的史料，因而对西北地区史研究具有重要意义，但对整个中国史研究的影响则是间接的。从时间上看，藏经洞中保存的主要是唐后期至宋初的文献，唐前期及唐以前的文书相对较少，宋以后的则完全没有，因而利用它们进行研究的主要是搞魏晋隋唐史的研究者。

其三，敦煌文书潜在的研究价值非常大。从敦煌文书的刊布和研究情况可以看出，目前已被研究剖析的主要是一些汉文文书，大量用少数民族文字写成的文书（如藏文、梵文、回鹘文、于阗文、龟兹文、粟特文、佉卢文、突厥文等古民族文字文书）尚未得到充分利用，包括汉文文书在内的有些卷册甚至还未编目公布。现在上海古籍出版社等多家出版机构正在辑印散落世界各地的敦煌文书，大型文献集《敦煌吐鲁番文献集成》各分册正在陆续出版，随着大量从未公布文书呈现于研究者面前，敦煌文书潜在的研究价值将越来越多地引起研究者的关注。

其四，敦煌史学工作者日后的研究任务仍然十分艰巨。随着敦煌学研究的不断发展，我们应该对自己提出更高的要求和更为远大的奋斗目标，比如，在课题的选择上，应将个案性专深研究与大视野宏观研究相结合；在研究方法上，在继承学习前辈优良治学传统的同时，也应积极采用新思路新方法甚至新的科技手段进行创新；在合作方式上，对于敦煌学这种基本资料繁杂课题涉及面广的特殊学科，应当大力提倡不同专业研究者相互扶助携手攻关，等等。相信在已有成果的基础上，敦煌史学研究必将会取得更大的成就，并为新世纪的史学研究作出更大的贡献。

（三）从敦煌学的特点看改革开放对敦煌学的巨大影响

以敦煌学者的角度看，可以说敦煌学是在改革开放的大潮中受益最多最大的学科之一，而这又与敦煌学自身的特点有关。

　　敦煌学是一门非常特殊的学科，其主要研究对象和基本研究资料是古敦煌郡境内出土或遗存的文献文物，其主体是莫高窟藏经洞中保存的数万件4—11世纪的古代文书，这些文书数量巨大，种类庞杂，是未经古人筛选，有待今人整理的原始资料，具有极高的证史、补阙、纠谬的史料价值，可将中古史、民族史、宗教史、中外交通史、西北区域史，以及中亚史、南亚史，乃至世界史的相关研究推向崭新的阶段。但也正由于敦煌文书史料价值的不可估量，敦煌学对资料的依赖较之其他学科更为严重。由于历史的原因，敦煌文书的五分之四以上早于清末民初就被外国探险者与文化强盗劫往异国他乡，深藏秘扃，绝大多数中国学者反而无缘亲睹，无法展开正常的学术研究。

　　这里我们不妨回顾一下我国老一代学者访求敦煌文书的艰难及这种经历对敦煌学的影响。在写成世界上首篇敦煌研究文章之后的十余年中，开创了敦煌学的我国学者却少有利用敦煌文书研究历史者，个中原因就是当时了解敦煌文书的途径十分有限，能看到的有关史学研究的文书更少，我们完全可以用"九牛一毛"来比况当时中国学者可利用文书与敦煌文书整体的关系。20世纪20—40年代，我国有十多位学者相继奔赴巴黎、伦敦转录和拍摄敦煌文书，他们中间的好几人都曾受到过外国图书馆管理人员的刁难，这些学者是以中国人特有的坚韧顽强不懈奋争，才终于为国内研究者提供了略为丰富的域外敦煌文书资料，同时，陈垣《敦煌劫余录》等的相继问世，使藏于北京的敦煌文书初露端倪，有关唐史、归义军史等方面的研究才在这一时期取得了较大进展。20世纪50年代中期以后，英国国家图书馆在日本学者的倡议和帮助下，将馆藏的部分敦煌汉文文书摄制成缩微胶卷，我国研究者方可通过翻检辗转购置回来的缩微胶卷查阅部分英藏敦煌文书，学者们遂将零散的、个别的研究转为全面的、系统的综合研究，此期非常著名的有关唐代是否实施过均田制的热烈讨论就是在这种背景下展开的。

　　改革开放为我国的敦煌学研究带来了博大生机，20世纪70年代末期以后，我国学者已经能够看到英藏、法藏、北京图书馆藏大部分敦煌汉文文书的缩微胶卷，介绍列宁格勒（今圣彼得堡）藏品中部分精华的两本目录也传入中国，这样，分类辑校工作和有系统成体系的研究工作终于得以展开，我国的敦煌学研究遂迅速复兴崛起。

　　但是，缩微胶卷所能提供给研究者的信息毕竟有限，且不说那些未被拍摄文书的踪迹全无，就是已拍文书也常常模糊不清，难以辨识，几乎每一个敦煌学者都曾为某些关键字词的无法识读所窘困。

纵观近百年来敦煌学的发展历史可以看到，敦煌学，特别是敦煌史学每一高潮的到来都与新资料的公布和已有资料的重新刊布密切相关。

改革开放十余年后，随着我国综合国力的增强和国际地位的提升，特别是国家有关部门对敦煌学研究的重视和支持，国际间终于出现了在敦煌资料刊布方面进行突破的重要契机——中英双方有望联合出版英国收藏的敦煌文献。中国社会科学院历史研究所与中国敦煌吐鲁番学会敏锐地抓住这一宝贵时机，自20世纪80年代末开始，积极组织专家学者密切合作，与英国国家图书馆、伦敦大学亚非学院联合编辑出版了十五卷全新大型文献集《英藏敦煌文献（汉文佛经以外部分）》（四川人民出版社，前十四卷图集出版于1990—1995年，第十五卷总目索引2001年1月交稿，将于2009年内出版），它将英藏品中对多数研究者来说最具研究价值的非佛经文书搜罗殆尽，所收图片均据原卷重拍，并用当时十分先进的电子分色技术印制而成，阅之如睹原卷。不仅提供了清晰的图版，通过为数千件文书定名，《英藏敦煌文献》的编者们也使这套文献集具有了很高的学术价值。敦煌学者尽人皆知，无论就难度还是就意义而言，敦煌学的资料整理工作与其他学科的资料整理工作都大不相同，它的价值不只是为研究工作提供基础和保障，而且它本身也是一项艰巨的研究工作，而《英藏敦煌文献》正是这方面的代表。故此，这套在敦煌学界被广为称道的全新大型文献集一直深受国内外学术界的重视与好评，已获"中国图书奖"和"国家图书奖"两项大奖，不仅早已成为各国敦煌学者的必用工具书，更极大地鼓舞了敦煌界和出版界的有识之士，带动了近十年来法藏、俄藏，以及中国散藏敦煌文献等的刊布和出版，可以说，正是《英藏敦煌文献》的成功整理出版开风气之先，掀起了敦煌文献整理工作的新浪潮，从而促成了敦煌学这一格外依赖原始文献的特殊学科在最近十余年间的迅猛发展。

在《英藏敦煌文献》的带动下，分散于世界各地的敦煌文书陆续被公布或重新刊布，上海古籍出版社为此作出的贡献最大，该社编印的大型丛刊《敦煌吐鲁番文献集成》包括：《法藏敦煌西域文献》（34册，1995—2005年）、《俄罗斯科学院东方研究所圣彼得堡分所藏敦煌文献》（17册，1992—2001年）、《俄藏敦煌艺术品》（6册，1995—2005年）、

《北京大学藏敦煌文献》（2 册，1995 年）、《上海博物馆藏敦煌文献》（2 册，1993 年）、《上海图书馆藏敦煌吐鲁番文献》（4 册，1999 年）、《天津艺术博物馆藏敦煌文献》（7 册，1996—1998 年），等等。另外，该社目前正在辑印《法藏敦煌藏文文献》，计划出 10—15 册。除上海古籍出版社外，其他几家出版社也在从事敦煌文献的编辑出版工作，现在我们已经可以看到《甘肃藏敦煌文献》（6 册，甘肃人民出版社 1999 年版）、《浙藏敦煌文献》（浙江教育出版社 2000 年版）、《天津文物公司藏敦煌写经》（文物出版社 1998 年版）、《中国国家图书馆藏敦煌遗书》（已出版近百册，北京图书馆出版社 2005 年起。需要说明的是，江苏古籍出版社亦曾有此出版计划，并于 1999—2001 年出过 7 册，后中止），等等。

这些新印本的图版远比以往的印本和缩微胶卷清晰，非常有利于正确释读文字，必将极大地促进日后敦煌学的进步，其泽被学林，不仅对中国敦煌学界，对世界学术界亦可谓功德无量。而它们的编印均是由我国学者倡议、组织、编辑、整理，并在中国出版印制，这样的大手笔若是在改革开放之前，若没有强大的国力做后盾，若没有国家的具体经济扶持，恐怕是完全不可想象的。因而，国家强有力的支持是将敦煌学研究推向高潮的保证，如今敦煌学界呈现的蒸蒸日上的大好景象是改革开放政策结出的硕果之一。

在世界学术之林中，敦煌学是一门颇有特色的学科。她以中国西北的一个小小地名命名，却又是一门研究者遍及十几个国家的国际显学；她的研究材料的主体出自一个不足二十立方米的佛洞，研究领域却关涉到中华文明史的几乎所有领域；她的问世尚不足百年，却在近三十年中成为学术星空中一颗耀眼的新星。

陈寅恪先生在为陈垣编《敦煌劫余录》所写的《序》中指出：

> 一时代之学术，必有其新材料与新问题。取用此材料，以研求问题，则为此时代学术之新潮流。治学之士，得预于此潮流者，谓之预流（借用佛教初果之名）。其未得预者，谓之未入流。此古今学术史之通义，非彼闭门造车之徒，所能同喻者也。敦煌学者，近日世界学术之新潮流也。

学术泰斗的论断是高瞻远瞩的哲人之言，自将指引后人为学的方向。相信在改革开放后的三十年中已经硕果累累，且今日依然生机无限的我国敦煌学研究还将会取得更大的成就。